周晓虹·社会心理学系列

本系列受
南京大学"双一流"建设之卓越研究计划
"社会学理论与中国研究"项目
资助

西方社会心理学

文选

Readings in
Western
Social
Psychology

周晓虹　主编

社会科学文献出版社
SOCIAL SCIENCES ACADEMIC PRESS (CHINA)

感谢南京大学"双一流"建设工程
卓越研究计划资助

纪念中国社会心理学
诞生一百周年
重建四十周年

社会心理学家是一种生活方式

（代序）

周晓虹

在中国社会心理学重建 40 周年的标志性时刻，我选择了一种最为恰当的方式向这门既充满挑战又令人心仪的学科致敬：从 2019 年 3 月 15 日开始，[①]我便着手规划编辑出版五卷本的"社会心理学系列"，首先改写或重编 1990 年代由我撰写或主编的四本社会心理学著作——《现代社会心理学》、《现代社会心理学史》、《现代西方社会心理学流派》和《现代社会心理学名著菁华》[②]，同时开始选编《中国社会心理学文选（1919~2019）》，立意反映这一来自西方的现代社会科学在中国砥砺前行而又命运多舛的百年历程。

社会心理学进入中国始于 1919 年五四运动前后，这一运动连带此前开始的新文化运动是中国这个古老的社会朝向现代转型的诸多尝试之一，或者用社会学家吉登斯的话说，是现代性的后果之一。1919 年，中国现代心理学的先驱、北京大学心理学教授陈大齐撰成《民族心理学之意义》一文，采纳冯特的观念，

[①] 1979 年 3 月 15 日，在北京召开了"社会学座谈会"，胡乔木代表中共中央为社会学正名，开始了社会学的恢复重建。一般将这一日期视为中国社会学恢复重建的标志性节点。2019 年 3 月 15 日，在贵州民族大学和贵阳孔学堂的联袂支持下，我与中国社会学界十位"长江学者"特聘教授共同发起并举办了"中国社会学：从本土化尝试到主体性建构"的纪念研讨会，并决意主编《重建中国社会学——40 位社会学家口述实录（1979~2019）》（北京：商务印书馆，2021 年版）。同时，中国社会心理学紧随中国社会学之后开始的恢复重建历程，使我在 2019 年 3 月 15 日这一天就清晰地意识到其学科重建 40 周年的标志性历史时刻也将随之到来，这也是促使我着手修改或再编先前就已构想动手却"一拖再拖"的这五本著作的直接动因。

[②] 这四部著作的后两部此次再版与首版的名称有所不同：考虑到最近 30 余年社会心理学的发展，《现代西方社会心理学流派》一书修订时不仅重新撰写了导言与结语，而且增加了三种理论或流派，所以此次更名为《西方社会心理学理论——一门学科的多元解释路径与当代状况》；《现代社会心理学名著菁华》初版于 1992 年，2007 年出版修订版，此次因本系列同时编辑、收录了《中国社会心理学文选（1919~2019）》，与之对应，将其更名为《西方社会心理学文选》。

将社会心理学与民族心理学并置；① 1924 年，担任南京大学之前身东南大学心理学教授的陆志韦出版了第一部中国人自著的《社会心理学新论》；② 1929 年，担任南京大学之前身第四中山大学心理学教授的潘菽也写成了《社会的心理基础》一书；③ 1946 年，担任南京大学之前身中央大学社会学教授的孙本文则出版了上下两卷本的《社会心理学》④ ……社会心理学这一现代社会科学在南京、北京、上海、广州、昆明……逐步现代的都市里开始了缓慢但顽强的生长。

1949 年后，尽管在大陆，社会心理学同社会学、人类学一道被视为"资产阶级伪学科"而遭取缔，但依旧在台港地区获得了某种形式的接续和发展，并于 1980 年代在杨国枢、金耀基、李亦园和文崇一诸教授的引领下，在台港地区酝酿出轰轰烈烈的心理学、社会学及整个社会科学的中国化运动。

1978 年的改革开放，在为我们的民族带来伟大转机的同时，也赋予中国社会心理学以新生：1979 年 5 月 31 日，《光明日报》发表了王极盛的《建议开展社会心理研究》一文；两年后，北京市心理学会于 1981 年夏召开了"社会心理学学术座谈会"；1982 年 4 月，在北京成立了由陈元晖教授担任会长的"中国社会心理学研究会"（同年 9 月改名为"中国社会心理学会"），中国社会心理学的重建由此拉开帷幕。⑤ 最为重要的是，1982 年

---

① 陈大齐：《民族心理学之意义》，《北京大学月刊》1919 年第 1 卷第 2 号，第 27~33 页。
② 陆志韦：《社会心理学新论》，上海：商务印书馆，1924 年版。
③ 潘菽：《社会的心理基础》，上海：世界书局，1929 年版。
④ 孙本文：《社会心理学》（上下卷），上海：商务印书馆，1946 年版。需要说明的是，南京大学肇始于 1902 年创建的三江师范学堂，此后历经两江师范学堂、南京高等师范学校、国立东南大学、国立第四中山大学、国立中央大学、国立南京大学等历史时期，于 1950 年更名为南京大学。所以，上述各校名都是南京大学在 1949 年前不同时期的名称。追思陆志韦、潘菽和孙本文诸教授的贡献（包括 1920 年南京高等师范学校建立了中国第一个心理学系），再考虑到 1993 年南京大学又由我主持、翟学伟教授协助建立了中国大陆最早的社会心理学研究所（同期建立的还有沙莲香教授领导的中国人民大学社会心理学研究所），这也从一个侧面反映了南京大学与社会心理学这一学科在 20 世纪的邂逅堪称一场风云际会。
⑤ 需要说明的是，论及中国社会心理学的重建，有部分学者以王极盛撰写的《建议开展社会心理研究》一文为标志（李庆善：《中国社会心理学十年回顾》，《理论与现代化》1990 年第 4 期）；但多数学者以为，一个学科的重建起码涉及某一学术共同体的共同认识，所以更恰当的标志应是 1981 年夏由北京市心理学会主办、有 50 余位学者参加的"社会心理学学术座谈会"（周晓虹：《现代社会心理学——多维视野中的社会行为研究》，上海：上海人民出版社，1997 年版，第 68 页；乐国安：《中国社会心理学研究进展》，天津：天津人民出版社，2004 年版，第 1 页）；更正式一点也可以 1982 年中国社会心理学研究会的成立为标志。当然，宽泛一点，将 1979~1982 年发生的一系列相关事件视为一组标志也未尝不可。

底，第五届全国人民代表大会第五次会议审议批准了《中华人民共和国国民经济和社会发展第六个五年计划（1981—1985）》，其中明确提出"……社会心理学等，也要加强研究"。

400多年前，莎士比亚在《暴风雨》中写下了那句妇孺皆知的名言："凡是过往，皆为序章。"上述所有历史节点，在40余年后的今天尽管大多不再被人提及，有些濒于被遗忘，却镶嵌在这一学科后来重建的历史经纬之中。在中国社会心理学重建40周年的今天，我之所以将2014年在中国社会心理学会的会长"就职仪式"上的讲演主题，移作"社会心理学系列"的序言标题，就是希望通过自身的经历和感悟，说明社会心理学与一个急速变迁的时代的关联，社会心理学学科的独特之处，以及社会心理学家在社会变迁中应该扮演的角色。

一

其实，我最早写下"社会心理学家是一种生活方式"并将其作为自己的学术格言，是在1993年《江苏社会科学》杂志的一次采访中。从1984年考入南开大学社会学系师从费孝通、孔令智教授攻读社会心理学硕士起，到彼时不过10年，那时的我刚刚36岁，正是好高骛远、激扬文字的年龄。在此前一年，邓小平的南方谈话引来"东方风来满眼春"，整个中国社会尤其是年青一代在邓公的激励下兴奋异常，而且这种兴奋第一次与政治无涉：市场经济催生了中国人"下海"经商的大潮，一时间几乎所有头脑灵活一些的青年知识分子都扑腾着入"海"，让我们这些还待在"岸"上的人在羡慕之余，确实第一次产生了深深的"认同"危机。借用莎士比亚《哈姆雷特》的语式，留下还是出走，这确实成了一个问题！

我之所以留下了，在相当程度上不仅缘于我对大学校园里自由而富于挑战的生活深怀渴慕，而且因为我与自己此时从事的专业——社会心理学——"情投意合"。虽然我在大学本科的时候最初学的是医学，但从中学时代起我就对文科有着浓厚的兴趣——尽管在改革开放前人文社会科学是一个相当"危险"的职业。1977年高考的时候，因为某种缘故我没有选择文科，而是报考了南京医学院。不过，我在南京医学院的生活称得上"身在曹营心在汉"，对那所现在发展得相当不错的母校缺乏应有的认同。如此，这样一种学科背景和个人经历，使我在后来考上南开大学社会学系的研究生并有机会以社会心理学为志业时，对这门本来就充满了人生奥秘和大众魅力的学科的倾心之情自然就会坚定不移。

我们说社会心理学是现代社会科学中最富有魅力的学科之一，理由当然可以列举许多，但我觉得最重要的还是社会心理学家既是人类社会行为的观察者，又是社会生活中的行动者。我们完全有理由相信，正是这样一种双重角色，使得社会心理学家既是一种现代职业或谋生手段，又是一种独特的生活方式——因为他对人类社会行为的动力及其规律有着清醒的了解和认识，他的行为及其结果就不可能不受到这种了解和认识的影响。换言之，对行为的领悟常常支配着他自己的行为，这不能不赋予社会心理学家自身的行为以独特性。正如美国社会心理学家埃利奥特·阿伦森在其自传《绝非偶然——社会心理学家阿伦森自传》中所言，每一位杰出的社会心理学家都生活在社会的激流之中，他们醉心于研究"个人的改变以及人们如何适应社会的巨大变迁"；[①] 其实，他们本身也最为充分地体现了这种影响和改变，这使得他们的人生对普通人充满了巨大的吸引力，他们对人类行为的关注，使得他们本人的行为看起来尤为特立独行。

尽管阿伦森最终成为一名杰出的社会心理学家"绝非偶然"，但我在1984年选择社会心理学作为自己一生的志业纯粹是一种"偶然"。因为在大学毕业时对心理学产生了浓厚的兴趣，我一开始是想报考山东师范大学章益教授或南京师范大学高觉敷教授的心理学史研究生的，但在随意翻阅南开大学的招生简章时意外发现，1984年费孝通和孔令智两位教授在国内第一次联袂招收社会心理学方向的研究生。虽然这时的我除了对心理学尤其是心理学理论和学说史有着比较好的基础以外，对社会学可以说几乎是一窍不通，但好在那时的南开大学社会学系提倡有教无类、兼容并蓄，我记得社会心理学方向甚至可以选考生理学，而那正好是我的长项，所以想都没再想，当即决定报考南开大学。我后来才知道，这一年报考南开大学社会学专业研究生的有400多人。现在人们常常抱怨考研不认识导师、没有途径获得相关信息，我要感谢1984年考研之前我与南开大学、费孝通和孔令智教授以及社

---

① 阿伦森：《绝非偶然——社会心理学家阿伦森自传》，沈捷译，杭州：浙江人民出版社，2012年版，第Ⅷ页。

会心理学都没有任何瓜葛，不然作为社会学和社会心理学的"门外汉"，我决然没有勇气去赶一趟几乎注定翻船的"潮流"。

我们现在每每招收硕士生或博士生时，总是为学生的素质不佳而大为感慨。其实，在我们刚刚进入南开大学攻读硕士时，社会学和社会心理学的知识基本为零。但是，当时的南开大学或者说南开大学社会学最大的优点在于，她就是能够使一个"门外汉"通过自由的阅读和无羁的交流，对一门学科产生真正的兴趣。当时的南开大学社会学虽然师资也十分匮乏（全职教师拥有副教授职衔的只有一个孔令智），却请来了诸多社会学和社会心理学的名家大师，包括费孝通、彼得·布劳、波波维奇、富永健一、林南、蔡文辉、陈元晖……尽管大师们的课程有的只有一次两次，但它使我们这些学子接触到了真正的社会学，并为这门学科树立了高山仰止的学术标杆。这其实也是从南开大学毕业的人，在相当长的时间里一直被认为是接受过正宗的社会学"洗礼"的缘故。

其实，现在想来，南开社会学的品质和 1978 年后那个改革开放的大时代有着密切的联系。在那个百废待举的时代，校园里洋溢着激奋的年代才有的特殊气息，而社会学这个被取缔多年、同改革开放时代有着天然联系的学科一出现，便赢得了校园和整个社会的高度关注。[①] 那情景和 19 世纪末 20 世纪初，经验社会学在美国这个天然的实验场中的际遇如出一辙。记得有一次南开研究生会组织研究生上街头咨询，几百名研究生按系科分组，唯独社会学系大有"包打天下、无所不能"的气势。究其原因有两方面：其一，市民们提出的各种问题中经验层面的居多，而无论是婚姻、家庭、儿童教育、家政理财、相处之道，还是改革态势、社会问题、社会舆论、社情民意，社会学专业的研究生回答起来都头头是道；其二，我们那个班的研究生本科除了学社会学的没有，学其他学科的应有尽有，有学哲学、教育、中文、历史、政治的，也有学医学、计算机、数学、物理的，甚至还有学造船的。这种来源虽然有些庞杂，但也有诸多优势互补的好处，以致我在毕业很久以后，还常常怀念南开大学的这种自由之风，抱怨我后来任教的南京大学过于沉闷。但此后几番回校时，发现这种气氛已大不如前。这时我才领悟，

---

① 参见高玉炜、周晓虹《生命历程、问题意识与学术实践——以知青一代社会学家为例》，《探索与争鸣》2021 年第 6 期。

南开的品质是 1980 年代那个大变革的时代造就的，并不是她私藏或独有的。我们的幸运就在于，我们是在一个令人激奋和五色斑斓的时代，邂逅了一门同样令人激奋和五色斑斓的学科；这样一门学科和我们年轻而敏感的心灵高度契合，它自然而然地成为我们一生愿意与之相伴的志业。

二

最近这些年，我先后参加了南京医学院 1977 级同学毕业 30 周年、入校 40 周年的聚会和庆典，当年的同学大多成了大小医院的院长或是科室的主任医师；他们或促成了许许多多的孩子顺利地来到这个世界，或帮助那些在不同的生命阶段中遭遇痛苦的人重见光明、恢复健康、驱逐病魔，再或妙手回春挽救了无数在生命边缘挣扎的人免于过早离世。15 岁时，当我原本欲做一名电子工程师的"蓝色梦想"被母亲击碎之后，[①] 在相当长一段时间里，我又回到自己初中时的人生理想——做一个米丘林[②]式的农学家或生物学家。我在父亲部队的家属大院空地上种满了瓜果蔬菜，对种植、嫁接和改良品种的浓厚兴趣，促使我 1970 年代中期在自己当生产队长期间做过一系列称不上成功但执着的试验。在这里，我之所以谈及自己青年时代的志向，以及我大学时代的同学们后来"悬壶济世"的成就，是因为在大学毕业几十年后，在我的鬓发无可逆转地过早苍白之后，我常常会思考自己这一生所选择的职业及其社会价值。显然，得益于邓公倡导的历时 40 余年的改革开放，同上一代人相比，我们没有在频繁的政治运动中耗尽自己的青春，我们也没有在北大荒或夹边沟的"劳动改造"中钝化自己的灵魂。我们有时甚

---

① 在我的《学术小传》中，我曾交代过这一事件的来龙去脉：因为初中时代的我迷上了装半导体收音机（这是那个时代年轻人大多具有的一种"奢侈性"爱好），不但白天逃课，而且晚上常常先是装睡、半夜再爬起来捣鼓收音机。结果，有一天被抓个正着，要求严格的母亲一气之下将我的全套家当（包括电烙铁和电子元件）从二楼阳台扔到楼下，并自此严格控制我的"经济往来"。于是，后来我曾戏谑式地说道："'家庭政治的高压'和经济制裁最终埋葬了 20 世纪 70 年代一个'类 IT 青年'的'蓝色梦想'。"（参见周晓虹《学术小传》，载《江苏社科名家文库·周晓虹卷》，南京：江苏人民出版社，2017 年版，第 5 页。）

② 伊万·米丘林（1855~1935），苏联园艺学家、生物学家，在生物遗传学方面做出了卓越的贡献，但他提出的获得性状能够遗传的理论缺乏科学的依据，后被李森科过度发挥成为伪科学，并因此对包括中国在内的生物学研究造成了长期的消极影响。

至过早幸运地晋升为副教授或教授，过早地收获了职业的回报和相应的荣誉，过早地体验到了人生的完满和生活的馈赠。但是，同投身科学技术、国防工业、医学或者农学那些对社会进步或人民福祉有着直接和可感贡献领域的同辈相比，作为一个社会心理学家，或者说作为一位社会科学的从业者，我们也常常会扪心自问：我们的位置在哪里？或者说，我们究竟对人类社会有怎样的价值和意义？

我们知道，人类真正能够解决自己的温饱问题，实现物质生活的丰裕，不过一两百年的时间。自 17 世纪和 18 世纪开始，那场席卷欧美的社会大转型造成了传统农业社会自然进程的断裂。工业社会或者说资本主义的来临，用马克思、恩格斯的话来说，在 100 年内创造的生产力"比以往一切世代创造的全部生产力还要多，还要大"。① 单就人类日常生活而言，机器的发明、化学物品的广泛使用、交通工具的改善，以及 20 世纪后半期各种电器甚至数码产品的接踵而至，不仅使人类终于填饱了肚子，而且使我们的生活变得丰富多彩起来。尽管自 1840 年以来，内忧外患使得古老的中国在相当长的时间内一直远离包括物质在内的人类文明发展的大道，但 1978 年后历时 40 多年的改革开放终于也使大多数中国人摆脱了饥饿与贫困，其中相当一部分人的生活也变得丰裕起来。

人类物质生活的丰裕与科学技术的进步有关，当然也关乎社会制度的健康变革。应当看到在物质生活丰裕之后，人们常常并没有同步地感受到幸福感的提升，几乎在短短 40 余年即在人类历史的长河中堪称"一瞬"的时间里富裕起来的中国人亦如此。有关中国人幸福感降低的讨论比比皆是，其中不乏各种严谨的研究。2013 年，盖洛普公司的调查就发现，尽管中国人经济上的乐观情绪（82%）远远超过美国人（50%），但他们的生活满意度只有 21%，其中收入满意度更是只有 10%（这两项美国人皆为 58%）；② 理查德·伊斯特林等的研究发现，1990～2010 年的 20 余年里，尽管中国经济飞速增长，人均消费水平提升了 4 倍之多，但是"丝毫没有迹象显示人们的

---

① 《共产党宣言》，载《马克思恩格斯选集》第 1 卷，北京：人民出版社，2012 年版，第 405 页。
② Dugan, Andrew, 2013, "Opinion Briefing: U. S. vs. China—Strengths and Weaknesses", http://www.gallup.com/poll/162965/opinion-briefing-china-strengths-weaknesses.aspx.

生活满意度也在增长"。①

有关富裕起来的中国人幸福感较低的解释各式各样，但是中国人幸福感缺失的更为重要的原因可能是精神性的或心理性的：其一，社会变迁的速度过快，过快的变迁在改变一切的同时也提升了人们对变迁的期待，由此，即使变化快的人群或阶层对变迁带来的个人生活的变化依旧不满；其二，不同的人群或阶层的变迁速率不一致，变迁慢的人群或阶层因变迁带来的个人生活的积极变化，抵御不住同他人比较后产生的相对剥夺感及因此而生的消极不满情绪。②

中国人幸福感的缺失，充分说明了幸福感不仅关乎物质生活的改善，同样关乎精神世界的成长，关乎我们的人民是否能够从物质的丰裕中获得生活的意义。我以为，意义或意义感是人们对某种物质生活条件、某种社会行为，再或是某种生活状态的价值认同，是一种关乎日常生活及其价值理性的独特的社会心理。如果我们承认，幸福感等于物质的丰裕加上生活的意义，这本身就证明了社会心理学学科的存在所具有的社会价值，证明了社会心理学家作为人们日常生活意义的探索者与阐释者的职业价值，同样也证明了200多年前从传统社会向现代社会的转型过程中诞生的社会科学对人类来说已经变得不可或缺。

从这样的意义上说，在人类数千年的文明史上，那些以这样或那样的方式推动了人类进步的先哲们，都是能够凭借有限的物质资源成功打造生活或行为意义感的伟大人物。他们虽然称不上专业的社会心理学家，但无一不凭借着对人类社会心理的出色洞悉，或直接赋予单调的生活以意义感，或在人们的日常生活和意义感之间建立起了常规的逻辑联系，再或通过各式各样的典范或榜样，带动起了芸芸众生矢志不渝地追求意义感。即使在我们现时的社会生活中，那些成功的艺术家、体育明星、专业工作者甚至商人，也无一不是打造意义感的能工巧匠。比如，那些销售房屋或路易·威登提包的商人，都知道如何将这些有形的商品作为某种无形的社会地位或阶层的符号或象征，从而赋予其能够促使人们追求的意义感。但是，部分正是因为商业社

① Easterlin, Richard A., Robson Morgan, Malgorzata Switek & Fei Wang, 2012, "China's Life Satisfaction, 1990-2010", *Proceedings of National Academical Sciences of the United States of America* (PNAS), Vol. 109, No. 25, pp. 9775-9780.

② 周晓虹：《焦虑：迅疾变迁背景下的时代症候》，《江苏行政学院学报》2014 年第 6 期。

会对社会心理学知识的过度借用，才增加了我们为今日之丰裕生活寻找意义感的专业难度。在我们的生活中充斥了越来越多的商品之时，人生的意义越发变得枯萎，或单向度地指向物质本身。历史学家阿诺尔德·汤因比曾经说过，"西方文明的命运将取决于我们和麦迪逊大道所代表的一切作斗争的结果"。[①] 不幸的是，今天我们的或东方的命运似乎一样归咎于此。单单就此而言，不但社会心理学家今天还远远没到退场的时候，在中国这个舞台上还有着一系列的大剧等着我们去一一开演。

三

众所周知，自现代社会科学诞生以来，包括社会心理学家在内的无数学者都以解释社会变迁及其动因作为自己毕生的志业。正是鉴于变迁及其相关思考与现代社会科学有着这样或那样的天然联系，现时已有人充分意识到，我们应该努力将改革开放40余年来中国社会发生的巨大变化转换为学术资源，否则"无论对中国还是对西方都是巨大的损失"。[②] 为此，人们一再论及"中国经验"及其意义，但事实上总结"中国经验"只是这种"转换"的可能路径之一。从社会心理学的角度说，"转换"的另一路径是观照"中国体验"，即在这个翻天覆地的时代14亿中国人民的精神世界所经历的巨大的震荡，他们在价值观、生活态度和社会行为模式上的变化。因为中国体验在精神层面赋予了中国经验以完整的价值和意义，它也自然成为理解中国社会变迁的一扇最佳的观景之窗。由此，生活在社会变迁的激流之中的中国社会心理学家，自然担负着为中国人精神世界的嬗变"背书"的历史使命。[③]

我们之所以说，中国体验是社会变迁的观景之窗，首先是因为任何社会或任何时代的变迁，都不会仅仅表现为经济关系的重建和社会结构的变化，在这些人们生存于其间的所谓"社会"发生结构性变化的同时，作为社会

[①] 转引自大卫·奥格威《一个广告人的自白》，林桦译，北京：国际文化出版公司，1999年版，第148页。引文中所提的麦迪逊大道，位于美国纽约曼哈顿区，因美国诸多广告公司的总部集中于此，而成为美国乃至世界广告业的代名词。

[②] 黄万盛、刘涛：《全球化时代的中国价值》，《开放时代》2009年第7期。

[③] 周晓虹：《中国体验——全球化、社会转型与中国人社会心态的嬗变》，北京：社会科学文献出版社，2017年版；Zhou, Xiaohong（ed.），2017, *Inner Experience of the Chinese People Globalization, Social Transformation, and the Evolution of Social Mentality*, Singapore：Springer.

生活主体的活生生的"人",其价值观、生活态度和行为模式也会发生相应的变化。在社会心理学的历史上,德国社会学家马克斯·韦伯的《新教伦理与资本主义精神》和美国社会心理学家英克尔斯和史密斯的《从传统人到现代人——六个发展中国家中的个人变化》,都以自己的方式,揭示了处在不同的历史发展阶段的不同民族或国家所发生的特殊的历史进程对其人民的精神塑造,从而成为人们观察社会变迁会对人类社会心理的改变产生怎样影响的优秀范例。显然,如果中国社会心理学家不能揭示 1978 年改革开放以来的大转型对中国人精神世界嬗变的影响,我们就无法避免使得这场转型沦为一场单纯的物质积累或 GDP 的堆积,从而降低它的精神或历史意义。

我们之所以说,中国体验是社会变迁的观景之窗,其次是因为和中国宏观的社会结构具有鲜明的二元特征一样,我们所说的"中国体验"即转型时代中国人的社会心态也具有鲜明的边际性——人格和社会心态的两极化。这种边际性的存在一方面说明中国体验本身就是人们对急速的社会变迁的精神感悟或心理感受,另一方面也为理解当代中国社会的变迁提供了独特视角或观景之窗。整整半个世纪之前,美国政治学家 F. 雷格斯在研究泰国和菲律宾的社会变迁时就提出,转型社会都具有异质性、重叠性和形式主义的特征。[①] 异质性,指的是转型社会中杂然并存的现象,它更带褒义的说法是"多元"。比如,当今之中国,不但各种经济形态甚至经济制度杂然并存,在分裂的价值观领域更是"五味杂陈"。重叠性,即旧制度与新方案的重叠,旧风俗与新潮流的重叠,一句话,传统与现代的重叠。它既为社会和个人生活的变革提供了可能,也使得生活于其间的个人或群体或"朝秦暮楚"或"无所适从"。最后,形式主义,即在"应然"和"实然"之间发生了脱节。比如说,交通规则本应该是用来维持交通秩序的——红灯是制止汽车和行人穿越的,斑马线是方便行人行走的——但在转型中的中国,复杂的交通制度,甚至包括完善的设备都无法完满承担维持交通秩序的功能,以致交通规则在一部分人眼中,最后都像金耀基所言,"只是一套白纸黑字"。[②]

我们之所以说,中国体验是社会变迁的观景之窗,再次是因为其既具有相当的独特意义,又具有一般的共享价值。所谓中国体验的独特意义,指的

---

① Riggs, F. W., 1961, *The Ecology of Public Administration*, Bombay: Asia Publishing House.
② 金耀基:《从传统到现代》,北京:中国人民大学出版社,1999 年版,第 74 页。

是在这场规模浩大的社会变迁或转型过程中，中国人精神世界的嬗变有着不同于其他国家尤其是西方发达国家人民曾经经历过的精神嬗变的内在特点与嬗变逻辑。显然，如果中国人精神世界的嬗变，不过是西方国家在现代化进程中曾经经历过的心理嬗变的一种重演或复现，那么这种嬗变就没有自己的独特意义，所谓"中国体验"自然也就成了一个伪命题。而所谓中国体验的共享价值，指的则是中国人精神世界的嬗变是否具有普遍性的一面，对其他国家尤其是那些与中国相似的发展中国家的人民是否具有预示或借鉴意义。如果中国人精神世界的嬗变只是个案，那么这种嬗变就没有自己的共享价值，中国体验自然也就成了一种无法与"人类普遍性的行为律则相衔接"的"例外"，要想建立林南设想的"有可能超越社会界限去解释经验现象"①的理论图式就成了一种费尽心机的枉然。

中国体验的独特性是无可怀疑的。这种独特性不但涉及沧桑巨变、成就斐然、梦想成真，而且和人口众多、传统厚重、转型剧烈有关，甚至和刚性的体制利弊和不受制约的权力体系相互交织。我们承认，这40多年的变化改变了整个中国的面貌，但我们也看到伴随着这巨大改变的不仅有欣快、愉悦，也有艰涩甚至痛楚，有时它还为未来留下了茫然和困惑。其实，中国体验的独特性，不仅取决于其所经历的精神世界的震荡和磨砺的广度与深度，而且取决于其所生存的国度——中国的独特性。中国体验的普适性同样也无可怀疑。这种普适性一方面意味着，对那些和中国一样具有相似或相近的文化传统或历史遭遇的民族或国家来说，14亿中国人今天所经历的复杂而剧烈的精神世界的嬗变，或许也是他们未来将经历的嬗变的一种预示；另一方面则意味着，鉴于在人类及人类文化中存在某些普遍性的因素，就像我们已经习惯了用在西方形成的理论图式解释中国或东方的经验现象一样，在中国或东方形成的理论图式，也同样具有不同程度的、解释西方或其他民族或国家的经验现象的可能——前提只取决于不同国度之间经济与社会结构的相似程度。基于此，完全有理由相信，今天中国社会心理学家对"中国体验"的"背书"越详尽，我们未来在世界社会心理学的讲坛上所具有的话语叙事能力就越强。而这，就是中国社会心理学家无法回避的历史宿命。

---

① 林南：《中国研究如何为社会学理论做贡献》，载周晓虹主编《中国社会与中国研究》，北京：社会科学文献出版社，2004年版，第91页。

"社会心理学系列"五种，不直接涉及对中国体验或中国人社会心理嬗变的"背书"，却有助于我们了解现代社会心理学的历史进程与理论建树、了解在现代社会心理学100余年的发展中日积月累的知识精进，因此也将有助于中国社会心理学在下一个100年中的发展与进步。

是为序。

2021年7月30日
南京紫金山东麓寓所

目 录

第一编 •

模仿的规律[*]

加布里埃尔·塔德[**]

我是通过模仿来表示人们之间的各种互相摄影现象的。可以说这种模仿既可以是主动的，也可以是被动的；既可以是有意的，也可以是无意的。只要两个人之间有一种社会关系，那么，从这个词的意义上讲，我们就有模仿行为（或者一方被对方模仿，或者双方相互模仿）。如果我们注意到这一点，我们将不得不承认社会学家把这个概念作为一个注意点是有道理的。

我因为过分扩展了"发明"（invention）一词的含义本应该受到更多的批评。我确实非常肯定地用这一词语来表示个人的创造性精神，不仅没有考虑到人们的自我意识的程度（因为个人常常是无意识地进行革新，并且事实上，最善于模仿的人通常在某个方面是个革新家），而且也丝毫没有注意所讨论的革新的难度或益处。这并不是因为我没有认识到最终认真考虑的重要性。有些发明是很容易的，以致我们可能承认它们在所有落后社会里都是无须借鉴地自然产生的，它们最初的偶然出现没有多大意义。相反，另外一些发现则非常困难，以致有这些发现的天才的出现可能被人们认为是一种百年不遇的良机。尽管如此，我仍然认为在把简单的革新描述成发明或发现方

* Translated from Gariel Tarde, *The Laws of Imitation*, translated by E. Parsons, New York: Henry Holt, 1903, pp. IV-XIX, pp. 2-4, pp. 86-88, pp. 213-216. （本文由刘世能译，周晓虹校）

** 加布里埃尔·塔德（Gariel Tarde, 1843~1904），生于法国多尔多涅省沙拉市（Sarlat）的一个地方法官家庭。早年受教于沙拉特学院的一所天主教学校，接受地方耶稣会学校传统的正规教育，并表现出对哲学和古典文学研究的兴趣，后赴巴黎学习法律。1869年在沙拉开始了其地方法官生涯，直至1894年赴巴黎担任司法部统计局局长。其后被聘为政治学教授，1900年担任法兰西学院教授，同一年入选道德和政治学学会会员，系与涂尔干齐名的法国早期社会学家。著有《比较犯罪学》（1886）、《模仿的规律》（1890）、《社会逻辑》（1895）、《社会规律》（1898）等多部作品。

面，我对一般语言所作的略微改动是正确的，因为最简单的事情并不总是没有多少结果的，而最困难的事情也并不总是最有用的。另外，最不合理的事情是许多自然主义社会学家赋予了"遗传"（heredity）一词过分的伸缩性含义。他们将"遗传"一词不加区别地用来表示那种通过生育进行的重要特点的传递，以及表示通过家族传统、家庭教育和风俗模仿而进行的观念、风俗和社会事物的传递。

我在这里补充一点：来自希腊语的某个新词语，在这个世界上一直是最容易令人想象的东西。我可以很容易地编出两个新词来代替"invention"（发明）或"imitation"（模仿）。我们现在不必多谈这个微小而无意义的事情。我有时被指责为过于夸张，而在使用这两个有疑问的新概念时，这恐怕是个更为严重的问题。确切地说，这是一个普遍的批评，每个革新家都一定会遇到，甚至当他在表达思想方面因过于谨慎而犯错误时也不例外。我们可以确信，如果一个希腊哲学家说太阳可能和伯罗奔尼撒一样大，那么，他最好的朋友们都会认识到，虽然在他的这个聪明的悖论中存在真实的成分，但他显然是过于夸张了。一般来说，批评家们并没有考虑到我所考虑的那一方面。我希望展开人类事实的纯社会学一面，并有意忽略其生物学一面，尽管我完全意识到后者与前者是不能分离的。我的计划允许我表明普遍的重复的三种重要形式之间的关系（不必展开到充分的程度），特别是遗传和模仿之间的关系。但是，我想我已经说得够多了，关于种族和物理环境重要性的观点已经明了无疑。

此外，如果我说各种社会关系、社会事实的独特之处在于它们可以被模仿，那么，这种说法是不是像有些浅薄的读者认为的那样，表明在我的眼里没有社会关系、没有社会事实、没有社会原因，只有模仿呢？人们或许还会说生命的功能可以归结为生殖，各种重要现象可以归结为遗传，因为在生物体内部一切都是生殖和遗传的问题。社会关系就如同人的需要和观念的对象一样，如同这每一种需要和观念对其他人的类似的或不同的倾向与意见所形成的促进或阻碍一样，是多种多样、各不相同的。在这无比的复杂性中，我们注意到各种社会关系（讲与听、恳求与被恳求、命令与服从、生产与消费等）隶属于两种群体：一种群体以劝说或命令的方式、自愿或不自愿的方法，一个人、一个人地传递信念；另一种群体则传递一种愿望。换句话说，第一种群体是由各种各样不同程度的训练构成的，而第二种群体则是由各种各样不同程度的命令构成的。这完全是因为被模仿的人的行为具有教条①或命令的特点，以至于模仿是一种社会纽带，它作为教条或力量而把人们联系在一起（当人们说社会事实可以根据其强制性特点加以区别时，他们只看到了这个真理的一半，并且理解得很糟糕，在这样说的时候，他们并没有认识到大部分轻信与驯服具有自发性）。

所以，我认为我在这本书中并没有犯夸大的错误，在这本书再版时我也没有删去任何内容。相反，我倒是犯了过于省略的错误。对于在社会中，特别是在现代社会中发挥重要作用的模仿形式，我没有说什么，反倒急于完成这种省略。事实上，模仿有两种形式，也就是要么完全按别人的样子去做，要么完全反其道而行之。因此，赫伯特·斯宾塞在其进步性分化法则中指出了（但未加以解释）这种划分的必要。无论社会环境多么简单，没有暗示，就不能肯定任何东西，不仅肯定某种观点是这样，而且否定这种观点也是如此。这就是为什么说超自然的力量在通过神学维持自身存在的过程中，暗示了其自身的否定力量——自然主义的原因。同理，对唯心论的证实产生了唯物主义，专制制度的建立却孕育了共和主义思想。

从这种比较广阔的观点出发，我们可以说社会就是一群表现出很多相似性的人。这些相似性是人们通过模仿或反向模仿而产生的。因为人们经常反向模仿，特别是当人们既没有直接模仿的虚心态度，又没有发明创造的能力的时候更是如此。在彼此反向模仿的过程中，即在从事那种与自己观察到的言行相反的事情的过程中，人们越来越被同化，就像模仿周围的人而被同化一样。人们在葬礼、婚礼、拜访和待人接物方面遵循一定的风俗。与此相接近，没有什么事能比违反人的从众的自然倾向，或者假装违背从众本能倾向更具有模仿性的了。在中世纪，黑人的弥撒源于对天主教弥撒仪式的反向模仿。达尔文在其论述情感表达的著作中，也用较多的篇幅论述了人的反向表达的需要。

当某个教条一经公开，或某个政治计划一经宣布之时，人们便会分为两个不平等的群体。对此，有些人持乐观态度，有些人则不抱乐观态度。至于哪个群体不能获得支持者、哪个群体不能促进非支持者群体的形成，这一点

① 教条（dogma），就是任何宗教的或其他的思想，比如政治思想。它们植根于社会各种单位的头脑里，由于环境的压制而逐渐成为教条。

并没有得到明确说明。任何一种肯定的论断，在它吸引平庸和善良者的同时，在某个地方或某个具有反叛倾向的人的大脑（这并不意味着其自然地具有创造性）中，也必然会引起一种截然相反的、同样有力的否定。这使人想起了物理学上的感应电流，但是，这两类大脑具有同样的思想内容和目的。它们是相互联系着的，尽管它们是对手，或者说因为它们是对手。让我们把问题的模仿性传播同问题的解决方式的模仿性传播明确地区分开来。因为一定的解决方式在一个地方传播，而另一种解决方式在其他地方传播，这并不妨碍该问题在上述两个地方的传播。这在每个时期，在持续交流的人们中间，特别是在国际关系空前多样化的今天，以及在周而复始的社会和政治论战日程中，不是很明显吗？这种相似性难道不是由于模仿的趋势造成的吗？这种模仿趋势本身可能只有根据凭借模仿的早期传播而实现的愿望与思想的扩散来解释。当前欧洲大陆的劳资问题正在被鼓动起来难道不是由于这种原因吗？新闻界现在没有拿出什么意见，关于这一点我要重复的是，公众并不总是每天都能被划分为两大阵营——某种意见的赞同者和反对者的。但是，后者与前者都认为当前只能关心迫在眉睫的问题。只有一些不驯服和不受约束的杰出人物，才在其所处的社会的汪洋大海的惊涛骇浪中，反复思考那些奇特而纯属假设性的问题。这样的人才是未来的创造者。

我们一定要格外小心，不要把"反向模仿"同它的危险仿造物"发明"混同起来。当然，我并不是说前者毫无价值。尽管它培育了同党精神，即将人们区别开来的和平精神或好斗精神，但它将人们引入了社会争论的愉悦之中。它证明了对立双方自身的交互性根源，回应性潮流本身是由某种潮流引起的。我们也不能把反向模仿同系统性的非模仿混同起来（关于这点我在本书中也应该述及）。非模仿并不总是一种简单的否定性事实。虽然在没有接触（因实际交流的不可能而没有社会接触）时，非模仿这一事实仅仅是一种非社会性的关系，但是，对那些与我们联系密切的邻居不加模仿这一事实，则实际上使我们处于与其具有反社会关系的地位。一个人、一个阶级、一个城镇、一个村庄或者孤立于文明大陆的某一未开化的部落，拒绝模仿构成其邻居或邻近社会的文明的衣饰、风俗、语言、工业和艺术，表明了其对该社会形式的对立情绪。因此，这种情况是绝对公开的，并且永远不尽相同。与此类似，当人们在权利、社会习俗、思想观点等事情上故意不重复其前辈的做法时，就出现了父代与子代间名副其实的分离现象，联系新旧社会的"脐带"断裂了。从这个意义上讲，自愿而坚定的非模仿具有一种净化的作用。它与那种充满了（我称之为）逻辑冲突的作用十分相似。就如同后者具有净化那些具有复杂思想与意志的社会大众、消除不平等和不协调、促进逻辑协调的综合行为的倾向一样；所以，对外来的、异质性模式的不加模仿能够使一系列协调的本土模式扩展并延续自身，在其自身作为客体的风俗模仿中立于不败之地。同理，当孕育革命的时刻到来之际，对早期模式的不模仿为时尚的模仿开辟了道路。它在其征服性活动中不会再遇到障碍。

我们的出发点在于重新激励人的首创精神，它能给世界带来新的需要、新的满足，并通过自发和无意识的模仿或人为和有意识的模仿，以或快或慢但有规律的速度传播自己，就像光波或白蚁家族发展或繁殖自身那样。当然，我所提及的这种规律性并不明显存在于社会事物之中，除非将社会事物分解成若干因素才能发现这种规律性。此时，它存在于最简单的社会事物之中，存在于一系列杰出发明的组合中，存在于不断积累并已转化为普通人的智慧的天才闪现中。我承认这是一个非常困难的分析。从社会的角度来看，任何事情不是发明，就是模仿。发明之于模仿，就像高山之于江河，具有同样的关系。这种观点肯定并不比其他观点有什么更精妙之处，但在大胆而毫无保留地坚持这个观点的过程中，在从最具体的细节到最全面地综合利用这一观点的过程中，可能我们会注意到它最能够赋予所有生活画面和简拙单调的历史以鲜明生动的特色，并且它适于揭示那具有悬崖峭壁般的怪异或公园散步般的刻板特点的历史场景。如果你想这样称呼的话，这也称得上是一种理想主义。但是，它不是通过历史学家而是通过行为者的思想观点来解释历史的。

如果从上述观点出发看待这种有关社会的科学，我们将会立即发现，人类社会学与动物社会学密切相关，打个比方说，就如同生物学的种与其属的关系一样。我承认人类是非同一般的高级种类，但它与其他种类不无相似之处。艾尔弗雷德·埃斯皮纳斯在一本完成已久的题为《社会动物》的著作中曾明确指出，蚂蚁的劳动可以根据"个体首创而引起模仿"的原则加以完满的解释。这种首创性是一种可以和我们自己的精神勇气相媲美的革新和发明，在门楼或地道的构建上，蚂蚁一定具有同等于甚或超过我们的隧道工程师的才智的能力。顺便说一下，这种情况表明，具有首创性的蚁群的模仿行为证明那种关于动物当中存在相互敌视的说法是不正确的。[①] 埃斯皮纳斯在对我们的"低级同胞"的社会进行观察的过程中，对其个体的首创精神所发挥的作用印象颇深。每群野牛都有自己的领袖——富有影响力的头牛。埃斯皮纳斯还将鸟类本能的发展解释成"能够通过直接训练代代相传的个体发明能力"（Espinas，1877：272）。本能的变异可能与物种的起源和变异有关，根据这一事实，我们可能会去探究对发明或其他具有生理类似性的事物加以模仿的原则，以及探索能否清楚地解释物种起源这个更为开放的问题。不过，这里让我们先把这个问题放一放，并将话题限定在这样一个命题上：从这个观点出发既可以解释动物社会，也可以解释人类社会。

也许正是由于这一点，那些对同化相当不满并真正不爱交际的人，即所谓外粗内秀者，在他们的整个生活中总是谨小慎微的。他们中有一部分人患有梦游症。另外，难道没有从未感到麻烦和难堪，在进入画室或报告厅时从未体验过胆怯，在第一次从事科学或艺术时也未产生任何茫然无措感的人吗？难道这样的人不具有最高层次的社会性吗？难道他们不是摆脱了任何特定职业和支配性思想的优秀模仿者吗？难道他们不具有卓越的中国人和日本人所具有的那种迅速适应环境的能力吗？而当他们准备入睡时，不也是第一流的梦游症患者吗？恐吓借着崇敬的名义在社会生活中发挥着巨大的作用。人们都认识到了这一点，并且尽管人们有时误解了这种作用，但从未夸大这种作用。崇敬既不是单纯的畏惧，也不是单纯的爱，同样也不仅仅是这二者的混合，虽然它表现为人们对其所敬爱的人的某种畏惧。崇敬主要是一个人在另一个人的心理上造成的一种榜样性印象。当然，我们必须把我们能意识到的崇敬同那种在伪装的蔑视掩饰下我们未觉察到的崇敬加以区别。但是，一旦考虑到这种区别，那么显而易见的是我们模仿谁就尊敬谁，而我们尊敬谁就模仿谁或欲图模仿谁。社会权威的转移迹象并不比在这些榜样的流行过程中出现的偏离现象更确定。世上那些学着劳动者的俚语或装束，模仿着女演员的声调的男男女女，对其模仿者的尊重和敬意比他们自己所意识到的要

---

① 埃斯皮纳斯先生认为，在种属比较高的蚂蚁中，"个体显示出了令人惊讶的首创性"（Espinas，1877：223）。蚂蚁群的劳作和迁移是如何起源的？是不是从一群蚂蚁的不同个体的共同、本能和自发的冲动开始的呢？是不是从所有的个体在外力的压力下同时感受到的冲动开始的呢？与此相反，一开始总是由一只蚂蚁离开蚁群启动的；接着，它用触须触摸邻近的蚂蚁寻求帮助，接下来的工作就由模仿的传染性去完成了。——英译者注

大得多。试想，如果没有上述两种形式的尊敬的普遍而持久的循环往复，这个社会还能存在一天吗？

但是，对于上述比较我不准备再做进一步的讨论了。无论如何，我希望至少能使我的读者明白：要彻底了解基本的社会事实，就必须了解极其微妙的心理事实；即使那种看起来似乎非常简单和肤浅的社会学也深深植根于心理学和生理学的内在土壤之中。社会是一种模仿，而模仿也是一种梦游症，这就是本文的要旨。

人类模仿行为最初表现出来的那种明显的主观性特点，和它所具有的将人的精神统一起来的特权，必然导致人类不平等的出现和社会等级制度的形成。这种情况是无法避免的。因为示范者与学习者之间的关系发展成了传道者与新入教者之间的关系，或曰主人与仆人之间的关系。结果，由模仿是从示范者的内圈扩展到其外围这一事实，必然形成了一个从社会上层到下层依次而下的体系。虽然这第二个规律已部分被第一个规律所包含，但对它需要单独地加以考察。

此外，让我们确信，我们理解现在所考虑的以及先前所考虑的事物的确切含义。首先，我们知道它们奠基于这样一种假设：声望和优越地位的影响既不会部分地更不会全部地被合乎逻辑规律的行为所抵消。一种包含相当引人瞩目的真理或效用的新思想，无论其提出者或介绍者地位多么卑下或被人所蔑视，它最终总能在公众中间传播开来。奴隶和犹太人的福音能够在罗马贵族社会中广为传播，是因为这种福音比多神论更易于用来回答罗马人的主要的良心问题。也正因如此，在古埃及历史上有一段时期，尽管埃及人看不起亚洲人，但马还是被引入埃及。因为就许多工作而言，马比当时埃及人使用的骡子更为合适。这样的例子俯拾即是。同样，最客观的例子是，独立于其含义的某个单词、独立于其教义的某种宗教仪式、独立于其表达的需要的某种特殊风俗、独立于其所体现的社会理想的某部著作或某类艺术，可能会很快地在某种陌生的环境中传播。在这种环境里，人们发觉用新的方法代替旧的方法有利于他们的主导性需要和主导性原则；比起旧方法来，这种新方法可能更有特色，或更为明哲、更具有说服力。

其次，即使当合乎逻辑的行为不介入时，也不仅仅是下层模仿上层、平民模仿贵族、普通人模仿高贵者、一般教徒模仿牧士，以及在晚近所出现的一般人模仿党人、乡里人模仿城里人，等等，而且有时（确切地说这样的时候不多）上层也会模仿或可能模仿下层。当两个人长期相处时，无论其地位有多大差别，他们最终会互相模仿，虽然其中一方的模仿可能多些，另一方的模仿可能少些。正如较冷的物体也会影响较热的物体的温度一样。在口音、举止和观点等方面，最傲慢的乡间绅士与其仆人和佃户也难免会有某些相似之处。很多方言和土语也因同样的原因渗入城市甚至首都的语言之中，俚语也不时会出现在贵族的沙龙之中。这种从下到上的影响赋予各类事件以鲜明的特色。不过，总的来讲，物理学上的主要事实还是热物体对冷物体的大量辐射，而不是冷物体对热物体的微量辐射。这说明宇宙的气温具有持续平衡的最终趋势。与此相类似，从社会学观点来看，榜样从上向下的辐射是唯一值得认真考虑的事实，因为它在人类社会中能够产生一种普遍的平衡作用。

这里让我们进一步说明我们现在所讨论的这个事实。最自然的事情莫过于彼此相爱的人相互之间的模仿，或者爱慕者对所钟爱者的模仿（因为这类现象经常是从单方面开始的）。但是，考虑到模仿行为根植于人类内心深处这一事实，我们能够看到人们在一切场合甚至在战争中，都互相模仿。被征服者只要准备复仇，就从未停止过对征服者的模仿。当他们借鉴征服者的军队组织形式时，他们小心地说并真诚地认为，他们唯一的动机是一种功利性的算计。但是，如果我们将这一事实同那些功利主义观点且没产生一点作用的大量有关事实相比较，就会发现这种解释是不充分的。

例如，被征服者借鉴的不仅是征服者的优良武器、远射程的枪炮和令人叫绝的方法，还照搬了征服者的很多无足轻重的军事特点和习惯。即使你适应了这些特点和习惯（假使这是可能的话），也会带来许多远远超过其微小益处的困难。13 世纪经常交战的佛罗伦萨和锡耶纳彼此陈兵征伐，它们的军队不仅组织方法完全相同，而且阵前排列的都是奇特的马车和大钟。开始时，这些装备是很长时期内称雄意大利的伦巴第所特有的，后来被引进佛罗伦萨并做了一些改进。此后，由于这座繁华城市的盛名，这些东西流传到其敌对的邻国。然而，这种马车是个累赘，大钟则是个名副其实的危险品。那么，为什么佛罗伦萨和锡耶纳不保持自己的习惯而要模仿这些奇怪的东西呢？由于同样的原因，社会的低等阶级，也就是那些内战中的战败者，或战败者的后代，往往会模仿上等阶级的服饰、举止、语言和声调等。在这个例子里，不能说模仿是一种出于复仇目的而采取的军事行动。它不过是对社会生活中的一种特殊的根本需要的满足，其最终将通过各种冲突条件为未来的和平做好准备。

参考文献

Espinas，A.，1877，*Des Sociétés Animales*，Paris：G. Baillière.

集体意识[*]

埃米尔·涂尔干[**]

一　集体意识的定义——以犯罪为例

同一社会的普通公民所具有的共同信仰和情感的总体构成了一个有其自身生命的明确系统，我们可以称之为集体意识（collective conscience）或共同意识（common conscience）。毫无疑问，它没有一个作为其基础的具体机构，它就其定义而言散布于社会的所有领域。然而，它所具有的具体特征使之成为一个独特的实在。它实质上独立于个体所处的各种特定的环境——它们逝去而它却依旧。它在北方和南方、在大城市和小城市、在不同的行业中是一样的。此外，它并不伴随着不同的世代而变革，相反，它将连续的世代彼此联系在一起。因此，它是一种完全不同于特定意识的东西，尽管它只能通过它们而被实现。它是社会的精神形式，它有其特性、存在的条件、发展的模式，就像个人的形式一样，尽管其方式截然不同。由此，它有权利被用一个专门的词语来表达。我们所使用的这个词确实不是没有歧义的。由于

＊　Translated from Durkheim, E., *The Division of Labor in Society*, New York：Free Press, 1964, pp. 79-85, pp. 129-132, pp. 152-153.（本文由郑震译校）

＊＊　埃米尔·涂尔干（Émile Durkheim, 1858~1917），生于法国孚日省埃皮纳尔一个犹太教教士家庭，幼年曾学习希伯来文、旧约和犹太教法典。1879~1882年，就读于巴黎高等师范学校；1882~1887年，在省立中学教书，其间赴德国一年学习教育学、哲学、伦理学，深受 W. 冯特实验心理学的影响。1887~1902年，在波尔多大学教书，并创建了法国第一个教育学和社会学系；1891年，被任命为法国第一位社会学教授。1898年，创建法国《社会学年鉴》，并因此形成了法国社会学年鉴学派。1902年后执教于巴黎大学，1917年在巴黎去世。著有《社会分工论》（1893）、《社会学方法的准则》（1895）、《自杀论》（1897）及《宗教生活的基本形式》（1912）等，系与马克思、韦伯、齐美尔比肩的社会学一代宗师，结构功能主义创始人。

集体的和社会的这两个词经常被视为是同义的，人们倾向于相信集体意识就是整个社会意识，也就是将其内涵扩展至超出于社会的精神生活，尽管，尤其是在发达社会中，它只是一个非常有限的部分。司法的、政府的、科学的、工业的，简言之，所有专门的功能都具有一种精神的特性，因为它们存在于再现和行动的系统之中。它们无论如何是明确地外在于共同意识的。为了避免某些人所陷入的混乱，[①] 最好的方法是去创造一种技术性的表达，以专门意指社会相似性的总体。然而，由于在并非绝对必要的时候使用一个新词可能会有不便，我们将使用老生常谈的表达，集体的或共同的意识，但是我们将始终采用我们所赋予它的严格的意义。

那么，我们可以继续先前的分析，并指出当一种行为冒犯了强大和明确的集体意识状态时，它就是犯罪。[②]

这一命题的表述通常不会受到质疑，但是它往往会被赋予一种意义，后者完全不同于它所应当传递的意义。我们仿佛不是用它表达犯罪的本质特性，而是表达对犯罪的一种反响。我们清楚地知道，犯罪触犯了非常广泛和强烈的情感，但是我们相信这一广泛性和强烈程度来自行为的犯罪特征，接下来我们将对之加以界定。我们并不否认任何犯罪行为都普遍地受到谴责，但是我们一致认为它所受到的谴责是由其违法性所导致的。但是我们很难说清这一违法性包含着什么。是在一种特别严肃的不道德中吗？我希望事情就是这样，但是那只是通过将一个词放到另一个词的位置上来回答问题，所以确切地说，问题是理解这个不道德是指什么，尤其是这个被社会通过有组织的惩罚来加以谴责并构成了犯罪性的特定的不道德。它显然只是来自所有犯罪学类型所共有的一个或几个特征。唯一可以满足这一条件的是在无论什么犯罪和特定的集体情感之间的对立。因此正是这一对立导致了犯罪，而不是犯罪派生了这一对立。换句话说，我们不应当说，一种行动因为它是犯罪的行动从而震惊了共同的意识，而毋宁说因为

---

① 此种混乱并非没有危险。因此，我们有时候会问，是否个人的意识会随着集体意识的变化而变化？它完全取决于词语本身被赋予的意义是什么。如果它表达了社会的相似，那么就如我们看到的，变化的关系是反向的。如果它意指社会的整个精神生活，那么变化的关系就是直接的。因此，我们必须对它们加以区分。

② 我们不应当去考虑这样的问题，即是否集体意识是一种和个人意识一样的意识。通过"集体意识"一词，我们仅仅意指社会相似性的总体，而没有预先判断这一现象系统应当被定义的范畴。

它震惊了共同的意识所以它是犯罪的行动。我们并不因为它是一种犯罪而谴责它，而是因为我们谴责它所以它是一种犯罪。至于这些情感的固有本性，我们不可能加以详细的说明。它们拥有极其多样的对象，并且不可能被包含在一个单一的公式之中。我们可以说，它们既不与至关重要的社会利益相关，也不与一种最低限度的正义相关。所有这些界定都是不充分的。由此我们可以认识到：无论其起源和目的是什么，在所有的意识之中可以发现一种情感，它具有一定程度的强度和精确性，任何冒犯它的行为都是犯罪。当代心理学越来越回归斯宾诺莎的理念，此种理念认为，因为我们喜欢它们所以事物才是善的，而不是因为事物是善的所以我们才喜欢它们。最基本的是意向、倾向，快乐和痛苦只是派生的事实。在社会生活中正是这样。一种行为在社会意义上是坏的，因为社会证明它是坏的。但是，人们会问，难道不是存在某些集体情感，它们产生于社会在与它们的目的加以接触的过程中所感受到的快乐和痛苦吗？无疑存在这样的情况，但是它们并不完全产生于此。许多（如果不是绝大部分）集体情感产生于其他的原因。任何引导人们的活力去设定一种确定形式的东西都能够导致习惯，因此导致必须被满足的倾向。此外，正是这些倾向才是真正基本的。其他的倾向仅仅是特殊的形式并且更为确定而已。因此在诸如此类的对象中寻找魅力，集体的鉴赏力必须已经被构成，以至于人们可以去欣赏它。如果对应的情感被废除，对社会最具伤害性的行为将不仅被容忍，甚至被赞赏并被建议作为榜样。快乐不可能凭空臆造一种冲动，它只能将那些为了这样一个特定的目的而存在的情感联系起来，假定这个目的是与它们的原初本性相一致的。

不过有些事情在前文并没有解释。某些行动所受到的压制要远胜于其所受到的一般观念的强烈指责。因此，官员之间的勾结，司法权对行政权的僭越，宗教职能对公民职能的侵入，其都是压制的对象，这一压制与它们在良心上所唤起的愤怒并不一致。尽管占用公共财产的行为对于我们而言是无关紧要的，然而它却受到了十分严厉的惩罚。甚至有可能发生的是，被惩罚的行为也许并没有直接伤害任何集体的情感。在我们的情感中没有什么是反对不合季节的捕鱼和狩猎的，或者是反对在公共道路上超载的。但是没有理由将这些违法行为与其他违法行为区别开来，任何彻底的区分都将是武断的，① 因为它们在不同程度上都呈现了同样的外部标准。毫无疑问，在这些例子的任何一个中，惩罚并没有体现为是非正义的。但是如果它并没有被公众意见所坚持，此种意见就其自身而言，或者完全不反对它，或者表明它对之并不那么强求。因此，在所有此类案例中，犯罪并不产生于或者说并不完全来自被冒犯的集体情感的活力，而是来自某种其他的原因。

确切无疑的是，一旦一种行政权力被任命，它自身就会有足够的力量将一种刑法的约束力自动地施加于特定的行为规则。它可以凭借其自身的行动来创造某种犯罪或者增加某些其他行为的犯罪学价值。因此，我们刚刚引用的所有行动显示了这一共同的特征，即与社会生活的某个行政机构相对立。然而我们必须承认存在由两种不同原因所导致的两种犯罪吗？这样的假设还无法被考虑。虽然犯罪的种类极其多样，但是它们在任何地方本质上都是相同的，因为它们在任何地方都引起了同样的后果（就惩罚而言），此种后果的强度或大或小，但不会因此而改变它们的本性。但是同样的事实不可能有两个原因，除非这一二重性仅仅是表面现象，而实质上它们是一回事。因此，国家所拥有的反作用力应当与弥漫于整个社会之中的反作用力属于同一种类。

此种反作用力来自哪里呢？来自国家所关心的并且需要以一种十分特殊的方式加以保护的深层的利益。但是我们知道，对深层利益的颠覆也并不足以导致被惩罚的反应，它还必须以一种非常明确的方式被人们意识到才行。为什么对政府机构的些许损害就会被惩罚，而其他社会机构中的许多严重混乱却仅仅是根据民法加以改正而已？对于警察权力的最轻微的伤害就会招来惩罚，与此同时即使是反复地违反契约，或者在经济关系中一贯地缺乏公正，却仅仅是要求对损失加以弥补而已？毫无疑问，管理系统在社会生活中扮演着一个突出的角色，但是存在利益十分重要的其他系统，其作用的发挥并不是以此种方式来加以确保的。如果大脑有其重要性，那么胃同样是一个关键的器官，当胃得病的时候就会像大脑得病一样威胁到生命。为什么这一特权要被赋予有时被称为社会大脑的机构？

---

① 我们只要去看一看巴伦·加罗法洛是如何区分他所谓的真正的犯罪和其他犯罪的（Garofalo，1885，*Cimimologie*，p. 45）；这不过是一种个人的判断，它没有建立在任何客观的特征之上。

如果我们意识到，无论在哪里建立起一种管理权，其基本和首要的功能就是去生成对信仰、传统和集体实践的尊敬，也就是捍卫共同意识，以反对所有内部和外部的敌人，那么困难也就轻而易举地不攻自破了。管理权因此成为共同意识的象征，成为它在所有人眼中的生动表达。因此，集体意识的生命被传递给了管理机构，就如同观念的近似性被传递给代表它们的词一样，并且这也就是为什么集体意识会赋予管理权高于其他权力的特征的原因所在。它不再是一个具有或多或少重要性的社会功能，它是集体类型的实体化。它是作用于意识的权威的组成部分，同时它也正是在集体意识中获取力量。不过，在并不脱离生成它和持续支持它的根源的情况下一旦被构成，它仍旧成为社会生活中的一个自主的因素，它能够自发地生成其自身的运动而无需外部的推力，准确地说这是因为它已经获得了霸权。再者，因为它只不过是内在于集体意识之中的力量的衍生物，它必然拥有同样的特性，并且以同样的方式进行反抗，即使集体意识并没有完全一致地进行反抗。它就像社会的散布的灵魂将会做的那样击退了任何敌对的力量，尽管此种灵魂并没有感受到这一敌对，或者毋宁说，并没有如此直接地感受到这一敌对。那就是为什么它视为犯罪的那类行动在冲击它的同时却没有在同样的程度上冲击集体情感的原因所在。但它正是从这些集体情感中汲取所有的力量，通过这些力量它才得以去确定犯罪和违法行为的身份。除此之外，管理权并非来自集体意识之外或产生于虚无，接下来的事实将在本书的其他部分被充分地揭示，以证明这一解释。行政机构在处理犯罪行为的数量和性质方面所能达到的程度，取决于它所获得的力量。此种力量或者可以通过它实施于公民的权威程度来加以测量，或者可以通过与之相对立的那些犯罪行为所被赋予的重要性程度来加以测量。但是我们将看到，在较低级的社会中这一权威是最大的，并且这一重要性是最高的，此外，正是在这些同样的社会类型中，集体意识拥有最大的权力。①

因此，我们必须总是要回到最后这一点上：那就是在直接或间接的意义上，犯罪性是从何而来的？犯罪并不只是对于重大利益的破坏，它是以某种超验的方式对一种权威的冒犯。但是，从经验上看，除集体力量之外，并没

---

① 再者，当罚款构成了全部惩罚的时候，因为它只不过是一种数量固定的补偿，所以犯罪行为处于刑法和补偿法的界限之上。

有什么超越个体的道德力量。

二　机械团结和有机团结

因为消极的团结本身并不创造任何整合，此外它也没有什么特殊性，我们应当仅仅意识到两种积极的团结，它们可以通过以下的性质来加以区分。

1. 第一种团结无须任何中介就将个体直接束缚于社会。在第二种团结中，它依赖于社会是因为它依赖于那些社会的组成部分。

2. 在这两种团结中社会并不是以同样的面貌来被看待的。在第一种团结中，我们所说的社会是一种或多或少有组织的信仰和情感的总体，这些信仰和情感对于群体的所有成员而言是共同的——这是集体的类型。另外，我们团结于其中的社会在第二个例子中是一个彼此不同的、具有专门功能的系统，这些功能由一定的关系统一起来。这两种社会实际上仅仅构成一个社会。它们是同一实在的两个方面，尽管如此，它们必须被加以区分。

3. 通过这第二种差别产生了另一种差别，它有助于我们去描述这两种团结的特征，并为它们命名。

只有当社会的所有成员所共同具有的观念和意向在数量和强度上大于那些仅仅属于每个成员自身的观念和意向时，第一种团结才会变得强大。超过越多此种团结就越是强大。但是，构成我们个性的是在多大程度上我们拥有自身的个人特性，它使我们与其他人区别开来。此种团结只能在与个性相反的比例上成长。就如我们已经说过的，我们每个人都有两种意识：一种意识对于我们的整个群体而言是共同的，它因此并不是我们自己的，而是在我们当中生存和行动着的社会；与之相反，另一种意识所体现的是我们自身所具有的个人的和独特的东西，它使我们成为一个个体。[①] 当集体意识完全包含了我们的整个意识，并且在所有方面都与之一致的时候，由相似产生的团结达到了它的最高点。但是，那时我们也就没有什么个性可言了。个性只有当共同体占据我们自身的份额较少的时候才会产生。在此存在两种对立的力量，一种是向心力，另一种是离心力，它们不可能同时壮大。我们不可能同时在两种相反的意义上发展自身。如果我们拥有强烈的欲望去为自身而思考

---

① 然而这两种意识在范围上对我们来说并不是泾渭分明的，而是在所有方面都是彼此渗透的。

和行动，我们就不可能强烈地倾向于像别人那样去思考和行动。如果我们的观念是去呈现一种独特的和个人的外表，我们不会希望与任何别人相似。再者，当这种团结发挥它的力量时，我们的个性也就消失了，就如同我们的定义允许我们去说的那样，我们不再是我们自己，而是集体的生命。

以此种方式结合在一起的社会分子只能在如下意义上共同行动，它们没有属于自己的行动，它们是无机整体的分子。这也就是为什么我们建议将此种团结类型称为机械的团结。这一术语并不意味着它是由机械的和人为的手段加以创造的。我们之所以那样称呼它，仅仅是由于它类似于将无生命的整体的要素统一起来的那种结合，与之相对立的是那种将有生命的整体的各要素团结起来的结合。这一称呼的道理就在于，在机械团结中将个人与社会联合起来的环节完全类似于那种将一个事物与一个人连接起来的环节。在此意义上，个体的意识只是简单地依附于集体的意识，并且遵循集体的所有活动，就如同被拥有的客体遵循其主人的活动一样。在此种团结类型高度发展的社会中，就像我们稍后将看到的那样，个人并不凸显。个性是社会的所有物。因此，在这些社会类型中，人权与物权是不分的。

劳动分工所创造的团结是完全不同的。既然此前的类型暗示了个体之间的彼此相似，这一团结类型则意味着个体之间的差异。第一种类型只有当个体的人格被同化进集体的人格之中时才是可能的；第二种类型则只有当每一个个体都拥有一个专门属于他的行动领域的时候才是可能的，那就是一种个性。因此，集体意识必然要为一部分个人意识留出开放的余地，以使得在那里可以形成一些它无法加以控制的特殊功能。这一领域越是扩展，此种团结所导致的内聚力就越是强大。实际上，一方面劳动越是分化人们就越是严格地依赖于社会，而另一方面每个人的活动越是专门化就越是具有个人性。毫无疑问，就如同它所受到的限制所表明的那样，它从来也不是完全原创性的。甚至在我们的职业活动中，我们遵循惯例，遵循我们的整个职业社团所共同具有的实践。但是，甚至在这一事例中，我们所从属的束缚远没有社会完全控制我们时的束缚那么沉重，并且它为我们的开创性的自由活动提供了更多的空间。因而在此，整体的个性与作为其组成部分的个性同时成长。社会变得更能够进行集体的活动，与此同时它的每一个要素也拥有了更多的活动自由。此种团结类似于我们在高等动物那里所发现的团结。实际上，每一个器官都具有其独特的形态，有其自主性。并且，进一步地，有机体的统一与其组成部分的个体化一样的强大这一点就更为明显了。因为这一类比，我们建议将这一由劳动分工所导致的团结称为有机的团结。

不仅是在一般的意义上，机械团结对人的联合没有有机团结那么紧密，而且，伴随着我们在社会进化方面的进步，机械团结变得更加松弛。

由团结所导致的社会联合的力量随着如下三种条件的变化而变化。

1. 共同意识的数量和个人意识的数量之间的关系。前者越是能够完全地包容后者，联合就越是紧密。

2. 集体意识的平均强度。如果集体意识和个人意识之间的数量关系是对等的，那么集体意识所施加于个人意识的力量就和它的生命力一样的强大。但是，如果集体意识所具有的仅仅是虚弱的力量，那么它也只能对集体感产生虚弱的影响。个人将更容易去追求自己的道路，而团结将被削弱。

3. 这些相同状态的较强的或较弱的确定性。也就是说，信仰和实践越是确定，它们留给个人独特发展的余地就越小。它们是整齐划一的模型，我们以同样的方式将我们的观念和行动隐含其中。因此，如果舆论尽可能地完善，那么所有的意识都在一致的状态中波动。相反，行为和思想的规则越是笼统和不确定，个人的反思就越是倾向于把它们应用于个别的事情。但是个人的反思不可能被唤醒却不产生纷乱，如果个人的反思在不同个体的身上具有不同的性质和数量，那么它所创造的任何东西也同样是因人而异的。以社会内聚力和社会活动的协调为代价，离心的倾向因此而增加。

另外，强大和明确的集体意识是刑法的根基。但是我们看到，今天与过去相比这些根基的数量已经减少了，并且随着社会接近我们的社会类型，它变得越来越少。因此集体意识的平均强度和平均的决定性程度已经减弱了。因此，确切的是，我们不能下结论说共同意识的总体范围已经缩小了，因为也许刑法所对应的领域已经缩小，而其余部分却扩大了。强大和确定的意识状态可能减少了，但同时却回报以数量巨大的其他的意识状态。但是这一增长，如果它是真实的话，将完全等价于在个人意识领域中所产生的增长，因为后者已经至少以同样的比例在增长。集体共有的事物越多，则属于个人个性的东西也就越多。实际上，有充分的理由相信，后者的增长超出了前者，就人们更加具有教养而言，人与人之间的差别已经变得更加明显了。我们刚刚看到，特殊的活动比共同意识获得了更多的发展。因此，至少有可能的是，在每一个个别的意识中，个性化的层面要比其他的层面更为重要。在任何情况下，在它们之间的关系都是如此。由此来看机械团结即使没有失去什么，它也没有得到什么。如果另一方面，我们发现集体意识已经变得更加衰弱和不确定，我们可以断定此种团结也已经变得衰弱了，因为，就行动的力量建立于其上的三个条件而言，至少有两个正在丧失它们的强度，与此同时第三个条件依然没有改变。

群氓心理学[*]

古斯塔夫·勒庞[**]

第一章　群氓的一般特征、群氓精神一统律

从一般意义上说，"群氓"一词指的是任意个体的一种聚集，无论他们来自哪个国家，从事什么职业，是什么性别，也不管是什么机缘巧合使他们聚在一起。

从心理学的角度看，"群氓"一词的含义则完全不同。在某些特定的情况下，并且只在这些情况下，这群人会表现出极不同于个体的新的特质。他们的有意识的个性消失，情感和思想聚往同一个方向，集体的灵魂由此形成。这种集体的灵魂可能是暂时的，却表现出一些非常鲜明的特点。由于没有更好的说法，我姑且将这一变化了的群氓称为有组织的群氓，如果愿意，我们可称之为心理群氓。它形成了一种独立的存在，并服从于群氓精神一统律。

一些个体偶然聚集在一起，这并不能给予他们有组织的群氓特征。众人因为偶然聚集在一起，没有任何明确的目的，是无法组成心理群氓的。为了

---

[*]　Gustave Le Bon, *Psychologie des Foules*, 31ᵉ Édition, Paris: Félix Alcan, 1925, Chapitre 1, pp. 11-21; Chapitre 3, pp. 45-55.（本文由陈璞君译校）

[**]　古斯塔夫·勒庞（Gustave Le Bon, 1841~1931），生于法国诺晋特-勒-卢特鲁（Nogent-le-Rotrou）一个军人家庭，后在巴黎学习医学，1866年获医学博士学位，从1870年起在巴黎行医。曾游历欧洲、北非和亚洲，撰写了一系列有关阿拉伯、印度和尼泊尔的人类学和考古学著作，从1884年起开始研究群氓心理学。著有《人与社会：起源与历史》（1881）、《民族进化的心理学规律》（1894）、《社会主义心理学》（1898）、《教育心理学》（1902）、《政治心理学》（1910）、《法国大革命和革命心理学》（1912）、《欧洲战争心理学》（1915）、《新时代心理学》（1920）等，其中尤以《群氓心理学》（1895）闻名于世，被誉为"群氓社会的马基雅维利"。1931年逝于法国马恩-拉-科盖特（Marnes-la-Coquette）。

具备心理群氓的特殊特征，我们需要在下文中对某些激化因素的影响的本质予以确定。

有意识的个性的消失和情感、思想聚往同一个方向，是形成有组织的群氓的第一步，但这并不总是意味着一些个体同时集中在一起。成千上万分散的个体在一定的时刻，在一些激烈情绪的驱使下，如全国性的重大事件，能够获得心理群氓的特征。在这种情况下，任何一个巧合都足以使他们聚集在一起获得群氓行为的特有形式。在历史上的一些时刻，六七个人就能组成心理群氓，而上百个个体的偶然聚集却无法形成心理群氓。另外，有些民族并没有聚集在一起，有时却会在某些影响的作用下形成群氓。

群氓在心理上一旦形成，就会获得一些暂时存在而又明确的普遍特征。这些普遍特征中会存在一些具体特征，这些具体特征会因构成群氓的个体的不同而变化，并且引起精神结构的变化。

因此，我们可将心理群氓进行分类。通过对这一分类的研究，我们看到，异质性群氓（由不同成分组成的群氓）会表现出与同质性群氓（由大体相同的成分组成的群氓；因宗派、身份和阶级因素组成的群氓）相同的特征。除这些共同特征以外，这两类群氓还存在一些各自的特点，这些特点使它们互不相像。

我们在研究群氓的不同特征之前，应先考察一下它们的共性。我们像自然学家一样，先研究同科植物的共性，再研究同科下不同属、种的植物的特性。

群氓的灵魂不易被描述，因为它们的组织不仅会因种族和群体构成上的不同而不同，还会因为它们承受的刺激因素的性质和强度的不同而产生差异。在研究个体心理时，我们也会遇到相同的困难。小说中的人物性格通常是固定不变的，在现实生活中却并非如此。只有在单调的环境下，个体才会形成明显的一成不变的性格。我曾在其他作品中指出，一切精神结构都包含具有各自可能性的性格特点，这些可能性会因为外界环境的突变而表现出来。正因如此，最凶残的国民公会议员在常态下都是与世无争的平民，他们本该是平和的公证人或是温和的公务员。动荡之后，他们恢复了常态。拿破仑在他们中找到了最顺从的公民。

在此无法仔细研究群氓是如何一步步形成的，我们着重研究的是形成完全组织化群氓的那一阶段。这样我们就可以看到群氓的变化，而不是他们的固有状态。只有在这一阶段中，一些新的特征会加入原有的根深蒂固的群氓特征中，使群氓的感情和思想具有同向性。我前文中提到的群氓精神一统律只有在这种情况下才会表现出来。

群氓的一些心理特征与一些独立个体的特征一致，其他的则相反，是集体特有的心理特征。我们将首先研究这些群氓所特有的心理特征，从而揭示其重要性。

一个心理群氓会表现出以下令人印象深刻的事实：无论这一群氓由怎样的个体组成，无论这些个体的生活方式、职业、性格或是智力水平相同与否，形成群氓这一事实使他们获得了一种集体灵魂。这种集体灵魂使他们的感情、思想和行动完全不同于他们原来处于独立状态时的感情、思想和行动。一些思想和情感只有在形成群氓的个体身上才会出现或转变为行为。心理群氓存在的时间很短暂，由异质成分组成，这些异质成分的结合就像是一些细胞结合在一起构成一个新的生命体，这个生命体具有一些与单个细胞完全不同的特征。

与睿智的哲学家赫伯特·斯宾塞笔下的观点恰恰相反，我们惊讶地发现在形成群氓的人群中并不存在个体的总和或平均值，只有突生性质。就像某些化学物质一样，如酸和碱，酸碱中和后形成了新的物质，与形成它的酸和碱的属性完全不同。

群氓中的个体与独立的个体的区别显而易见，然而要想找出造成这些区别的原因却并非易事。

为了找到这些原因，我们首先不能忽视现代心理学的研究成果：无意识现象不仅仅存在于有机体中，更存在于智力活动中，并在其中起到举足轻重的作用。精神生活中的有意识成分与无意识成分相比，只不过是冰山一角。洞若观火的精神分析学家和明察秋毫的观察家也只能发现主导无意识行为的少许动机。我们的有意识行为来自受到遗传影响的无意识基质。这种心理基质中隐藏着不计其数世代相传的特质，正是这些特质构成了一个种族的灵魂。我们行为背后的一些隐藏的原因不被我们所了解。大多数日常行为的原动力都是这些被我们忽视的隐藏原因。

正是这些无意识成分构成了种族的灵魂，使得这一种族中的个体与个体相似。个体之间的差异则来源于那些有意识的方面，也就是教育的成果，尤其是那些独特的遗传特征将人们区分开来。人与人之间最大的差异体现在智力水平上，有时他们在本能、情感和观念上是一致的，而在情感的范畴里——宗教、政治、道德、热爱、憎恨等，最杰出的人也未必比普通人高明。一位卓越的数学家和他的鞋匠在智力上可能有天壤之别，但是在性格和信仰方面，他们的差距常常很小，甚至不存在任何差别。

而这些性格的一般特质由无意识成分所支配，一个种族中的大多数人几乎都在同等程度上具备这些特征。确切地说，这些特质才是群氓所具有的共性。身为集体的一员，人的才智和天分被削弱，个性因而被磨平。异质性在同质性中湮没，无意识的特征占据主导地位。

群氓才智平平，正是这一事实解释了为什么群氓无法完成需要高智力才能完成的工作。涉及利益的决定一般都由精英阶层做出，而当这些决定涉及完全不同的领域和专业的时候，精英阶层做出的决定并不会比一群"蠢货"做出的决定高明。事实上，他们仅仅是将所有普通人拥有的才智结合起来。在群氓中，得以积累的不是聪慧，而是中庸。我们常说，众人的智慧胜于伏尔泰，其实并非如此，如果"众人"指的是群氓的话，伏尔泰的智慧无疑胜过众人。

如果群氓中的个体只是满足于将他们的一般品质合并，那他们本应该拥有中等的智力水平，而并非像我们前文所提到的那样产生新的特质。这些新的特质是如何产生的呢？这是我们即将探讨的问题。

形成群氓的特质的原因有以下几点。

首先，群氓人数众多，群氓中的个体会由此获得不可阻挡的力量，释放出一直被抑制的本性。群氓是无名的，因而个体无须承担责任，牵绊个体的责任感完全消失，个体的意愿更加强烈。

其次，精神上的传染也是群氓特征产生的原因，同时也决定了其倾向。这一传染很容易被察觉出来，却从未得到合理的解释，我们应将这一现象看成催眠，并在下文中进行探究。在群氓中，每一种情感、每一个行为都有传染性，甚至使个体为了集体利益牺牲自身利益。这种违背天性的心理倾向的出现正是因为个体是群氓的一员。

最后，也是最重要的一个原因：群氓中的个体的一些特质与个体独立存在时的个性截然不同。这个牵涉到暗示感受性，精神上的传染就是暗示感受性的具体表现。

为了理解这一现象，我们需要了解生理学方面的一些最新发现。我们如今了解到被催眠的个体处于的是一种丧失有意识的个性并听从所有指令的状态，使他丧失个性的人发出这些指令，令他做出违背个性和习惯的举动。细致的观察表明，个体被裹挟进群氓之流一段时间之后，很快就会处于一种特殊的状态（催眠术中的磁流或是其他我们不知晓的原因导致的）这种状态类似于被催眠师催眠了的迷惑状态。被麻痹的大脑沦为所有无意识活动的奴隶，听任催眠师摆布。他们有意识的个性丧失，意志和判断力也被摧毁。他们的情感与思维被催眠师掌控。

这就类似于群氓中个体的状态，个体无法意识自己的行为。正如在催眠过程中，人的一部分能力遭到摧毁，而其余的能力却得到极大的增强。暗示的影响使个体为了完成一些行为而变得异常冲动。这种冲动在群氓中产生的作用比在催眠中产生的作用更势不可当，因为这种暗示对所有个体都有效，并且具有相互性。群氓中很少有人具有足以抵抗暗示的强大特质，就算有，他们也会被潮流卷走。他们至多是受到了其他暗示的影响而试图抵抗。一句恰当的话或一个适宜的场景，有时就能平息群氓最为暴力血腥的行为。

因此，有意识的个性衰减，无意识的人格占据主导，情感和观念因为暗示和传染的作用而转向同一个方向，以及将暗示的概念立即变为行动的倾向，均为群氓中个体的特点。个体不再是原来的自己，他们变成一个个木偶，不再受意志力的引导。

仅仅因为个体是群氓中的一员，这一事实便使他在文明阶梯上倒退数步。个体在独立存在的时候是明智的，而当这个个体是群氓中的一员时，他就变成了一个受本性驱使的野蛮人。其行为会具有自发性，变得暴力残忍，同时又具有原始人的热情与英雄主义。个体会轻易受到言辞和图像的影响，并且做出不顾及自身显而易见的利益的举动。群氓中的个体就像一粒沙，被其他的沙砾裹挟着，任凭风的意志决定自己的走向。

正因如此，我们看到，如果让陪审团成员一个个单独评审，有些判决不会被通过，而当他们形成陪审团时，这些判决便通过了。当国民公会的成员们分开时，他们都是一些举止平和的公民。当他们集结成群氓，在某些领导者的影响下，他们会毫不犹豫地把最无辜的人送上断头台。他们会站在自身利益的对立面，放弃自己不可侵犯的权力，甚至自相残杀。

群氓中的个体不仅在行为上不同于常态下的自己，甚至在完全失去独立身份之前，他们的观念与情感就已经发生了转变。群氓甚至可以把守财奴变为拜金者，把怀疑论者变为信徒，把老实人变为罪犯，把懦夫变成英雄。在1789 年 8 月 4 日那个不寻常的夜晚，贵族满腔热忱地投票放弃了所有的特权，而如果将他们分开单独投票的话，没有一个人会投赞成票。

从以上实例中，我们可以得出以下结论：群氓的智力水平永远低于孤立存在的个体。但是如果从情感或者由情感引发的行为的角度来评判，那么在不同的情况下，群氓可能优于个体也可能劣于个体。一切都取决于暗示的方式。只从犯罪角度研究群氓的作家恰恰对这一点不甚了解。群氓的确在很多情况下都具有犯罪性，但他们也常常具有英雄性。轻而易举就可以使他们为了信仰或是思想的胜利牺牲自己，使他们对荣誉和尊严充满热情，使他们在没有粮食没有武器的情况下战斗。例如，在宗教战争中，他们向异教徒讨回上帝的墓地，又如 1793 年，他们为了捍卫祖国的领土而战斗。英雄主义显然有无意识的一方面，但历史正是得益于这些英雄主义。如果不将功劳归于民众而是归于由理性引导的重大事件，那世界历史年表将会苍白许多。

第二章　群氓的观念、推理能力与想象力

1. 群氓的观念

我在前一部作品中已经研究了观念对于民族演变的作用，我们已经证实每一种文明都是在一些基本观念的基础上产生的，这些基本观念很少更迭。我们也已经展示了这些观念如何扎根于群氓的灵魂、它们沁入其中的难度以及它们一旦沁入以后所具有的威力。我们还指出历史上的动荡常常源自这些基本观念的改变。

我们已经充分探讨了这一问题，在此我不想多加赘述，只想再稍用笔墨探讨一下群氓所接受的观念以及群氓在何种形式下产生了这些观念。

我们可以将这些观念分为两类。一类是我们在一些特定历史时期的影响下产生的偶然的、存在时间较为短暂的观念，如对某人或某类学说的迷恋。另一类是那些基本观念，它们因环境、遗传和舆论等因素而具有稳定性，如曾经的宗教观，或是我们今日的民主观念和社会观念。

基本观念就像汇入平静河面的涓涓细流。那些短暂的观念，就如同细小的浪花，一直处在变化之中。它们在河流的表面兴风作浪，尽管没有实际的作用，却比河流本身更为醒目。

时至今日，我们父辈赖以生存的那些伟大的基本观念已摇摇欲坠，与此同时，建立在此基础上的制度也受到极大的动摇。我谈论的这种短暂且微不足道的观念如今正在大量形成，然而其中拥有举足轻重的影响力的观念却为数不多。

无论向群氓提出怎样的观点，这些观点只有以简单的表象呈现并且披上形象化的外衣才会起到决定作用。这些形象化的表象之间没有任何逻辑上的相似与延续；它们可以相互替换，就如同操作者取出幻灯机中一摞相互重叠的幻灯片。因而我们看到群氓中会相继出现相悖的观点。在一些偶然的情况下，群氓会受到自己认知范围内不同观念的影响，并且会产生完全不同的行为。我们缺乏批评意识，因而也无法察觉出其中的矛盾之处。

这种特殊的现象不仅仅存在于群氓中。我们在很多独立的个体身上也能看到这一现象，并不仅仅是原始人，还有所有在某一精神层面接近原始人的人，如狂热的宗教信徒。我留意到这样一个例子。一些印度人在欧洲接受了教育，并取得了相应的文凭，但他们的内心深处仍是一成不变的宗教观念和具有时代遗传性的社会观念，在不改变这些观念的情况下，与前者毫无关联的西方思想观念会与之重叠。在一些偶然的情况下，其中一方的观念会伴随着特殊的言行显现，甚至在同一个人身上会表现出明显的矛盾。与其说这些矛盾是实际存在的，不如说它们只是一种表象，因为只有世代相传的观念才会对独立的个体产生足够的影响，从而演变为诸多动因。在通婚的情况下，人受到不同遗传因素的刺激，行为随即也会变得十分矛盾。尽管这些现象在心理学上很重要，但我们不需要过分强调这些现象。我认为我们至少需要十年的时间去各地研究观察，这样才能真正地理解这些现象。

观念以简单的形式呈现并被群氓所接受，这些观念如要变得通俗易懂，则需要进行彻底的改变。当涉及一些比较高深的哲学或是科学观念的时候，我们看到这些观念要进行多么深刻的改变，它们一步步降低自身的层次来迎合群氓。这些改变取决于群氓所属的种族，通常都是将它们削弱简化。事实上，从社会的角度看，观念已经不存在等级的差别。也就是说，观念不存在高低之分。唯一的事实是，某一观点一旦接触到群氓并被群氓关注，那它就不再崇高伟大。

观念所属的等级的价值并不重要，重要的是这一观念产生的作用。中世纪的基督教观念、20 世纪的民主观念、今天的社会观念，都并非高高在上。

从哲学层面看，我们认为这些观念都是一些拙劣的错误。然而它们扮演着重要的角色，并在长时间内都是影响国家发展的最主要因素之一。

观念在被群氓接受时已发生了变化，并且观念仅在侵入无意识并形成情感时起作用，这一点我们将在别处继续探讨。这一转变通常耗时很久。

尽管如此，我们不能因为一个观点是正确的，便认为它能产生影响，哪怕是在受过良好教育的人中，它也未必会产生影响。只要看看那些最确凿的事实——对于大多数人都毫无影响的事实，我们就能明白这一道理。显著的事实可能会被明理人接受，但是他很快就会因为他的无意识而回到他最初的想法。几天后重新审视，他会再次提出与他曾经的论点完全一致的看法。事实上，先前的观念已经成为一种情感，他受到了这一先前观念的影响。或者说，先前的观念作用于我们言行深处的动机。

这时，通过各种方法，观念已经深深扎根于群氓灵魂之中，因而具有无法动摇的力量，并产生了一系列后果。引导法国大革命的那些哲学观念历时很久才植入民众的灵魂。一旦根深蒂固，它将不可动摇。整个民族为了实现社会地位的平等、获得抽象化的权利和理想化的自由而产生的冲击力动摇了所有的王权，使得西方社会动荡不安。在二十年里，各国之间战事不断，欧洲出现了一些类似于成吉思汗和帖木儿时代的大量伤亡。观点对情感方向的改变作用也从未爆发得如此明显。

如果说让观念扎根于群氓的灵魂需要耗费很长时间，那么若要移除它，也需要耗费很长的时间。就观念而言，群氓的观念总是落后于智者和哲学家几代人。所有的政客如今都明白，上文所提及的那些观念均有不足之处，但它们的影响力依旧很大，他们的统治借助的是他们自己早就不再相信的真理原则。

2. 群氓的推理能力

我们可以断言群氓并不受推理的影响。他们所利用的论据以及对他们产生影响的论据，从逻辑上看属于低劣的范畴，我们只是将其比作推理。

群氓低劣的推理能力和高级的推理能力一样，都是基于联想，然而群氓通过联想而产生的观念之间只有表面上的相似性或者延续性。这些推理方式如同爱斯基摩人通过经验得知冰块含在嘴里的时候会融化，因而联想到与冰外观相近的玻璃在口中应该也会熔化；又如有些野蛮人认为吞下敌人的心脏就可以获得他的勇气；或如一些被雇主剥削的工人会产生所有雇主都是剥削者的想法。

群氓的逻辑有两个特征：一是将只有表面关联的不同事物联系起来，二是迅速概括归纳特殊情况。深谙其道的演说家在面对群氓的演说中常常利用这些特征。只有这些特征能够影响群氓。群氓完全没有精确推理的能力，这也是为何我们说群氓无法推理或无法正确推理，并且不受推理的影响。我们在阅读一些演讲稿时会惊讶于其中的不足，而这些演讲对其听众的影响却非同寻常；我们忘记了这些演讲是为了吸引群氓而不是为了供哲学家阅读。与群氓深入接触的演说家懂得制造出吸引群氓的幻想。一旦他们被成功吸引，演说家的目的就达到了；长篇大论的演讲的价值比不上几句令目标群体信服的话。

我们无须再补充说明：群氓无法正确推理，因此群氓不具备一丝批评精神，即辨别是非的能力和正确评判的能力。群氓所接受的评价只是一些强加于他们的从未经过商讨的评价。在这点上，个体未必强于群氓。一些观念之所以会被普遍接受，是因为大部分人不会根据自己的推理形成个人观念。

3. 群氓的想象力

如所有缺乏推理能力的人一样，群氓表现出的想象力令人印象深刻。一个人、一件事、一个偶然事件在他们脑中产生的想象的真实性堪比现实。群氓仿佛处于睡眠状态，理性暂时被搁置一边，任由脑中产生强烈的想象。然而稍加思考，这些形象就会迅速烟消云散。群氓既不会思考也不会推理，分辨不出真伪，而不真实的事情往往是最能打动人的。

这也是为什么在一件事中总是奇特的部分和具有传奇色彩的部分最能打动群氓。事实上，这些正是文明的基底。在历史上，表象的地位远高于现实，虚假比真实更占优势。

群氓只会通过想象去思考，也只会被想象出的形象打动。只有这些形象能使群氓害怕或着迷，并且对群氓的行为起到促进作用。

这也是为何最能清晰表达形象的戏剧的表现形式对群氓的影响最大。从前，对于普通的罗马人来说，面包和壮美的景象就是他们所理解的理想状态中的幸福。随着时间的推移，他们的这一理想依然甚少改变。其他的形式都不如戏剧这一形式更易触发群氓的想象。所有的观众在同一时刻体会着相同的情感，如果这一情感没有立即转化为行动，大概是因为哪怕最无意识的观众也会意识到自己是幻象的受害者，他们的欢笑与泪水都献给了想象中的故事。然而在有些时刻，因为想象而产生的情感异常强烈，像习惯性的暗示那样，它就会转变成行动。我们经常听说一些有名的剧院会对饰演反派角色的演员的出口通道施加保护，以免观众因为虚构的故事中反派角色的种种罪行而伤害演员。在我看来，这便是群氓心理状态最显著的特点之一——尤其是我们轻易就能施加暗示的那些心理状态。在群氓眼中，虚假同真实一样重要。他们混淆两者的倾向非常明显。

征服者的力量和国家政权的威力正是建立在民众的想象力之上的，我们也正是通过这一点实现了对群氓的控制。所有重大的历史事件都是触发群氓的想象力后而产生的直接结果或者间接结果：佛教、基督教、伊斯兰教的创建，宗教改革，法国资产阶级大革命。

此外，不同时期不同国家的政要，包括最专制的君主，都将群氓的想象力看作其统治力量的支撑。他们从不试图与其对抗。拿破仑·波拿巴在国会上说："我通过天主教平息了旺代的战事；我通过伊斯兰教在埃及立足；我通过成为教皇绝对权力主义者而赢得了意大利的神甫。如果有一天我统治了一支犹太民族，我就会去修复所罗门的圣殿。"恐怕在亚历山大和恺撒之后没有一个政治家比他这样更懂得如何去迷惑群氓的想象力。他一直专心致力于此。在胜利中、在致辞中、在演讲中、在他的一切行为中，他都铭记这一点。甚至在临死前，他都还在忖量。

到底该如何影响群氓的想象力呢？我们马上就会得到答案。旨在影响智力和理性的做法是无法达到这一目的的。马克·安东尼并没有用华丽的辞藻去煽动人们对抗杀死恺撒的人，他只是向人们宣读了恺撒的遗嘱并将其尸体示人。

任何触发群氓想象力的因素都是以强烈清晰的形象出现的，没有附加的说明，也没有其他的附属品，有的只是一些令人惊叹的事实：一场伟大的胜利，一个惊人的奇迹，一桩严重的罪行，一个宏大的希望。将以上这些事实整体呈现出来，但永远不要泄露它们的来源。一百桩微不足道的罪行或是一百起微不足道的事故完全无法影响群氓的想象，然而一件引人瞩目的罪行或一场灾难足以深深触动他们，哪怕造成的伤害比那一百起事故加在一起造成的伤害要小得多。在巴黎，曾经有一场严重的流行病在数周之内夺去了5000人的生命，这一事件并没有触发群氓的想象力。实际上，这场疫情没有通过形象的画面表现出来，而是呈现在每周公布的统计数据中。如果换一个事件，它并没有造成 5000 人死亡，而是在一天之内造成 500 人死亡，其发生地为公共场所，并且以有形可见的方式呈现，比如说埃菲尔铁塔的坍塌，那它就会对群氓的想象力产生巨大的影响。一艘穿越大西洋的船音讯全无，可能已经失事，群氓的想象力在 8 天之内因为此事受到巨大的触动。然而官方的统计数据显示，在同一年里失事的船只数量达 1000 艘。在这些接连发生的事故中，有些事故造成的人员伤亡和财产损失要更为严重，但群氓一刻都不曾关心过这些事故。

因此，影响群氓想象力的并非事件本身，而是事件呈现的方式。事件应该加以提炼——如果我可以这么表达的话，从而制造出激动人心的场面，使人久久不能忘怀。掌握了触发群氓想象力的能力就是掌握了统治群氓的艺术。

民族心理学：语言、神话和风俗[*]

威廉·冯特[**]

Vǒlkerpsychologie（民族心理学）这个词在德语中是一个新合成词。它大约形成于 19 世纪中期。然而，在这一时期中它以两个根本不同的意义出现于文献中。一方面，"民族心理学"这个词指对不同民族的智力的、道德的和其他精神的特点之间的关系的研究，以及反映这些特点对政治的、艺术的和文学的精神之影响的研究，其研究目的是勾画出不同民族的特征，并且重点在于那些其文明对于我们今天仍具有特别重要意义的民族——如法国人、英国人、德国人、美国人等。这些就是那个时期引人瞩目的民族心理学问题——特别是文学史上被称为"年轻的德国"的那个时期。卡尔·赫利布兰德关于时代（zeiten）、民族（vǒlker）和人（menschen）的一系列精彩的文章就是近代这种研究的一个范例。我们从一开始就可以说，现在的研究沿着与民族心理学早期研究截然不同的方向发展着。

然而，在这些早期研究出现的同时，"民族心理学"一词还在另一种完

* Translated from Wundt, W., *Elements of Folk Psychology*, *Outlines of a Psychological History of the Development of Mankind*, London: Macmillan, 1961, pp. 1-10. （本文由刘世能译，周晓虹校）

** 威廉·冯特（Wilhelm Wundt, 1832~1920），实验心理学之父。生于德国巴登地区曼海姆市，父亲系路德教会牧师。1851 年，冯特进入图宾根大学学习医学课程；1852 年，转入海德堡大学医学专业；1856 年，毕业于海德堡大学医学系，获博士学位，并留校任教。1862 年，冯特开设"自然科学的心理学"暨"生理心理学"课程，并第一次提出"实验心理学"概念。1874 年，出版心理学史上第一本教材——《生理心理学原理》。1875 年，转往莱比锡大学，担任哲学教授。1879 年在莱比锡大学创立世界上第一个心理学实验室，由此心理学被视为一门独立学科。1889~1990 年，任莱比锡大学校长。1900~1920 年，冯特耗时 20 载，完成 10 卷本的巨著《民族心理学》。冯特学识渊博，著述甚丰，一生作品达 540 余篇，研究领域涉及哲学、心理学、生理学、物理学、逻辑学、语言学、伦理学、宗教等。

全不同的意义上使用着。精神科学开始认识到建立心理学基础的必要。虽然没有可供使用的心理学学科，但他们觉得有必要为其研究建立一个独立的心理基础，特别是与语言学和神话学的研究相联系。在19世纪中期逐渐出现了这样一种思想，它试图将关于人的心理发展的语言、宗教、风俗的分门别类的研究成果合并为一个整体。哲学家拉扎勒斯和语言学家斯泰因塔尔可以被看作首先引入"民族心理学"一词来指代这个新的知识领域的人。精神科学研究的所有现象确实是人类共同体的创造物。例如，语言绝不是某个人的偶然发现，它是各民族人民的创造物，并且一般来说，有多少不同的民族，就有多少不同的语言。艺术、神话、风俗的产生也莫不如此。自然宗教（正如一度被称谓的那样），像古希腊、古罗马和德意志民族的宗教，实际上就是民族宗教，其中每一种宗教都是某个民族共同体的特定产物。这当然不是针对细节而言，而是从总体上来讲的。对我们来说，这个事实已经变得有些奇怪，因为在我们的时代，这些普遍存在的精神产物早已超出了某个单一民族的界限。尽管如此，这并不表明民族共同体不是这些精神产物的真正源泉。然而，在拉扎勒斯和斯泰因塔尔的著作中，以及在由他们编辑的、自1860年起分20卷出版的《民族心理学和语言学杂志》中，民族心理学这个概念还没有像我们今天所给予它的这种准确含义。可是，它毕竟有了个开端，并沿着几种不同的思路进行了成功的探讨。有些不确定性在根本程度上仍然存在，特别在这些研究同哲学的关系以及心理学应用于新领域时应遵循的方法等问题上。随着心理学观点在某些特定研究领域获得进展，这种状况才逐渐得到改善，今天，民族心理学可以视为心理学的分支学科，其独立性和研究课题不再有什么争议。它研究的是人类生活共同体创造出来的那些产物。这些精神产物因其以很多人的相互行为为先决条件而无法仅仅按照个体意识加以解释。这可以成为我们判断哪些东西应属于民族心理学研究范围的标准。语言绝不可能是某个个体创造出来的。的确，世界语和其他人造语言是个人发明的。然而，如果没有自然语言先行存在，这些发明就不可能出现。此外，这些语言没有一种能维持自身的存在，它们大多数之所以能够存在，应归功于从自然语言中借用的成分。同样，个人怎么能够创造出一种宗教呢？确实，有些宗教的创造者是个人，例如基督教、佛教、伊斯兰教。但是，所有这些宗教都要依赖于先前的基础。它们只是对特定民族共同体内产生的宗教动机的系统阐述。如此，在对高级精神过程的分析中，民族心理学是对有关个体意识的心理学的必要补充。确实，在某些问题上，后者必须依靠民族心理学的原理。然而，一定不要忘记，就像没有社会共同体能够脱离构成其内部相互关系的个体一样，民族心理学相应地也以个体心理学或者通常所说的普通心理学为先决条件。然而，前者是对后者的重要补充，它为解释更为复杂的个体意识过程提供原理。确实，人们一直尝试在内省的基础上研究思想的功能，可是，这些尝试一直没有成功。个体意识完全不可能为我们提供一部人类思想的发展史，因为它本身的形成被更早的历史所支配，而它本身却不能帮助我们了解这个更早的历史。因此，我们也必须抛弃这样一种观念：儿童心理学能够解决心理起源的那些终极问题。在文明民族里，儿童被其自身意识内部自发产生的心理过程的影响所环绕。然而，在对人类所表现出来的心理发展的不同阶段的调查中，民族心理学能够引导我们沿着一条真实的心理起源的途径前进。它揭示出明显的原始状态，这个原始状态通过一系列连续的中间阶段，向更发达更高级的文明过渡。这样，民族心理学就其本身的重要意义而言又是遗传心理学。

就这门科学的任务的一般性质而言，有时人们对将其称为"民族心理学"提出异议，因为这个研究不仅与民族有关，而且还涉及比其范围更广或更有限的那些社会群体，例如家庭、群体、部落、地方社区等都是比较小的社群。另外，高级心理价值和心理积淀源于很多人的结合和交互活动，因此，在这种情况下，民族心理学实际上又成了人类心理学。但很显然，如欲不使"民族心理学"这一术语陷入模糊之中，就必须参考其要阐述的重要概念并对之加以明确表述。此外，人们所提议的修正意见几乎没有什么是可行的。"gemeinshafts psychologie"（共同体心理学）可能造成这样的误解：我们主要关注那些不同于民族共同体的各种共同体。"social psychologie"（社会心理学）立刻使我们想起现代社会学。社会学，即使在其心理学阶段，通常只研究现代文化生活问题。然而在描述心理生活的全部发展过程中，民族是一个最重要的集合概念，所有其他的概念都与之相连——这一点是具有决定意义的。"民族"包括家庭、阶层、家族、群体，这些群体并不排除在"民族"概念之外，而是包括在其之中。"民族心理学"这一术语特意将民族视作社会基本创造物得以产生的决定性因素。

一旦采纳这种观点，肯定会产生这样的问题：划分给民族心理学的问题是不是还没有被民族学解决？或者说应不应该由它解决？但是，必须记住的是，现代民族学不断扩大的范围，加之其问题不断增多和加深的特点，必然使这些心理学研究成为民族心理学的任务。这里，请允许我提及弗里德里克·拉策尔这个人。他可能比其他当代地理学家更多地提醒人们注意民族学研究范围的扩展。拉策尔在其研究人类地理学的论文和大量分散地讨论各民族文化产物的文章中表明，民族学不仅要说明不同民族的特点、地域，而且还必须调查各民族的起源以及他们是如何达到目前这种体质和精神状态的。民族学是关于民族源流、特点和地域分布的科学。在这类问题上，心理特征处于相当次要的地位。表面不重要的艺术品及其演变，对判断民族的流动、融合或迁徙也许具有极大的重要性。正是在这方面，民族学对历史特别是与史前人类相联系的历史具有重要的价值。民族学的中心问题不仅涉及各民族目前的状况，而且关注其发源、变化及差别过程。民族心理学必须以民族学的成果为基础。然而，它自身的心理学兴趣决定了它重视心理发展的问题。尽管各民族的起源不同，但就达到的心理水平而言，他们可能仍属于同样的群体。相反，从民族学上看是相近的民族，可能从心理上讲代表了心理文化的不同阶段。例如，民族学家将马扎尔人（匈牙利）和奥斯加克人（西伯利亚）看作具有类似起源的民族，而从心理学上讲，他们属于不同的人类群体：一个是文明民族，另一个还相对原始。然而，对于民族心理学家而言，"原始"总是指心理上的原始，而不是民族学家从民族种系观点出发所认为的那种"原始"。这样，民族心理学依赖民族学，而民族学相应地在调查心理特点方面必须求助于民族心理学。然而，这两门科学研究的问题是完全不同的。

民族心理学在完成其任务的过程中，可以采用不同的方法。首先的一步是分离出一个个重要的社会生活现象，然后按照普通心理学分析个体意识的通常模式去追溯这些生活现象的发展过程。例如，人们尝试借助语言史的发现来考察语言心理的发展过程。紧跟着语言心理学是对艺术发展的研究，从艺术最早在原始种族中的发生，直到它在文明民族中的早期表达方式都在其中。艺术史的起点正始于文明民族的早期表达形式，人们在对神话与宗教的特点及其相互关系的演变的研究中遵循大致同样的过程。这是一种纵向考察由民族心理学描述出的完整的发展过程的方法。要进行某种较为集中的分析，这是最为直接的途径。但是，它的缺点是将精神发展分割成了若干孤立的阶段，而实际上它们是处于永恒的相互联系之中的。确实，尤其在早期阶段，不同的精神表达方式是紧密编织在一起的，彼此几乎无法分离。语言受神话的影响，艺术是神话发展中的一个因素，而风俗习惯普遍依赖神话观念的维持。

但是，还有第二种研究途径，目前的研究工作正是采纳了这种途径。与上面提到的纵向研究不同，这种途径采取了横向的研究方法，即对民族心理学所关注的各主要发展阶段进行研究，而这些阶段各自所涉及的现象构成一个相互联系的统一体。那么，我们的首要任务就是对"原始人"进行研究。我们必须以民族学提供的事实为基础，寻求一种对原始人的思想、信仰和行为的心理学解释。随着我们愈接近更高发展阶段，在确定各个发展阶段的界限方面肯定会出现困难。确实，由于发展过程是连续的，我们要划分其界限就很少能够避免某种程度上的任意性。个人的一生也不可能正好划分出界限分明的几个时期。就像儿童时代、青年时代、成年时代是处在人成长过程中的几个连续阶段一样，人类发展的几个时期也是如此。然而，各种各样的现象可以归因于某种特定思想、情感和行为动机。如果要对民族心理学的内容加以分类的话，我们就必须以任何能够令人满意的方法，对照时期找出这些现象。此外，需要特别注意的是，当我们开始讨论原始人方面的问题时，"原始"这一术语应相对地理解为代表文化的特别是精神文化的最低层次。没有什么特殊的民族学特点将这种原始阶段同更高级阶段区别开来，只有参考大量的心理特征我们才可以决定什么是原始的，这些心理特征能够标明典型的原始性。以此作为出发点，我们应首先描述原始文化的外部特征，然后考虑原始文化的心理因素。

在文明发展的第二个时期，可以肯定地说它在很多方面代表了一个新发现的世界。历史记载没有涉及这方面的内容，只是当代民族学在世界很多不同的地方碰到了这类现象，并揭示了它们。我们将这个时代称为图腾时代。这一命名表明我们对发现一个淹没了的世界非常关切。"图腾"（totem）一词是从一个时间久远的美洲语言中借用的，它自身的来源证明：我们欧洲文明语言中没有任何词汇能够恰当地说明这个时期的奇特特点，如果我们要尽可能简洁地解释图腾这个概念，或许可以说它代表了一个思想体系（或思想圈），该思想体系对动物与人的关系的看法是与当代文明社会相颠倒的。图腾时代，不是人支配动物，而是动物支配人。动物的行为与活动引起人的惊奇、恐惧和崇拜。死者的灵魂寄生在动物身上。这样，动物成为人的祖先。动物的肉对于那些以该种动物命名的原始群体的成员来说，是禁止吃的。或者相反，在举行仪式的时刻，吃图腾动物的肉可能成为一种神圣的祭祀活动。图腾意识对社会组织、部落划分和家庭及婚姻形式具有同样的影响。然而，从该时期思想领域中一直延续下来的因素却不过是一些极少的片段。例如，巴比伦人、埃及人和其他古代文明民族的图腾动物就是这样，他们或者赋予动物的某些特质和行为一种预言的性质，或者相信某些动物具有某种魔力。

图腾文化缓慢变化，随后便是第三个时期——我们称之为英雄和上帝崇拜的时代。在这之前，在部落组织内部个人统治的发展过程中，已经开始了向英雄时代迈进的步伐。某个人的统治最初具有暂时性的特点，后来逐渐变成终身制。部落首领原来并不太重要，但当部落组织处在敌对部落抗争的压力之下而具有军事组织的性质时，首领获得了权力。这样，社会变成了"国家"。战争以及和平时期的国家管理都需要那些才能超过旧时的部落首领的人。而同时这些人彼此品质相异，具有不同的典型性格特点。不同于图腾时代的是，新的时代产生了英雄，他们取代了过去部族长老和首领的地位。图腾时代仅仅拥有神话故事，这些神话故事常常是关于那些发现用火、教人做饭的原始动物祖先的。而在战争中上升为领袖的英雄则是属于一个不同的时代的，这个时代反映在英雄歌谣和史诗之中。至于其生活地位，荷马时代的英雄们仍然是重要的部落首领，但扩大了的斗争范围及与之相适应的宏大场面，使领导者上升为英雄。随着诗歌的发展，语言的形式也变化了，变得丰富了，继史诗之后的则是刚刚成形的戏剧艺术。所有这些同时与国家的起源紧密相连。这时，国家已取代了前一个时期原始的部落组织形式。这种情况发生之后，不同的风俗和宗教派别出现了。民族宗教也随着民族英雄与国家而产生了。由于这些宗教不再仅仅直接关注周围环境、关注动植物世界，而是注重于天国，便产生了关于更高级、更完美世界的理想。由于英雄是理想的人，上帝便成了理想的英雄，而天国则是尘世的放大。

这个英雄和上帝的时代最后被第四个时期所取代。民族国家和民族宗教并不代表人奋斗的永久性限度。民族的联系扩大为人类的联系。这样，开始了一个至今我们仍然参与其中的发展过程。因此，这样一个时代只能被称作一个即将到来的时代。我们仅仅可以说其是迈向人类的进步，而不是人类本身的进步。然而，这种进步是紧随着那些将各民族区别开来的特别是在关于宗教观点上将各民族区分开来的障碍的消除而开始的。由于这种原因，正是人们在宗教信仰方面超越自己狭隘的民族圈子这一举动构成了精神发展史上的重要事件。古代伟大民族的民族宗教（或者通常被称为自然宗教，虽然这样称呼容易引起误解）开始超越其原来的范围，成为人类的宗教。有三种这样的世界宗教——基督教、伊斯兰教和佛教，每种宗教在其特点和历史上都为特定部分的人类做过修正。这一点在基督教和佛教的对比中表现得很清楚，它们在努力成为世界宗教的过程中都发生了类似的变化。然而，为成为世界宗教而进行的奋斗也是一个有明显特征的精神现象，与一个民族国家超越其原来的部落界限的扩张相平行；与此种扩张相对应，我们看到各民族文化在经济生活、风俗、艺术和科学方面的相互影响。这些影响赋予人类综合性特征，表现了民族的与一般的人类因素的融合。就西方精神的发展而言，古希腊、古罗马帝国最早对这种现象给予了重要揭示。原始人进行物物交换时，在夜晚溜出森林，把捕获的猎物放在地上，以图换取自己需要的工具和装饰品而不被邻居看见。而商业时代里，贸易船队横渡海洋，并且最终将使飞船飞上太空，使世界各地统一成一个伟大的商业社会。这种原始人之间的秘密交换与现代商业之间的差距是多么巨大啊！然而，我们不可能描述这种发展的所有方面，因为这种进步包括了人类的全部历史。我们关心的问题是要揭示那种对于人由原始走向进步至关重要的心理因素。这种进步一部分可归于外部生活环境的压力，另一部分则是人自身创造力的结果。

新教伦理与资本主义精神[*]

马克斯·韦伯[**]

    在任何一个宗教成分混杂的国家，只要稍稍留心其职业情况的统计数字，几乎没有什么例外地可以发现这样一种情况：工商界领导人、资本占有者、近代企业中的高级技术工人，尤其是受过高等技术培训和商业训练的管理人员，绝大多数都是新教徒。这一状况在天主教的报章和文献中，在德国的天主教大会上，都曾数度引起过争论。这种情况不但在宗教差异和民族差异相适应的地方如此，而且在宗教差异与文化发展的差异相一致的地方也是如此（如德国东部的德意志人与波兰人之间）。进一步在其他任何地方，只要资本主义在其迅猛发展的时期可以根据自己的需要自由地改变人口中的社会分布情况，并自由规定其职业结构，那么，那里的宗教派别的统计数字也会证明上述结论。资本主义越是自由发展，这一状况也就越明显。当然，在资本占有者、经营管理者以及现代大型工商企业的高级工人中，新教徒人数较多这个事实，也可以部分地归于历史因素。这些历史因素可以追溯到遥远的过去，在那时，宗教派别非但不是影响经济状况的原因，在某种程度上反

---

   * Translated from Weber, Max, *The Protestant Ethic and the Spirit of Capitalism*, New York：Scribner's，1958，pp. 35-40，pp. 48-61，（本文由陈喜生译，周晓虹校）

** 马克斯·韦伯（Max Weber, 1864~1920），生于德国图灵根埃尔福特的一个法官家庭。1882 年进入海德堡大学法律系，1883~1884 年在斯特拉斯堡服兵役，1884 年进入柏林大学，一年后转入哥廷根大学。1986 年获得见习律师资格。1889 年凭《中世纪贸易商社史》通过博士论文答辩，1892 年获柏林大学法学教职，1895 年任弗莱堡大学经济学教授，1896 年任海德堡大学经济学教授，1903 年因病辞职。1914~1915 年服役，参加第一次世界大战，负责海德堡地区的几家医院。1919 年担任慕尼黑大学经济学教授，1920 年逝世。第一次世界大战期间，曾参加凡尔赛会议代表德国进行谈判，并且参与了魏玛共和国宪法的起草设计。是与马克思、涂尔干和齐美尔比肩的经典社会学家，著有《新教伦理与资本主义精神》（1914~1915）、《儒教与道教》（1915）、《经济与社会》（1921~1922）等。

倒是受经济状况影响的结果。要参与上述经济职能，一般都要先拥有一定的资本，通常还需花许多钱接受教育，而这两者又常常是同时不可缺少的。今天要做到这一点，在很大程度上要依赖于拥有一份遗产，或至少也要有一定程度的物质保障。16 世纪古老帝国中的一些经济最发达、自然资源最丰富、自然环境最优越的地区（特别是大部分富庶城镇）都转向了新教。这一转变的结果，直至今天还使新教徒在经济生存的斗争中处于有利地位。这样就出现了一个历史性的问题：为什么在经济最发达的地区同时也都特别地赞成教会中的革命呢？其答案远非我们通常想的那么简单。

从经济方面的传统主义解放出来，看来无疑会大大增强这样一种趋向：即像怀疑一切传统权威的尊严一样，去怀疑宗教传统的权威性。但是，通常被忽视而我们必须指出的是：宗教改革并不意味着摆脱教会对日常生活的控制，相反只是用一种新的控制方式取代了先前的控制方式而已。这意味着废止那些已经非常松懈、在当时已几乎不见实施、近乎流于形式的控制，转而倡导一种对私人生活和公共生活各个领域的一切行为都加以制约的控制方式，这种控制方式是极其难以容忍的，但又得严格地加以施行。今天，"惩罚异教、宽恕罪人"这条天主教会的教规，尽管已远不如以往那么严厉，但现在已为具有彻底的现代经济特征的诸民族所宽忍，而在 15 世纪初，它便已被地球上最富裕、经济最发达的诸民族所接受。另外，加尔文教的教规，正如它在 16 世纪的日内瓦和苏格兰，16 世纪与 17 世纪之交的荷兰大部分地区，17 世纪的新英格兰以及一段时间在英格兰本土上实施的那样，在我们看来是一种绝对难以忍受的对于个人的宗教控制形式。这正是当时日内瓦、荷兰、英格兰的大部分旧商业贵族的看法。而在那些经济高度发达的地区，宗教改革者所担心的不是教会对生活的监督过多，而是过少。当时，为什么那些经济最发达的国家以及那些国家正蒸蒸日上的中产阶级，不仅没有阻挡住这种史无前例的清教专制，反而为保护这种专制发展出了一种英雄主义精神呢？对于资产阶级来说，无论在其以前还是以后的历史中，都不曾有过这样的英雄主义。正如卡莱尔不无道理地说过的那样，这是我们"最后的英雄主义"。

进一步来说，更重要的是，新教徒在近代经济生活中拥有较多的所有权和管理地位，这在今天或许可以（至少部分地）理解为只是由于他们继承了较多的物质财富。然而有很多现象却不能这样解释，只需列举以下几个事实：在巴登、匈牙利，可以发现天主教父母与新教父母为子女所提供的高等教育种类大不相同。在高等学校中，在校生和毕业生中天主教徒的比例一般都低于他们在总人口中所占的比例，这一事实确实可以用他们继承的财产差异作为主要理由。在天主教徒毕业生中，毕业于特殊训练技术人才学校和工商业人才学校的人数比例，以及毕业于一般培养中产阶级从业人员学校的人数比例，比新教徒要低得多。天主教徒乐于选择的是文科学校所提供的人文教育。上面那种解释是不能适用于这一情况的，但是与此相反，这正是天主教徒很少从事资本主义企业活动的一个原因。

有一个事实可以部分地解释天主教徒在近代工业的熟练工人当中为何只占少数，这一点尤为引人瞩目。众所周知，工厂在很大程度上要从手工业者当中吸收熟练的青年工人，但这种情况更多地发生在新教徒身上而不是天主教徒身上。换言之，在手工业者中，天主教徒更倾向于一直待在他们的行业当中，即更多地成为本行业的师傅，而新教徒却更多地被吸引到工厂里以填充熟练技工和管理人员的位置。对于这种情况无疑只能这样解释：由环境所得的心理和精神特征（在这里是指家族共同体和父母们的家庭宗教气氛所首肯的那种教育类型）决定了一个人对职业的选择，从而决定了其一生的职业生涯。

天主教徒较少参与德国的近代经济生活这一事实更令人惊异，因为这与任何时候包括现在都可以观察到的一种趋势正好相反。屈从于某个统治者集团的少数民族或少数派宗教，由于他们自愿或不自愿地被排除在政治影响之外，他们一般都会以一种异乎寻常的力量介入经济行为，他们当中最富有才干的成员都试图在经济领域满足自己希望获得他人承认的愿望，因为他们没有机会为政府工作。我国境内的波兰人和普鲁士人无疑正是这样，他们的经济势力在那里得到的发展比他们在政治上占统治地位的加西亚里亚发展的要好得多。从前法国路易十四统治之下的胡格诺教徒，英国的不信国教者和贵格会教徒，还有不可不提及的 2000 多年来的犹太人也都是这样的。然而，德国的天主教徒却并未明显地带有这种由社会地位所造成的结果的痕迹。从前，不管是在波兰，还是在英格兰，不管是在他们受迫害时还是在他们得到宽容时，他们从未像新教徒那样在经济上取得令人瞩目的成就。另外，确定无疑的是新教徒（特别是后面还要详细探讨的新教运动的某些支派）不管是作为统治阶级还是作为被统治阶级，不管是处在多数地位还是处在少数地位，他们都表现出一种特别善于发挥经济理性主义的倾向，而这种经济理性主义倾向在天主教徒身上，不管他们的处境如何，都从未表现到这样的程度。如此，我们就必须在新教徒和天主教徒的宗教信仰的永恒的内在特征中，而不是在其暂时的外在的政治历史处境中，来寻求对这一差异的主要解释。

如果我们想对我们现在试图进行分析并做出历史说明的对象加以规定的话，那么，这种规定就不能采取一种概念定义的形式，而且至少在一开始只能对这里所说的资本主义精神做一暂时性的描述。然而，这样一种描述对于清晰地了解我们所考虑的对象来说是必不可少的。为此，我们先来看一个涉及资本主义精神的文献，它以近乎经典的纯粹形式保存着我们正在寻找的那种精神。与此同时，它又具有摆脱了与宗教的任何直接关系的优点，因此，对于我们的目的来说，也就具有了摆脱各种先入之见的优点。

切记，时间就是金钱。假如一个人凭自己的劳动一天能挣 10 先令，那么，如果他这天外出或闲坐半天，即使这期间只花了 6 便士，也不能就认为这是他全部的耗费；他其实花掉，或应该说是白白地扔掉了另外 5 个先令。

切记，信用就是金钱。如果有人把钱借给我，到期之后又没取回，那么，他就是把利息给了我，或者说是把我在这段时间里可以用这笔钱获得的利息给了我。假如一个人信用好，借贷得多，并善于利用这笔钱，那么，由此他就会得到数目相当多的钱。

切记，金钱具有惊人的繁衍性。金钱可生金钱，而其孳生的金钱又可再生更多的金钱，如此生生不已。5 先令经周转变成 6 先令，再周转变成 7 先令 3 便士，如此周转下去变成 100 英镑。金钱越多，每次周转再生的钱也就越多。这样，收益也就增长得越来越快。谁若把一头下崽的母猪杀了，实际上也就毁了它一千代，谁若是糟蹋了一个 5 先令的硬币，实际上就是毁了所有它本可以生出的很可能是几十英镑的钱。

切记下面的格言：善付钱者是他人钱袋的主人。谁若公认是一贯准时付钱的人，他便可以在任何时候、任何场合聚集起他的朋友们暂时用不着的所有的钱。这一点时常大有裨益。除了勤奋和节俭，在与他人的往来中守时并奉行公正原则对年轻人立身处世最为有益。因此，借人的钱到该还的时候，一小时也不要多留，否则，一次失信，你朋友的钱袋将会永远对你关闭。

影响信用的事，哪怕十分琐碎也得注意。如果债权人清晨5点或夜晚8点听到你们叮当作响的锤声，这会使他半年之内感到安心，反之，他看见你在该干活的时候玩台球，或在酒馆里，他第二天就会派人前来讨还债务，而且急于一次全部收清。

行为谨慎还能表明你一直把欠人的东西记在心上，这样会使你在众人的心目中成为一个认真可靠的人，这就又增加了你的信用。

要当心，不要把你现在拥有的一切都视为己有，生活中要量入为出。很多有借贷信用的人都犯了这个错误。要想避免这个错误，就要在一段时间内将你的支出与收入做详细的记录。如果你在开始花些工夫做细致的记录，便会有这样的好处，你会发现不起眼的小笔支出是怎样积成一笔笔大数目，你因此也就能知道省下了多少钱，以及将来可以省下多少钱，而又不致使你感到过于不便。

假如你是个公认的节俭、诚实的人，你一年虽只有6英镑的收入，却可以派上100英镑的用场。

一个人若一天乱花了4个便士，一年就乱花了6英镑。这实际上是付出了100英镑的代价。

谁若每天虚掷了可值4便士的时间，日积月累实际上等于虚掷了使用100英镑的特权。

谁若白白浪费了可值5先令的时间，实际上就是白白失掉5先令。这就如同将5先令扔进大海一般。

谁若丢失了5先令，实际上丢失的便不只是这5先令，而且还丢失了这5先令在周转中带来的所有收益，这收益如果等到这个年轻人老了的时候就会攒成一笔大钱。

上述语言向我们宣传的是本杰明·富兰克林的思想。费迪南德·古恩伯格在他那本既机智又不无恶毒的《美国文化览胜》一书中以同样的语言嘲讽过这种美国人的信仰自白。毫无疑问，这些话所表现出来的正是典型的资本主义精神，但我们很难说资本主义精神已全部包含在这些话里。我们不妨先停下来细细琢磨一下富兰克林的这段话，古恩伯格把美国人的哲学概括为这么两句话："从牛身上榨油，从人身上刮钱。"这种贪婪哲学的独特性，似乎在于它成了具有公认信誉的老实人的理想，并且首先成了个人增加自己资本的一种责任，而增加的资本本身就是目的。的确，富兰克林所宣称的不单是发迹的方法，他宣扬的是一种奇特的伦理。违反其规范被认为是忘记责任，而不单是愚蠢的表现，这就是它的实质。它不仅仅是从商的精明（精明是世间最普遍不过的事），也是一种精神气质，而这正是我们所感兴趣的东西。

雅各布·福格曾与一个已退休的商界同事谈话。这位同事想劝福格也退休，因为他赚钱已赚得太多，应该让别人也得到一些赚钱的机会。福格断然拒绝了他的劝告，说那样做是胆小卑怯。"他（福格）另有想法，钱，对他来说，只要能赚，他就想赚。"福格所表现出来的精神与富兰克林相比显然大相径庭。前者所表现的是商人的大胆和道德上不是褒贬色彩的个人嗜好，后者则是具有伦理色彩的劝世格言。本文正是在这一特定意义上使用资本主义精神这一概念的，它指的是现代资本主义精神。从问题讨论的方式便可明显地看出，我们这里所讨论的是西欧和美国的资本主义。资本主义在中国、印度、巴比伦，在古代希腊和罗马，在中世纪都曾存在过，但我们将会看到，那里的资本主义缺乏这种独特的精神气质。

现在看来，富兰克林所有的道德观念都带有功利主义的色彩。诚实之所以有用，是因为诚实能带来信誉，守时、勤奋、节俭也都有用，所以都是美德。按此逻辑往下推，人们或许可以得出这样的印象：在富兰克林看来，假如诚实的外表能达到相同的目标，那么有个诚实的外表也就够了，过多的这种美德相反倒是一种浪费。事实上，富兰克林在其自传中叙述的关于他如何遵循这些美德的故事，或关于严守谦虚形象如何有价值的讨论，以及今后获得众人承认而努力自谦的做法都证实了上述印象。按照富兰克林的观点，这种美德如同其他美德一样，只是因为对个人有实际的用处，才得以成为美德，假如能同样达到其预期的目的，仅仅换个外表也就够了。这就是极端的功利主义的结论。在许多德国人眼里，美国人所声称的那套美德纯系虚构，他们的印象看来在这一典型事例中得到了证实。但实际上，事情远非如此简单。本杰明·富兰克林本人的品格就与这种印象不符。这一点从他在自传里表现出的那种非凡的坦率可以证明。富兰克林把他能够得知的美德的功用归于一种旨在引导他走正道的神的启示。这表明，他所说的一切并不仅仅限于劝人为了纯粹利己的动机而进行伪装。

事实上，这种伦理所宣扬的至善——尽可能多地赚钱——是和那种严格避免凭本能冲动享受生活结合在一起的，因此首先就没有幸福主义的（更不必说享乐主义）成分掺杂其中。把赚钱这种至善纯粹视为目的自身，以至从个人的幸福或功利的观点来看，完全是超验的和绝对不合理的。人竟被赚钱动机所左右，把获利作为人生的最终目的。在经济上获利不再从属于人，也不再是人满足自己物质需要的手段了。这种对我们所认为的自然关系的颠倒，以一种朴素的观点来看是极其不合理的，但它显然是资本主义的一条主导原则，这是未受到资本主义影响的一切民族所陌生的。同时，它又表达了一种与特定宗教观念密切联系的情绪。富兰克林显然是一个无特殊派别色彩的泛神论者，但他那加尔文教派的严父在他幼小的时候就反复向他灌输一条来自圣经的古训。如此，如果我们问，为什么"要在人身上赚钱"？他就会像在其自传中一样用这条古训来回答："你看见办事勤勉的人么，他必站在君主面前。"（《圣经·箴言》第二十章，第 29 页）在现代经济制度下能挣钱，只要挣得合法，就是长于、精于某种天职的结果和表现。不难发现，这种美德和能力反映在上述引文以及富兰克林的其他所有著作中，也是富兰克林伦理观的全部内容所在。

事实上，这种在我们今天看来是如此熟悉但实际上又远非理所当然的独特观念——一个人对天职负有不可推托的责任——乃是资本主义文化的社会伦理中最富有代表性的东西，而且从某种意义来说，它也是资本主义文化的根本基础。它是个人对职业活动内容的一种义务，每个人都应感觉到，而且也的确感觉到了这种义务。至于职业活动到底是什么，无论看起来它利用的是个人的能力，还是仅仅利用了个人的物质财产，则都是无关紧要的。

当然，这并不是说，这种观念只出现在资本主义条件下，恰恰相反，我们在下面将追根溯源，会在资本主义出现以前的某个时代找到它的由来。自然，我们更不会说，现代资本主义企业中的个人（无论是企业家还是劳动者）自觉地接受这些劳动箴言，乃是资本主义能够进一步存在下去的条件。当今资本主义经济是一个广袤的宇宙，任何人都难以独立其外。它对人们来说，至少对作为个体的人来说，是一种必须生活于其间的不可更改的秩序。个人只要涉足那一系列的市场关系，资本主义经济就会迫使他服从于资本主义的活动准则，假如一个制造商长期违反这些准则，他就必然会被从经济舞台上赶下去，正如一个工人若不能或不愿适应这些准则就必然会被抛弃到街头成为失业者一样。

如此，当今的资本主义已经左右了经济生活，它通过适者生存的经济过程培育和选择了它所需要的经济主体。但在这里可以很容易看出，把选择这一概念搬来解释历史是有其局限性的。一种如此适应资本主义各种独特性的生活态度最终能够得到选择，并且能左右其他生活态度，那么，这种生活态度在开始时就不可能起源于若干孤立的个人，而只能是一种为整个人类群体所共有的生活方式，这才是需要我们说明的起源。按照较为朴素的历史唯物主义学说，这种思想的产生是经济基础的反映，或者说它是建立于经济基础之上的。对此，我们将在下面详细论述。这里，我们要告诉各位注意这样一个事实就够了：在本杰明·富兰克林的出生地（马萨诸塞州），资本主义精神（就我们所赋予它的意义而言）无疑在资本主义秩序出现以前就已经存在了。早在 1632 年，就有人抱怨新英格兰那种不同于美国其他地方专门工于计算、追求利润的行为。同样无疑的是，在与新英格兰接壤的某些殖民地以及较后加入美利坚合众国的诸州，资本主义远没有像在新英格兰地区那样发达。尽管这些殖民地及州是由一些大资本家出于商业动机建立的，而位于新英格兰的各殖民地则是出于宗教方面的原因，由传教士、神学院毕业生在一些小商人、工匠以及自耕农的帮助下建立起来的，这里的因果关系正好与按唯物主义得出的因果关系相反。

这些观念的起源及历史比那些持上层建筑说的理论家所想象的要复杂得多。资本主义精神（就我们所使用的意义而言）为了取得统治地位，必须同各种对立力量进行搏斗。我们引用的富兰克林的话所表现的那类思想，虽曾令整个民族为之喝彩，但在古代和中世纪，则肯定会遭到排斥，因为它会被认为是最卑劣的贪婪，是一种完全没有自尊的态度。事实上，一切尚未卷入或尚未适应资本主义环境的社会群体，今天仍对这种思想抱着排斥态度。这并不完全像人们常说的那样是因为获利的本能在那些时代不为人所知或尚不发达，也并不像耽于幻想的现代浪漫主义作家常常认为的那样，在资产阶级势力之外的世界不像在其国内那么强烈。在这一点上，是找不到资本主义精神和前资本主义精神之间有什么区别的。中国清朝的官员、古代罗马贵族、现代农民，他们的贪欲一点也不亚于任何人。不管谁都会发现，一个那不勒斯的马车夫或船夫，以及他们在亚洲国家的同行，还有南欧或亚洲国家的匠人，在同样的情况下，他们对黄金的贪欲要比一个英国人来得强烈得多，也不讲道德得多。

许多国家的资本主义发展速度，按西方的标准来看一直是落后的，但在那些地方不择手段地靠赚钱以谋取私利的做法却普遍流行。正如所有的雇主所知道的那样，这些国家（如与德国相比的意大利）的劳动者缺乏"良心"，这一点以前是、现在在某种程度上仍然是这些国家资本主义发展的主要障碍之一。资本主义无法雇用那些漫无纪律、奉行"自由劳动"信条的劳动者，正如它不能利用那些在与他人往来中给人以完全不讲道德的印象的人一样。后一点，我们看了富兰克林的作品就会明白。因此，资本主义精神与前资本主义精神的区别并不在赚钱欲望的发展程度上。自从有了人，就有了对黄金的贪欲，有一些人让黄金欲成为不受控制的欲望，并全身心地顺从于它。其中的一个例子就是那位荷兰船长，他"要穿过地狱去寻宝，哪怕是地狱之烈火烧焦了船帆也在所不惜"。但是，我们可以看到，这些人并不是产生出作为一种普遍现象的现代资本主义精神的那种大众心态的代表。了解这一点是十分重要的。在历史上的任何一个时期，只要有可能，就必有置任何伦理道德于不顾的残酷的获利行为。在与外国人和非同伙人打交道时，贸易也像战争及海上掠夺一样，常常是无法无天的。在这里，双重伦理允许人们去做在与同胞和同事的往来中禁止做的事情。

资本主义性质的获利作为一种投机活动，在所有已经知道的使用货币进行交易，并且通过公社（commenda）、租税承包、国家借贷、战争资助、宫廷及官吏为这种获利提供机会的各类经济社会中都一直盛行着。同样，这种投机者的内心态度，即蔑视一切伦理限制的态度，也一直是普遍存在的。在获利过程中，绝对的和有意识的冷酷常常与对传统的严格遵从紧密联系在一起。而且，随着传统的崩溃和自由经济企业或多或少地扩张（甚至扩张到社会群体的内部），这一新生事物在伦理上也并没有普遍地得到认可和鼓励，只不过作为一个事实而得到了宽容而已。这一事实要么被看作漠视伦理，要么被看作理应受到谴责。但是，很不幸，它又是不可避免的。这不仅是伦理说教的标准态度，而且，更重要的是，它还表现了前资本主义时期普通人的实际行为。所谓前资本主义是指这样的一种状况：在一个长久性的企业中，合乎理性地使用资本和按照资本主义方式合乎理性地组织劳动尚未成为决定经济活动的主导力量。而现在各个地方的人们在适应一种有秩序的资本主义—资产阶级的经济状况时，他们所遇到的最顽固的心理障碍之一恰恰正是这种态度。

在"一种要求伦理认可的确定生活原则"的意义上所指的资本主义精神，它一直与之斗争的最重要的对手，就是我们可以称之为传统主义的那种对待新环境的态度和反应。对这一术语，每一种试图给出初始定义的尝试必须暂置一旁，另外，我们可以略举几例以求说明其暂定含义。下面，我们将从劳动者开始说起。

为保证从雇佣者那里获取最大可能的劳动量，现代雇主所使用的技术手段之一就是计件工资制。譬如，在农业劳动中，收获时要求雇佣劳动者尽可能提高劳动强度。由于气候无常，获取厚利或遭受重大损失完全取决于收获的速度。因此，在收获季节里，计件工资制几乎是普遍流行的方式。并且，由于雇主对加快收割速度的兴趣随着劳动结果和劳动强度的增长而增长，他们会一次又一次地做出提高劳动者计件工资的尝试，从而给劳动者争取高工资的机会，以鼓励他们提高自己的效益。但是，雇主却常常遇到这样一个奇特的困难（其发生频率之高往往令人惊奇），即提高计件工资的结果是，在同一时间内做的工作不是多了，而是少了，因为劳动者对工价提高作出的反应不是增加而是减少他们的工作量。例如，某个人按每英亩 1 马克的价钱一天收割了 2.5 英亩地，从而挣得 2.5 马克。现在工价提高到每收割 1 英亩得 1.25 马克。本来，他可以轻而易举地收割 3 英亩地，从而挣得 3.75 马克，但他并不这样做，他只收割了 2 英亩地，这样他仍然可以得到他已经习惯的 2.5 马克。挣得多一些并不见得比挣得少一些更诱人。他并不会问：如果我尽力去做，那么我一天能挣多少钱呢？他却这样问：我要做多少活儿，才能挣到以前挣的 2.5 马克来满足我的习惯性要求呢？这就是这里所说的传统主义的一个例子。人并非"天生"地希望多挣钱，他只是希望像他已经习惯的那样生活，挣得为此目的而必须挣到的那么多钱。无论在哪里，只要近代资本主义通过提高劳动强度而开始提高人的劳动生产率，它就必然遭遇到来自前资本主义劳动的这一主要特征的极其顽固的抵制。它不得不对付的劳动力（从资本主义观点看）越是落后，它遇到的抵制也就越强烈。

让我们回到这个例子上。既然通过提高工资来刺激获利本能的手法不能奏效，那么，另一种显而易见的可能性就是适用与此截然相反的政策，即降低劳动者的工资，迫使他们付出更多的劳动以挣得与先前数目相同的工资。低工资与高利润甚至到今天在那些浅薄的观察者眼里仍然是相互关联的，每一件用工资偿付的事似乎都牵涉到相应的利润下降。资本主义从它一开始起步，就一再地采取减少工资的办法。低工资就是多生产，也就是说低工资增加了劳动的物质成果。因此，如同彼得·德·拉库尔很早以前就说过的那样：只是因为贫困并且只有在贫困之时，人们才会劳动。

都市人的社会心理[*]

格奥尔格·齐美尔[**]

陌生人

如果把漫游看作从空间中任何一个确定的点上解放出来，与它对立的概念是固定在这个点上，那么陌生人的社会学形式似乎呈现这两个特征的统一。这个现象同时也揭示出空间关系既有仅仅作为人际关系条件的一面，也有作为象征的一面。因此，这里讨论的陌生人不是过去涉及的今天来明天走的漫游者，而是那种今天来明天留下的人。可以说他是潜在的漫游者，虽然并没有继续前进，但也没有完全克制住来去的自由。他被固定在一个特定的空间群体中，或者固定在一个拥有类似空间界限的群体中。但是他在群体中的位置本质上已经被这样的事实决定了：从一开始他就不属于这个群体，他带入其中的特性不是也不可能是群体本身所具有的。

在陌生人的现象中，将人际关系同时包含的近和远组织起来的是这样一

---

* Translated from Georg Simmel, *The Sociology of Georg Simmel*, Translated by K. H. Wolff, New York: The Free Press, 1950, pp. 402-408, pp. 409-424. （本文由卞露、刘柳译，周晓虹校）

** 格奥尔格·齐美尔（Georg Simmel, 1858~1918），生于德国柏林一个成功的犹太商人家庭。中学毕业后，进入柏林大学修读历史和哲学，后转为哲学与艺术史。1881年获柏林大学哲学博士学位，1885~1900年任柏林大学编外讲师，1901~1914年任柏林大学副教授。1914年转任斯特拉斯堡大学教授，1918年患肝癌去世。一生共出版了25本著作、200多篇论文，内容广泛涉及哲学、历史、文艺、政治、社会学、伦理学和美学诸多领域，其中主要代表作有：《论社会分化》（1890）、《历史哲学问题》（1892）、《伦理学导论》（两卷本，1892~1893）、《货币哲学》（1900）、《康德》（1904）、《康德与歌德》（1906）、《宗教》（1906）、《叔本华与尼采》（1907）、《社会学：关于社会交往的形式》（1908）、《哲学文化》（1911）和《社会学的基本问题》（1917）等，是与马克思、涂尔干、韦伯齐名的古典社会学家。

种方式，可以简述为：在与陌生人的关系中，距离意味着身边这个人其实来自遥远的地方，陌生性意味着这个远方来的人实际上又近在眼前；由于成为一个陌生人无疑是一种实在的关系，它是人与人之间互动的特殊形式。因此天狼星上的居民事实上并不是真正的陌生人，因为在任何与社会相关的意义上，他们对我们来说都不存在，他们既不远也不近。然而，像穷人和各种"内部敌人"一样，陌生人是群体本身的一个成分。作为一个成熟的成员，他的位置既外在于群体又与群体相对立。下列陈述（远没有包括所有情况）表明，在与陌生人的关系以及与其建立的关系中，那些增加了距离和对抗的因素如何促成了一种合作与持续互动的模式。

在整个经济史上，要么每个地方的异乡人作为贸易商出现，要么贸易商作为异乡人出现。只要经济基本上能够自给自足，或者产品仅仅在一个狭小的群体中进行交换，那么就不需要中间人；只有对圈子外的产品有所需求时才需要贸易商。要使群体的成员不必为了购买这些必需品离开群体的圈子——在必须离开的情况下，他们在外地同样是陌生的贸易商——商人（在当地）就必然是一个异乡人，因为除了他们以外，没有人有机会以贸易维生。

如果异乡人不再离开而是在他活动的地方定居下来，那么他的这种地位便更加突出了：因为在许多情况下，只有当他以中间贸易（intermediate trade）为生计时，他才能够定居下来。即使一种经济不知何故封闭了，土地被分割了，也建立了满足人们对手工艺品需求的手工业，贸易商依然能够找到自己的生存之道。因为在贸易中，不仅贸易本身就可以带来无限组合的可能性，智慧也在不断地开疆扩土，这种成就对过去那些缺少流动、倚赖于一个缓慢增长的顾客群的初级生产者来说是难以企及的。与初级的生产相比，贸易总是可以吸纳更多的人口，因此，对异乡人来说进入贸易这个领域是必需的，异乡人在某种程度上作为一个多余的人挤入一个经济位置已经被人占据的群体中——欧洲犹太人的历史就是典型。陌生人天生不是"拥有土地的人"——土地不仅在自然意义上，而且在比喻意义上都是生存的根基，如果它不是被固定在空间中的某个点上，至少也是被固定在社会环境中的某个观念的位置上。虽然在更亲密的关系中，他可能会逐渐显露出各种魅力和价值，但是只要在别人眼里他是一个陌生人，他就不是"拥有土地的人"。对中间贸易的限制以及对（虽然从中得到升华）纯粹货币交易的限制都赋予他流动的特质。如果流动在一个有边界的群体中进行，在流动中就包含了近与远的综合，这种综合就构成了陌生人的形式地位。因为，这个本质为流动的个体通过与任何个人建立起亲属的、当地的和职业的纽带，在不同时间同每一个人发生接触，但不是有机的联系。

这种状况的另一种表现存在于异乡人的客观性。因为他不会激进地信奉群体的某些部分和片面的倾向，因此会持一种特殊的"客观"的态度接近群体。但是客观性并不意味着某种单纯的被动和超然，它是一个由近和远、冷漠和投入同时组成的特殊形态。我提一提关于异乡人在群体中的支配地位的讨论（在"上级与下级秩序"一章中①），最典型的是那些意大利城市向外界招聘法官的惯例，因为没有一个当地人可以在家庭和党派的利益纠葛中保持中立。

前面涉及的现象也与异乡人的客观性息息相关，虽然这种情况主要（但不是仅仅）适用于那些继续迁徙的人。事实上他经常受到最令人吃惊的坦率相待——这种信赖有时候仿佛忏悔一般的推心置腹，被亲密朋友小心翼翼地保留。客观性绝不是不参与（同时超越于主观和客观互动之上），而是一种实在的、特殊的参与形式——就像理论观察的客观性不是说心智必须像一张被动的白纸一样，事物在其上刻下自己的特性，相反，客观性是精神按其固有规律发挥作用的充分活动，因此必须排除偶然的变化和偏向，个人的和主观的差异可能会赋予同一个事物不同的形象。

客观性也可以被界定为自由：客观的个体不受任何承诺的约束，它们可能使他对既定事物的感知、理解和评价产生先入为主之见。然而，允许个人以一种鸟瞰的视角（居高临下地）体验和对待自己与他人的关系甚至亲密关系的自由也隐藏着很多危险。在任何形式的叛乱中，被攻击的党派一开始就宣称挑衅来自外部，是由外来的特务和煽动者引起的。发生这种情况时，异乡人的特殊角色往往被夸大了：从理论上和实践上他都是更自由的人；他很少带有偏见地统揽全局；他用更普遍和客观的标准评价别人；他的行动不受习惯、忠诚和先例的束缚。②

---

① Simmel, Georg, Super Ordination and Subordination, In Simmel, Georg, *The Sociology of Georg Simmel*, New York: The Free Press, 1950, pp. 216-221.

② 但是，在被攻击的党派错误地做出这种判断的地方，会产生居上位者为那些处于较低地位的造反者开脱的倾向，这些人在叛乱发生之前和他们有着持久的密切联系；通过创造出造反者不是真正有罪的而只是被煽动，以及叛乱不是由他们发起的假象，被攻击的党派免除了自己的罪责，因为他们全部否认了造反的现实背景。

最后赋予陌生人客观性特质的近与远的平衡，也在与陌生人的抽象的关系中找到了实际的表达。那就是，人们与陌生人只能共有某些比较普遍的特征，而同有机结合的人的关系则是建立在对普遍特性中的特殊分歧的共识之上的。事实上，不管具体怎样，所有个人关系都以不同形式遵循着这个框架。人际关系不仅由存在于个体之间的共同特征决定，共性与个人分歧相并立，这些个人分歧要么对人际关系有所影响，要么毫不相干。因为共同特征对人际关系的影响基本上取决于：它们是否仅仅存在于这个特殊人际关系的参与者之间，因此对于这种关系来说这些特征是非常普遍的，但是对于关系之外的一切来说这些特征又是特殊的、不可比较的——或者是否因为这些特征通常同属于一个群体、一种类型的人或者人类全体，参与者就觉得这些特征也是他们所共有的。在后者的情况下，与相似成员（这里的意义上）构成的群体的规模成比例，共同特征的影响被冲淡了。虽然共同特征作为整合成员的基本力量发挥功能但不能让这些特别的个体相互依赖，因为它也可以使群体成员同样容易地和所有群体之外的人建立关系。显而易见，这也是一种同时包括远与近的关系的形式：共同特征是普遍的，建立在共同特征之上的关系是温暖的；但它们也在这温暖的关系之上添加了冷酷的因素，一种有关这一关系十分偶然的感觉——将人们连接在一起的力量于是就失去了特殊的和向心的特点。

对我来说，在与陌生人的关系中，这种状况似乎具有不同寻常的、基本的优势，压倒了特殊关系中独有的个人因素。就我们感受到的与陌生人共有国家的、社会的、职业的或一般人性的特征而言，陌生人与我们近在咫尺。而考虑到这些特征实际上远远超越其和我们之上，并且因为其连接了大众所以也把我们联系在一起，陌生人又显得遥不可及。

在此意义上，陌生感的阴影甚至能轻易地侵入最亲密的关系中。情爱关系在最初的激情阶段会强烈地拒绝任何普遍化的想法：情人们认为不曾有过其他爱情像他们那样，没有什么可以和爱情的对象以及对他/她的感觉相比较。当两人关系独一无二的感觉开始消失的时候，一种陌生感——很难判断是作为原因还是作为结果——便不期而至。他们对两人关系的价值产生某种怀疑——无论对关系本身还是对他们自己，并且伴随着这样的想法：毕竟两人的关系也只是遵循了人类普遍的命运；他们所体验的经历已被别人重复了千万次；他们并不是宿命般地邂逅了自己的另一半，在别人身上他们也会发现同样的意义。

任何关系，无论多么亲密，都难以避免其中某些感觉，因为他们共有的东西从来都不是独一无二的，而是笼罩在一种更普遍的概念之下，其中包含了许多别的东西，包含了共性的许多其他可能。无论这些可能实现的机会有多小，无论我们是否常常忽略它们，它们就像潜入我们之间的影子，像一团无法用言语表达的薄雾，只有当它们凝结成固体的形式时才能被称为嫉妒。在有些可能更为一般的、至少更难以克服的例子中，陌生感不能归结为个人分歧和不能理解的问题。更确切地说，它是由这一事实所造成的，即相似性、和谐和亲近感伴随着这样一种感觉：它们实际上不是这样一种特殊关系的独特组成，它们是某些更普遍的东西，这种东西潜在地适用于伴侣和无限多的人之间，因此使得两人单独形成的关系不具有内在的、唯一的必然性。

另外，有一种"陌生感"会拒绝那些对关系各方具有约束力的普遍共识，希腊同"野蛮人"的关系就是典型的例子。双方互不接受被感知为人类特有的、纯粹人性的普遍品质。这里的"陌生人"不具有实在的意义，与他的联系并非"关系"，他不是在这里会和我们发生关系的人或一个群体本身的一分子。

确切地说，仅仅建立在普遍人类共识基础上的关系的特点是，作为群体的一分子，他既接近又远离。但是在近与远之间又存在一种特殊的张力，如果认为只有普遍的才是共有的，就会压制那些个人分歧的东西。然而，一个对于国家、城市、种族等来说陌生的人，他与别人相异的因素也不是个人品质，而仅仅是一种出生背景的异他性，对许多异乡人来说共有的就是这种异他性。由此可见，异乡人实际上不是作为个体被认为是陌生的，而是作为特定类型的陌生人；考虑到异乡人，远的因素和近的因素一样具有普遍性。

比如中世纪时在法兰克福等地向犹太人征税就是以这种形式关系为基础的。基督徒市民的赋税会随着他本人财产的多少而变化，而每个犹太人的赋税却是永久固定的。这种固定基于这样一个事实，即犹太人的地位是根据他作为一个犹太人的社会身份确定的，而不是作为某些客观实质的承载者。除犹太人以外，每一个市民都是一定数量财产的所有者，并且他的赋税根据财产的起伏有所波动。然而犹太人首先是作为一个犹太人，然后才是纳税人，因此他的赋税地位具有不可更改的因素。一旦个人的特征（虽然它们被僵化的不变性所限制）被忽略，所有异乡人都要支付同样的人头税时，犹太人的这种处境尤其明显。

尽管陌生人非有机地悬挂在群体中，他依然是群体一名有机的成员，群体在其统一生活中也把这个因素的限制包括在内。我们不知道如何指出这种情况的特殊统一性，只能说它是由某些近与远的权衡所构成的。虽然其中一些特征为任何关系所共有，然而某种特殊的远近比例和互惠的压力形成了与陌生人之间特别的、形式的关系。

大都会与精神生活

在现代社会中生活的人们所面临的最严重的困难来自面对巨大的社会压力、历史传承、外来文化以及在各种生活方式面前如何保持自我存在的独立与个性的要求。原始人为了生存而与自然不断地抗争，这种斗争在当代完成了最新的一次变形。18 世纪的人们将他们自己从国家、宗教、道德以及经济的历史束缚中解放出来。人的天性是善良的，应该在没有任何阻碍的状况下自由地发展。除了获得更多的自由，19 世纪人们要求将他们的工作技能专业化，这种专业化使得每个人与他人都不具备可比性，并且对于最终的可能性而言每一个人都是必不可少的。不过，这种专业化使得每个个体都更直接地依赖他人而生活。尼采看见了个性的完全发展源于个体间的无情的争斗，社会主义则认为应该压制为了同一目标的竞争。正如可能的那样，在所有这些立场中，起作用的最为基础的动机是相同的：人们都在尽可能地避免被社会技术机制（social-technological mechanism）所淘汰或向下流动。想要洞悉现代生活及其结果的深层内涵和文化主体的心灵，必须寻求如下解答：诸如大都会这样的结构如何在个体生活与超个体生活之间建立起来？这些问题都必须回答如何使人格适应外界压力的调整这样的问题。这也就是我今天这一研究的主要内容。

大都市人的个性类型的心理基础涵括于神经刺激的紧张之中，这是外界与内在刺激连贯而迅速改变所造成的结果。人是一种分化的（differentiating）生物。当瞬间物体的印象与先前的事物给他的印象不同之时，他的精神就会受到刺激。持久的印象、与其他印象仅有细微差别的印象、有规律和惯性以及呈现规律与惯性反差的印象，所有这些，正像所说的那样，较之以急剧增长的变化的景象、剧烈而不连贯的瞬间觉察以及冲击性印象的无法预测性而言要较难觉察得多。这就是大都市创造出的心理情境。都市纵横交错的街道，经济、职业及社会生活的快速与复杂发展，使城市生活在精神生活的感知上与乡村生活完全不同。较乡村生活而言，大都市使得个人更加成为在认识上有巨大差异的个体。在乡村，生活与精神感知的节奏会相对慢一些，并且表现出更多的习惯性与一致性。准确地说，在这一关系中，都市精神生活的复杂特质变得可以理解了——相对而言，在小乡镇中的生活更依赖于情感的联系。这些后来都深深植根于精神中更加无意识的层面并且迅速成长为连续性习惯中的稳定节奏。但是，智慧在精神之透明的、有意识的、较高的层面拥有其自己的轨迹，它是我们内在张力中最能适应的部分。为了适应现象的变化和反差，智力并不要求任何震惊和内在的恐慌，而只是通过这些剧变使得更多保守的精神可以适应都市中生活的节奏。这样，都市人——当然，他可以拥有成千上万不同的个体差异——发展出一种器官可以保护自己免受外界环境的改变与差异对其造成的威胁。他用大脑反应替代心灵反应。在这里，增长的意识呈现心理的优越性。因此，对于都市人而言，大都市生活强调强烈的意识和智力优势。对都市现象的反应转变为一种敏感度最低并远离人格深处的器官。智力用来保护主观生活免受都市压倒性力量的侵扰，并且智力还作用于很多不同的方向，以及将很多分散的现象联系在一起。

大都市永远都是货币经济的中心。在这里，经济交易的集中性与多样性使得这些在乡村商业中缺乏的交易形式显得很重要。货币经济和智力优势之间是有内在联系的。它们分享在处理人和事情上的事本性（matter-of-fact）的态度，并且在这一态度中，一种形式上的公正总是与冷酷无情相伴随的。有超高智力水平的人对于任何真正的个人特性都漠不关心，因为由此不可能产生完全符合逻辑的关系与反应结果。以同样的方式，现象的个人特质是和金钱原则不相符的。金钱只关心对于所有人而言都相同的事：它要求交易的价值，它将所有品质以及个人特性还原为"多少"这一问题。所有人与人之间亲密的情感联系均建立在个人特性之上，但在理性关系中人总是被视作一个数据，或是一个与其自身无关的要素来考虑的。人们感兴趣的只是那些能够客观地加以衡量的成就。因此大都市人是斤斤计较的，和他的商业伙伴或顾客，和他的家庭服务员甚至是一些他经常交往的人无不如此。这些理性的特征和自然的小圈子形成鲜明的对照：在小圈子中，个性被充分考虑，使得彼此间不可避免地产生一种温和的行为方式，这一行为方式是超越纯粹客观的付出与回报之平衡的。在经济心理学的小群体研究领域，以下事实被认为是十分重要的：在原始状态下，生产者因为消费者订购货品而生产，以至于生产者与消费者相互熟识。不过，在大都市中，生产几乎完全为市场服务，也就是说，完全为那些从未以个体身份出现在制造商眼中的不可知的购买者服务。通过这种匿名性，每一个团体的利益都必须带有残酷的事本性，并且因为个体间的关系无法预知，任何经济上的自我主义的理性计算都不必害怕任何偏斜。货币经济主宰着大都市，它替代了最后一个家庭生产和直接的易货交易，并且将由顾客订货而进行的生产压制到最低限度。这种事本性的态度与在大都市中占主导地位的货币经济有着非常强烈的亲密关系，以致没有人可以说得清是理智决定货币经济，还是货币经济决定理智。但大都市的生活方式毋庸置疑是产生这一相互作用的肥沃土壤，在这一点上我只需要引用一位著名英国宪法历史学家的话就可以说明：纵观英国历史的全部进程，伦敦起的作用从来不是英国的心脏，而是它的理智，也是它的钱包。

在一些只浮于生活表面的看上去不那么显著的特性中，相同的心理趋势有特点地结合在一起。现代精神变得越来越精于计算。货币经济所带来的在实际生活中的精确计算是与自然科学的理想相一致的：将世界转化为数学问题，以数学公式来规范世界的每一个部分。只有货币经济让这么多人每一天的生活中都充斥着权衡、计算、数字化推演，以及将品质价值转变为数量价值。通过货币的计算天性，一种新的精确性，一种界定身份与差异的确切性，一种商谈与协议中的毫不含糊性已经进入生活要素关系的各个方面——正如外表看上去的那样，这一精确性是手表普及所带来的结果。但是，都市生活的状态既是这一特性的原因同时也是结果。典型的都市中的关系及事务通常是复杂的以及变化的，如果没有严格的承诺与服务，整个系统将会濒临崩溃或进入无法处理的混乱状态。最重要的，这一必要性来自许多拥有不同利益的人必须整合在一起，他们必须将他们之间的关系与活动统一在一个复杂的系统之中。如果柏林城所有的钟表以不同的方式同时坏掉，哪怕只坏一个小时，城市中所有的经济生活和交往将停滞很长一段时间。另外还有一个明显的外在事实：长距离也会造成所有的等待和失约所带来的时间的白白浪费。因此，如果不是将所有的活动与相互关系统一在一个非人格化的准确的时间表中，都市的生活方式将无法想象。这样，这一思考的一般性结论将再次明确地显现，即从存在表面的每一点来看——不论它们独自依附于这表面的紧密程度如何——一个人可以探测进入精神世界的深处，以致所有生活的无意义的外在表象最终均是与生活方式意义的终极决定相联系的。守时、计算、精确是由于都市生活的复杂性与紧张性而被迫存在的，它们不仅仅与货币经济和理性特征存在亲密联系。这些特征也为生活增添了色彩，并且有利于排除非理性、本能和至高无上的特征以及这样的冲动：从内在决定生活的模式，而不是从外界接受一般性、确定性的系统化模式。尽管以非理性冲动为特征的个性的至高无上（sovereign）类型，在城市生活中并非毫无可能，但无论怎样，它们都是与典型的城市生活相背离的。从这种意义上而言，在都市中对诸如约翰·罗斯金和尼采这样的人表示出强烈的憎恨之情也是可以理解的。他们的天性只能在非系统化的存在中独自发现生活的价值，而非系统化的存在是不能够被精确定义的。从同一理由出发，憎恨大都会与憎恨货币经济以及现代存在的理性主义是一致的。

共同组成生活方式精确性与准确性的相同要素已经融合成为一种高度非人格化的结构，从另一个角度而言，它们又促进了高度个性化的主观性的发展。或许并没有一种精神现象如同厌世情绪那样无条件专属于大都会生活。厌世情绪首先来源于快速的变化和连续的反差强烈的神经刺激。从这一点来看，都市理性化的增加似乎也来源于此。因此，智力不那么活跃的笨人本来就不常会有厌世的情绪。无限追求快乐的生活使我们产生厌世情绪，因为它使人们的神经长时间处于激动状态，以致最后都停止了反应。同样地，在快速和充满矛盾的变化中，更多无害的印象促进强烈的回应，在这里那里都野蛮地撕裂着人们的神经，使得他们最后的能量都消耗殆尽，如果继续停留在相同的环境中，他们将没有时间聚集新的能量。这样，当拥有合适能量的新感觉出现时，他们就会感到无力回应。这种状况就是所谓的厌世情绪，事实上，当每一个生活在大都市中的小孩在与生活在安静、较少改变的环境中的小孩相比较时，都会显示出这一状况。

这种大都市厌世情绪的心理来源与货币经济的另一种来源结合在一起。厌世情绪的本质在于分辨能力的退化。这不等于如同"白痴"那样无法感知客观物体，而是指无法分辨事物意义与价值的不同，以及事物本身被毫无实质性的体验。厌世之人通常都呈现灰暗、单调的色彩，任何事物都无法引起他们的兴趣。这一情绪是对完全内化的货币经济的可靠的主观反应。通过将所有具有多重维度的复杂事物以同样的方式置于一个相等的层面，货币成为最可怕的标准。金钱将所有关于品质的描述均转化为一个问题："多少？"毫无色彩和感情可言的金钱，成为所有价值的公分母，不可挽回地掏空了所有事物的内核、个性、特殊价值以及它们的不可比拟性。所有事物都以相等的特殊重力漂浮在川流不息的金钱流中。所有的事物都处于同一水平面上，只是它们所占据的大小不同而已。在个别情况下，事物通过金钱这一等价物来着色或褪色是不会引人注意的。不过，通过富人与用来挣钱的客观物体之间的关系，其或通过当代公众心理所普遍赋予这些事物的总体特征，对客观物体的排他性的金钱评价已经变得越来越鲜明。大城市——货币交易的中心——与那些小地方相比，将货物的买卖推到了令人印象极端深刻的前台，这就是为什么都市成为厌世情绪发生的真正场所的原因。在厌世情绪中，人与物的集聚刺激着个体的神经系统以致达到顶峰状态。通过相同条件下的要素的纯粹量的程度的增加，这一顶峰状态转变到它的对立面，并呈现特别顺应的厌世情绪。在这一现象中，神经在拒绝对它所受的刺激做出反应时发现了适应都市生活的内容和形式的最后可能性。特定人格的自我保全来自贬低整个客观世界的价值，这种贬低最终将无可避免地将其自己的人格也拖入毫无价值的感受之中。

不过，拥有这种存在方式的主体必须为了其自身而妥协，他直面大都市时的自我保全要求他采取一种同样消极的社会性行为。这种都市生活的精神态度切实存在于你我之间，从一个正式的角度来看，可称之为自我矜持（reserve）。如果像在小城镇中那样，几乎每个人都彼此认识而且相互之间都有着积极的联系，拥有许多针对外界无以计数的人之间的持续不断的交往的内在反应，那么人们将会在内心完全雾化（atomized），并且进入一个不可想象的精神状态。部分是这种心理事实，部分是对人们面对都市生活危险要素时的不信任的权利，使我们的自我矜持成为必须。作为自我矜持的结果，我们常常连我们多年的邻居都不认识。也正因为这种自我矜持，使得我们在小城镇人的眼中是那样的冷血与无情。确实，如果我不是自我欺骗的话，这一外在矜持的内在方面不仅仅是冷漠——这常常超乎我们的意识——还是一种轻微的厌恶、相互的陌生感和排斥，这些无论在任何时候都会导致憎恨和对近距离接触的反感。全部的关于这样一种广泛交往的生活的内在组织均依赖于一种极端变化的层级体系，包括从最短暂到最永久意义上的同情、漠视和厌恶。在这一层级体系中，冷漠的范围并不像表面看上去的那样大。我们的精神活动仍然对几乎所有略带一些明显感觉的有关他人的印象做出回应。这种印象的无意识性、流动性以及变化性的特征看起来都会发展为冷漠这一结果。事实上这种冷漠就像相互间到处都毫无差别一样不自然且难以忍受。从这两种典型的都市危机来看，冷漠和无差别性以及厌恶都在保护我们。一种潜在的反感和实际对抗的预备状态都导致了距离感和厌恶，但没有它们这一生活模式就很难实现。这种生活风格的范围与内涵，出现和消失的节奏，在何种形式上受欢迎——所有这些都带有狭义上的同一动机，形成了不可分割的都市生活风格的统一状态。在都市生活风格中展现出来的直接作为分裂因素的，不过只是社会化形式中的一个要素。

这种暗含着隐藏的厌恶情绪的自我矜持成为一种更普遍意义上的大都会精神现象的形式与外衣：它给予个人一种或一定量的自由，这在其他情况下都是不可类比的。大都会回归到一种社会生活大规模发展的趋势，以及一种少数能够从中发现一种大概的普遍性规律的趋势。社会形成的最早阶段在历史上以及当代社会结构中均可以发现：一个相互紧密联系的小圈子和其他相邻的、陌生的，或者某种程度上敌对的圈子做对抗。但是，这一圈子是紧密相连的，它只为每一个个体提供十分狭小的自由和个性发展空间，以及自我约束的举止。政治和血缘群体、政党和宗教组织均起源于这种形式。一个年轻组织的自我保护要求其建立严格的界限和具有向心力的联盟。因此，它们不可能允许个体的自由和内在的独特性向外发展。从这一阶段看，社会发展过程同时呈现了两种相异而又相互协调的方向。当群体发展到一定程度——数量上、空间上、重要性上以及生活内容上——群体直接的、内在的联系就会松懈，原始的严格的与其他群体的界限也会因为相互的交往与联系而变得模糊。同时，个人在这一过程中获得了更多的自由，远远超出起初谨慎的界定。个人同时也获得了一种特殊的个性，在不断扩大的群体中的劳动分工给这一个性创造了机会和必要性。国家与基督教、行会与政党，以及无数其他团体都是通过这一形式发展起来的。当然，有些特殊的情况与力量会使得一些个别的团体对这一普遍的发展规则加以修正。对于我而言，这一规则同样适用于城市生活中个性的发展过程。古代与中世纪的小城镇为人员的流动以及与外界的接触设置了障碍，也同时造成了个性发展的困难。这些障碍如果保留到今天，将会使我们这些现代人感觉呼吸都困难。即使在今天，一个都市人如果跑到小城镇中生活，依然会感到相似的限制与束缚，至少，在某种程度上是如此的。我们生活的环境圈子越小，能够化解人与人之间紧密联系的个性发挥就会越受到限制，对于成就、生活行为、个人的看法就会越在意，而一种数量和品质上的专门化就越易摧毁整个小圈子的框架。

在这一方面，古老的城邦看上去与小城镇有相似的特征。持续不断地来自或近或远的敌人的威胁使其想要确保自己的安全，就必须在政治和军事上加强整合，在市民之间形成相互监督，整个社会对个体高度戒备以至于个人生活被压抑到相当的程度——他只有在自己家里表现得像暴君一样才能补偿其痛苦。如果从人们不可比拟的个性的释放以及用持续的内在与外在的压力与非个性化的小城镇做斗争这一角度加以考虑，雅典生活那巨大的诱惑与兴奋以及独一无二的丰富多彩也许将可以理解。这导致了一种紧张的氛围，处于弱势地位的个体将被镇压，而那些强势的个体则被鼓励以极端强烈的方式表现自己。确切地说这就是为什么那些在我们物种的不确定的理性化过程中被我们称为"普遍人性特征"的东西会首先繁荣于雅典的原因。我们必须保持下列联系在历史上与现实上的正当性：最广泛的和最普遍的生活的内容与形式最紧密的和最个人化的东西相联系。它们拥有一个相同的预备阶段，那就是，在细致的成形与组群过程中，它们都发现了自己的敌人，为了保持其存在它们都采取了防御的姿态，以对抗外在的扩张与普遍化以及内在的自由主义与个性化。就如同在封建社会中那样，"自由"之人就是受土地法保护的人，或者说，受最大的社会势力保护的人；"不自由"的人就是仅仅从封建联系的小圈子中获取权利而被排除在大社会势力之外的人——因此今天生活在大都市中的人从精神和纯粹感觉上而言是"自由"的，和那些被琐碎与偏见包围的小城镇中的人形成了鲜明的对比。就相互间的保留、漠视以及理智生活而言，大都市中稠密的人群比个人独立的个性给人以更强烈的冲击，使人感受大规模都市圈的状态。这是因为身体的接近以及空间的局促使得精神距离更加凸显。如果在某种状况下，人们在大都市熙熙攘攘的人群中不再感觉到孤独与失落时，那么这明显是一种表面状况。在这里如同在其他地方一样，人们的自由作为他精神生活反应的慰藉物是毫无必要的。

因为社会圈子的扩大与个人内在和外在的自由之间存在广泛的历史联系，大都会成为"自由"的象征地就不能仅仅被认为与地域的大小及人员的数量有关。更多地，在超越这一可见的扩张的过程中，一些特定的城市成为世界主义的中心。城市边界的扩张与财富增长的方式具有某种程度的可比性，在一些更加快速的增长过程中，一定数量的财富以一种半自动化的方式增加。当超越了某一特定极限时，城市的经济、人、理性化关系以及在城市中各个地方占据主导地位的聪明才智，呈现几何级数的增长。每一次在活跃扩张中的所得都成为一个台阶（并非一个等价物），是为了更新更大的扩张。就延伸在城市中的每一个脉络而言，新的脉络貌似依靠自身就可以生长，就像在城市内部仅仅依靠交往的增加而并非劳动所获的地租增长就给所有者带来自动的源源不断的利润。在这一点上，生活的数量的方面直接转变成品质的特征。小城镇的生活领域大体上而言是自给自足和半封闭的，而都市呈现的具有决定性的特质是其内部的生活如波浪似的流淌进广阔的民族与国际社会中。魏玛（Weimar）并不是一个相反的例子，它的重要性在于其与个体的个性相连并最终灭亡，然而大都市更加强调其本质的独立性，即使从最显著的人格特性上来看也是这样。这是独立的相对物，也是个体为他在都市中所享受的独立而付出的代价。大都市最显著的特点在于其功能性扩张远胜于自然疆界。这一效力依次产生反作用并赋予都市生活以压力、重要性和责任。人们不会以其身体的有限性或地域的边界作为行动的终结。更确切地说，人们是通过其所能够散发的时空影响的总量建构自己的行动领域的。同样，一个城市的组成也超越其瞬间界限，只有这样的界域才是城市对其自身存在的真正表达。这一事实有一明显的表现，即个体的自由、边界的逻辑和历史完整性，如果仅仅以消极的态度来面对纯粹的流动性自由、消除偏见以及某种程度的庸俗是无法真正理解它的。最关键的一点是每个人所终极拥有的个性与不可比拟性，在这一生活样态中被某种程度地呈现。我们遵循本性的原则——这终归是一种自由——变得显而易见并且对我们自己和对他人而言都是有力的，如果这一发自本性的表达和其他表达相异的话。只有我们明白无误才能证明我们的生活不是被别人操控的。

城市首先是劳动高度分工的经济中心。他们甚至制造出一种极端的现象，如巴黎有一种职业被称为"凑十四"（quatorzieme）——一些人通过在住宅上挂招牌来表明自己的身份，在晚饭时间穿着合适的衣服，随时准备接受邀请加入一个只有13个人的晚宴。以扩张的方式，城市提供了越来越多的劳动分工的空间与可能性。它提供了一个广阔的圈子，可以吸纳各种完全不同的服务种类。同时，个体的聚集以及他们对顾客的争夺迫使个体必须拥有一些专门化的区别于他人的特性以使其不会被别人取代。有一点是确定的：城市生活已经将人为了生存而与自然进行的斗争转变为人为了争夺资源而与他人进行的斗争。专门化不仅来源于获利的竞争，也来自商人必须不停地用新奇而有趣的东西吸引顾客的关注这一事实。为了找到一个不会枯竭的收入来源，以及一个永远不会被替代的功能，个体服务的专门化是十分必要的。这一过程促进了大众需要的区别化、精致化和丰富化，而这明显可以导致社会中个体的差异化。

所有这些构成了精神与心理特征向个性化的转型，城市的大小与机会之间呈密切相关关系。这一过程是以一系列明显的因素为基础的。首先，一个人必须面对如何在都市生活的不同维度中妥善安排自己独特人格的难题。其次，有时个人活动的重要性和花费的量的增加达到了极限，他们只能利用质的不同创造差异感来吸引社会的关注。最后，人们被引诱而采取一些最具倾向性的特质，即典型的都市中夸张的怪癖、任性和矫揉造作。现在，这些夸张行为的意义并非在于其内容，而是"与众不同"的形式，显现出一种震撼的风格以吸引别人的注意力。对于很多性格类型而言，为自己保留一些自尊和自我存在的感觉这一终极意义，只有通过别人的注意才能够获得。同样地，一个表面看来毫不重要的因素正在起作用，它所累积的效果是无论如何都值得关注的。我指的是与小城镇生活相比，都市中人与人之间交往的短暂与贫乏。击中"要害"的诱惑，表现出集中和震撼性的特征，这通常与都市短暂交往中的个人有密切联系，而在经常的、长期性的、以保证每个人在别人眼中都有清晰映像的环境中，这一诱惑与个人的联系则不那么紧密。

不过，对于我来说，大都会能够促使个人独立性的增长最重要的原因在于——不论成功或合理与否——现代文化的发展是以"客观精神"（objective spirit）凌驾于"主观精神"（subjective spirit）之上为特征的。也就是说，不论在语言上、法律上、生产技术上、艺术上、科学上还是室内摆设上，一些精神因素被具体化了。在个人的理性发展过程中，其个性不完美地跟随着这种精神增长，并且它们之间的距离逐渐拉大。例如，如果我们检视过去几百年留下的那些具体到事物、知识、机构和舒适的大量文化，并且如果我们将其与同时期的个体文化进程相比较——至少在上层阶级中——这两者间一种可怕的发展的不均衡性就表露无遗了。并且，在某种程度上，我们注意到与个人文化相联系的灵性、精致和理想都呈现逐步衰退的状态。这一矛盾的结果最根本缘于劳动分工的不断增长。劳动分工要求个人单一技艺上的发展和完善，而过多地单一发展通常意味着个体性格特征的不完整性。这种状况下，人渐渐丧失了对客观物质文化增长的应对能力。个性减少到极其微小的数量，甚至在他的意识中要比在实际生活和从实际生活中获得的模糊情感状态的总量更少。个体仅仅成为一个巨大机器上的小齿轮，庞大的事物与权力构成的组织将所有的进步、精神以及价值同拥有它们的主体割裂开来，用以将它们从主观形式转变为纯粹的客观物质生活。这里仅仅需要指出的是：大都会是这一超越个人生活的文化存在的真正场所。在建筑物和教育机构中，在由征服空间的技术所带来的美好与享受中，在社区生活的构建中，以及在各种可见的国家机构中，充斥着具体化及非个人化的精神，所以，个性在此种压力之下自身难保。一方面，生活在多种方面带来的刺激、利益、时间和意识的利用使得其给予个性发展无限的可能。个人仿佛徜徉在小溪中，几乎不需要自己游泳就可以漂浮起来。另一方面，生活也包含着越来越多的非个人化内容，以及用以取代充满个性化色彩和无可比拟性的真正东西的祭品（offerings）。因此，为了保存其人性的内核，个人必须强烈地呼唤独特性与差异性。为了保证其自我意识的存在，个人不得不夸大其私人特质。客观物质文化高度发展过程中产生的个人文化的萎缩，是一些极端个人主义者所宣扬的憎恨的原因之一，尤其是尼采对大都市持极端反感态度。但是，这同时又是那些宣扬者（preacher）为何热爱都市以及常常以先知和拯救者的身份出现在欲求不满的都市人面前的原因。

如果人们询问这两种由大都市中的数量关系——个体的独立性与独立性的经营之间的关系——产生的个人主义的历史地位如何，就会发现大都市在世界精神史上呈现一种全新的排列方式。18 世纪从毫无意义可言的社会压力诸如政治、土地、行会和宗教领袖之下发现了个人。可以说，这一压制强加给人们非自然的、过时的和不公正的不平等。在这种状况下，出现了要求自由与平等的呼声，人们相信在所有的社会以及理性关系中，人都应该拥有充分的自由。自由赋予每一个人高贵的本质，这一自然的本性特征只不过是在漫长的社会与历史中发生了变形。除这一 18 世纪对于自由的理想外，在

19 世纪，一方面通过歌德和浪漫主义，另一方面通过经济上的劳动分工，另一种理想出现了：从历史中解放出来的个体现在希望能与他人有所差别。人的价值的承载体不再是适用于每一个人的"普遍人性"，而是个人品质的独特性和不可替代性。我们时代的外部历史与内部历史的变迁过程是充满斗争的，在这一社会整体中定义个人角色的两种途径不停地纠缠。正是大都会的功能为这一争斗和调解提供了场所。都市向我们展现了其分配给人的两种方式的发展的机会与刺激的特有的状况。这些状况得到了一个独一无二的立足之地，对精神存在的发展拥有不可估量的意义。大都市使自己呈现为一个重大的历史构成物之一，在其中，围绕生活展开的相互对应的潮流明确地显现着，并且以相互平等的地位结合在一起。在这一生活潮流的发展进程中，不论个体现象给我们的感觉是同情的还是厌恶的，它都完全超越了裁判态度的适应性范畴。既然这样的生活力量已经深深扎根并且成长到整个历史生活的顶端，我们，在我们转瞬即逝的存在中，只是一个细胞，仅仅作为一个部分，谴责和宽恕都不是我们应该做的，我们该做的只是理解而已。

集体心理学和自我分析[*]

西格蒙德·弗洛伊德^{**}

我们是从如下基本事实出发的：在一个集体中，个人由于受到集体的影响，他的心理活动方面往往发生了巨大的变化。他的情感倾向会变得格外强烈，而他的智力水平则显著地下降，这两个过程显然是朝着接近于该集体中其他成员水平的方向发展。不过这种结果只有在两种情况下才发生：那个人特有的本能方面的抑制已经被取消，以及他本身特有的种种倾向的表现已经被放弃。我们已经知道，这些通常不受欢迎的结果至少可以在某种程度上通过对该集体实行较高程度的"组织化"而被避免。不过这与集体心理学的基本事实并不矛盾，即与下述两个论点并不矛盾：在原始集体中，人的情感得到强化，人的智力受到抑制。现在，我们的兴趣转向为个人在集体中所经历的这种心理变化寻求心理学上的解释。

---

* 选自《弗洛伊德后期著作选》（上海译文出版社，1986，第73~138页，初版于1921年），本文由林尘、张唤民、陈伟奇译，陈泽川校。为使本书译名统一，这里采用的译名与原书略有不同。同时，我们根据 Sigmund Freud *Mass Psychology and other Writings*（penguin，2004）补充了若干注释。

** 西格蒙德·弗洛伊德（Sigmund Freud，1856~1939），生于奥地利弗莱堡（今属捷克）的一个犹太商人家庭，4岁全家移居维也纳。1873年进入维也纳大学医学院学习，1881年获医学博士学位。1882~1885年任维也纳综合医院医生，从事脑解剖和病理学研究；1885~1886年，前往法国巴黎萨尔伯届里埃医院师从催眠大师沙尔科；1886年开设私人诊所治疗精神疾病。1895年与布洛伊尔合著《癔病分析》，并正式提出精神分析的概念；1900年出版标志着精神分析学派正式诞生的著作——《梦的解析》。1919年成立国际精神分析学会，1930年获歌德奖，1936年成为英国皇家学会会员。1938年奥地利被德国侵占，赴英国避难，次年在伦敦逝世。心理学界公认弗洛伊德开创了潜意识研究的新领域，促进了动力心理学、人格心理学、变态心理学和社会心理学的发展，为20世纪西方人文与社会科学提供了重要的理论支柱。其他著作有：《图腾与禁忌》（1913）、《精神分析引论》（1916~1917）、《文明及其不满》（1930）、《精神分析引论新编》（1933）等。

　　显然，理性的因素（例如以上提到的个人受到的威吓，亦即他的自我保存本能的行动）并不能解释这一观察到的现象。除此以外，我们所得到的在社会和集体心理学上的权威性解释始终是毫无二致的，尽管它有着各种各样的名称。这个解释便是强调"暗示"这个魔词的作用。塔德（Tarde）将暗示称作"模仿"。不过我们还是不由得要同意另一位作者（Brugeilles）[①]的意见，他坚决主张模仿是从暗示这个概念引申出来的，它其实是暗示的一个结果。勒庞把社会现象的所有这些使人困惑不解的特征归结到两个因素上——个人之间的相互暗示和领袖的威望，不过威望也只是以其唤起暗示的能力才被人认识到的。麦独孤暂时给我们的印象是，他的"原始的情绪引导"原则或许可使我们的解释不需要暗示的假设。不过，进一步的考虑却使我们不得不感觉到，这个原则除了明显地强调情绪的因素以外，和我们熟悉的有关"模仿"或"感染"的论点差不多。当我们在他人身上感觉到一种情绪的记号时，毫无疑问在我们自己身上存在某种东西，它会使我们陷入同样的情绪之中。但是究竟有多少次我们能成功地抵抗这种过程和抵御这种情绪，并且以全然相对立的方式做出反应？为什么当我们处身于一个集体当中时总是会受这种感染的影响？于是，我们不得不再一次说，迫使我们屈从这种倾向的，是模仿作用，在我们心中招惹起这种情绪的，是该集体的暗示性影响。而且，除此之外，麦独孤没能使我们回避暗示，我们从他那儿听到的观点和其他作者一样，即集体的特点就在于它们特殊的暗示感受性。

　　因之，我们将同意下述观点，暗示（更正确地说应是暗示感受性）实际上是一种不能再分解的原始的现象，是人的心理生活中的一个基本事实。这也是伯恩海姆（Bernheim）的论点[②]。我曾在1889年亲眼看过他的令人万分惊讶的技巧。但是，我还记得，即使在当时，我已经对这种粗野的暗示活动有一种压抑的敌意。当一个患者显示出不服从的迹象时，便会遭到这样的呵斥："您在干什么？您在反抗暗示！"我自语道，这显然是极不公正的，是一种暴力的行为。因为当人们打算通过暗示使他就范时，他当然有权利反抗这种暗示。后来，我就把矛头指向这样的论点：可用于解释一切事物的暗

---

① Brugeilles, "L'essence du Phénomène social: Lasuggestion", in Revue philosophique de la France et de l'Étranger, LXXV, 1913.

② 法国医生希彼吕特·伯恩海姆（1840~1919），专门研究催眠术。

示作用本身却用不着解释。想到这一点，我复述了一个古老的谜语：

> 克利斯朵夫生出了耶稣基督，
> 耶稣基督生出了整个世界，
> 那么克利斯朵夫当时立足于何处？①

经过了大约 30 年的时间不碰暗示问题之后，如今我再次来探究这个暗示之谜了。我发现，在这个问题上的情形并没有什么变化（关于这个陈述只有一个例外，而它正好为精神分析的影响提供了证据）。我注意到，人们付出了特别大的努力去正确地系统解释暗示这个概念，也就是说，去使这个名词的因袭用法固定下来②。这绝非多余的工作，因为这个词的使用范围越来越广，而它（在德语中）的意义却越来越模糊，很快人们就将用它来表示任何一种影响，就像在英语中用它来表明"劝导""建议"的意思一样。但是对于暗示的本质，即在不具备充分的逻辑基础的情况下发生影响的条件，人们还未给予解释。假如我没有看到一场正是以完成这个任务为宗旨的详尽的研究工作眼下就要展开的话，我是不会回避用对近 30 年的文献分析来支持这个陈述的任务的。③

为了抵偿这一点，我试图用力比多（libido）的概念给集体心理学的研究带来一些启示。力比多的概念在精神神经症的研究中已经给了我们很大的帮助。

力比多是从情绪理论中借用来的一个词语，我们用它来称呼那些与包含在"爱"这个名词下的所有东西有关的本能的能量。我们是从量的大小来考虑这个能量的（虽说目前实际上还不能对它进行测量）。我们所说的爱的核心内容自然主要指以性结合为目的的性爱（也就是通常所说的爱以及诗人们吟诵的爱）。不过，我们并不将此与另一些与"爱"的名称有关系的内容割裂开来，如自爱，对双亲、对子女的爱，友谊以及对整个人类的爱，同样也包括对具体对象和抽象观念的爱。我们的合理根据在于这样一个事实：精神分析研究表明，所有这些倾向都是同一类本能冲动的表现。在两性关系

---

① Konrad Richter, *Der deutsche st. Christoph*, Berlin, 1896 (*Acta Germanica*, V. I).

② 比如麦独孤就做了这件事，见 McDougall, "Anote on Suggestion", *Journal of Neurology and Psgchopathology*, Vol. 1, no. 1, 1920。

③ ［1925 年增加的脚注：］遗憾的是，这项工作并末实现。

中，这些冲动竭力要求达到性的结合。但在其他场合，它们的这个目的被转移了，或者其实现受到阻碍。不过它们始终保持着自己原来的本性，足以使自己的身份可以被辨认（例如渴求亲近和献身的特征）。

因此我们认为，语言在创造出"爱"这个词和它的诸多用法时，早已完成了一项十分合理的统一工作。我们最好的办法莫过于也将这个词作为进行科学讨论和解释的根据。当精神分析理论做出这一决定时，着实引起了一场轩然大波，就好像它因为做出了一个残暴的发明而犯下了罪孽一样。然而从这种"广泛的意义"上来解释爱这个词，并不是什么创新的见解。哲学家柏拉图使用的"爱的本能"一词，从它的起源、作用和与性爱的关系方面来看，与"爱力"（love-force）概念，即与精神分析的力比多概念是完全相符合的，纳赫曼佐恩（Nachmansahn）和普菲斯特尔（Pfister）已经十分详尽地指出过这一点①。而当使徒保罗在他著名的《哥林多书》中对爱赞颂备至、奉它为至高无上的东西时，他肯定也是从这同样"广泛的"意义上来理解爱的。② 可是这些事实只能表明，人们并不总是把他们中间的伟大的思想家认真地当作一回事，甚至在他们极诚恳地声称十二分地崇仰这些思想家的时候也是如此。

因此，精神分析理论把这些爱的本能称作性本能，根据它们的起源将其称作占有（apotiori）。大多数"有教养的"人把这个术语看成一种侮辱，并且满怀报复之意地将精神分析理论贬作"泛性论"。任何一个把性看作人性的禁忌和耻辱的人，完全可以使用更斯文的雅语："爱的本能"和"爱欲的"。我自己本也可以从一开始就这样做，这就可避免许许多多的非议和责难。但我不想这样做，因为我不愿意向懦弱无能屈服。人们永远也说不清楚这样的让步会把你引向哪里，先是在用词上让步，然后一点点地在实质内容上也就俯首就擒了。我觉得羞于谈性并没有什么可取之处，希腊词"爱的本能"就是为了使这种粗俗变得婉转一些而被使用的，到头来却不过是我

---

① Nachmansohn，"Freuds libidotheorie，verglichen mit der Eroslehre Platos"（"Freud's libido theory compared with plato's eros theory"）in *Internationale Zeitschrift für psychoanalyse* III，1915；Pfister，"Plato als Vorläuferder Psychoanalyse"（"plato as forerunner of psychoanalysis"），in *Internationale Zeits chrift fär Psychoanalyse*，VII，1921.

② "虽然我用人和天使的语言说话，但我没有爱，我成了只会发出声响的铜管，或是一个丁令丁令的钹钹。"

们的德文"爱"这个词的翻版，结果是谁懂得如何等待，谁就不必让步。

我们打算提出这样的假设来试一试运气，即爱的关系（或用一个更中性的词语：情感的联系）才是构成集体心理本质的东西。我们可以回想一下，权威们并未提及过这样的关系。相当于这类关系的东西，显然隐藏在暗示作用的屏幕后面，我们的假设一开始就从眼下流行的两种思想中得到了支持。首先，一个集体显然是被某种力量联结起来的，这种联结除了归功于那能把世界上一切事物联系起来的爱的本能，还能更恰当地归功于什么力量呢？其次，倘若一个人在一个集体中放弃了他的特点，而让其他成员通过暗示作用来影响自己，这就会使人想到，他这样做是因为他感到有必要与他人保持和谐，而不是与他人相对立——也许说到底他是"为了爱他们"。

回想一下我们所知道的各种形态的集体，可以发现，这些集体具有极大的差别和不同的发展路线。有一些集体存在的时间十分短暂，有些集体则是非常长久的存在；有些是同质的集体——它们由同样类型的个人组成，有些则是异质的集体；有些是自然形成的集体，而有些则是人为形成的集体——它们需要外部的力量使其聚合不散；有些是原始的集体，而有些则是具有确定结构的高度组织化的集体。不过由于某些尚待说明的理由，我们打算特别强调一下通常被论述这个课题的作者所忽略的一个区别。这里指的是无领袖的集体和有领袖的集体之间的区别。与通常的做法完全相反，我们不选择一个相对简单的集体形式作为自己的出发点，而从高度组织化的、持久存在的、人为构成的集体着手。具有这类结构的集体的最有趣的例子是教会（由信徒组成的团体）和军队。

一个教会和一支军队都是人为构成的集体，也就是说必须有一定的外部力量来防止其瓦解①或阻碍其结构的改变。一个人在是否要加入这样的集体问题上，通常是没有同他人商量的余地的，或者说他没有选择的自由。谁要是打算脱离这样的集体，一般都要受到迫害或严厉的惩罚，要不就须具备十分明确的附加条件。不过我们目前的兴趣全然不在探讨这些团体何以需要如此特殊的保护措施上。我们深感兴趣的是另一种情况，即从这些高度组织化的、以上述方法防止其溃散的集体中能清楚地观察到某些事实。这些事实在

---

① ［1923年增加的脚注：］在集体中："稳定的"和"人为的"属性似乎是一致的或至少是密切相关的。

其他类型的集体中被深深地隐藏了起来。

在一个教会中（我们可以用罗马教会作典型）和在一支军队中——不管这两者在其他方面如何不同——它们的成员都具有同样的错觉，认为自己有一个头领。这个头领在罗马教会中是基督，在军队中是司令官，这个头领对这个集体中的所有人都施以平等的爱。任何事情都要依赖这样的错觉。假如这样的错觉消失了，那么，只要外部力量允许，无论是教会还是军队都难免解体。基督特别说明过这种平等的爱："只要你稍稍侵犯了我的兄弟，你就是侵犯了我。"① 对这个信徒团体内的成员来说，基督的身份是长兄，他是他们的代理父亲。所有对个人提出的要求都出于基督的这种爱。在教会中始终存在一种民主的倾向，原因正是在于：基督面前人人平等，每个人都能平等地分享他的爱。在基督教团体中有点像在一个家庭中，信徒们以基督的名义互称兄弟，即他们是通过基督赐予他们的爱而成为兄弟的。这种现象不是没有深刻原因的。毋庸置疑，把每个人同基督联结起来的纽带也就是把这些个人相互联结起来的根据，在军队中情况亦完全如此。司令官是一个父亲，他平等地爱着所有的士兵，因此这些士兵才相互成为同志。军队的结构与教会有所不同，它是由一系列这样的集体组成的，每一名指挥官就好像是他所属军团内的司令官和父亲，而且连每一个班里的军士都有如此身份。当然在教会中也建立了类似的等级阶梯，不过从经济原则上看，它在教会中并不起同样的作用，② 因为基督比人间的司令官对个人有更多的了解和关怀。

这一关于军队具有力比多结构的观点遭到人们的非议。他们的理由是，那些使军队中的人们紧紧团结在一起的重要因素即祖国和民族荣誉等观念在这个力比多结构中根本没有地位。我们的答复是，那是另一种集体纽带的一个例子，它们不再是这样简单的联系。因为，像恺撒、渥伦斯坦或拿破仑这样伟大的将军的例子已经表明，这样一些观念对于一支军队的存在，并非必不可少的东西。我们眼下将接触的问题是，用一个主导观念来代替一个领袖的可能性，以及这两者之间的关系。在一支军队中，即使这种力比多的因素不是唯一起作用的，对它的忽视似乎也不仅是一种理论上的疏忽，而且还会

---

① 马太福音［Mattew，25：40（RSV）］。

② 弗洛伊德对 ökonomisch 这个词的使用相当特殊。具体说它"限定了一切与心理过程存在一种可以量化的能量（本能力量）的循环与分配有关的假设，即能够增加、减少和等同"（J. Laplanche and J. B. Pontalis），*The language of Psycho-Analysis* London，1973。

在实践上造成一种危险。像日耳曼科学界那样非心理学的普鲁士军国主义在第一次世界大战中或许已经尝到了这种苦头。我们知道，人们把瓦解了德国军队的战争型神经症看作个人对他被要求在该军队中所起的作用的一种反抗；根据恩斯特·齐美尔的报道，也许可把这些人的上级对他们的虐待看作导致这种疾病发生的最主要原因。① 如果人们对力比多要求在这一方面的重要性更加重视一些，那么美国总统异想天开的十四点允诺也许就不至于如此被轻信了，而德国军队这一出色的工具也不会在德国领袖手中夭折了。②

人们可以注意到，在这两种人为构成的集体中，每一个个人由力比多的纽带一方面同他们的领袖（基督、司令官）系在一起，另一方面则同该集体中的其他成员系在一起。这两条纽带的相互关系如何，它们是否属于同一性质和具有同样价值，在心理学上如何来描述它们——这些问题都须待后面的研究。但是，在此我们却先要大胆地对以前的一些作者稍加责备，因为他们从来没有对领袖在集体心理中的重要性予以充分的估计，而我们则选择这一点作为我们的第一个研究课题，这样便已使我们处于一个更有利的地位。看来我们在解释集体心理学的主要现象——个人在集体中缺乏自由——方面，好像选择了一条正确的道路。假如个人在两个方向上被这样一条强烈的情感纽带束缚着，那么我们将毫无困难地认为，正是这种状况造成了我们已经看到的个人在人格方面的那些变化和受限制的现象。

让我们认识一下人与人之间一般具有的情感关系的性质。叔本华有一个著名的比喻：一群冻僵了的刺猬中没有一个能够忍受因太密切地接近它的同伴所产生的后果。③

精神分析提供的证据表明：在两个人之间持续存在的几乎每一种密切的关系中，如在婚姻、友谊、父母和子女的关系中（也许母亲和儿子的关系

---

① E. Simmel, *Kriegsneurosen und "Psychisches Trauma"*, Munich 1918.

② 弗洛伊德曾希望将这段话作为 1922 年英译本的一个脚注，然而在所有无论是 1922 年以前还是以后的德文版本中，它都是出现在正文中的。

③ "一个极冷的冬天，一群刺猬（hedgehogs）相互之间紧紧地挤在一起，它们都想借助同伴的分温使自己免于冻死。但是它们很快就感到对方的刺扎在自己身上，于是不得不又散开来。但当它们为了取暖又重新聚拢时，被刺疼的烦恼又发生了。于是它们为了躲避这两种烦恼而不停地散开和聚拢，直至最后它们发现了一个最能忍受的适中的距离。"[Parerga und Paralipomena, Part Ⅱ, XXXI, "Gleichnisse und Parabeln"（"Allegorise and fables"）.]

可以说是唯一的例外。这种关系是建立在自恋性之上的，它并不会被后来发生的竞争所干扰，而且一种原初的性对象选择的残余会使它得到加强），都会逐渐产生一种厌恶和对立的情绪，只是因为压抑而未被感觉到罢了。① 但通常在同事间发生的口角中和下级对上级的抱怨中，这种现象就带有较少的伪装色彩。当人们聚合成一些大的单位时，也会有这种现象发生。每当两个家庭联姻后，它们各自便自视比对方地位高或出身好；在两个邻近的城镇中，每一方都是另一方的最充满妒意的敌手；每一个小州都看不起其他的州；血缘很近的民族却彼此疏远。在德国，南方人不能容忍北方人；在英国，英格兰人则对苏格兰人竭尽诽谤之能事；西班牙人瞧不起葡萄牙人。因此当我们看到，更大一点的差异便会导致几乎是难以克服的反感时，就不再会感到很惊奇了。类似这种情况的有高卢人对日耳曼人的反感，雅利安人对闪米特人的反感，白色人种对有色人种的反感。当这种敌意的情绪是针对那些在其他方面受到我们爱戴的人时，我们把这种情绪称作情感的矛盾。我们用恰恰是在这类密切关系中产生的种种利益冲突的情况来解释这个事实，不过我们的这种解释方法好像有点太理性化了。在对那些人不得不与之相处的陌生人的毫无掩饰的厌恶和反感情绪中，我们可以看到自爱—自恋的表现。这种自爱的作用是为了保存个人，它的表现好像是认为任何背离这个个人自己特定的发展路线的事情都意味着是对这种路线的批评，都意味着提出了改变这种路线的要求。人为什么会对这些细小的区别如此敏感，我们还不得而知。不过有一点很清楚，在这整个联系中，人显然随时准备表现出憎恶和进行攻击。至于形成这种状况的原因则尚未找到，而有人则试图将一种基本的特征赋予它。②

但是当形成一个集体后，这种不宽容的现象在这个集体内部便暂时地或永久地消失了。只要以集体的形式存在着，只要在它的限度内，该集体中的个人的举止行为就表现得好像他们是统一的。他们相互宽容其他成员的特点，把自己和其他人看作平等的，对这些人也不会产生厌恶的情绪。根据我

---

① 在德文第一版中这句话是："它们最初必须通过压抑来消除。" 1923 年被改正了。

② 在最近发行的《超越唯乐原则》（"Beyoud the pleasure principle"，*Standard Edition*，vol. XVIII，p. 7；Beyoud the Pleasure Principle and other Writings，Penguin 2003，p. 43）一书中，我力图用假定生的本能和死的本能之间存在对立的观点来将爱和恨这两极连接起来。并且把性本能看作生的本能的最纯粹的例子。

们的理论观点，这样一种对自恋的限制只能从一个因素产生，即与其他人之间的力比多联系。对自身的爱只有一个障碍，即对他人，对对象的爱。这里立即会有人提出一个问题：共同的利益本身，没有任何力比多的性质，难道就肯定无法导致对他人的容忍和关怀了吗？对这种反对意见可以这样回答：以这种方式产生的对自恋的限制不会持久，因为随着从与他人合作中获得的直接好处消失后，这种容忍也就不复存在了。然而这种讨论在实践上的重要性并不如想象的那么大，因为经验已经表明，在相互合作的情况下，在同事之间通常形成的力比多联系能使他们之间的关系变得持久而巩固，以至完全超出纯粹利益的范围。在对个人力比多发展过程进行精神分析研究时常遇见的那种情况也出现在人的社会关系中。力比多依附于对重大生命需要的满足，而且将参与这个满足过程的人们作为它的第一对象。在整个人类的发展进程中，如同在个人的发展进程中一样，唯有爱才是促进文明发展的因素，因为它使人从利己主义走向利他主义。这不仅是指以遵守所有不损害妇女心爱之物的义务而表现出来的对妇女的性爱，而且还指在共同的工作中建立起来的对其他男人的非性欲的、崇高的同性爱。

因此，假如在集体中，自恋性的自爱受到了某些在集体之外所没有的限制，那么这就是一个有力的证据，证明一个集体形成的本质在于该集体成员之间的某些新的力比多联系。

从爱到催眠显然只有一小步之隔。这两种情形相同的方面是十分明显的。在这两种时刻，对催眠师和对所爱的对象，都有着同样的谦卑的服从，都同样地俯首帖耳，都同样地缺乏批评精神，[1] 而在主体自身的创造性方面则存在同样的呆板状态。没有人能怀疑，催眠师已经进入了自我典范的位置。区别只是在于，在催眠中每样东西都变得更清晰、更强烈。因此我们觉得用催眠现象来解释爱的现象比用其他方法更为中肯。催眠师是唯一的对象，除此别无他人，自我在一种类似梦境的状况中体验到了催眠师可能要求和断言的东西。这一事实使我们回想起我们忽略了主我理想（"I"-edeal）所具有的一个功能，即检验事物实在性的功能。[2] 毋庸置疑，假如自我的实

---

[1] 在弗洛伊德《性欲理论三讲》第一讲中的一个脚注中以及"精神疗法"一文中已经指出过这一点。(See *Three Essays on the Theory of Sexuality*, Standard Edition, Vol. VII, p. 150, p. 296)

[2] （参阅 *A metapsychological supplement to the theory of dreams*, Standard Edition, Vol. XIV, p. 219. Addition 1923。）与此同时，把这个功能归于自我典范是否正确，人们还有疑问。

在性是由原先履行检验事物实在性的责任的心理能力来保证的话，自我就会把知觉当作实在的东西。造成这种极端现象的原因是，这样的自我完全缺乏那些性目的不受抑制的冲动。催眠的关系就像某人在恋爱中无止境地献身，不过它不包括性的满足。然而在实际的爱中，这种满足只是暂时地被抑制了，它作为可能在未来某时会出现的一个目的而处于次要地位。

另外，我们也可以说（假如这种表述允许的话），催眠关系是一种具有两个成员的集体形式。催眠不是一个可以用来与一个集体形式做比较的很恰当的对象，因为更确切地说，它们两者是同一的。从复杂的集体构造中，我们可以提炼出一个因素，即个人对领袖的行为。催眠与一个集体形式的区别在于，它在人数上受到了限制，正如它与爱的区别在于，它缺乏直接的性倾向那样，从这方面来看，它处在集体和爱的中间地位。

有趣的事实是，正是那些目的受到抑制的性冲动才能在人们中间形成一种持久的联系。从一个事实中可以很容易理解这一点。这个事实就是，这些冲动是无法得到完全满足的，而那些目的未受抑制的性冲动则在每次性目的达到后由于能量的释放而格外地减少了。感性爱得到满足后，注定要熄灭。它要是能做到持久存在，就必须从一开始就带有纯粹的情感成分，也就是带有那种目的受到抑制的情感成分，要不就是，它自身必须经历一场这种类型的转变。

要不是催眠本身还存在某些无法得到合理解释的特征，我们或许就能用它来直接解开集体中的力比多成分之谜了。到目前为止，我们把催眠解释为一种将直接的性倾向排斥在外的爱的状态。在催眠中还存在大量的应被看作未得到说明的神秘莫测的现象，它包含着一种从某个强人和某个无力无助的人之间的相互关系中产生出来的额外麻痹因素，这种因素可能会导致向动物中存在的惊悸性催眠现象的转变。导致催眠现象产生的方式以及催眠与睡眠的关系我们还不太清楚。那种某些人服从，而另一些人则完全对之抵抗的令人困惑的催眠方法，指出了某个人们还未认识的因素，这个因素在催眠中已经得到了实现，也许唯有靠它才使催眠所显示的力比多态度的纯粹性成为可能。值得注意的是，即使当被催眠者的其他方面都完全地出现了暗示性的顺从现象，他的道德良心也可能表现出反抗的迹象，不过这或许是由于这样的事实造成的：在通常进行的催眠过程中，人还保留着一种意识，即认为眼下发生的事情只是一场游戏，是生活的另一种极微不足道情境的不真实的表演。

经过刚才的一番讨论，我们完全可以用一句话来概括集体组织中存在的力比多成分的情况——至少是我们目前为止所考虑的那样一种集体形式，亦即拥有一个领袖人物和不能通过高度组织化来间接地取得一个个人特征的集体。像这样一种原始的集体是由这样一些个人组成的，他们将同一个对象放在他们的自我典范的位置上，结果在他们的自我中，使自己相互以他人自居。可以用图来说明这种情况。

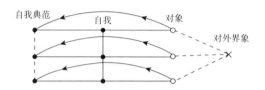

当勒庞主要在研究典型的暂时的集体形式，而麦独孤在研究稳定的团体形式时，特罗特则将最一般化的集体形式作为自己关注的中心。作为政治动物的人在这种集体形式中度过他们的一生。特罗特为我们说明了这种集体形式的心理学基础，但是他认为没有必要去追溯群居本能的根源，因为他已经指出过，群居本能的特征就是基本的、不能再还原的。他提及了波里斯·萨迪斯力图将群居本能的起源追溯到暗示感受性的做法，就他来说，这种做法幸而是多余的。这是一种十分熟悉的，但又不能令人满意的解释。相反的看法，即暗示感受性是从群居本能产生出来的观点，在我看来则可能给这个问题的解决以更多的启示。

特罗特的观点尽管比其他人的观点更正确，但是它还有一个问题未解决，即它几乎没有考虑领袖人物在一个集体中的作用，因而我们毋宁倾向于接受它的反面观点，即若是忽略了领袖的作用，就不可能把握住一个集体的本质。群居本能理论完全没有承认领袖的作用，它认为，领袖人物几乎是偶然地落入人群之中的。这种群居本能说也没能指出一条从这种本能通向需要一个上帝的途径，这种牧群是没有牧人的。除此以外，我们还可以从心理学方面来驳斥特罗特的论点。这就是说，不管怎样都有可能证明群居本能并不是不可还原的，它并不是像自我保存本能和性本能那样的一种基本本能。

要追溯群居本能的个体发生状况自然不是一件容易的事。然而当小孩子们孤独时所表现出来的恐惧——特罗特认为它已经是这种群居本能的表现——则更容易使人联想到另一种解释。这种恐惧与他的母亲有关，后来则与其他熟悉的人有关。它是一种未得到满足的欲望的表现。然而这个孩子除了将它转变成一种焦虑外不知道用什么方法来解决它。[①] 当小孩子处于孤独中而感到恐惧时，任何一个毫不相干的"人群中的某个成员"的出现并不能使他得到抚慰，相反，这样一个"陌生人"的靠近甚至会使他心中产生这种恐惧。因此在很长时间内，没有任何具备群居本能性质或集体情感性质的东西可以在儿童身上观察到。这类东西最初是在幼儿园里形成的，这里有许许多多的儿童，不存在儿童与父母之间的联系，因此这类东西就像大孩子对小孩子最初的嫉妒所做出的反应一样产生了。大孩子十分想将他的后继者嫉妒地撇开，不让他接近父母，剥夺他的一切特权。不过当他意识到，父母对这个小孩（以及所有后来再生的弟妹）的爱和对他自己的爱一样的深，因而不可能达到既持敌意又不损害自己的目的时，他不得不以其他孩子而自居。于是在孩子们中间产生了一种共同的或集体的感情，这种感情在学校里继续得以发展。这种反相形成的第一个要求是，要求正义，要求平等地对待所有的人。我们都知道，在学校里，孩子们的这种呼声是多么响亮和难以平息。如果一个人当他自己不能成为宠儿时，那么其他的人无论如何也不能成为宠儿。假如不是后来在其他场合中也观察到这种转化现象，即在幼儿园和教室里用集体情感来代替嫉妒心的转化，这种现象也许未必能得到确认。我们只需想象有这样一群妇女和姑娘，她们都对某一位歌手或演奏家充满了一种着迷式的爱。当这个人结束了他的表演之后，她们纷纷拥上前去把他团团围住。她们中的每一个肯定都很容易嫉妒另外的人，但是面对这么多的人，而且也知道这样做的后果可能无法达到她们所爱的目的，她们便抛弃了这种嫉妒心，没有去抓对方的头发，而是行动得像一个联合起来的集体，用她们共同的行动向这位崇拜对象表示敬意，并且或许还很高兴地能分得他的几丝垂发。她们原先是对手，现在却已经能通过对同一对象的类似的爱而成功地相互间以他人自居。一般来说，当一种本能的状况可能产生多种结果时，我

---

① See *Vorlesungen zur Einführung in die Psychoanalyse*（*Introductory Lectures on Psychoanalysis*），Lecture XXV on fear.

们将毫不奇怪地发现，那个实际上发生的结果是一个有可能带来某种满足的结果，而另外的那种结果，它本身虽更明显，但是因为生活环境阻止它达到这种满足而无法产生。

后来在人类社会中出现的"集体精神"这一类东西，正是从原来的嫉妒中衍生出来的。没有人能突出自己，人人都应平等，应拥有同样多的财产。社会的正义就是指，因为我们自己否认了许多东西，所以其他人也一样不需要它们，或者说其他人也不能提出对这些东西的要求。这两种说法反正都一样。这种对平等的要求是社会良心和责任感的根源。它竟然在梅毒患者担心传染给他人的现象中有所呈现。关于这种现象，精神分析已经教会我们如何去理解了。这些可怜的患者所表现出来的担心是与他们顽强地抵制他们内心中想将疾病传染给其他人的无意识愿望的斗争相一致的。为什么只有他们才被传染上这种病，与众人隔离？为什么其他人不得这种病？在所罗门书里一些有关的故事中也有这种现象的萌芽。如果一个妇人的孩子死了，其他人的孩子也不能活，人们发现那个丧子的妇人就有这样一个愿望。

由此可见，社会的感情就是基于这样一种反转现象的。起初是一种敌意的感情，后来转变成类似自居作用的带有积极色彩的联系。在我们目前为止所讨论的事件发生过程中，这种反转现象似乎是在与该集体之外的某人所保持的一种普通情感联系的影响下发生的。我们并不自以为我们对自居作用的分析是详尽的。不过就目前的讨论来说，只要重新思考这样一个特征也就足够了，即要求一贯地实行平等的特征。我们从对两种人为形式的集体——教会和军队——的讨论中已经得知，它们形成的先决条件就是，所有的成员应该以同样的方式得到一个领袖的爱。但是我们也不要忘记，在一个集体中，平等的要求只适用于它的成员而不适用于它的领袖。所有的成员都应彼此平等，但他们都要求受一个人的统治。大多数人是平等的，他们能彼此以他人自居，但只有一个人超越他们所有的人——这些就是我们在能够长期维持下去的集体中所看到的状况。现在让我们来大胆地更正特罗特的一个观点——他认为人是一种群居动物，而我们认为，人是一种部落动物，是生活在一个有一个首领的部落中的个体动物。

1912年，我采纳了达尔文的一个假定，其大意是，原始的人类社会形式是一种部落形式，它被一个强有力的男性专横地统治着。我力图指出，这种部落的特征在人类历史上已经留下了不可磨灭的印迹。尤其是，包括了宗教、伦理和社会组织起源的图腾制度的发展，与用暴力杀死头领、将家民制的部落转变成兄弟式的团体这类现象有关。① 当然，这只是一个假设，就像考古学家用来探索史前时期奥秘的其他许多假设一样。一位充满善意的英国批评家将这种假设有趣地称作"地地道道的故事"，不过，我认为，如果这个假设被证明能够有助于前后一致地理解越来越新的领域中出现的现象，那么它还是可以信赖的。

人类的集体中再次出现了这种熟悉的图景，一个优越于他人的人在一群平等的伙伴中居统治地位。这正是一幅在原始部落的观念中出现过的图景。这样一种集体的心理，正如我们已经从上述的多次描述中得知的，包括如下种种现象：有意识的个人人格的缩小；人的思想和感情集中于一个共同的方向；无意识的精神生活和心理情感方面的活动占据了优势，人们容易将刚产生的目的意图直接付诸行动。所有这些现象都相当于倒退到一种原始的心理活动的状态，倒退到在我们看来是原始的部落所应有的那种状态。

因此，这种集体在我们看来是原始部落的复兴。正如原始人在每个人身上潜在地存活下来一样，原始的部落或许能在任何偶然聚集起来的人群中重新形成。我们发现，因为人们习惯于接受集体形式的控制，所以，原始部落在这种形式中得以存活下来。我们必须得出这样的结论：集体心理是最古老的人类心理。我们撇开所有的集体成分而分离出来的个体心理只是通过一个渐进的、目前仍然可以被描述的不完全的发展过程，从古老的集体心理中分化出来的。后面我们将大胆地分析一下这种发展过程的出发点。

---

① *Totem and Taboo*, published in volume form 1913, fourth edition 1925 (Stondard Edition, Vol. XIII, p. 1).

精神分析社会心理学的方法和作用[*]

埃里克·弗罗姆[**]

精神心理学是一门应该被归入自然科学的唯物主义心理学。其研究隐藏在人类行为背后的作为驱动力的本能动机和需要，这些需要由通常不能被直接观察到的本能表现出来的生理力量推动。精神分析学告诉人们，人类意识到的精神活动只是冰山一角。藏匿在精神行为背后的许多决定性冲动是潜意识的。尤其要指出的是，精神分析学通过表达根植于人类本能的具体希求和需要揭示个体和集体意识的面具；我们所谓的"道德"和理想诉求只不过是本能动机的伪装和合理化罢了。

与通常的分类（把本能分成饥饿的本能和爱的本能）一致，弗洛伊德假定有两种作为人类背后真正驱动力的本能：自我保存的本能和性本能。[①]

---

[*] Translated from Fromm, Erich, *The Crisis of Psychoanalysis*, Greenwich, Conn.：Fawcett Pub., Inc., 1970/1932, p.138－162.（本文由何宏光译校）

[**] 埃里克·弗罗姆（Erich Fromm，1900~1980），生于德国法兰克福的一个犹太人家庭。1918年进入法兰克福歌德大学学习法学；1919年，进入海德堡大学社会学系，1922年获海德堡大学哲学博士学位。1923年进入慕尼黑大学专攻精神分析学，1925~1930年，在柏林精神分析学会接受精神分析训练。其间曾加入1923年创立的法兰克福大学社会研究所，并任教于法兰克福精神分析学院。1934年纳粹执政后，经日内瓦入纽约哥伦比亚大学（1934~1941），并在纽约开设私人诊所，从事心理治疗工作，后任教于贝林顿学院（1941），1950年转任墨西哥国立大学教授，并创建精神医学系；1957~1961年执教于美国密歇根州立大学，1962年任纽约大学精神病学教授；1976年迁居瑞士洛迦诺（Locarno）；1980年去世。主要著作有：《逃避自由》（1941）、《自我的追寻》（1947）、《精神分析与宗教》（1950）、《健全的社会》（1955）、《爱的艺术》（1956）、《弗洛伊德的使命》（1959）及《心理分析的危机》（1970）。

[①] 受自我保存的本能中力比多复合物及其带来的破坏性倾向的影响，弗洛伊德修正了其原初的立场。与维持生命（性欲）的本能不同，弗洛伊德炮制了死的本能这一概念。虽然这一修正很重要，但与原初的立场相比，其更多的是臆测而缺少经验支持。对我来说，死的本能

他把内在于性本能的精神能量标定为力比多，把由这种能量促成的精神过程称为力比多（libidinous）过程。① 弗洛伊德拓宽了性本能的日常使用范围，把诸如生殖器冲动的渴望都统揽了进来。这种冲动受身体的规制，固着于身体的某种性感带，并寻求紧张-释放的快感。

弗洛伊德假定精神活动的主要原则是"快乐原则"，即一种以追求最大快感为方式的宣泄紧张的渴望，这种原则因"现实原则"而得到某种修正。"现实原则"，即个体因对现实的考量而放弃或延宕当下快感的满足以避免将来更多的不适感或得到更大的快感。

弗洛伊德认为个体的具体本能结构受制于两种因素：个体遗传的生理构成及其生活经历——尤其是在早期孩童时代。弗洛伊德认为这两种因素构成了"互补链"，精神分析的具体任务就是探讨和揭示生活经历对遗传本能造成的影响，所以精神分析方法具有极强的历史感。其通过理解生活史去诠释动机结构，这种方法对于分析疾病患者和精神病患者的精神活动有效，对健康的人群同样有效。区别只在于后者成功地将其本能结构磨合到其生活的真正需要上，而前者的本能结构的磨合过程遭遇了障碍，阻止了个体适应正常生活。

为了明确地理解性本能适应现实和被现实修正的特点，我们将其与自我保存的本能区分开来。比如，与自我保存本能不同，性本能是可以延宕满足的。自我保存的本能会因为长时间得不到满足即对生命构成威胁，而变得更为急需，换言之，心理上无法忍受这种满足的缺乏。这意味着自我保存的本能优先于性本能——当然这并不是说自我保存的本能更重要，而是指二者一旦发生冲突，对自我保存的本能的满足更为迫切。

另外，根植于性的本能可以被压抑，但是自我保存的本能不能从意识中被抹掉并置入潜意识中。另一个重要区别是，性本能可以升华，换句话说，

似乎基于生物数据和心理倾向的胶着；这是弗洛伊德所忽视的。这一修正也与弗洛伊德起先认为本能主要是愿望、欲求及服务于生活的动机的观点相左。我认为弗洛伊德的总体立场是人类的精神生活在对生活过程和日常作业的适应中发展，这样的本能与生物性的死亡本能是不同的。当下精神分析学对死亡本能的假设研究仍在继续。本文主要基于弗洛伊德的原初立场。

① 此文写作之初，我秉承弗洛伊德的力比多理论，比如"力比多力量"（一种精神能量），"力比多结构"（或驱动力结构）。但是今日我用"力比多"主要指的是各种类型的激情力量。虽然如此，它们在本文中的区别并不明显。

性的欲望可以通过远离原初性目标并与其他自我相结合的方式来实现，而不是直接得到满足。自我保存的本能不可能这样升华，而且，自我保存的驱动力必须通过真实具体的手段得到满足，而性的驱动力常由纯粹的幻想实现。个体只有通过饮食方能解决饥饿问题，但是被爱的愿望可以通过对挚爱的上帝的幻想而得到满足。个体的施虐癖亦可以通过对施虐场景的幻觉和幻想得到抚慰。

最后一个重要区别是，不同于自我保存的驱动力，性的驱动力的表达是高度可变和可换的。如果一种性本能驱动力得不到满足，它能被其他的内驱力所取代。由于某种内在或外在原因，这种满足是可能的。性驱动力的可变及可换性是理解精神异常和正常生活的关键因素之一，是精神分析理论的支柱，同时还是极其重要的社会事实。它使统治阶级供给满足大众需求的一些具有社会迎合性的物品成为可能。①

总的来说，性本能可以被延宕、压抑、升华和替换，相比自我保存本能更为可塑和灵活。前者依靠后者，后者跟随前者。② 但是，性本能的这种相对灵活性和可替代性并不是说其可以永远无须满足。性本能不仅要有生理的也要有精神的最低限度的存在，必须至少得到最低限度的满足。我们看到这两组驱动力的差别毋宁说它表明了，性本能对于具体的社会条件下的具体满足实现的可能可以做出较好的调整和适应，它能够在这种适应中生长和发展。只有在精神病患者中才能够发现这种适应的紊乱。精神分析学具体研究性本能的修正过程，其昭示我们如何从个体生活经历角度理解个体本能结构以及前者如何影响后者。生物有机体、本能对社会事实的积极和消极的适应是精神分析学的核心概念，是探讨个体心理学的立足点。

从研究伊始直至后来，弗洛伊德都专注于个体心理学。一旦发现人类背后行为的本能和人类意识形态及行为模式源泉的潜意识，精神分析的创始者们就不可避免地从关注个体问题转移到群体，从个体心理学转向社会心理学。他们试图运用精神分析技术去研究社会生活——在宗教、风俗、

---

① 施虐冲动的刺激和满足发挥着重要的作用。当一个更为合理的本能由于社会经济的原因而没有得到满足，施虐冲动就会滋长。施虐是一个很大的本能蓄水池——当个体没有其他出路时便会选择它（通常付出的代价更大）；同时施虐也是消灭"假想敌"的有效方法。

② Freud，Sigmund，*On Sexuality*：*Three Essays on the Theory of Sexuality and other Works*，London：Penguin Books，1905.

政治和教育中明显存在的非理性行为模式背后的根源。这显然意味着精神分析学家将遭遇那些自陷个体心理学王国坐井观天者规避研究所带来的诸多困难。

但是这些困难并没有改变下述事实：这种对个体心理学的质疑本身也是以精神分析学为出发点而得出的一个合法性科学结果。如果说本能生活和潜意识是理解人类行为的关键，那么精神分析学也有资格和能力为潜隐在社会行为背后的动机做出解释，因为"社会"亦是由活生生的个体组成，这些个体遵循精神分析学在个体中发现的相同的心理规律。

因此，如果某人——比如威廉·赖希——把精神分析学局限于个体心理学的范围且质疑其在社会现象（政治、阶级意识等①）中的适用性，那么看来其是错误的。一个现象可以从社会学的角度研究并不意味着其不可以成为精神分析学的研究对象（正如对物体物理特点的研究并未排除对其化学方面的研究）。这就是说只要精神力量在发挥作用，这个社会现象就应是精神分析学分析的对象。认为心理学只是研究个体，社会学只研究"社会"的立论是错误的。心理学总是研究一个社会化了的个体，所以说社会学也总是研究一群须考虑其精神结构和机制的个体。后面，我们将讨论精神因素在社会现象中的作用并指出分析性社会心理学的功能。

与精神分析似乎最具亲和性又有巨大分歧的社会理论当属历史唯物主义。这两者似乎有许多共通之处：它们都是唯物主义科学，不是源于"观念"而是基于尘世生活和需要，在对意识的评价上尤其接近；它们都认为意识作为人类行为背后的驱动力，其作用要比其他隐秘的因素小。但是一旦涉及真正控制人类意识的本质因素时，两者的对立似乎不可调和。历史唯物主义把意识作为社会存在的表达，精神分析学则认为意识取决于本能的内驱力。那么接下来的问题是：这两种观点相互矛盾吗？如果不矛盾，两者又如何相关？精神分析的方法能丰富历史唯物主义吗？如果能，它又是如何丰

---

① "精神分析的真正对象是社会化个体的精神生活。只要基于个体的现象不经意地出现在群体之中（比如领导人问题），只要一些群体特质（比如焦虑、恐慌和服从等）可以从个体知识的角度得到澄清，我们就需要考虑群体的问题。看来阶级意识现象无法从精神分析角度得到诠释；社会学问题（如群众运动，政治等）不是精神分析方法的研究对象。"（Wilhelm Reich，"Dialektischer Materialismus und Psychoanalyse，" *Unter dem Banner des Marxismus*，Ⅲ，5，1929，p.737.）

富的？

在我们讨论这些问题之前先让我检视一下精神分析学研究社会问题的先决条件。弗洛伊德从没有假定存在一个孤立的人，存在一个没有任何社会连带的个体作为心理学研究的对象。

> 准确地说，个体心理学关注作为个体的人。其考察的是个体满足其内驱力的方式。但只是在罕见和极其特殊的情况下，个体与其他个体的关系会是一种抽象的存在。在个体的精神生活中，其他人通常被视为模型、对象、助手和对手。从一开始，就此扩展和合理的意义而言，个体心理学就是社会心理学。（Freud，1922）

另外，弗洛伊德基本上排除了那种把社会学视为群体本身，是"社会"或具有"大众灵魂"或"社会灵魂"的社会复合体的假象。毋宁说，弗洛伊德总是把群体视为仅由个体组成且个体本身就是心理特质的主体。同样，弗洛伊德拒绝使用"社会本能"一词。他认为其"发端于一个狭小的交往圈（如家庭）"。他的结论是：社会特质的发轫、聚集和稀释是由具体的生活条件与环境的关系对本能的影响导致的。

对弗洛伊德来说，社会人始终是心理学的研究对象。个体的环境和生活状况在其精神发展和我们对其理解诠释中发挥着决定性的作用。弗洛伊德认识到生物和生理因素对本能的影响，但是他特别强调本能在什么程度上可以被修正。他指出环境和社会事实是主要的修正因素。

因此，精神分析似乎应具备一些先决条件，使它的方法可以用于社会心理学的调查研究，并且可以破除其与社会学的对立。精神分析试图寻求对基于共同经历的群体成员的共同心理特点的理解。但是这些生活经历并不存在于个体性或偶然性的领域（群体规模越大，这一点尤为准确），而是说个体的生活经历与这一特定群体的社会经济状况变化是一致的。所以，精神分析社会心理学通过群体的社会经济结构寻求理解群体的本能机制、力比多过程及大多数时候的潜意识行为。

但这里似乎存在一种疑问。精神分析从个体早期孩童经验中解释本能发展，换句话说，那时的个体几乎与"社会"没有任何联系，只是生活在自己家庭的小圈子中。那么，根据精神分析的理论，社会经济关系如何才能在这一过程中获得显著性呢？

实际上这里并不存在问题。当然对于成长中的儿童来说，最初的尤为关键的影响来自家庭。但是，家庭本身各种典型的内在情感联系及其所体现的教育理念，反过来受到家庭的社会和阶级背景的限制，受到家庭所根植的社会结构的限制（例如父子情感关系在资产阶级的父权制家庭里与其在母权制的家庭里就非常不同）。家庭是中介，通过它社会或社会阶级可以对孩童及成人打上具体结构的烙印。家庭是社会的心理能动中介。

到目前为止，绝大部分把精神分析学运用到社会问题中的著作都没有达到上述社会心理学的责无旁贷的要求。它们的失败在于对家庭功能的评价上。它们清晰地指出个体只有通过社会化才能理解，并认识到对个体本能发展产生决定性影响的是孩童与各种成员的关系。但是它们完全忽视了家庭本身的所有心理和社会结构及其特定的教育目标和情感态度是整个特定社会和（狭义上的）阶级结构的产物。这些著作找到了解释社会对儿童的心理影响的正确出发点，但是没有沿着这个出发点继续走下去。

为什么会这样？精神分析的研究者被每一个资产阶级的研究者——甚至是进步人士共有的偏见迷惑了。资产阶级的研究者把资产阶级、资本主义社会当作一种绝对的存在，且多多少少相信这种社会是"正常"的社会，相信它的条件和精神要素对一般的"社会"来说都具有典型的意义。

精神分析的创始者们陷入这一误区尚有另外的特殊原因。他们的研究对象首先和主要是现代社会中的异常和正常的人，且大多数为中产阶级，[①] 即多为具有相同社会背景的资产阶级社会中的成员。因此，决定和区分个体生活的是在这些基本共享基础上的个体的、个人的而且从社会观点来说是偶遇的经验。只要这些心理特征是一个由阶级结构事实和追求最大利润组织起来的全能主义社会的产物，那么被研究的人都被赋予了这些心理特征。心理上的区别只在于一个人的父亲在其孩童时代对其过于严厉，另一个人则有一个

---

① 从心理学角度来看，我们必须区分存在于个体之中代表整个社会的特征与代表其阶级属性的特质。但是因为整个社会的精神结构在个体阶级的某些特征方面打上了烙印，所以某些阶级的特定特质与整个社会相比时处于次要地位。实际上受意识形态掩盖的阶级社会的特征是不同阶级精神结构的相对同一性与其冲突的经济利益相较量的体现。社会越是在经济、社会和心理上分崩离析，整个社会或统治阶级的主导和约束的力量就越是难以奏效。

在其身上投入了全部感情的姐姐；还有一个人有一个占有欲过于强烈的母亲，使他总不能割断与其力比多联系。

准确地说，个人的经验对于个体的发展至关重要。通过祛除由这些经验引起的心理问题，精神分析能够起到治疗的作用，它使病人成为能够适应现存社会秩序的正常人。治疗的目的没有超越这一结果，也无须超越。不幸的是，我们的整个理论研究也没有超越这一结果。忽视社会结构对家庭结构的制约有可能是上述错误的一个根源，但是其与实际研究中的个体心理学无涉。而在对社会心理学的研究中，一度不相干的错误现在却成了影响我们整个研究努力的严重错误之源。①

精神分析一直专注于被视为正常状况的资产阶级社会及其父权家庭的结构。随着个体心理学研究路径的跟进，精神分析已学会根据个体所遭遇的偶然性创伤来评价个体间的区别。起初，精神分析研究者用相应的方法解释社会心理学的各种现象：他们根据对象所受的创伤和偶然性的社会事件来理解社会现象。这必然导致与真正的分析方法的诀别。因为研究者没有考虑到生活经验的丰富性以及各种类型的社会经济结构，没有试图解释决定于社会结构的精神结构。他们用类推法取代了分析法。研究者将人类或一个现实的社会视为一个个体，将在当代个体中发现的特定机制移植到任何一种可能的社会，并通过与研究者自己所处的社会中典型个体的某些现象（通常具有精神病特征）做类比来"解释"这些社会的精神结构。

这样，研究者忽略了精神分析个体心理学的一个重要观点。他们忘了一个事实：精神病患者——无论是精神病的症状还是其性格表现——皆源于本能内驱力对周遭现实的"病态"适应。一个社会里的大多数人（"正常"的人）都具有这种适应能力。因此在社会（或群体）心理学中研究的现象不能通过对精神病现象的类化来解释。它们应当被理解为本能机制对社会事实的适应的结果。

这一学说最引人瞩目的例子是对恋母情结（oedipus complex）的绝对化。即使社会学和民族学已表明这种心理积淀物只在父系社会的家庭关系中存在，也没有"妨碍"其被视为一种具有普遍性的人类机制。恋母情结的

---

① 我不再相信不去理解限制个体的社会特质只是个"不相干的错误"。不理解这一点，研究者就会漏掉影响个体性格结构的重要因素。

绝对化导致弗洛伊德把人类的所有发展奠基于弑父机制及其反应结果,[①] 根本不考虑有关群体的物质生活状况。

但是即使从一个错误的社会学立场出发,天才的弗洛伊德也会做出一些有价值和有意义的发现。[②] 但是在社会学,特别是马克思主义社会理论者眼中,其他一些精神分析学家的著作中的这个错误的起点使精神分析的成果打了折扣。

责难并不是针对精神分析本身。实际上,为了达到没有反对意见的结果,研究者必须将精神分析个体心理学的古典方法逻辑地运用于社会心理学。问题是精神分析的创始者们在把精神分析方法由研究个体转向研究社会群体和社会现象时没有正确地运用这一方法。

这里需要进一步澄清,我们已经强调通过外在因素(最终是社会)本能机制的可修正性。但是我们不应忽视无论是定量还是定性意义上的本能机制都会受到社会因素的影响,并且只有在这种限定下本能才会受到社会因素的钳制。本能机制具有一种内在的改变生活状况以达到本能目标的倾向。因为本能能够释放能量,而且其本身就是一股强大的驱动力。

在精神驱动力和经济状况的相互作用中,后者占优势。这并不是说后者的动机更为"强劲",这样说是不合逻辑的,因为我们讨论的并不是在同一维度上可以做定量比较的动机。说经济状况占优势是指自我保存需要的满足与物质生产息息相关。同人类的本能机制——尤其是性本能——相比,经济

---

① Freud, Sigmund, *Totem and Taboo*, Routledge and Kegan Paul Ltd, 1950.

② 在《一个幻觉的未来》(*Future of an Illusion*, 1927)一书中,弗洛伊德淡化了其忽视社会事实及其变化的立场。弗洛伊德认识到了经济状况的重要性,从个体心理学及宗教是如何从心理上影响个体的问题(一个孩童对父亲态度的复本)转向宗教在社会意义上如何可能和必需的社会心理学问题。他的答案是只要人类需要宗教的幻觉去补偿他们在面对自然时的无能感(个体生产能力低),宗教就是必需的。随着科技的发展和人类的成熟,宗教将是一个多余和有害的幻象。弗洛伊德的这本书没有全面考察宗教与社会相关的功能,尤其没有考虑到宗教的具体规范与具体的社会集团的关系这个重要的问题,但是在方法和内容上该书颇似唯物主义的社会心理学。就内容而言,"毋庸置疑,一个引起许多社会成员不满和失意的文化注定前途灰暗,难以达鹄"。这本书与青年马克思的立场很接近。我们可以将下面的话作为弗洛伊德的箴言:"放弃宗教以及无产阶级的虚幻幸福是实现真正幸福的要求。放弃对自己生活景况的虚幻的要求是警告我们首先要放弃对虚幻本身的需要。"("Zur Kritik der Hegelschen Rechtsphilosophie," *Lit. Nachlass*, I, 1923, p. 385)在《文明及其缺憾》(*Civilization and Its Discontents*)这本著作中,弗洛伊德没有在方法和内容上继续推进。然而,此书更像是《一个幻觉的未来》的反命题(antithesis)。

状况的可修正性受到的限制更多。

用精神分析个体心理学的方法解释社会现象，我们发现：社会心理学现象可以被理解为一种本能机制主动或被动适应社会经济状况的过程。就某些基本层面而言，本能机制本身是生物学的既定产物，但其是高度可修正的。其主要的正式修正主体来自经济条件。家庭是经济状况对个体精神施加正式影响的基本中介。社会心理学的任务就是根据经济状况对力比多动机的影响来解释共有的、与社会相关的心理态度及其意识形态——尤其是它们的潜意识根源。

到这里为止，精神分析社会心理学的方法似与弗洛伊德个体心理学和历史唯物主义的要求相吻合。但是由于一种普遍的对马克思主义理论的误读产生了新的难题。这种误读即历史唯物主义是一门心理学理论，或者更具体地说是一门经济主义的心理学。

果真如伯特兰·罗素所说，马克思把"赚钱"、弗洛伊德把"爱"分别视为人类行为的决定性动机，[1] 那么这两种理论就如罗素所说是不可调和的。罗素有一个关于蜉蝣的假说。如果这种生物理论上会思考，我想它并非会像罗素所宣称的那样。相反这种生物会说罗素完全曲解了精神分析学和马克思主义。精神分析学实际上是审查生物因素（本能）对社会事实的适应，马克思主义也绝不是一种心理学理论。

罗素并不是唯一误解这两种理论的人，很多理论家也误读过。罗素的错误观点与他们有相似之处。

历史唯物主义是经济心理学的看法由亨德里克·德·曼特别予以倡导。

我们知道，马克思本人从来没有系统阐述过人类动机理论。实际

---

[1] 在《为何精神分析流行》（*Why Is Psychoanalysis Popular?* Forward, 1927）一文中，罗素写道："精神分析当然与马克思主义不相容。马克思强调的是经济动机，充其量与自我保存本能相连；而精神分析着重于通过繁殖的与自我保存本能有关的生物动机。很明显这两者是一体两面，各司其职。"罗素然后提到一个关于蜉蝣的假说。蜉蝣在幼虫阶段只有饮食器官，到成虫阶段才有做爱器官。如果这种昆虫会说话，它会说什么呢？罗素说："在幼虫阶段它是马克思主义者，在成虫阶段是弗洛伊德主义者。"罗素继续说道：马克思这位"大不列颠图书馆的书虫"，是这种幼虫哲学的典型代表。罗素自己倾向于"成虫阶段"。因为弗洛伊德对"做爱的愉快并非不敏感且不从'赚钱'的角度，不从马克思所创造的正统经济学术语中去解释事物"。

上，他没有给"阶级"下过定义。当他转向这一主题时，生命已经走到了尽头。但是，作为阶级出发点的这些基本概念是明确的。即使在他的工作中未加以定义，隐而不宣的初始假设也出现在他的学术和政治活动中。马克思的每一个经济主题和政治观点都基于带来社会进步的人类意志。动机首先和最为重要地制约于经济利益。当今社会心理学也是基于追逐性动机对人类行为的影响表达同一思想。如果马克思认为这一论述是多余的，那是因为马克思理所当然地视其为当代政治经济学的对象和目标。(Hendrik de Man，1927：281)

现在这种"隐而不宣的初始假设"在当代（资产阶级）经济学家那里已不言自明。但是它不是马克思本人的观点。马克思与当代理论家在很多观点上存在分歧。

当爱德华·伯恩斯坦试图用下面的话来保卫历史唯物主义的荣誉时，虽然他的表述方法不很明确，但他并未远离这种心理学解释。

> 历史的经济学解释并不意味着只承认经济力量和动机，而是说经济的确总是决定性因素。这种因素是历史伟大运动的支柱。(Bernstein, 1899：13)

在这些模糊不清的阐述背后存在一种观点，即认为马克思主义是一门经济心理学。伯恩斯坦把这种观点从唯物主义意义上加以纯化和改良了。[①]

其认为"获得性动机"是人类行为基本或唯一的动机是资产阶级自由主义的天真臆想，被用来作为反对实现社会主义的心理论据。[②] 马克思的小资产阶级阐释者把他的理论解释为一门经济心理学。实际上，历史唯物主义绝不是一门心理学理论，其心理学初始假设很少，可简列如下：人类创造他

---

① 在《历史唯物主义》(Der historische Materialismus) 一书的开头部分，考茨基坚决拒绝历史唯物主义的心理学解释。但是后来考氏通过假定一个原始的"社会动机"给历史唯物主义镶了一个纯粹唯心主义心理学的金边。
② 实际上许多反对历史唯物主义的责难都与具体的资产阶级理论混合物有关。这种理论混合物由资产阶级的敌人或朋友偷偷输送进来。

们自己的历史，需要推动人类行动和表达感觉（饥饿和爱），[①] 并在历史发展中提升，因而推动了经济活动的进行。[②]

从心理学的角度来看，经济因素在历史唯物主义中发挥作用，只是就人类的需要（主要为自我保存的需要）主要通过物质生产达成而言。总之，需要是刺激生产的杠杆。马克思和恩格斯都强调自我保存的动机相对其他需要的优先性，但是他们没有深入研究各种动机和需要的性质。[③] 虽然如此，他们从没有主张"获得性动机"，这种以获取本身为目的的动机是需要的唯一形式或基本形式。宣扬这种普适的人类动机会把在资本主义社会里呈现不寻常力量的心理特性绝对化。

马克思和恩格斯绝不是把资产阶级和资本主义特性设想成普适的人类禀性的学者。他们清楚地意识到了心理学在社会学中的位置，他们从来不是也不想成为心理学家。而且，当时除法国启蒙文选（特别是爱尔维修）的启示（当然，这些启示不能低估）外，没有其他科学唯物主义心理学可供他们利用了。精神分析学首先提供这种心理学并指出"获得性动机"，虽然很重要，但是与其他需要（生殖的、施虐的、自恋的）相比，并没有在人类的精神组图中发挥主导作用。实际上，精神分析在很大程度上是向人揭示"获得性动机"不是攫取或拥有事物需要的最深层原因，而是人类自恋需要或赢得自己或他人认同的一种表达。在一个富人享有最高认同和尊重的社会里，社会成员自恋的需求必然表现为对财富的趋之若鹜。此外，在一个社会尊重基于服务而不是财产的社会里，同样的自恋需要以某种显著的方式去贡献社会来寻求表达，因为自恋的需求属于最基本的和最为有力的精神驱动力之一。认识到这些自恋期望的目标（也就是具体的内容）依赖于社会的特定结构是非常重要的。在资产阶级社会里，"获得性动机"的强制性角色在

---

① 从文章语境中我们得知"爱"指涉的是弗洛伊德早期的阐述。爱是作为与性——包括前生殖器期——相同的意义使用的。如果我把它写成"自我保存和性"也许读者会理解得更为准确。

② 正如动物需要与自然斗争以获取食物，维持生存和繁衍后代，文明人也需要在各种社会形式运用各种生产手段去做相同的事情。随着人类的发展，其自然需要的范围得到拓展，**因为其需要这样做**；但是另一方面满足人类需要的生产能力也开始扩大（Marx, 1922：355，粗体作者所加）。

③ 在《马克思对知识人的贡献》（*Marx's Contribution to the Knowledge of Man*）一书中，我已经纠正了这种观点。马克思有一套比本文所讨论的更为翔实的心理学体系。

很大程度上取决于对财产的高度重视。

当历史的唯物主义观点论及经济动因时（除了我们已经解释的原因外），并不是谈论作为主观心理动机的经济学而是指其对人类行为的客观影响。[①] 所有的人类活动、所有需要的满足都依赖周遭自然经济状况的特定性质。这种经济状况决定了人类将如何生活。对马克思来说，应根据社会存在，根据由生产力发展状况所决定的个体现实生活来解释人类意识。

> 思想、观念、意识的生产最初是直接与人们的物质活动，与人们的物质交往，与现实生活的语言交织在一起的。观念、思维、人们的精神交往在这里还是人们物质关系的直接产物。表现在某一民族的政治、法律、道德、宗教、形而上学等的语言中的精神生产也是这样。人们是自己的观念、思想等等的生产者，但这里所说的人们是现实的，从事活动的人们，他们受自己的生产力的一定发展以及与这种发展相适应的交往（直到它的最遥远的形式）的制约。意识在任何时候都只能是被意识到了的存在，而人们的存在就是他们的实际生活过程。[②]

历史唯物主义把历史看作人类对周围自然状况的主动或被动的适应过程。"劳动首先是人和自然之间的过程，是人以自身的活动来引起、调整和控制人和自然之间的物质交换的过程。人自身作为一种自然力与自然物质相对立。"（Marx，1922：140）[③]

人和自然在这里是相互作用、相互限制和改变的两极。历史过程总是与人类自身本性及人类之外的自然状况紧密相连。虽然马克思注重人类在历史长河中改变自身和自然的强大力量，但是他总是强调这种改变要与现存自然

---

① 在《经济学和哲学手稿》（*Economic and Philosophical Manuscripts*）这本没有在写作时间发表的著作中，马克思把这一点阐述得很清楚。他写道："……政治经济学开始运转的唯一轮毂是贪婪……"即使如塔克这样一位客观中立的学者也受这一广为谬传的观点（认为马克思把贪婪视为主要的动机）影响，把马克思这篇（艰涩难懂）的德文文章错译为相反的意思。也就是说上面的话被译为："设定政治经济学运转的过程之唯一轮毂是贪婪。"（R. Tucker，1961）

② Marx and Engels, Part I of Deutschen Ideologie, *Marx-Engels Archives*, Band I, p.239（参见《马克思恩格斯全集》第 3 卷，人民出版社，1960，第 29 页）。

③ 参见《马克思恩格斯全集》第 23 卷，人民出版社，1972，第 201~202 页。

状况相关联。正是在这里，马克思的观点与宣扬人类意志无限可能的唯心主义者分道扬镳。正如马克思、恩格斯所说：

> 我们开始要谈的前提并不是任意想出来的，它们不是教条，而是一些只有在想象中才能加以抛开的现实的前提。这是一些现实的个人，是他们的活动和他们的物质生活条件，包括他们得到的现成的和由他们自己的活动所创造出来的物质生活条件。因此，这些前提可以用纯粹经验的方法来确定。
>
> 任何人类历史的第一前提无疑是有生命的个人的存在，因此第一个需要确定的具体事实就是这些个人的肉体组织，以及受肉体组织制约的他们与自然界的关系。当然，我们在这里既不能深入研究人们自身的生理特性，也不能深入研究各种自然条件——地质条件、地理条件、气候条件以及人们所遇到的其他条件。任何历史记载都应当从这些自然基础以及它们在历史进程中由于人们的活动而发生的变更出发。①

厘清了精神分析和历史唯物主义两者最为极端的误解之后，下面的问题是：二者的关系是什么？

精神分析学可以丰富历史唯物主义的总体概念。它可以为作用于社会过程的因素提供一套更为详细的知识体系即人类本身的本性。它找到了在修正社会过程的自然因素中人类的本能机制，虽然这种修正有一定的局限性。人类的本能机制是构成社会过程的底层结构（substructure）的"自然"条件之一。但是我们不是泛泛而谈本能机制或讨论一些原初生物形式，因为本能机制只在经过社会过程修正的特定形式中显现。人类的精神，或其源头上的力比多力量是底层结构的一部分，但不是心理学家所说的全部。历史唯物主义需要心理学（一门关于人类精神结构的科学）。精神分析学在历史唯物主义能够用得上手的心理学中是首要的学科选择。

由于下面的原因，精神分析学的贡献尤为重要。马克思和恩格斯假设所有的意识进程依赖于经济的底层结构，他们把智力和精神的创作看作"物

---

① Marx and Engels, Part I of Deutschen Ideologie, *Marx-Engels Archives*, Band I, p.237f（参见《马克思恩格斯全集》第 3 卷，人民出版社，1960，第 23~24 页）。

质基础在人脑中的反应"。在多数情况下，可以有把握地说，历史唯物主义不需借重心理学的先决前提即可提供解释。但这只能在意识形态是经济利益的直接表现的情况下，或人们试图在经济的底层结构和意识形态的上层建筑之间相互联系的情况下。由于缺乏一门满意的心理学，马克思和恩格斯没有解释物质基础是如何在人们思想中反映的。

精神分析显示人类的意识形态是某种愿望、本能驱动力、利益和需要的产物，而这些愿望、驱动力、利益和需要通常以合理化的形式潜意识地表达出来——意识形态。精神分析虽然认为本能驱动力在生物决定论的方向上发展，但是驱动力发展的规模和内容在很大程度上受个体社会经济状况或阶级的制约。马克思说，人类是意识形态的生产者；精神分析社会心理学从经验上描述了意识形态的生产过程以及"自然本性"和社会因素的互动过程。因此，精神分析向人们揭示了经济状况如何通过个体驱动力转化为意识形态。

需要指出的是，本能和环境的互动导致人类本身的改变，恰如人类导致人类之外的自然改变一样。这里我们仅能指出这种改变的大体方向。如弗洛伊德多次重申，这涉及人类自我（ego）组织的生长以及个体升华能力的相应增长。① 精神分析告诉我们意识形态的形成是"生产过程"的一个类型，一如人类和自然的另一种"新陈代谢"形式。区别在于这里"自然""置身"而非"度外"于人类之中。

精神分析也可以告诉我们意识形态或观念是如何型构社会的。它表明观念的影响基本来自引起某种驱动力的潜意识的内容。好比说，它是一个社会力比多结构的构成，而社会又决定了意识形态的社会效果。

如果说在历史唯物主义中精神分析社会心理学有属于自己的位置，那么我们可以看到一些历史唯物主义学说所遭遇的问题即可迎刃而解。

首先，历史唯物主义可以对某些反对意见做出更好的回应。比如，一些反对者指出观念（如对群体的热爱、对自由的渴望）在历史中发挥着作用。当然历史唯物主义可以把其视为心理学问题而不予理会，自己只限于分析影响历史事件的客观经济状况。但这样做并不能清晰地解释这些真实潜在的人类力量的性质和来源，也不能解释观念在社会过程中的作用。精神分析表

———————

① 但我认为弗洛伊德关于超我的生长及对其压抑是一种内在不可避免的矛盾。自我的生长与个体升华能力也是一对矛盾，这意味着个体想摆脱压抑的方法去获得对本能的控制。

明，表面的观念动机实际上是本能——力比多需要的合理化表达。既定时期主导需要的内容和范围要从社会经济状况对生产意识形态的群体本能结构的影响来诠释。因此，精神分析学可以将最崇高的理想主义动机还原为尘世的力比多核心，而无须考虑经济需要是唯一的需求。①

总结如下。（1）人类动机是一种自然的力量，如其他自然的力量（土壤的肥力、天然的灌溉）一样，是社会过程底层结构直接的组成部分。因此，关于这种力量的知识对于理解社会过程是非常必要的。（2）只有理解动机系统的运行过程我们才能正确地认识意识形态的生产和功能。（3）当经济因素介入动机系统，修正就会发生。如果没有精神因素的理论考量，由于动机的影响，社会进程将比人们期望的速度略快或略慢。

在历史唯物主义中使用精神分析将使我们对社会过程的理解视域更高远、方法更精良，对历史的道路以及预测将来更有把握。精神分析尤其让我们对意识形态的生产方式有一个全面的理解。

当然，精神分析社会心理学的成果依赖社会过程中力比多力量的发展。本篇文章不可能深入探析此主题，只述及我的一些基本想法和意见。

假设我们问：什么力量维护了一个既定社会的稳定，又是什么力量削弱了它？我们会看到经济繁荣和社会冲突分别决定社会的稳定和解组。但是我们也会看到，在这种社会状况的基础上，作用于人类的力比多倾向是社会结构变迁的重要因素。让我们首先观察一个相对稳定的社会聚众，是什么把他

---

① 由于缺乏一门适当的心理学，许多历史唯物主义的支持者在一块飞地中引进一种私密的、纯粹的唯心主义心理学。典型的代表是考茨基。考茨基和伯恩斯坦及其他学者公开宣扬唯心主义不同，他假定人类有一个与生俱来的"社会本能"，他这样形容这种社会本能与社会关系的联系："个体社会本能表现强弱不同，因而有的向善，有的从恶。但是个体的生活状况亦有与社会本能同等的效力。"（*Der Historische Materialismus*，p. 262）考茨基的社会本能观点实际上是一种道德原则。其与唯心主义伦理的区别只在于表达方法的不同。在《历史唯物主义理论》（*Theories des Historischen Materialismus*）中，尼古拉·布查林用了整整一章来论述心理学的问题。他明确指出一个阶级的心理学与它的"利益"不同——他指的是真实的经济利益。但是阶级的心理学必须基于社会经济地位去解释。比如，一场阶级斗争失败后，绝望的气氛笼罩在大众或一些群体中。"此时我们可以观察到心理与阶级利益的联系。这种联系特点显著：战争是由参加党派**背后隐藏**的动机引起的。现在战争失败了。混乱和绝望的气氛开始蔓延。人们期待天赐神机。"（粗体为作者所加）布查林继续说道："很明显，阶级心理是非常复杂的现象，不能仅从赤裸裸的利益角度去考察，须根据出问题的阶级的具体环境去考量。"布查林也注意到了意识形态过程是社会运作的一种。但是由于没有适当的心理学做脚手架，布查林无法继续解释这个社会运作过程的兴致。

们连接在一起，使他们有一种团结感，调整自己统治或被统治的角色定位？可以肯定的是，外在的权力机器（如警察、法律、法庭、军队等）使他们凝聚在一起，也可以肯定的是群体成员的理性和对自我利益的考虑促进了结构的稳定。但是如果不考虑置身其中的个体的力比多动机，上述两者都不足以保证社会正常功能的运行。力比多动机如"黏合剂"，没有它，社会就不可能达到整合。而这种整合对任何文化疆域的重要社会意识形态生产起着很大作用。

现在让我们把这一原则运用到一个特别重要的社会集合——阶级关系之中。纵观历史，多为少数统治多数。这种阶级统治并不必然来自狡诈和欺骗，而是生产力和社会的总的经济状况的结果。雅克·内克尔说："通过财产法，无产阶级被判定从劳动中得到最少。"或者如西蒙·林奎特所说，统治阶级"在某种程度上是一个反对人类大多数的阴谋集团，而人类大多数并不依赖他们"。[①]

启蒙运动描述并批判了这种依附关系，尽管它并未认识到这种依附关系由经济状况决定。是的，少数人统治是历史事实，但是什么因素导致这种关系的固定化呢？

当然，首先是因为物理力量的使用和某些团体拥有这些运用物理力量的手段。但是还有另外一个重要因素：力比多——焦虑、爱和信任——弥漫在与统治阶级相连的大多数人的灵魂中。这种精神态度不是幻想或偶然性的产物。它是人类力比多对由经济状况施加的生活状况适应的表达，只要这种生活状况使少数统治多数成为必需，那么力比多就会主动适应这种经济结构并促进阶级关系的稳定。

除认识到力比多结构的经济状况之外，社会心理学也不应忘记去研究力比多结构的心理基础。我们不仅需要探讨这种力比多结构为何必然存在，也要研究其运行机制的心理学可能。在探讨这种大多数人受少数人统治的力比多联系时，社会心理学发现这种联系是资产阶级社会里孩提时代对父母的精神联系的复本和延续。[②] 我们在父亲的力量和智慧中发现了尊敬、惧怕、信仰和信心的复合，发现了父亲智力和道德品质的情感影射。我们也发现了这种情形也存在于父系社会里与统治阶级成员互动时的成人中。与此相关的道

---

① Grünberg, *Verhamdlungen des Vereins für Sozialpolitik*, Stuttgart, 1924, p. 31.

② 应当提请注意的是这种具体的父子关系也是受社会制约的。

德原则是贫穷的人应该忍受而非越轨，穷人应该相信他们活着的目的是遵从和恪守职责。即使这些对社会稳定起重要作用的伦理观念也是创造和代表这些规范的人的情感的产物。

这些规范的确立不是偶然的。文化机制的一个基本方向是系统地和有条理地构筑这种社会需要的态度。分析这个过程中教育制度和其他制度（比如惩罚制度）的功能是社会心理学的一项重要工作。①

我们之所以关注少数统治、多数被统治的力比多关系是因为这是每个阶级社会的社会核心和精神核心。但是其他的社会关系也具有自己的力比多烙印。与无产阶级相比，中下阶级的阶级成员关系有更为不同的精神色彩。或者说，领导无产阶级，认同自身、服务自身利益的政治领导人，当其以一个身强力壮的个体或作为伟大的父亲，全能式权威地统治无产阶级时，其与无产阶级的关系亦有着较多不同的心理着色。②

各种可能的力比多关系的多样性与社会情感关系的多样性是一致的，难以简单勾勒。这实际上是社会心理学的一项主要工作。正如每个社会有属于自己的经济、社会、政治和文化结构一样，其也有属于自己的力比多结构。力比多结构是社会经济状况对人类动机影响的产物。反过来说，它是制约社会不同层次情感发展的重要因素，是"意识形态上层建筑"的内容。一个社会的力比多结构是经济对人类智力和精神表现施以影响的中介。③

当然，一个社会的力比多结构并不是恒常的，一如经济和社会结构。但是只要社会结构维持一定的平衡——在社会发展中有相对稳固的时段，那么

① Fromm，"Zur Psychologie des Verbrechers und der Strafenden Gesellschaft，" XVⅡ，Imago，1930，p. 12. 文化机制不仅以具体的社会要求的方向直接服务于力比多力量（尤其是在前生殖期和部分的内驱力中）；它也削弱力比多力量，使其不致构成对社会稳定的威胁。这种对力比多力量的调节——让它们回到前生殖器期——是既定社会性道德的动机之一。

② 在《大众心理学与本我分析》（Mass Psychology and Ego-Analysis）中，弗洛伊德关注力比多力量与领导人的关系。但是他在一个抽象的意义上使用"大众"和"领导人"的概念，没有考虑到领导者周围的具体情况。因此他向我们展示了一个与现实不符的精神过程的普世主义。换句话说，他把与领导人关系的一种特殊类型简化为一种普遍类型。另一种社会心理学的关键问题是阶级关系被一种次要的关系，即统治者-群众的关系所取代。值得指出的是弗洛伊德的著作注意到了资产阶级社会心理学轻视大众的普遍倾向。他并没有走这条普遍路线。

③ 我在这里借用弗洛伊德的术语使用社会"力比多结构"一词与后期的拙作中所论及的"社会性格"（social character）一词，虽然在力比多理论的基础上有所改变，但是两者的内涵是相同的。

其是可以保持稳定的。随着社会客观矛盾和冲突的加剧，随着分化过程的加速，社会力比多结构的某些改变是必然的。我们看到维系社会稳定的传统纽带消失了，传统情感态度改变了。力比多能量用作他途，改变了原初的社会功能；其不再服务于社会的延续，而是促进新社会形式的发展；其不再是"黏合剂"，而变成了炸药包。

让我们回到本文开始时讨论的问题：内驱力和生活经验的关系——生活的客观状况。我们知道精神分析个体心理学视本能的发展为本能机制对现实生活状况的主动或被动的适应的结果。原则上，这种关系也适用于一个社会的力比多结构及其经济状况：社会的力比多结构主动或被动地适应现存经济状况。由力比多冲动驱动的人类带来经济状况的变迁，后者又导致新的力比多目标，产生又一轮的满足，关键是所有的变迁最终要回到经济状况上来。动机和需要根据经济状况改变和调整自身。

很清楚，分析心理学在历史唯物主义框架中有属于自己的位置。其研究在人与自然的关系运作中的一种自然因素即人类驱动力及其在社会过程中发挥的积极或消极的作用。它是研究经济基础和意识形态构成之间的一个关键性的中介变量。因此，精神分析社会心理学让我们更全面地从社会和人类互动过程中理解意识形态上层建筑。

现在我们可以概述一下我们对精神分析社会心理学的方法和作用的研究成果。其方法是应用于解释社会现象的古典弗洛伊德式的精神分析学。它从驱动力机制对一个社会的社会经济状况的积极或消极的适应过程角度来解释人类共有的、与社会相关的精神态度。

精神分析社会心理学的首要任务是分析与社会相连的力比多动机，即描述一个既定社会的力比多结构，解释这种结构的来源及其在社会过程中的作用。因此，这项工作的一个基本要求是从理论上解释意识形态是如何产生于精神机制和社会经济状况的互动之中的。

参考文献

Bernstein，1899，*Die Voraussetzungen des Sozialismus und die Aufgaben der Sozialdemokratie*，Stuttgart.

Freud，S.，1922，*Group Psychology and the Analysis of the Ego*. Authorized translation by

James Strachey. London, Vienna: The International psychoanalytical press.

Freud, S., 1905, *On Sexuality: Three Essays on the Theory of Sexuality and other Works*, London: Penguin Books.

Freud, S., 1950, *Totem and Taboo*, Routledge and Kegan Paul Ltd.

Fromm, E., 1930, "Zur Psychologie des Verbrechers und der strafenden Gesellschaft," XVII, *Imago*, 12.

Grünberg, 1924, *Verhamdlungen des Vereins für Sozialpolitik*, Stuttgart.

Hendrik de Man, 1927, *Zur Psychologie des Socialismus.*

Marx & Engels, 1922, Part I of *Deutschen Ideologie*; Marx-Engels Archives, Band I.

Marx, 1922, Das Kapital, *Hamburg*, III, 2.

Reich, Wilheim, Dialektischer Materialismus und Psychoanalyse. *Unter dem Banner des Marxismus*, III, 5.

Russel, Bertrand, 1927, *Why Is Psychoanalysis Popular?* Forward.

Tucker, R., 1961, *Philosophy and Myth in Karl Marx*, Cambridge University Press.

ZurKritik der Hegelschen, 1923, Rechtsphilosophie, *Lit. Nachlass*, I.

社会心理学：关于本能的科学[*]

威廉·麦独孤[**]

本能及其在人类精神构成中的位置

人类精神中有某些先天的或遗传的倾向，它们构成所有的——不论是个体的还是集体的——思想和行为的根本动机和策动力量，并且是在智力引导下个体以及国民的意志和性格逐渐生成之基础。虽然这些主要的先天倾向对于不同种族中个体的天然体质有着不同的相对影响力，并且在不同的文化阶段被非常不同的人类社会环境不同程度地偏爱或改造，但是对于任何种族、任何年龄的人来说它们都是共通的。如果这种认为任何时间、任何地点人性都具有共通的自然基础的观点能够成立的话，它就能够为关于人类社会和人类制度发展的探索提供一个急需的平台。长久以来，我们经常做的就是假设

[*] Translated from McDougall, William, *An Introduction to Social Psychology* (*Revised Edition*), Boston: John W. Luce & Co., 1926, pp. 20-46, pp. 92-93, pp. 164-168. （本文由刘世能、李斌译，周晓虹校）

[**] 威廉·麦独孤（William McDougall, 1871~1938），生于英国兰开夏郡查德顿一个意大利商人家庭。15岁进入曼彻斯特大学学习生理学，1890年进入剑桥大学医学院，1894年获剑桥大学学士学位，1898年获伦敦圣托马斯医学院医学博士学位。同年随剑桥大学人类学探险队前往大洋洲托雷斯海峡列岛考察土著人生活，后再赴婆罗洲研究当地土著部落，曾到过中国、爪哇、印度等国家和地区。回国后再赴德国哥廷根大学师从缪勒学习实验心理学一年，接受物理精神学和实验心理学指导。1900年任伦敦大学讲师，并主持新建的心理学实验室，1904年任剑桥大学哲学讲师及牛津大学心理学讲师。第一次世界大战期间，曾任少校军医，担任军人精神病治疗工作。退役后返回剑桥大学，因一直不得升任教授，于1920年应詹姆斯之邀出任哈佛大学心理学教授，曾长期与行为主义心理学进行论战。1927年由于身体原因，转任北卡罗来纳州迪克大学，任心理学系主任、教授，建立超心理学研究所。1938年因胃癌去世。先后出版《生理心理学》（1905）、《社会心理学导论》（1908）、《身体和心理》（1911）等，曾任英国皇家学会会员和美国心灵研究会会长等职。

人类精神中的先天倾向在不同年龄和不同种族中是有很大差异的，以至于我们所有关于人类本身的推测都建立在这种复杂的情况之上，所以我们也不期望得到一个十分明确的结论。

这些先天倾向的总和构成了人类精神的自然基础，它们拥有稳定不变的特性，这点可以通过比较心理学所提供的证据来证明。就我们的发现而言，这些倾向不仅或强或弱地体现在所有依然生活在地球上的不同种族的人类身上，它们，至少它们的根基也体现在大部分的高等动物身上。因此，我们几乎不能怀疑它们在原始人群以及前人类的祖先的精神中扮演着相同重要的角色，这足以跨越人类因为不断进化而产生的和动物界的巨大裂隙。

这些都很重要并且相对不变地构成了人类本性和意志基础的倾向，可以分为两个主要种类。（1）具体的倾向和本能。（2）一般的或者非具体的倾向，它是在人类进化过程中当精神和心理达到一定的复杂程度后，产生于普遍的精神构成和心理过程的本性之中。

当代的学者，无论属于哪个学派，都频繁地使用"本能"和"本能的"这两个词语，而很少有例外，即大部分的使用都是一种滥用，以致从科学的角度来看他们毁掉了这两个词的意义。一方面，作为形容词的"本能的"经常被用于描述人类的所有未经审慎考虑的反射行动；另一方面，动物的行为也普遍地被归咎于本能，就这点而言，本能被含糊地看成了一种神秘力量，在本性上同人类行为是完全不同的，这种力量因为被更高级的理智能力所拒绝，因此上帝把它们赐给了畜生们。我们可以从当代著者甚至是一些重要的具有相当哲学文化底蕴的著者的作品中引用成百上千的论断来说明这两个词语是如何以最一般的含义被使用着的，这种说明总是起到把著者思想的晦涩和紊乱与著者本人区分开来的效果。下面的例子可以马上被用来说明这种滥用以及令人失望的学科松弛，这种松弛让文化学者习惯性地使用心理学概念。一位哲学家在关于社会话题讨论的著作中告诉我们，政府的力量是"依靠服从的本能，这种本能是人们欲望的结果，它可以或多或少被直接看成为了某些社会目的"；另一位哲学家声称，祖宗崇拜在欧洲人中保存下来是作为一种"纯粹的传统和本能"；一位医学作家近来也强调，如果让一个醉鬼吃一些水果，他就会"本能地变得滴酒不沾"；一位政论家告诉我们"俄国人能快速地习得政治本能"；从一位著名哲学家近期的一篇关于道德的论文的两段内容中也可以找到大量充足的例子。有人认为"血债血还"是一个"原始人性中最积恶的本能"，有人断言"惩罚来源于报复的本能"，还有一位我们时代最卓越的哲学家也宣称"普遍的本能坚持'自我规制'（self-government）背后是一种关于社会胁迫的理论和判断"。作为最后一个例子，我们引用《观察家》最近几期发表的一篇署名文章中的一些论述："冲突的本能，类似于默许的本能，是内生的……这些本能是非常根深蒂固和绝对不可改造的，不管是从内部还是外部。尽管确实包含基本的缺陷，它们都发生于原始的独立之需，并影响着人们的整体精神和性格。"以上都是一些非常好的例子用来说明当前的状况，并且可以用来证明这样一种说法，即当一个学者尝试解释任何个体或集体的行动却得到一个失败的结果或压根就没有去试着理解的时候，"本能"和"本能的"通常就会成为一种无知的托词，用以解释行动。到目前为止，除了本能的天性以及它的范围和在人类精神中的功用被明晰地把握外，还没有一个关于个体性格或个体和集体行为发展的解释。

要在 19 世纪中叶之前发表的人类心理学方面的文章中找到关于本能的充分论述是很难的。但是达尔文和赫伯特·斯宾塞的著作却在一定程度上揭示了动物本能的神秘，并且使得关于本能与人类理智和行为之间关系成为近年来被广泛讨论的话题之一。

目前，职业心理学家并没有就"本能"和"本能的"这两个词的使用达成充分一致。大部分人使用它们只是用来标示精神中的某种内生的具体倾向，这种倾向普遍存在于所有动物的个体中。人类在适应环境的过程中人种本性只得到了缓慢的进化，以致它们作为精神的固有元素并没有被铲除，同时也不能被个体在生命过程中所习得。包括最负盛名的冯特（Wundt）教授在内的一些学者，一方面把这两个词看作行动的非常强烈的固定和可习得属性，这种行动更加普遍和严格地被描述为次生机械行动；另一方面也把它们看作先天的具体倾向。不管从哪一种角度看，前一种用法更为可取，我的著作中也是这么认为的。

但是，即使是在这些更严格意义上使用这两个词的心理学家之中，对于本能在人类精神中的位置的看法也是有很大分歧的。所有人都同意人类是从由本能主导行为的前人类祖先那里进化而来，但是一些人则坚持认为，随着人类智力和理性能力的发展，他的本能逐渐萎缩，直到文明社会中本能的存在仅仅只是前人类社会留存下来的一些令人恼怒的痕迹而已，这些痕迹就像阑尾那样，如果可能的话，它完全可以被外科医生的手术刀彻底剔除。另外一些人把本能放置在人类精神构成中更加突出的位置，因为他们看到伴随着高级动物和人类的进化发展而生的智性能力并没有完全取代本能而导致本能的萎缩，相反却是被本能控制并由它们塑造着人类活动。而像格奥尔格·施耐德（Schneider，1880）和威廉·詹姆斯（James，1890）等学者就坚持人类至少拥有像动物一样多的本能，并且把本能看作能够决定人类行为和精神过程的重要因素。最后一种看法迅速地得到了认同，在本书中，我希望能够或多或少为促进关于人类本能全部范围和功能的认知做出一些贡献；同时我非常确信，这一认知必将成为当今时代心理学展示给后人的最重要的进展。

本能行动最纯粹的形式体现在并不处于智力高阶的动物身上。高级的脊椎动物身上已经没有多少绝对本能的行为模式得以保留——它们要么被人类智力和人类智力控制下获得的习性所改造，要么就是一种模仿行为。而且即使是出生几个月后智力还没怎么增进的人类婴儿，也绝少有纯粹的本能体现，因为人类的本能即使是先天的，但在生命中的第一个月份也是不成熟的，这很少有例外情况，并且本能只是在从婴儿到青春期的各个不同年龄阶段才得到成熟或者说变得功能化了的。

昆虫的生活提供了展示纯粹本能行动的最显著的例子。在很多情况下，昆虫永远只在特定的地方产卵，当孵化的时候，这些辛苦的虫子们能够在那里找到食物并进餐，或者幼虫能够在那里附着于一些寄主做寄生虫，因为那是它们活命必须的方式。很明显这些例子中母体行为是由建立在对特定对象和位置的知觉基础上的印象所决定的，比如腐肉的气味可能诱使苍蝇在上面产卵，一些特别花卉的外观和气味也会驱使另一些昆虫在花的胚珠间产卵，这些对虫子来说都是食物。另外一些人研究了更复杂的行为，即红切叶蜂（mason-wasp）在一个泥巢中产卵，并把巢中的空间用蝴蝶的幼虫填满，它们通过精确定向地蜇来麻痹幼虫，并且将其密封起来，这样就可以将其作为新生命体的新鲜动物食品供应了，虽然它们也还没有看到幼体并且也没有任何关于幼体需要的知识和想法。

低级脊椎动物中普遍保存了一些尚未完全被智性能力所改造的本能行为。小鸡在听到母鸡一种特别音质的呼叫后会向它靠拢并躲藏在它的肚子下面；在独立环境下被抚育的幼小灰鼠第一次得到坚果的时候，就会知道如何打开，然后吃掉一些并埋藏一些，这是它们物种的特有天性；在狗和老鼠面前的小猫也能够表现出猫科动物所特有的姿态，并且像它的无数代同类一样行事。

甚至聪明如家狗般的动物在一些情况下也会表现出纯粹的本能。比如当猎狗碰到野兔留下的痕迹时，它的捕食本能就会被这种气味所激发，当它追踪这些痕迹的时候，对于其他的感觉就是既聋又瞎了，然而一旦发现目标，它又会汪汪大叫，这是犬类在这种情况下所特有的。它的野生先辈们通常是成群出猎，在发现目标猎物的情况下，发出的高声吠叫能够唤来同伴的援助；但是家养的猎狗都是单独出猎，兴奋的吼叫只是加速了猎物的逃跑。古老的社会本能强有力地操控它的行为以致这种迟钝的智性还难起作用。

这些关于纯粹本能行为不多的例证清楚地说明了它的天性。典型的例子是一些感官印象或感官印象的结合促发了某些完全确定性的行为、举动或者系列行动，而且在任何相同情境下物种的所有个体都以同样方式行事。一般说，诱导性行为或对动物个体有利，或对它所属的动物群体有利，再或能够保证物种的永存。①

在关于动物本能的探讨中，学者们通常把它描述成某些类型行动的先天倾向，并且赫伯特·斯宾塞的被广泛接受的将本能界定为复合反射行动的定义也只考虑了那些由本能唤起的行动或举止。但是本能并不仅仅是某些类型行动的先天趋势或倾向。我们有充分的理由相信，即使是最纯粹的本能行动也是明显的精神过程的结果，这一过程不能用纯粹的机械术语来描述，因为这是一个心理-生理过程，既包含心理的变化也包含生理的变化，并且像其他精神过程一样，可以用一切精神过程的三个方面来描述，而且也只能如此。这三个方面是知、情、意，也就是说，每一个本能行为都包含有关于事物或对象的认知、与此相关的情感活动以及接近或回避它的努力。

当然，我们不可能直接观察本能行为中出现的心理-生理过程的三个心理方面，但是我们有充分的根据假定它们总是伴随着神经系统活动的，而且本能行为是这一活动的直接后果。这种神经活动最初是由客体导致的物理感觉刺激了感官运动，沿着知觉神经穿越大脑，然后变成有顺序和可协调的神经脉冲流，沿着传出神经传导到特定的肌肉群和其他执行器官。我们有理由假定，心理过程包含"知"的方面，因为神经刺激似乎穿越了大脑的某些

---

① 在很多情况下，一种本能的激发仅仅只是在某些特别的机体状态下才是可能的（比如鸟类的筑巢和交配，母鸡孵卵时的伏窝）。一些学者对这种机体状态有不恰当的提出，却忽视了由感官印象导致的重要内容。

部分，而这些部分的兴奋包含了感觉的产生以及知觉意识内容的变化；我们有理由假定，心理过程包含"情"的方面，因为生物展示了明确无误的关于情感和情感兴奋的特征；并且特别地，我们有理由假定心理过程包含"意"的方面，因为所有的本能行为都表现出心理过程的独特标志——趋向这个过程自然终点的不懈努力。也就是说，同任何纯粹的机械过程不同，这一过程不会被任何强大的机械障碍所阻断，反倒会被其加强，并且只有在达到了某一特定目标，或者一些更强大的与其不兼容的倾向被激发，再或者由于持续努力导致主体精疲力竭的时候，这一过程才会结束。

本能行动中发生的心理-生理过程是由感觉印象所发起的，但是这一感觉印象只是主体同时接收到的众多感觉印象中的一个。这个感觉印象在决定动物行为方面处于绝对支配地位，这一事实表明这个感觉印象受到了特别的强调，并且神经系统也特别适合对这种印象的接受和反馈。我们推测，这种感觉印象不仅促发了动物感觉世界的微妙变化，并且能引发对动物具有重要意义的感觉和感觉组合。因此，我们必须承认认知方面的本能过程具有明显的知觉性质，尽管是初级的。在与我们最具有同源性的动物当中，我们可以从很多本能行为的例子中清楚地看到某些特定类型的情感体现，比如恐惧、愤怒或者温情。并且对于任何类型的本能行为总有相同的情绪特征相伴随，比如当猫采取防御性态度时，狗对侵犯其领域的陌生的同类表达愤怒时，或者老母鸡将她的幼崽温情地拢于翅膀下的时候。我们有理由相信，任何类型的本能行为总是伴随着一些情绪波动，无论多么微弱，这些情绪的激发在任何情况下对某种行为都是特别的或专有的。根据我们自己的经验进行类推，也可以证明我们的如下假定：那种赋予心理过程以鲜明特性，并将本能行为与单纯反射行动明显区分、朝向目标的不懈努力，包含着一些我们称之为"意动的"经验模式。这种经验的高级形式可以称为愿望或厌恶，但是，那种处在未觉察状态下的经验——我们人类偶尔有之，而在动物中间非常普遍——则仅仅是一种冲动，或是一种妄念，抑或是一种忧虑不安的需求感。此外，我们还有理由相信，对本能努力的持续的阻挡，常常会唤起一种痛苦的感情；当朝向目标的努力取得成功进展时，则能唤起一种愉快的情感，而达到目标时则伴有一种满意的快感。

如果我们使用的通常意义上的反射行动被看作由感觉刺激和一些神经弧中的一系列纯粹的生理过程所引起的运动，那么本能行动绝不能被看作简单的或复合的反射性行动。不过，正如反射行动表明存在由反射神经弧组成的神经系统一样，本能行为也说明存在某种持久的神经基础，其构成是遗传的或先天的心理-生理倾向。从解剖学的角度来看，这种构成可能是一种由感觉-运动弧组成的复合系统形式。

如此，我们可以将本能定义为一种先天的或遗传的心理-生理倾向。这种倾向决定其主体能觉察和注意到某类客体，并在觉察客体的同时体验到一种特定程度的情感波动，并以特定的方式对客体采取行动，或者至少体验到一种对这类行动的冲动。

另外，必须说明的是，有些本能一般不会被激活，除非在某种暂时性的生理状态支配下，如饥饿。在这样的情况下，我们应当认为，身体过程或状态决定了体内感官能感受到的刺激，并且那种由感官状态上升为心理-生理倾向的神经流能将本能维持在一种可激活状态。①

---

① 很多关于本能和本能行动的定义只考虑了"意"的方面，或者只考虑了那种由动物本能非常清晰展示给我们的运动倾向。一个普遍的错误就是他们都忽视了本能心理过程的"知"和"情"的方面。更严重的错误是某些作者把本能看成无意识的了，赫伯特·斯宾塞把本能行动定义为复合的反射行动就是一个例子。约瑟夫·阿迪森把本能看作"对主动者的直觉印象以及体现在生物体身上的'神能'"。50 年前，昆虫学家威廉·科拜和威廉·斯宾塞写道："我们可以把动物的本能看成造物主赋予它们的技能，通过它们——独立指令、观察或体验——动物群体被驱使做某些特定行动，从而有利于个体的利益和种群的生存。"更为近代的，拥有博士头衔的伊丽莎白·毕克汉夫人在对黄蜂进行多年仔细观察后认为："对于'本能'一词我们可以想到所有的这样一些复杂行为，这些行为通常发生在经验之前，并且同一性别和同一种群的所有成员都有相同举止。"当代学者卡尔·格鲁斯走得更远，他说："从实践效用的角度来看，任何关于本能的定义都应该将意识的观念彻底排除在外。"考虑这些一以贯之地忽略本能过程的内心或心理方面的倾向，坚持我对本能的观点——它既包括"意"的方面，也包括"知"和"情"的方面——就是很重要的了。我对格鲁斯教授的断定持完全相反的意见：任何关于本能的定义如果没有包含心理方面从实用目的来看它就是无价值的，甚至比无价值还要坏，因为它会产生误导。因此，如果我们忽略了本能过程的心理方面，我们就不可能理解本能在人类精神发展中以及在决定个体和社会行为上的重要作用。并且这是本能对人类社会生活产生影响的基本的和普遍的特性，它独自决定了本能的重要实用性。和很多关于本能的定义一样，上面所列举的定义也没有坚持把本能行动看作个体在没有关于对象经验前提下的行为，因为对所有主体来说，仅在本能第一次被激发的时候行动才是超前经验的，此后即使有了很多关于对象的经验，本能行动依然是"本能的"。鸟类的筑巢和迁徙飞行并不会因为年复一年地重复就不是本能的了，虽然通过飞行经验后来的飞行技能会提高，这一点和高等动物的本能行为是一致的。有一些定义认为本能行动并不伴随对行动趋向的目标的认识，这一点和我们一样，因为没有什么必要。对于低等动物或者非常小的婴儿来说，这是毫无疑问的，但是对于一些高等动物来说，对行为目标的一些先见伴随着本能行动的例子也是很多的，尽管这种先见是很模糊的。比如，在狗追寻猎物足迹的例子中，我们虽然几乎从来不怀疑地把这种行为看成一种本能行为，但是我们不能否认经过多次成功的捕食，狗已经有了行为目标的预期。

一些低等动物生活中的行为看上去似乎完全是由本能来决定的，这种本能几乎不会被经验所修改。当某种本能被激发的时候，它们以一种完全确定和不变的方式去领会、感觉和行动，比如特定客体的出现会伴随主体特定的机体状态。这些生物体经验到的最高级的关于精神过程的复杂性就是当两种对立的本能同时被激发时的斗争行为，而这些行为是相对容易被理解的，因为本能是一种内在的心理-生理倾向。

尽管关于所有动物的行为是不是完全都由绝对不被经验所影响的本能来决定还是令人怀疑的，但我们很清楚所有高级动物都在不同程度上并且往往是很大程度上懂得如何将本能适应于特定情境。在个人的长期生长过程中，人类本能过程出现了一种程度非常高的复杂性，这种高度的复杂性使得一直以来我们都没能弄清楚动物与人类的本能行为本质上的关联性。这种本能行为的复杂性主要体现在以下四个方面。

（1）本能反应的发生并不仅是因为对客体或同类的感知能够促发先天倾向，或者由某种天然的或天生的刺激物所引起，同时也可以是由于对同类客体的想象或对他类客体的感知和想象而生发的。

（2）表达本能倾向的身体运动可以被调节并且拥有无限巨大的复杂性。

（3）由于能够将人类本能付诸行动的观念的复杂性，很多本能同时被激发的现象屡有发生，这个时候本能过程根据不同的亲近性程度相互混杂在一起。

（4）本能倾向或多或少会根据客体或观念被系统地组织起来。

如果充分考虑前面两点关于本能行为的复杂性模式，就会让我们和智力过程的心理学离得更远，而这种心理学正是很多心理学教科书的主要内容。这两点在本章被强调就已经足够了。对于第三、四两点下文会花更大的篇幅来介绍，因为它们更需要去阐释。

为了理解本能行为的这些复杂性，我们必须阐述更精细的关于本能的含义。在上文中我们提到，任何本能过程都包含三个方面的精神过程——知、情、意。现在，这个内在的心理-生理倾向，也就是说本能，将被看作由三个部分组成——输入或受纳部分、中间部分和运动或输出部分，它们分别执行认知、情感和意动的动作，构成一个完整的本能过程。组织化了的神经元素或神经细胞群构成本能倾向的输入部分或者说受纳部分，它们特别适用于接收和阐释感官中的脉冲，这种脉冲是本能的先天客体所促发的，这一部分的组成和动作决定了心理-生理过程的知觉内容。通过输入部分，刺激传导给本能的中间部分，这一部分的构成主要决定了神经脉冲的分布，特别是传导那些用于调节内脏器官——心脏、肺脏、血管、腺等——工作的脉冲，这就要求对本能行动的有效执行。这一中间部分的神经活动同完整心理过程的情感或情绪的方面有关。① 刺激通过中间部分到达输出部分或者说运动部分，这一部分的构成决定了流向骨骼系统中的肌肉的脉冲分布，通过这一动作，本能产生了效果。这一神经运动与心理过程中的意动元素有关，它负责将脉冲转化为行动。

虽然目前在个人的生长过程中，输入或受纳部分以及输出或运动部分都是可以被相互独立地大规模改造调节的，并且这种调节独立于中间部分，但是中间部分却作为本能倾向不变的核心在整个生命过程中都不被调节和改造。因此一个智力和适应力都很强的人，他的本能倾向中的输入和输出部分都易于被改造，但是他的中间部分却能独自保持平稳。也就是说，作为所有本能过程开端的认知部分展示的是巨大的复杂性和变异性，使本能过程达至目标的实际身体运动也是无限复杂的，但是伴随本能的中间部分神经运动的情绪兴奋却是整个本能过程中唯一保持其特性的，并且对于任何个人以及任何可能激发本能的情境都是一样的。正是因为如此，那些普遍把动物本能和人类情感区分为两种心理过程的研究者，就不能看到其实任何一种情绪兴奋都是并且永远是一些本能过程的征兆。

现在我们非常简单地考察一下本能倾向的输入或受纳部分被调节改造的主要方式，并且为了清晰地展现，我们将以恐惧或逃避——这样在动物世界中普遍分布的并且是最强烈的本能——为例子来说明。对于人类以及大部分的动物来说，任何突然的喧噪都可能促发这种本能，并且不依赖于任何与这种噪声相联系的关于危险和受伤害的体验。因此我们可以推测，本能倾向的输入口或众多输入口中的一个是存在于听觉神经元系统中的，这个系统通过知觉神经与耳朵相连。这个输入口并没有多少特化，因为它几乎可以被所有的噪声所激活。其中一种可能的变异就是根据经验而特化起来，在反复听到某些特定种类的噪声，并且这些噪声从来不伴随和导致任何有害效果，那么

---

① 这些本能倾向的中间情感部分很有可能分布在大脑的表皮上，支持这一观点的证据在帕格诺最近的文章中得到了巩固（Pagano, 1906）。

大部分的生物体都会学会忽略这种声音，① 它们逃避的本能不会因此而被激起。它们学会了如何区分这种声音和其他声音。这就表明，本能的输入口知觉本能已经被更加特化了。

关于本能输入和受纳部分被调节的其他主要模式更为重要。比如住在无人岛上的鸟类对于第一次出现在岛上的人类并没有表现出恐惧。这不是说鸟类没有恐惧的本能，而是因为它们的本能没有特化的关于人类形态的视网膜印象的输入口。但是当人类去射击并要捕获它们的时候，鸟类会被这个动作迅速激起恐惧本能，并以不同的方式逃走。我们如何解释这种因为经验而带来的本能变化？难道我们说鸟类通过对某个情境或一些情境，甚至是很多情境观察到，在人类靠近的情况下，如果它们当中的一个掉到地上，痛苦地呻吟，那么它们就可以推测人类伤害了它，而且推测到人类也将去伤害自己，并且因此学会在将来躲避人类？现在没有心理学家会接受这种对事实拟人化的解释。如果上面提到的行为是一个野人，或者是一群哲学家和逻辑学家所为，那么把本能变化归结到纯粹的智力过程的这种解释就会犯错误。那我们可以这样解释吗——突然的枪声会激发鸟类的恐惧本能，因为对枪声的感知往往伴随的是对人类形象的视觉感知，所有关于后者的联想就同枪声的联想联系在一起，所以当人的视觉形象重现的时候，就会激发关于枪声的联想，因此通过存在于神经元系统中的先天组织化的输入口就会激发这种本能。相对于前一种解释，这种说法可能更接近真实情况。对类似状况的解释是由很多心理学家提出的，并且已经被广泛接受。② 它的被接受包含了空间联想的性质以及独立于感官呈现的对客体的联想能力，而不管动物通过经验展示的是一种什么样的本能行为的改造——这就是说排除最低等的动物之外，我们有充足的理由去相信只有人类和高等动物才会有这种能力。因此我们必须去寻找一个更加简单的关于事实的解释，并且这个解释也不是那么难以寻找。我们可以推测，既然人类形象的视觉呈现反复伴随着由枪声而激发的恐惧本能，那么获得这种激发力就是直接的本能特性反应，而不是间接地通过对声音联想的再生作用。也就是说，我们可以推测，在反复经验后，人类的视觉

---

① 一个例子，我们经常可以从火车的车窗中看到悠然自得吃草的野生动物，它们不受火车的噪声所干扰。

② 比如，施耐德在他的著作中就给出了这样的解释，不过这却成了这本本来应该很优秀的著作的一个污点（Schneider, 1880）。

形象直接促发了本能在其情感和意动部分的反应，或者从生理学的角度，我们可以说由视网膜感知的人类形象导致的视觉倾向直接和本能倾向的中间和输出部分相关联，通过反复的经验，本能倾向直接获得了一个独立于固有输入口之外的新入口，这个新入口接下来将会起着激发本能的作用。

这就是说，我认为有充足的理由表明第三种解释相对于其他两种解释更接近真实情况。首先，这种解释内含的关于本能倾向的输入部分相对独立的假设已经被事实——许多本能能够在关于客体的经验之前由对客体的感知而直接促发——所证明。在这方面，恐惧的本能就是一个很好的例子——很多动物的恐惧本能都可以直接由某种视觉印象、气味、声音以及任何噪声（有可能也包括任何痛苦的感知）所促发，这些印象激发的是本能的情感表达和身体运动的性质。因此，我们可以推测，本能包含很多内在的组织化的输入口，通过其中任意一个输入口就可以激发本能的中间部分和输出部分，而不必通过其他卷入情绪兴奋中的输入口。

但是支持第三种解释的最好的证据来自对我们自己情感状态的检视。我们会因为受到伤害而知道恐惧或者因为某个人、某个动物或某件事情的存在而变得激怒，不过起初的时候我们都不在意。然后，我们会体验到情绪的激发，并且引发特定的回避或侵犯举动，并且是不需要再现以前我们遭受伤害的场合和状态的。也就是说，尽管对以前受到伤害的联想，或者是对发出伤害的人、动物或事的联想，会在我们感觉中再现，但是这种再现并不是本能的情感和意动方面再激发过程的必经步骤，因为对人或事的视觉印象直接激发了本能倾向的中间和输出部分。这样，我们的情感和意动倾向是直接同关于众多客体的经验相关，而在本性上我们是忽略这些经验的。并且不仅仅是说我们不必去再现这些具有相关性的经验，而且很多情况下我们即使花了去再现的工夫也回想不起来什么。①

对相关经验的瞬时联想，使得本能倾向获得了新的感觉入口，这种现象普遍发生在高等动物身上，并且是主要的模式，通过这种模式，它们能够从经验中获益而且知道如何将行为适应于一个变化多端的客体环境，这

———————————

① 这样，一些特别的气味、某些旋律或者声音、一些短语或者讲话和举止的习惯、光照射在景物上形成的一些特别的颜色或效果组合，都可以直接激发情感倾向，而且我们会发现自己突然陷入某种莫名的强烈情绪中。

比只有单纯的先天本能倾向要好。在人类中，这种现象表现得更加普遍，对于他们来说，更深层次的复杂性使得每一种能够激发某些情感和意动倾向的感官动作都可能呈现，或者在联想中再现。既然这一和感官动作在很大程度上拥有着相同神经中枢基础的呈现，都能够非常一致地引起情感兴奋和意动能力，而且任何一种智力过程——从简单的联想再现到最微妙的判断和推理——都能够激发大脑，那么每一个成人的本能被激发的方式就是多种多样的。

还有另一种主要的模式，除本能的特定客体外，其他客体也可以导致本能的中间部分和输出部分的兴奋。这有点类似于想象再现模式，这里的再现是通过相似物被唤起的。事件或者感官印象，或多或少与本能的特定刺激物有些相似，而不是相异，正是通过这种相似才可以促发本能。一个非常简单的例子是，我们可能会看到一匹马在见到一个丢在路边的旧大衣时吓得惊退。毫无疑问，马之所以惊退是因为这种确保在遇到伏卧的捕食兽类的时候迅速后退的本能被激发了，这件大衣正好形似伏卧的猎兽，所以激发了马的后退本能。这个例子可以大致用来说明这一模式的运作。在人类当中，这种模式有着更为微妙和更广泛的形式。两个客体之间在形体和关系上的精致相似会使某个客体出现可以激发的特定本能反应也可以由另一个客体的出现来激发。虽然这种情况会经常发生，但是人们也没有必要清楚地意识到两个客体之间的相似性，甚至对第二个客体有没有意识也是没有必要的。这种原理在人类中的广泛应用，并不仅是因为相似性更加微妙的运作，而且也是因为这样一个事实——通过我们前面讨论过的瞬时联想的原理，能够激发任意本能的客体数量很多，并且每一个这样的客体都是相似性原则的运作基础。也就是说，每一个通过瞬时联想获得激发本能中间和输出部分的客体也能使很多或多或少类似于它的客体产生同样的效果。对以上所提到的两种主要模式的联合运作可以用以下这个简单的例子来说明：一个孩子受到一个具有怪异相貌或者某种特别装饰的男子的暴力行为恐吓，那么此后，不仅是对这个男子的感知和想象会激发孩子恐惧的本能，而且任何与这个男子在相貌和服装上相似的其他人也可以激发孩子的恐惧本能，即使他的意识中没有浮现关于最初恐惧发生时的场合以及令他恐惧的个体的观念。

对于本能精神过程中达至目标①或努力趋于目标的身体运动部分的改造而言，人类的能力也大大超过动物，超出程度比对本能的认知过程改造中的超出程度还要大。因为，动物几乎很少能够获得应用任何复杂行动的能力。这里的复杂行动并不是先天存在于本能倾向和脊髓的反射调节行为之中的，这一点即使是聪明如家狗的动物也一样。很多高等动物被长时间训练去获得一些复杂行动的能力——比如，狗被训练用后腿行走，猫也被训练直立行走。但是当我们看到马戏团里的马站在木盆上，或者一只用后脚直立跳舞的狗这些新奇的事时，这就表明这些动物们平时拥有的那些先天赋予的本能行动是多么的有限。

对于人类来说又是另外一回事，仅有的一些略为简单的本能——这些本能在行动中的体现纯粹是由先天倾向所决定的——也会在出生后很快成熟，比如吃奶、哭泣、爬行、眨眼以及在风袭来时畏缩的本能。大部分人的本能成熟都是在个体发展到相对稍晚的时候，这个时期个人已经获得了很多诸如智力控制和模仿的能力，因此这些本能的动作倾向很少会以它们最纯粹的形式展现出来，而是以第一次被改造后以及不同时期的控制和抑制后的形式展现。尤其是在较大动作的身体运动中更是如此。尽管一些附属运动，即那些被达尔文称作"有用的伴生运动"（serviceable associated movements），比如由于脸部肌肉收缩带来的运动，是比较不受习惯控制的，但是一些特定国家和民族的人却把这种脸部运动看作习惯使然。有一种解释可以说明这里的主要原理：一个人可能学会或多或少地控制由好斗本能激发带来的发泄性的身体运动，或者通过对拳击的学习懂得了如何控制行动从而使其更好地适应于本能的目标，再或学会习惯使用武器，所以当这种本能被激发的时候，就可以把手伸向剑柄或者插入裤袋里，而不是去攻击别人。但是如果一个人去做很多这样的控制并产生了对心脏的猛烈拍打、脸色发红、呼吸急促、血液供应的再分配以及神经紧张这些由中间情感部分决定的并组成了本能激发内部反应的现象，即使成年人的本能可以由非内在倾向所提供的客体以及情境所激发，并且本能在身体运动中的体现也可以不是由本性决定，或者由于强烈的意志力的控制使得本能难以通过行动来体现，但是它的未被调节的中间部

①　当然，也许更加准确的说法是，主体在其体内所唤醒的本能冲动力的迫使下去努力趋于他的目标。但是如果这个说法被承认，避免使用这样的累赘用词也是可以接受的。

分可以导致内心变化，通过它的未被调节的本能组成这种变化伴随的常常是意识的情感状态。并且这些内心变化经常同由本性决定的脸部表情相辉映，即使程度很微弱，也因此导致了这种作为主要特征的反应和生气情绪特征对任何种族任何时代的所有人都是一致的。

人类所有主要的本能都受到输出部分和动作部分相似改造的影响，虽然它们的中间部分保持不变并且决定了意识的情感反应以及本能激发时的内心变化特征。

有必要补充的是，心理过程的意动方面总是保持将刺激转化为行动的唯一特性，即使本能行动已经被习惯控制所改造了。而且当意识到目标时，可以感觉到的刺激就表达了直接的渴望和憎恶的特性。

那么这些本能刺激是人类精神思考和行动的唯一动力吗？被很多老心理学家看作人类活动唯一动力的快乐或痛苦是引发渴望和憎恶的客体之源吗？

在回答前一个问题的时候，我们必须说在成年人的精神中有另一类行动的发生，即习惯性的思考和行动。一个习惯性的行为模式成为反复的习惯，并且更经常的是它的有效反复成为刺激和动力的一个来源。在这里，很少有习惯能够与主要的本能平起平坐，并且习惯在某种意义上说只是来源并且次属于本能，因为在本能缺位的情况下，没有思考和行动能够被达到或重复，因此没有习惯性思考和行动能够形成。习惯只有在本能的配合下才可以形成。

对于第二个问题的回答是快乐和痛苦不是行动之本源，但是很多情况可以间接引发行动。它们更多的是作为对本能的调节而存在，快乐可以保持和延长行动的模式，痛苦起着相反的作用。它们的刺激和指引影响了本能的调节和对身体行动的适应。①

然后，我们就可以说，本能直接或间接地是所有人类行为的根本动因。

---

① 在联想主义心理学派的各种教条中，没有比试图将快乐和痛苦视为所有活动的动力来源的说法更易引起误导和导致更加荒谬的理论了。哪一种学说能比亚历山大·贝恩教授的学说更加荒谬——他认为母亲照顾孩子时的幸福、她的温情以及为了孩子自我牺牲，都是源于她在母亲怀抱里因为身体接触而产生的愉悦。或者又有哪一种学说能够比赫伯特·斯宾塞的教条更加牵强附会以及可以用成百上千的事实来驳斥——他认为恐惧的情感是由任何存在于无力的复兴以及一些奇怪的场合下的客体联想来激起的，这一联想相应的是以前在与客体联系或在客体面前的痛苦的经验（See Bain, 1859: chap. vi.; Spencer, 1890: chapter 8.）。

通过一些本能（或者从本能中衍生的习惯）的意动或推动力，任何思维之链，尽管看上去是冷漠的和不热情的，但都是注定朝向目标的，并且任何身体活动都是被发动和维持着的。本能刺激决定了所有活动的目标，提供所有精神活动过程的动力。最高级的人类的所有复杂的智力器官是并且只是趋向目标的一个手段，是并且只是冲动寻找满足的工具，而快乐和痛苦只是帮助指引人们寻找一个更合适的手段。

如果去掉本能倾向的刺激力，机体就不能进行任何活动，它毫无生机和漫无目标地生活，就像一个精巧的钟表发条装置被去掉了主动力或者熄了火的蒸汽引擎。这些刺激是维持和塑造个人生活和社会形态的主要力量，并且在其中我们体验到生活、精神和意愿的神奇。

在下一章中我希望能够更加清晰地阐述我的观点，并且给出一些证据来证明这些本章中只是简单并多少有些武断的看法。[①]

人类的主要本能和基本情绪

逃避（flight）本能和恐惧（fear）情绪；排斥（repulsion）本能与厌恶（disgust）情绪；求知（curiosity）本能和好奇（wonder）情绪；好斗（pugnacity）本能与愤怒（anger）情绪；自卑（self-abasement）或屈从（subjection）的本能和自负（self-assertion）或自炫（self-display）的本能与屈从（subjection）和得意（elation）的情绪（或者消极与积极的自我情绪）；双亲本能（parental）与亲慈（tender）的情绪；以及其他一些本能，比如性（sex）本能或生殖（reproduction）本能、合群（gregarious）本能；等等。

情操的发展

我们已经明白，情操是围绕某种对象的观念而建构的若干情绪倾向的有

---

① 愿意更进一步讨论本能天性的读者可以参阅《英国心理学杂志》（*The British Journal of Psychology*，vol. iii），其中包含了默萨斯·迈尔斯、劳埃德·摩尔根、华尔登·卡尔、格奥尔格·斯托特以及作者本人在一次关于本能和智力的研讨会上的会议论文。

机系统。这种在精神发展过程中所形成的情操系统是由经验过程决定的。这就是说，情操是心理结构的产物，而不是由遗传结构先天赋予的。这一点大体上是确实的，尽管母爱子的情操似乎是天生的，但是我们必须记住，对人类母亲而言，在其对象（婴儿）尚未出生时，基于有关这个对象的观念，她就能够形成这一情操了。

情操的发展对于个体乃至社会的性格和行为都具有极大的重要性，情操是对情感和意动活动的组织化。如果没有情操，我们的情感生活将会是一片混乱，没有秩序，没有协调一致，也没有持续的连贯性。而我们所有的以情绪以及冲动为基础的社会关系和社会行动，也将变得一片混乱、不稳定和难以预测。正是通过对这种情操之中的情绪倾向的系统组织化，才使得对情绪突发性的有意识控制成为可能。而且我们对价值和品质的评判也植根于我们的情操之中，并且我们的道德原则也源自我们的情操，因为道德原则是根据我们对道德价值的评判而形成的。

在讨论情绪的时候，我们可以根据其性质，如情感意识的状态、行为趋向等，对其进行相应的命名和分类。并且我们可以试着根据情操结构中情绪倾向的性质来对情操进行命名和分类。但是，正如我们已经知道的那样，由于同样的情绪倾向能够进入完全不同的情操结构，我们根据以上的原则进行的命名和分类是很有限的，与此相应，我们对于情操的命名也是非常笼统的。我们一般根据具有保护性冲动的温情（前者是后者的主要成分），来界定"热爱""喜欢""钟爱""依恋"，这些都指的是那种将一个人吸引到其对象上去的情操；同时用"恨""厌恶""不喜欢"来表示使一个人逃避其对象的那些情操，这些情操所包含的态度或趋向具有反感的性质，因为主要结构成分是恐惧和厌恶。"爱"与"恨"这两个术语，以及那些程度较弱但几乎同义的术语，如"喜欢"与"不喜欢"、"钟爱"与"厌恶"等都非常笼统，但每个术语却代表着一大类具有相似但不完全相同的成分的情操。其中一类情操具有这样一种共同特征，即具有接近其对象，并从对象的存在中获得乐趣的基本倾向；而另一类情操则具有回避其对象，并为对象的存在而痛苦的基本倾向。

我想，我们还必须承认存在第三类主要情操，这类情操主要涉及自我尊重，或者最好称作"尊重"。"尊重"与"爱"不同，在"爱"的情操中，温情占主导地位；而在"尊重"的情操中，则缺少温情，或者说温情居次要和服从地位。"尊重"的主要成分是积极或消极的自我感情倾向，其中羞耻感是一种最强烈的情绪，这一点将"尊重"与"爱"明显区别开来。人们或许要问，如果"尊重"是一种以自尊为主要成分的情操，那么我们怎么尊重他人呢？我想回答应是这样的，我们尊重那些自尊的人，我们对他人的尊重是对他人自尊的同情性反应。因为除非一个人表现出自尊，否则我们是永远也不会尊重他的，即使我们羡慕他的某些品质，或者在某种程度上爱他、喜欢他也是如此。人们普遍接受这样一个事实，我们可能喜欢某人，但不尊重他，或者我们可能尊重某人，但不喜欢他。这个事实非常清楚地表明了"爱"和"尊重"这两种情操的不同性质。

腐朽的道德学者们经常提到"自爱"，并且当他们这么说时，一般是将自爱和自尊这两种不同的情操混为一谈的。自爱是一种相当罕见的情操，是彻底自私的人和卑劣的自我主义者所具有的一种自尊情操。这种人对自己充满温情，沉迷于自我怜悯，很少有积极向上的自我情感，也很少有羞耻感。

爱、恨和尊重可以被称作完善的或成熟型的情操。除了这三种主要类型的情操外，我们必须认识到在最初级的情操与最完善的情操之间存在不同程度的情操。可以将这些情操视为完全成熟型的情操在其形成过程中的不同阶段，尽管其中许多情操在强度和复杂度方面从未达到最高限度。对于这些情操，我们要根据其结构中的主要情绪倾向加以命名。

上述情操还可以根据其对象的性质进行分类。具体说可分为三大类：具体特殊的情操、具体一般的情操和抽象的情操。例如，对于某个儿童的爱，对于所有儿童的爱，以及对正义或美德的爱。个体的这些情操的发展遵循着上述顺序，具体特殊的情操当然是最早、最容易获得的。一个人能拥有多少种情操？如果根据人所专注的对象的数量来推算，那当然是无以计数的。但是，几乎每个人都具有数量不多的（也许只有一种）在强度以及由其产生的行为方面大大超过其他情操的情操。

如同其他有生命的组织一样，每种情操都具有自己发展的历程，它是逐步建立起来的，在此过程中其复杂性和强度不断增加，并且可能继续无限地增长。这种增长可能是部分的，也可能是全部的。

参考文献

Bain, Alexander, 1859, *Emotions and the Will*, London: John W. Parker and Son.

James, William, 1890, *Principles of Psychology*, New York: Henry Holt.

Pagano, Fratelli, 1906, *Archives Italiennes de Biologie*.

Schneider, G. H., 1880, *Der thierische Wille*, Leipzig: Abel.

Spence, H., 1890, *Principles of Psychology*, 2 vols. New Youk: D. Appleton.

社会心理学的性质与范围[*]

爱德华·罗斯[**]

社会心理学考察社会面和社会流

正如著者所构想的，社会心理学研究心理面（psychic planes）和心理流（psychic current）。这种心理面和心理流，由于人们的结合而产生于人们之中。社会心理学力求理解和说明人们在情感、信仰、意志甚至行为方面的一致性，这种一致性应归因于人类的互动等社会因素。没有两个人具有完全相同的天赋。观察一下人们的遗传，我们将会发现他们要比我们实际感到的更不相似、更具有独特性。人类集合体的联合力量战胜了性格和经验的差异性。世界上有这么多的人，本应该有相应多的宗教派别。但我们实际看到的却是人们只信仰几大宗教。在服饰、食品、消遣或首选观念方面的情况也大抵如此。每个人从自然中获得的个性大部分被抹掉了，我们发现人们在一个巨大水平面上集中地体现着一致性的特征。

当我们把注意力从人们的一致性方面（如语言、宗教、文化等）转向人们所卷入的动荡不安的方面时，自然会把"面"这个比喻变为"流"。当

---

* Translated from Ross, Edward A., *Social Psychology*: *An Outline and Source Book*, New York: Macmillan, 1908, p. 1-9, p. 76-81. （本文由刘世能译，周晓虹校）

** 爱德华·罗斯（Edward A. Ross, 1866~1951），生于美国伊利诺伊州。1891 年获霍普金斯大学政治经济学博士，在校期间曾副修哲学和伦理学，其后直至 1951 年先后任教于印第安纳大学、康奈尔大学、斯坦福大学、内布拉斯加大学和威斯康星大学，并于 1892 年当选美国经济学会秘书长。他在社会学、优生学和犯罪学这三个领域皆有涉猎，公开出版的著作有数十本，其中《社会控制》（1901）和《社会心理学》（1908）两书最具影响力，前者首次从社会学意义上使用"社会控制"这一概念，而后者则被视为社会心理学这门学科正式产生的标志。1910 年前后，罗斯不远万里来到中国，并撰写了记叙游历中国所见所思的著作——《变化中的中国人》（1911）。

一群人面对一个残忍的罪犯时欲对其施以私刑的情绪的传播、溃败的军队中恐惧情绪的蔓延、宗教情感的感染、对罢工的同情情绪的扩张等，这些都使人产生了"流"的想法。这种思想流支配人们一段时间，然后自行停止。

社会心理学与社会学的关系

社会心理学与社会学的区别在于：前者考察社会的心理面和心理流，而后者考察社会群体和社会结构。人们的利益导致人们的合作或冲突。人们因为合作或斗争的目的而形成群体，并把社会结构作为一种调整利益、达到实际目的的手段而进行设计。社会心理学只是在人们开始形成具有一致性的心理面或心理流时才会考察他们，而不是在其开始形成群体时研究它们。因为前者决定后者，而不是后者决定前者。所以，社会心理学在研究顺序上应当先于而不是后于社会学。

由共同环境或经验产生的心理面不具有社会性

社会心理学并不关注人们之间非心理性的相似性（例如河谷地带早期定居者中普遍流行的疾病），也不重视由非心理性的相似性而产生的心理相似性（如忧郁症、对永恒惩罚的信奉）。它不重视那种由于共同的自然环境的直接作用而在人们中间产生的一致性（如水手的迷信、室外工作人员的快乐、单调平原上居民的敏感以及登山者的独立神），也比较轻视那些由对类似生活事件的依赖而造成的相似性（如流浪画家的放荡、牛仔的粗犷、老教师的精确和农夫的多疑）。

种族特点不是社会面

社会心理学忽视由种族特点直接或间接产生的一致性——如黑人的健谈、吉卜赛人的流浪性、马来人的复仇性、锡兰人的不忠、马扎尔人对音乐的爱好、斯拉夫人的神秘主义、条顿人的冒险、美国人的好动。从其来源上讲，这些共同特征在多大程度上是种族的，又在多大程度上仅仅是社会的，是一个有待解决的问题。很可能它们并不完全像我们所想象的那样来自先天性的因素。"种族"（race）只不过是没有经验的人们对群体特征所做的轻率解释，他们因为太愚蠢或太懒惰而没能从自然环境、社会环境或历史条件等方面去追根溯源。

社会面源于人类互动

社会心理学只考察由社会原因，即心理接触或心理互动而产生的一致性。在每一种情况下，我们都必须提出这样的问题：这些人是由于共同的本能、性格，共同的地理环境和共同的生活条件而联合起来的，还是通过交互心理，即通过彼此间的相互影响或共同的人为原因的影响而联合起来的呢？通过具有共同的心理面的社会，能使心理一致性扩展到社会的大部分成员中。但是，这种事实并不能使这种一致性具有社会性。只有当这种一致性源于人们心理间的相互作用时，它才具有社会性。

社会心理学解释社会和个人

社会心理学通过解释为什么人们在感情、信仰、目的等方面形成了如此众多的心理面，为什么这些心理面为人们的组合、合作和冲突奠定了基础，来寻求扩展我们对社会的了解。如果无数人的某些基本观念、信仰和爱好模式在这一过程中未能逐渐形成，那么伟大的社会就不可能持久存在。缺乏社会意愿或必要的合作的维系，没有任何社区能维持下去。如此，民族特点就难以产生，而在具有同样特点的人群之外，冲突则将屡见不鲜。

社会心理学通过考察个人的心理内容及选择有多少是从其周围社会环境中获得的，来寻求扩展我们对个人的了解。我们每个人都喜欢认为自己是独特的、自为的、独行其是的。确实，虽然他知道自己走在前人走过的路上，但他想象着自己之所以走这条路，只是因为这条路是正确的，而不是因为这条路前人已经走过。所以，查尔斯·库利会说："一个人越是一个地地道道的美国人，他能意识到的美国精神就越少。他可能体现着美国精神，他的一言一行，包括他所写的文字，都充满了美国精神，但是他实际上却永远看不见它，这是因为他不具有反观自身的意识。"于是，通过说明社会因素无可置疑地存在于我们生活的方方面面，社会心理学就能促使我们向前，培养起一种真正的个性，做号手而不做应声虫，做堂堂正正的人而不做学舌的鹦鹉。想一想，我们为实现这一目的而做出的贡献多么可怜！真正属于我们自己的思想又是多么的少！我们独立产生信仰的情况多么罕见！我们根据自身情况而自然产生的感情多么有限！我们对于发自自己本性愿望的表达又是多么的糟糕！认识这些首先会使我们感到痛心，随后将促使我们冲破旧俗陋习的牢笼，过上一种贴近现实的开放生活，只有从数字、年代、社会杰出人物和名人的诱惑下解放出来，我们才可能化零为整。

社会心理学的划分

社会心理学自然地分成两个很不平等的部分——社会支配学（Social Ascendancy）和个体支配学（Individual Ascendancy），即很多人决定个人和个人决定很多人；社会环境塑造着普通个人和一个非凡的个人塑造着社会环境。因此，像骑士的风范、浪漫爱情的理想、威斯敏斯特教义、对公民教育的信念等，既是非凡人物的成就，同时又构成了无数普通人置身其中的社会环境因素。

关于奴隶制度的情感面是怎样形成的

我们下面可以从 1860 年人们对美国这个国家存在的奴隶制度的感情中区分出三个主要来源。

（1）对蓄奴的观察或体验。在南方，奴隶制是有利可图的，那个地区的经济利益是和奴隶制紧密结合在一起的。而在北方，奴隶制则是无利可图的，因此，人们对其并不感兴趣。

（2）源于社会环境。在南方，对奴隶制合法性的信仰首先成为一种信条，后来成为一种传统。年青一代正是在这种传统的影响下成长起来的。从 1770 年到 1860 年的 90 年间，对黑奴的恶情结显著增长，肤色界限日益明显。到了 1835 年，赞成奴隶制的情结变得非常具有战斗性，以致废奴主义难以再公开存在。在这种氛围下成长起来的一代人只能形成偏见。南方对奴隶制的热情到达了狂热的地步，甚至那些"贫穷的白人"也变得赞成奴隶制度。而在北方，反奴隶制的情感则占主导地位，但并没有到令人难以容忍的地步。在南北任何一方，都形成了一个心理旋涡，并且变得越来越大，将中立与冷漠者卷入其中，并将自己的观点强加给他们。

（3）精英的发动。在南方，公职人员、大种植园主、商业巨头控制着当地的舆论，对这"奇怪的制度"表示扶持。而在北方，诗人、牧师、演说家、哲学家、政治家则形成了一种反奴隶制的情绪。威廉·加里森、温德尔·菲利普斯、西奥多·帕克、伊莱贾·洛夫乔伊、哈丽特·比彻斯托、爱德华·比彻、詹姆斯·罗威尔、亨利·梭罗、约翰·惠蒂尔都表达了自己发自内心的呼吁。

在这三类因素中，第一类不具有社会性，第二类是社会支配性的例子，第三类是个人支配性的例子。

与宗教心理面形成有关的因素

此外，为了透彻地说明上述区别，让我们来考察决定欧洲天主教和新教地域界限的那些因素。

（1）教派与民族之间的密切关系。艾萨克·泰勒说："长头的日耳曼民族是新教徒，短头的凯尔特-斯拉夫民族是罗马天主教徒或希腊东正教徒。"在前者中，个人主义、固执性、自主精神、独立性获得了有力的发展，而在后者中，人们则本能地有一种保守和服从权威的特征。对于日耳曼人来说，拉丁基督永远不适合他们，并且他们已将其变成一种与其初始时很不相同的或者说与经拉丁、希腊学者之手修改的教义有很大区别的东西。日耳曼人对祭司制度非常反感，并且早已摆脱了牧师的指导，发展出明显的个人主义。新教是对南方强加给北方，但一直没有适应北方人心理的宗教的一种反叛。德国的君主们比其臣民拥有更纯的日耳曼血统，他们是教会反抗运动的领导人。斯堪的纳维亚人比德国人更具日耳曼血统，他们对新教精神进行了自由的发展。那些坚持旧观念的苏格兰部落较少具有日耳曼血统。阿斯特这个爱尔兰最具日耳曼血统的教区里的人是最坚定的新教徒。比利时和荷兰人的情形非常令人吃惊，其宗教的分界线成为其政治的分界线，并且与这两大种族的区域相一致。荷兰人的平均头颅指数是 75.3，接近瑞典人和德国北部人的头颅指数。比利时人的平均头颅指数是 79.0，和巴黎人的一样。瑞士的勃艮第地区拥有大部分日耳曼血统的人，他们是新教徒。而东部和南部的短头人地区则是天主教的堡垒。德国南部是短头人地区，信仰天主教；德国北部是长头人地区，信仰新教。汉诺威人是新教徒，其头颅指数要比属于天主教徒的科隆人低得多。"三十年战争"既是种族战争，也是宗教战争。西伐利亚和约较精确地沿着种族国界划分了宗教的界限。

在日耳曼血统最纯的地方——德国北部、瑞典、挪威、冰岛、阿斯特（Ulster）、奥克尼群岛（the Orkneys）、洛锡安（the Lothians）、约克夏（Yorkshire）和东安哥利亚（East Anglia），新教很容易进入，并常以夸张的形式获得了立足之处和主导地位。在波希米亚、比利时、法国、阿尔萨斯，新教则被排挤出来。在哥尔威（Galway）和克立（Kerry），新教则根本没有立足之地。威尔士人和康沃尔郡人（Cornishman）由于政治事件而成为新教徒，他们使得新教转变成一种情感的宗教，这与冰岛和意大利的情感信仰具有内在的相似性。即使现在，新教在南欧、天主教在北欧都没有造成人们信仰的转变。罗马天主教或与之相关的希腊和俄罗斯的东正教教义在短头人居多的地区占统治地位，而新教则限于长头的日耳曼人地区。

（2）宗教领袖的发动。约翰·胡斯、马丁·路德、约翰·诺克斯、约翰·加尔文等人的著作是新教形成时期的决定因素。今天这些著作的影响要弱一些，这是因为早期宗教领袖的教诲已在人们心中植根，成为一种传统。然而，即使现在，约翰·纽曼由此立场转到彼立场也使教派的界限变得模糊不清。

（3）数量上的优势与传统的权威。在斯堪的纳维亚半岛，只有具备非常独立精神的人才会信仰天主教，因为那里绝大多数人是路德派教徒。同样，在葡萄牙也只有那些具备非常独立精神的人才会转而信仰新教，因为那里绝大多数人信仰天主教。此外，在宗教信仰方面，父母的培养几乎起着决定性的作用，除了移民以外，很少有人会改变自己的宗教信仰。人们都否认宗教信仰是天生的，或是由环境强加的。相反，人们都想象那是一种精神上自由选择的事情，但这是一种错觉。我们已经认识到的那些历史因素对不同民族的宗教倾向的支配作用，使人们在宗教信仰上具有异常突出的非理性与不自由的成分。爱尔兰人是虔诚而固执的天主教徒，因为其早先的统治者是新教徒。不是现时的原因，而是斯密斯菲尔德①、无敌舰队、约翰·诺克斯

---

① 16 世纪英国玛丽一世在伦敦的斯密斯菲尔德烧死了数百名新教徒。

和克拉弗豪斯①使英格兰人成为新教徒，而苏格兰则成了长老会的天下。那场长期被遗忘的与非基教徒的战争既使西班牙人变得像现在这般固执，也使俄国人成了东正教徒。

作为人们心理面构成成分的模仿与亲合

在上述三种决定性因素中，第二种和第三种具有社会性，但第一种却不具有。显然，可以与模仿相提并论的影响社会一致性的关键因素是亲合（affinity）。因此，有人坚信，在农业与正教之间、商业与异教之间、大机器工业与怀疑主义之间、艺术家与社会主义之间，存在一种内在的一致性。支配人们选择的亲合倾向或适应性，在种族中间比在民族中间表现得更为明显，在民族中间比在社区中间表现得更为明显，而在社区间又比在个人中间表现得更为明显。如此，大多数人是通过某种形式的模仿而成为天主教徒的，而短头种族则似乎是通过亲合而成为天主教徒的。无数的人因为追求时尚而穿花呢布和切维厄特呢布服装，然而这种流行的最终原因在于这些呢绒布对潮湿寒冷气候具有适应性。尽管东征的十字军具有一种暴众心理，但他们却表现出了很强的理性。他们远征是为了夺取其需要的神奇的东西。议会制度与说英语的民族在他们现在的文化层面上可能存在一种亲合关系。在南欧和南美，这种议会经常出现的弊端表明，在拉丁民族中这种制度是通过模仿而维持的。

大众现象的规律

狂热的规律可以阐述如下。

（1）狂热需要一段时间才能达到高潮。虽然 1893 年的恐慌从 4 月开始，8 月达到高潮，但社会心理现象到了 1894 年才以铁路大罢工、劳工骚乱以及 10 个团体的失业工人到首都请求国会给予工作等形式表现出来。公众的敏感性一直持续到 1896 年，并造成该年的总统大选出现了强烈的情绪波动。

（2）狂热波及的范围越广泛，则丧失理智的程度越高。在其兴盛或复

① 克拉弗豪斯指苏格兰贵族克拉弗豪斯的约翰·格雷厄姆（1648~1689）。1688 年英国发生了推翻詹姆斯二世、防止天主教复辟的"光荣革命"，第二年格雷厄姆为支持詹姆斯二世战死。

兴阶段，甚至那些有教养的、有经验的和头脑固执的人也会卷入其中。以色列对救世主的狂热情绪的发现也许是最好不过的例子。1666 年，一名叫沙巴塔·赞威的以色列人公开声称自己是以色列人盼望已久的救世主。随即，以色列人的心理被狂喜所支配。男女老少都陷入一种歇斯底里的状态之中。商人放弃了生意，工人离开了生产岗位，他们专心致志地祷告、忏悔。犹太教堂日夜回荡着叹息声、叫喊声和哭嚎声，而那些对狂热持反对态度的犹太教士被迫外逃谋生。沙巴塔的名声传遍了世界。在波兰、德国、荷兰和英国，交易所的业务受到干扰，神情严肃的犹太商人们都停下来讨论着这个伟大事件。在阿姆斯特丹，犹太人在大街上游行，拿着犹太经卷又唱、又跳、又舞，有如恶魔缠身一般。而汉堡、威尼斯、里窝那（Leghorn）、阿维尼翁和其他许多城市发生的一切则更为疯狂、激烈。学者们也渐渐开始相信。男男女女的预言家随处可见，这进一步强化着犹太人对救世主时代的信仰。处在歇斯底里骚乱状态下的犹太男女老少，对新出现的救世主大唱赞歌。后来富人们从四面八方赶来见沙巴塔。在繁荣的商业中心，交通停顿了，许多犹太商人和银行家匆匆了结了手上的生意。以致对沙巴塔的神圣教诲的信仰竟成了一种与上帝的教诲具有同等地位的宗教教义。

（3）狂热的程度越高，人们可能信奉的主张或采取的行动就越荒唐。在南海热的极盛时期，先前人们为了诸如"用锯木屑造松木板""从铅中提炼银子""制造永动车轮""给英国各地提供葬礼用品"等目的而组建起来的公司都能够纷纷卖掉其股票。最后，有一个大胆的投机商发起建立了"一个获取巨额利润的经营公司，却没有人知道这家公司是干什么的"。

（4）狂热的程度越高，由此而引起的倒退也越剧烈。一个曾经高度繁荣的城市一旦衰落将一溃千里，以致那些未曾繁荣过的对手会轻易超过它。由一种纯粹情感性的宗教复兴产生的倒退，会比它在最初时更强烈地抛弃真正的宗教。这或许是像罗马天主教这样有经验的教会为什么复兴也没用的缘故。

（5）一种狂热之后经常会产生另一种具有不同特点的令人激动的情绪。约翰斯曾说："有趣的是，由冒险性兴奋而产生的，并由恐慌引起的沮丧强化的情感，常常会转移到宗教事务方面，并且，像某个时期的美国一样，在恐慌之后，紧接着会明显造成宗教的兴起。""一种对 1857 年那场史无前例的宗教复兴运动的现代解释认为，'正是在这一年（1857 年）的 10 月，德国新教的一位传教士兰菲尔先生在心里认为，每天一小时的祷告可以给烦恼的商人带来安慰.'几周后举行祈祷的人们吃惊地发现,参加的人太多,以致教堂的房子根本容纳不下。位于约翰大街的卫理公会教堂和位于富尔顿大街的德国新教教堂每天开放。此外,还租用了伯顿剧院。在那年的整个冬天里,城里到处可见白日祷告会。""甚至连消防人员和警察也举行他们的祷告会,所以我们觉得完全有理由相信作者以下描述的真实性。他接着写道,'1857~1985年在纽约发生的这一切在我们这个世界上是否还出现过,真令人怀疑。从作为中心的纽约开始,这种神奇的影响向周围扩散,东部直达新英格兰,南部波及弗吉尼亚甚至更远,而西部直逼布法罗、辛辛那提、芝加哥和圣·路易斯'.""

(6)一个动态化的社会比一个墨守成规的社会更容易受到狂热的影响。在一个变动着的社会里,事情如此繁多,加之人们在人生中经历了种种影响深远的变化,以至于过去的东西难免受到怀疑。人们形成了打破习惯的习惯。祖先的智慧、社会经验的训导在许多方面受到批驳和抛弃,丧失了其原先固有的权威性。结果,人们仿效的不是祖先,而是大众。

那种认为一个人摆脱了习俗的羁绊便获得了自由的观点是一种谬见。习俗的道路是狭窄的,两边竖立着高高的树篱,使人左右都看不见什么风景。但是,沿着这条狭径艰难前行的人,便具备了和"解放了的"人同样多的自由和自主权。"解放了的"人虽处在广阔的原野上,可以自由地选择自己前进的方向,但他仍然漫无目标地同众人一起徘徊不前。因此,一个变动着的社会并不比一个静止的社会更能培养出独立的个性。但它确实在进步,并且这一点也许能使我们适应那种令人困惑的精神流行现象。

(7)种族或心理的同质性有利于狂热的蔓延。吉丁斯关于类意识与群众的理论在这里同样完全适用。等级界限能够阻止狂热的传播。英国人能够有效地抵御暴众心理的影响,主要是因为他们都处于不同的社会地位上。打个比方说,美国人生活在大草原上,而英国人则生活在梯田上。绅士、店主或职员对劳工中蔓延的骚动往往持藐视态度,他们非但不会卷入混乱,而且事实上总被排斥在骚动之外。纵然纠正的方法比社会疾病本身更糟,等级制度毕竟能使一个社会对狂热具有某种免疫力。

关于时髦现象的理论

时髦(fad)源于由新奇的事物引起的兴趣或惊异。诸如轮式溜冰鞋、蓝色玻璃品、占卜写板（the planchette）、40 天斋戒、弹塑料片游戏、信仰疗法、"13-14-15"谜语、棒球、心灵感应或性小说等一系列事物，总是吸引着那些追逐新潮、不肯安定的人们。这样便形成了一种旋涡，能将那些没头脑或意志薄弱的人很快卷入其中。并且，随着这种旋涡越来越大，那些头脑清醒的人也往往难以幸免。既然生活的方方面面全都受到新奇事物的侵扰，自然就存在各种各样的时髦现象：哲学上的时髦，如悲观主义或无政府主义；文学上的时髦，如印象派艺术家或颓废派作者；宗教上的时髦，如招魂派或通神论；养生方面的时髦，如水疗法或早餐食物；医学上的时髦，如淋巴疫苗或结核菌素；个人的时髦，如养金丝雀或使用面霜。这些形形色色的时髦各有自己的顾客。

时髦与进步

在很多情况下，我们完全可以根据新奇事物的魅力和大众的暗示来解释时髦现象。但是，甚至当一种新事物纯粹能靠自己的优点而发展时，它也并不能避免成为一种时髦现象。它仍然会拥有一群不知名的、专注的模仿者。所以，即使在骑自行车、开汽车、按摩、使用抗菌剂和体育锻炼等方面也存在时髦现象。确实，要想将时髦与对某种事物的切实改善的真心拥护和立即接受加以区别，有时是非常困难的。其唯一的区分标准是时间。这里像其他方面一样，"有意识的坚持"是对事物真实性的一种检验。仅仅是新奇的东西，将很快变得不新奇，使人厌烦，并最终肯定会被一种更新的新奇所取代。相反，一种真正的改进，则能满足现实的需要，并因此能持久下去。

时髦现象现在为什么非常盛行

与狂热不同，时髦的传播无须借助兴奋为其提供某种媒介。它不可能依赖人们高度的易受暗示性。因此，它的征服扩张涉及的远不是单纯的暗示。它涉及声望，时髦对人们心理的支配力量有一半应归于声望。在当今时代，声望来自新事物。

第二编

定标与竞赛中的动力性因素[*]

诺曼·特里普利特[**]

第一部分

本文陈述了在印第安纳大学心理学实验室进行的动力性刺激实验研究的一些结果，以及它们在解释定标和竞赛主题方面的应用。

该项实验是在布莱恩博士和伯格斯托姆博士的指导下进行的，我非常感谢他们在实验过程中给予的帮助。

我们从美国自行车手联合会竞赛委员会（The Racing Board of the League of American Wheelmen）获得了一份 1897 年赛季结束后的官方自行车比赛记录的副本，从这些记录中我们可以得到一些论据。有一些图表显示了在我们将着重探讨的三种性质的特定距离的比赛中职业车手的用时记录，这将使我们下面的讨论变得更加清晰。图 1 中最下方的曲线是非定标记时比赛的记录，中间曲线记录的是定标记时比赛情况下参赛者的用时，而最上方的曲线记录的是有定标者参与的竞赛情况下参赛者的最短用时。

关于这三种比赛的定义如下：非定标记时比赛（the upaced race against time）中个人的全部努力在于缩小在案的记录。没有定标者的参与，参赛者

---

   *   Translated from Triplett，Norman，The Dynamogenic Factors in Pacemaking and Competition，*American Journal of Psychology*，1897，No. 9，pp. 507–533.（本文由李斌、刘世能译，周晓虹校）

** 诺曼·特里普利特（Norman Triplett，1861~1931），美国印第安纳大学心理学教授，同时又是骑行运动的疯狂爱好者。这一爱好使他在查阅了美国自行车联赛委员会发布的竞速记录后，发现他人存在（在场）或竞技运动有可能对一个人的运动成绩产生影响，这一现象 1920 年被美国著名社会心理学家弗洛德·奥尔波特称为"社会促进"作用。本文是特里普利特发表在《美国心理学杂志》上的硕士学位论文，被后人视为造就了社会心理学成为经验性科学的分水岭事件，也被视为运动心理学的开山之作。

唯一的刺激来自缩短自己或他人以前的用时这样一个观念。定标记时比赛（the paced race against time）中也只有创造纪录这样一个努力方向，与非定标记时比赛的区别也只是在有一个快速的多人自行车——比如一个双人自行车或者四人自行车——为参赛者定标这个事实上有些不同。如果参赛者拥有训练有素的定标者，而且能够在对手跟进的时候熟练地改变自己在团队中的位置从而避免减速，参赛者就可能会打破以前比赛的纪录。这两种比赛实际上都不是真正的比赛，之所以这样称呼是出于一种方便。这两种比赛都是疾足起步（a flying start）。①

第三种比赛或者说定标竞赛才是真正的比赛。比赛中，选手除了要跟随定标者外，额外需要考虑的一个因素就是击败对手。至于非定标竞赛我们没有得到记录，不过我们也会在这篇论文中进行探讨。这个比赛经常被称为"惰性"比赛，因为参赛者都退缩不前，并都尝试让别人领先——我们都知道任何试图领先而成为定标者的参赛者都很难获胜。

一 记录的数值

在展示这些记录的时候，我们必须认识到这些都是通过科学实验的力量得到的。据算，有超过 2000 位自行车选手都希望能够创造纪录。今天的这些数值记录都是通过反复多次的比赛后才得来的，一些人刚刚创造的纪录随后又被紧跟着的其他人打破。尽管现在还可以去减少用时，但被缩短的分量从总体上来看是很小的。假如所有参赛者都试图去缩短以上提到的几种比赛的用时，但是只要当前的领先者以及最接近他的对手都不去扩大优势，而只是按原来的态势比赛的话，非常有可能的是以前的纪录会得到维持或者虽然差距有所减少，但也只是减少了一点。从记录中我们知道，定标记时比赛中选手的速度会更快，关于这一点我们可能就会问：速度差别是应该归根于定标还是参赛选手的不同？以及把差别归根于定标或竞赛的论断是否会因为在不同的比赛中由不同的人保持纪录这一事实而缺乏可信度？比如，在某一种比赛中速度很快的选手，在另一种比赛中却变得很慢。也许是出于这个原因，迈克尔（Michael）在非定标记时比赛中从没有给任何其他选手获胜的机会。参赛者根据经验寻找自己最有可能创造纪录和最擅长的比赛。因此，

---

① 指体育比赛中先开始起跑，到起跑线时再全力飞跑。——译者注

记录显示的定标记时比赛和非定标记时比赛中的用时差距，就是对两种比赛中老手用时差距的测量。他们的差距值很有可能等于两种比赛中所有选手的平均差异。能够证实记录中定标记时比赛和非定标记时比赛中的用时差异是归根于定标因素这一说法的最重要的经验证据，来自对定标记时比赛和非定标记时比赛中的一些个人选手的时间测量，这些数值我将会在下文中给出，从中我们可以发现用时差异和记录中给出的差异非常吻合。另外被提到的一个证据就是，车手一般都认为在定标记时比赛中自己的每英里用时会提高20~30秒。

二 记录的讨论

在图1中最下方曲线表示的是非定标记时比赛中25英里的用时记录，另外两条线是相同距离的其他比赛的成绩。从中我们可以非常清晰地看到，非定标记时比赛的用时明显长于定标记时比赛。先前提到的用于解释这一现象的不同因素我们将在接下来的内容中详细论述，但是事实本身值得我们在这里首先关注。

我们已经说过，对于单人来说，参赛者相信他们在定标记时比赛中的成绩会比非定标记时比赛中的成绩快20~30秒。但是从实际测量的数据中可以看出，定标记时比赛和非定标记时比赛的用时差距更大。

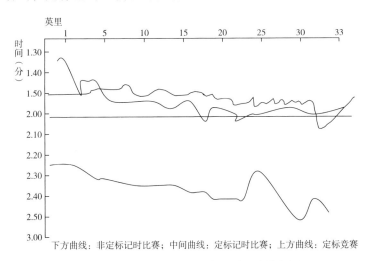

下方曲线：非定标记时比赛；中间曲线：定标记时比赛；上方曲线：定标竞赛

图1 定标记时比赛和非定标记时比赛的记录

	每英里平均用时（分/秒）	比非定标记时比赛减少的时间（秒）	比非定标记时比赛每百秒减少的时间（秒）	定标竞赛比定标记时比赛每百秒减少的时间（秒）
25 英里非定标记时比赛	2/29.9	—	—	—
25 英里定标记时比赛	1/55.5	34.4	22.9	—
25 英里定标竞赛	1/50.35	39.55	26.4	3.5

从第 3 英里到第 10 英里（包括第 10 英里路段）的速度纪录都是由迈克尔保持的。他的每英里平均用时比非定标记时比赛的冠军塞尼（Senn）快 4 秒。而从第 11 英里开始以后的路程中，另一位叫作莱恩萨（Lensa）的运动员是纪录的保持者。很明显，定标对他并没有产生多大价值，因为他的用时平均每英里只减少了 29.7 秒，而且这明显的差距中还有一部分实际上是非定标记时比赛冠军塞尼不断增加的疲惫感所致。

跟步（follow a pace）的能力对于每个人来说都是不同的，这一点尽人皆知。通常情况下，在有定标者的情况下跑得很快的选手会在缺少定标者的情况下变得很慢，反之亦然。这就可以用来解释，为什么同样一个人不可能同时在定标记时比赛和非定标记时比赛中保持纪录。沃尔特·桑格尔是田径场上非定标记时比赛中跑得最快的选手之一，但是即使给他最优秀的定标者，他的速度也只能提高几秒。而迈克尔，这位能力绝佳的"跟随者"，在他的对手看来，如果是在非定标记时比赛中则很容易成为他们的手下败将。在定标记时比赛中能取得好成绩的前提是有一个经过良好训练的定标者。最后提到的那位选手迈克尔坦然承认在这种比赛中自己比其他选手更有优势。

从竞赛委员会提供的记录中可以看出，他在前 3~10 英里路程中的骑车速度比较稳定。这 8 英里他的平均每英里用时是 1 分 53 秒，平均方差低于 8 秒。其他能够证明参赛者在定标记时比赛中速度要快于非定标记时比赛且具有稳定性的证据可以在下表的记录中找到：

20 英里	非定标记时比赛职业选手	49 分 20 秒
25 英里	定标记时比赛职业选手	49 分 8.4 秒
20 英里	非定标记时比赛业余选手	52 分 17 秒
25 英里	定标记时比赛业余选手	51 分 57.2 秒
80 英里	非定标记时比赛职业选手	3 小时 54 分 53 秒
100 英里	定标记时比赛职业选手	3 小时 52 分 14 秒

从数据中可以发现，定标记时比赛的平均用时比非定标记时比赛减少了差不多 25%。不过，不同的选手所创造的比赛用时纪录的比值——即使这是很多选手共同创造的并且值得特别关注——也没有同一个选手在定标记时比赛和非定标记时比赛中用时的比值那样绝对稳定。关于这一方面的数据很难获得，因为田径运动员很少参与两种比赛，每个人都专注于自己最适应的比赛。但是我们获得了对两种比赛都擅长的两位著名选手在比赛中的每英里最好用时记录，如下表所示：

阿瑟·加德纳	非定标，1 英里	2 分 3.8 秒
阿瑟·加德纳	定标（2 个四人自行车），1 英里	1 分 39.6 秒
厄尔·基塞	非定标，1 英里	2 分 10 秒
厄尔·基塞	定标，1 英里	1 分 42 秒

以第一个人为例，他在定标记时比赛中的成绩比非定标记时比赛提高了24.2 秒，将近 20%。第二个人提高了 28 秒，将近 22%，也就是说这和官方记录的由不同人创造的定标和非定标记时比赛只有不超过 0.9% 的差异。

英国皇家外科医师学会会员特纳博士从 1989 年开始用时三年进行了一项关于"定标—跟标"比赛的生理学研究（The Physiology of Pacing and Waiting Race）。特纳自己也是一位赛手，在研究中他在自身和别人身上做了很多次测试。其中，他得到了一些反映自己在不同距离的比赛以及定标记时比赛和非定标记时比赛中的用时差距的数据。在把它们和现在的记录进行比较的时候，有一点我们必须清楚，那个时候自行车使用的是减震轮胎（cushion tires），因此非常笨重和庞大，以至于相比现在使用的充气轮胎，那个时候实验中的用时和速度都要慢很多。可以看出，在同距离的定标记时比赛和非定标记时比赛中，每一次测试，他的每英里平均用时提高的时间总是在 11.8~20 秒。

图 1 中最上方的曲线显示的是定标竞赛中的记录。在这个比赛中，选手除了要超越纪录，他们也关注超越他的竞争对手。比赛都是从起跑线开始，所以前面 2~3 英里的速度是要稍慢于定标记时比赛的，后者采用的是疾足起步。此后，在感受到比赛刺激的作用力和其持续的影响后，选手会跑出更快的速度。25 英里定标竞赛每英里平均用时会比定标记时比赛快 5.15 秒或者 3.5%。在前 3~10 英里中，这两种比赛的纪录都是由同一个人——迈克尔①——创造的。他在定标竞赛中的每英里平均用时要比在定标记时比赛中的每英里平均用时快 5 秒。他在两个比赛中使用的是同一组定标者，这一事实说明在后一个比赛中选手都对竞赛刺激产生了反应。

距离 （英里）	定标详细情况	用时 （分/秒）	超出定标记时 比赛用时 （分/秒）	每英里平均 超出用时 （秒）	超出的 百分比 （%）
1	4 个定标者	2/37.6			
1	没有定标者	2/49.4	/11.8	11.8	7
3	5 个定标者	8/6.6			
3	没有定标者	8/57.8	/51.2	17	9.5
3	没有定标者	9/7	1/0.4	20	11.7
4	1 个双人自行车定标	11/31			
4	没有定标者	12/24	/53	13.25	7.33
5	几个定标者	14/5.8			
5	几个定标者	13/50.4			
5	没有定标者	15/23.8	1/18	15.6	8.4
5	没有定标者	15/37.2	1/31.4	18.25	9.8

① 这篇文章写完以后，迈克尔在定标竞赛中的纪录就被人超越了。1898 年 6 月 17 日，麦格杜飞在与泰勒的竞赛中打破了前 30 英里比赛的所有纪录。他的用时是 55 分 9 秒 15，比迈克尔的相同距离用时快了 1 分 23 秒 45。这使得定标竞赛比定标记时比赛的每英里用时优势扩大到 8 秒。

续表

距离 （英里）	定标详细情况	用时 （分/秒）	超出定标记时 比赛用时 （分/秒）	每英里平均 超出用时 （秒）	超出的 百分比 （%）
5	交替赛圈	16/38.4	2/32.6	30.5	15.3
10	几个定标者（三轮车）	31/18.4			
10	没有定标者	33/17.2	1/58.8	11.8	6
25	很多定标者	71/15.8			
25	共同分享的定标者	85/21.8	14/6	36	16.5
25	共同分享的定标者	81/16.4	10/0.6	24	

在一篇题为《关于速度竞赛中定标和跟标的生理学》的文章中，特纳认为导致定标记时比赛和非定标记时比赛中成绩产生显著差异的直接原因是身体和精神运动的生理效应不同。简单来说，在给定距离的比赛中，做更多肌肉运动的选手相比做得少的选手，会做更多的身体组织活动，产生的废弃物质使得血管承载量加大，因此分泌出更多的尿液和尿酸。从他的实验来看，这种含氮物质的排放和运动员所做的体力活动呈比例相关。承载过多有害物质的血液会使得大脑麻痹，减少促发和刺激肌肉活动的力量，并且也使得浸润于这种非纯净血液中的肌肉本身丧失了大部分的收缩能力。他进一步强调，磷酸是大脑活动的主要产品，并且在大脑活动过程中身体还分泌出更大剂量的碳酸、乳酸和尿酸。因此一个参加比赛的选手在大脑受到干扰的情况下其比赛成绩会受很大影响。

不过，关于大脑活动会产生磷酸的说法还是有争议的。一些研究者认为在智力活动过程中，磷酸盐是减少的，同时也有另外一些人发现在这一过程中存在大份量的磷酸盐。虽然，正如詹姆斯（James）所言，实际数据存在一个很大的问题，因为分泌的废弃物总量实际上既有其他器官产生的也有大脑产生的，但是特纳博士的结果还是可以用来证明一点——白天很少活动或没有活动的人分泌的废弃物相对较少，而当有定标者的时候，分泌量增多，当他自己在比赛中保持领先的时候，分泌量最大。

基于这些生理学事实的立场，特纳这样概括他的论文观点："考虑两个具有相同能力的选手，都有良好的训练并且是在一个平坦的路段中赛车，他们当中有人领先、骑得更快或者赢得比赛的可能性都很小（除非发生了障碍物倒下或者类似的事故）。比赛路段愈平坦，车子骑起来就愈轻快，跟步者就会有更快的速度，并且路程越长就越有可能赢得胜利。"每一个运动员都知道这种情况，并且它可以用来解释非定标竞赛中的"惰化"现象，即没有人愿意去做领跑者，除非他具有绝对的超过对手的实力。

三　关于定标记时比赛和定标竞赛中速度更快的理论解释

在七八个并非能够完全相互区分地用来解释定标竞赛比非定标竞赛、定标记时比赛比非定标记时比赛速度更快的理论中，有一些仅仅需要简单地阐述一下。它们按照自己的性质被分成组别，首先介绍的是两个物理理论。

（1）吸引理论。那些持这种理论解释的人声称，在定标机器和选手之间形成的差距吸引着车手去紧随着它。安德森（Anderson）在伊利诺伊州路德宫中以一辆机车作为定标者，1分钟骑完了1英里，这是支持该说法的最好论据。持这种理论的人相信一个以双轮自行车为定标者的选手，相比一个以四轮自行车或者更大的机器为定标者的选手，要处于劣势，因为前者可资利用的吸引力并没有后者强大。

（2）屏障理论。这和上面所提到的一点有很大的相关性。特纳博士把它作为速度提高的部分解释，他认为定标者或者领骑者同时也起到一个对风的屏障作用，并且"一个骑车的人，当他领骑比当他跟骑的时候，要求有更多的运动，特别是肌肉运动，因为有空气的阻力，所以风力越大用功越大，而反过来屏障阻挡得越多，用功就越少"。

这是获得选手们普遍支持的理论。一位冠军骑手在近期的一封信中表达了这种普遍的观点："非常确定的是有一些非常强的非定标记时比赛的骑手在定标记时比赛中从没取得过任何胜利。我想唯一的原因非常简单，就是因为他们没有学会如何在比赛中跟骑，从而达到防风的目的。不管风是怎么吹的，骑手如果跟骑的话就总可以找到一个没风的地方。"

（3）激励理论。在定标机器上，朋友的鼓励以及保持骑手的精神状态被认为非常有用。同其他情况一样，在比赛情况下，当体力耗光后精神素质一直被认为非常重要。这仍然和维吉尔时代一样，赢者能赢是因为他们相信自己能赢。

（4）大脑忧虑理论。这个理论解释了为什么非定标记时比赛中的领骑者很难获得胜利。因为"领先相比跟随承受更多的大脑忧虑"。保持领先的人"总是处于烦躁不安的状态，不管他是不是足够快从而可以拖累他的对手。他总是那么忧虑，担心对手什么时候突然开始迸发；他的神经系统总是保持紧张，并且处于兴奋的极点，他的肌肉和神经活动相互运作并且做出反应，从而导致疲惫不断增长。疲惫既减少了大脑发出的脉冲动力，同时也降低了肌肉的收缩能力和动力接受能力"。

（5）催眠暗示理论。这是近来才形成的一个有些古怪的理论，它认为对前面定标车不断旋转的车轮的紧张关注能够产生一种催眠效果，并伴随了肌肉的兴奋状态，而这就是为什么一些长距离定标记时比赛中的选手显示出较强忍耐力的秘密。我们注意到，迈克尔在漫长的30英里竞赛中能够在最后一英里创造出所有选手中最快的速度，并且也是他自己所有比赛中的最快纪录之一。

（6）无意识理论。这也是一个支持跟骑车手的理论，并且认为他们拥有非常明显的优势。就像我们上面所说的，领骑者要花费更多的脑力来指挥每一刻的肌肉运动。当他非常劳累的时候，就需要施加非常强烈的意志力以驱使他在空气的阻力中前行。然而，跟骑者是无意识的，他除了紧追不放外不需要做其他事情。"他的大脑促发运动后就依赖脊髓去继续这一运动，而仅仅只是在变向和变速的时候大脑的功能才是必需的。"（拉格朗日）当到了最后冲刺的时候，他的大脑才又开始恢复控制，向肌肉传达胜利的刺激，而这个时候领先者由于持续的大脑活动已经处于非常疲劳的状态。

老实说，这些事实有很多的根据。在定标记时比赛中，承受少一点的劳累是众所周知的知识。在一个长距离的比赛中跟随领骑者，无意识的感觉是很明显的，它有一种给予强烈力量的感觉，驱使你紧跟着前面的人，这一点对于车手（包括我自己）都是一种共同的体验。当然，距离越长的比赛无意识骑车可以节省的体力就是越明显的，因为有足够的时间去调整运动。关于这一点，我们知道虽然定标记时比赛的选手比非定标记时比赛的选手平均每英里快34.4秒，但是就第一英里而言仅仅快了23.8秒。

在定标者和被定标者之间，似乎每一个优势都是为后者而设。吸引和屏障这两个物理因素，仅就它们所包含的意义而言，是有利于跟随者的。至于心理理论——激励的刺激、由催眠带来的特别力量以及无意识行动的坚持能力——如果真的有用的话，也是直接有利于被定标者的。相反，由于大脑活动带来的不利因素却是额外属于领骑者的。

（7）动力性因素。其他讨论的因素，将是第二部分将要详细叙述的竞赛实验所试图解释的。这项研究并没有花费力气去削弱前面几个理论对定标竞赛比非定标记时比赛拥有更快速度的解释力，而是尽可能地阐述额外的因素。

竞争理论认为其他选手的身体在场对于骑手是一个刺激，可以激发他们的竞争本能。因此其他选手就成为骑手释放和放松神经能量的重要手段，这种释放是自己所不能完成的。同时，他人运动的视觉印象可以迫使自己提速，这也是获得更好成绩的一个刺激。这就是用来解释的因素，我们可以在接下来的实验中找到类似的东西，并且寻找它们的解释也是由事实决定的必须要做的事情。

四　其他比赛形式

一段主要摘自特纳博士论文的简单陈述，可以用来说明定标者在其他形式比赛中的价值："跑步比赛与自行车比赛有很大不同，因为它需要更多的肌肉运动。每一大步整个身体都必须被抬起，然后向前跨出几英尺或者更多。不管是为他人定标还是跟随他人，花费的体力都是一样的。"所以跑步比赛中的领先者和跟随者相对于在自行车比赛中能够在一个更加平等的条件下开始冲刺，并且一个比较小的优势足以让领先者比他的对手先结束这场冲刺从而赢得胜利。

滑冰运动中的情况非常类似于自行车比赛，定标者也需要像自行车的定标者一样花费更多的体力。

在赛艇比赛中，船员并不彼此追随，而是力争领先，一旦处于领先位置，胜利就触手可及了。原因主要有如下几点。（1）如果某只船能完全领先，它会给对手造成水花冲刷后面的船只。（2）领先的船员容易看到其他船只，从而相应地调整速度。（3）划船前进实际花费的体力是非常大的。（4）八人选手的赛艇长度为50英尺甚至更长，因此在跟随的情况下如果要超越需要花费的时间是很长的。

出于同样的原因，在游泳比赛中充当追随者也没有一点优势。

赛马比赛中的定标者是有作用的，但并不像在自行车比赛中那样具有压倒性的优势。一匹好马能拖累劣马，好比跑步中的优秀选手一样。但是在长距离比赛中，如果一个有潜力者同时也是非常好的坚持者的话，一个稳定的同伴往往开始给他领跑，从而避免让他成为定标者而产生一些劣势，这样他就可以跑得更快。这特别体现在长距离比赛中。

科尔布通过对不同比赛中体力花费最大时的呼吸和脉搏曲线的研究，认为在赛车和滑冰中通过特别的肌肉簇的运动可以达到较快的速度，而这个时候的脉搏曲线快速攀高。但在赛艇、赛跑、摔跤和高难度的体操运动中，呼吸系统受到的影响最大。如果这个能够被证实的话，它可以完善关于为什么定标者在赛车和滑冰中产生最大作用的原因。在两种比赛中，体力花费和速度间的比值非常高，冲刺中神经能量的输出会产生很大的作用。而在其他比赛中，虽然由于竞争本能也会产生同样的能量释放，但是由于呼吸需要，它在产生结果方面的作用是很有限的。

第二部分

在以下将要讨论的实验室比赛中，几乎所有上文提到过的影响因素都被考虑到了。在平均 40 秒的实验持续时间中，不需要考虑对风的屏蔽，也没有任何吸引力的施加，唯一的大脑焦虑就是维持一个非常高的速率从而可以击败对手。由于时间较短和实验性质的原因，产生无意识运动的可能性值得怀疑。另外，参加实验工作完全出于强烈的自愿。这有点像从头到尾的 100码冲刺跑。

一　实验器材

该项研究的实验器材由两个渔线卷轴组成，卷轴曲柄转动形成的圆形直径为 1.75 英寸。如图 2 所示，卷轴装在一个 Y 形工作架上，工作架又被固定在一个笨重的桌子上。Y 形工作架两脚之间的距离必须足够宽以容得下两人并肩转身。在相距两米的 C、D 处，分别安装两个小型滑轮，和漆得溜光的渔线卷轴一起用来支撑由丝线组成的条带的转动。通过 A、D 间条带的运动记录的是比赛成绩，而 B、C 间条带的传动只用以设标或为达到竞赛之目的。记录比赛成绩的侧边滑轮能够把条带运动传导到记录器上，同时记录器的记录针将运动曲线描绘在描波器的描波筒上。曲线方向和转动的速度具有相关性，转动速度越快，得到的曲线就越短且越直。

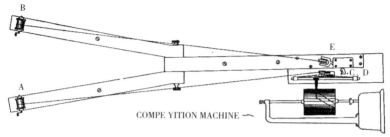

图 2　由鱼线卷轴做成的实验器材

二　实验方法

参加实验的被试必须练习摇动渔线卷轴，直到他熟悉了机器为止。为了避免由于疲劳而可能产生的影响，每隔 5 分钟做一次不同的实验。

实验要求操作者以最大速度摇动渔线卷轴，直到缝在丝线条带上的小旗随着条带绕行 4 圈，每圈的周长为 4 米。用码表记录下实验时间，同时描波筒上绘出的运动曲线方向也可以图示实验的用时差别。

三　实验误差

多次机器实验表明，实验的误差极小。在每次的正式实验中，小旗总是绕行 16 米。从 10 次实验的情况来看，要使小旗完成这个运动过程，操作者摇动卷轴的平均数为 149.87 周，平均误差为 0.15 周。这表明丝绸线没有明显可觉察的滑动。假如每次实验的平均时间是 40 秒钟（这个数据的误差也不太大），那么 0.15 周所花费的时间则为 0.4 秒。

同样，要注意尽可能地让描波器匀速转动。描波器上足发条后能转动近 3 个小时。同一被试所做的 6 次实验中，描波器的实际工作时间约为 4 分钟，或 40 秒一次实验。实验中，描波筒在 4 分钟时间内不停转动。通过多次测试发现，使滚筒重复前面的转动次数需要 4 分 3 秒。由此可见，每次实验中滚筒的滚动要比前一次实验多用 1/80 的时间。实验所需的时间是由码表直接记录下来的。下面所制表格的数据都是由码表记录的。不过，描波筒上的运动曲线非常重要，它以图示的直观方法显示了实验过程中的所有变化，记录针及时记下了摇动转轴每一时刻的速度变化，清楚地记录着各种状态下的运动曲线，如被试的竞争能力、反向刺激的效果、疲乏等。而描波筒多用的 1/80 时间，将消除以上各种因素的影响，因为 1/80 的时间用肉眼是无法察觉的。

四 实验结果

在研究过程中，我们记录了 225 位不同年龄的被试的测试结果。不过，下面的表格以及陈述除特别说明外都是基于 40 名儿童的实验记录。实验是这样操作的：在基础练习之后，20 个被试分别做了 6 次实验。6 次实验的顺序是：首先一个人单独做，紧接着他跟另一个人比着做，然后再单独做，就这样轮番交替，使得最终有三次单独做的实验，另三次实验是在和别人竞赛的情况下做的。再让另外 20 名年龄相当的儿童也分别做 6 次实验，这组实验的次序则是这样：第一次单独做，第二次单独做，第三次和别人比着做，第四次单独做，第五次和别人比着做，第六次再单独做。

按照这一方案，两组中的任何一组在做完第一次实验后，其后每次实验总是跟对比组所做的实验对应。此外，当两组被试做第四次或第六次实验时，他们都已分别做完相同数量的类似实验，因而他们的练习总量也相同。在观察任何一组的实验时间时，这一因素都不能被忽视。

在做实验记录以及事后分析实验结果时，可以看到所有的被试可以被划分为两类。

第一类，接受实验刺激的被试，他们在竞争实验中有了更快的速度；由于刺激导致了动作受抑制。

第二类，几乎没有受到竞赛刺激影响的小部分被试。

以下三张表格是根据上面提到的 40 名儿童的实验结果绘制成的，他们大体上是按码表记录的实验时间分类的。第一张表格给出了 20 名在总体上受到正向刺激的被试的结果。第二张表格列出了 10 名受到过量刺激的被试的结果。第三张表格列出了 10 名没有明显受到刺激影响的被试的结果。

表中每次观察的或然误差（probable error）的估计公式是：

$$r = 0.6745 - \sqrt{\frac{\sum v2}{n-1}}$$

就实验性质而言，这样的误差量值是很大的。为了弄清合适的误差有多大，我们通过下面的方法消除表 1 中 A 组被试的个人差异，即以被试 6 次实验结果的平均数作为代表值。以此为基础，把 6 次实验的结果化为百分数，这就排除了因年龄或性格不同而产生的特殊性，用这种方法得出 A 组 6 个被试的或然误差依次是：2.57、1.43、1.81、2.24、1.11、1.55。同样，其他表格中实验结果的或然误差也可以采取这样的简化方法。

在下列各表中，A 代表单独操作的实验，C 代表竞赛情境下的实验。

表 1 受到正向刺激的被试

A 组　　　　　　　　　　　　　　　　　　　　　　单位：秒

	年龄	A	C	A	C	A	C
Violet F.	10 岁	54.4	42.6	45.2	41	42	46
Anna P.	9 岁	67	57	55.4	50.4	49	44.8
Willie H.	12 岁	37.8	38.8	43	39	37.2	33.4
Bessie V.	11 岁	46.2	41	39	30.2	33.6	32.4
Howard C.	11 岁	42	36.4	39	41	37.8	34
Marry M.	11 岁	48	44.8	52	44.6	43.8	40
Lois P.	11 岁	53	45.6	44	40	40.6	35.8
Inez K.	13 岁	37	35	35.8	34	34	32.6
Harvey L.	9 岁	49	42.6	39.6	37.6	36	35
Lora F.	11 岁	40.4	35	33	35	30.2	29
平均值	11 岁	47.48	41.88	42.6	39.28	38.42	36.3
或然误差		6.18	4.45	4.68	3.83	3.74	3.74
时间差			5.6	0.72	3.32	0.86	2.12

B 组

	年龄	A	A	C	A	C	A
Stephen M.	13 岁	51.2	50	43	41.8	39.8	41.2*
Mary W.	13 岁	56	53	45.8	49.4	45	43*
Bertha A.	10 岁	56.2	49	48	46.8	41.4	44.4
Clara L.	8 岁	52	44	46	45.6	44	45.2
Helen M.	10 岁	45	45.6	35.8	46.2	40	40
Gracie W.	12 岁	56.6	50	42	39	40.2	41.4

续表

	年龄	A	A	C	A	C	A
Dona R.	15 岁	34	37. 2	36	41. 4	37	32. 8
Pearl C.	13 岁	43	43	40	40. 6	33. 8	35
Clyde G.	13 岁	36	35	32. 4	33	31	35
Lucile W.	10 岁	52	50	43	44	38. 2	40. 2
平均值	11. 7 岁	48. 2	45. 68	41. 2	42. 78	39	39. 82
或然误差		5. 6	4	3. 42	3. 17	2. 89	2. 84
时间差			2. 52	4. 48	1. 58	3. 78	0. 82

注:* 左撇子。

表 2 受到反向刺激的被试

A 组
单位:秒

	年龄	A	C	A	C	A	C
Jack R.	9 岁	44. 2	44	41. 8	48	44. 2	41
Helen F.	9 岁	44	51	43. 8	44	43	41. 2
Emma P.	11 岁	38. 4	42	37	39. 6	36. 6	32
Warner J.	11 岁	41. 6	43. 6	43. 4	43	40	38
Genevieve M.	12 岁	36	36	32. 6	32. 8	31. 2	34. 8
平均值	10. 4 岁	40. 84	43. 32	39. 72	41. 48	39	37. 4
或然误差		2. 41	3. 57	3. 25	3. 85	3. 55	2. 52

B 组

	年龄	A	A	C	A	C	A
Hazel M.	11 岁	38	35. 8	38. 2	37. 2	35	42
George B.	12 岁	39. 2	36	37. 6	34. 2	36	33. 8
Marry B.	11 岁	50	46	43. 4	42	48	36. 8
Carlisle B.	14 岁	37	35. 4	35	33. 4	36. 4	31. 4
Eddie H.	11 岁	31. 2	29. 2	27. 6	27	26. 8	28. 8
平均值	11. 8 岁	39. 08	36. 48	36. 36	34. 76	34. 4	34. 56
或然误差		4. 61	4. 07	3. 89	3. 71	5. 33	3. 45

表3 几乎不受竞赛刺激影响的被试

A 组

单位：秒

	年龄	A	C	A	C	A	C
Albert P.	13 岁	29	28	27	29	27	28.6
Milfred V.	17 岁	36.4	29	29.4	30.2	30.2	32.2
Harry V.	12 岁	32	32	32.6	32.6	32.6	31.6
Robt H.	12 岁	31.4	31.4	32.2	35.4	35	32.4
John T.	11 岁	30.2	30.8	32.8	30.6	32.8	31.8
平均值	13 岁	31.8	30.24	30.8	31.56	31.5	31.3
或然误差		1.9	1.13	1.71	1.7	2.06	1.05

B 组

	年龄	A	A	C	A	C	A
Lela T.	10 岁	45	37.4	36.8	36	37.2	38
Lura L.	11 岁	42	39	38	37	37	38
Mollie A.	13 岁	38	30	28	30	30.2	29.6
Anna F.	11 岁	35	31.8	32.4	30	32	30.4
Ora R.	14 岁	37.2	30	29	27.8	28.4	26.8
平均值	11.8 岁	39.44	33.64	32.84	32.16	32.96	32.16
或然误差		3.11	2.88	3.03	2.75	2.69	3.71

从表中可以看到，表1中A、B两组共20个被试在竞赛实验中几乎都大大缩短了其实验的时间。实验结果的平均值表明在竞赛实验中被试节省了很多时间，而在紧接其后的单独实验中，则很少节省时间其至还多用了时间。A组的第二次实验是竞赛实验，而B组第二次实验是单人实验。第一组的第一次实验和第二次实验的结果相差5.6秒。第二组的这两次实验的结果差值则是2.52秒。后者反映出操作者的操作练习所产生的影响——这种影响在第一次实验中最大，前者反映出竞争因素和操作练习两者对实验结果的影响。A组第三次实验（单人实验）的结果比前一次竞赛实验的结果多出0.72秒。B组的第三次实验（竞赛实验）要比前一次单人实验少用了4.48秒。两组在做第四次实验时，由于都已做了三次同样性质的实验，因此，他们的操作练习是相等的。第一组做该实验时，实验结果比前一次实验少用了

3.32 秒。第二组做该实验时，实验结果却比前一次实验多用了 1.58 秒。同样，两组做第六次实验的条件相同，竞争因素却明显地产生了影响。同第五次实验的结果相比，第一组所做的第六次实验少用了 2.12 秒，而第二组做第六次实验却多用了 0.82 秒。这些都是决定性的差异。图 3 中的第一条运动曲线直观地显示了这些差异。

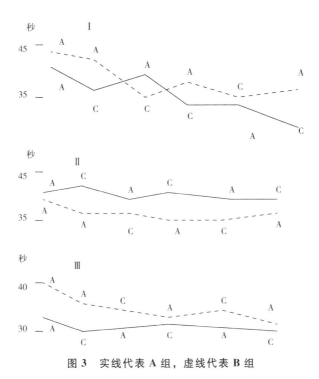

图 3　实线代表 A 组，虚线代表 B 组

表 2 给出了 10 名被试的实验结果。有意思的是，刺激会使这些被试失去控制。该组中的每个被试都经历了一次或一次以上的竞赛实验，实验结果反而比前一次单独实验的结果要慢得多。确实，第一次竞赛实验通常是会出现这种现象的，但如果这种情形多次出现的话，那就比较特殊了。在这组被试所做的 25 次竞赛实验中，有 14 次与前一次单人实验结果相同或要慢些。这种情况在很大程度上似乎是由被试的主观态度造成的。例如，求胜心切就常常导致刺激过量，继而发生呼吸困难、脸色发红、手臂肌肉麻木或收缩等并发症状。在一群 5 岁至 9 岁的儿童身上（他们不包括在 40 名被试中），这些现象表现得最为明显，手臂的僵硬妨碍了手的自由活动，在某

些情况下还导致运动的完全抑制。这时，要继续转动轴轮，便要靠整个身体的摆动。

这似乎是个很有意思的事实，并且和霍尔（Hall）博士等提出的肌肉发育过程的可能情形相符合。对于那些肌肉已经发育到能进行快速前臂运动的人来说，疲乏和过度刺激可能造成童年时代的那种整个手臂和肩膀一起运动的现象再次出现，而且如果非常疲劳或者刺激的程度足够强烈的话，还可能导致全身运动。而对于小孩来说，只要受到上面所提及的任何一种原因的影响，便很容易产生整个身体的摇摆运动。

这使人想起在测力活动中，被测试者由于小肌肉疲乏，而试图利用大肌肉，也使人想起那些进城的乡下人，虽然学会了城里人的优雅姿态和步伐，但当其极度疲惫时便会不自觉地恢复其"乡巴佬"的特点。就像霍普芬纳（Hopfner）在《学校儿童的疲惫》一文中所说的那样，当由于某种原因而使控制中枢受到干扰时，这种回复到早期行为特点和语言方式的倾向便常常可以见到。因此，或许可以这样说，在目前进行的这项研究中，这一组与表1中的大组的主要区别是控制上的不同。刺激在某些情况下能抑制运动神经中枢的功能的发挥，而在另一些情况下却又能强化它。从这两组表现出来的特点看，这一点是很明显的。通过对该组实验对象的观察和对图示记录的仔细考察，我们可以看到被试那些增加的速度是如何因为在比赛关键时刻出现精神上的崩溃、不能经受精神的紧张而丧失的。不过，在受到刺激而加快速度的被试与受反向影响的被试之间并不存在非常明显的分界线。在有些情况下，神经的兴奋在每一次竞赛实验中都会产生不利影响。而在另一些情况下，由于被试在操作中获得了控制的经验，其能够在最后一次的竞赛中减少所用时间。例如，在三名受到反向影响的成人当中，A. B. 是一名身强力壮的年轻人，也是优秀的网球和手球运动员，他常在这些比赛中获得刺激。人们注意到，最初他会因为在竞赛实验中试图使用手臂和肩臂的大肌肉而损失了比赛时间。经过多次实验并被告诫避免使用大肌肉之后，他学会了控制，从而缩短了竞赛所用的时间。

A. V. 是一位神经紧张型的成年人，在单独实验的上半场比赛中，他都能遥遥领先，但当他看到对手逼近他的时候，却由于过分紧张而将上半场赢得的时间优势丧失了。他的单独实验时间是38.6秒，竞赛实验时间是37.2秒。对这两个半场实验所用时间的比较是这样计算的：在曲线图纵坐标上，记录针在鱼线卷轴旋转 150 圈（一次实验所转的圈数）的过程中在描波筒上所走的距离被记录下来；在横坐标上，贯穿实验曲线两端的纵坐标之间的距离表示实验的时间。

在曲线的两端，以及它们的中间处画三条平行坐标。这样，实验所转动鱼线轴的圈数反映在线段上则是中线两侧各有一半，并且转动这些圈数所用的时间与曲线在横线上所截取的线段成比例对应。通过这种方法发现，A. V. 在其上半场竞赛实验中用 15 秒钟的时间转动了 75 圈，在下半场用了22.2 秒。通过同样的方法发现，在前一次的单独实验中每一半场所用的时间是 19.3 秒——这确是一个例外，因为通常的情况是，下半场因被试疲劳速度会变慢。

用这种方法计算，其他的曲线也有类似的结果。由此可见，时间记录并不总是能够真实地反映当时的刺激量。如果实验只包括一般的转动圈数，那么，表中所示的竞赛的影响一定会表现得更为稳定，而表 2 即便还需保留，也将肯定是一个更小的组。

对不同组所用时间的比较表明，表 1 中被试的速度要比表 2 中的被试慢得多，而且这组的被试与表 3 中的被试的差别则更大。或许有人会说，被试速度慢是因为其性情迟钝，而其后实验所用时间的缩短主要是练习的结果。这确实是原因的一部分，但是考虑到大量的时间缩短现象总与竞赛实验巧合一致，所以这种说法并不能完全说明问题。看一下被试们的个人记录，就可以发现一些事实；若把这些事实同下面的情况联系起来考虑，那么，则可以提供部分令人信服的解释。对于快速转动渔线卷轴这一运动来说，儿童具备控制腕部运动机能的年龄是个重要因素。研究发现，儿童具备这种机能的一般年龄大约为 11 岁，尽管有些 9 岁和 10 岁的儿童也具有这种能力。而表 1 的20 名被试中，有 7 名是 10 岁或更小，另有 2 名 13 岁的儿童是左撇子，因被迫使用右手，其速度自然不可能快。这样，就有 9 名被试（这与表 2 或表 3 的被试数几乎相等）的速度不可能快起来。倘若略去这些情况，那么，最先实验（表 1）所用时间与表 2 所记录的实验时间就不会有太大不同。

除了上面提到的年龄较小的被试肌肉发育不成熟这一因素外，表 1 的很多被试似乎没有恰当的速度观念。击败对手的强烈愿望使他们意识到哪些事对于他们来说是可能的。在竞赛当中，他们被唤起的竞争本能和加快运动速度的念头，导致了其精力更为高度集中。

表 2 中的被试是一部分似乎不太受竞赛情境影响的人。他们的动作速度很快，但他们的年龄要比平均年龄大。他们的肌肉控制能力很强，并且还使用前臂。实验前练习所缩短的时间在开始时的一些例子中很明显，但在总体上看数量很小（如图 3 的第三条曲线所示）。描波筒上的记录表明，其曲线较少出现大的起伏和不规则，并且终了时也很少出现显著的疲乏曲线。

这些被试与那些在未定标时跑得飞快，而在定标记时比赛或定标竞赛中却未见得跑得更快的人之间，似乎存在一种惊人的相似。

五 实验观察

（1）能力波动。在不同被试所表现出的很多的个人差别中，神经特质非常令人瞩目。很多人表现出了兰博德博士所发现的显著的能量周期性，他曾经在《美国心理学杂志》中描述了这一现象。尤其是在 L.P. 和 H.F. 两个案例中特别明显，这是两个有着超越一般神经质特质的机灵的小孩，当其中一个人疲劳的时候另一个人就加快速度，如此交替反复直到实验结束。这不论是在单独实验还是竞赛实验中都很明显。但随着实验的进展，这种现象在两个被试身上的体现都越来越不明显。他们两个人都在很大程度上受到了刺激的影响。第一个孩子在比赛中减少了很多时间，第二个孩子由于在第一场比赛中几乎没怎么从神经刺激中获益，因此在第二场比赛中会做得好一些，但在接下来的第三场比赛中又会有很大的倒退，尽管在实验中上半场减少了时间，但在下半场又会丧失掉。

科尔布在他的《运动生理学》一文中提到，在任何要求有最大运动的身体比赛中都会存在能力波动现象，并且他说一个皮划艇选手会非常熟悉赛艇比赛中的"高峰"，他会在第二分钟或者第六十分钟结束的时候感受到这一高峰。长跑选手也能体验到这种能力显著的波动。

（2）年龄效应。看上去很可能的是，如果一个人在儿童时期易受竞赛刺激影响的话，那么在他整个一生中都将对竞赛刺激保持敏感，好比参加比赛的马在它能力丧失的情况下依然会保持跑完的希望。这种本能什么时候产生还不能确定。有两个 5 岁的男孩就在很大程度上拥有这种能力。其中一个孩子的妈妈说，在比赛失败后孩子一整天都萎靡不振。成年被试在对刺激的反应上和儿童有很大的不同。我们可以从记录中看出来，成年人早期会保持最好的纪录，随着年龄的增大这种优势会逐渐减小。儿童尽管没有学会熟练用手操作，但练习效应对于他们来说是最大的。对于成年人来说，由于他们熟练的肌肉控制，练习的效应要小一些。因此成年人更容易在竞赛中减少时间。

正如我们所说的，个人在受刺激的程度上是有很大差别的，但对于某一个人来说却是稳定的力量。

两个女孩经过反复训练直到练习效应已经变得很小后，其10天的实验结果显示了在竞赛中时间减少上的一致性。由于时间不足的缺陷，她们在这些实验中获得了一半的一般转动的数据和能力，不过时间缩短的量却很小。这10天的平均数据如下。

单位：秒

	A	C	A	C	A	C
Bessie V.	15.8	14.9	15.3	14.65	15.3	14.55
Helen F.	18.45	17.75	18.52	17.22	18.02	16.77

每一个被试有30场竞赛。其中第一个被试在24场竞赛中或者说在所有比赛的4/5场次里时间有减少，有2场比赛的用时同前一场一致。第二个被试要快一些，她在30场竞赛中的25场或者说在所有比赛的5/6场次里用时有所减少，另有2场成绩同前一场一致。在剩下的3场竞赛中，她手上的水疱导致速度变慢。

在40名被试的竞赛实验中，一些实验中表现出的用时减少可以部分归因于激励话语。比如，可以对被试说"坚持啊，你领先了"或者"就一圈了"，从而让他们保持稳定。不过，在我们讨论的加试中的两个被试，我们只在比赛开始前对她们说了一些激励的话，比赛开始后就没再说一个字了，所以比赛的结果就只受竞赛的刺激效应影响。

（3）性别差异。我们在不同性别选手的运动速率方面发现了一些微小的差别，这和布莱恩博士的"运动能力"研究的结果相一致。在以下分组中，平均数只考虑有记录的个案，所有的实验操作都是先进行单独实验，然后再进行竞赛实验。

表 4　表中使用了平均偏差

单位：个，秒

年龄	男性			女性		
	个案数	A	C	个案数	A	C
10 岁	5	41.88	41.6	13	46.83	41.4
		4.34	5.52		3.76	2.98
11 岁	14	35.76	34.36	25	40.3	37.89
		4.37	5.1		5.2	4.47
12 岁	14	38.1	35.7	19	38.39	35.77
		3.92	2.75		6.11	4
13 岁	7	34.1	32.94	15	39.65	36.24
		7.13	4.81		5.3	5.1
成年人	45	31.35	29	14	32.77	29.24
		3.17	3.29		2.8	2.56

在 10 岁年龄段，男孩的速度就开始快过女孩，不过他们在竞赛实验中的速度几乎差不多。如布莱恩博士所言，男孩之所以会有更快的速度，很大程度上是因为他们在做事情中的技巧和能力，这往往和他们有更多的运动生活有关。

11 岁的男孩领先的就更明显了，并且正如上文所说，1 年的时间给他们的速度带来了很大的提高，因为在这个年龄上他们有更多的手腕运动。12 岁的时候，男孩的速度要慢于 11 岁的时候，并且与女孩子相比也没有什么优势。差距在 13 岁的时候重新出现，男孩的速度又超越了女孩。对于成年人来说，男性稍微比女性有一些优势。

就竞赛刺激的效果总量来说是偏向于女性的。在所有的由刺激带来的影响中女性占有更大的比例。在 40 个被试中，有 14 个是男性，占 36.6%，26 个是女性，占 63.4%。在容易受到刺激正向影响的群组中，男性占 28.6%，女性占 61.5%；在容易受到刺激反向影响的群组中，男性占 35.7%，女性占 19.2%；而在不怎么受刺激影响的群组中，男性占 35.7%，女性占 19.2%。这些数据都是在时间记录的基础上得出来的。对表 3 中的被试的图形的检视，我们可以看到有 6 个被试也是有些受刺激影响的，尽管在时间记录中没有表现出来。如果我们把这 6 个被试（包括 5 位女性和 1 位男性）转移到前面一个表格中去的话，结果就是女性 100% 受刺激影响，而男性的这一比例是 71%。

女性获得的竞赛效应总量也比男生多。当她们受到刺激并且被控制的时候，她们能比男性减少更多的时间，而当过度刺激的时候，她们所丧失的也比男生所丧失的要少。表 1 中的 16 个女生在竞赛实验中平均节省了 10 秒，而 4 个男生平均节省了 8.5 秒。在表 2 中，5 个女生在竞赛实验中平均丧失了 3 秒，而 5 位男生则平均只丧失了 1 秒。

六　竞赛实验对后续单独实验的效应

一个众所周知的事实是，有些骑手个人练习的时候骑得非常快，一旦在公众面前进行真刀实枪比赛时却没有很好的表现。原因有可能是神经兴奋的效果有所减弱。相反地，孟努菲在他的动力性实验中发现，当有观众在场时，被试会提高他的运动能量。这是一个普遍的现象。一个希望用自己的才艺打动女生的男生会翻出更好的筋斗。在主场作战的球队往往能取得更好的成绩。我们还可以举出其他例子来说明人们是如何对不同的社会刺激做出反应的。

在以上讨论的 40 个被试的实验中，总共会出现 80 次这样的情形：竞赛实验后跟着单独实验。其中单独实验成绩好于前一场竞赛实验的有 45 次。原因有以下几个方面。

首先，前一场竞赛实验中的练习为单独实验的操作提供了更大的便利。一般来说，在单独实验中，观众是不被允许入场的，但是也有一些情况下会有观众在场，观众效应可能也会对单独比赛中的被试产生刺激作用。此外，比赛因素也进入了单独实验，因为每个人都有一个稳定的期望——要超过自己或朋友的纪录，这样就导致所有的实验其实都是在竞赛。竞赛的感觉也是一直存在的，让人觉得其实接着的单独实验并不是真正的非竞赛实验。

另外，竞赛实验也为后面的实验提供了一个模式、一个理想的快速度和一个被试如何行动的暗示。费利说自己有过这样的体会，并且大部分的动力性实验也是这样，"第二场比赛要比第一场更好，第一场比赛有强化运动意念的效果"。这对于我们讨论的实验尤其准确。被试在接下来的单独实验中具有了强化的运动图像。前一场竞赛的过分刺激已经消失，但是或多或少它的刺激效应仍然存在，并且导致大半的单独实验都超过前一场竞赛实验的速度或者与其相等。

第三部分

一 运动意念

这使得我们相信在本文第二部分所讨论的所有实验竞赛中，除了竞争对手的身体在场外，运动意念——不管产生于视觉或听觉——都对比赛选手产生刺激效应。在比赛中，一些被试会用眼睛追寻着小红旗的移动，从而调节自己的身体运动。而另一些被试会被其他机器的声音所激发，他们能从机器的噪声中获得关于速度的意念。这两者作为刺激因素起到的效果大致相同。费利在他的"运动中的知觉"实验中描述了动力发生学中很多重要的工作，并提出了一个非常受欢迎的心理学原理：运动中的能量释放与运动意念成比例相关。他用如下实验说明了这一主题。

"如果我们让被试非常仔细地观看我们用手部做出的曲线运动，在我们停止运动前的最后几分钟内被试声称有一种用自己的手进行运动的意念，虽然实际上没有动。不过，很快他们的手部就不由自主地跟随着曲线运动的节律开始运动。或者，如果不这样操作实验，而是当被试开始感觉到运动意念的瞬间就让他停下来，并且用拉力计测量他的手部拉力，可以看出他的作用力提高了 1/4 到 1/2 不等。"实验前，正常的右手动力是 23 千克，左手是 25 千克。在看了实验者做了 20 次曲线运动后，被试的右手动力提高到了 46 千克，是实验前的 2 倍。左手的力量稍微有些降低。有人用测指力器做了一个实验以验证费利的结果。实验要求被试根据节拍器的节奏用手指尽最大可能地向上拉。在经过连续的拉伸后，实验操作者会向他们翘起拇指好像是说做得不错。以此为时间点，在 12 个被试中有 8 个被试后来的成绩比先前做得要好。增加的总量同被试有没有注意到实验操作者所发出的赞扬信号有关系。两个仅仅把绷紧的手指看成拉伸信号的被试没有什么获益。E. J. 的五次最大限度的拉伸，平均成绩为 17.2 毫米，平均方差是 0.6 毫米。在看到操作者拇指发出信号后的前五次实验中，他的平均成绩是 19.1 毫米，平均方差 0.7 毫米，比先前的平均成绩要高 11.05%，而当体力消耗曲线达到最低的时候，最后五次实验的平均成绩为 7.2 毫米，这样就使得从总体上来看，获得拇指的信息暗示后，每五次的平均成绩为 11.4 毫米，在此之后作用力又开始下降。

二 高速对数数的影响

在下面所述的发声实验中，要求被试快速数数。

10 名被试连续 6 天做下述实验。要求被试在 5 秒种内大声数数，从 1 数到 20，然后重复，其速度在发音清晰的前提下越快越好，这样的实验做三次。然后，主试以更快的速度数数，要求被试按照这个速度跟着数。这种实验也做三次，这可以叫作 A 方案（program A）。

B 方案与 A 方案的区别仅在一点：主试不数数，但在起初的三次单独实验之后，紧接着做三次类似的单独实验，而实验之间的间隔不变。

五个被试按 A 方案开始做实验，另五个则按 B 方案做实验，隔天交替着做，这样，在整个 6 天的过程中，每个人都按每个方案做了三次。在一连串实验中每人所数的平均总数如下表所示，用这个总数除以 9 便是平均每次实验中所数的数量。

被试人数	A 方案			B 方案		
	单独实验时	主试给出最快速度之后	增加数	单独实验时	主试没有给出速度之后	增加数
10	288.4	307.6	19.2	287	288.5	1.5

头两栏平均数相差 19.2，这是 10 个被试因主试激发而有了加速数数的想法之后的平均增加数。在按 A 方案做实验时，每个人都有增加数，而在按 B 方案做实验时，7 个被试所数的数略有增加，3 个被试有所减少，平均增加数仅仅为 1.5。

念动行动的原理（the principle of ideomotor action）在人类生活中具有广泛的适用性。上面的例子表明，对他人动作的观察可以刺激自己做出更大努力。然而这也可能产生相反的影响。要使这种刺激变得对自己有利，运动节奏的一致似乎是必要的，两个一起跳远的小孩，不会像其单独跳时跳得那么远，因为不同步或没有节奏的身体摆动以及手臂的摆动反而变成了使人分心的干扰因素。同样，当一个人同一个步伐不一致的人一起走路时，他很快会感到疲惫。

结 语

根据上面有关实验室竞赛的证据，我们可以推断出这样一个结论：同时参加竞赛的其他参赛者的身体在场，有助于唤起平常不可能获得的潜在能量。这个推断在定标竞赛实验与定标记时比赛实验所用时间的差别上进一步得到证实，在 25 英里的距离中，两类比赛的时间差平均为每英里 5.15 秒。由于避风、鼓励、神经负担、催眠暗示以及无意识运动等因素对两类比赛来说都是共同的，因而，唯有同时竞赛的本人才是首要的。

其次，定标者或竞争对手的运动情境，以及由这一情境或其他原因而引发的加快速度的念头，它们本身也许正是导致某种结果的动力因素。

群体谬误论与社会促进实验[*]

弗洛德·H. 奥尔波特^{**}

群体谬误及其分析

社会心理学是研究个体的科学·群体谬误

考虑到人们的社会行为具有密切的关联和相互作用的性质，一些学者在构成群体的个体心理之外，假设存在一种"集群心理"或"群体意识"。没有比这更微妙、更容易使人误入歧途的谬误了。它们以各种面目出现在不同的文献中，但不管在什么地方，都使读者陷入难以理解的混乱之中。在这里我们要考察一下这个理论的几种形式。本书的立场略述如下：不存在一种群体心理学，它是不必要的并且是一种完全的个体心理学。社会心理学不应被当作与个体心理学截然不同的学科，它是个体心理学的一部分，研究与环境系统相关的个体行为，这种环境是由个人和同伴组成的。个体以生物需要为

* Translated from Floyd H. Allport, *Social Psychology*, Boston, Mass. : Houghton Mifflin, 1924, pp. 4-13, pp. 260-290. （本文为彭泗清译，周晓虹校）

** 弗洛德·H. 奥尔波特（Floyd H. Allport, 1890~1978），生于美国威斯康星州密尔沃基市的一个医生家庭，逝于纽约州的锡拉丘兹。胞弟高登·奥尔波特（Gordon Allport）同为美国著名社会心理学家。1919 年，F. 奥尔波特获哈佛大学哲学博士学位，随后执教于北卡罗来纳大学和锡拉丘兹大学，直至 1957 年退休。F. 奥尔波特被认为是实验社会心理学之父，受行为主义心理学的影响，他十分重视实验室研究法，与威廉·麦独孤的本能说恰成对比。他的社会心理学研究课题所涉及的范围很广泛，包括群体实验、人格评估以及心理学在宗教、工业、政治和社区等方面的应用。他提出的著名理论有社会促进论和从众行为的 J 曲线假说，也即认为传统制度规范与个人人格规范不一定相吻合。他所开创的实验社会心理学方向对美国社会心理学研究的影响长达数十年之久，并为社会心理学从实验室研究走向现场研究开拓了道路。F. 奥尔波特的理论取向是心理学的社会心理学，强调社会心理学应该研究个人在社会环境中的行为和意识。除了 1924 年出版的这部实验社会心理学的经典《社会心理学》，F. 奥尔波特的另一部著作是《偏见的本质》（1954）。

目的，其社会行为是为达成这些目的而发展出的手段。解释个体社会行为的所有机理都可以在个体的生物体中找到。除属于个体的意识之外，没有什么别的意识了。各种分支的心理学都是关于个体的科学。如果将心理学的原理推广到更大的分析单位，那就会破坏这些原理的意义。

群体谬误的心理学形式

（1）"群众心理"说。群体谬误最为臭名昭著的形式就是"群氓意识"（crowd consciousness）。人们早就观察到，在情绪激昂的"暴众"中，人似乎失去了自控，而被狂暴的情感与不可阻挡的念头所挟制。因此有人便提出，在这种场合中个人的意识消失了，而一种共同的或"群氓的"意识出现了。对这种观点的反驳是非常明显的。首先，心理学家都承认意识依赖于神经系统的活动，而只有个体才拥有神经系统，群众是没有自己的神经系统的，其次，群众成员所共有的短暂的情绪或冲动在内省上是不能离开个体以特殊的感觉和情感而独立存在的。

主张"群氓心理"的人还有另外一个论据：一群暴众能够做出激烈的暴乱行为正表明了"暴众意识"的存在，因为对于一个神志正常、离群索居的人来说，这种行为是不可思议的。这种辩解中有一点十分荒谬，它要求我们通过考虑孤立的个体，即根本不存在群众的情况来解释群众行为的性质，仅仅把孤立的个体的反应累加起来，除计数之外，是没有任何意义的。但是若给定群众的情境，即若干个个体处于相互刺激的距离之内，那么我们会看到全体的行为正好是其中各成员的行为的总和。当我们说群众是激动的、冲动的、非理性的时候，我们的意思是说处于群众中的个体是激动的、冲动的和非理性的。诚然，如果个体之间相互孤立，他们或许不会出现这种情况，但是，这意味着只有在接触密切的群体中，个体才会受到其他人的情绪性行为的刺激而产生非同寻常的激奋。正是因为忽视了个体之间相互刺激的反应，才导致了那种认为群众心理突然降临到个体身上来左右他们的行为的错误观念的产生。由于群众被当作一个整体来看待，而不是被视为个体成员，所以壮观的暴众行为就与不确切的术语结合在一起，使人们的注意力偏离了解释群众现象的真正源泉，即偏离了个体。

（2）"集群心理"或"阶级心理"说。在另外一种意义上，群体有时也被说成具有自己的意识和行为，类似军队、政党、行会之类组织中的成员的思想与行为。在这些集团中，心理的统一性被提高到独立的实体的地位，而所有成员都参与这一实体。例如，我们经常听到像"会议精神""共同观念""军队人格""集体精神"（esprit de corps）之类的说法，这些术语如果不是作为一种比喻，而是作为一种实在的意义来使用，那么它们就带有群体谬误的性质。如果因为个体生活中有某一特别的部分与他人相应的特殊部分具有相似性，就把它抽出来建构成一个独立的心理实体的话，那么自然会让人产生下列疑问：散会之后，与会人员又关心起其他的事情时，会议的精神变成了什么？士兵休假时，军队人格又变成了什么？对后一问题的回答是：所谓的"军队人格"只不过是属于个体的一系列军事习惯。当离开军营时，士兵将它们作为神经模式保留起来，当履行军事任务时，他又将这些习惯应用于行动中，他并不是一来到同类士兵之中就立即获得了"军队精神"，正如一个人刚加入造诣高深的小提琴家的集会时不能即刻获得拉琴的技能一样。在这两种情形中我们所研究的是个别地获得的习惯。

集群意识与集群行为只不过是个体的状态和反应的聚集体而已，这些个体由于面对相似的规章、训练和刺激，因而具有相似的性质，许多社会的应用都是根据这种同质性而得出的。在政治生活中，所有人都设法"把握公众的脉搏"，不管小的分歧，而选取"舆论"曲线的顶点。在这种意义上，集群心理本身并不是一个实体，而只是一个实际的工作性概念。它是行为反应的某些普遍形式的方便标示，这些形式因为代表了成千上万的独立个体的结合点而引起了政治领导人的兴趣并由此将它们作为获得广泛控制权的手段。因此，"集合的意见"只以一种类概念或思想的符号的形式存在。

同理，将军发号施令，军队中的所有人都服从他，由于士兵受过训练、反应一致，将军可以控制这一群人，就像控制一个个体一样，但是其结果则有千百倍的效力，因此将全体称作一个单元——称为集团军、军团或师是很方便的。然而我们不应当忘记，"单一性"并不在于军队是一个整体，而仅仅在于其成员一致行动、像单个人一样受控的能力。它并不存在于聚合体本身，而存在于将军对集合体的态度中，将军的命令是对军队而发，但是服从命令的却是每个个体。

语言使我们可以方便地谈论这类组织的集合的成就。我们说"军队占领了城市"时会正确地被理解为似乎我们说的是"军队中的个体占领了城市"。同样，我们会说"群众"向殉难者扔石头，或"群众"猛烈地进攻巴士底狱。但是，语言也有不方便的地方。只要我们说的是外显的行为，就不会产生混淆的可能性——在各种情况中，我们显然都指的是个体在做动作。然而，当我们读到那些老的社会学家所用的字，如群众"觉得""愿意"，或群众是"情绪性的""褊狭的""不道德的"等时，我们就到了危险的边缘，难免不将群众看作一个有自己的心理、能独立于其个别成员的心理而存在的个体。由于这些状态很难捉摸，加之其表现形式猛烈异常，这就进一步加剧了语言所造成的错觉。

因此，在包含有心理因素的场合，最好还是使用虽不那么顺口但更为确切的说法，诸如"群众中的个体是情绪性的、褊狭的、不道德的"，等等。这样做并不是卖弄学问，而是因为它重点突出了我们解释群众现象时所必须寻求的真正来源，假如我们真的认为展示出意识的各种变相的是群众心理而非个体心理，那么所有解释都退化为单纯的描述。比如说，如果认为群众之所以是非理性的、易受暗示的，唯一的原因就在于这些都是群众心理的本性，那么，我们就在采用群众一般的所作所为来解释群众的行为——这是一种地地道道的循环解释！而且，按照这种观点，某一群众就没有理由表现与别的群众不同的精神特点，所有的群众都要为诸如情绪性、非理性、头脑简单之类的同样的规律所制约。为了反驳这些错误和谬说，我们必须再一次强调在更深的层次上——群体中的个体层次来——了解群体现象的重要性。只有把社会心理学看作一种研究个体的科学，我们才可能避免群众心理或集群心理理论的那种肤浅的认识。

（3）"群体心理"说。群体谬误还有第三种形式有待讨论。这种观点认为社会心理并不存在于群众意识中，也不存在于精神集合物中，而是存在于常设组织中，这种观点认为人们通过相互尊敬和合作的态度，通过遵从同一种文化、传统或民族生活的符号而紧密地联合在一起。制度使人类联合的各种形式固定化，并使之成为个体生活的中心，例如，一所大学实质上并非由其建筑物、仪器设备甚或具体的教职员工组成，而是由一种思想体系和成员之间无形地表现出来的人际关系（正如一些人认为的那样，这种关系是以一种精神的形式表现的）所组成。因此，这类群体的心理就是一种组织的"精神结构"，与个体成员的心理明显不同。个体来去自由，但这种组织性的精神生活却无限地延续下去。天主教会、犹太民族和英国民族都各自具有悠久的团结一致的历史，这正表明了被认为是精神存在的社会实体的这种形式可以独立于组成它的个体而存在。

如果对这一假说细加考察，那么就可看出它是集群理论与群体理论的微妙的变种。大学的组织确实存在于其各教员和学生相互对待的态度和他们对于留传下来的成文规则和制度传统的态度之中，这样就得到了由相似的反应倾向所组成的集群。每一个成员都知道其他成员采用与他相同的方式遵从着公有的规则，而这种意识似乎使群体更加牢固地联系在一起。这只不过是一些共同的观念和感情，通过个体间彼此的意识感情而更为一致而已。这也是一种一致性，与集群理论所说的统一化反应如出一辙，只不过复杂程度不同罢了。

群体的精神结构存于何处？为了回答这一问题，我们还得回到个体。国民性、共济会纲领、天主教教义以及诸如此类的东西并不是在某个个体成员身上得以表现的所谓群体心理，而是在每个个体心中不断重复的一系列观念、思想和习惯，它们仅仅存于个体心理。[①] 它们不是以某种神秘的方式从群体生活中吸收来的，也不是遗传得到的。它们是由每一个个体从其他个体的特殊的语言和行为中学来的。这种社会联系的连续性一旦终止，群体的组织性生活就会消失。假如群体中的所有个体都同时消亡，那么所谓的"群体心理"就会永远烟消云散。要维持群体结构的连续性，没有必要保持同样的人员，但必须有人才行。

关于社会心理的结论。因此不论在哪一点上，我们都不得不回到个体，将它作为所有那些可称为"心理"的东西的核心，在群众的激昂兴奋中、在集群的一致性中、在有组织的群体中都一样，其中可发现的心理因素都蕴含于特殊的个体成员的行为与意识中。所有带有群体谬误的理论的注意力都不幸地偏离了因果关系的真正核心——个体的行为机制，这些理论在研究的次序上，将群体置于这种个体机制之前，用对社会效果的描述来代替真正的解释；另外，如果我们充分注意个体，那么从心理上来说，也就会注意群体。我们之所以反复申明，坚持认为社会心理学是个体心理学的一种形态，其理由到现在应是非常明显了。

群体谬误的生物学形式。社会实体的假说在心理学上有种种形式，在生

---

① 许多相信存在独立于个体的神经系统的群体心理的人都属于哲学的客观唯心主义派，在他们看来，在更广泛的、非人格的意义上，心灵也是真实的实体，因此，存在超越于个体心理之上的客观的群体心理，或由个体心理组成的群体心理都不是什么难以想象的事情。

物学上也有一些荒谬的类似形式。有人曾指出过人类有机体与社会的有组织的群体之间的许多类似之处。柏拉图将理想国中的三个部分——统治者、战士和工人——分别比作人体的三个相应部分：头、胸和腹。斯宾塞发现"国家"很像人类的身体，其分配机关如同血管，其控制和交通机构如同神经，等等。还有一种理论认为在①有机体自身的个别细胞中，②由这些细胞集合而成的有机体中，③由各种有意识的有机体聚集而成的社会中，都存在独立的心理。① 这种理论将社会有机体的概念和社会心理的概念结合了起来。这些生物学的说法如果只是作为一种比喻（如柏拉图和斯宾塞那样），那还很难说它们是谬误。作为一种比喻，它们非常形象生动，但是过于夸张，虽然我们不难同意在社会群体内部存在着组织，但是严格地说，将这些群体称作有机体是不妥当的。首先，在群体的各个单元之间并不像在有机体的细胞和器官之间那样有一种组织的连续性。其次，个体身体的组织基于整合，追求整个个体的幸福，而在社会体中，组织和功能的控制原则是谋求各个部分的利益，也就是各个独立个体的利益。②

因此，个体才是真正的有机体，因为它是社会的心理单元。群体只不过是提供给它社会环境，让它在其中做出反应。有组织的社会则主要是通过一套规则，来指导它的反应，以免妨碍他人的生活。

社会心理学与社会学。严格地说，行为、意识和有机生活是属于个体的，但是只要我们不把群体当作一个有机体或精神实体，我们确实偶尔也将群体说成一个整体。事实上，对群体的研究属于社会学这一特定学科的范围。社会心理学家研究群体中的个体，而社会学家则探讨作为整体的群体，社会学家研究群体的形成、团结、连续和变迁。心理学的知识，如个体的先天反应、习惯性的和情感性的趋向等可作为一种解释性的原则，基于这些原则，社会学家来建立他们对群体生活的解释。其他学科对这种解释也有所贡献，一些社会学家将这些普遍的人类反应称作"社会力"。例如，一个国家在战争时期，人们对于公敌的憎恨就可说是一种"社会力"。在这种情况下，社会心理学家的任务就是解释个体的憎恨的起因和条件，以及他的行为在唤起他人同样的憎恨情绪时所起的作用，社会学家的兴趣则在于研究这种反应对于将群

① Espinas：*Les Sociétés animales*. Paris，1877.
② Munsterberg：*Psychology*，*General and Applied*，Appleton：1914，pp. 265–69.

体联合起来、在同对立群体的斗争中产生强烈的一致性行为的广泛的效果。

因此，一般意义上的心理学和特殊意义上的社会心理学就是社会学的基础学科。事实上，社会心理学的发展有赖于社会学家的工作。然而，如果像某些人所提出的那样，将社会心理学视作社会学的一个分支，而不是心理学的一个分支，那就错了。例如，查尔斯·埃尔伍德教授更愿意将社会心理学称为"心理社会学"，在笔者看来，这似乎是不公正地缩小了心理学家的领地。合理的做法是将社会行为与社会意识仅仅看作个体心理的与其环境的某些部分有关的一种形式，而不用考虑由这些反应所产生的群体的构成和性质。不管社会学家的兴趣多么高，给予社会心理学的帮助多么大，社会学与社会心理学仍然要保留其研究的界限。

社会心理学中的行为与意识。一个个体对于另一个个体的影响总与行为有关。一个人做出刺激行为，被刺激的人做出反应，在这个过程中就已有了社会心理的本质。一个人刺激另一个人所采用的手段总是某种外显的符号或行为，而绝不可能是意识。刺激与反应行为两者有时都可能伴随有行为双方各自的社会意识，但是，就我们所知，一个人的意识并不能直接影响另一个人的意识和行为。① 现在在有些方面有一种流行的企图，想把社会的概念和社会心理学的领域限制在存在他人的和社会关系的意识的社会互动的形式之内。从我们这里的立足点来看，这种限制不仅毫无必要，而且非常狭隘。我们已经指出，意识不能直接产生影响，因此也就不能用来解释人们的互动，如同在心理学的其他非社会的分支学科上一样，在社会心理学中，意识的作用也是描述性的而非解释性的。即使在最社会化最有自觉意识的群体中，除了个体之间行为上的相互刺激之外，再没有什么别的力量将个体组成群体，也没有别的工具来达到思想的一致和有组织的生活。而且，不存在"精神的"相互刺激（如果这一术语所指的是某种不同于生理刺激的东西的话），因为除生活刺激之外，不存在任何别的刺激。因此，将我们从中可以发现确定的社会行为（个体之间的相互作用）的各种形式的动物生活纳入我们所考虑的研究领域中似乎较为合适。至于这些低等动物生活中的社会行为是否有社会意识伴随，这一问题虽然在纯理论上颇为有趣，但在我们关于社会心理学的定义中毫无考虑必要，可以略而不谈。

---

① 心灵感应的假说在我们现在讨论的问题上是不能充分成立的。

然而本书后面的章节决不会对社会意识这个要素忽略不计。我们将指出在整个情境中社会意识是很重要的，也有助于估量行为的原则。我们将力图在个体社会生活的两个方面之间寻求一个适当的比例。

社会心理学的操作定义——本书研究计划。只有当为了集中注意力于某一类相关联的问题的目的时，给一门学科下定义才是有价值的。根据这一实际的而非教条主义的目的，我们可提出如下定义：社会心理学是研究个体行为的科学，这种行为特指个体刺激别的个体时的行为或对于别的个体的行为的反应；社会心理学也描述个体的意识，这种意识特指对于社会事物与社会反应的意识。简言之，社会心理学是研究个体的社会行为和社会意识的学科。

群体中个体对于社会刺激的反应——社会促进与竞争

在各种比赛行为中，我们可以看出有两个社会因素。第一个因素是社会促进（social facilitation），这是指个体只要耳闻目睹他人在做同样的行动，其反应就会增加的情形。第二个因素是竞争（rivalry），指的是由求胜的意识所伴随的行动的情绪性强化。虽然两者的效果难以区分，但是在整个反应中，它们实际上是性质截然不同的两个因素，社会促进可以独立于竞争而存在，在诸如赛跑、测力实验等事例中就可看到这种情况，因为这时通过一定的安排已消除了竞争的因素。虽然这两种因素本来是相互补充的，但是为了清楚起见，在下面的讨论中我们还是把它们分开。

在本章中，为了表明工作所受的社会影响的各种情况，我们采用下列术语。"社会性增量"指的是在群体中完成的平均工作量超过单独工作时所完成的平均工作量的部分。"社会性减量"则表示在群体中完成的平均工作量不及单独工作时所完成的平均工作量的部分。相应地，在群体中的工作质量与单独作业时的工作质量相比较而出现的提高或降低分别命名为"社会性增质"或"社会性减质"。

在 1916 年到 1919 年间，笔者在哈佛大学心理学实验室进行了一系列实验，这些实验与上述实验相似，不过在方法上有下列几点不同。笔者所用的被试不是儿童，而是大学生，他们的平均年龄为 25 岁，包括男女两性。共同工作时 4~5 名被试一组，围坐在一张圆桌旁。单独工作时被试都同时工作，但每个人各在一间屋内，每个屋内都有一个发声器报告时间。在连续进行的测试中，T 和 A① 两种实验条件交替出现，以使两种情况下练习、适应和疲劳的影响相等，另外测试还设法消除竞争的因素，至少使其降低到最低程度，以便测量社会促进的纯粹效果。为了达到这一目的，我们采用了几种权宜之计：首先，每个测试都给定相同的时间，被试的速度取决于他所完成的工作量，这样就不会出现某一被试先于其他被试完成工作的情况，实际操作中还禁止被试互相比较测试成绩，禁止他们讨论结果。最后，实验时强调所做的测试根本不是比赛，在各个测试中应当尽力求快，但同时还要正确。当他们在群体中工作时，还告诉他们每一个人所做的都是同样的工作。

在这些实验中所测验的精神活动种类很多，本节中只叙述关于注意力与脑力活动两方面的测验结果。关于这两方面我们采用了下列三类测验。

（1）删去元音字母测验（Vowel Cancellation Test）。在被试面前放一些报纸的专栏，请他们尽可能快地画掉所有的元音字母。

（2）注意力的可逆性变换测验（Reversible Perspective Test of Attention）。

（3）乘法测验（Multiplication Test）。在纸上横列若干乘法问题，每一行有 10 道题，每个问题都是两位数乘以两位数的运算。一看到开始做的信号，被试就从每行的左端做起，在一分钟之内，能做多少就做多少。工作的速度以完成或部分完成的题数来计量。注意力的持久性则以运算的正确程度来衡量。被试 15 人，每个人大约单独完成 30 次测验，在群体中也完成 30 次测验。

从上述实验结果的恒定性，我们可以看出：在需要周密的注意力的脑力活动中，①大多数人的工作速度在受到共同工作者的刺激时便会加快；②相反，也有少数人因受社会影响而降低工作速度，后者形成另外一类人。

至于工作的质量，我们可能会猜想由于产生社会性增质与社会性减质的个体人数大体相等，所以群体刺激对于个体工作的质量并不产生什么影响。但这种猜想并不正确，因为虽然有些被试的工作质量不受群体的影响，但有些人却有很明显的增减。内省的报告表明存在几种互相冲突的影响。一方面，由于别人在做同样的活动，个体觉得有一种强烈的愿望，想要做得更快、更正确（这是一种促进）；另一方面，由于声音的嘈杂、情绪的干扰，注意力难以集中。对于一些人，促进的影响要大于纷扰的影响，因此产生一

---

① T（Together）表示在群体中共同工作，A（Alone）表示单独工作。

种社会性增质；对于另外一些人则纷扰的影响更大，因而产生一种社会性减质。总的来看，后者的减质要大于前者的增质。有一个被试，习惯上很不合群，单独做乘法运算时出现了 34 个错误，在群体中则出了 100 个错误。从这些情况来看，似乎还是单独工作时的质量较好。①

群体的刺激对于工作的数量有积极的影响，对于工作的质量则没有积极影响，这一点并不难以理解。工作的"数量"代表的是行动的速度，而"质量"严格地说根本不是由行动所决定的，而是由防止出现任何错误的注意力过程的稳定性所决定的。我们对于各种情形中的社会促进的研究都表明它是某种行动形式的发散与增长。促进行动的社会刺激比那些暗示注意力的恒久性的社会刺激更为有效。

乘法运算测验中的错误的分布情况可用来解释群体纷扰的影响。在共同工作时，在连续的测验问题中所犯的错误趋向于集中在某些地方，而单独工作时的错误分布得较为分散。用来表示错误集中趋势的指数可称为聚集性错误分数（cumulative error score）。在群体中工作时这个分数较大的有 10 人，单独工作时这个分数较大的只有 3 人。② 多人一起工作时纷扰较强，注意力出错的情况相应较多。在这里，情绪的因素也很重要。许多错误也许已经被被试看出，但因为缺乏时间和实验指导的缘故，他们不能加以更正。同时，被试也可能觉得其他人正在正确地运算，而他自己的工作会因此而不如同伴的好。这样一来，心神的安宁便不易即刻恢复，在接着要解决的问题上更容易出错。这种解释如果正确的话，就揭示了个人心中有一种潜在的倾向——要采用群体所设立的标准来评估自己工作的好坏。这种比较对个体自身是不利的，它扰乱了个人的心绪。

社会促进的个体差异。不同的个体对于群体影响的感受能力不同。儿童比成人更易感受到社会促进的影响。即使在成人中间也有显著的个体差异。在上述实验中，有些人在行为的产出上有社会性减量，或是在思想上及判断的一致性上对群体刺激没有表现出通常的反应。习惯、通常的工作环境、精神上的紧张不安、注意力分散、退缩性、消极的易受暗示性、好胜心、社会

---

① 实验中所有被试做乘法运算时所犯错误的总和支持了这一观点，他们在群体中工作时总共犯了 683 个错误，单独工作时只犯了 571 个错误。
② 这相当于在 T、A 两种情形中。

心的缺乏以及其他特质都可以帮助我们解释这些反常的反应。

还有一种个体差异值得特别注意。群体的社会促进对于那些工作迟缓、成绩较差的人影响最大，而对于那些工作速度较快、效率较高的人影响最小。奥古斯特·梅约曾经发现过与此一致的关系，笔者所做的关于脑力活动和联想的实验中也有这种现象：个人单独工作时的速度与在群体中工作时的速度的相关度虽然很低，却总是负的，在一些情形中可以达到-0.5或-0.6。对于这种现象，可部分解释如下：共同工作者的行动的平均速度要低于行动最快者的速度，于是群体的刺激对于行动最快的人就不是促进，而倾向于抑制。这种效果与用一匹慢马来作为快马的定标者的情形是一样的。另外，行动最慢的人则会感到有助于加快行动的刺激，从而得到促进。竞争在这里也有一定的作用，这一点后面会谈到。

共作群体（co-working group）中的社会意识。 由这些社会实验中的被试所作的内省报告实际上表明，他们总有一种意识，认为其他人"正在努力地、很快地工作"。个体感觉到有一种特殊的助长刺激，如铅笔写字的摩擦声、脚步的移动、凝神呼吸的声息、对于邻近工作者的速度、停顿、工作进展程度的旁视，等等。促进意识和暗示意识的其他形式有相似之处，它们都可以在没有充分的目的或理由的情况下对行动起促进作用。个体很少明确地意识到"别人写得很快，所以我也得赶快写"这种意识状态与竞争根本不相干。报告显示还有一种对于抑制因素的意识，这些因素包括由于想象用自己的成绩跟别人做比较而产生的注意力分散和情感抑制。认识到自己成绩低劣及其他缺陷往往会带来一个高度的自我和社会意识，社会意识也因群体所从事的工作种类不同而有所差异。对于需要外现的明显的行动的工作，社会意识较强烈；对于智力性较强的工作，社会意识较弱一些，这种工作既要求注意力更加集中，又较少受到共作者的行为的刺激。

竞争。 竞争与社会促进一起导致了社会性增量的产生，这些社会性增量在实验中和实际生活中都可看到。在许多领域，竞争所起的直接促进作用可与社会促进一起，增加工作者的能量和成就，工业、教育和体育运动就是这样的领域。战胜他人的雄心与奖金、报酬和计件工资的经济刺激相结合，便成为工厂管理者手中一种有效的工具。

不过对于这些方法还有一些限制。竞争与社会促进一样，虽然能增加工作的数量，但并不能提升工作的质量，事实上它还可能降低工作的质量。在成人的工作中，即使按惯例告诉他们"工作要尽可能求快，同时也要细心"，也还是会出现这种情况。竞争对于行动的速度比对于注意力的精确性与持久性有更为积极的影响。

有关群体影响的实验研究总结。实际社会生活中的群体的人际关系要比上述实验中设定的情况复杂得多。因此，虽然实验结果是有用的、重要的，但要从中抽出普遍的法则还得十分慎重。我们可将实验结果总结如下。

共作群体中出现的社会促进可以增加个体工作的速度和数量。这种增加在外现的体力活动中比在纯粹的脑力活动中要更加显著。对于成人来说，群体对于个体注意力的持久性或工作的质量没有促进作用，一些个体在有人共同工作时事实上反而做得更糟。在群体中个体所做的推理的逻辑性会降低，但表述这一推理所用的文字数会增加。至少在一类工作中，社会性增量的趋势在工作的开始部分是最强的。

社会性增量存在个体差异，随年龄、能力和人格特质的不同而不同。能力最差的人，社会性增量最大，能力最强的人，社会性增量最小。

有两个过程可用来解释群体对于个体工作的促进作用。第一个过程是社会促进。当其他人做与我们相同的工作时，他们的活动可作为一种有助益的刺激，即加快我们的反应。这一过程伴随着一种促进的意识。第二个过程是竞争。它的产生与群体工作所设定的竞争性程度成正比，虽然对所有共同活动来说，似乎本来就存在一定程度的竞争。竞争的效果是情绪的强化、是为维护各种优势需要和兴趣的斗争，这些需要和兴趣就是竞争所增进的反应。在共作性工作中，竞争增加了工作的速度和数量，而对工作的质量没有什么改进。与社会促进一样，对竞争的感受能力也随着年龄、性别、人格特质的不同而不同。当竞争性非常强时，有一些人由于过度的刺激，在工作中容易产生实际的损失。要想得到竞争的最优效果，两个人的能力必须基本上相当。当竞争使群体中产生一种社会性增量时，个体工作的绩效就有拉平到一个共同的水准的趋势。这是因为，工作速度较快的人由于没有难以对付的竞争者便会有所懈怠，而工作较慢的人怀着赶超优先于自己的人的希望而更加努力。自我激励和群体之间的竞争有其特殊的意识态度，有助于个体行为的实际增加。

有他人在场时的工作，即使同他人没有直接的接触与交流，也会建立一些基本的态度。不论什么时候，只要我们觉得自己的反应和旁人的行为有点不同，或者低于他们的平均水平，我们便会感到慌乱和迷惑。在联想过程中，我们倾向于抑制自我中心的趋向和个人的情绪。在思考过程中，我们采取一种交谈的态度，虽然思路更加开阔，但精确程度降低了。最后，在比较判断的过程中，我们为避免极端的结论，经常无意识地倾向于与我们认为是旁人的意见的东西保持一致。

参考文献

Ellwood, C. A. , 1917, *Introduction to Social Psychology*, ch. 1.

Cooley, C. H. , 1902, *Human Nature and the Social Order*, ch. 1.

Münsterberg, H. , 1914, *Psychology*, *General and Applied*, chs. 2 - 4, 16 (pp. 224 - 27), 19.

Ross, E. A. , 1908, *Social Psychology*, ch. 1.

Perry, R. B. , 1922, "Is there a Social Mind?" *American Journal of Sociology*, XXVII, 561-72; 721-36.

Ginsberg, M. , 1921, *The Psychology of Society*, chs. 4, 5.

McDougall, W. , 1920, *The Group Mind*, chs. 1, 2 (pp. 41-55) .

Bentley, M. , 1916, "A Preface to Social Psychology," *Psychological Monographs*, XXI, 1-25.

Maciver, R. M. , 1917, *Community*.

Boodin, J. E. , 1913, "The Existence of Social Minds," *American Journal of Sociology*, XIX, 1-47.

Leuba, J. H. , 1917, "Methods and Principles in Social Psychology" (a review), *Psychological Bulletin*, XIV, 367-78.

Allport, F. H. , 1920, "Social Psychology" (a review), *Psychological Bulletin*, XVII, 85-94.

Watson, J. B. , 1919, *Psychology from the Standpoint of a Behaviorist*, chs. 1, 2.

Sageret J. , 1919, "Remarques sur la *psychologie collective*," *Revue Philosophique*, LXXXVII, 455-74.

Mead, G. H. , 1909, "Social Psychology as Counterpart to Physiological Psychology," *Psychological Bulletin*, vi, 401-08.

Williams, J. M. , 1920, *The Foundations of Social Science*, Books III, IV.

Gault, R. H. , 1923, *Social Psychology*: *The Bases of Behavior Called Social*, ch. 1.

Dunlap, K. , 1923, "The Foundations of Social Psychology," *Psychological Review*, XXX, 81-102.

领导类型：专制与民主[*]

卡特·勒温　罗纳德·利皮特[**]

如果有人希望用实验方法研究诸如群体意识、群体间及群体内的冲突、自发形成的亚结构类型、自发形成的群体结构稳定性与外力形成的群体结构之比、少数民族问题、变节、替罪、双重忠诚引发的冲突之类基本的社会心理问题，那么他必须创造出相当自由且又受良好控制的研究群体生活的情境。应该建立起实验性的群体来取代对学校、俱乐部及工厂中的群体的利用，因为只有如此才能保证影响群体生活的因素掌握在实验者手中而非流于随机。

然而，我们应该放弃那种狭隘的把群体对个体的影响效果作为主要问题研究的观点（例如各种群体对个体暗示的效果）；也不应该仅仅考虑对某个既定社会状况的影响（例如对生产率的影响）；应该努力去寻找这样一种实

[*] Translated from Lewin, Kurt & Lippitt, Ronald, An Experimental Approach to the Study of Autocracy and Democracy: A Preliminary Note, *Sociometry*, Vol. 1, No. 3/4, 1938, pp. 292 - 300. （本文为王斌译校）

[**] 卡特·勒温（Kurt Lewin, 1890～1947），生于德国波森省的莫基诺（今属波兰），15岁搬到柏林。先后学过药学和生物学，对哲学很感兴趣。曾师从格式塔心理学主要代表沃尔夫冈·苛勒，先后受教于弗赖堡大学、慕尼黑大学及柏林大学，在斯图姆夫的指导下，1914年在柏林大学获得哲学博士学位。四年兵役后，回柏林大学任苛勒领导的心理学研究所助理，1922年任讲师，1926年任教授。1932年赴美任斯坦福大学客座教授。翌年，因反对纳粹迫害而移居美国，先在康奈尔大学任教，1935～1944年任衣阿华大学儿童福利研究所儿童心理学教授；1945年任麻省理工学院团体动力学研究中心主任。试图用团体动力学的理论来解决社会实际问题，对社会心理学的后继发展有很大的影响。著作有：《人格的动力理论》（1935）、《拓扑心理学原理》（1936）、《对心理学理论的贡献》（1938）、《解决社会冲突》（1948）、《社会科学中的场论》（1951）等。罗纳德·利皮特（Ronald Lippitt, 1914～1986），1926年毕业于斯普林菲尔德学院，大学毕业后追随勒温获衣阿华大学硕士学位、麻省理工学院博士学位，先后任教于麻省理工学院和密歇根大学。

验性研究途径：①群体生活能够自由进行；②所有群体行为，其结构和发展能够被记录。诸如群体意识之类的专门问题应该在实验情境和数据分析中作为整体的一部分进行研究。

这些资料应该在作为群体成员的个体和作为能动实体的群体这两种框架内加以分析。

目前初步研究的主要兴趣就是从这种技术的角度去研究作为群体氛围的"专制"和"民主"。

组成实验的两个面具制造俱乐部的 10 岁、11 岁儿童是从大学附属小学五、六年级组热情的志愿者中选出的。根据雅各布·莫雷诺的技术对两个班级内存在的亲和性和排斥性做初步的社会测量。根据所掌握的每个群体内的社会关系状况挑选适当的志愿者（每个班级一人），使每个群体内亲和和排斥关系的数量、成员中的一般特点与领导特征尽可能平均。每一个个案都选取课内课外彼此没有或少有关系的孩子而不是一群好朋友。可以确保的是，在俱乐部生活中发展的任何个人间的关系都更主要地同这种新群体成员的共同生活空间有关。

在与每一组最初的 10 分钟会面中，领导者说明成立俱乐部的目的就是制造戏剧面具（对于所有孩子来说这是个全新的活动）；制造的面具属于整个群体；大家同时在一起制造面具而不是每个人单独制造面具。每个组每周会谈两个半小时，同一个实验者领导两个俱乐部。

从方法上看，主要靠诸如什么是民主的"标准"、什么是"真正"的专制之类的问题，用实验方式研究民主与专制是毫无意义的。从一开始就应该认识到群体氛围有多种类型，实验的方法每次只能解决一种。应该选择哪种类型的民主，主要取决于我们试图揭示的那些预示着对群体内在的动力和规范有最佳洞察的氛围类型，而不是受符合历史上特定情况的倾向所支配。只有熟悉这些规则，而不是去寻找某个样板，我们才能够回答出哪些是民主与专制之间的共性，哪些则是两者间的差异这些问题。

从这些观点出发，实验者力图用以下方法来辨识群体氛围。

专制式：

①所有政策由一个强人（领导者）决定；

②实现目标（制成面具）的技术和步骤由权威独断，每次做一个，以至于群体未来的方向在很大程度上往往是不确定的；

③权威者通常独裁地控制每个成员的活动，即任务分配及和谁一起工作；

④权威者批评或表扬成员个体的活动，但他独立于群体之外。他总是冷漠的（客观的），不显露外在的敌意和友好（方法上的必要让步）。

民主式：

①所有政策是由集体决定的，并由领导认定和补充；

②在第一次会议讨论中，解释制作面具的一般步骤的行动过程（所需的泥塑模具、塑料模具、纸制模具等），在需要技术指导的地方，领导者设法给出两到三种可选择的方案；

③成员可以自由选择工作伙伴，分工由群体决定；

④领导者力图在精神上成为群体的一名成员，尽管他不参加实际工作，他只对群体的整体工作状况提出批评或表扬。

显然，在志愿者参与和与学校系统合作的情况下，将不会采用激烈的专制方法。在整个实验期间，一种超出群体的志趣相投的联系在所有孩子之间维持着。这种努力是为了制造出比教室里更专制的专制氛围，以及比教室更自由的民主氛围。

在每个小组的12次会议上，让4个经过训练的观察者做观察记录，以分钟为时间单位进行多角度的同步观察记录。我们简要描述这些技术，有如下几点。

①把5个孩子和领导之间的社会互动，用符号形式定量记下支配的、顺从的及客观的反应方式流水账，包括对某种社会方式做出有意识的拒绝反应的类型。

②通过连续解释一分钟地定量分析群体结构并做记录：活动的亚群体方式（例如，3个孩子忙着拌巴黎面膏，1个孩子裁纸做纸架，第5个孩子做泥模具，这就是包括三个亚群体的3-1-1群体结构，一个人就可能形成一个亚群体）；每个亚群体的活动目标；这些亚群体是领导者制造的还是孩子自发形成的；对每个亚群体的整合和兴趣状况的评价。

③通过连续的解释和评价显示出每个成员每分钟之间兴趣的改变（从完全沉浸在俱乐部的活动中到对工作以外的事情全神贯注）。

④对谈话的速记。

⑤上述观察者的记录加上领导者从他与儿童更密切的接触中所得的印象，构成会后报告书。

这些记录放在一起就构成了一幅关于实验群体每时每刻、每次聚会的相当完整的生活图像。多种定量和定性分析成为可能。下面就是我们已经取得进展的一些方面。

①将全部的社会互动分解为支配的、顺从的、客观的行为。

②相对于亚群体内部的互动，统计亚群体间社会互动的数量和类型。

③对同一资料中个人活动的曲线分析。

④群体结构的稳定性和不同条件下亚群体结构的稳定性。

⑤分析对由领导者制造的和自发形成的亚群体结构的整合和稳定性的影响。

⑥使用诸如敌意、关心的需要、抵制行为、友好行为和客观批评、竞争和合作的表达、对权威的依靠、"自我中心"和"群体精神"的表达等范畴，分析连续记录的资料。

⑦对诸如敌意的增加、整个活动的容量等对活动提升的分析。

⑧根据群体稳定性、敌意的爆发和生产水平等相关因素分析兴趣的变化。

这种观察技术的第一个目的是尽可能全面和深入地记录下实验群体的所有行为，这就截然脱离了只记录事先决定的某些符号的通常方法。这就是已经在不少个体心理学的调查中卓有成效的"总体行为"方法论在社会心理学领域的一种尝试（例如塔玛拉·登波的愤怒研究、阿尼特拉·卡斯特纳的心理情境研究、登波与罗杰·巴克对挫折的研究），是"现场理论"方法在社会心理学领域的一种合乎逻辑的延伸。

我们希望强调的第二点是，如果没有观察到单独行动在所有行动系列中的意义，那么精确细致的定量记录就毫无价值。所以最重要的是从整体上抓住某种氛围的完整特征。应该在更大的整体视角内做出必要的定量分析（项目的选择、分类和统计组合）。

对这些资料的理解使得运用重新分析的方法探究作为行动关系而不时出现的新线索成为可能。现在我们相信，这种"整体行为"技术，加上全部层级的定量与定性的部分，为群体生活的实验研究提供了迄今为止最有希望成功的方法论。它在一个或两个焦点上集中了大量证据所提供的可能性，在某种程度上克服了处理某种社会环境提供的如此多变量的必要性。

在社会互动的统计分析中，出现了一个导致处在萌芽状态的"群体生活的数学模式"发展的有趣问题。明显的是，在弄清不同环境下群体内成员之间或群体外成员之间互动的数量之前，考虑每种群体结构类型中群体内外交流的概率是必要的。例如，十分明显的，如果所有的成员都是相互隔离独立工作的，那么就不可能有群体内部的联系，因为没有任何亚群体拥有超过一个成员。如果所有五个孩子构成了一个行动单元，就不会有和群体外成员建立互动关系的可能性。如果整个群体被分为两个亚群体，两个亚群体是4 个和 1 个孩子或 3 个和 2 个孩子，那么这些概率就不相同。

因此，有必要计算在每一种可能的群体结构中群体内外联系的概率。在群体包含 5 个个体的时候，下面 7 种群体结构都是可能的：

$$5,4-1,3-2,3-1-1,2-2-1,2-1-1-1,1-1-1-1-1$$

对于任何一个给定的群体结构，可以将计算群内互动概率（ip）与群外互动概率（op）的公式简述为：

$$ip = a(a-1) + b(b-1) + \cdots + r(r-1)$$
$$op = m(m-1) - ip$$

a、b、r……是存在于一个特殊群体结构中各种亚群体成员的数目，m是群体所有成员的数目。

我们的研究发现了以下互动概率，如表 1 所示。

表 1　可能的群体结构

类型	5	4-1	3-2	3-1-1	2-2-1	2-1-1-1	1-1-1-1-1
ip	20	12	8	6	4	2	0
op	0	8	12	14	16	18	20

用每种群体结构存在的时间加权概率就可以测量出在民主和独裁的氛围中，相对的群体内部、外部和所有的社会互动概率。我们可以使用以下公式计算出在一个给定的群体生活时期群体内全部的互动概率（$\sum_{IP}$）：

$$\sum_{IP} = ip(A) \cdot t(B) + ip(B) \cdot t(B) + \cdots + ip(L) \cdot t(L)$$

在这里，A、B、……、L 指在该时期出现的不同类型的群体结构，$t(A)$、$t(B)$、……、$t(L)$ 指每个群体结构的存在时间，$ip(A)$、$ip(B)$、……、$ip(L)$ 指群体内的互动概率。

群体之间所有的互动概率（$\sum_{OP}$）为：

$$\sum_{OP} = op(A) \cdot t(A) + op(B) \cdot t(B) + \cdots + op(L) \cdot t(L)$$

所有的社会互动概率就是：

$$\sum_{IP} = \sum_{IP} + \sum_{OP}$$

例如在某个俱乐部会议上，4-1群体结构持续了5分钟，3-1-1群体结构持续了10分钟，2-1-1-1群体结构持续了10分钟，那么用上述公式计算就是：

$$\sum_{ip} = 12 \times 5 + 6 \times 10 + 2 \times 10 = 140$$

$$\sum_{op} = 8 \times 5 + 14 \times 10 + 18 \times 10 = 360$$

$$\sum_{IP} = 140 + 360 = 500$$

互动概率的计算似乎是群体关系实验处理中最为关键的一步，它使我们有可能对一系列俱乐部会议中偶尔缺席的成员进行修正。

在本文中没有篇幅再对已经完成的两个实验俱乐部的分析做出精确的说明。研究发现概述如下：

专制群体氛围中存在更高的紧张状态。发现集中在以下几点：（a）尽管进行活动需要社会互动（55%以上），但专制群体的交流比民主群体更少；（b）维持着一个较不稳定的群体结构；（c）群体成员彼此之间有较多的支配性，而较少有顺从性、客观性；（d）在12次会议上出现过两个替罪者；（e）群体成员间表达的敌意行为大约是民主群体的30倍。

民主群体内存在更多的合作努力：（a）给予和寻求合作的事实非常多；（b）赞扬的、友好的表达非常多。

民主群体内存在更多客观态度的表达：（a）建设性建议的提出更多；（b）没有个人色彩的客观批评的提出和接受更多。

民主群体内有更高的建设性成分：（a）群体生产的产品质优；（b）在专制群体内存在更多的粗心大意及未完成的工作；（c）民主群体内产生了更多的建设性建议。

实验状况和分析同步记录显示，民主群体中的"我们感"更强，专制群体中的"我感"更强。

民主群体的群体结构更稳定且趋向更高程度的整合；当权威放松对情境产生影响时，专制群体趋向无组织化。

专制群体中两次出现成员群起攻击某个个体，使其成为替罪羊。两次情况中的替罪羊都离开了群体。在民主群体中没有发生过这种不和谐的事。

实验状况和分析同步记录显示，民主群体中群体归属感和群体目标得到了更好的发展。

群体成员互换后，到民主群体中来的孩子会减少支配行为，到专制群体中去的孩子会增加专制行为。

需要重申的一点是，我们将在未来列表展示进一步的分析研究结果，这些结果得益于这些群体中所形成的独特的民主和专制氛围。例如，在大多数专制群体中不会出现过分公开的敌意表达，因为其会被压制；但是在本研究中，自由表达的"安全阀"有意被打开了，因为它有望能够为记录群体内存在的紧张程度提供一个良好的测量手段。情况似乎就是这样，这些实验领域有创意的建议正是其卓有成效的步骤。只有在进一步的研究中——其中有些已经着手在做——通过多种群体和领导，才能够使关于这些能动联系得更明确的陈述成为可能。例如新的实验显示，在群体的自由从民主的集体决策向无政府的个人主义摇摆的情况下，自由和专制氛围下的动力差异将呈现一幅完全不同的画面。

作为有关交叉群体成员对于实验群体观念发展影响的线索，我们还应该对儿童具有成员角色的其他群体（如家庭、学校）氛围进行更多的社会学调查。新的实验方法也将随着对这项工作性质的深入了解而不断发展。

社会规范心理学[*]

穆扎弗·谢里夫[**]

在进行本文所报告的这一实验时，我们确信没有必要离开实验心理学的主要领域（像有些心理学家现在所做的那样），去寻求适合于态度心理学的概念。我们可以在维尔茨堡心理学家的研究工作中找到重要的实验开端。这里可以发现，实验者对刺激场的那一方面特别注意，并安排被试对其进行观察。遗憾的是，这个实验的内容以及随后的研究都没能成为社会心理学的必要组成部分。

考虑到这个问题的刺激方面，我们可以有把握地说：在涉及暗示影响和亲属社会影响的实验中，这个不确定的、无结构的刺激场（fields of stimulation）特别有助于取得积极的研究成果。在这类情况下，刺激场本身在不同方面更易于被组织化。这里，本文的主旨是想说明不确定的刺激场如何能够被组织起来，或如何被某种社会影响所决定。

---

[*] Translated from Sherif, Muzafer, An experimental approach to the study of attitudes, *Sociometry*, No. 1, 1937, pp. 90~98. （本文为刘世能译，周晓虹校）

[**] 穆扎弗·谢里夫（Muzafer Sherif，1906~1988），土耳其裔美国人，生于土耳其伊兹密尔的奥德米斯。1924 年起，先后于土耳其伊兹密尔国际学院、伊斯坦布尔大学获得学士学位和硕士学位；1929 年前往美国，1932 年获哈佛大学硕士学位。此后，谢里夫返回土耳其，并开始以社会规范的形成为题撰写博士学位论文，1935 年获哥伦比亚大学博士学位。获得博士学位后，谢里夫再度返回土耳其，但与土耳其政府和安卡拉大学（Ankara University）的一些亲纳粹的官员发生了冲突，为此被关进监狱。后在美国国务院和一些哥伦比亚大学心理学家的努力下，最终获释。此后曾在普林斯顿大学和奥克拉荷马大学从事研究，1988 年卒于美国阿拉斯加费尔班克斯。除了本文所述规范产生的"知觉游动"实验外，谢里夫生前所做的另一项著名实验为"罗伯斯山洞"（Robbers Cave）实验，实验分析了冲突与偏见的起源（See Sherif, M., Harvey, O.J., White, B.J., Hood, W.R., & Sherif, C.W., *Intergroup Cooperation and Conflict*: *The Robbers Cave Experiment*, Norman, OK: University of Oklahoma Book Exchange, 1961）。

根据我们的观点，自动运动（automatic movement）是这样一种现象，我们可以在实验室的实验中方便地运用这种现象来考察各种类型的社会影响。从实验的角度来看，自动运动很容易产生。在漆黑的暗室里，一个被置于离我们一段距离处的静止的光点不可能局限于空间中某一固定位置。它在运动，并且可能向任何方向运动，因为不存在其他与之相关的、可以限定它的并可以看得见的光点或物体。

现在的实验是先前自动运动实验之结果的延伸。在本文中它足以提供先前实验的主要研究成果，其方法和步骤在其他地方已有描述。根据我们现在的目的，这里可以对其主要研究成果做如下概括。

当一个人观察到了缺乏客观比较标准的自动运动，并被要求在反复刺激过程中根据运动范围进行报告时，他会主观地确立其运动范围，并在该范围内确定某一参照点（标准或规范）。其确立的范围和参照点是他所特有的，与他人确定的范围和参照点不一样。

当人们作为群体成员面临着同样不稳定、无结构的环境时，便会确定其范围并在该范围内确定某一参照点。这一范围和参照点对于该群体来说是独特的。一旦该群体确定了范围和参照点，以后当群体的某一成员独自面临同样的环境时，他就会根据他从群体中带来的范围和参照点来观察这种环境。

在上面几种情况下所确立的范围和参照点，并不是由实验者或其他代理人所规定的。它们是在实验过程中形成的，并在一定范围内因人而变化、因群体而有所不同。

由于我们所关切的事情是考察社会影响，所以我们更进一步提出这个问题——我们在实验中能让被试受特定社会影响的指导而接受一个规定了的运动范围和参照标准吗？

从实验的角度来看，可以利用不同类型的社会影响来说明某些规定的范围和标准。在许多可能的社会影响中，我们采用了下述几种。（a）群体情况对作为群体成员的个人的影响。从前这类研究的主要结论我们已经提到过。（b）实验者的直接暗示对扩大或缩小被报告的范围的影响。（c）一个有威望的同伴（与实验者合作）对同一个群体的另外一个成员（首次参加实验）的影响。（d）一个首次参加实验的成员对于其他人的影响。在最后一种情况下没有威望的影响，因为被试在实验前彼此并不相识。

关于（b）类情况的实验，我们只做简单说明，如果被试在没有任何社会影响的情况下正在判断一光点的运动范围，譬如说，他判断其移动的距离大约为3英寸，那么，当实验者对他说"你低估了这个距离"，此话就可能延长其判断的光点的移动距离，被试的判断可能是五六英寸。

下述（c）类试验表明，为什么自动运动现象可以被用来作为判断一个人对于他人的威望影响的敏感指标。

这里我们一字不漏地公布一个有关威望的实验记述：

> X小姐和我（哥伦比亚大学心理学系助教）充当谢里夫博士的被试（实验对象）。我对这个实验非常了解，而X小姐对其却一无所知。由于她是我的密友，并且我对她有一定的威信，谢里夫博士向我建议：我们来看看是否能预先决定她的判断倾向，这将是很有趣的，我们事先约定等X小姐确定自己的标准之后我再做出判断。在一些刺激之后，她的判断很明显在5英寸左右波动。在下一个刺激时，我判断光点的移动距离为12英寸。X小姐紧接着判断为8英寸，我的判断在12英寸上下波动，X小姐的情形也与我相同。然后我将判断变为3英寸，同时暗示谢里夫博士应该改变刺激。X小姐逐渐接受了我的标准，但不是没有一些明显的抵触。等X小姐显然已接受了新的标准之后，谢里夫博士暗示我不要再做判断，以免影响X小姐的判断。谢里夫博士在随后刺激时告诉X小姐她低估了光点移动的距离。X小姐的判断马上变大，并确立了新的参照标准。然而，她还是有点不安，没等实验取得进一步进展，她就悄悄对我说："请带我出去吧！"
>
> 当我们回到办公室，我告诉她那个光点在实验过程中根本没有移动。她似乎对这事很是不安，并对我们欺骗她一事感到非常难堪。看到她烦恼不安，我把话题转向其他事情。然而在谈话过程中她几次回到原来那个话题，说"我不喜欢那个人（指谢里夫博士）"，以及一些类似的对这次经历表示不愉快的话。一直到几周以后她又来到我办公室，我才发现她恼火到了极点，我请求她在一个实验中充当我的被试，她立即叫道："不能到那个房间去"，边说边用手指着谢里夫博士的实验室。

下面将要提到的实验涉及在接受某一规定的标准方面同伴所产生的影响。这个实验中的被试前后共有七组，每组由 2 人组成。每组中有 1 名被试同实验者合作，也就是说，实验者事先给他规定了判断的范围和标准。在实验过程中他故意在那个范围内和那个标准上下做出判断，而另一个被试则对这事先的规定一无所知。这个"无知"的被试遵从合作被试所判断的范围和标准的程度可以作为社会影响的指标。在所有小组中，与实验者合作的那个被试都是由同一个人担当的。这样做的目的是让在各组中发挥影响作用的那个被试保持不变。

事先规定的范围和标准对于各个组来说都不相同。对于第一组来说，规定的范围是 1~3 英寸，规定的参照标准是 2 英寸。对于第二组来说，规定的范围是 2~4 英寸，规定的参照标准是 3 英寸。这样一直到第七组，其范围和参照标准分别是 7~9 英寸和 8 英寸。可以看出，这里规定的范围相当狭窄。结果，在实验过程中合作被试未能做出偏离参照标准上下一英寸以上的判断。

在第一轮实验期间，两个被试（合作被试和那个"无知"被试）都参加。在那个光点每次显示 2 秒钟后，被试大声说出他们的判断（每次只许一个人说出判断），而实验者则将他们的判断分别记录在不同颜色的便笺纸上。为了避免强调首要因素，那个合作被试被要求至少在一半的时间内应该让另一个被试先说出其判断。在我们以前利用自动运动影响所进行的实验中，发现社会影响在很大程度上并不是各种各样独自判断的函数。实验记录了每个被试的 50 个判断。

第二轮实验过程只让"无知"被试参加，以便我们能够发现他从第一轮小组实验中带来了多少规定的范围和标准。在这轮个人实验中，也记录了每个被试的 50 个判断，因为在自动运动影响中形成的参考标准（规范）结构很脆弱，并且在某种意义上是人为的结构。所以，这种武断的结论可能因超出了许多判断的范围而易于失败。我们的全部观点是：自动运动影响能够用来说明一般的心理倾向，而不能用于揭示现实生活条件下规范形成的具体特性。

在对实验结果的介绍中，我们提供了规定的范围和标准，以及那个"无知"被试的判断数。被试在第一轮小组实验和第二轮个人实验中的判断都在规定范围和标准以内（被试判断分布的中位数代表标准）。在小组实验中，合作被试所做的判断分布的平均数和中位数与规定的标准并不完全一致，尽管其众数和值域是同样的。我们认为被试没有必要记住正态分布。我们的目的主要是表明与规范形成（结构）相关的基本心理倾向。

第一组	实验获得的数据（"无知"被试的）	
规定数	第一轮实验（小组）	第二轮实验（个人）
范围：1~3 英寸	1~5	1~4
标准：2 英寸	3.36	2.26
50 个判断中属于规定范围内的判断数量	41	7

在第二轮单独实验结束时，要求被试笔答四个相关问题。其中对两个问题的回答进一步证实了我们以前的研究成果。所以，这里我们只限于讨论被试对另外两个问题的回答。这些回答对于我们这篇论文非常重要。这两个问题是：①光点最经常移动的距离是多少？（设计这个问题的目的是弄清楚被试是否意识到在实验过程中形成的规范）②在第一轮实验中，你受到了在场的另一个被试的判断的影响了吗？（设计这个问题的目的是弄清楚被试是否意识到他们受到了合作被试的影响）

第一组被试的回答对于任何关于暗示和规范形成的理论来说具有重要性。其回答是：

（1）光点经常移动的距离是 2 英寸。第二天比起第一天来，光点移动较常见的距离是 2 英寸。

（2）是的。尽管我在判断时努力做到公正、无偏见，但是，我的判断还是受到了另一被试的判断的影响。我的很多判断可能偏大，因为另一个被试判断的距离数很小。我觉得这样做是欲图避免受暗示的影响，而在这样做的时候走到了另一个极端。我认为在第二天我并没有受第一天判断的影响。第一天我对另一个被试感到非常不满，因为他连续做出同样的判断。不过，我尽量客观地对待这种感觉，也就是要排除那种感觉。但是，我感到这种不满造成我的判断与他的判断不同，其不同的程度要比我在独自情况下（也就是在没有听到他的判断的情况下）

做出的判断与其不同的程度大得多。第二天我觉得自己是更为独立地做出判断的，并且我相信这些判断更为准确。

第二组	实验获得的数据（"无知"被试的）	
规定数	第一轮实验（小组）	第二轮实验（个人）
范围：2~4英寸	1~10	1~5
标准：3英寸	4.25	3.77
50个判断中属于规定范围内的判断数量	30	43

第二组被试（"无知"被试）对问题的回答是：

（1）估计光点经常移动的距离是3~4英寸。

（2）没有，我没有受到另一个被试的影响。我相信这是因为在大多数情况下是我先说出自己的判断的。

第三组	实验获得的数据（"无知"被试的）	
规定数	第一轮实验（小组）	第二轮实验（个人）
范围：3~5英寸	2~8	3~6
标准：4英寸	4.25	3.77
50个判断中属于规定范围内的判断数量	30	43

第三组"无知"被试对问题的回答是：

（1）（a）昨天光点移动的距离是4英寸，（b）今天光点移动的距离是5英寸。

（2）是受到了他的影响。我首先做出的判断数比后来的判断数大得多。我以某种方式把我的判断数降低到接近另一个被试的判断。绝大多数情况下是我先说出判断的。同样的距离在尝试几次之后似乎变短了一些。我的判断受到了昨天判断的影响。我这两天是以同样的尺度来测量光点移动的距离的。

第四组	实验获得的数据（"无知"被试的）	
规定数	第一轮实验（小组）	第二轮实验（个人）
范围：4~6英寸	3~6	3~6
标准：5英寸	5.20	5.21
50个判断中属于规定范围内的判断数量	47	46

第四组被试对问题的回答是：

（1）光点经常移动的距离是5英寸。

（2）开始的三四次受另一被试判断的影响，以后则没有。

第五组	实验获得的数据（"无知"被试的）	
规定数	第一轮实验（小组）	第二轮实验（个人）
范围：5~7英寸	3~7	3~7
标准：6英寸	5.50	5.42
50个判断中属于规定范围内的判断数量	34	35

第五组被试对问题的回答是：

（1）两天都是5英寸。

（2）没有，我没有受到另一个在场人的影响。不过，我确信我的同伴在做出判断时夸大了光点移动的距离。我这样说是因为在我说出判断后他犹豫了好几秒钟……

第六组	实验获得的数据（"无知"被试的）	
规定数	第一轮实验（小组）	第二轮实验（个人）
范围：6~8英寸	3~8	4~8
标准：7英寸	5.94	6.18
50个判断中属于规定范围内的判断数量	24	27

第六组被试对问题的回答是：

（1）最经常移动的距离是 7 英寸，次经常移动的距离是 5 英寸。

（2）没有，我没有受到影响。

第七组	实验获得的数据（"无知"被试的）	
规定数	第一轮实验（小组）	第二轮实验（个人）
范围：7~9 英寸	4~12	6~9
标准：8 英寸	7.40	7.83
50 个判断中属于规定范围内的判断数	17	40

第七组被试对问题的回答是：

（1）最经常移动的距离是 8 英寸，次经常移动的距离是大约 7 英寸。

（2）我想当别人与我在一起时情况确有不同。当然，当我首先说出判断时，情况倒没有什么不同。但是，当别人同我在一起时，如果我的判断同他的判断很不相同，并且我想我的判断可能错了的时候，我有时（尽管不是所有时候）就改变我的判断。当然这种情况并不经常发生，但我不能否认它有时会发生。

一般结论

根据上述结果我们可以得出结论：被试可能受到他人影响而按照实验引入的标准（规范）去察觉模糊不清的刺激场。影响的程度可能因人而异。它或许很明显，如第四组被试的情形；它或许不那么明显，如第五组被试的情形；它也可能微不足道，如第六组被试的情形。即使在最后的一种情形里，对标准的影响（不是对范围的影响）也是明显的。

上面的反省性回答表明，被试意识到了在实验过程中形成的标准（规范）。然而，他们一定未意识到这个事实：他们在同小组另一个同伴的影响下正在接近那个标准（见第一、第二和第四组被试的回答）。与此相联系，一个有趣的现象是：在有些情况下，当发挥影响作用的那个人不在场时（如第二轮个人试验），被试对规定范围和标准的遵从比那个人在场时要更为接近（见第二、第三、第六和第七组实验的结果）。

我们认为，这些事实所表现出来的这种心理作用对于日常的暗示现象来说，尤其对于暗示在态度形成过程中所发挥的作用来说，可能是最基本的。在日常生活中，下述现象并不少见：对于一个熟人在某方面所做的暗示，人们在他在场时对其做出消极、含糊的反应，而在离开了他之后则做出积极的反应（也许人们不愿意轻易接受别人的暗示，除非发出暗示的人有很高的威信，或者客观情况迫切需要。轻易表现出让步对于"自我"来说不是那么愉快的事）。

无论什么样的态度，都包含有对特定目标、环境和人做出反应的独特心理准备模式。我们的实验以一种简单的方式表明了怎样通过实验获得一种独特的、与未知刺激相关的心理准备状态。也许这是朝着对态度进行真正心理研究的方向迈出的一步。

参考文献

Sherif，M. A.，1935，Study of Some Social Factors in Perception，*Archives of Psychology*，Vol. 27，No. 187，pp. 1-60.

Sherif，M. A.，1936，*The Psychology of Social Norms*，New York：Harper's，Chapter VI，pp. 89-112.

群体压力[*]

所罗门·阿希^{**}

　　我要指出有关个人在与事实相反的情况下导致他保持独立或屈服于群体压力的环境研究调查的最初步骤。对于理论及其人文含义来说，与这个问题相关的结果是很重要的。不管一个群体是拒绝还是服从于一个现存的压力，对它的将来都可能是决定性的。一个人，不管他是自由地按照他的信念来行动，还是不能延续（或已失去）保持独立的可能性，都是同样明确的事实。目前的见解已经强调了导致心理随意变化的社会条件的力量。它已经把对于群体力量的盲目屈从看作普遍的事实，而且忽视或者根本否定人们有独立的和在目前条件下战胜群体激情或偏见的能力。当首要问题是保持独立性还是服从于社会压力时，我们首先要做的就是直接观察个体与群体之间的相互作用。

＊　　Translated from Asch，S. E.，*Social Psychology*，New York：Prentice-Hall，1952，pp. 451 - 465.（本文为方彤译，周怡校）

＊＊　所罗门·阿希（Solomon Asch，1907~1996），生于俄罗斯帝国统治下的华沙，1920 年移民美国。1928 年获纽约市立学院学士学位，1930 年获哥伦比亚大学硕士学位，1932 年获哥伦比亚大学哲学博士学位。先后在纽约市立大学布鲁克林学院、斯沃斯摩尔学院、罗格斯大学、宾夕法尼亚大学任教，其间曾在普林斯顿大学高级研究院、美国公共卫生局、斯坦福大学行为科学高级研究中心出任高级研究员，1979 年退休。20 世纪 50 年代，所罗门·阿希在斯沃斯莫尔学院完成了著名的从众实验，表明人在社会压力下会说出明显的错误，由此广为人知。作为具有格式塔心理学背景的学者，曾在研究中发现了诸多与认知风格有关的理论解释；同样也启发了他的学生、心理学家斯坦利·米尔格兰姆的服从行为研究。主要著作有《群体压力对判断的变化和歪曲的影响》（1951）、《社会心理学》（1952）、《格式塔理论》（1968）等。

一个人的少数对一致的多数

实验过程

实际上，这个实验是作为一系列研究的基础来设计的。由 7~9 名大学生组成的群体被集中在一间教室里。实验者告诉他们，他们会看到一些长度不同的线条，他们要做的就是比较出相同长度的线条。这种安排是一种知觉测试，实验者把两张画有垂直的黑色线条的白卡片固定在房间前面的黑板上。在右边的卡片上有三条不同长度的线条，其中一条与左边的标准线条等长。被试要做的就是从三条线条中选出与标准线条等长的那条（见图 1）。画有线条的卡片尺寸是 17.5 英寸×6 英寸。这些线条的宽度都是 3/8 英寸，线条的下端距离卡片下沿 2.5 英寸。标准线条画在卡片中央，而对照线条则相互距离 1.75 英寸。线条标号用黑色表示，长度为 3/4 英寸，在每条线下面 1/2 英寸处直接标出。

下面就是对被试的指导语：

这是一项辨别线条长度的试验，你可以看到前面有一对白色卡片。左边有一条线，右边有三条不同长度的线，它们依次标有 1、2、3。右边有一条线与左边的标准线条等长——每一组你都要指出哪条线是等长线。你要用相应的标号表达你的判断。像这样的比较共有 12 次。因为线条数目不多，并且你们人数也不多，我将把你们所有人都召集在一起，请你们依次说出你们的判断，并把你们的判断记录在预先准备好的表格里。请尽可能准确。我们从左到右开始吧。

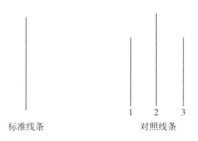

标准线条　　　　　　　对照线条

图 1　标准线条比较

线条是垂直的，它们的下端都在一条水平线上，对照组的线条标有 1、2、3。正确相配的线条总是相距 40 英寸。根据指导语的规定，每名被试在给出自己的判断时，都要大声说出他认为与标准线条等长的线条标号，当所有被试表达完他们的判断后，这两张卡片就被拿去，代之以一对带有新的标准线条和对照线条的卡片。一共有 12 套这样的卡片。

所需辨认的不同之处是很明显的，对照线条中大多数不等长线条很清晰地比标准线条长或者短。图 1 列出了线条的长度以及它们出现的顺序。对照线条与标准线条之间的差异是有变化数值的，而且没有专门保持它们之间的恒定比率。在连续的测试中，等长线条随意出现在不同的位置上。在不同的测试中，对照线条中两条不等长线条与标准线条的关系是变化的：两条都长点，或者两条都短点，或者一条长一条短。

在最初两次测试中，实验进行得很顺利，辨别是简单的，每个人只是说出相同的判断。突然在第三次测试中这种一致性被打乱了。这些人中座位靠近最后的一位判定第一条线是正确答案，而其他所有人都认为三条线中的中间那条与标准线条等长。实验继续进行，这种情况会重复出现多次，同样，这个人不时地与群体意见不一致。当然在其他所有方面都是一致的。

作为一个观察实验情况的局外人，在开头几次测试后，发现随着实验的进行，这位被试与群体中的其他人越不一致，这种情况所造成的压力就越大。在最初一两个意见相左之后，可能会看出这个人态度的明显转变。这个人因为与整个群体的判断不一致而在脸上流露出困惑和为难的神态。一般情况下，他会变得更加敏感，开始坐立不安，把头转来转去以便从不同的角度观察这些线条。他可能会转向他的邻座，一本正经地与他们小声交谈，也可能会腼腆地笑着。他也可能会突然站起来更靠近卡片来观察，在其他时间他会变得非常安静和镇定。

是什么原因导致这种奇特的行为呢？答案就在我们尚未说明的一种重要的情况之中。我们已描述的做出反应的这名被试是群体中唯一的针对设定情境做出反应的被试。这位被试所不知道的是，所有其他人都在与实验者合作，在同一次测试中统一地通过回答两条不等长线条相等来给出错误的判断。群体判断与正确值之间的明显差异是不可忽视的，范围从 1/4~1.75 英寸。现在，这个群体是由两部分组成的，即得到指示的被试，我们称之为多数被试；另外这一个被试，我们称之为关键被试，而且他处在单独一人的少数派地位。在实验开始前，得到指示的多数被试已经与实验者进行过接触。在详细指示中，实验的宗旨已经详尽地解释过了，他们在实验中所担任的角色也已反复多次认真地练习过了。他们被要求表现得自然、沉着，在实验过程中应该形成一种压力，当需要时要结成统一战线来维护他们的判断，实验者要求他们态度不仅要友好，而且要坚定。同一个多数被试群体应尽可能连续地与关键被试组合，而多数被试群体的新成员经常是从前关键被试中挑选的。

关键被试们都由协作群体成员从他们的朋友中选择。他们被告知将要进行的心理学实验需要增加被试。当天真的被试来到时，发现其他人已经在走廊里或房间内等待着主试人的到来。主试人很快就进来了，并邀请大家就座，而关键被试应就座于预先决定的靠近最后的、通常是最末一个座位。多数被试群体的成员只需去坐那些有效的座位，而避开确定给关键被试的座位。这种方法保证了关键被试在提出自己的判断之前能完全感受到来自多数人的压力。由7~9人所组成的群体效果最合适。我们担心：人数太少，会缺乏"群体强度"这个因素；而人数再多一点的群体的组成和维持将变得很困难。

（1）多数被试群体的答复。总共要安排12轮判断。其中7个，多数被试将用错误的判断来回答；最初2个回答是正确的，以便创造一个自然的开始。多数被试的所有回答都是一致的。所有人的回答都由主试人记录在事先准备好的表格中。另外，主试人和他的助手又单独将关键被试的表情、态度和评论记录下来。

（2）群体讨论。实验并不是在完成比较之后就结束了。在摆出卡片之后，可以用一种简短的口头讨论来确保更清楚地得知关键被试的反应。主试人首先指出，他注意到了在确定无疑的问题上有不同的意见，并问被试是否有什么评论。尽管这一陈述没特别地直接针对什么人，但关键被试通常是会有回复的。这时多数被试群体成员也参加进来。他们尽量使他们的问题带有好奇与兴趣。首先，讨论集中在怎样解释已经出现的不一致上。当关键被试开始逐渐占据这一情境的中心位置时，他被要求简单地陈述一下：根据他的看法，谁是正确的——群体还是他自己。他被问及是否那就意味着整个群体都错了，而只有他一个人是正确的；在这种情况下在他的判断中有多大成分的自信；等等。问题是这样的："你推测谁是对的？"如果被试回答说他的判断是正确的，就接着问："你认为整个群体都错了，而只有你一个人是正确的?""你对你的判断有多少自信?""如果有什么重要事情取决于你的答案,这又是一件有实际后果的事情,你会怎样呢?""如果你是一个旁观者,你会对此说些什么?"这些问题的提出都是事先排好顺序的,任何群体成员都可以在适当的时候自然地提出这些问题。

(3)有关实验目的的谈话和解释。在持续了近五分钟的讨论结束后,主试人允许大家离开,而单独留下了关键被试。在谈到刚才接连提出的问题时,他就会得知实验的目的。在这次谈话快结束时,主试人会详细解释实验的目的和实验情境的构成,并说明对所有关键被试都是这样做的。看起来让被试对发生了什么一无所知就离开是不可能的,也是不合法的。我们预料并可以指出几乎所有被试都表现出了兴趣,而且大多数人对于有机会经历一种明显的社会情境而感到高兴,他们认为从中上了一课。

要提出的是为了关键被试,在做实验时,我们必须采取适当的预防措施。任何被试在得到关于实验步骤的意义的明确解释之前,是不能离开的。如果他们理解了实验的目的,被试们就不会对暂时竭力想强加于他们的事物感到不快。许多人认为实验已成为有着某种价值的经历,这使他们直接、彻底地了解群体反对的意义以及个体正确的真正可能性,即使有一个一致的公众意见反对他。关键被试们常常有这种感觉:他们目睹了一种与人类某个重要问题有关的情境。

以上就是我们所描述的实验的目标和意图。个体处在群体和一种被公开认定的简单的可能察觉的关系之间。通过上述步骤,在群体与它的一员之间造成不一致的意见,两种对立的力量作用在这个单独的被试身上:一种来自明显的、显而易见的关系,而另一种则来自一个紧密的群体。通过把一个个体放在同一致的群体相冲突的位置上,我们开始着手观察在他身上群体压力所发挥的作用。目前,在实验中共有 31 位男性关键被试,这一实验被我们称为实验 1。

数量的效果

关键被试面对大多数人一致的反对会做出怎样的反应呢?他们是保持独立,拒绝接受群体的错误倾向呢?还是表现出向群体屈服的倾向?如果这样,那将会达到什么程度呢?我们将尝试以定量的结果为依据来回答这些问题。

表 1 列出了 31 位关键被试在群体中做出正确的和不正确的回答的频率。

我们发现 2/3 的回答是正确的，是独立于群体倾向的，余下的 1/3 是和群体相同的错误回答。与之相对的，由 25 人组成的群体所出现的错误通过书面在私下做出的判断为 7.4%。在实验群体中出现的错误平均值为 2.3，在控制组中错误平均值为 0.5，这里我们可以得出两个结论：①在既定条件下，在判断中占主要地位的是正确性和独立性；②同时发生了确定的向大多数人靠近的偏移，他们的错误结论影响了关键被试们 1/3 的判断。

表 1   实验组与控制组的判断

实验	人数	总判断次数	正确判断		倾向多数的错误	
			次数	百分比	次数	百分比
I：一个人的少数对一致的多数	31	217	145	66.8	72	33.2
控制组	25	175	162	92.6	13	7.4

这些错误并不是完全平等地分布在这些关键被试中。事实上，如表 2 所示，有证据显示了个体之间的极端不同。在整个范围中都分布有关键被试群体的回答。有些被试始终保持完全的独立，同时另外一些人则毫无异议地追随了大多数。1/5 的被试是完全独立的，如果我们再把那些仅犯过一次错误的被试包括进去（其错误可被认为未超过控制组），我们就会发现群体中的 42% 的人所得出的结论没有受到实验条件的明显影响。

表 2   实验组和控制组中关键错误的分布

错误次数	控制组	实验组
0	14	6
1	9	7
2	2	6
3	0	4
4	0	4
5	0	1
6	0	1
7	0	2
人数	25	31
错误平均值	0.5	2.3

在控制群体中，错误范围明显很小。没有一个人犯两次以上的错误。图2是关于这两个群体的错误分布的一个说明。

如表3所示，错误也不是平均分布在不同的关键被试中的。在不同实验中，关键被试发生错误的频率从3到16变化不等。总体上讲，标准线条越短，错误也就越少。

结论：实验条件严重地影响了判断的结果，在对群体压力的反应上，个人之间存在极端的不同，从完全独立到完全屈服。对群体压力的反应也是比较事物之间物理关系的函数。

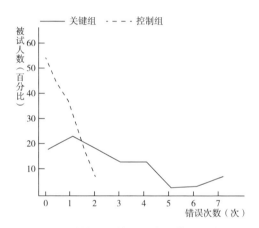

图2　关键组和控制组中的错误频率

表3　在成功的关键组中错误的频率

	关键实验						
	3	4	6	7	9	10	12
实验I……	9	16	9	13	3	12	10
控制实验	1	10	1	1	0	0	0

对实验情境的反应

关键被试如何面对这种情境，这对他又会产生什么影响呢？定量的记录虽然重要，但没有说明他们自己的看法，这是由于他们没有指出发生这种情况的原因，我们现在必须对所发生的事情做出解释，这个解释应以对被试在实验及随后的面谈中的反应的观察为基础。首先我们必须更加仔细地观察实验中所发生的事件的特征；其次开始着手对被试在大多数情况下的反应做出概括性的解释；最后我们描述在同等条件下观察到的个体之间明显的不同之处。

实验条件的结构虽然在关键被试们之间表现出了极大的不同，但在实验情境中我们也辨认出了一些相同的反应。

（a）个人处在一种对相对简单的事实做出判断的情境之中，同时他也处在由其他与他相同的人所组成的群体中，共同承担起做出同样比较的任务。所有的判断都是在白天清晰的光线下做出的，并且当众宣布。尤其重要的是这样一个事实，即这项工作涉及了大量对可感觉的关系做出判断，这是毫无疑问的，是肯定的。

（b）只要关键被试一直与群体保持一致，他就会对他的判断的准确性深信不疑。他对自己的感觉充满信心，而在这点上他又被群体所肯定。

（c）当群体突然出乎意料地反对关键被试时，他的心理状态彻底改变了。现在有两股力量作用于他。第一股是被感知的事物本身，因为很清楚它是明确的，被试没有简单地用抽象的方法去感知所列的关系。他确信他的感觉，是因为他能做出令人信服的判断。第二股作用于他的力量是牢不可破的多数人反对他，一次又一次地否定清晰的事实。这两种力量处于完全对立的状态。

（d）实验情境的一个重要特点就是相对封闭、自我控制。材料和群体都直接在现场。矛盾公然存在于心理场中，他不可能通过参考外部因素（如以往的经验或态度的差异）来解决这一矛盾。

（e）环境要求做出决定，被试必须采取某个立场。这种要求他公开宣布他的立场的压力产生了新的条件和力量。存在着一种要求所有人必须真实地报告他们所见到的事实的力量；力量变化是一系列复杂条件的一种。另外，所有被试还受到来自大多数人的方向的压力，这种压力因人而异。

困境的发展对实验中一连串事件中的某件事，不同的人会有极为不同的反应。虽然如此，大体上还是发生了一些特定的反应。在考虑个体差异之前，我们将冒着过分简单的危险，试图描述一些由条件所引起的最常见结果。

（1）困境的感觉。没有一位被试忽视群体的判断。虽然实验要求独立地判断，但事实上没有人对群体的判断漠不关心或视之为不相关的事。每个人立即抓住其余人的判断并将之与自己的判断相联系。另外，关键被试所听到的回答不是很多的零散回答，每个回答都恰巧与其他人相同，而只与他自己有分歧。他立即注意到群体回答的一致性、他与他们之间的分歧以及这些回答之间的不一致。这种情境可以用下图来表示。

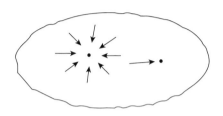

关键被试还要充分了解许多其他的结构关系，这是矛盾继续下去的必要条件，他知道：①引起争论的问题是一个事实；②一项正确的结果是可能的；③只有一项结果是正确的；④其他人和他都选择了立场，并宣布了同样是客观给出的关系；⑤群体在某一点上是一致反对他的。对关键被试来说，群体反对有着更深远的意义。这种反对是由分离的个体所做出的独立判断组成的，而不是联合决定的产物，在这点上群体力量的指向依赖于其成员的独立性。在这些基础上，关键被试会意识到某些地方出了错。这里所提到的每一点对后面的发展都十分必要，因为他们中的任何一个人误解了该情境的意义都将出错。

（2）重建平衡的努力。绝大部分关键被试的快速反应体现了不同程度的困惑和疑惑。某些人在第一次或第二次不同意见出现时就停了下来，询问他们是否正确理解了指令，另一些人则大量地向他们最近的邻座做出相似的询问。没有人对十分重要的不同意见有所准备，相反他们追寻一种更明显的造成误解的因素。关键被试还没有完全处于矛盾之中，事实上他们仍坚持着找到一种更简单的解释的真正可能性。他们希望早先的不一致只不过是一段插曲，它们将会由完全的一致所代替。由于不同意见始终存在，他们不再固守这种希望。他们现在相信他们在用某一种方法去感知，而群体则用了另外一种。

（3）关键被试陷入困难之中。绝大多数关键被试任由一种不安增长，这种不安不是由其他人而是由他们自己造成的。他们不要求多数被试证明他们的结论正确，许多人只是想用他们自己的反应来有效地证实。关键被试确定了证明的责任——是他而不是多数被试正在成为问题的中心，正是他导致了分裂。几乎每个人都这样讲："群体与我所见到的相矛盾。"而不是说："我与群体所见到的相矛盾。"相同的表达是许多关键被试拒绝的，也就是说他认为群体是错误的。值得注意的是，尽管主试人对实验情境有全面的认识，也有好几次用同样的方式来感觉事物，和关键被试一样成为问题的制造者和问题中心。

（4）未成功的解答。一旦真正认识到存在一个基本的不同意见，关键被试就努力通过一定的解释来克服这个问题，不一致所造成的疑惑和紧张是造成众多假设的条件，人为地造成了可解释的鸿沟。其中一些实际上有助于消除紧张情绪。一些被试可能会认为其他大多数人是遵从者，他们追随了那位因某些原因而出错的第一位被试。另一些人可能会提到群体中的一些人戴了眼镜。不过，大多数假设都很独特，也未经过深思熟虑。一些人提到被试意见不同是由于观察的角度不同，还有一些人则含糊地提及了心理错觉，或者说群体是以标准而不是长度为基础进行判断的。

服从行为研究*

斯坦利·米尔格拉姆**

服从，在社会生活的建构中是一个基本的要素。一些权威系统对于公共生活是不可或缺的。或许只有当一个人独自生活、与世隔绝时，他才不需要被迫的回应，通过蔑视或屈服来面对来自他人的命令。服从，作为一个行为的决定要素，是与我们的时代有特殊联系的。人们认为它真正出现在1933~1945年，也就是在那个时候，有上百万的无辜群众被下令屠杀，毒气室被建立起来，集中营也戒备森严，每日制造的尸体数量就如同生产器械那样"高效"。这种毫无人性的政治最初也许起源于某个人的脑海中，但如果有相当数量的人服从命令的话，它将会变得十分强大。

服从就是这样一种将个人行为与政治目的相联系的心理机制。它具有将人与权威系统连在一起的基本倾向。最近的历史和关于日常生活的研究都表明，对大多数人而言，服从是行为的一种"根深蒂固"的取向，更进一步说，无论是从伦理上、情感上还是道义上来说，服从都是一种"优先动力"。斯诺对于服从的重要性是这样描述的：

---

* Translated from Milgram, Stanley, *Obedience to Authority*：*An Experimental View*，New York：Haper & Row，1974，pp. 23–36.（本文由刘柳译，周晓虹校）

** 斯坦利·米尔格拉姆（Stanley Milgram，1933~1984），生于美国纽约市，1954年毕业于皇后学院（Queens College），后赴哈佛大学深造，1960年在高登·奥尔波特指导下，获哈佛大学哲学博士学位，同年入职耶鲁大学。1960~1963年在耶鲁大学期间，在所罗门·阿希的指导下，完成"米尔格拉姆实验"暨"服从行为"实验，对汉娜·阿伦特在《阿希曼报告》的基础上提出的"平庸之恶"提出批评，证明了人类倾向于服从权威人物发出的命令。更普遍地说，行为倾向更多地受情境要求控制，而不是受个人特质控制。后因实验使用了精心设计的骗局而引发巨大争议。1963年返回哈佛大学后，完成了同样影响巨大的"小世界实验"。通过实验，米尔格拉姆发现，我们与地球上任何其他人都只隔着大约六度（重）共同熟人，他将此称为分离度，"六度分离"理论也很快流行开来。1967年因怀着对家乡纽约和城市生活的热爱，应聘于纽约市立大学任心理学教授，1980年获聘杰出教授。

当你思考人类社会漫长而黑暗的历史时，你会发现那些恐怖而丑恶的谋杀更多的是以服从的名义而非反抗的名义犯下的。如果你怀疑这一点，那么就读一读威廉·夏伊勒的《第三帝国的兴旺》（*Rise and Fall of the Third Reich*）吧，德国军队建立了一套最为严格的关于服从的法规……他们是以服从的名义聚集在一起并且互相支持的，这是世界历史上规模最大的行动（Snow，1961：24）。

虽然现在研究的一些特定的服从在这些事件中有它们的先例，我们也不能够认为所有的服从都和侵略行为相联系。服从有很多不同的形式，进一步而言，社会生活是依靠其而存在的。同破坏一样，服从也可能以高贵的、教育的或是仁慈和善意的形式出现。

一般程序

这是一套被认为对研究服从行为很有效的程序。实验者命令被试操纵针对另一个人的电击。实验中用于电击的仪器有 30 个电压的档次可以调节，可变范围从 15 伏到 450 伏，分别表示从"轻微电击"到"危险：剧烈电击"的不同等级。被电击者的回应都是标准化的，因为他们都是经过训练的实验者的助手。实施电击的行为被安排在一种关于"学习的实验"中，从表面上来看，这个实验旨在研究惩罚对促进一个人的记忆力的影响。被试被赋予操控电击强度的权力，他可以决定增加对被电击者的电击强度，甚至达到"危险：剧烈电击"那一档。在此过程中，被试遇到的内心阻力会越来越大，进而在某一特定的时刻他会拒绝继续进行实验。在这种"破裂"到来之前的行为就被称作"服从"，也就是说被试在遵照实验者的指令行动，而"破裂"发生的那一刻就意味着"不服从"的开始。然后，我们就会从定量的角度对被试在拒绝更进一步的实验时所愿意施用的最强电击是多少进行赋值。因此，不同的被试和不同的实验环境将可以用一些数据来加以说明。这种研究的关键之处就在于可以系统地变换那些被确信可以改变对实验命令的服从程度的因素。

在实验中，技术允许我们操控和改变很多关键要素，这些要素包括命令的来源、命令的形式、内容、执行的手段、执行的对象、一般情境设置等。因此，问题就不再是增加更多的实验环境，而是选择那些能够最好地激发社会心理学意义上的服从过程的实验。

相关研究

调查显示，服从与权威之间有很重要的联系（Arendt，1958；Weber，1947），杰罗姆·弗兰克（Frank，1944）的一项早期经验研究、关于"权威主义"的研究（Adorno，Frenkel-Brunswik，Levinson，& Sanford，1950；Rokeach，1961）以及近期一系列的关于社会权力（social power）的分析和经验研究（Charcot，1881）均表明了这一点。但是，在前述的例子中，它导致的是对一个社会事实的直接服从，受到合法权威控制的个人通常都会采取服从的姿态。服从是简单和经常性的，它是社会生活中无处不在和必不可少的一部分。

法 则

被试

实验中的被试是 40 位男性，年龄在 20~50 岁，他们居住在纽黑文（New Haven）以及周边地区。这些被试都是通过报纸广告和直接的邮件邀请找到的，他们都相信自己参与的是耶鲁大学的一项关于学习与记忆研究。这些被试的职业构成是很宽泛的，包括邮差、高中老师、推销员、工程师以及普通工人。同样，在受教育程度方面他们也有较大的差异，从初中未毕业到拥有博士学位或其他一些专业学位的人都有。只要他们来到实验室参与实验，而不论实验的结果如何，在实验结束时，他们每个人都将会得到 4.5 美元的报酬（表 1 显示了被试的年龄和职业分布）。

表 1　被试的年龄与职业分布

职业	20~29 岁	30~39 岁	40~50 岁	百分比（职业）
熟练和不熟练的工人	4	5	6	37.5
售货员、商人、白领	3	6	7	40.0
专业人士（人数）	1	5	3	22.5
百分比（年龄）	20	40	40	

注：总人数：40 人。

人员和场所

实验在耶鲁大学的互动实验室进行（这一细节与对实验的合法性理解相关，在不断的变化中，实验已经与大学相脱离，而仅仅是一种表演的结果）。实验者所扮演的角色是一个 31 岁的高中生物老师，他身穿一件灰色的技术员式的外套，在整个实验中他都保持着严厉和无情的态度。被电击者则是一位 47 岁的会计，一个温和的有着爱尔兰血统的美国人，当然，他扮演这个角色是经过训练的。

程序

每次实验都有一个被试与一个被电击者（实验者的助手）参加，有一套预先设计好的有效说辞保证被试永远充当操纵电击仪器的角色。在简单介绍了惩罚与记忆之间可能存在的假定关系之后，被试就被告知：

> 因为目前几乎没有任何真正的关于惩罚对促进记忆的影响的科学研究，所以我们对相关信息了解很少。例如，我们不知道多大程度的惩罚对促进记忆最有效；我们也不知道这种惩罚对不同的对象而言是否具有不同的效果，比方说年龄等诸如此类的差异。所以，在这项研究中我们选取了不同职业和年龄层次的人群，并且他们其中的一部分将充当"老师"，另一些则充当"学生"。我们最终想要了解的就是什么导致了"老师"和"学生"行为的差异以及在这种状况下惩罚对促进记忆的效果。因此，你们其中的一位将成为今晚的"老师"，谁愿意担任这个角色？

然后，被试就通过抓阄的方法来决定在实验中谁将成为老师。但事实上，被试抓到的永远都是"老师"，而实验者的助手则永远充当"学生"（这是因为两张纸条上都写着"老师"）。接着，"老师"和"学生"就被带入旁边的一间屋子中，并且"学生"被绑在一张"电椅"上。

实验者解释绑住"学生"的目的是防止其在受到电击时的剧烈动作，即防止其从该环境下逃跑。电极被固定在"学生"的手腕处，并且使用了润滑剂以防止起泡和烧伤。被试被告知电极是和隔壁房间的电击发射仪器相连接的。

为了增强可信度，实验者宣称，在"学生"回答问题时，"尽管电击是会很疼的，但它不会对人体造成永久的伤害"。

学习任务

这是一个关于"配对关系"的学习任务。被试首先会向"学生"读一系列成对出现的词，然后再给出每对中的第一个词和另外四个词，"学生"要从后面那四个词中选出哪一个是原先和第一个词配对的词，他通过安置在他前面的四个按钮中的一个来给出他的答案，这四个按钮与电击装置相连，按动其中的一个，装置上相应区域的灯就会亮。

电击装置

这个装置的操作台由 30 个排成一排的开关组成，每一个开关都清楚地标明电压的档次，范围从 15 伏到 450 伏，从左至右每个开关的电压都比前一个增加 15 伏。并且，这些开关每四个一组被明显地划分为以下几个等级，从左至右依次为：轻微电击、中度电击、较强电击、强电击、非常强的电击、超强电击、危险：剧烈电击，在这之后的两档被标注为×××。

当按压开关时，可以看见开关对应的指示灯变为红色、标示着电压的蓝色信号灯闪烁、电压指针从左向右摆动，并且电流的声音清晰可辨。

装置的左上角标明："电击装置，型号：ZLB，戴森仪器公司，沃尔瑟姆，马萨诸塞州，输出电压 15～450 伏。"

对于电击装置的细节描述有利于保证实验的权威性，操作台上所有的记号都是用精密的仪器雕刻而成的，极其精良。在实验中，没有任何被试怀疑这个电击装置只是一个伪造品而已。[①]

---

① 阿诺德·巴斯 1961 年的一项在实验室中进行的关于侵犯行为的研究曾经提到过一项对电击装置运用的相关技术。除了实验过程中有很多技术上相似的细节之外，研究者对其他研究者的研究通常是不知情的。米尔格拉姆在 1961 年 1 月向国家科学基金会（National Science Foundation）提交了他的研究报告，包括研究计划、电击装置的图片、研究程序以及初步结果。这份报告只进行了有限的传看。巴斯在 6 个月后发表了他的实验报告，并且赢得了广泛的关注。随后，人们对技术信息和报告进行了交流。这份报告是首先成稿于 1961 年 12 月 27 日的，后于 1962 年 7 月 27 日进行了一些删减。

电击测试

每一个天真的被试在实施他们"老师"的身份之前，都被安排进行一次"电击测试"，实验的电击强度永远是 45 伏，即相当于操作台上的第三个按钮。实际上被试感受到的电压并不是从操作台发出的，而是由一个 45 伏的电池组发出的。但这一预先的测试更加强了被试对整个实验权威性的信任。

强度说明

被试被告知当"学生"回答错问题时，他可以对其实施电击。此外，这也是最重要的一项指令，就是对"学生"电击的强度要依次增加一格。并且在实施电击之前被试应告知本次所实施的强度，这有利于提醒被试他们对"学生"所实施的电击到底有多强。

实验前的练习和开始实验

先前的预测试表明，读单词和控制电击这样一套过程需要进行一定的练习之后才能够运用自如。也就是说，在进行规则的实验之前，"老师"会先向学生读 10 个简单的单词，在这些词中，有 3 个中性词（neutral）（这三个词"学生"会回答正确），即另外七次需要实施电击，此时电击的最大强度被控制为 105 伏（"中度电击"）。这样，通过这个简单的练习，几乎所有的被试都熟练掌握了这一程序。

然后，实验就进入了第二步，被试拿到了第二张单词表，他们被告知程序就和前一次一样，并且实验者补充说：

> 当你读完整张单词表的时候，你可以从头再来一遍，直到"学生"完全回答正确为止。

同时，实验者提醒被试：

> 实施电击的强度应从 15 伏开始，并且当"学生"答错问题时，每一次电击的强度都应比上一次提高一档。

被电击者的回应

无论在何种状况下，被电击者的回应总是有这样一种倾向：每回答对三个问题，答错一个。当电击强度处于 300 伏以下时，他不会发出喊叫或做出其他不寻常的表现。当电击达到 300 伏时，他会撞击"电椅"的椅背，并且撞击的声音能够被被试听见。并且从这一刻开始，"学生"的回答不再被显示在四选一的相应区域上。

在这一时刻，被试通常会求助实验者，实验者就会告知被试没有回答也算答错，并且按照先前既定的方式程序加以惩罚。实验者会让被试在实施惩罚之前给"学生"5~10 秒的时间，如果他没有回答的就算是答错，同样是每一次的电击强度比上一次提高一档。在电击强度提高到 315 伏时，"学生"会再次撞击椅背，并且不再听"老师"的问题，亦不做出任何回答。

实验者的回应

在很多时候，被试都会求助于实验者，他们是否应该继续这个实验，或者他们会表现出不想再继续下去的愿望。此时，就需要实验者的回应也必须"标准化"。

当被试表现出想放弃的愿望时，研究者通常用以下的语句来"激励"他们：

1. 请继续；
2. 实验要求你继续下去；
3. 继续实验是绝对明智的选择；
4. 你没有其他选择，必须继续。

这些语句通常是呈"序列"出现的，也就是说当 1 不起作用时，才会用 2，如果在用到语句 4 时，被试依然拒绝继续进行实验，那么就宣告这次实验的终止。实验者的语气自始至终都是坚定而不粗鲁的。需要说明的是，每当被试出现想放弃的念头时，激励的语句都会重新从第一句开始。

当被试问及"学生"是否会因为电击而留下永久性的肢体损伤时，实验者的回答是：

虽然电击会很疼，但那不会有永久性的损害，所以请继续。

如果被试说"学生"不愿意再进行下去了，实验者应该这样回答：

不管"学生"愿不愿意，你必须继续下去，直到他掌握了所有的单词为止，所以请继续。

测量尺度

在实验中对被试的测量尺度为他在拒绝继续进行实验前所愿意实施的最大电击强度是多少。理论上而言，有 30 种不同的可能性——从被试完全拒绝实施任何电击，到被试愿意实施最高程度的电击。在达到第 30 档之前就主动放弃实验被认为是一种"反抗"，而遵照实验要求完成全部的实验则被视为是"服从"。

深度记录

除了一些少量的例外，实验流程都被记录在磁带上，有时也透过单面镜给实验场景拍摄一些照片，特别是实验过程中出现的一些反常行为通常都会被记录下来。在某些时候，其他的研究者也会对被试的行为做一些客观性的描述。另外，还有一个精确的定时装置用来测量电击的潜在性与持久性。

面试与谎言

根据实验要求，对被试进行访谈：开放性问题，有计划的测量，以及关于态度的评价。在面试之后，必须保证被试在离开实验室时依然保持良好的精神状态。必须在被试与被电击者之间建立起一个相对友善的合作关系，尽量缓解实验导致的紧张情绪。

结　果

初步的看法

在给出实验的结果之前，我们有必要探讨一下人们是如何预测有权力电击别人的人是怎样采取行动的。耶鲁大学心理学专业的 14 名四年级学生，被要求就这种实验状况进行详细的描述。他们需要对其进行认真的思考，并对 100 名假定被试的行为做出预测，这些将参与实验的被试是"100 名年龄在 20~50 岁的不同职业的美国人"。

这一预测与实际结果的一致性是非常值得重视的。所有的预测均表示只有很少的人会将这个实验进行到最后，估计比例在 0%~3%，也就是说这些"悲观的"预测者认为在 100 名被试中，最多只有 3 个人会有可能使用电击装置的最后一个按钮——450 伏。平均的预测是 1.2%。同样的问题，笔者也询问了周围的同事，绝大多数人都认为只有极少数的被试会坚持到超过"强电击"这一等级。

实验的结果 1

被试的接受情况

除了极少数的例外，被试都相信实验状态的真实性，也就是说他们都相信自己操纵着针对另一个人的电击，并且那些高强度的电击是非常疼的。在实验之前的面试中，当被试被问及："你会让'学生'承受的最强的疼痛是多少？"他们被要求在一张印有 14 栏从"没有任何疼痛"到"剧烈疼痛"不同选项的表格上填涂他们的答案。大多数的人都选择了 14，也就是"剧烈疼痛"，平均值为 13.42。

极度紧张的标志

很多被试在实验过程中均展现出紧张的状态，特别是在实施较为剧烈的电击时。不过，在社会心理学的实验室中，很少能看到极度紧张的状况。我们可以观察到这些被试不停地流汗、战栗、口吃、咬嘴唇、呻吟、用指甲掐自己，这些都是实验中常出现的典型反应。

紧张的一个很重要标志就是有规律的紧张的笑声的出现。在 40 名被试中有 14 个人表现出明显的紧张的笑声。这些笑看起来是那样不合时宜，甚至是奇怪。大声地喘气，不可控地抓挠出现在 3 个被试身上。一次，一名被试因为抓挠过于激烈而引起痉挛，实验被迫停止。还有一名被试，一名 46 岁的百科全书销售员，被他不可控的行为弄得手足无措。在实验前的面试中，被试选择"痛苦"来表明他们不是虐待狂，现在的这些笑声也并不表示他们正在享受电击他人的乐趣。

分值的分散

前面有人推测，一般的人是不会将电击的强度超越"强电击"这一等级的。如表 2 所示，关于实验中被试所使用的最大强度的统计，我们可以看出实际情况与之前的预测有很大的出入。

表 2 关于实验中电击强度的统计

电击的强度与等级	选择此等级为最大电击强度的人数	电击的强度与等级	选择此等级为最大电击强度的人数
轻微电击		非常强的电击	
15	0	255	0
30	0	270	0
45	0	285	0
60	0	300	5
中度电击		超强电击	
75	0	315	4
90	0	330	2
105	0	345	1
120	0	360	1
较强电击		危险：剧烈电击	
135	0	375	1
150	0	390	0
165	0	405	0
180	0	420	0
强电击		×××	
195	0	435	0
210	0	450	26
225	0		
240	0		

依照实验者的命令，每一名被试使用的电击强度都超过了预测的界限，没有人在第 20 档（也就是 300 伏——此时被电击者会不停地撞椅子并拒绝回答"老师"提出的多项选择问题）之前停止。

在 40 名被试中，5 人在达到 300 伏特时拒绝进一步的实验，4 人在 315 伏时停止，2 个人到达了 330 伏，345 伏、360 伏、375 伏时各有 1 个人，这样共有 14 名被试拒绝了实验者的要求。他们的成绩被记录为"拒绝"，并被转录在磁带上：

> 0124：我想他在试着沟通，他在敲击……对他电击是不公平的……这是可怕的强度，我想这很不人道……我不能再进行下去了，这是不对的。这是个"地狱般的"实验，那个人显然在受苦。不，我不再继续了，这太疯狂了。（被试拒绝进一步实验）
>
> 0123：他在击打，我就要退出了。我想继续下去，但我不能那样对待那个人……我感到很抱歉，我不能那样对待他。这将伤害他的心脏，你们应该检查一下……哦，不，我不能再做了。

这些被试通常都会显示出一副焦虑的甚至是愤怒的神情。有时，虽然言语的抗议并不是很多，但被试会直接从椅子上站起来，准备离开实验室。

在 40 名被试中，有 26 个人遵照实验者的指示一直将实验进行到最后，也就是一直持续到他们使用电击装置上的最后一个按钮为止。此时，实验者会宣布实验结束（最强的电击标示为 450 伏，它比"危险：剧烈电击"还要高两档）。虽然这些"服从的"被试再继续使用电击，但他们会经常表现出有很大的压力。当电压强度高于 300 伏时，一些被试就表现出不情愿的神情，并且同那些"拒绝者"一样，他们也显得非常担心和害怕，尽管他们最终还是选择了"服从"。

当使用了最高强度的电击，并且实验者宣布实验结束之后，很多"服从的"被试都因为压力的解除而深深地喘气、放松他们紧锁的眉头、用手指揉眼睛，或者紧张地摸出香烟，另一些被试则晃动脑袋，以表示非常懊悔。还有一些则显得较为平静，很少表现出因为实验而造成的紧张。

讨 论

上述实验产生了两个令人惊讶的结果。首先是在此种状况下显示出的关于服从倾向的纯粹性力量。被试从儿时起就知道违反他人意愿而对其造成伤害是违反基本道德规范的行为。然而，依然有 26 名被试放弃了他们的原则，而选择服从一个没有任何特殊力量的"权威"。对于这些被试而言，选择抵制不会给他们带来任何实质性的损失，亦不会有任何惩罚措施存在。显然，从实验记录和他们的行为表现来看，对"学生"实施电击是与被试自己的意愿相违背的。一些被试经常很明显地表现出对"电击"这种方式的不满，而另一些则谴责这是愚蠢和无意义的。但是，他们中的大多数遵从了实验者的命令，这一结果至少在如下两个方面显得出乎意料。

其一，这与实验前所做的问卷调查的预测相矛盾（不过，或许是因为，这些问卷的作答者没有亲临实验现场，并且也很难向他们完全解释清楚实验的细节，这些都可能导致其低估了"服从"的程度）。

但是，实验的结果仍然使那些通过单向镜观察实验过程的研究者感到意外。研究者经常表示不相信被试会遵从指令使用强烈的电击。他们显然是熟知实验的每一个细节的，然而还是完全低估了被试的"服从"程度。

其二，实验过程中产生的紧张异常严重。我们原来可能假设一个被试要么简单地选择结束，要么就按照他的意识指示继续进行下去，然而，这一假设显然与事实相背离。我们看到的是强烈的、非常情绪化的紧张反应。一个研究者这样叙述：

> 我看到一个成熟的、开始时十分镇静的商人面带微笑，自信地进入了实验室，20 分钟以后，他出现了抽搐、口吃，甚至濒临神经衰弱的边缘。他不断地拉自己的耳垂，拧自己的手指。有一次，他还把他的拳头放在他的额头上，同时不停地嘟囔道："哦，上帝啊，停止吧。"但同时，他还是服从了实验者的指令，将实验进行到了最后。

任何关于服从现象的理解，都必须建立在对特定情境的分析上。分析本次实验的状况，它之所以出现超乎意料的"服从程度"，原因有如下几点。

1. 实验的发起方和实施场地都是耶鲁大学，这毫无疑问是一个享有无懈可击的名誉和声望的研究机构。这就假定了其研究人员都是有能力和有声望的。这种背景权威的重要性正在纽黑文（New Haven）做一系列的进一步研究，当然与大学是没有明显联系的。

2. 实验表面上看来，是为了研究学习和记忆的关系，这是一个非常有价值的研究目的。在被试看来，服从不仅表示其自己本身，也表示在此种状况下，它作为一项具有可操作性的基本要素是十分重要和有意义的。被试可能不会完全了解这种重要性到底是什么，但他相信研究者一定知道。

3. 被试感觉到"被电击者"是自愿服从于实验者所设定的权威体系的，而不是一个（在开始时）被强迫的俘虏。他将这些麻烦带到实验室来，也许是为了帮助实验者开展研究。虽然后来他成为一个不自觉的被试，也没有改变开始时他赞同不经过任何资格认证就参与实验的事实。如此，在某种程度上而言，他拥有了对实验者的某种"责任"。

4. 被试是自愿参与这个实验的，并且知道他们应该服从且帮助研究者进行实验。他做出了一个承诺，而破坏这个实验室将与其当初的承诺相违背。

5. 实验过程中的某些特定细节强化了被试对于实验者的服从意愿。如：到实验室来时可以拿到钱。关于这一点，实验者做了如下描述：

> 当然，对于所有的实验来说，只要来到实验室就可以拿到钱，就是这么简单。或者说，不论实验中发生了什么，都可以拿到钱。①

6. 对于被试而言，他作为"老师"而另一个人作为"学生"完全是一个偶然的状况（那是由抓阄决定的），被试和另一个人成为"学生"的概率是一样的。因为在实验中任务的分配被认为是很公平的，"学生"就没有任何理由去抱怨他受到了不公的对待（同样的状况也会在军队中出现，在没有志愿者的状况下，一些危险的任务总会采用抓阄的方式来决定谁去完成，而那个不幸的士兵就只能抱怨他的运气不好）。

7. 在尊敬心理学家的特权和符合他的被试之权力之间是很含糊的。也就是说，很难说清心理学家对他的被试的期望究竟是怎样的，尤其是当被试跨越了可接受的极限时。并且，实验还使用了一些相近的设置，使得被试没有机会就这些含糊的问题与别人进行讨论。这些标准看起来是直接适用于该情境的，但事实上对于大部分被试而言它们不过是"小说"而已。

---

① 43名耶鲁大学的学生也作为被试参加了同样的测试，区别只是他们都是没有拿报酬的。但实验的结果和本次实验非常类似。

8. 被试肯定那些电击是"疼痛但没有危险的"。因此，他们相信，对于"学生"而言，不适只是暂时的，但从实验中取得的科学进展却是长久的。

9. 在电击强度的等级达到 20 时，"学生"依然在回答问题，此时被试就会将其解释为"学生"依然愿意将实验继续下去。只是在电击强度的等级超过 20 时，"学生"才拒绝回答任何问题。

这一细节有助于我们理解为何在此实验中服从的程度如此之高。许多评论都指出不能仅仅局限于对事实的推测，而应该用进一步的实验来加以证实。① 实验中的另一些细节还向我们展示了被试所遇到的紧张与冲突。

10. 被试处于这样一种位置：他必须同时对两个给出相互冲突指令的人（实验者与受电击者）做出回应。这样一来他就在究竟满足谁的要求上发生了冲突，同时使实验者与被电击者双方均满意是不可能的。另外，解决方式还必须通过一个高度可观测的行为表现出来，那就是继续实施电击或者终止实验。这样被试就面临一个公开的困境，即不允许采取一种使所有人都满意的解决方式。

11. 当实验者利用科学权威作为命令的依据时，被电击者是依靠他在实验中对疼痛的忍受做出反应的。这两者并不被看作平等的压力和制约。实验者追求的是获取科学的数据，而被电击者则是因为被试的行动而忍受着电击的痛苦。

12. 实验给被试的反应时间是很短的，因此冲突的到来也很迅速。当被试坐在电击装置前到被电击者抗议之间只有短短的几分钟时间，并且当被电击者进行第一次抗议时，才只是进行了实验的 2/3 而已。这样他就知道这种"冲突"将会是要持续面对的问题，并且随着电压的逐渐增强，"冲突"会越来越严重。这种冲突的快速到来，以及他对冲突的可预测性的认识都是他产生紧张的来源。

13. 从更一般的程度上而言，冲突产生于两个完全对立的行为取向：一是不要伤害任何人的取向；二是服从那些被我们认为是合法的权威的取向。

---

① 一系列类似的关于服从行为的实验已经完成并发表（Milgram，1965）。

参考文献

Adorno, T., Frenkel-Brunswik, Else, Levinson, D. J., & Sanford, R. N., 1950, *The Authoritarian Personality*, New York: Harper.

Arendt, H., 1958, What was Authority? In C. J. Friedrich (ed.), *Authority*, Cambridge: Harvard University Press, pp. 81-122.

Binet, A., 1900, *La Suggestibilite*, Paris: Schleicher.

Buss, A. H., 1961, *The Psychology of Aggression*, New York: Wiley.

Cartwright, S. (ed.), 1959, *Studies in Social Power*, Ann Arbor: University of Michigan Institute for Social Research.

Charcot, J. M., 1881, *Oeuvres Complètes*, Paris: Bureaux du Progres Medical.

Frank, J. D., 1944, Experimental Studies of Personal Pressure and Resistance, *Journal of general Psychology*, No. 30, pp. 23-64.

Friedrich, C. J. (ed.), 1958, *Authority*, Cambridge: Harvard University Press.

Milgram, S., 1961, *Dynamics of Obedience*, Washington: National Science Foundation.

Milgram, S., 1965, Some Conditions of Obedience and Disobedience to Authority, *Human Relations*, No. 18, pp. 57-76.

Rokeach, M., 1961, Authority, Authoritarianism, and Conformity, In I. A. Berg & B. M. Bass (eds.), *Conformity and Deviation*, New York: Harper, pp. 230-257.

Snow, C. P., 1961, Either-or, *Progressive*, February, No. 24.

Weber, Marx, 1947, *The Theory of Social and Economic Organization*, Oxford: Oxford University Press.

劝说与态度改变[*]

卡尔·霍夫兰德　欧文·贾尼斯　哈罗德·凯利[**]

　　信息沟通的效果在很大程度上取决于传递者。政府部门竭力通过最受欢迎的倡导者向国会陈述它的议案。爱说闲话的人借助谣言来美化信息源的名声。论辩者、科学论文作者以及专栏作家等也都常常引用权威人物的话来支持自己的论点。

　　一种观点如果得到受尊敬的人或组织的赞同，它具有的积极效果就会如同这些人或组织自己提出的一样。竞选宣传的组织者通常需要许多要人的名单，而这些人物通过允许把他们的名字印在竞选宣传品的上端，从而巧妙地支持了竞选者。某种信息的效果可能也依赖于特殊的传递渠道或出版物，比如一条广告的可信性在某种程度上似乎与登载它的杂志的声望有关。

　　上述事例表明了个人、群体或媒介（可以统称为"信息源"）在信息

---

　*　Translated from Hovland, C. I., Janis, I. L., & Kelley, H. H., *Communication and Persuasion*: *Psychological Study of Opinion Change*, New Haven, Conn.: Yale University Press, 1953, pp. 19-36. （本文由孙德娴译，王小章校）

　**　卡尔·霍夫兰德（Carl Iver Hovland, 1912~1961），生于芝加哥，本科毕业于美国西北大学，后考入耶鲁大学，1936年获得博士学位，并在耶鲁大学度过了整个职业生涯。毕生从事说服与态度改变以及心理对行为影响的研究，其中1942~1945年应美国陆军部聘请，在美军中从事战争宣传与美化士气的问题等研究。"二战"后回到耶鲁大学心理学系，1945~1951年担任心理学系主任，1961年在美国去世。欧文·贾尼斯（Irving Lester Janis, 1918~1990），生于美国纽约州布法罗，1939年获芝加哥大学理学学士，1940年进入哥伦比亚大学攻读博士，第二次世界大战期间，和塞缪尔·斯托弗、卡尔·霍夫兰德共事，战后回到哥伦比亚大学获博士学位。1947年受聘于耶鲁大学，并参与霍夫兰德的"态度改变"研究，曾提出"群体迷思"理论（*Group Think*, 1972）。哈罗德·凯利（Harold Harding Kelley, 1921~2003），求学于加利福尼亚大学伯克利分校，获心理学学士和硕士学位。第二次世界大战期间服务于美国陆军，战后在卡特·勒温领导的麻省理工学院群体动力学研究中心继续学业，1948年获得群体心理学博士学位。1950年出任耶鲁大学助理教授一职，并参与了卡尔·霍夫兰德主持的"传播与态度改变研究"课题，1978年当选为美国国家科学院院士。

传递效果中的重要性。有时，信息传递效果的差异取决于信息源是提供信息的本人，还是信息转述者，抑或是传递信息的渠道。然而，各种信息源在发挥作用的过程中也是有其共同的基本因素和原理的。因此，分析一种信息源发生作用的心理过程所得到的结果，可望同样适用于其他各类信息源。在本文中，我们将主要讨论传递效果取决于单一信息源的那种作用环境，这种信息源通常是直接向听众陈述自己对某个问题的看法的人。在此，我们将把这种信息源称作"传递者"。

根据前一章对意见改变的分析，传递者能够以各种方式影响改变过程。例如，如果传递者是一个具有人格魅力、能吸引听众的能说会道的人，他就能够引起人们对新观点的兴趣。而如果他是个受人敬仰的人，或者是上层阶级成员，那么通过表明他本人或他所属群体对所倡导的观点的赞赏和支持，就能够鼓励人们去接受这一观点。当传递者引证论据来支持自己提倡的观点以求人们接受时，他本身的内行性和可信性就决定了人们对信息的相信程度。

我们认为，传递者的各种影响可以从听众对他的态度中反映出来。许多不同的态度构成了传递者产生影响的基础。有些态度可能与听众对传递者具有的敬仰爱慕之情有关，并源于对传递者的认同和接近的愿望。另一些态度可能包含了听众对传递者的敬畏，这种敬畏源于听众认为传递者具有根据他们对其建议或要求的信奉程度予以奖罚的权力。其他还有一些重要的态度，如对传递者的信任，这种态度与听众对传递者的可信度的觉察有关，包括他的知识、智慧和诚意等。

诸如此类对传递者效应有影响的态度，是每个个体在各种影响情境中习得的。通过接受和拒绝社会影响的种种经验，个体获得了对各种信息源的有效性的预期，并且知道遵循某些人的建议要比其他一些人的建议更有意义。这种经验造成了个体对作为影响源的各种人的复杂的态度，并且广泛地施之于各种人物、群体和机构，从而影响个体对由这些人物、群体、机构所发起的信息传递的反应。

如果形成这些态度的条件是变化的（这几乎是不可避免的），那么与施加影响的程度有关的传递者的特点也就无法加以归类：它们可能随时间和文化背景变化而变化。比如，那些人们认为很有权威或很可信赖的人的特征就由于文化不同而有差异。即使在特定的文化背景下，也可能存在某种程度的变异，特别是在涉及不同的主题时。然而，有些态度，例如那些与爱慕之情、传递者的权力、信誉等相关的态度，在所有的社会中都很重要。此外，与这种态度的前提和结果有关的一般原理，在很大程度上可能带有普遍性，至少在我们自己的文化中如此。

我们的研究计划只限于调查有限的领域，即与信息源的可靠性有关的因素。我们对这个领域的分析将集中在两个问题上：①传递者可信度的差异如何影响听众对于信息内容与表达的理解和评价？②传递者可信度的差异如何影响听众态度和信仰改变的程度？在分析这些问题的答案时，我们将简单讨论一下存在于这些可观察到影响和随时间迁移而出现的变化之下的潜在的心理过程。

背　景

个体是否接受某一传递者提倡的观点，部分地取决于他对传递者受教育程度和聪明程度的看法。然而，有时接受者虽然相信传递者能够传递合理的观点，但是如果他怀疑传递者是出于某种目的而宣扬不合理的主张的话，他依然会拒绝接受。因此，很有必要区分一下：①在多大程度上，人们相信传递者是合理观点的来源（他的"内行性"）；②在多大程度上，人们相信传递者的意图是传递他自己认为最合理的观点（他的"可信性"）。在任何情况下，听众给予传递者的观点的评价都取决于这两种因素。这两种特性可以合称为传递者"可信度"。在这一部分，我们将针对可信度的两个组成部分：内行性和可信性，来讨论一些背景材料。

传递者的各种特征会引起与内行性相关的态度。比如，传递者的年龄有时被认为是经验丰富与否的标志；在某个组织中担任领导会被认为是预见社会反应的能力的象征。在某些情况下，与接受者类似的人会被认为比那些与之不同的人更内行。人们往往倾向于认为，一个在地位、价值观、利益和需要等方面和自己相同的人也会以和自己相同的观点、立场去看待问题、判断事物。因此，这样的传递者对事物所持的观点就会具有特殊的可信度，尽管接受者对这些事物并不了解。可见，对年龄、领导地位以及社会背景的相似性诸因素的研究，在某种程度上涉及内行性因素。

关于内行性因素对态度转变所产生的各种影响，几乎还没有做过系统的调查，但从已做的许多研究中我们可以得到富有启发的结果。最典型的是

A. O. 波顿、弗洛德·考德威尔和盖伊·威斯特的研究成果。该项研究涉及人们对解决美国经济中适量的货币标准问题的各种方法的态度。他们调查了不同年龄层次的被试，计算了他们对由不同专业的人（如律师、工程师、教育家）所提出的观点的赞同数量，结果发现，那些由教育家和实业家提出的观点最常为人们所赞同，而部长们提出的观点则常常遭到反对。丹尼尔·库尔伯的研究则证明，对于教育专业的毕业生来说，职业教育家和社会科学家的社会、政治观点要比平民百姓的更具影响力。当然，这当中可能也有其他因素起作用，但至少这些研究的结果可以部分地归因于各种信息源的内行性差异。

就可信度的第二个组成部分而言，对于传递者本人的那些造成接受者对他的信任或不信任态度的特征，以及对于这些态度对信息接受的影响，存在许多推测。一种最普遍的观点认为，如果一个人被发现是为了某种目的才去劝说别人，人们很可能认为他是为了从中捞取什么好处，因此不值得信任。正像保罗·拉扎斯菲尔德、伯纳德·贝雷尔森、黑兹尔·高戴特指出的那样，随便的、没有目的的谈话可能更为有效，因为这时接受者不会有那种批评和防卫机制，而在接受者知道别人是在试图影响他的情境中则往往会产生这种戒备。在地铁和其他拥挤的公共场合，偶然听到的谈话也会有类似的特殊效果，因为在这种环境中，谈话者显然不是在有意地劝说旁人。这些现象最近似乎已被运用到了商业广告的某些技术中。

信息传递者的社会角色标志往往暗示着他的特定意图或动机。我们知道，从事某些职业的人（如广播员、广告员、售货员）在特殊压力下，只能传送某些特定的信息，而不能传递其他信息。而从事其他职业的人（如报刊记者），他们的压力则是要他们尽可能准确地陈述全部事实。于是广告员们便在新闻专栏里为他们的客户反复宣传，这说明他们自己也认为新闻比广告具有更高的可信度。

使人们认为传递者是真诚的而不是"又一个推销员"，这一点非常重要。罗伯特·默顿对凯特·史密斯的分析为此提供了富有启发性的证据。凯特·史密斯为出售战争债券，曾连续广播了 18 个小时，她异常成功的主要原因之一显然是听众对于她的真诚的信任："……她确实是言其所想。"尽管她常常出现在商业赞助节目中，并像其他广播明星一样加入了广告推销活动，但听众仍然感到，在出售债券的活动中，她关注的只是国家利益，而不是个人的名气。默顿的分析中一个很有趣的思想是，那场马拉松式的努力本身即可能给她带来作为一个真诚、无私的人的荣誉，因为就在那些定期听她节目的人（当然也包括那些不听的人）当中，那些听到那场马拉松式广播演说的人比起没有听到的人更确信她在债券推销中是无私的。默顿说，"总之，18小时连续广播的辛劳为史密斯的真诚提供了充分的依据"。

卡尔·霍夫兰德、亚瑟·拉姆斯坦勒和弗瑞德·谢菲尔德所提供的有关资料表明，对传递者信任或不信任的态度可能会影响观点转变。其中最基本的资料涉及观众对陆军倾向性电影的反应。这些态度不是专门针对传递者的，而是对放映这种电影的目的做了一般的判断。在看过"英国战场"之后，要求士兵们回答这样一个问题："你认为给你和其他人放映这部电影的原因是什么？"根据回答可以将这些士兵划分为两类：一类认为放映电影是为了"宣传"（在某种程度上有操纵意图）；另一类认为是为了"介绍情况"。就这部电影在转变观点上的作用而言，对这两组人所做的比较表明，那些认为具有操纵目的的人所受的影响远远小于那些认为是为了介绍情况的人。当然，这种相关可能仅仅表明了反映在观点转变和电影评论之中的对电影内容的一般态度。但除此之外，我们也可以这样解释，即如果传递的信息被认为具有操纵目的，那么就可能不被接受。

上述材料表明，与传递者的内行性和可信性相关的态度可能会影响他的影响力。系统研究取得的材料将会帮助我们确定这种现象发生的条件，并且还能提示具体的过程。接下来，我们将着眼于以下两个问题来讨论获得的材料。

首先，传递者的那些与内行性和可信性相关的特征的变化是否会影响接受者对他的表述、观念、要求的评价？当信息传递是通过娓娓的规劝和激发性的呼吁来达到其效果时，这个问题就变得尤为重要了。有时，一条信息只传递了一个结论，没有论据的支持，它被接受只是由于传递者的威望。过去对传递者效应的实验性调查——"威望提示"研究——大部分都集中在这种特殊现象上。可以说，当所提倡的观点的论据是隐伏的、不明显的、不易觉察的时，具有权威性的传递者对它的支持、赞同能赋予这种意见以事实和逻辑上的可靠性，从而具有很大的鼓动性，继而产生明显的影响效果，但是，当传递的信息包括明确的论点、论据时，由可靠的信息源提出是否会被认为比由不可靠的信息源提出更重要、更合理或更合逻辑呢？一言以蔽之，论证的效果在多大程度上依赖于人们对传递者的态度？

其次，与内行性和可信性相关的传递者的那些特征的变化是怎样影响由信息传递导致的观念转变的呢？当然，对于劝说性的信息传递，这是个关键的问题。单独调查上述各种观念转变是很有必要的。我们将看到，传递者的特征会影响听众对信息表述的评价，而并不一定会影响听众对结论的接受程度。

研究证据

如上所述，听众对传递者劝说他们的意图的觉察，会影响他们对传递者的可信度的判断。埃韦英的研究讨论了这个问题的一个特殊方面——传递者宣布的意图与接受者原有的偏见之间的一致程度。结果表明，这个变量影响着观念转变的程度，这种影响可以通过对信息表述的不同评价体现出来。给两组被试传递同样的信息，与他们的最初观点比较而言，这种信息对亨利·福德是不利的。在介绍与陈述的过程中，宣传者明确说明了他的意图，对一组对象他宣称他的目的是让人们更喜欢福德，而对另一组，他则要让他们不喜欢福德。

图 1 表明，在第一组中，宣传者的意图与对象的偏见一致，所以沿信息传递方向的转变最大。

概括地说，埃韦英的研究结果证实了这样一种假设，即当传递的信息来自鲜为人知或有歧义的信息源时，传递者最好开始就声明，他的立场与听众是一致的，这样被接受的可能性就会增大。埃韦英的研究结果表明，即使传递的观念与听众的最初观念正好相反，这种做法也是很有效的。当然，如果信息的内容显然与传递者讲述的意图背道而驰，这种效果自然也不可能产生。

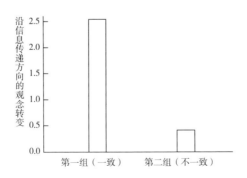

图 1　同传递者声明的意图与听众最初的偏见之间的一致性和不一致性有关的观念转变程度

埃韦英对他的资料做了进一步的分析，他指出，接受者根据自己的偏见、逻辑等对信息传递做出的有利反应，也可能影响这种结果。显然这种评价并不仅仅依赖于内容，还依赖于接受者原有的偏见和传递者声明的意图之间的矛盾程度。如果传递者用以支持结论的材料与他声明的立场有些出入，有时反而会被认为是表明了他的思想的客观性，从而成为使听众相信他的论点的基础。

在霍夫兰德和瓦尔特·韦斯的保持效应研究中，使用具有不同可信性的传递者，通过实验展示了信息源可信度的变异。实验的基本程序是，把完全相同的信息源传递给两组被试，对一组被试说信息来自可信度很高的信息源，而对另一组被试则说信息来自可信度很低的信息源。在传递信息前，先发一次意见调查问卷；信息传递之后，立即再发一次；一个月之后，发第三次。实验选了四个不同的题目，通过可信度高的信息源把每个题目分发给一些被试，又通过可信度低的信息源把它们分发给另一些被试。对每个题目都采用肯定和否定的回答。

给每个被试（高年级大学生）一本小册子，其中包括四个题目的文章，在文章后面还注有出处。实验中使用的四个题目及其出处，如表 1 所示。

表 1　实验讨论的题目及其来源

	高可信度信息源	低可信度信息源
A. 抗组织胺药 应该继续出售没有医生处方的抗组织胺药吗？	《新英格兰生物学和医学杂志》	《杂志 A》（一种大量发行的月刊画报）
B. 核潜艇 目前能够制造适用的核潜艇吗？	罗伯特·J. 奥本海默	《真理报》
C. 钢材短缺 钢铁工业应对现在的钢材短缺负责任吗？	《国家资料：计划委员会公报》	作者 A（一个反对劳动、反对新政的"右派"新闻专栏作家）
D. 影剧院的前景 由于电视的缘故，到 1955 年开张的影剧院的数量会减少吗？	《命运杂志》	作者 B（一位电影闲话女专栏作家）

在传递信息前发放的问卷得到了被试对许多信息源（包括所使用的特殊信息源）的可信性所做的判断。分析这些判断表明，使用的信息源在可信度上存在很大的差异：81%～95% 的被试判断那四种高可信度的信息源可

以信赖；只有1%~21%的被试判断低可信度的信息源值得信赖。

表述方式评价

对信息源的初始态度的差异，确实影响了接受者对信息传递的评价，这种评价是紧随信息曝光之后的。表2中的资料总结了接受者对四种信息传递的评价。即使这些信息的内容被认为"不太恰当"，结论则会被认为"不太合理"。尽管对这些问题的回答可能牵涉对整个传递情境所做的反应，而不仅仅限于对论点和结论的评价，但它们确实表明了信息源的不同对内容特征的判断（如某个信息传递中，事实怎样为结论提供了很好的依据）有着重要的影响。

观念转变

如果信息来自高信度信息源，观念转变就往往沿着信息倡导的方向进行。表3显示了紧接着信息传递之后出现的观点转变的结果。四个题目中有三个都得到了预期的差异，只有影剧院的前景是个例外。

但是，当被试读过文章四个星期之后，再来看他们的观念转变时，高可信度信息源与低可信度信息源效应上的差异就消失了，它们之间不再有很大的差异，这是因为接受高可信度信息源提倡的观点的被试越来越少，而接受低可信度信息源的观点的被试越来越多。前一种结果可能是由于对内容的遗忘，或者因为越来越不注意传递者的可信度，或者两者兼而有之。低信度组所显示的观点转变的增长则表明"不值得信赖"信息源的消极作用已经消失，从而使信息中表述的观点产生出一种延宕的积极作用。根据解释，信息源的作用在信息传递时最大，但随着时间的推移，却以比内容本身的作用快得多的速度消退。这种机制在一定程度上可以说明为什么隔一段时间之后人们会更相信传递者的结论。

表2 高可信度信息源和低可信度信息源对评价同一信息传递的恰当性与合理性的影响

A. 认为作者表达"恰当"的百分比 单位：个,%

题目	高可信度信息源		低可信度信息源	
	数目	百分比	数目	百分比
抗组织胺	31	64.5	27	59.3
核潜艇	25	90.6	36	69.4

续表

题目	高可信度信息源		低可信度信息源	
	数目	百分比	数目	百分比
钢材短缺	37	24.3	26	19.2
影剧院的前景	29	93.1	33	63.7
平均（%）	65.6		54.9	

B. 认为作者的结论"合理"的百分比

题目	高可信度信息源		低可信度信息源	
	数目	百分比	数目	百分比
抗组织胺	31	67.7	23	51.8
核潜艇	25	80.0	36	44.4
钢材短缺	37	32.4	26	26.9
影剧院的前景	29	58.6	33	42.4
平均（%）	58.2		41.8	

表 3　由实验者划分的高可信度和低可信度信息源引起的沿信息传递方向的观点纯变化

被测对象沿信息传递方向转变观点的百分比

题目	高可信度信息源		低可信度信息源	
	数目	百分比	数目	百分比
抗组织胺	31	22.6	30	13.3
核潜艇	25	36.0	36	0.0
钢材短缺	35	22.9	26	−3.8
影剧院的前景	31	12.9	30	16.7
平均（%）	23.0		6.6	
差	16.4			
p	$\angle .01$			

注：纯变化＝正变化−负变化。

　　这种解释表明，在上述实验中，信息和内容的保持是相对独立的，并且内容保持显然具有更持久的效果。可以预期，当传递的信息不仅包括信息源所持的观点，而且包括支持这种观点的论点论据时，这种现象就会发生。当然，这种预期是基于这样一种假设，即信息传递的这些方面可以就它们本身的价值加以单独估价，而不必联系到信息源。它们不会一开始就牵涉对信息源的评价性反应。结果，它们便常常在无伴随性反应（不标明和记起信息源）的情况下出现。

然而，在其他情况下，人们会认为信息源和内容在记忆中是紧密相连的。比如，当传递的信息只有一个或几个人能够提供时，内容的记忆就可能伴随着对信息源的记忆。假如一个人听了某内阁成员就总统内阁所做的决策发表的广播讲话，那么他回想这段讲话时，很可能联想到作为信息源的那位内阁成员。但是，如果从许多不同的信息源那里听到这一主张，那么接受者对两者的记忆就可能彼此独立。

上述假设可能只是一个更一般命题的特例：在最初接受信息传递时，对信息源的感性反应越是强烈，那么以后当信息传递情境的某一特征再次出现时，记忆中唤起信息源的可能性就越大。当传递者作为信息源的独特性在传递情境中显得很突出，或者当传递的情境迫使接受者在评价传递者的主张时不得不考虑他的特点，对传递者的强烈反应就会出现。当然，其他因素也会以同样的方式起作用。比如，如果传递者讲话的方式引起接受者情感上的强烈反应，接受者就很可能记得信息是由谁传递的。对这些因素的系统探索有待于进一步的研究。

赫伯特·凯尔曼和卡尔·霍夫兰德就信息源可信度的变异还做了另一项研究。在正常上课时间，要求一所夏季中学的一些高年级学生听一个教育广播节目的录音，并公开评价其教育价值。这个节目中介绍了一位特邀发言人。这位发言人发表了一篇谈话，赞成对青少年罪犯实行极为宽大的处理。但实验中对发言人却使用了三种不同的介绍："肯定性"的介绍称他是审理青少年罪犯法庭的法官，即一位受过高等教育、知识渊博、经验丰富的犯罪学和青少年犯罪方面的权威，诚实、正直，并时刻不忘公众的利益；"中性的"介绍则说，他是一位随机选来的听众，关于他的其他方面则不做说明；"反面性"的介绍也说他是从听众中选来的，但在面谈过程中却发现他在青少年时期是个罪犯，最近又参与了一些不正当的交易，因被指控贩卖毒品而被捕，正在保释中，并且在采访过程中，他公然蔑视法律，不尊重他的父母（虽然他们尽心尽力地抚养了他）。他的许多观点都表明他是个自我中心的人，他赞成宽大处理也是出于个人的考虑。

基本的意见材料是通过改进测量人们对罪犯处理态度的王-瑟斯顿量表（Wang-Thurstone Scale）获得的。信息传递后即刻把这个量表发给被试填写，三个星期后再让被试填写一次。在信息传递之前，还使用了一套特殊的基于同一问题的检验态度的项目，以保证参与实验的十个班级的可比性。

表述方式评价

信息传递之后，直接获得了听众对表述方式的反应，如表4所示。同一内容的信息，当它是由"肯定性"传递者来表述时，听众对表述方式合理性的评判要比由"否定性"传递者表述时好得多。虽然中性传递者的表述方式所得的评判居中，但更接近对于肯定传递者的评判。

表 4 听众对肯定、中性、否定传递者发表的有关青少年犯罪的同样讲话的评价

信息源的性质

评价	正面	中性	反面
认为他的表达	$N = 110$	$N = 60$	$N = 102$
"完全合理"或	73%	63%	29%
"合理"的百分比			

注：正面比反面，$p < 0.001$。

观念转变

观念转变结果与对表达方式的评价是相对应的。从表5中我们可以看到，从肯定性信息源听到信息的那组被试比从否定性信息源听到的那组被试更赞成宽大处理，而中性信息源产生的观点分数与正面信息源接近（这与上述评价类型相关）。这也表明，针对合理性和可信度的态度在这一问题上要比针对内行性的态度起更重要的作用。

信息传递三周后，又使用了另一种态度量表。结果发现，实验组之间的差异不存在了。就像霍夫兰德和韦斯的实验情况那样，接受正面传递者传递的信息的人减少了，而接受反面传递者传递的信息的人则略有增加……

表 5 不同传递者对观点分数的直接影响

组	数目（N）	平均+
肯定性传递者	97	46.7
中性传递者	56	45.7
否定性传递者	91	42.8

注：高分表示信息传递中提倡的宽大处理的立场。

t 正—反 $= 4.11$ $p < 0.001$

t 正—中 $= 0.79$ $p = 2.1$

t 中—反 $= 2.36$ $p < 0.01$

霍夫兰德和华莱士·曼德尔的另一项研究主要和可信度变量有关。信息传递者给一个心理学班的学生提出了有关"纸币贬值"的话题。在广泛讨论了美国货币制度，并描述了一些历史实例的基础上，发言人最后得出结论——赞成纸币贬值。但这一结论对一些被试说得很明确，而对另一些被试则没有说得那样清楚。同时，对发言人也做了不同介绍，以期引起被试不同的反应，即①对传递者的动机产生怀疑；②对他的公正表示信任。在第一种情形下，发言者被介绍为是一个大进口公司的领导。由于信息传递中已讲得很清楚，进口商能从贬值中获利，所以听众就会得到一种印象：认为发言者想通过让人们接受他的意见而从中获利。在第二种情形中（无怀疑），发言者则被介绍成是一位来自美国重点大学的经济学家。

在讲话的前后，都要求被试发表自己的意见。过一段时间，再要求他们对这个节目和发言者做出反应。

表述方式评价

表6显示了有关表达方式的两个问题的结果。这些结果表明，引起怀疑的介绍致使听众认为，"出于某种动机"的发言者讲得很糟，而且在表述上也不如"公正的"传递者"合理、诚恳"。实验的结果就是如此，尽管二者讲话内容和结论完全一样。可见，对传递者的动机的暗示，显然影响了听众对他的表述方式和内容的评价。

表6　对可疑和非可疑传递者的同一信息的评价

A. 问题："你认为这个广播节目在陈述纸币贬值的事实上做得好不好呢？"

	非可疑传递者 （$N=113$）	可疑传递者 （$N=112$）
回答"做得很好"的人的百分比	41.1%	21.1%
差值	20.0	
p	<0.001	

B. 问题："你认为讲话者对美国纸币贬值的看法是合理可靠，还是显得太片面了呢？"

	非可疑传递者 （$N=113$）	可疑传递者 （$N=112$）
认为传递者"合理可靠"的人的百分比	52.7%	
差值	16.0	
p	<0.01	

观念转变研究结果表明，当信息由非可疑传递者传递时，所导致的意见的纯变化，并不比由可疑传递者的传递所产生的大（用于一项单面传播实验中的 $p = 0.23$）。因此，即使实验变量造成了被试对两种表达方式的评价的差异很大，但在观点转变上的差异却很小。这一发现说明必须对不同的传递者在促使观点转变上的效果进行评估，而不仅仅依赖于听众对表述方式的评价。在这个实验中，虽然听众对表述公正性的判断大为不同，但却并未因此而造成观念转变程度上有多大的区别。与前面实验中得到的结果相比，要确定这种结果产生的条件，还需要做进一步的研究。

总之，研究表明，对传递者的意图、内行性、可信性的暗示极大地影响了听众对信息传递的反应。尽管高可信度传递者和低可信度传递者表述的是完全相同的信息，然而，听众倾向于对其做出有利于高可信度传递者的评价。此外，在关于可信度的三项研究中有两项表明，由高可信度传递者提出的某种观点，听众立即接受的可能性更大。

从上述结果中我们可以看到，可信度的两个主要组成部分（可信性和内行性）的作用是不可分的，但二者显然都是重要的变量。在霍夫兰德和曼德尔的研究中，可疑传递者与非可疑传递者的差异主要在于与可信性（动机、意图）有关的特点，这对于听众判断信息表述的合理与否有显著影响，但对他们观念转变的程度却没有什么影响。对观念影响较小可能是因为种种因素的特殊组合，从而使讲话的内容和讲话者的资格（qualification）比起他个人的动机显得更重要。但是，在凯尔曼和霍夫兰德的研究中，与合理性和可信性相关的态度上的差异却明显地造成了观点转变程度上的差异。

或许还应顺便提一下，即使信息源不可靠，但整体效果通常与信息传递的方向还是一致的，否定性传递者只是比肯定性传递者促成的正向转变要小。可以说，信息传递中所包含的观点产生的积极作用足以抵制由于传递者的缘故而产生的消极作用。只有否定性信息源传递的信息缺乏论据，或者当听众预料到传递者的结论肯定会与他们的利益相反时，才可能产生消极作用。

态度改变中的平衡理论[*]

弗里茨·海德[**]

对人的态度和因果单元的构成是互相影响的。对一件事的态度能够改变对引起这件事的那个人的态度，而且，如果对一个人和对一件事的态度是相似的，就很容易将这件事归因于这个人。如果对一因果单元的各部分的态度是相似的，就会出现一种平衡的构型（Heider，1944）。

人们非常有兴趣根据这一表述进行一般的推论，却忽略了对因果单元构成的限制。在一般情况下，这些单元是否也以类似的方式与态度互相作用呢？

为了验证这个假设，我们应该根据态度来理解一个人 p 和另一个人 o 或一个非人实体 x 之间的消极或积极的关系，这里的实体 x 可以是一种情境、一个事件、一种观点或一件东西等。这种关系的例子有喜欢、爱、尊敬、重视以及与此相反的方面。积极的关系记作 L，消极的则记作 ~L。因此，pLo 就表示 p 喜欢、爱或者重视 o；换句话说，o 对于 p 是积极的关系。

关系的"单元"记作 U，例如，相似关系、亲近关系、因果关系、成员关系、所有关系或者隶属关系等。比如，pUx 就表示 p 拥有 x，或者 p 造

  * Translated from Heider, Fritz, Attitude and Cognitive Organization, *The Journal of Psychology*, No. 21, 1946, pp. 107–112.（本文由贺刚、王斌译，彭泗清校）

 ** 弗里茨·海德（Fritz Heider，1896~1988），生于奥地利维也纳。1920 年在哲学家亚历克修斯·迈农指导下获得奥地利格拉茨大学哲学博士学位。1927 年应聘于汉堡大学，1930 年赴美国，供职于马萨诸塞州北安普敦的史密斯学院，成为格式塔心理学家库尔特·考夫卡研究实验室的成员，先后在那里工作了 17 年，研究与耳聋有关的问题。其研究成果汇集在《人际关系心理学》一书中。1947 年受聘于堪萨斯大学任古根海姆研究员。1960~1961 年受聘于奥斯陆大学担任富布赖特研究员，并任斯坦福大学、康奈尔大学和杜克大学访问教授。1966 年从堪萨斯大学退休以后，继续社会心理学方面的研究，是社会心理学归因理论的奠基人。著作有《人际关系心理学》（1958）。

成了 x；p~Ux 就表示 p 不拥有 x 等。其他一些关系在很多方面似乎也像关系单元一样发挥作用：p 很熟悉、很习惯或者很了解 o，或者 p 处于 x 的情境中等。将所有这些关系归结到一起时，我们自然会意识到它们之间的差别。只有基本上相似时，它们才可以被看作属于同一类。

我们可以更详细地表述这种假设如下。①如果一个实体在所有可能的方面都具有相同的动力学特性（例如，如果 p 尊敬并同时喜欢 o）；换句话说，如果对于 L 的一切意义，pLo 或 p~Lo 都成立的话，那么就存在平衡状态（在这里，我们可以预期与 pLo 类似的表述似乎不会以普遍的方式做出）。②如果一个单元的所有部分都具有同样的动力学特性（所有的部分都是积极的或都是消极的），如果具有不同动力学特性的实体之间是彼此分离的，那么也存在平衡状态。如果没达到平衡状态的话，就会产生指向平衡的驱力。或者是动力学特性发生改变，或者是通过行为或认知重组而改变单元关系。如果不可能发生变化，那么不平衡的状态就会导致紧张。

上述假设的第一部分涉及动力学关系或态度对每个人的影响。因为不同的动力学关系在逻辑上并不互相包容（"p 喜欢 o"并不意味着"p 钦佩 o"），所以同样的 o 或者 x 可以在一方面是积极的，在另一方面则是消极的。一个恰当的实例就是责任和爱好之间的冲突。存在一种通过认知重建（寻找理由或合理化）而使不同的动力学关系彼此一致的趋势。这种趋势的一个例子就是钦佩所爱的人或者爱上钦佩的人。

上述假设的第二部分指出了更多的可能性。这些可能性可以按照组成构型的实体分为四组：①一个人与一个非人实体的组合（p，x）；②两人组合（p，o）；③两个人和一个非人实体的组合（p，o，x）；④三人组合（p，o，q）。很多事例似乎都可以证明我们的假设。而那些与假设不相符的事例最终可以引导我们更深入地理解动力学特性和单元关系的性质。所有的事例都涉及 p 的生活空间。甚至 oLp 这种情况也是确实存在的，它指的是 p 认为 o 喜欢或者钦佩 p。

（1）p 和 x。因为个人自己（p）通常是积极的，所以如果 p 喜欢与他以各种方式相联系的某一实体，或者他不喜欢与其分离的 x，那么就可达到平衡状态。（pLx）+（pUx）和（p~Lx）+（p~Ux）的情形都是平衡的。例如：p 喜欢他所做的事情；p 想拥有他所喜欢的东西；p 重视他所习惯的东西。

（2）p 和 o。类似地，对于 p 和 o 的组合，也有两种平衡状态：（pLo）+（pUo）和（p~Lo）+（p~Uo）。例如：p 喜欢他自己的孩子和那些与他相似的人；如果 p 不得不和他不喜欢的人在一起生活，就会心神不安；p 容易模仿他所钦佩的人；p 乐于认为他所爱的人和自己很相似。

pUo 是一种对称关系，即 pUo 意味着 oUp。尽管在一个单元中 p 和 o 的角色可能不同（例如，如果 U 是一种因果单元，p 与 o 的角色就不一样），但是他们确实以同样的方式隶属于同一单元。然而，pLo 是非对称关系，因为它并不意味着 oLp。这一点与我们认为当 pLo 和 oLp（或者 p~Lo 和 o~Lp）同时成立时才达到平衡状态的一般假设是一致的。P 和 o 之间的吸引或排斥是双向的，其关系是对称和谐的。从逻辑上说，pLo 是一种非对称的关系，但是从心理角度看，却倾向于成为对称关系。例如：p 想得到他所倾慕的 o 的爱；p 不喜欢藐视他的人。oLp 与 pUo 的关系和 pLo 与 pUo 的关系是相似的。例如：p 喜欢结识那些据说钦佩他的人。

（3）p、o 和 x。由三个实体组成构型的情况更多。这里只讨论很少的几种可能性。在给出平衡状态的实例之前，我们都会用符号写出这种平衡状态的情况。

（pLo）+（pLx）+（oUx）。o 和 x 两者都是积极的，也都是一个单元的一部分。例如：p 欣赏他所爱的 o 的衣服；p 想对他的朋友 o 有所帮助；p 乐于认为他的朋友有助于他。妒忌是一个例外的情况。如果 o 拥有 x（oUx），并且 p 喜欢 x（pLx），那么 p~Lo 可能经常出现。这一例外可以从所有关系是一对多关系的这一事实推知。一个人可以拥有很多东西，但是一般来说，一件东西通常只能被一个人所占有。因此，"o 拥有 x" 就排除了 "p 拥有 x" 的存在，或者说 oUx 就意味着 p~Ux。由于 pLx 可能会引起 pUx，冲突便产生了。

单元关系之间的牵连经常会引起冲突。勒温所指出的内在冲突的三种情况都在于这种牵连。接近一种积极的诱发力（valence）可能意味着离开另一种积极的诱发力。而离开一种消极的诱发力又可能意味着接近另一种消极的诱发力。最后，接近一种积极的诱发力可能意味着接近另一种消极的诱发力，如果它们处于同样的范围的话。类似地，我们也可以指出人与人之间的外在冲突的三种情况。pUx 可能意味着 o~Ux（例如，如果 U 意味着所有关系时），这时如果 p 和 o 都想要 x，那么冲突（竞争）就会产生。如果 p 和 o

都想离开 x，但是他们之中只有一个人能够如愿以偿（如果 p~Ux 意味着 oUx，反之亦然），那么同样的冲突也会产生。最终，有可能发生的是 p 喜欢 x 而且 o 憎恨 x，但是 p 和 o 不得不一起行动（pUx 意味着 oUx，在婚姻中就是如此）。他们两人或都持有 x，或都放弃 x。

检查（pLo）＋（pLx）＋（oUx）三者组合的各种变化，我们发现（pLo）＋（pLx）＋（oLx）也代表着一种平衡状态。例如：p 喜欢他的朋友 o 所喜欢的东西；p 喜欢具有同样态度的人。除非我们将 L 看作 U 的等价物，这种情况就不能包含在这个假设中。实际上，在很多情形下，L 和 U 的效果在构型中的作用似乎是相同的。而且，这种状况表明 L 关系具有心理上的传递性。如果 aRb 和 bRc 成立时，aRc 也成立，那么关系 R 就是可传递的。所以，如果 pLo 和 oLx 成立，那么 p 倾向于喜欢 x。正如 pLo 关系的对称性情况一样，在这里我们必须再一次强调逻辑角度与心理角度的区别。从逻辑上看，L 是不能传递的，但是如果 U 关系之间的牵连不妨碍传递的话，就存在一种心理倾向使得 L 成为可以传递的。在这种意义上，关系 U 似乎也具有心理上的可传递性。（pUo）＋（oUx）可以引出 pUx：p 觉得自己对于属于他的人的所作所为是负有责任的。

根据上述考察，我们可以重新系统地阐述我们的假设：①在两个实体的情形中，如果两者之间的关系在各个方面（对于 L 和 U 的所有意义）都是积极的（或都是消极的），那么就存在一种平衡状态；②在三个实体的情形中，如果所有可能的三种关系在各个方面都是积极的，那么就存在一种平衡状态。

问题在于，在一个三元组合中，我们能否对消极关系的平衡情况做出任何普遍化的结论？例如，（pLo）＋（o~Ux）＋（p~Lx）是一种平衡状态。实例有：因为 o 摆脱了 p 不喜欢的某种东西，p 喜欢 o。在这种情况下，两个实体 p 和 o 彼此有积极的（正向的）关联，而他们两人又都与第三个实体 x 有消极的（负向的）关联。这一点可推而广之：在三元关系中如果两个关系是负向的，一个关系是正向的，那么它们处于平衡状态。根据平衡的构型中，L 和 U 具有互换性、对称性和传递性的假定，我们也可推导出这一结论。因此，可以认为 L 和 U 在形式上类似于同一种关系。用三个词语来表示这种关系，则"平衡"的情形就是：a＝b，b＝c，a＝c；a＝b，b≠c，a≠c；a≠b，b≠c，a≠c。用同一符号来替换 L 或 U，就可得到这些关系的平衡状态，虽然带有三个负向关系的情况似乎不能构成良好的心理平衡（因为它实在无法确定）。

因此，假设的第二部分必须表述为：③在含有三个实体的情形中，如果三种关系在各个方面都是正向的，或者两种是负向的、一种是正向的，那么就存在一种平衡状态。

（pLo）+（oLx）+（pUx）。例如：因为 o 钦佩 p 的行为，所以 p 喜欢 o；p 希望他的朋友 o 喜欢 p 的作品；p 想要做他的朋友所钦佩的那些行为。

（pUo）+（pLx）+（oLx）。例如：p 想要他的儿子也喜欢他自己所喜欢的东西；p 喜欢 x 因为他的儿子也喜欢 x。

（4）p、o、和 q 这种组合有多种可能性，我们在这里只考虑一种——（pLo）+（oLq）+（pLq）。例如：p 希望他的两个朋友互相喜欢。这个例子表明与 p、o 和 x 组合的情形相同，关系 L 在这里也具有心理上的传递性。

但是，当 L 代表一对一的爱慕关系时，单元关系之间的牵连便会限制 L 关系的传递性。p 不想让他的女朋友与他的男性朋友 q 坠入爱河，因为在这里 oLq 意味着 o~Lp，与 pLo 相冲突。妒忌、猜忌和竞争可以从单元关系之间的牵连中推知。

讨论了不同可能性之后，还有几点值得注意，它们涉及不同群体中的事例。其一是自我评价的问题。p 的高度自我评价可以表示为 pLp，较低的自我评价则为 p~Lp（尽管在这些表达中两个 p 的意义并不严格相同）。前面考察的所有事例都预先假定 pLp 的存在。然而，p~Lp 的可能性也不得不加以考虑。正如我们预期的一样，它所起的作用与 pLp 相反。例如：如果 p 的自我评价较低，他可能会因为一个正向的 x 高不可攀而放弃；如果 p 有负罪感，他就会认为自己应该受到惩罚；如果他的朋友赞美他的作品，他会认为这仅仅是出于礼貌。归因于个体自身的负向行为将会导致 p~Lp 的形成。

L 关系与 U 关系的等价性似乎受到下列事实的限制：U 关系通常比 L 关系弱。可以认为，由 pLx 引出 pUx（p 想要拥有一件他所喜欢的东西）的情况要比由 pUx 引出 pLx（p 喜欢上一件属于他的东西）的情况更为常见。另外，（pLo）+（oLx）常常导致 pLx（这是一种传递性），而（pUo）+（oUx）同时存在 p~Lo 的话，就会引出 pLx。

我们看到，从上述构型中可以推知导向一定行为或导向一定目标的力量是什么，同时这些类型也决定了实现某一目标的手段的选择。如果 p 想要制造 oLx 的关系，而且他了解到 oLp 成立，那么他可以通过向 o 表明 pLx 的关系而如愿以偿，因为（oLp）+（pLx）就会引出 oLx。如果 p 想使得 oLp 产生，而且他又已经知道 oLx 是成立的，那么他可以制造 pUx 关系以达到目的，例如，他将做出一种 o 所赞赏的行为而使 oLp 出现。

回顾一下前面讨论过的各种事例，可以启发我们做出如下结论：大量的人际行为和社会知觉是由简单的认知构型决定的，至少是由几个认知构型共同决定的。这一事实也有助于我们理解人类行为。研究这一问题的学者经常提到行为中的合理性方面。马克斯·韦伯等指出行为中有一种合理性，即手段-目的关系中的合理性。选择适当的手段来达到一个目的，这便是一种"好的""理性的"行为，对这种行为我们不难理解。在勒温的场的概念中，这种行为合理性更为精细。然而，可理解的人类行为通常并不是这样的，而是以 U 和 L 关系的简单构型为基础的。既然认知构型决定了行为和知觉，我们就能够理解这种行为。

参考文献

Heider, F., 1944, Social Perception and Phenomenal Causality, *Psychological Review*, No. 51, pp. 358-374.

认知不协调理论*

利昂·费斯廷格**

认知不协调理论基于这样一种观点：人类有机体试图在其意见、态度、知识和价值观之间建立内在的和谐性和一致性。即个人的认知存在着一种协调的内驱力。为了以多少更为精确的方式来探讨这种观点，我设想认知可以分解为若干要素，至少可以分解为几种要素的组合体。关于这些认知要素之间的关系，从理论上可做如下表述。

（1）两个认知要素之间的关系可以是协调的，也可以是不协调的，还可以是不相关的。

（2）如果两个认知要素彼此毫不相干，那么它们之间的关系是不相关的。

（3）如果单独考察两个认知要素时，一个要素的对应面是另一个要素的结果，那么它们之间的关系是不协调的。

（4）如果单独考察两个认知要素时，一个要素是另一个要素的结果，那么它们之间的关系是协调的。

从这些定义出发，已经指出了大量暗示着认知不协调存在的情形。

* Translated from Festinger, L., *A Theory of Cognitive Dissonance*, Stanford, Calif.: Stanford University Press, 1957, pp. 260~266. （贺刚译，彭泗清校）

** 利昂·费斯廷格（Leon Festinger, 1919~1989），生于美国纽约布鲁克林一个俄国犹太人移民家庭。1939年获纽约市立大学心理学学士学位，后入衣阿华大学，在卡特·勒温的指导下从事研究工作。1940年获衣阿华大学硕士学位，1942年获衣阿华大学哲学博士学位。1943~1945年在罗切斯特大学任教，并任罗切斯特大学飞机驾驶员甄选训练中心统计专员。1945年入麻省理工学院，参与勒温在该校设立的团体动力研究中心的研究工作。勒温去世后，1948年任密歇根大学团体动力学研究中心计划主任。1951年任明尼苏达大学心理学教授，1955年任斯坦福大学心理学教授，同年成为美国国家科学院院士。1968年起转任位于纽约市的美国新社会研究院心理学教授直至逝世。主要理论贡献有认知失调论和社会比较论，主要著作有《认知失调理论》（1957）、《冲突、决策和失调》（1964）等。

（1）从两个或更多的选项中做出选择之后，人们几乎总会存在认知的不协调。那些被放弃的选项的积极方面所对应的认知要素和那些被选取的选项的消极方面所对应的认知要素，都与所采取的行动的知识不协调。而那些与被选取的选项的积极方面相对应的认知要素和那些被放弃的选项的消极方面相对应的认知要素，都与所采取的行动相应的认知要素协调。

（2）通过以酬赏来诱导或以惩罚相威胁而使人做出与个人意见不符合的外显行为之后，认知的不协调几乎总会出现。如果成功地诱导出外显行为，那么一个人的个人意见就会与其关于行为的知识不协调，而其获得酬赏或逃避惩罚的知识与其关于行为的知识相协调。如果没有成功地诱导出外显行为，那么其个人意见与他对于自己所作所为的知识相协调，但是没有获得酬赏或可能遭到惩罚的知识与他对于自己行为的知识不协调。

（3）被迫接触新的信息，或者意外地接触新的信息可能会产生与已有的认知不协调的认知要素。

（4）在群体中公开表达不同意见会导致成员的认知不协调。那种认为其他人一般会与自己持相同的意见的知识同对于其他人持相反的意见的知识是不协调的。

（5）当发生一件非常令人信服的事件，以致每个人都产生同一反应时，在人数众多的人群中会产生同样的不协调。例如，那种使某一广为尊奉的信念明确地失效的事件是有可能发生的。

至此，不协调和协调已定义为"全或无"（all or nonc）的关系，也就是说，如果两个认知要素是相关的，那么它们之间的关系要么是不协调的，要么就是协调的。关于协调或不协调的程度，已经提出了两个假设。

1. 两个认知要素之间的不协调程度的大小是这两个要素的重要性的直接函数。

2. 两个认知要素丛（clusters of cognitive elements）之间的不协调的总量是这两个不协调认知丛之间的所有相关的关系的加权比例的函数，每个不协调或协调的关系都按照这种关系中所包含的认知要素的重要性进行加权。

从这些关于不协调程度大小的假设出发，许多可操作性的含义似乎就很清楚了。

（1）做出选择决定之后的不协调程度的大小是所做决定的一般重要性和放弃的选项的相应吸引性的递增函数。

（2）做出选择决定之后的不协调程度的大小随被选的及放弃的选项的特性所对应的认知要素的数量的增加而减小。

（3）如果允许的酬赏或扬言欲施加的惩罚处于刚刚足够诱导出外显行为的临界点附近时，由于产生被迫的屈从而带来的认知不协调程度是最大的。

（4）如果已做出被迫的屈从，那么不协调程度的大小随着酬赏或惩罚的增加而减小。

（5）如果没有做出被迫的屈从，那么不协调程度的大小随着酬赏或惩罚的减少而增加。

（6）由其他人发表不同意见而引起的认知不协调程度的大小随着与原有意见相协调的认知要素的数量的增加而减小。这些协调的认知要么与客观的、非社会性的信息内容相一致，要么与那种认识到有一些他人持有与己相同的意见的知识相一致。

（7）由于其他人的不同意见而引起的认知不协调程度的大小随着原有意见对于个人的重要性、原有意见与那些不同意见的相关性以及那些不同意见的吸引力的增加而增加。

（8）个人原有意见与他人的不同意见之间的差异越大，与这两种意见相应的人的要素丛之间的不协调的要素的数量就越多，不协调的程度也就越大。

至此，我们已经可以来表述认知不协调理论的中心假设了。

（1）认知不协调的存在会引起减轻这种不协调的压力的产生。

（2）减轻不协调的压力的强度是现有认知不协调程度的函数。

这些假设自然会使我们去考虑减轻认知不协调的方式，主要有如下三种。

（1）改变不协调关系中的一个或几个认知要素。

（2）增加与已知认知相协调的新的认知要素。

（3）减小不协调关系中的认知要素的重要性。

将这些方式应用于实际情况中，可得到下列具体结论。

（1）做出选择决定之后的不协调，可以通过增加选择的选项的吸引力，或减小放弃的选项的吸引力，或同时采取这两种方式来减轻这种认知不协调。

（2）做出选择决定之后的不协调，还可以通过将选取的选项和放弃的选项的一些特性看作一致相符的来减轻这种认知不协调。

（3）做出选择决定之后的不协调，也可以通过减小决定的各个方面的重要性来减轻这种认知不协调。

（4）如果已经做出被迫的屈从，可以通过改变个人意见，使之与外显行为相一致，或者通过夸大酬赏或惩罚来减轻认知不协调。

（5）如果没有做出被迫的屈从，可以通过强化个人意见或最低的估计酬赏，抑或惩罚的大小来减轻认知不协调。

（6）不协调的存在，会使人们寻找可以提供与已知认知要素相协调的新的认知信息，同时避免接触那些可能增加已有不协调的新信息来源。

（7）当不协调关系中的一些认知要素是关于某人自己行为的认知时，他可以改变这种行为，从而直接改变相应的认知要素而减轻认知不协调。

（8）当被迫或意外地接触那些倾向于增加不协调的新信息时，个人往往会对新信息做出错误的阐释与知觉，从而努力避免不协调的增加。

（9）由于他人发表不同意见而引起不协调，可以通过改变个人的意见，对他人施加影响使其改变意见以及排斥那些持不同意见者来减轻。

（10）不协调的存在，会使个人去找出那些同意他想要建立或维持认知的人，也会使个人去进行交际、施加影响以获得更多的社会支持。

（11）对一个人施加影响时，如果它导致的这个人的意见改变达到可以减轻其认知不协调的程度，那么这时的影响较为有效。

（12）如果许多相互联系的人都受到同样的认知不协调的困扰，那么通过获得社会支持而减轻这种认知不协调是很容易实现的。

在结束对认知不协调理论的简短概括之前，还需要对与直接减轻认知不协调努力的效果有关的一些事情做几点说明。

（1）减轻认知不协调的努力的效果，取决于改变不协调关系中的认知要素所遇到的阻力的大小，取决于得到可以提供与已有的认知相协调的新的认知要素的信息或人员的可能性。

（2）改变一种认知要素所遇到的阻力的主要来源在于这一认知要素对于"现实"的敏感性以及这种要素和很多其他要素相协调的程度。

（3）两个认知要素之间所能存在的不协调的最大值等于它们中间变化时阻力较小者所遇到的阻力的大小。如果不协调超过这种限度，阻力较小的认知要素就会改变，从而减轻认知不协调。

关于成就动机的关键假设[*]

戴维·C. 麦克莱兰[**]

建立关键假设：新教改革对成就需要的影响

在某一类刚刚被发现的研究成果中，恐怕已经表达了我们的关键假设，玛丽安·温特博特姆（Winterbottom，1953）所做的研究实际上就是这样的一项研究。她最先提出了在成就动机（achievement motivation）与经济发展之间可能存在一种联系，她旨在揭示父母，尤其是母亲们，对孩子的成就会产生怎样浓厚的兴趣。她首先获取了29个8岁儿童的成就需要（n, achievement）分数，然后通过访谈方式察看"高分"儿童的母亲对于抚养孩子是否持有不同的态度。结果发现，"高分"儿童的母亲希望自己的孩子尽早具备完成下述事情的能力：

> 熟悉所居住城市的道路
> 反应敏捷而又精力充沛
> 努力干好自己的事
> 自己交朋友
> 在竞争中表现出色

 * Translated from McClelland, D.C., *The Achieving Society*, Princeton, New York: Van Nostrand, 1961, pp.46-57. （本文为陈喜生译，杨宜音校）

** 戴维·C. 麦克莱兰（David C. McClelland, 1917~1998），出生于美国纽约州弗农山庄（Mt. Vernon）。1938年获韦斯利昂大学心理学学士学位，1939年获密苏里大学心理学硕士学位，1941年获耶鲁大学哲学博士学位。曾先后任康涅狄格女子大学讲师、韦斯利昂大学教授及布林莫尔学院教授，1956年起任哈佛大学心理学系教授，1987年后转任波士顿大学教授直到退休，1998年因心力衰竭逝于美国马萨诸塞州列克星敦市（Lexington）。著作有：《成就社会》（1961）、《意识之根》（1964）和《权力：内在的体验》（1975）等。

而"低分儿童"的母亲们则表现出更多的约束。她们既不希望孩子未经父母许可便跟别的孩子一起玩，也不希望孩子在重要的问题上自作主张。显然，对具有高成就需要的孩子，他们的母亲对他们提出了更高的要求，希望他们在更早的年龄便具有自我依靠（sell-reliance）以及自控的能力（Winterbottom，1958：468-472）。

历史上曾有过一项有趣的类似研究也表明了这一点。正如我们所知道的那样，德国社会学家马克斯·韦伯（1904）以令人信服的材料详细描述了新教改革是如何创造出一种新的性格类型的。这种性格类型在工人与企业主的态度中灌输了一种更加强有力的精神，它最终促进了现代机器工业的资本主义的发展。如果新教改革表现了培养自我依靠的一种趋向，并且，新"资本主义"精神表现了一种增强的成就需要，那么，在西欧的历史上，温特博特姆所发现的这种关系则可能在社会层次上重现。图1表明了这种类似性。

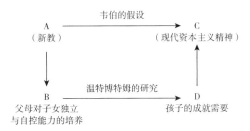

图1　韦伯与温特博特姆研究比较

这就是说，温特博特姆的研究提出了一种心理学的方法，而这种方法在韦伯使用它描述历史发展的时候可能就已经出现了。新教改革可能导致更早的自立性与自控精神的培养，而这种培养又激发了更大的成就需要。这种成就需要又会反过来促进现代资本主义的发展。当然，韦伯对新教改革所产生的人格类型的描述，与我们描述的具有高成就动机者有着惊人的相似之处。他注意到这样一些事实，新教女工看起来工作的时候更长、强度更大，她们为了更长远的目标而存钱。尽管欧洲大陆上许多天主教家庭具备原有的财富优势，新教企业主走上商界高位的人数却更多。他特别强调指出，早期加尔文教商人的宗教观念限制了他们去享受自己的劳动所得。由于担心自我放纵与炫耀的后果，他们不能把钱花在自己身上，这样，与放纵和炫耀相反，他们往往把获利重新投入商业之中，这也是他们致富的原因之一。那么，是什么力量驱使他们在商业的组织与发展中取得如此大的成就呢？韦伯感到，这样的人除具备恪尽职守这个非理性感觉外，他不为自己动用财富中的一分一毫（Weber，1904：71），这恰好符合我们想象中如何用编码来定义成就动机。

在解释新教主义是如何塑造出许多这类人时，韦伯指出，这是由他们宗教信仰的本质特征所决定的，而不是由他们特殊的政治或经济环境所造成的。因为在国与国之间，这些环境的变化很大。他特别强调如下两个因素。第一，新教徒笃信人的"天职"（calling）的重要性。这种"天职"认为人活着的主要职责在于一生中尽力做好上帝指派于他的事，而不像天主教会对人有十全十美的要求那样，教导人从这个世界隐退并把自己完全奉献给上帝。第二，尤其是加尔文的宿命论观点将一切生活"理性化"引入新教伦理之中。早期的新教徒曾特别因为出售"赦免"而受到伤害并转而反对那种"善行"有助于一个人"买到"拯救的观点。路德在《基督徒的自由》的布道中怒吼：一个人可能彻头彻尾地行善，却仍然进不了天堂。加尔文也争辩说，对于谁将成为"上帝的选民"（可能进入天堂者），上帝早就做出了决定，尘世中无论多少善行也不能改变这种决定。正如韦伯所指出的，对于普通信仰者而言，还有一个实际问题未解决，即他想知道自己是否属于"上帝的选民"之列。只有"一举一动"都努力像《圣经》中那些显然已是上帝的选民的人那样做，他才有希望摆脱被上帝永远罚入地狱的恐惧。因此，如韦伯所说，一般的新教徒都必须在每个方面表现出色，但不是作为购买拯救的技术手段，而是用来作为摆脱被罚入地狱的恐惧的手段……实际上，这意味着自助者天助之。因此，如通常所说，加尔文教徒造成了自我的拯救，或者更确切地说，产生了对自我拯救的信心。然而与天主教相同，这种创造并不在于个人善行的逐步积累而在于在随时被选入天堂或被罚入地狱的无情抉择面前仍能保持有条不紊的自我控制（Weber，1904：338－339）。韦伯认为：一切行为都必须强调恪尽天职，这么一种僵死的行为理性破坏了人们生活的从容，并一直伴随着资本主义的发展，直到今天依然如此。企业主更是拼命地工作，实际上他一刻也不能放松，他所雇用的新教徒劳动力也生怕失去灵魂被拯救的信念而拼命工作，他们谁也不能享受一下自己劳动所增添的成果。这样，利润和节余又可以重新投入对企业的进一步扩大中去，这本身就是上帝赋予的一项严肃使命。

就目前我们对于成就动机的知识和兴趣来看，我们可以对韦伯的论点进行补充，新教还反对过多依赖于制度化的教会。路德声称："信徒皆教士。"他说：一个人不必单纯依赖博学的专家，但他应该为了自己而阅读《圣经》，并且直接得到神明的导引。在新教徒中，正是由于这个理由而更加强调阅读能力。因此，新教徒父母很可能至少在阅读技能方面重视儿童早期自我依赖和控制能力的培养，以便使他们的孩子更好地履行宗教职责。大家知道，根据温特博特姆的研究成果，这样的训练可以较多地增加儿童的成就需要。

此外，对于韦伯称作生活"合理化"的东西，加尔文曾用不断地追求完善这样的语句描述过。这种对完善的追求可以作为高成就动机的分数。例如，让我们来思考下面的这段话：

> 让我们每个人都量力而行，并始终如一。一个人只要每天都有进步，无论多么微小的进步，都是幸福的。所以，让我们坚持不懈地努力，这样我们才可以不断接近上帝，别为成功的微小而失望，尽管成功与愿望往往不能相当。然而，当我们今天比昨天做得更好时，我们的努力就没有白费。假如，以我们的忠贞坚持我们心中的目标并全力以赴，而不自得自满，不放任自己的恶习，并在到达改进的更高层次时仍能持之以恒，直到我们达到尽善尽美之处。这就是只要我们一息尚存就该寻找和追求的东西。（Calvin，Volume I，pp. 775-776）

换言之，行为的合理化并不仅仅意味着条理与严谨，它还有不断努力完善自我以获得成就之意。当成就被认为主要是在于宗教领域时，加尔文清楚地指出这并非意味着禁欲生活或从生活中隐退。"因此，让我们摒弃这种不允许物质享受，只有绝对需要的非人哲学……它恶毒地剥夺了我们享受神的慈善的合法权利……"或者说，上帝创造了世界和世界上的万物，"不仅仅是为了满足我们生存的需要，而且也同样为了我们的幸福和快乐"。此外，我们要像管家一样分配这些世俗的东西。"它们好像是委托给我们看管的寄存物，总有一天我们必须写好它们的清单。"所以，正如韦伯所指出的，虔诚地竭尽全力，其意义已被理解为：在上帝指派给他的岗位上，即在其职位上尽心尽力地工作。

所以，似乎有充足理由从家庭革命的角度来解释韦伯关于新教伦理与资本主义兴起之间联系的观点。正是这种家庭革命使更多的孩子具有内化的强烈的成就动机。进一步证明这一点的事实是，新教教会确实废除了教士独身的制度，代之以恩斯特·特罗尔兹克所论证并具有深远社会影响的观点，即"新教的市民牧师及其家庭"（Troeltsch，1958：144）。现在，新教牧师生儿育女的情况并不少见，并且他们抚养孩子的做法还可能被教区的教徒竞相效仿，这在牧师独身制度下是不可想象的。这样，便提供了一种社会机制，通过这种社会机制，新教世界观产生了特别的影响，从而也影响了下一代人的成就动机。

新教：成就需要和经济发展之间的初步证明

符合逻辑和有道理是一回事，证据是另一回事。前面的图解表明了不同的事件之间存在某种联系，那么，这种联系是否具有现实的基础？还是让我们从韦伯的论题入手。表明新教主义与经济发展更快之间存在联系的证据何在？历史学家和社会学家所提供的事实确实很难得出圆满的答案。他们所使用的方法丝毫无助于得出结论。那些接受韦伯理论假设的人指出了新教主义在英国、瑞士、德国和北欧日耳曼语等国家工业化过程中的作用。而那些不赞同这种观点的人则指出像比利时这样一个天主教国家也和任何一个新教国家一样具有同样强烈的企业家精神和同样快的工业化速度。还有像威尼斯这样的天主教国家又该如何解释呢？它在新教改革之前的发展速度就连后来的资本主义企业都很少能够达到。如果要是一味地认为，尽管比利时有99%以上的人是天主教徒，它在19世纪的工业化期间由新教国王统治，或者指出威尼斯在新教改革时期事实上已近乎变成了一个新教地区，这些争论对解决问题无效。问题的解决不能简单地依靠正面事例与反面事例的论争，而是必须要有一种更加精确的方法。

今天新教国家在有效地利用自然资源方面是否比天主教国家更为先进呢？这当然不是唯一可问的问题，但对这样的问题的回答却可以相当的准确，表1提供了有关的数据。其中是以1950年人均千瓦小时的电耗量为衡量经济发展标准的……选择这样一个标准的理由是基于……（1）该统计数字是采用国际可比单位来表达的，相形之下，像国民收入指数这样的指标是难以相互换算的。（2）现代工业文明主要是建立在电能这种形式的能源基础上的。不管怎么说，在1950年人均耗电量千瓦小时数与人均预算的相关达到0.87……表1中第一栏所列的是位于热带地区以外，有可利用数据的国家。因为经济发达国家或多或少似乎局限于温带地区，所以如果把位于热带地区的加勒比海和拉丁美洲的许多天主教国家包括在内似乎是不公平的。

表 1　位于南回归线与北回归线以外的新教国家和天主教国家人均电量并进行了自然资源方面的修正：

	国家	耗电量千瓦小时/人 [1] 1950	可用水力马力/人 [2] 1947 $SD=1.36$	煤产量吨/人 [3] 1951 $SD=.99$	自然资源综合值（$\sum\sigma$分）[4]	预产量千瓦小时/人 [5]	差额（预产量-实际产量）	差额排列 [6]
新教国家	挪威	5310	4.182	0	2.73	3379	1931	1
	加拿大	4120	3.079	1.124	2.49	3186	934	4
	瑞典	2580	1.117	0.026	−0.35	908	1672	2
	美国	2560	0.388	3.431	1.42	2328	232	9
	瑞士	2230	1.553	0	0.03	1253	977	3
	新西兰	1600	1.405	0.675	0.42	1526	74	11
	澳大利亚	1160	0.164	2.505	0.51	1598	−438	20
	英国	1150	0.023	4.529	1.86	2687	−1566	24
	芬兰	1000	0.810	0	−0.67	652	348	6
	南非	890	0.203	2.165	0.30	1430	−548	21
	荷兰	725	0.003	1.238	−0.58	724	1	15
	丹麦	500	0.011	0.121	−1.39	74	426	5
平均		1983	1.078	1.318		1645	338	10.1
天主教国家	比利时	986	0.004	3.335	0.96	1959	−973	22
	奥地利	900	0.500	0.379	−1.71	620	280	8
	法国	790	0.289	1.293	−0.25	989	−199	16
	捷克斯洛伐克	730	0.085	2.873	0.68	1734	−1004	23
	意大利	535	0.265	0.033	−1.20	227	308	7
	智利	484	0.676	0.381	−0.53	764	−280	18

续表

国家		耗电量千瓦小时/人 [1] 1950	可用水力马力/人 [2] 1947 $SD=1.36$	煤产量吨/人 [3] 1951 $SD=.99$	自然资源综合值（$\Sigma\sigma$ 分） [4]	预产量千瓦小时/人 [5]	差额（预产量－实际产量）	差额排列 [6]
天主教国家	波兰	375	0.059	3.338	-1.02	2007	-1632	25
	匈牙利	304	0.017	1.049	-0.70	628	-324	19
	爱尔兰	300	0.560	0.061	-1.29	154	146	10
	阿根廷	255	0.318	0.003	-1.17	251	4	14
	西班牙	225	0.271	0.418	-0.91	459	-234	17
	乌拉圭	165	0.204	0	-1.29	154	111	13
	葡萄牙	110	0.070	0.052	-1.38	82	28	12
平均		475	0.224	1.014		771	-298	15.7

注：（1）摘自 W. S & E. S（Woytinsky）Trends and Outlooks in world population and production, New York：Twentieth Century Fund，1953，pp. 972。在这些数据中，有些数据只表示电力或水力资源，在这样的地方，被舍弃的那种资源是可以忽略的，只有智利除外，这里已经重新计算；

（2）据沃伊蒂斯奇的统计，同上第 952 页表 407 所得数据是把已有工厂与未开发能力（通常是最小的流量）的马列力量除以人口数；

（3）《世界能量供应统计》，美国统计文件，纽约，1957 年，第 J 辑，第 2 期第 13 页；

（4）水力与煤产量标准分之和；

（5）对这 25 个国家进行回归方程计算，即 Y = 80.2（Xx+2）-41.5，其中 Y 是预产量，X 是水和煤资源的标准分总和；

（6）排名较前与新教偶然相联系的概率不超过 0.03（曼-惠特尼的 U 检验值）。

正如我们在已出版的一本书中所指出的那样（McClelland，1955），经济发展与新教两者之间的联系在表 1 中的第一列看起来显而易见。然而，进一步的研究表明，由于这两组国家用于发电的水力以及煤的供应量并不完全相等，因此在自然资源方面的一些差异必须予以修正。在可以利用的水力资源方面，差额最为显著（第二栏），新教国家的平均水平大概是天主教国家的近 5 倍，水力资源和发电量之间的相关也非常显著（超过了 0.50）。此外，由于 1950 年世界电产量的 72% 来自火力发电，因此，作为产生热量的主要燃料，煤资源也应该包括在内。遗憾的是，"地下煤"不像水资源，其可利用的数量总是无法确切地知道，故它不是一项有效的衡量标准。不过，尽管它不是一个精确的指标，人们还是把人均煤产量作为煤资源的估计方式（第三栏），原因是在那些人民劳动更勤奋而使经济发展达到更高水平的国家中，人均煤产量可能高些。例如，根据英国的煤产量预测其人均发电量时，我们可能会得出过高的估计，原因在于这个煤产量包括了已被利用过的资源。位于同一地区，拥有同样煤炭资源的另一个国家可能生产得较少，我们因而预测其经济发展较慢，这样的国家在表中同英国相比较，显得"潜力发挥不足"，而水力资源代表的是可利用的，而不是所生产的，所以它没有上面的那些缺点。

不过，对可用煤的某些计算还是必要的，因为当它作为标准分数项与水力储备项相联系时，全部储备与电产量的相关系数是 0.75。换言之，由于可利用资源在很大程度上与电产量有较高相关性，在第一栏中的差额主要应归结于新教国家比天主教国家具有更丰富的自然资源。然而通过回归分析来消除自然资源的影响也是可以的。如第四栏所示，该分析可以根据一个国家的自然资源来预测其产量。然后，从实际产量中减去预测产量，即可决定一个国家是比根据自然资源所做的预测做得更好或更糟。最后一栏的数据表明，12 个新教国家中有 9 个即 75% 的国家比预期的干得好，如果把这些国家按差额排序，即从好到次，则新教国家的等级显然平均高于天主教国家，并且根据曼－惠特尼的 U 检验标准（$p < 0.03$），其差异也是相当显著的。这里似乎有必要再强调一下，计算只是近似的，特别是对煤资源数的校正。但是，除非它们是有意偏向于新教国家或天主教国家，否则，错误只会假造或削弱一种联系而不能制造这种联系。所以完全有理由断定，如在 1950 年，从平均水平看，新教国家比天主教国家在经济上更为发达，即使是把自然资源方面的差别考虑进去也是如此，而为什么会存在这些差别，那又是另外一个问题。

假如说韦伯的假设是有一些事实基础的，那么证明其关键假设中其他联系的证据又是哪些呢？新教徒是否如我们所认为的那样强调尽早地进行自立与自控能力的训练呢？初步的证据表明他们确实如此（McClelland, Rindlisbacher, & DeCharms, 1955）。例如在美国康涅狄格州，人们抽取一些具有相似社会地位的新教父母、爱尔兰天主教父母和意大利天主教父母作为样本，并使用一种与温特博特姆为测试人们对待自我依赖训练的不同态度而设计的完全相同的问卷对他们进行访谈。这些构成样本的父母是通过教会团体抽取的，所以其样本比起随机样本含有更多的笃信宗教者。从平均数来看，对于孩子多大年龄能在学校表现出色，或熟悉城市的通路等，新教父母所期望的年龄约是 6 岁半，爱尔兰的父母约为 7 岁半，意大利的父母约为 8 岁半。尽管每个样本中所选取的人数只是在 35 ~ 40 人变化，但是差异是显著的。正如所预料的那样，新教父母比天主教父母更强调孩子尽早自立。由此可以类推，平均而言，新教男孩子不分社会阶层，想必具有较高的成就需要。由于移民的差异，这样一种比较，美国是做不到的。天主教徒，至少是居住在美国东海岸的天主教徒，代表着大部分少数民族的人，他们在过去的几十年中迁到这个国家安家落户并普遍一开始就生活在社会经济的底层。大量的事实表明，那些上升到中产阶级的人都具有较高的成就需要。因此，想从中产阶级的新教少年与意大利少年的比较中得出有关宗教影响的结论是不可能的。因为这些意大利少年来自向较高社会阶层升迁的家庭，相对于那些社会地位不易变动的新教家庭，这些家庭具有更高的成就需要。此外，英格兰底层社会的新教徒所代表的，是在追求地位上升时失败过并且不可能再上升的少部分人，拿他们与意大利底层社会的人相比较是不公平的，这些意大利底层社会的人只因没有时机上升到中产阶级，所以，他们更可能具有较高的成就需要。

　　为了避免这些困难，较为明智的做法是到那些新教徒与天主教徒一直相邻而居的地方去，以免在比较时涉及因移民差异而产生复杂性。如表 2 所示，从德国城市凯撒斯劳滕取得了一个小型样本，其数据是可以利用的。它证明了以下假设：在其他因素相同的情况下，一般而言，新教少年比天主教少年具有更高的成就需要。必须强调的是，抽取的样本较小并经过了严格的选择，它由德国某一地区所有准备接受大学教育的少年组成。当进行大规模的问卷调查中需要涉及这一问题时，这些调查数据将被包括进去，因为它们可供利用。由于底层社会成员具有不稳定性，故进行一次方差分析时使用单个人的数据是不可能的。但是按父亲受教育程度及是否具有领导素质进行分类，则可以为我们提供足够的变异从交互作用项中获得误差估计。由父亲的受教育程度所代表的社会经济地位并不完全归功于这里的这些变量，也许是从渴望接受大学教育的意义上讲，所有的学生都是被选拔出来的。有趣的是，领导素质（此处用同伴提名来确定）与高成就需要并无联系，而恰恰相反，具有高成就需要的少年并没有被他们的同伴认为其有当领导的前途。这一发现纠正了普遍特有的缺点，即像智力一样，高成就需要是个"优秀"的特征，会帮助一个人在人生的所有方面取得成功。

表 2　一组德国少年的平均成就需要数值表（按宗教、社会经济背景和领导地位进行分类）

父亲受教育程度		新教		天主教		平均
		领导者	非领导者	领导者	非领导者	
大学	任意数	15	7	3	4	2.93
	平均数	3.33	3.29	1.00	2.25	
中学	任意数	10	12	4	7	2.48
	平均数	1.70	3.42	1.25	2.71	
小学	任意数	9	4	4	3	2.55
	平均数	2.78	6.00	1.75	1.67	

新教徒平均 = 3.42　　　　天主教徒平均 = 1.77
领导者平均 = 1.97　　　　非领导者平均 = 3.32

差异分析

变异来源	df	平方和	均方	f 值	p 值 [*]
总计	11	20.19	—	—	
父亲受教育程度	2	1.32	0.66	0.77	NS
宗教	1	8.15	8.15	9.48	<.05
领导地位	1	4.72	4.72	5.49	−.05
相互关系	7	6	0.68		

注：[*] 样本总数达到 100 时，f 值可能随机升高。

这个例子令人注意的一点是，新教少年比天主教少年更乐于选择在"现代语言"学校就读，而不是"古典语言"学校就读。比如，60 个新教少年中有 67%，而 27 个天主教少年中只有 41% 的人在"现代语言预科学校"学习（x^2 = 5.10，$p < 0.03$），其余的人都在"古典语言预科学校"。这个发现是有趣的，因为韦伯根据马丁·奥芬巴赫搜集的 19 世纪 90 年代德国学校入学资料认为：新教徒更多地选择他们认为更有利于为经商做准备的技术学院和现代大学，而天主教徒则更乐意于选择古典人文学科（Merton，1949：344）。因此，我们可以指出，进入"现代语言"大学为德国具有高成就需要的新教徒开辟了一条通往商业活动的途径。保罗·萨缪尔森指出，奥芬巴赫的数据并没有把基本比率考虑进去（Lipset & Bendix，1959：54）。但在 19 世纪 50 年代，这种指责似乎并不适合我们的数据。无论如何，整个问题引发了更深入的研究，因为它表明了一个途径，借助这个途径，价值观以及行为可能影响职业选择并最后影响经济的发展。在第八章和第九章中，我们还将根据后来搜集到的更为丰富的资料，对此进行讨论。

关键假设最后一个联系是指成就需要与经济发展之间的联系。是否有证据表明高成就需要会使得个体更易于追求商业上的成功呢？证据是有的，但不够充分。在一组大学新生中，为了看看具有较高成就需要的学生（居首的 20% 学生）与较低成就需要的学生（居末的 20% 学生）更明显喜欢哪一种职业，我们进行了一次研究，其结果令人惊奇。在"强烈的职业兴趣调查表"第一部分的 100 个职业中，高成就需要的学生比低成就需要的学生更明显愿意选择的职业（$x^2 > 3.74$）有以下五种：

  股票经纪人
  不动产推销员
  广告商
  商品采购员
  工厂经理

尽管我们可以认为，在 100 个各有特点的职业中，一个人可能会偶然选择了五个明显不同的东西，但至少有趣的是这些特别的职业都出现在商业领域，而在表中列出的 100 个职业中只有 1/4 的与商业有联系，故可以估计，依靠运气得出所有这些不同的职业机会少于 1/4。另外，在同样的一组凯撒斯劳滕少年所构成的样本中进行的一次检验也可利用，即看看是否他们中具有高成就需要的人比低成就需要的人同样会更喜欢这五个特别的职业。情况证明也是如此，尽管事实上德国少年总体而言不如美国少年那么喜欢这些职业。把每个德国少年对以上所述五种职业的平均喜欢倾向计算一下（喜欢 = 2，无所谓 = 1，不喜欢 = 0），就会发现，高成就需要的人比低成就需要的人更为喜欢（$t = 2.12$，$p < 0.05$）。因此，职业选择中的这些差异似乎并非仅限于美国文化。总之，尽管尚无证据表明他们更有可能真正进入那些职业，或者他们进去之后会做得更为出色，但是，具有高成就需要的少年确实如假设所说的，对从事商业的职业更有好感。

上面所提供的证据概括了迄今为止这项研究可以利用的材料。总的来说，这些假设似乎支持了关键假设，特别是保证了正在进行的一项更详尽的研究，但它产生的问题同它回答的问题一样多，并留下了许多完全未能涉及的论题。例如，新教是否能够促进经济发展和促使成就动机增加，或具有增进某些与西方新教有关的价值观的作用？对于经济发展很快而又无法归因于新教改革的日本又该如何分析？在日本是否因较高的成就需要而促进了经济的发展？如果是的话，日本父母所具有的什么样的价值观促进了经济发展？温特博特姆的研究只局限于美国中西部 29 个中产阶级家庭。是否不分文化差异，较早的自我依靠与自控训练在各个地方都会促进更高成就需要？有没有成就需要的其他来源？

　　总之，认为成就与经济发展之间存在联系的假设有待于进一步研究。这种完全普遍的联系是否适用于所有社会，原始的与现代的、古代的与当代的社会？如果是的话，为什么？是否成就需要莫名其妙地使得青少年青睐于企业家这个角色，或者只是在整个社会都普遍热衷于商业领域的时候才具有如此影响？这里还涉及一个主要问题，即成就需要是否使得所有职业的成员都表现出色——从艺术家到牧师再到商人——或者只对某些职业角色才有较大的作用，而这种作用又由于某种原因集中在商业领域或理性化的活动之中？目前应该做的是全面思考这个问题，应该对成就动机与经济发展的关系在不同的时间和地点都进行检验。看来，大概从一开始，韦伯的假设就提出了一个具有更普遍关系的特殊案例，对这种关系应该加以全面地调查研究。

参考文献

Winterbottom, M. R., 1953, The Relation of Childhood Training in Independence to Achievement Motivation, *Unpublished Doctoral Dissertation*, Michigun: University of Michigan.

Winterbottom, M. R., 1958, The Relation of Need for Achievement in Learning Experiences in Independence and Mastery. In J. W. Atkinson (ed.), *Motives in Fantasy, Action, and Society: A Method and Assessment and Study*, Princeton, New York: Van Nostrand.

Weber, M., 1904, *The Protestant Ethic and the Sprit of Capitalism*, New York: Scribner's.

Troeltsch, E., 1958, *Protestantism and Progress*, Boston: Beacon.

McClelland, D. C. (ed.), 1955, *Studies in Motivation*, New York: Appleton.

McClelland, D. C., Rindlisbacher, A. & DeCharms, R. C., 1955, Religious and Other Sources of Parental Attitudes Towards Independence Training. In D. C. McClelland (ed.), *Studies in Motivation*, New York: Appleton-Century-Crofts.

Merton, R. K., 1949, *Social Theory and Social Structure*, New York: Free Press.

Lipset, S. M. & Bendix, R., 1959, *Social Mobility in Industrial Society*, California: University of California Press.

第三编

初级群体与镜中我[*]

查尔斯·库利^{**}

初级群体

所谓初级群体，我这里指的是具有亲密的面对面交往与合作关系的群体。这些群体在多种意义上是初级的，但主要的意义在于，它们对于个人的社会性格及其思想的形成是至关重要的。从心理学的角度看，亲密交往关系能导致共同体内不同个性在一定程度上的融合，以致个人的自我（self）至少从多种意义上讲是群体的共同生命和目的。也许对这种整体性的最简单描述莫过于说它就是"我们"（we）。这种整体性包含同情和相互认同，而"我们"一词就是对这种同情和相互认同的自然表述。个人生活在对群体整体性的感觉之中，并在这种感觉之中找到自己的目标。

不应把初级群体看作仅仅充满和谐与友爱的统一体。其实，这个统一体也总是充满着差异和竞争，并容许其内部存在一己之见和各种各样的强烈占

---

* Translated from Cooley, Charles Horton, *Social Organization*, New York: Charles Scribner's Sons, 1909, pp. 23 – 31; Cooley, Charles Horton, *Human Nature and the Social Order* (*Revised Edition*), New York: Charles Scribner's Sons, 1922, pp. 136 – 167, pp. 179 – 185, pp. 196 – 200. （本文由刘世能译，周晓虹校）

** 查尔斯·库利（Charles H. Cooley，1864~1929），生于美国密歇根州安娜堡市。1887年获密歇根大学学士学位，1894年获该校博士学位，此后一直在密歇根大学执教。1892年任政治经济学讲师，1899年成为社会学助理教授，1907年晋升教授，1918年当选为美国社会学会主席。库利理论研究的重点是探讨个人如何社会化，这一研究贯穿于他的三部著作——《人类本性与社会秩序》（1902）、《社会组织》（1909）和《社会过程》（1918）——之中。在《社会组织》和《人类本性与社会秩序》2本书中，库利分别提出了社会学沿用至今的重要概念："初级群体"（又称"首属群体"，primary group）和"镜中我"（the looking glass self），也被誉为现代传播学的创始人。

有欲。但是这些占有欲被共同感社会化了，并受到或趋向于受到群体共同精神的制约。个人可能是雄心勃勃的，但其理想的主要目标应和他人心中的期望一致，并且他感到要遵守服务与公正竞争的共同标准。在一个学生运动队里，一个男孩子可能会和同伴发生争执，但这种争执不能影响其班级或学校的共同荣誉。

亲密交往与合作关系的最重要领域（尽管绝不是唯一的领域）是家庭、儿童游戏群体、邻里或成人的社区群体。这些初级群体是普遍的，存在于所有时代和所有发展阶段，并且是人类本性及其思想中具有普遍性的东西赖以形成的主要基础。那些最优秀的家庭比较研究——比如爱德华·韦斯特马克（Westermarck，1891）和乔治·霍华德（Howard，1904）的研究——表明，婚姻家庭不仅是一种普遍性的制度，而且是一个比某个早期学派对奇风异俗的夸张描述带给我们的想象要更丰富多彩的世界。正如没有人怀疑儿童游戏群体存在的普遍性一样，也没有人怀疑成人的各种非正式集会存在的普遍性。在我们周围的世界里，这类群体是人性的养育所，并且没有什么明显的理由能够认为，这种情形会在何时何地有根本的不同。

至于游戏，如果它不是一个共同观察的问题的话，我可以详细说明由游戏而引起的群体讨论与群体合作的普遍性与自发性。一个普遍的事实是，儿童，特别是12岁以上的男孩子，他们倾注在其置身于其中的伙伴关系上的同情心、理想和荣誉感比其倾注在家庭中的要多得多。我们大多数人都能回想起这样的事：儿童宁可忍受不公正甚至蛮横的侵犯行为，也不愿越过同伴去求助家长或老师。例如，在校园中普遍存在的学生欺侮行为中就有这种倾向。因此，要压抑这种欺侮行为就非常困难。在这些充满友情的伙伴关系中，讨论是那样的无所不包，公众的意见是那样的令人信服，而对理想的向往又是那样的急迫炽热。这种青少年结伙的倾向并不像人们有时认为的那样，是英美儿童独有的特点，因为我们移民中的经验似乎表明，来自欧洲大陆约束性较强的文明民族的后代也形成了一种具有几乎同样愿望的自治游戏群体。因此，珍妮·亚当斯小姐在指出"帮派"（gang）几乎是青少年中的普遍现象之后，又对帮派活动所涉及的所有细节进行了冗长的讨论。她评论说："可以说，在这些社会同伴群体中，年轻人学会了按自己的决定行事。"（Addams，1907：177）

至于邻里群体，一般可以说，从人类在陆地上开始持久性定居起一直到现代工业城市的出现，在这漫长的历史时期中，它一直在人们基本和亲密的生活中发挥着重要作用。在日耳曼祖先当中，乡村社区在黑暗的中世纪显然是普通民众相互同情、相互帮助的主要群体。并且由于多方面的原因，这种社区在现代社会的偏远地区仍然存在。在有些国家我们仍然可以发现这种社区具有古代的那种生命力，这在俄国尤为显著。在那里，自治的乡村群体，连同家庭在一起，可能是 5000 万农民的主要生活场所。

在我们自己的生活中，邻里的亲密关系被日益增长的、错综复杂的广泛关系所破坏，并且这种关系的不断扩大也使我们对自己家庭里的人感到陌生起来。即使在农村，尽管不那么明显，但同样的机制也在发挥作用，这削弱了我们与邻里之间精神和经济上的联系。这种变化在多大程度上是一种健康的发展，多大程度上是一种病态，现在恐怕还难以确定。

除这几种普遍的初级群体外，还有许多其他类型的群体，它们的形式因其文化的特定状态而有所不同。正如我已经指出的那样，唯一重要的东西是某种程度的亲密关系以及人格的融合。在我们的社会里，由于人们很少固定于某一地域，所以容易在志趣相投的基础上形成俱乐部、兄弟会及类似的群体，这有助于形成真正的亲密关系。在中学、大学以及因职业关系而最初聚集到一起的男女当中（如同业工人等），形成了很多这类关系。只要存在一点共同兴趣和活动，善意和友情就会像路边的草一样生长起来。

但是，家庭和邻里群体在人的儿童时代对尚处于空白和可塑阶段的心理产生着决定性的影响。这一事实决定了家庭、邻里的影响作用是其他群体所无法比拟的。

初级群体在下述意义上说是初级的：初级群体给予个人最早最全面的关于社会团结的体验，而且它们不会在同等程度上随着更加复杂的关系的变化而变化，但它们却成了那些复杂关系赖以产生的、较为持久的源泉。当然，初级群体并不能独立于更大的社会而存在，但在某种程度上它们反映着社会精神。像德国的家庭和学校就明显表现出德国军国主义的某些特点。但这毕竟就像退回到港湾的潮流一样，一般不会走得太远。在德国，尤其在俄国，农民的自由协作与商量的习惯几乎未受国家性质的影响。一种普遍而证据确凿的观点认为，自主处理当地事务并习惯于协商的乡村公社是一种在定居社区普遍存在的机构，并且是对早期氏族内部存在过的相似的自治机构的继承。"专制和共和国是人类的创造物，而公社则是直接

由上帝制造的。"（Tocqueville，Volume 1，Charpter 5）

在现代城市里，拥挤的住房以及普遍的经济和社会混乱严重损害了家庭和邻里关系。但令人惊奇的是，在这种情况下，家庭和邻里仍然表现出顽强的生命力。而我们时代的精神也更加立足于使这些关系恢复正常。

如此可见，不仅对于个人，而且对于社会组织机构来说，这些初级群体都是生命之源。这些初级群体只是部分地受到特定传统的影响，而在更大的程度上则表现出一种普遍的性质。其他文化的宗教或政府对于我们来说可能颇为奇异，但其儿童或家庭群体则过着和我们一样的生活，和他们在一起，我们会感到像在自己家中一样。

我认为，根据人的本性我们可以理解人所具有的、优于低等动物的那些情感和动机，并且从这种意义上讲，这些情感和动机普遍地为人类所共有，而不是为某一种族或某一时代的人所独有。这尤指同情、相爱、仇恨、抱负、虚荣心、英雄崇拜以及社会是非感等一系列情感。[①]

从这种意义上讲，可以将人性视为一种比较持久的社会成分。无论在什么地方，人们总是追求荣誉，回避耻辱，遵从舆论，珍爱自己的财产和子女，崇尚勇气、慷慨和成功。可以有把握地说，人现在是并且始终是具有人性的。

毫无疑问，种族在智力方面确实存在极大的差异，以致人类中的大半可能没有管理高级社会组织的能力。但这些差异就如同种族内部个体之间的差异一样是模糊不清的，是由某种尚不确定的智力缺陷、某种程度的缺乏活力，或者心理结构的不完善造成的，而并不涉及人性中一般冲动的差异，甚至那些被认为是低级的原始人，了解得越深，他们表现出的人性也就越多，也越接近我们。以澳大利亚中部的土著人为例，鲍德温·斯宾塞和弗朗西斯·基兰曾把他们描述成没有管理机构和宗教崇拜的，甚至连 5 这个数都数不清的原始部落。[②] 他们彼此慷慨相待，注重他们所理解的美德，善待老人儿童，并且绝不虐待妇女。从照片上看，他们的面部完全与现代人一样，并且其中很多还挺迷人。

---

① 这些情感将在作者的另一本著作《人类本性与社会秩序》（*Human Nature and the Social Order*）一书中非常详尽地加以说明。

② 参见《澳大利亚中部的土著部落》（Spencer and Gillen，*The Native Tribes of Central Australia*），可以将达尔文的观点以及他在《人类的由来》（*Descent of Man*）第 7 章中给出的例子联系起来考虑。

当我们对处在同一种族的不同发展阶段的人进行比较时（例如把我们同恺撒时代的日耳曼部落进行比较），能够发现其差别既不在人性上也不在智力上，而是在社会组织上，在社会关系的范围和复杂程度上，以及在对完全同样的欲望和能力的不同表现上。现代人了解人性中的这种一般共性的最好方式，莫过于较轻松愉快地阅读那些描述古代和不同历史时期生活的文学作品——如荷马史诗、尼伯龙根寓言、希伯来圣经、美洲印第安人的传说、南部边疆生活故事，以及有关战士、水手、罪犯、流浪汉的故事等。对人类各个时期的生活研究得越透彻，能够揭示出的与我们相似的地方也就越多。

让我们再返回到初级群体：这里所持的观点是，人性绝不只是某种孤立存在于个人身上的东西，而是一种群体性质或社会的基本方面，一种相当朴素和普遍的社会心理状态。一方面，它是某种比我们固有的单纯本能更为丰富的东西（尽管本能是构成它的一部分）；另一方面，它又是某种比构成生活习俗的那些经过充分发展的思想和情感较为简拙的东西。人性正是在家庭、游戏群体、邻里等简单和面对面的群体中获得发展和表现的。这些群体在所有社会中都多少有些相似。根据我们的经验，在这些初级群体的基本相似性中，能够发现人类精神世界中相近的思想与情感的基础。无论在这里或其他什么地方，人性都是由此赖以生存的。人并不是生而就具有人性。人只有通过伙伴关系才能获得人性。而当人孤立独处时，人性便会泯灭。

如果这种观点不足以说明其自身就是一种常识的话，那么，我不知道这种详尽的说明会有多大的作用。它仅仅在这个观点上是适用的：社会与个人都是一个共同整体的不可分割的方面，以至于只要发现了某一个个体事实，我们就可以根据它寻找到某种社会事实。如果在人们身上存在某种与之相对应的普遍性质的话，那么，在社会联系中也必然存在某种与之相对应的普遍性。

除初级群体的特点外，人性还能是什么呢？假定确有其他特点的话，那也肯定不是孤立个体的属性，因为像情感、理想、自负和愤恨等人性的典型特点，离开了社会简直是不可想象的。如果人性属于处于社会群体之中的人，那么，要发展这种人性需要什么类型的、什么程度的社会群体呢？显然没有详尽的答案，因为社会的复杂方面是瞬息万变、形态各异的，而人性则是相对稳定和普遍的。简而言之，没有什么能比家庭和邻里生活对人性的产生更为重要的了。

在研究社会的时候，无论在什么地方，我们都必须学会将人类视为一个心理整体来看待，而不能将其人为地拆散。我们必须将家庭和邻里群体的共同生活作为一种直接的事实来观察和感受，而不能将其视为其他某些东西的凑合。也许我们通过回忆自己的经历，并通过理解性的观察将其扩展，才能很好地做到这一点。在我们的生活中，什么是家庭和伙伴关系？我们从自己的感受中了解了什么？思考这类问题，有助于我们对所有社会性的东西赖以产生的初级群体的性质形成一种具体的认识。

社会我——"自我"的含义

"社会我"简单地说，就是从社会交往中获得的，并被内心作为自身的东西所珍视的观念或观念系统。自我感觉的主要领域在一般社会生活之中而不是之外，其特殊的企图或倾向是在人为力量的世界中寻找情感表达的天地，并在心理上由对人的印象所反映。

与他人的思想相联系，自我观念总是一种对个人生活的独特性或差异性的意识。因为这种独特方面靠意愿和努力来维持，而其积极进取的形式具有碰上任何被其认为与自己的倾向相适应，而同与自己有精神联系的他人的倾向相矛盾的东西就牢牢附着不放的倾向。人们特别需要这些形式来促进其独特的活动，培养一般生活方式所需要的个体之间的差异。莎士比亚说，上帝和牧师：

> 让人各负其职。
> 在持续的运动中努力向前。

而自我感觉则是获得这种差异的途径之一。

在这种观点中，我们发现，那种进取的自我最充分地体现为对人们普遍希望得到的对象的占有欲望，这种欲望既能满足个人为确保自己的特定发展而产生的控制这些对象的权力需要，又能避免遭受同样希望得到这种权力的他人的反对。并且这种欲望既包括获得物质对象，也包括获得他人的注意和感情，包括各式各样的计划和抱负，包括意识所能产生的最高尚的目的，甚至还包括可以成为个人生活的组成部分的观念，只要这些观念能够保护自己免受他人侵害。把"自我"一词的内容及其派生意义限定在个性的较低层次的做法是相当武断的；这样做，不仅同那种与责任感和其他高尚动机联系在一起的对"主我"（I）的使用中表达的常识相矛盾，而且也很不明智，因为它忽视了既具有较高层次也具有较低层次的特定动机系统的自我所具有的功能。

一般话语中的"主我"（I）包含着与他人的某种联系，该词及其所表达的意思反映的是语言和社会交往现象便是明证。一个人能在使用语言的同时而不或多或少明确地想着他人，这是令人值得怀疑的。并且可以肯定的是，那些被我们命名并在我们的反映性思维中占有重要位置的事物，几乎总是通过我们与他人的联系而留在我们的意识中的。没有人与人之间的交流，就不会有命名系统和成形的思想。那么，我们所说的"我"、"我的"或"我自己"就绝不会是某种独立于社会共同生活之外的东西，而是其中最有意义的部分，其意义有赖于这样一种事实：它既是普遍的，又是个人的。也就是说，我们之所以关注它，是因为它是共同生活中活跃不息并力图影响他人心理的精神因素。"主我"（I）是一种好战的社会倾向，它力图在众多倾向的主要趋势中占据和扩大自己的地盘。所以，它像所有生命一样，在尽可能地拓展自己。将它作为一种独立于社会的东西来考虑，显然是荒谬可笑的。凡是真正把它作为一种生活事实来接受的人，都是不会犯这种错误的。

> 只有在人之中，人才能认识自己；
> 唯有生活才能教会人们去了解自己。

如果某一事物与一个人所意识到的其他人没有任何联系，那么，他就根本不可能会想到这一事物，而且，如果他确实想起了它，我以为他不会将其视为自己的东西。专有感就像是共同生活的影子。当我们具有专有感时，就具备了对与之相连的社会共同生活的意识，因此，如果我们把某块静静的树林视为"自己的"，这是因为我们认为别人不去那里。谈到身体，如果不想到（无论多么模糊地想到）我们身体的某一部分同他人的实际联系或可能联系，我怀疑我们是否会对身体的这一部分产生鲜明的自我感觉。有关形体的强烈的自我意识同与他人思想联系的本能和经验密切相伴，我们一般不会把内在器官（如肝脏）视为自己所特有的，除非我们想要表述与其有关的某种意识，如当我们得了肝炎而又想得到他人同情的时候。

因此，"主我"（I）虽不是精神的全部内容，但却是其中特别重要的、充满活力的和结构十分严谨的部分。它与其他部分并不分离，而是逐渐地融合于其中，但又具有某些实际的特性，以致一个人一般通过自己的言行就足以清楚地表明他的"主我"是什么，并将其与他未具有的思想区别开来。正如我们已提到过的那样，可以将"自我"视为被光线照亮的墙壁上的那块聚光区。或者更恰当地说，可以将其比作一个活细胞核，虽不与其赖以形成的周围物质相分离，但却是其中更为活跃的、更加组织化了的部分。

自我意识所包含的与他人的关系可以是鲜明而特殊的，如同一个小孩子做了母亲禁止他做的事而被母亲抓住时，会感到羞愧难堪，但这种关系也可能是含糊而一般的，如同一个人因体现其社会责任感的良心的抗拒，而不肯去做其所厌恶和不赞成的某件事。在这些情况下，这种关系始终存在。在自豪或羞愧时，如果没有对相关的"你""他""他们"的意识，也就不可能有对"主我"（I）的意识。甚至那些正心满意足地惦记着自己藏金的守财奴，也只有当他意识到世界上其他人的存在以及他对这些人具有一种秘密的支配力量的时候，才会产生"这是我的珍宝"的感觉。而所有珍藏财宝的人在这方面都是非常相似的。很多画家、雕塑家和作家都不喜欢将自己的作品轻易示人，而宁可藏于深阁自我欣赏。不过，其中的乐趣以及所有秘密的乐趣都有赖于对密藏物品价值的意识。

在大量有趣的事例中，社会联系往往表现为想象一个人的自我（他具有的任何观念）是如何出现在他人心目中的。并且一个人所具有的这种自我感觉取决于本人对他人内心有关自己的看法的态度。这种社会自我可称为反射自我或镜中我：

> 人们彼此都是一面镜子，
>
> 每面镜子都映照着对方。

这就如同我们从镜子中看自己的面孔、身体和衣饰，我们之所以会对镜子中的映像感兴趣，是因为这些映像总是我们自己，并且我们会因这些映像是否符合我们的期望而产生满意或其他心情。所以，我们可以通过想象了解他人对我们的外貌、举止、目标、行动、性格、朋友等各个方面的看法，并且我们也在不同程度上受这些看法的影响。

这种类型的自我认识似乎具有三种主要成分：对我们呈现给他人的外部形象的想象，对他人对我们外表的评价的想象，以及某种类型的自我感觉，如自豪感或耻辱。通过镜子做比较很难使人想到第二种成分，即对他人的评价的想象。但这第二种成分至关重要。促使我们感到自豪或耻辱的东西，并不只是我们自己的机械反应，而且也是某种推论出来的情感，即对在他人心中的反映的想象映像。这一点从下面的事实来看是显而易见的：当我们从某个他人的心目中能够看到我们自己时，这个他人的性格和力量就能影响我们的感觉。我们羞于在性格直率的人面前闪烁其词，在勇敢无畏的人面前胆小怕事，在有修养的人面前举止粗俗，如此等等。我们总是在想象，并在想象中认同他人内心的评价。一个人可能向某个人吹嘘自己的某次行为，譬如一次成功的买卖，但若对其他人，则有可能羞于启齿。

显而易见，与我感觉相联系并形成自我理智内容的那些观念，是不可能被任何简单的描述——比如说，身体是其中的一部分，朋友是其中的一部分，计划如何如何，等等——包罗殆尽的。这些观念会随着特定的性情与环境发生难以确定的变化。自我的变化趋势像人格的其他方面一样，体现了具有深远影响的遗传因素和社会因素，并且只有在与普遍生活的联系之中才能理解和预测它。自我尽管是特殊的，但绝不是孤立的（特殊性与孤立性不仅不相同，而且是矛盾的，因为前者包含着与整体的联系）。自我感觉的对象受历史进程的影响，受民族、阶级、职业和其他诸如此类条件的特定发展状况的影响。

对这种有关镜中我品质的自我感觉在儿童身上的发展过程也许并不太困难。儿童通过密切观察他人的活动，很快能看到自己的行为与其所观察的他人活动的变化之间的某种联系；也就是说，他们觉察到了自己对他人的影响或权力。儿童对双亲或保姆的行为具有某些支配能力，并发现自己能控制双亲或保姆的行为，就像他能够支配同伴的行为或占有某个玩具一样。他会像借助自己的手或吵闹一样，借助这新占有的能力去做点什么。一个 6 个月大的女孩会试图以最明显和做作的方式来吸引他人的注意，通过自己的行动启动她所占有的其他人的某些活动。她尝到了作为起因的乐趣，也尝到了行使某种社会权力的乐趣，并希望得到更多类似的乐趣。她可能会抓住母亲的裙子，扭动身体，发出咯咯的笑声，或伸出一双小手，并一直等待着其所期望的结果。这种动作往往使儿童（甚至这种年龄的儿童）也会表现出所谓做作的样子，她似乎过分注重他人怎么看待她。在任何年龄的人当中，当其意图影响他人的愿望压倒其既定性格时，都存在这种做作现象，此时人们明显地扭曲自己的性格或装模作样。即使达尔文在年少的时候为了给他人制造某种印象也会撒谎。这一发现对我们理解上述道理颇有启发。例如，他在自传中说，"我有一次从父亲的树上摘下了很多值钱的水果，并藏在灌木丛里，然后上气不接下气地跑到家里，说我发现了一堆秘密藏着的被偷去的水果"。

小演员们很快学会了在不同的人面前做出不同的表现，这说明他已经开始理解人的性格并能预测人的变化。如果母亲或保姆比较心软，那么，孩子的哭泣肯定会"打动"她。我们一般都能观察到，儿童在母亲面前的表现要比在其他人或较少同情心的人面前的表现差一些。在儿童结识的新人当中，显然有些人给他留下了强烈的印象，并使他产生了对这些人的兴趣或取悦他们的愿望，但其他一些人则比较冷淡或不那么令人愉快。我们有时可以觉察到或猜出其中的缘由，有时则不能，但对儿童来说，其兴趣、羡慕或威望都具有选择性，这一点在 2 岁时就表现得十分明显了。此时，儿童可能相当关心自己在某些人心目中的印象，却不在乎在其他一些人心目中的印象。不仅如此，他还会很快把亲密慈爱的人视为"我的"，并把他们归于自己的占有物，维护自己的所有权不被其他外来者侵犯。3 岁的 M 对于 R 口口声声说母亲使他非常不满，因为一提到这个话题，R 就会说"我妈妈"。

强烈的愉悦或悲伤完全取决于这种未充分发展的"社会我"所受到的对待。以 M 为例，我注意到这个孩子早在 4 个月的时候就有一种被伤害的哭泣，似乎表明他有一种受到怠慢的感觉。这种哭与因疼痛而哭或因愤怒而哭迥然不同，却很像受了惊吓似的。最轻微的指责就会引起这种哭泣。相反，如果人们注意她，大声逗她，并热情鼓励她，她就会快乐起来。大约在 15 个月时，她已经成了"一个出色的小演员"，似乎她主要生活在对自己给他人留下的印象之中。她不时地明显玩些小心计来吸引人们的注意力。一见到别人不赞成或冷淡的迹象，她便会变得局促不安，或者大哭起来。有时她似乎不能从别人的冷淡排斥中恢复过来，相反会伤心地哭很长时间，拒绝别人的安慰。如果她碰巧发现了什么能使人们发笑的小把戏，便一定会一遍一遍地重复它，并在模仿中高声而不自然地大笑。她的这些小花样层出不穷，她会在那些关心她的观众面前表演，甚至也会在陌生人面前一试身手。她 16 个月时，一次当

R 拒绝递给她剪刀时，她一屁股坐在地上，�‾起小嘴巴，抽着鼻子，假装着哭闹起来，同时，还不时地抬眼张望，看看到底产生了什么效果。

在我看来，人的各种抱负就是在这类现象中萌生的。和本能与自我感觉相协调的想象已经创造了一个"社会我"，并且这成了人们感兴趣并为之努力的主要目标。

从此以后，儿童的发展主要体现在以更明确、全面和深刻的方式对他人的心理状态加以想象。小孩想到并努力得到的往往是一些看得见、听得着的东西，他并不对这些东西反复斟酌，但成人希望在他人身上产生的效果则是一种内在的、看不见的状态。这种状态只有凭他丰富的经验方能想象，而这种内在状态的表达往往只是符号。然而，即使成人也不会把他人的思想与该思想的明显表达相分离。他们当即想象出整个事物。成人思维与儿童思维的主要区别在于成人具有相对丰富和复杂的解释和说明看得见或听得着的符号的思维成分。在社会性的自我维护行动中，也存在从幼稚走向成熟的进步。开始的时候，小孩都明显而纯粹是为了结果而行动的。以后，他会努力压抑这种迹象，装出友好、冷淡、鄙视等表情以掩饰其改善自我形象的真实愿望，他开始醒悟公开追求好评是软弱的也是令人不快的。

我怀疑在大多数儿童共有的社会自我感觉及其表达方式的发展中是否存在什么有规律的阶段。自我情感由新生婴儿不易觉察的原始占有本能演变而来，并且其表现也因情况不同而有所不同。许多儿童从 6 个月起就表现出了明显的"自我意识"，而其他儿童在任何阶段都没显示出自我意识。还有一些儿童要经过一个做作的阶段，该阶段的长短以及出现的时间可能不尽相同。如同在人生的所有时期一样，在儿童时代吸收不同于社会我之观点的某些思想，能够促进"自我意识"的发现。

参考文献

Addams, Jane, 1907, *Newer Ideals of Peace*, New York：Macmillan.

Howard, George E., 1904, *A History of Matrimonial Institutions*, Chicago：The University of Chicago Press.

Tocqueville, Alexis De., *Democracy in America*, vol. 1.

Westermarck, Edward, 1891, *The History of Human Marriage*（1st one-volume edition）, London：Macmillan.

人类的迁移与边际人[*]

罗伯特·E. 帕克[**]

从历史的长远观点来看待人类，研究大社会的学者经常倾向于用一些简单的主要原因或条件来解释种族和民族中存在的文化差异。以孟德斯鸠为代表的思想流派声称，在气候和自然条件里找到了解释。因《人类种族不平等论》的作者约瑟夫·戈宾诺而闻名的另一思想流派则认为，文化多样性的解释存在于具有生物遗传性种族的内在特质中。这两个理论的共同之处在于：他们都把文明和社会看作进化发展的结果，即通过进化人类能够获得新的可遗传的特质，而不是在人与人之间形成新的关系。

相对于这两种理论，弗里德里克·梯加特又重新提出并进一步阐述了所谓的灾变理论，该理论可以追溯到英国的休谟和法国的杜尔阁。从灾变理论的角度来看，虽然气候和内在的种族特质在种族的进化上起着重要作用，但是对形成文化之间存在的差异作用甚微。事实上，种族和文化远远不具有任何同一性，甚至也不是相同条件和力量的产物，它们可能作为由相反趋势产生的结果彼此对抗，以至于可以说文明需要付出种族差异的代价使之繁盛，而不是依靠种族差异得以保存。不管怎样，如果说种族是孤立和内部通婚的产物，那么可以同样肯定地说，文明则是接触与交流的结果。在人类历史中起决定性作用的是那

* Translated from Park, Robert E., Human Migration and the Marginal Man, *American Journal of Sociology*, No. 33, 1928, pp. 881-893. （本文由卞露译，周晓虹校）

** 罗伯特·E. 帕克（Robert Ezra Park, 1864～1944），社会学芝加哥学派的主要代表人物之一。1864 年 2 月 14 日生于美国宾夕法尼亚州的一个商人家庭。1983 年考入密执安大学，1887 年获哲学学士学位。随后投身新闻界，热衷于城市社会问题和贫民阶层的调查报道。1898 年帕克辞去记者职业，进入哈佛大学攻读硕士学位；1902 年前往德国海德堡大学深造，1903 年获得博士学位。1904～1905 年任哈佛大学哲学助理教授，曾协助黑人领袖 B. T. 华盛顿研究种族问题。1914 年转任芝加哥大学社会学系，开启社会学研究生涯，1923 年升任教授。1925 年任美国社会学会主席。1933 年，帕克应吴文藻之邀访问中国，任教于燕京大学社会学系，通过影响费孝通、林耀华等一批学生促进了中国社会学燕京学派的社区研究。

些可以把人们联系在一起富有成效的竞争、冲突与合作的力量。

根据我称之为进化灾变理论的观点，在这些影响力中最重要的是迁徙以及随之发生的人和文化的碰撞、冲突与融合。

卡尔·比切尔在他的《工业进化论》中说，"文化的每一个进步"，"可以说都是新的漫游时期的开始"。为了证明他的观点，他指出早期的贸易形式是迁移的，第一批脱离家庭农业成为独立职业的行业都是流动性的。"宗教的伟大奠基者，最早的诗人和哲学家，过去的音乐家和作家，都是伟大的漫游者。甚至在如今的时代，难道那些发明家，新教义的布道者和贤者不需要从一个地方旅行到另一个地方寻找追随者和崇拜者吗？更不用说最近交流手段突飞猛进地发展了。"①

当然，迁徙的影响力没有局限于在现存文化中引起变化。从长远来看，它们决定了历史民族的种族特征。正如格里弗斯·泰勒注意到的那样，"整个人种学的教导，""显示出人种混合成为民族是无一例外的铁律"。② 每一个被考察的国家证明或多或少都是成功的种族熔炉。人类地理学家赋予这种持续不断的人种与民族的迁移的名称是"历史性的移动"，正如爱伦·桑普尔女士在她的《地理环境的影响》一书中所说的，"它既构成了书写历史的基础，也构成了非书写历史的主要部分，特别是那些原始和游牧部落的历史"。③

文化的变迁的确不可避免会在一定程度上引起种族的变迁。随着民族的迁移和融合，风俗习惯方面发生了快速的、突然的而且经常是灾难性的变化，在漫长的时间里，作为族间通婚的结果，不同民族在性情和体格上也趋向一致。没有任何例子表明在不同种族会通过共同经济的规定推动其亲密无间地生活在一起，种族的接触并不会产生异族杂婚。然而，人种特征和文化特质的变化以不同的速度发生，而且众所周知，文化变迁很少得到生物方面的巩固和传递，至少在极小的程度上，如果有的话。获得性的（文化）特征并不具有生物的遗传性。

强调迁徙作为发展动力的重要性的作家总是对战争有共同的认识。西奥多·魏茨就把迁徙视为文明的动力进行论述，他指出迁徙的"性质从一开

---

① Bücher, Carl., *Industrial Evolution*, p. 347.
② Taylor, Griffith, *Environment and Race*: *A Study of the Evolution*, *Migration*, *Settlement*, *and Status of the Races of Men*, p. 336.
③ Semple, Ellen Churchill, *Influence of Geographic Environment*, p. 75.

始就不是和平的"。关于战争，他说："战争的第一个结果是在人们之间建立起使友好的互动成为可能的固定的关系，这种互动更有意义的是能够交换知识和经验，而不仅仅是交换商品。"① 他接着写道：

> 当我们看到一个民族，无论它处在文明的哪个水平上，在生活中不与他人接触和进行互惠的活动，一般我们会发现某种停滞，一种死气沉沉的状态，以及行动的缺乏。这些在和平时期像一种痼疾般传播，当战争出现的时候——不管救赎天使似的和平主义传道者说什么——会激发出国家主义的精神，能够使所有的力量更灵活且更有弹性。②

在那些从侵入的角度看待历史过程——无论是和平的还是恶意的，看作一个民族支配另一个民族——的作家中，必须评价社会学家贡普洛维奇和奥本海姆。前者试图抽象地定义社会过程，把它看作异族群体间的互动，通过产生支配的种族与服从的种族构成群居的秩序——事实上就是"社会"。

以差不多相同的方式，奥本海姆在他对国家的社会学起源的研究中相信他已经证明了在每一个案例中国家的历史都起源于一个游牧的民族通过征服和武力把权威强加在一个定居的、农业的民族之上。不管怎样，奥本海姆所收集的用来支持他的论文的事实显示，社会机制确实，至少在很多例子中，是在突变中产生的，而不是通过进化选择过程和相对缓慢的变化逐步累积的结果。③

一种坚持文明进化中灾变的重要性的理论未必不能同时把革命作为发展的一个因素。如果如魏茨所说的和平和停滞趋向于社会病态，或者如萨姆纳说的"社会需要一些骚乱"来打破这种停滞，把个体被囚禁在既存社会秩序中的能量解放出来，那么像十字军战士那样的"爱冒险的傻瓜"，或者浪漫主义的狂热者——比如那些在法国大革命或者最近的俄国布尔什维克革命中表现自我的人——可能像迁徙或战争一样可以有效地中断既存的惯例，打破风俗的沉淀层。革命教义的基础本来就建立在灾难性的变化概念而不是进

---

① Waitz, Theodore, *Introduction to Anthropology*, p. 347.

② *Ibid.*, p. 348.

③ Oppenheim, Franz, *The State: Its History and Development Viewed Sociologically*, 1914.

化意义的变化概念之上。革命策略的计算与合理化，就像在乔治·索雷尔的《暴力反思录》中提到的，把巨大的灾难、全面的攻击变成一种信念，成为在革命大众中维系集体精神、强化纪律的一种手段。[1]

革命和迁徙最显著的区别是，在迁徙的情况下社会秩序的打破是由外来人口的侵入引起的，是在当地人和外来者的接触和融合中完成的；而在革命的情况下，扰乱社会的革命骚动和武力一般能够，或者看上去能够在受其影响的社会内部而不是在外部找到起源（如果不是全部原因的话）。也许还不能就此得出结论，即每一次革命，每一次启蒙，每一次知性的觉醒和复兴都是由或可以由某些大批进入的人口或者某些外来文化力量引发。至少这种观点需要一些修改，因为随着贸易和交换的兴起，慢慢地，相对而言移动的情况变多了，迁徙变少了。把天涯海角连接在一起的贸易使旅行变得更安全。而且，随着机械化工业的发展和都市的兴起，进行流通的不再是人而是商品。背着货物的商贩让位于旅行推销员，而且邮购商品的家庭的名单现在已经扩展到了连洋基小贩（Yankee peddler）也没到过的遥远的地方。像比切尔指出的那样，全球经济的发展以及民族、移民的互相渗透，改变了他们的特质：

> 在欧洲民族历史展开时出现的迁徙是整个部落的迁徙，在持续的几个世纪中将集体性的单位从东部逼进到西部。中世纪的迁徙仅仅影响个别的阶层；东征的十字军、商人、挣工资的工匠，熟练手工艺者、江湖术士和游吟诗人，在城镇的围墙内寻求保护的佃农。相反，现代的迁徙则普遍作为一种个人的考虑，被各种各样的动机所引导。它们通常都是无组织的。这个每天不断自我重复的过程仅仅通过一个特征整合在一起，即在每个地方都是个人为了寻找更好生活条件想要改善自己的住所。[2]

从一开始的侵入到以和平渗透为特点的迁徙，紧接着是一个民族暴力地取代或镇压另一个民族。换句话说，民族迁徙转化为个人的流动，而频繁发

---

① Sorel, Georges, *Reflections on Violence*. New York, 1914.
② Bücher, Carl, *Industrial Evolution*, p. 349.

生这些运动的战争则是两败俱伤的冲突，典型的形式是攻击和革命。

如果考虑到灾难性变化的所有形式，就应该把一些穆罕默德主义或者基督教之类新兴宗教运动的突起引发的变化包括进去，它们的共同点是一开始都作为分裂的、宗派主义的运动，然后通过扩张和内部发展转变成独立的宗教。从这个角度看，迁徙所具有的特征对那些迄今为止一直在思考这些特征的作家来说并不是一种前所未有的新发现，这个问题极大地激发了他们的好奇心。迁徙仅仅是历史性变化出现时可能采取的一系列形式之一。尽管如此，作为一种集体行动的类型，人类迁徙在任何地方表现出来的典型特征使它有条件成为独立的研究对象，包括它的形式和它产生的影响。

然而，迁徙不应该仅仅被看作一种移动。至少它还涉及居住地的改变以及与原住地纽带的断裂。吉卜赛人和其他贱民住地的转移由于没有带来重要的文化生活方面的变化，应该被视为一种地理事实而不是社会现象。即便游牧民族的生活是建立在居住地转移之上的，而且虽然吉卜赛人现在乘坐大篷车旅行，但他们依然保持着自己祖先的部落组织和习俗相对不变。结果他们和社区——在任何时候出现在其中——的关系可以被描述为共生的而不是社会的。这一事实对任何非定居的、流动的人口区隔和阶级来说都是适用的，比如流动工人和以旅馆为家者。

把迁徙作为一个社会现象来研究，不应该仅仅强调它在改变风俗和惯例上的影响，而是要思考一些主观的方面，反映在它所造成的个性类型的变化上。当传统的社会组织在与一种新引入的文化发生接触和冲突中解组的时候，可以说，作为个体的人得到了解放。之前被习俗和传统捆绑的能量被释放出来。个体可以自由地展开新的冒险，然而他多多少少失去了方向和约束。梯加特关于这个问题的观点如下：

> 打破习惯性的行为和思维模式的结果是个体经历了从支配他的压制和约束中解放出来的体验，并且以强烈的自我意愿来证明这种"解放"。个性的高度张扬是所有时代变迁的显著特点。另一方面，两个群体之间的接触和冲突带来的心理影响揭示了这样一个事实，即"解放"最重要的部分不是给予士兵、武士、暴徒以自由来摆脱束缚他们的行为习惯，而是给予个人自我判断以自由来摆脱思维习惯的束缚。因此，对"变化"在不同时间的具体形式进行研究可以成为政治历史学家、文学

和思想史学家、心理学家、伦理和教育理论学者关注和努力的焦点。[1]

根据梯加特的观点，把个体从他作为一部分的社会中解放出来的事件是社会变迁的开端。然而，不可避免在此后的漫长时间中要把被释放出来的个体重新整合进一个新的社会秩序。与此同时，个体自身的特质也发生了一些变化（任何程度的）。在此过程中，个体不仅仅被解放了，而且被启蒙了。

这些获得解放的人总是会在某种意义和某种程度上成为四海为家者。他学习重新看待他生于斯的世界，这个世界哺育他的是陌生人的冷漠。简而言之，他习得了某种知性的偏见。齐美尔从移动和迁徙的角度描述了陌生人在社区中的地位及其个性。他说："如果把漫游看作从空间中任何一个确定的点解放出来，那么它就是'固定'在概念上的对立物。因此陌生人的社会学形式代表了两者的结合。"陌生人居住但不定居，他是一个潜在的漫游者。这意味着他不像其他人那样受当地礼俗惯例的约束。"在实践和理论上，他都是更自由的人。他很少带着偏见看待自己与他人的关系；他用更普遍、客观的标准判断他们，并且他不把自己的行动限制在出于习俗、虔信和先例的范围内。"

流动和迁徙造成的结果是使原本神圣的关系世俗化了。可以把它描述为一个双重的过程，既是社会的世俗化又是个人的个体化。为了给早期的迁徙——一个民族的迁徙，这种迁徙事实上破坏了之前的文明社会，把人们解放出来投身于建造一个更世俗、自由的社会——提供一个简短、生动、可信的描述，我建议参考吉尔伯特·默里的《希腊史诗的兴起》，其中他试图再现日耳曼人对爱琴海地区的入侵。

他说，紧随其后一个混乱的时期开始了：

在混乱中一个古老的文明分崩离析，它的法律形同虚设，日常预期的复杂网络作为形成人类社会的基础也如此频繁、彻底地遭到持续不断的失望的破坏，以至于最终（人们对他人的行为）不再有任何日常的期待了。对那些后来的小亚细亚沿岸的暂住民以及部分多立思人和伊奥利亚人来说，不再有部落的神明或义务了，因为连部落也不存在了。不

---

[1]　Teggart, Frederick J. , *Theory of History*, p. 196.

再有古老的法律，因为没有人会遵守甚至记得它们；这些法律只有在当时最有力的权威的强制下才会被选择性执行。家庭和家庭生活连同它所连接的众多纽带都消失了。一个男人不再和自己同族的妻子，而是和一个危险的陌生的女人一起生活，她说着异族的语言，信奉异族的上帝；而他有可能在此之前杀死了这个女人的丈夫或父亲，或者最好的情况是，他把她从杀人者那里领回来做奴隶。我们之后会看到，古老的雅利安农夫和他牧养的牲畜亲密地生活在一起。他只会在特殊的压力下或者出于某种宗教的原因才会杀他的"牛兄弟"，并且他希望自己的妻子进行哀悼。然而现在他离开自己的畜群很远；它们被敌人吞吃。还有，他得依靠被他洗劫或奴役的陌生人的牲畜来维生。他离开了父辈的坟地，他自己血族的友善鬼魂，这些鬼魂从他手里拿走食物而且爱他。现在他被那些异族人死去的、陌生的鬼魂包围着，他不知道它们的名字，他的力量也无法控制它们，尽力用恐惧和厌恶来安抚它们。对他来说唯一真实存在的可以用来作为皈依的核心，供奉他的古老家庭、他的神、他的部落习俗和神圣之物的，是一堵环形的石墙，一个城邦；他和那些不同口音和信念的同伴——由一个重大的义务团结起来——竖立起这堵墙作为在他们自己和外面世界的敌人之间的一道保障。①

希腊文明正是诞生于城邦的墙之内以及混杂的成员中。从粗俗的偶像崇拜和对神明的恐惧中相对解放出来，古代希腊生活的全部秘密与过渡的、混乱的时期息息相关，在此期间，过去的原初世界衰落了，同时更自由的、更启蒙的社会秩序迅速兴起。思维解放了，哲学诞生了，公众观念把自己树立为权威来对抗传统和习俗。正如盖约特所说："希腊和它的节日、诗歌似乎是通过永恒的赞美诗的形式来庆祝人类从强大的自然枷锁中挣脱出来。"②

这一切首先在希腊，之后是欧洲，今天在美国也同样发生了。民族的移动和迁徙、贸易和商业的扩张，特别是现代大型民族与文化的熔炉——大都

---

① Murray, Gilbert, *The Rise of the Greek Epic*, pp. 78-79.

② Guyot, A. H., *Earth and Man*, Boston, 1857; cited by Franklin Thomas, *Environmental Basis of Society*, New York, 1911, p. 205.

市的成长——使地方纽带变得松弛，破坏了部落和民间的文化，市民自由取代了地方忠诚，用我们称之为文明社会的理性组织取代了部落习俗的神圣秩序。

在这些人类所有的激情和能量都释放出来的巨型都市中，我们应该从微观上研究文明社会的过程。

正是在这些都市中，古老的宗族和亲属群体分裂了并且被基于理性利益和千变万化的偏好之上的社会组织所取代。更特别的是，正是在这些都市中，全面劳动分工的施行允许以及或多或少迫使个体把自己的能量和才能集中在他能够胜任的工作上，并且把他和他的同伴从曾经强有力地控制着原始人的自然和环境中解放出来。

然而，在所有案例中，文化引入和同化的过程以及伴生的种族世系的融合并非同样顺利，各自的速度也不尽相同。特别是在那些来自不同文化和种族世系的人混居的地方，同化和融合的发生没有在其他情况下那么快。所有的种族问题都是从那些同化和融合根本没有发生或者速度很慢的地方产生出来的。正如我在别的地方所说的那样，种族间文化同化最大的障碍并非因为他们的心理特点不同，而是因为他们的身体特质不同。日本人没有欧洲人同化的顺利并不是因为他们的心理状态，是因为：

> 日本人有一个明显的人种上的特点，可以说他穿着一件可以把他定类的种族制服。与爱尔兰以及更低层次上其他一些移民性种族不同，他不可能仅仅作为一个个体——在四海为家者群体中是无差别的。日本人，像黑人一样，被我们贬低为一种抽象体，一种象征——不仅仅象征自己的种族，还象征着东方以及含糊不清的、难以定义的威胁，有时候我们称之为"黄祸"。①

在这种情况下不同种族世系的民族通过一种共生的关系肩并肩地生活着，每个民族在共同经济中扮演自己的角色，但在任何高等层次上都不进行异族通婚；像吉卜赛人或者印度贱民那样，每个民族维持着某种程度上完整

① Racial Assimilation in Second Groups, *Publications of American Sociological Society*, Volume, 1914, 8.

的部落组织或自己的社会形式。这也是现代欧洲的犹太人的境况，类似的关系今天也存在于非洲东南部和西印度群岛的原住白人和印度人之间。

然而从长远来看，居住在一起，在同一个经济中共享利益的民族和人种不可能避免异族间的通婚，通过这种方式（如果没有其他的话），原本仅仅是合作性和经济性的关系转变成社会和文化的关系。当迁徙演变为经济上或者政治上的征服，同化是必然趋势。征服者民族把他们的文化和标准强加在被征服的民族身上，紧接而来的是文化内渗的阶段。

有时候，征服者民族和被征服民族的关系采取奴隶制的形式，有时候采取等级制度的形式，比如印度。但是在其中任何一个例子中支配的民族和被统治的民族最终都成为同一个社会内在的组成部分。奴隶制和等级制度仅仅是适应的不同方式，通过这些方式种族问题找到了暂时的解决方法。然而犹太人的例子是特别的。犹太人从来不是臣民，至少在欧洲不是。他们从未沦落到低等种姓的地位。在他们最初被选择，然后被迫居住的犹太人区中，即使没有政治上的独立，他们仍然保持了自己的部落传统和文化。离开犹太区的犹太人无法彻底脱离；他弃绝了自己的民族，成为一个受诅咒的对象，一个背教者。犹太社区的犹太人和他居住的更大的社区之间的关系是，在某种程度上现在依然是共生的而不是社会的。

然而，当中世纪犹太区的围墙被推倒后，犹太人被准许参与他周围民族的文化生活，于是出现了一种新的特性，即文化混杂（cultural hybrid），一个人在两个不同民族的文化和传统中生活和亲密参与；尽管得到允许，但他并不心甘情愿破坏他的过去和传统，同时由于种族偏见，他也不可能被自己认为获得了一席之地的新社会完全接受。他是一个处在两种文化和两个社会边缘的人，无论哪一个都未曾完全渗入和融合。他是一个，卓尔不群的陌生人。齐美尔——本身是犹太人——在他的《社会学》中（sociologie）以深邃的洞见和理解对陌生人做出了描述。大多数犹太人的特征，如果不是全部的话，即优秀的商人头脑、敏锐的智力兴趣、成熟老练、理想主义但缺乏历史感，也都是都市人的特征，这种人四处漂泊，更喜欢住在旅馆里——一句话，他们是四海为家者。最近几年在美国大量出版的犹太移民的自传，都是同一个故事——边际人的故事——的不同版本；离开他所居住的欧洲的犹太区，在美国都市更自由、更复杂、更世界主义的生活中找到一个属于自己的位置。我们可以在这些自传中看到在个人迁徙中同化过程是如何发生的。对于更敏感的头脑来说，它的影响和某些宗教皈依一样深远、令人困扰。对此，威廉·詹姆斯在他的《宗教经验种种》一书中向我们提供了经典的解释。在这些移民的自传中，发生在他们心里的文化冲突，就是"分裂的自我"的冲突，老的自我和新的自我。这种冲突常常没有令人满意的结果，以深刻的幻灭结束，像路德维格·刘易斯逊的自传《激流之上》中描述的那样。但是，刘易斯逊这种在犹太社区温暖的安全感（他所放弃的）和外面世界冷酷的自由（生活在其中，他一直没有获得家的感觉）之间不安的摇摆是典型的。一个世纪之前，被同样相互冲突的忠诚所分裂，努力同时成为一个德国人和一个犹太人的海因里希·海涅，扮演了一个相似的角色。根据他最近的传记作者所说，正是生活的秘密和悲剧迫使他不得不生活在两个世界中，其中任何一个都不是他完全的归属。这些加重了他智力生活的痛苦，也使他的作品具有精神冲突和不稳定的特点，这正是像刘易斯·布朗指出的那样是"灵性困扰"的证据。他的心智缺乏建立在自信基础上的整合性："他的手臂是虚弱无力的"——继续引用——"因为他的心智是分裂的；他的手指总是很紧张，因为他的灵魂处在混乱之中。"

由于抛弃了旧的习惯但还没有形成新的习惯，对道德二元分裂和冲突同样的感受可能是这段过渡时期每一个移民的共同特征。这也必然是一段内在混乱和强烈自我意识的时期。

毫无疑问，我们大多数人生活中的过渡和转折时期都可以和那些移民的体验相比较，离开家庭到一个陌生的国家寻求自己的未来。但是对于边际人来说，这个转折期相对而言是永恒的。其结果是他趋向于某种性格类型。一般来说边际人是混血的，像美国的黑白混血儿或者亚洲的欧亚混血儿，但使他们突出的是生活在两个世界，在无论哪个世界中或多或少都是一个陌生人。在亚洲或非洲皈依的基督徒就表现出边际人的许多（如果不是大多数）特征——同样精神不稳定、强烈的自我意识、不安和不适（malaise）。

正是在边际人的心里，接触新文化引发的道德混乱以最明显的形式表现出来。正是在边际人的内心世界中——文化的变迁和融合在其中进行着——我们可以对文明和发展的过程进行最好的研究。

心灵、自我与社会[*]

乔治·米德[**]

一　玩耍、游戏和概化他人

我们正在谈论这样一些社会条件，在这些条件下自我作为一个客体而产生。除语言之外，我们找到了两个例子，一个在玩耍（play）之中，另一个在游戏（game）之中，而我希望概括和扩展我对这些论点的解释。我已经基于儿童的视角谈论了这些论点。我们当然还可以参考那些我们的文明产生于其中的更为原始的人民的态度。在原始人的神话故事和他们所进行的各种各样的玩耍中，尤其是在宗教的神秘剧中，我们可以找到一个不同于游戏的玩耍的明显例证。我们在小孩那里所发现的纯粹的玩耍态度不可能在这儿找到，因为这里的参与者是成人，并且毫无疑问，这些玩耍过程与它们所表达的东西之间的关系甚至在最为原始的人民的心灵中也或多或少地存在着。在此种

　*　Translated from Mead，George Herbert，*Mind*，*Self and Society*，Charles W. Morris（ed.），Chicago：University of Chicago Press，1934，pp.152-164，pp.173-178.（本文由郑震译校）

**　乔治·米德（George H. Mead，1863~1931），生于美国马萨诸塞州南哈德利一位新教牧师家庭。1879年，考入其父所在的奥伯林神学院，1883年获文学学士学位。因为父亲早逝，读完大学米德便任小学教师，但任期仅4个月。1883~1887年，任铁路勘探工和家庭教师。1887年考入哈佛大学攻读哲学，师从乔治·帕尔默和约西亚·罗伊斯，并任威廉·詹姆斯孩子的家庭教师。1888年，获哈佛大学文学硕士学位，同年赴德国莱比锡大学攻读哲学和生理心理学博士学位。在莱比锡，受到威廉·冯特和格兰维尔·S.霍尔的影响，尤其是冯特的"姿势"（gesture）概念后来成了支撑符号互动论的中心概念。1889年米德转到柏林大学继续生理心理学的学习。1891年，出任密歇根大学哲学和心理学副教授，并因此没有完成自己的论文并获得博士学位。1894年，约翰·杜威经詹姆斯·塔夫茨推荐出任新成立的芝加哥大学哲学系主任，受杜威的邀请，米德也来到芝加哥大学任哲学系助理教授。1902年升任副教授，1907年任教授直至去世。死后，教学速记稿讲稿由学生编成四本文集：《现代哲学》（1932）、《精神自我和社会》（1934）、《19世纪的思想运动》（1936）和《行为的哲学》（1938）。

仪式的表演过程中存在一种玩耍的组织，后者也许可以与发生在幼儿园中的涉及小孩玩耍的那些组织相比较，在那里这些玩耍被加以固定，从而拥有了一种明确的结构或关系。在原始人的玩耍中至少可以发现某些同种类的东西。此种类型的活动当然不属于人们在处理那些我们或多或少对之形成了自我意识的存在着的对象时的日常生活，而是属于人们的态度朝向围绕他们的力量和他们所依赖的自然时的日常生活，属于人们的态度朝向这个模糊和不确定的自然时的日常生活，在那里我们拥有一种更加原始的反应，并且那种反应通过如下方式找到了其自身的表达形式，即通过扮演他人的角色，通过扮演他们的神和英雄，通过参加某些庆典——这些庆典表达了人们被期望去做的事情。这个过程无疑发展成了一种或多或少明确的技术，并且受到了控制，而且我们可以说，由之产生的那些处境类似于那些小孩扮演父母和含混的教师人格（teacher-vague personalities）时的处境，这些角色存在于孩子们的周围，他们影响着孩子们，并且是他们的依靠。这些是他们所扮演的人格，是他们所扮演的角色，而这些人格或角色也由此控制了孩子们自身人格的发展。这些结果正是幼儿园的工作所期待的。它利用各种各样的含混的存在者的特征，并将它们纳入这样一种彼此之间有组织的社会关系，从而培养了儿童的人格（Mead，1896~1897）。组织从外部的实际被引入，假定了在这一时期的儿童的经验中缺乏组织。与小孩和原始人的情况相比，我们拥有这样一种游戏活动。

游戏和玩耍之间的基本差别在于，在玩耍中儿童必须对参与游戏的所有其他人持有某种态度。参与者所采用的其他玩耍者的态度组成了一个单位，正是这个组织控制着个人的反应。我们所采用的例证是一个玩棒球的人。他自己的每一个行为都是由他对其他游戏参与者的行动的采用所决定的。他的所作所为受到他自己同时也是那一组人中的任何一个人的情况的控制，至少就那些态度影响了他自己的特定反应而言是这样。因此我们获得了一个"他人"，它是那些参与到同一过程之中的人们的态度的组织。

这个赋予个人以自我的统一性的有组织的共同体或社会群体，可以被称为"概化他人"。概化他人的态度是整个共同体的态度。① 因此，在这样一个

---

① 对于任何一个个人而言，无生命的物体（其他人类个体也一样）完全可能构成概化的和有
组织的、完全社会化的他人的组成部分，只要他社会性地或以某种社会方式（转下页注）

作为球队存在的社会群体的例子中，就其作为一种有组织的过程或社会活动进入它的任何一个个别成员的经验之中而言，团队即概化他人。

如果特定的个人要形成一种最充分意义上的自我，那么采取其他人类个体在人类社会过程中针对他以及针对彼此所采取的态度，并且仅仅以此方式把那个社会过程作为一个整体导入他的个人经验之中，这是不充分的：他还必须以他采取其他个体针对他以及针对彼此所采取的态度的同样方式，来采取他们针对共同的社会活动或整套社会事业的不同阶段和方面的态度，而他们作为一个有组织的社会或社会群体的成员都参与到这些社会活动和社会事业之中；并且他必须通过概化这些个人对于那个有组织的社会或社会群体自身（作为整体）所具有的态度，针对不同的社会计划采取行动，这些社会计划在任何给定的时间实现着或奔向一般社会过程的各种更大的阶段，这个社会过程构成了它的生命，而这些计划则构成了这个社会过程的具体表现。换句话说，这一在任何个体的经验领域中把握任何特定社会整体或有组织社会（该个体同时卷入或包含于这个整体之中）的广泛活动的现象，是那个个体的自我得以充分发展的必要基础和前提：只有就他针对他所属的有组织的社会群体、参与其中的有组织的、合作的社会活动或一系列诸如此类的活动，来采取他所属的社会群体的态度，他才能够发展一种充分的自我或者拥有一种他已经形成的充分的自我。另外，有组织的人类社会的复杂的合作过程与活动以及社会机构的功能运作的可能性就在于，每一个卷入它们之中或属于那个社会的个体，能够采取所有其他此种个体关于这些合作过程与活动和社会机构的运作以及关于由互动所建构的经验关系的有组织的社会整体的概化态度，并能够以此种态度相应地指导他自身的行为。

在概化他人的形式中，社会过程影响了卷入其中并使之继续进行的那些个体的行为，例如：共同体对其个体成员的行为实施控制——正是在这一形

（凭借思考的机制和内化的身势语）对此物体做出反应。他对之社会性地行动或对之社会性地做出反应的任何事物、任何物体或物体的组合，无论是有生命的还是无生命的，人类的还是动物的，或者仅仅是物质性的，都是对于他而言的概化他人中的一个因素；通过采取针对他自身的态度，他得以意识到他自己是一个客体或个人，并因此形成了一种自我或人格。例如，礼拜在其原始的形态中仅仅是在一定的社会群体或共同体和它的物理环境之间的关系的社会具体化，是一种有组织的社会工具，它由那一群体或共同体的、与那个环境发生社会关系的，或者（在某种意义上）与该环境进行交谈的个体成员所采用，并且以此种方式，那个环境变成了对于特定社会群体或共同体的每一个个体成员而言的总体的概化他人的组成部分。

式中，社会过程或共同体作为一种决定性的因素进入个体的思维。在抽象思维中个体对他自己采取了概化他人的态度，① 而无需参照任何特定的其他个体对它的表达；并且在具体的思维中，他之所以采取那个态度就在于，该态度表达于那些与他一同卷入特定的社会处境和行为的其他个体对他的行为所采取的态度之中。但是，只有以这些方式中的一种或另一种方式来针对他自身采取概化他人的态度，他才能够思考；只有如此，思维或构成了思维发生的内在化的姿势交谈才得以可能。只有通过个体对他们自身采取概化他人的一种或多种态度，一个话语体系的存在（作为思维在它的情境中设为前提的共同的和社会的意义系统）才得以可能。

拥有自我意识的人类个体针对其所属群体或共同体在任何特定时间所面对的各种社会问题，以及针对产生于其所属群体或共同体并参与其中的相应不同的社会计划或有组织的合作事业的各种社会问题，采取或具有他所属的特定社会群体或共同体（或其某一部分）的有组织的社会态度；并且作为参与到这些社会计划或合作事业之中的一个个人，他根据此种态度来控制他自己的行为。例如，在政治活动中，个体与一个完整的政党相认同，并且针对特定社会共同体的其余部分以及此政党在特定社会处境中所面对的问题，采取整个政党的有组织的态度；他随之根据作为一个整体的政党的有组织的态度来做出反应或回应。他因此与所有其他属于那个政党的个体进入了一种特殊的社会关系集合，并且以同样的方式，他分别与各种其他类型的个体进入各种其他的特殊社会关系集合之中，每一种类型的个体在整个特定的社会或社会共同体中，作为他是其成员之一的某一个特定的有组织的亚群体（由其社会功能所决定）的其他成员。在最高度发展的、有组织的和复杂的人类社会共同体（那些由文明人所发展的共同体）中，任何特定个体（并且和他与之一同进入一种特殊的社会关系集合之中的其他的个体成员一起）

---

① 我们已经说过，个体与他自身通过词语或富有意义的姿势所进行的内部交谈——构成了思维的过程或活动的交谈——是个人根据"概化他人"的立场来进行的。并且那个交谈越是抽象，思维就变得越抽象，概化他人与特定个体的任何联系也就越疏远。尤其在抽象思维中，所卷入的谈话是在个体和概化他人之间进行的，而不是在个体与任何特定的个体之间进行的。因此，例如抽象概念是根据整个社会群体和共同体的态度来加以规定的概念，它们是在个体意识到概化他人对于它们的态度的基础之上被规定的，是作为个体采取这些概化他人的态度并因此对它们做出反应的一个结果。因此，抽象的命题也是在一种任何人、任何其他有理性的个体将会接受的形式中被规定的。

所属的这些各种各样的社会功能类型或个体的亚群体有两种类型。它们中的一种是具体的社会类型或亚群体，诸如政党、俱乐部、公司等，它们都是实际的功能性社会单位，它们的个体成员是直接地彼此联系的。另一种是抽象的社会类型或亚群体，诸如债务人类型和债权人类型等，它们的个体成员只是或多或少间接地彼此联系，并且它们只是或多或少间接地作为社会单位来发挥功能，但是它们产生或表达了对于特定社会的所有个体成员的社会关系的拓展、分叉和增加的无限的可能性，这个特定的社会是一个有组织的和统一的整体。特定个体在若干这些抽象的社会类型或亚群体中的成员资格使他可以进入与几乎无限数量的其他个体的具体关系（无论多么间接）之中，这些其他个体也属于或包含于这些抽象的社会类型或亚群体中的一个或另一个，这些抽象的社会类型或亚群体超越了区分不同的人类社会共同体的功能分界线并同时包含几个（有时是所有的）此类共同体的个体成员。这些人类个体的抽象的社会类型或亚群体中范围最广和影响最深远的当然是由话语（或普遍富有意义的符号系统）的逻辑体系所界定的，这是由个体的参与和沟通性互动所决定的：在所有的此种社会类型或亚群体中，它是要求最大数量的个体成员和使可设想的最多数量的人类个体能够进入某种彼此的社会关系（无论是间接的或是抽象的）之中的一个，此种关系产生于姿势的普遍功能之中，而后者在一般的人类社会沟通过程中是有意义的符号。

我已经指出，在自我的充分发展中一般有两个阶段。在第一个阶段，个体的自我仅仅是由其他个体在他与他们共同参与其中的具体的社会行为中针对他以及针对他们彼此之间所具有的特定态度的一个组织所建构的。但是在第二个阶段，在个体自我的充分发展中，自我不只是由这些特定的个体态度的组织所建构，而是由概化他人或他所属的作为一个整体的社会群体的社会态度的组织所建构。这些社会的或群体的态度被导入个人的直接经验的领域之中，并作为要素被包含于他的自我结构或构成之中，特定的其他个体的态度是与之一样的；并且个体根据特定的其他个体的有组织的社会意义和含义，进一步地组织和概化他们的态度，从而获得这些态度，或者成功地采取这些态度。由此，自我通过如下方式得到了充分发展：它将其他人的个体态度组织成有组织的社会的或群体的态度，并因此成为一种对个人和他人都卷入其中的社会或群体行为的一般系统模式的个人反映，这一模式根据他

（凭借他的中枢神经系统的机制）对他自身所采取的（就像他采取其他人的个体态度一样）这些有组织的群体态度，从而作为一个整体进入个人的经验之中。

游戏具有一种逻辑，以至于这样一种自我的组织得以可能：有一个需要实现的明确目标；围绕着那个目标，不同个体的行动都彼此联系，并且不会相互冲突；当个体处于同一组的另一个人的态度中时，他不会与他自己相冲突。如果个体具有投球手的态度，他同时也会具有接球的反应。这两者是彼此联系的，如此推动了游戏本身目的的实现。它们在一个统一且有机的风格中相互联系。存在着一种明确的统一，当我们达到了游戏的那个阶段时，它进而被导入其他自我的组织之中。与玩耍的状况形成鲜明对照的是，在玩耍中是一个角色接着另一个角色的简单连续，此种状况当然是儿童自身人格的特性。儿童在此时是这样，在彼时则是那样，他在某一时刻的状况并不决定他在其他时刻的状况。那既是童年时代的魅力所在也是它的不足之处。你不能对儿童加以期待，你不能假定他所做的一切将决定他在一般情况下会怎样行动，他并没有被组织成一个整体。儿童没有确定的特征，没有确定的人格。

游戏是对这样一种状况的说明，一种有组织的人格从此种状况中产生。就儿童采取了他人的态度并允许那个他人的态度去决定他根据一个共同的目的所做的事情而言，他正在变成一个社会的有组织的成员。他正在接受那个社会的风纪，并且正在变成它的一个基本的成员。就他允许他所采取的他人的态度去控制他自己的直接表达而言，他是属于它的。他在此所卷入的是某种有组织的过程。他在游戏中所表达出来的东西当然也在儿童的社会生活中被持续地表达出来，但是这一宽泛的过程超越了儿童自身的直接经验。游戏的重要性就在于，它完全存在于儿童自身经验的内部，并且我们的现代式教育的重要性就在于，它被尽可能地在这一领域中实施。一个儿童所采用的不同的态度是如此的有组织，以至于它们对他的反应实施了明确的控制，就如同在一个游戏中，态度控制了他自己的直接反应一样。在游戏中我们获得了一个有组织的他人、一个概化他人，它存在于儿童的本质之中，并表达于儿童的直接经验之中。正是那个在儿童自身本质中的有组织的活动控制着给出统一性并建构他自己自我的特定的反应。

在游戏中所发生的事情始终发生在儿童的生活中。他始终采取周围人的态度，尤其是扮演那些在某种意义上控制着他和他有所依赖的人们的角色。首先他以一种抽象的方式受到该过程的作用。此种作用在一种现实的意义上从玩耍转变为游戏。他不得不进行游戏。游戏的风纪比整个共同体更大的风纪更多地对儿童产生支配力。儿童进入游戏之中，而游戏则表达了一种他能够完全进入的社会处境；这一处境的风纪可以比他所属家庭的风纪或他生活于其中的共同体的风纪更多地对他实施控制。存在着各种各样的社会组织——某些是颇为持久的，某些是暂时的——儿童正在进入它们，并且正在它们之中玩一种社会游戏。这一时期他喜欢有所"归属"，并且他参加这些组织，而这些组织则生生灭灭。他成为一种可以在有组织的整体中发挥作用的人，并因此倾向于在他和他所属群体的关系中规范他自身。那个过程在儿童风纪的发展中是一个突出的阶段。这一阶段将他建构为他所属共同体的一个具有自我意识的成员。

这就是一种人格产生的过程。我已经把这说成是一个儿童在其中扮演他人角色的过程，并且认为它在本质上是通过语言的运用而发生的。语言主要建立在有声姿势（vocal gesture）的基础之上，通过它，共同体中的合作活动得以被实施。语言在其重要的意义上是那种发声的姿势，它倾向于在个体那里唤起它在其他个体那里所唤起的态度，并且正是这个通过传达社会活动的姿势所实现的自我的完善，才创造了扮演他人角色的过程。结尾处的措辞有些不妥，因为它暗示了一个演员的态度，后者比我们自己的经验中所具有的态度要更加老练。就此而言，它并没有正确地描绘我心灵中的东西。我们在儿童于玩耍中扮演了不同角色的那些处境中最为明确地在一个原始的形式中看到了这个过程。例如，他准备付钱这一事实唤起了收钱人的态度——实际的过程正在他那里唤起卷入其中的其他人的相应的活动。个体刺激他自身产生他在其他人那里正在被唤起的反应，并因此多多少少在对那一处境做出反应的意义上行动。在玩耍中儿童明确地扮演他在他自身中所唤起的角色。就如我已经指出的，正是那个角色给予个体一个明确的内容以对就如影响别人一样影响他的那个刺激做出反应。他人的经验内涵进入某人的人格是指个人做出了与他的姿势在他人那里所唤起的反应相同的反应。

我们可以参照财产观念来说明我们的基本概念。如果我们说"这是我的财产，我要控制它"，那肯定会唤起一套特定的反应，这些反应在任何存在财产的共同体中必然是一样的。它包括一种关于共同体成员所共有的财产的有组织的态度。个体必须拥有一种控制他自己的财产和尊重他人财产的明确态度。那些态度（作为有组织的成套的反应）必然被所有人具有，以至于当个体谈到此种事情的时候，他在他自身中唤起了他人的反应。他正在唤起我称之为概化他人的反应。使社会成为可能的正是此种共同的反应、此种有组织的态度，它们涉及我们所说的财产、宗教祭礼、教育过程和家庭关系。当然，社会的范围越是广泛，这些对象就必然越是明确地具有普遍性。不管怎样，必然存在一整套明确的反应，我们可以证明它们是抽象的，并且可以属于一个非常大的群体。财产本身是一个非常抽象的概念，它是那个个体自身能够控制而别人不能控制的东西。此种态度不同于一条狗对于一根骨头的态度。一只狗会与任何其他的狗搏斗，以努力获取这根骨头。狗并没有采取其他狗的态度。一个说"这是我的财产"的人正在采取一种他人的态度。此人正在诉诸他的权利，因为他能够采取群体中的任何一个他人关于财产所具有的态度，由此在他自身中唤起了他人的态度。

建构有组织的自我的，是对群体来说共有的态度的组织化。一个人有一种人格，因为他属于一个共同体，因为他将那个共同体的制度导入他自己的行为。他以它的语言为媒介，通过它的语言，他获得了他的人格，而且通过一个扮演所有其他个体所提供的不同角色的过程，他得以获得了共同体成员的态度。在某种意义上这就是一个人的人格的结构。对于确定的共同事物，每一个个体都拥有确定的共同反应，并且就那些共同的反应在个体正在影响其他个体的时候在他自己的身上被唤醒而言，他也就唤醒了自己的自我。自我建立于其上的结构就是这一所有人所共有的反应，因为要成为一个自我，个体就必须成为一个共同体的成员。这样的反应是抽象的态度，但是它们所构成的恰恰是我们称之为一个人的特征的东西。它们给予他我们称之为他的原则的东西，共同体的所有成员针对那些原则所具有的公认的态度就是那个共同体的价值观念。他将自己置于概化他人的位置上，后者代表了群体所有成员的有组织的反应。正是它引导着由原则所控制的行为，并且具有这样有组织的一组反应的个体是一个我们在道德的意义上说他具有特点的人。

正是一种态度结构建构了自我，它不同于一组习惯。例如，我们所有人都具有确定的习惯，如个体在他说话的时候所使用的特殊的发音。这是一套语言表达的习惯，个体拥有这些习惯，却不了解它们。我们所拥有的那种整套的习惯对我们来说并不意味着什么：我们并没有听到别人所听到的我们说话的发音，除非我们对它们给予特别的关注。属于我们的言谈的情感表达习惯也一样。我们可以知道我们以一种欢快的方式表达了我们自身，但是细节的过程并没有返回到我们有意识的自我之中。存在整组的此类习惯，它们并不进入一个有意识的自我，但是它们有助于建构所谓的无意识自我。

毕竟，我们以自我意识所意指的是在我们自身之中对我们正在他人那里所唤起的成组态度，特别当此种成组的态度是一套可以建构共同体成员的重要的反应时。将我们通常所理解的意识与自我意识相混合或混淆是不合适的。意识就像经常所使用的那样，仅仅涉及经验的领域，但是自我意识则涉及在我们自身之中唤起一整套属于群体中的他人的明确反应的能力。意识和自我意识并不处于同一个水平。一个人不管是幸运还是不幸，他只能独自地感受到他自己的牙痛，但那并不是我们以自我意识所意指的。

迄今为止，我已经强调了自我在其上得以建构的我所谓的结构，可以说是自我的框架。当然我们不只拥有共性：每一个自我都不同于任何一个其他的自我；但是为了使我们成为一个共同体的成员，就必然存在我所描绘的这样一种共同的结构。除非我们也是控制着所有人的态度的一个态度共同体的成员，否则我们就不可能是我们自己；除非我们拥有共同的态度，否则我们就不可能拥有权力。我们作为拥有自我意识的个人所获得的东西使我们成为这样的社会成员，并且给予我们自我。自我只能够存在于与其他自我的明确关系之中。在我们自己的自我和他人的自我之间不可能画出一条严格的分界线，因为只有当他人的自我存在并进入我们的经验之中时，我们的自我才可能存在并进入我们的经验。个人只有在与他所属社会群体的其他成员的自我的关系中才能够拥有一个自我，并且他的自我的结构表达或反映了他所属的这一社会群体的一般行为模式，就和属于这一社会群体的任何其他个体的自我的结构一样。

二 "主我"与"客我"

现在我们可以明确地提出关于意识到社会"客我"的"主我"的本质的问题。我并不是意指提出一个人是怎样能够既是"主我"又是"客我"的形而上学问题，而是从行为本身的观点出发去询问这一区分的意义。作为与"客我"相对的"主我"在何处进入行为之中？如果个体规定了他在社会中的位置是什么，并且感觉他自身具有一定的功能和特权，这些都是根据一个"主我"来界定的，但"主我"不是一个"客我"，也不可能成为一个"客我"。我们可能拥有一个较好的自我和一个较差的自我，但那也不是与"客我"相对立的"主我"，因为它们都是自我。我们赞同一个自我而不赞同另一个自我，但是当我们培养了一个自我或另一个自我时，它们作为此种赞同的对象是作为"客我的"自我而存在着。"主我"并不进入众人瞩目的中心；我们与自己谈话，但却看不到我们自己。"主我"对通过采取他人的态度而产生的自我做出反应。通过采取那些态度，我们已经引入了"客我"，并作为一个"主我"而对之做出反应。

处理问题的最简单方式将是根据记忆来处理。我对我自己说话，我记得我所说的，也许还记得与之相伴随的情感内容。这一时刻的"主我"显现于下一时刻的"客我"之中。我又无法快得足以转身抓住我自己。就我记得我所说的而言，我成了一个"客我"。然而"主我"可以被给予这一功能关系。正是因为"主我"，我们才说我们从来没有充分意识到我们是什么，我们由于我们自己的行为而对我们自己感到惊讶。只有当我们行动的时候我们才意识到我们自己。在记忆中，"主我"总是呈现在经验之中。我们可以直接回想我们经验之中的此前时刻，然后我们依赖于记忆的印象去回想其他的部分，因此记忆中的"主我"作为一秒、一分或一天以前的自我的发言人而存在。作为被给予的，它是一个"客我"，它是较早时期的"主我"。如果你问"主我"直接进入你自己经验中的什么地方？回答是它作为一个历史的图像而进入。正是一秒钟之前的你的状况构成了"客我"的"主我"。它是不得不扮演那个角色的另一个"客我"，在这个过程中你无法获得"主我"的直接反应。① 在某种意义上，我们将我们自身认同为"主我"。"主我"之对经验的进入构成了我们绝大多数有意识经验的问题之一，它在经验中不是直接被给予的。

"主我"是有机体对他人态度的反应；"客我"是由个体自身所采用的有组织的一整套他人的态度。他人的态度构成了有组织的"客我"，因此个

---

① 有机体的敏感将他自己的某些部分置于环境中。然而，它并没有将生命的过程本身置于环境中，并且有机体的完全想象的表象也无法表达有机体的生活。可以想象的是，它能够表达生活在其中得以发生的条件，却无法表达统一的生活过程。物质的有机体在环境之中仍然只是一个物。

体作为一个"主我"而对之做出反应。现在我想更加细致地考察这些概念。

在姿势的谈话中既没有"主我"也没有"客我";整个行为尚未实施，但是在姿势的领域中进行了准备。现在，只要个体在他自身中唤起他人的态度，就会产生一群有组织的反应。并且正是由于个体能够采取这些他人的态度（在它们能够被组织起来的范围内），他才获得了自我的意识。采取所有那些有组织的成套的态度，将他的"客我"给予了他——那是他所意识到的自我。他能够将球抛给某个其他的成员，这是因为球队中的其他成员对他所提出的要求。那是在他的意识中此刻（immediately）为他存在的自我。他了解他们的态度，知道他们想要什么，知道他的任何行为的后果将是什么，并且他已经假定对这一处境负有责任。现在正是那些有组织的成套态度的在场构成了那个"客我"，而他作为一个"主我"正对之做出回应，但是他不知道那一回应将是什么，并且别人也不知道。也许他将做出漂亮的回应，或者只是犯了一个错误，就如同在他此刻的经验中所显现的那样，他对那个处境的回应是不确定的，并且正是那一回应构成了"主我"。

"主我"是他在自己的行为中针对那一社会处境的行动，只是当他已经实施行动之后"主我"才进入他的经验，因此他意识到了"主我"。他不得不做并且实际地做了这件事；他履行了他的职责，并且他可能骄傲地看待他所做出的抛球行为。"客我"出现以履行那个责任——那是"客我"在他的经验中出现的方式。他自身了解他人所有的态度，这要求一种确定的反应；那是那一处境的"客我"，而他的反应则是"主我"。

我希望特别关注这一事实，即"主我"的反应是某种或多或少不确定的东西。某人用于影响他自身行为的他人的态度构成了"客我"，并且那是某种实际存在的东西，但是对它的反应却并没有给定。当某人坐下来思考什么的时候，他拥有实际存在的确定资料。假定它是一种他必须加以处理的社会处境。他从群体中的一个或另一个人的观点出发看到他自己。这些彼此联系的个体给予他一个确定的自我。那么他将要做什么呢？他不知道，也没有别人知道。他可以将这一处境纳入他的经验中，因为他可以采用这一处境所包含的各种个体的态度。通过采用他们的态度，他知道他们如何体验这一处境。实际上他说："我已经做了某些事情，它们看起来使我受制于一定的行为过程。"也许如果他这么做的话，就会把他置于与另一群体一样的错误的处境之中。"主我"作为对这一处境的一个反应，与包含在他所采取的态度之中的"客我"相比，是不确定的。并且，做出反应的时候，它在经验领域中主要是作为一种记忆的印象而显现的。

我们的此种似是而非的在场是十分短暂的。然而，我们体验着转瞬即逝的事件，事件经过所包含的一部分过程直接存在于我们的经验里，其中包括一些过去和一些未来。我们看见一个传递过程中的球正在下落，在传递过程中球部分地被遮挡，部分则没有。我们记得刚才球在什么地方，并且我们预期在我们的经验中所给出的位置之后，球将到达什么地方。我们自己也是这样：我们正在做某事，但是回顾一下我们会看到，我们正在做的事情包括获取记忆的印象。因此"主我"实际上在经验上显现为"客我"的一部分。但是在这个经验的基础上，我们把正在做某事的个体与对他提出这个问题的"客我"区别开来。只有当反应发生的时候，它才进入他的经验。如果他说他知道他将要做什么，他也可能弄错了。他着手去做某事，而别的事碰巧妨碍了他。最终的行为总是有一点不同于任何他所能预期的行为。即使他只是在散步，这一点也同样适用。对他所预期的步调的实际实施将他置于一种确定的处境之中，后者与他所期待的有些许的不同，它在某种意义上是新的。也就是说，进入未来的活动是自我和"主我"的步伐，它不是在"客我"中被给定的东西。

看看一个解决问题的科学家的处境，在此处境中科学家拥有要求确定回答的确定资料。这套资料中的某些资料要求他应用这一法则，而另一些则要求他应用另一法则。资料与它们的含义一同存在。他知道诸如此类的倾向性意味着什么，并且当他将这些资料置于他的面前的时候，它们意味着就他而言的确定的反应；但是现在它们彼此之间发生了冲突。如果他做出一种反应，他就不可能做出另一种反应。他不知道他将要做什么，任何别人都不知道。自我的行动是对这些以问题的形式所呈现的处于冲突之中的成套资料所做出的反应，这些资料对作为一个科学家的他提出了彼此冲突的要求。它不得不以不同的方式来看待它们。而"主我"的行动是某种我们无法事先说出其本质的东西。

因此，在这一"主我"和"客我"的关系中，"主我"是某种对一个处于个体经验之中的社会处境做出反应的东西。它是个体针对其他人（当他对他们采取了一种态度的时候）对他所采取的态度所做出的回答。现在，他对他们所采取的态度呈现在他自己的经验之中，但是他对他们的反应将包含一个新的因素。"主我"给出了自由的感觉、主动性的感觉。这一处境使我们以一种自我意识的方式活动。我们意识到了我们自己，意识到了这个处境是什么，但实际上我们将如何行动这一点只有当行动实际发生之后才被我们所了解。

这就是"主我"并不在与"客我"相同的意义上出现在经验之中这一事实的基础。"客我"代表了在我们自身态度之中的一个明确的共同体的组织，并且要求一种反应，但所做出的反应是针对刚刚发生的事。关于这一反应没有任何的确定性。对于此种行为只存在一种道德的必然性，而没有机械的必然性。只有当它发生的时候，我们才发现做了什么。我认为以上的解释告诉了我们"主我"和"客我"在处境之中的相对地位，以及二者在行为之中的分化的基础。它们二者在行为过程中是彼此分离的，但是在作为一个整体的部分的意义上，它们属于同一个整体。它们是彼此分离的，然而它们又属于同一整体。"主我"和"客我"的分化并不是虚构的。它们并非同一，就如同我已经指出的，"主我"是某种从来就不能被完全预测的东西。就履行行动自身所包含的义务而言，"客我"要求一定种类的"主我"，但是，"主我"始终与处境本身的要求不一致。因此，如果你愿意这么理解的话，那么，总是存在在"主我"和"客我"之间的那种区别。"主我"既唤起了"客我"，也对之做出反应。它们共同构成了一个人格，就如同后者在社会经验中所显现的那样。自我在本质上是一个凭借这两个可区分的方面所继续的社会过程。如果它不拥有这两个方面，就不可能存在有意识的责任，并且在经验之中就不会有任何新颖的东西。

参考文献

Mead, George H., The Relation of Play to Education, *University of Chicago Record*, 1, No. 8, 1896-97, pp. 141-145.

作为交换的社会行为[*]

乔治·C. 霍曼斯[**]

摘要 将社会行为视作物品的交换可以澄清下列四个理论部分之间的关系：行为主义心理学、经济学、影响动力学的有关命题和有关小群体结构的一些观点。

有关小群体研究的若干问题

本文希望以两种不同的方式来纪念乔治·齐美尔。一方面，本文对所讨论的问题试图只做启发性的阐述，而不给出确定性的结论，这种行文风格是齐美尔式的；另一方面，本文的主题也是齐美尔曾经探讨过的主题之一。由于齐美尔在那些论述亲社会性、游戏、媚态、交谈等内容的文章中分析了基本的社会行为，所以我们把他当作今天所谓的小群体研究的先驱。这是因为在小群体中我们实际上在研究基本的社会行为；当两个或三个人处于互相影响的情况下所发生的那些事情以及最终构成那些被称为"阶级""商社"

---

* Translated from Homans, George C., Social Behavior as Exchange, *American Journal of Sociology*, Vol. 63, No. 6, 1958, pp. 597-606. （本文为彭泗清译，周晓虹校）

** 乔治·C. 霍曼斯（George C. Homans, 1910~1989），生于美国波士顿的一个富有家庭。早年在哈佛学院读书，学习英语文学，1932年获文学学士学位，并留校任教。1939~1941年任哈佛大学讲师。第二次世界大战时期，在美国海军服役。1946年回哈佛大学，正式调入社会学系，1953年升为教授。后到英国剑桥大学文学院读研究生，1955年获硕士学位。曾任哈佛大学社会学系主任（1970~1975）和美国社会学会主席（1963~1964）。主要著作有：《人类群体》（1950）、《社会行为及其基本形式》（1961）等。后期受伯勒斯·斯金纳（B. F. Skinner）的影响，倡导行为主义的研究取向，强调对社会现象的心理学解释，从而与流行的功能主义观点形成了鲜明对峙。

"团体""社会"之类的大众结构的东西。

概观今日的小群体研究，我感到除了要将这些研究继续进行下去，还需要进行三个方面的工作。

首先是要说明在实验室条件下完成的实验工作所得出的结果与对于工业或其他领域的被研究者乐意称为"真实生活"群体的准人类学的田野研究（field research）的结果之间的关系。如果实验工作与真实生活之间存在任何关系的话——有人宣称它们之间存在各种关系——那么实验研究得出的观点就应该与田野研究的发现相一致。但是，这种一致性至今还没有得到系统的阐明。

其次是要齐心协力，从有关小群体的实验研究和田野研究的实际结果中，得到由普遍性的观点组成的命题体系。这些命题至少要大体上总结基本的社会行为中所发生的事情，即使我们也许还不能解释为什么这些命题要采取它们所用的形式。学界在这方面已做了大量的工作，而且每天都在出现更多的这类研究。但是，至今还根本搞不清楚这些工作能够形成什么样的命题体系，以便特定条件下的许多观察结果可由此而导出——从而表明这样一种命题体系是科学的首要目标。

最后是要着手说明得到经验支持的有关小群体的命题如何能够从更为普遍的命题体系中推导出来。"更为普遍"指的仅仅是经验性的命题，而非那些可从命题体系中推导出的命题。这种推衍将构成讨论基本社会行为的科学的解释步骤，因为解释就是推演的过程（Braithwaite，1953）（我怀疑更为普遍的命题体系最终还会包含行为主义心理学的主张，我自认为是一个"极端的心理还原主义者"，但是只要还原还没有进行，我就无法知道我是否正确）。

我认为，当我们将人们之间的互动看作物品（包括物质性的与非物质性的东西）的交换时，上述三个方面的工作都能取得进展。交换理论是关于社会行为的最古老的理论之一。当我们说"我没捞到多少好处"，或者说"从他那里我获益颇多"，甚至说"与他交谈我花了很大气力"时，我们就在使用这种理论。但是，也许正是因为这种观点如此司空见惯，社会科学家也就对它视而不见。就我目前所知，明确地使用交换观点的唯一的理论性工作是马塞尔·莫斯的《礼物》一书（Mauss，1954）。这本书首次出版于1925年。由于社会科学的发展，这本书已显得很陈旧了。现在，忽视交换观的传统也许正在改变，例如，借助于交易来解释行为的心理学家也许会回到我考虑过的那些事情上来。①

交换理论的一个明显优点是它使得社会学与经济学更加接近——而经济学是关于人的科学中最先进、应用性最强、知识上最独立的学科。经济学研究那些在特殊情境下的交换行为，它对价值进行最有用的内在量化测量。包含经济行为的那种普遍的交换现象中的规律又是什么呢？

下面，我将为社会行为的交换理论的实用性提出一些理由，并说明这种理论所包含的命题的性质。

交换的范例

我准备首先讨论交换理论与行为主义心理学的联系以及行为主义对实验条件下动物（如鸽子）行为的描述（Skinner，1953）。在实验室中，当鸽子查探它的笼子时，它碰巧啄中了预设的目标，于是，心理学家便喂给它谷物，结果鸽子会再次去啄目标。鸽子已经学习了这种行为，或者如我的朋友伯勒斯·斯金纳所说的那样，啄的行为得到了强化，鸽子经历了可操作性条件反射。行为主义心理学家对行为是如何习得的并不感兴趣，"学习理论"被用来称呼这种学说并不合适。行为主义者感兴趣的是决定习得性行为（不管是鸽子啄物还是其他行为）的出现频率的变化的因素是什么。

鸽子越饿，它在最近一段时间内所得到的谷物或其他食物越少，啄物行为出现的频率就越高。同理，如果行为得到经常性的强化，如果鸽子每啄一次所得到的谷物都很多，啄物行为出现的频率就会由于鸽子得到满足而下降。另外，如果鸽子的行为根本得不到强化，那么行为出现的频率也趋向于下降，虽然这种行为完全停止、完全消失需要很长的时间。如果鸽子做出多种行为时遭到可厌的刺激（我将之简称为"成本"），行为出现的频率也会由此而及时降低。疲劳是"成本"的一个例子，消退、满足和成本三者都降低了某一类行为出现的频率，增强了其他类型的行为（包括不做任何事情）出现的可能性。我要补充的只是，即使是一个强硬无情的心理学家，也会将"情绪性的"行为和诸如啄物这样的行为归入可能在可操作性条件

---

① 在社会人类学领域，道格拉斯·L. 奥利弗正在做这一方面的工作。他的工作对我帮助很大（*Also See* Newcomb，1956）。

反射中得到强化的非条件反应之中。上面对行为主义心理学命题的陈述当然是不充分的，但对于我目前的目的来说却已足够了。

我们可以认为鸽子在与心理学家进行交换——为了得到谷物，而付出啄物这一行为。但是对此我们不必细述，因为鸽子的行为几乎不能决定心理学家的行为。让我们来看看真实存在的交换，即行为者之间存在互相制约的情况。假设我们来讨论两个人的情况。每个人都做出在某种程度上被对方的行为所强化的行为。他们在过去是如何学习各自所做出的行为，又是如何学习去发现对方的行为强化，对此我们并不关心。每个人都确定发现了对方的行为强化，这就够了。我将强化者——相当于鸽子的谷物的那种东西——称为"价值"，因为它正符合我对"价值"这个术语的理解。当每个人做出行为时，他们都可能付出成本，并且要在多种可能的行动方案中做出选择。

在我看来，基本的社会行为的范式和社会学家的基本问题就是表述每个人的价值和成本的变化与他的各种可能行为的频率分布联系起来的命题。在这里，这些变量对某个人的（在数学意义上的）价值，部分决定了它们对其他人的价值（Skinner，1953：297-329）。①

没有理由认为行为主义心理学的观点不适用于这种情况，虽然它们在具体情况中确实包含了很大的复杂性。特别是，我们必须假定，对于人来说，也像对鸽子一样，增加任何一种行为的消退、满足或可厌的刺激，就会增加其他行为出现的可能性。问题并不是像经常所说的那样仅仅在于一个人的价值是什么，他在过去学会了为什么去发展强化，而在于一个人的行为当时能使他获得多少价值。他所获越多，这种价值对于他的进一步的价值量就越小，他做出由这种价值强化的行为的频率也就越低。

影响的过程

我们还没有做过或者支持或者否认上述观点的关于两个人之间的互动的研究，但是，确实已有关于两人以上的互动的研究，这些研究使人联想起它们显然可以应用利昂·费斯廷格、斯坦利·沙克特、库尔特·巴克及其同事关于

① 帕森斯和希尔斯有关"两种可能性"的讨论也很容易导致同样的范式（See Parsons & Shiles, eds., 1951：14-16）。

影响动力学的研究成果。他们采用的变量之一是他们所谓的"凝聚性"（cohesiveness），即任何能促使人们参与群体的那些东西。凝聚性是一种价值变量，它指的是人们在群体活动中得到强化的程度。费斯廷格及其同事考虑了两种强化活动：我们称之为"社会认可"（social approval）的符号行为（情感），以及其他方式的有价值的活动，如做一些有趣的事情。

他们采用的另外一个变量是所谓的"沟通"（communication），另外一些人称之为"互动"。这是一个频率变量，它是对有价值的昂贵的言语行为出现的频率的量度。我们必须记住：一般来说，一种变量是另一种变量的函数。

费斯廷格和他的合作者指出：一个群体的凝聚性越强，其成员之间相互交换的情感和行为就越有价值，成员之间互动的平均频率也就越高（Back，1950）。对于人来说，正如鸽子一样，行为受到的强化程度越大，被强化的行为就出现得越频繁。同样，一个群体的凝聚性越强，群体成员促使其他成员的活动朝着更有价值的方向的变化就越大（Schachter，Ellertson，Mcbride，& Gregory，1951）。也就是说，成员所获得的活动越有价值，他们所付出的活动也越有价值。因为如果一个人做出某种行为时其他人并不感到从中有所得益，那么其他人就会及时减少他们自己的情感与行为。但是也许个人已经发现他可以从其他人的情感与行为中获益，如果他打算继续获益的话，他就必须使他自己的行为变得对其他人更有价值。简言之，行为主义心理学的观点暗示了这样一种趋势，即一个人的行为给予他人的价值与他人的行为给予他的价值之间存在一个适当的均衡（Skinner，1953：100）。

沙克特也研究了群体中的成员对于两类其他成员的行为。这两类成员是"顺同者"（conformers）和"偏离者"（deviates）（Schachter，1951）。我假定顺同者是其行为使其他成员感到有价值的那些人，因为顺同是一种在一定程度上与某一群体的标准或规范相符合的行为，我赋予规范的唯一的意思是指"对于那种许多成员感到如果他们或其他人的实际行为遵从之就会获得价值的行为的言语描述"。同样地，偏离者是其行为没有什么价值的成员。沙克特认为，当群体成员认为某个人是偏离时，他们与他的互动——提议他改变行为的交谈——就会增加。这种互动出现得越快，群体就会越凝聚。群体成员对于顺同者不必谈这么多，他们对顺同者的行为比较满意；他们已从顺同者那里得到了所要的东西。但是如果由于改变偏离者的努力失败，偏离者不能强化群体成员，那么群体成员就会开始停止对他的社会认可；社会测量实验结果会表明偏离者得到很低的社会测量选择。在凝聚性最强的群体中——沙克特称之为"高度凝聚关联"的群体——与偏离者的互动最终也会减少，那些曾经最强烈地拒绝偏离者的群体成员跟他的互动会变得最少，他们就像放弃一个差工作一样抛弃他。但是，我们能够得到怎样的反响呢？那就是，这些发现完全与日常经验一致。

实际的平衡

在本文的开头，我已指出小群体研究的任务之一是说明在实验室条件下实验研究的结果与对于真实生活中的小群体的田野研究的结果的关系。真实生活中的小群体似乎经常处在实际的平衡中，我这样说并不意味着某些幻想的东西。我并不是说所有的真实生活群体都处于平衡中，当然也不是说所有的群体都必须趋向平衡。这并不意味着群体具有内在的抗拒变迁的解药：这里不存在什么内稳态。我们在观察某一群体的一段时间里——这段时间通常都较短——选择来测量的那些变量的值没有多大的改变。例如，如果在研究的开始和结束，某一群体中的甲与乙的互动都要多于甲与丙的互动，那么至少根据这个简单的测量就可以认为这个群体处于平衡之中。

费斯廷格和沙克特的许多研究都是实验性的。在我看来，他们关于影响过程的观点暗示着处于实际平衡的真实群体在经验中确实存在。例如，费斯廷格等发现：群体的凝聚性越大，群体成员使得其成员的行为发生的变化就越大。如果影响有利于对群体规范的顺同，那么当影响过程已经完成了所有可能的变化时，下述命题就应当成立：群体的凝聚性越强，顺同其规范的成员人数就越多。这一命题确实是成立的（Festinger, Schachter, & Back, 1950: 72-100）。

在我上面总结过的实验中，沙克特还发现，在凝聚性最强的群体中，当群体成员去影响偏离者的努力以失败而告终时，他们就不再与偏离者有什么互动，在社会测量中也几乎不会去选择他。因为关于处于实际平衡中的真实生活群体的两种经常成立的命题就可精确地表述为：成员顺同规范的活动越频繁，其他成员与他的互动就越多，在社会测量中给予他的喜好性选择也就越多。由这些主要的观点还可以推导出许多适用的观点（关于对实际平衡中的群体有效的命题，参见 Homans, 1950；Rlecken & Homans, 1954）。

然而，我们必须牢记：有关顺同命题的真相偶尔也可被其他命题的真相所掩盖。例如，如果一个最为顺同规范的人也对群体施加某种权威，那么这种行为就会或多或少减少对他的喜好的选择（Homans，1950：244-248；Bales，1953）。

因此，我认为关于影响的实验室研究暗示了有关小群体成员行为的命题。当影响过程产生效果时，这些命题与适用于平衡中的真实生活群体的命题相一致。当我们所说的平衡只不过是指在目前的条件下，系统中的所有变化都能够达到，因此没有进一步的变化发生时，这一点也不出人意料。静力学成为动力学的一个特例也并非没有先例。

利润与社会控制

虽然我将平衡视作观察到的事实，但是这一事实却亟待解释。我不打算像结构功能主义社会学家那样用一个假定的平衡作为解释的手段，也不准备解释社会系统的其他方面的形成原因。我准备将实际的平衡看作一种本身需要由社会系统的其他方面来解释的东西。

如果群体的每一个成员在某一段时间内自始至终都各自以不变的频率表现各自不变的行为，那么这个群体在这段时间内就处于平衡之中。为什么成员的行为要保持不变呢？假设一个成员做出价值为 A1 的行为，为什么他不使他的行为变得更糟（价值更小或对别人的行为强化作用更小），使之成为 A1-△A？如果真是这样的话，其他人对他所表述的情感的价值量就倾向于减小（对他的行为的强化作用更小），因此他从别人那里的所获就变为 S1-△S。但是，不难想象，既然大多数活动都付出了成本，那么某个成员的行为的价值量的减小就意味着比其情感损失更大的成本的减少，这样一来，他为什么要使他的行为稳定不变呢？这个问题与社会控制有关（Homans，1950：281-301）。

人类总是假定，只要一个人倾向于像《博弈论》一书中的理论对抗者一样思考的话，那么至少在短时间内，就一个人在特定情况下为了自己而尽己所能而言，人总是使自己的行为稳定不变。虽然他尽己所能时可能并非在进行"理性的"最优行为，而且也可能非常不容易确定他所能做的都是什么。在社会科学家由于这种答案令人生厌的牟利内蕴而立即拒绝它之前，他最好问问自己，他是否能够为业已提出的问题提供任何其他的答案？我认为他会发现他无能为力。然而，设计用来检验这一答案的真相的实验还少得可怜。

我准备回顾一个似乎对这个理论多少提供了一点支持的实验，虽然这个实验本身并不是为支持这种理论而进行的。这个实验是费斯廷格、沙克特集体的成员之一哈罗德·杰勒德报告的，标题为《直接交往群体中的意见的归宿》（Gerard，1954）。实验者人为地组织了一些人作为群体，其成员一起来讨论工业关系中的一个案例，并提出各自对于案例的可能结果的意见。群体分为两类：高吸引群体——其成员被告知他们之间会非常友爱；低吸引群体——其成员被告知他们将找不到特别喜爱的其他成员。

然后，实验者分别召见各成员，请他们再次表述对这个案例的结果的意见，并记录那些改变自己的意见以与所在群体中的其他成员一致的人数。同时，一位受雇的参与者也一起与每一位成员进一步讨论这个案例。他总是提出与每一位成员所属的群体的大多数成员的意见相反的观点。实验者记录那些改变自己原来的意见，采用受雇者的主张的成员的人数。

实验得到许多有趣的结果，我这里只选择表 1 和表 2 所总结的那些结果来讨论。表中三种不同的一致性类型反映的是在最初的实验阶段的意见与所在群体其他成员的意见的一致程度的三种情况。例如，表 1 中的 44 指的是高吸引群体的所有那些最初与其他成员的意见强烈地不一致的成员中，44%的人后来改变了他们的意见以与其他人的意见相符。

表 1　改变意见以与成员群体中成员相符的被试人数

	一致	有点不一致	很不一致
高吸引群体	0	12	44
低吸引群体	0	15	9

表 2　改变意见以与受雇者相符的被试人数

	一致	有点不一致	很不一致
高吸引群体	7	13	25
低吸引群体	20	38	8

在这些结果中，实验者似乎只对各行的总和的差别感兴趣，这种差别表明高吸引群体与低吸引群体相比，改变意见从而与群体相符的人数更多，改

变意见从而与受雇者一致的人数更少。这与以前的观点是一致的，如果你认为群体中的成员可以给你很多东西（在这里表现为友爱），你就会倾向于给他们很多（在这里就是改变你的意见以与他们的观点相符合），否则你就得不到友爱。同理，如果群体没有给你什么价值，你就不会乐意给它什么东西。实际上，你可能会改变你的意见，以便不仅与群体不一致，甚至背道而驰，要与受雇者的观点相吻合。

以上所说的都不错。但是，当我初次浏览这些表格时，给我印象更深的是各行的相似性，而不是它们的差别。不管意见的改变是朝向与群体一致还是与受雇者一致，同一类型的人们在两个表中表现出了同样的意见变化倾向。例如，从表中可看到改变最少的是高吸引群体中的"一致"者和低吸引群体中的"很不一致"者，改变最多的是高吸引群体中的"很不一致"者和低吸引群体中的"有点不一致"者。

如何来解释这些结果？既然实验者对此未做讨论，我就可以自由地提出自己的解释。被试做出的行为是意见的改变。对这种行为，他们已经认识到有两种可能的强化。第一种可能的强化是与群体一致时可带来有利的情感（被群体接纳），实验中设计在高吸引群体中比在低吸引群体中给予更多的这种强化。第二种可能的强化是我称之为"个人人格完整的维持"的东西。这是被试在与群体不一致的情况下仍然坚持自己的意见时所得到的。实验者没有提及这种酬赏，但是不考虑到这一点，就不能弄懂实验结果的含义。不同的被试程序不同地依赖于他的原始状况，两种酬赏之间存在竞争：它们是不可兼得的，它们并非绝对的稀缺资源，但是人们不可能立即兼得。

既然需要在两种报酬之间做出选择，我们不妨从经济学中引入一个常见的假设——特定行为的成本等于其替代行为的价值损失（Stigler，1952：99），然后定义：利润＝报酬－成本。

我们再来看一下上述两个表中的相应的单元中的人的情况，高吸引群体中的"一致"者的行为使得他们为群体所接纳，同时他们又并不因此而放弃人格完整，因为他们的意见从一开始就是与群体一致的。他们获得的利润很高，也不倾向于改变其行为。低吸引群体中"很不一致"者保持了人格的完整，同时他们又并不因此而在有价值的被接纳上损失什么，因为他们本身就是低吸引群体的成员，他们获得的利润也很高，其行为也没有什么改变。高吸引群体中的"很不一致"者在人格完整上做得很好，但他们也为此付出了很高的代价，因为他们处于高吸引群体之中，与群体不一致就降低了群体对他们的接纳程度。他们所获利润很低，其意见很容易改变，或者变得与群体一致，或者变得与受雇者一致，他们也许会认为由此而得到一些接纳同时又维持一定程度的人格完整。低吸引群体之间只有轻微的不一致，但是他们在接纳程度上的损失也不大，因为他们是低吸引群体的成员，他们的报酬很低，但其成本也很低，所以其利润也很低。他们与高吸引群体中的"很不一致"者一样获利很低，他们也会像后者那样容易改变意见。他们意见的变化更倾向于与受雇者一致。其他两种情况下的被试所获利润居中，他们改变意见的倾向性也居中。

如果我们将利润定义为报酬与成本之差，成本又是价值的损失，那么我认为我们有一些证据支持这样一种观点：当所获的利润最低时，行为的变化最大。这种观点并不能直接表明当所获利润最大时，行为的变化最小。但是只要一个人的行为成本和报酬之间存在收支平衡，他就会改变那种获利较少的行为，然后在一段时间内保持行为不变。也就是说他的行为会稳定下来，至少暂时如此。如果对群体中的每一个成员，这一点都成立，那么群体中就会出现达到平衡的社会组织。

我并不是说一个成员在获得最大的可能利润时其行为将稳定不变，因为他的利润部分受其他成员的支配。众所周知，几个人一起在短期内追求利润常常会使情况更糟。我并不认为当一个成员在其他成员也在追求利润的情况下去追求利润时，其行为改变的图鉴是容易描述或预测的，我们可以设想如果运用欺诈手段谋图利益，他们就根本不可能达到任何平衡。

分配的公平

然而，我们常常可以观察到实际的平衡，在某些条件下平衡还可得以维持，在一定条件下，个体之间达成平衡要比单纯追求各自的私利更为可能。我可以为平衡维持的情况提供证据，但这只是有关子群体行为的情况，而非个体的情况。设想有两个在同一工厂中密切合作的子群体，它们的工作多少有点不同。假设子群体甲的成员抱怨说："我们得到的报酬与他们的一样，但我们的工作却责任更大，我们应该比他们拿更多的钱。""责任更大"是什么意思呢？在他们看来，这意味着：如果他们工作失误，就会造成更大的损失，所以他们的工作压力更大（Homans，1953）。诸如此类的事情在工业行为中是非常普遍的。争执的焦点不是绝对工资的多少，而是不同工人之间的工资差异——事实上，争执的焦点在于报酬而不是工资。

由这类观察事实可以得到什么结论？担负重大责任、获得高工资的人受人尊敬，其他方面则与他人无异。从这种意义上来说，我们可以认为工资和责任赋予了群体的地位。因此，如果一个群体的成员所承担的责任比另一个群体大，那么其部分成员就会感到应该获益更多。这样就存在一种压力，它以抱怨叫屈的方式出现，要求得到与责任相称的地位，如果二者相称，那么就存在所谓的地位一致性。在这种情况下，虽然工人也许会感到其工作令人厌烦，但是他们对群体之间的相对地位不会抱怨。

但是，可能还有更为明了的方式来分析前述的观察事实。在上面的分析中，我仅仅考虑到了责任和工资。但这些已经足够说明问题了。因为他们代表了问题内部的两种东西。工资显然是一种报酬，责任则可以看作一种成本，虽然这一点并不很明显，它意味着紧张感和担忧——对心灵平静的舍弃。这样关于地位一致性的观点就成为：如果某一群体成员的成本比另一群体的高，分配公平就要求他们所获的报酬也更多。但是事情还有另一个方面：如果所获报酬更多，所付的成本也应更高。后者就是"贵人行为理应高尚"的理论。虽然这一理论常常受人嘲笑，因为贵人也许往往做不到"行为高尚"，但是我们还是都赞同这一理论。从利润的角度来看，虽然两个人或两个群体的成员之间的报酬和成本可能不一致，但是他们的利润——报酬与成本之差——应该趋向于均等。这不仅仅是一个"应该"的问题。劣势群体试图至少获得更多的平等，而优势群体则试图通过增加其付出来增加利润。优势群体的这种情况在我上面所讨论的例子中就可以看到。

我已经谈到分配的公平，很显然，它并非决定报酬和成本的实际分配的唯一条件。同时，虽然社会学家经常忽视公平概念，但我仍认为它对行为存在强烈的影响。分配的公平可能是群体平衡的条件之一。

交换与社会结构

就我所知，详细地说明真实生活群体中稳定分化的社会结构如何通过群体成员的交换过程而产生的研究几乎是唯一的。我准备回顾这一研究来结束全文。这一研究是彼得·布劳所做，他描述了在联邦执法机构中的 16 位代理人的行为（Blau，1955：99–116）。

代理人有责任调查商社的情况，准备有关商社守法情况的报告。这些报告可能导致对商社的法律行为，所以代理人必须细心准备，要使用正确的形式，并对可能采用的许多规则进行严格的考虑。代理人经常不确定他们应该做什么，这时他们就应当将问题向其主管人汇报。但是他们很不愿意这样做，因为他们自然而然地相信：向主管人承认自己不能解决一个问题会损害他们的权能，影响上级对他们所做工作的评价，因此而减少他们升迁的机会。因此代理人经常请其他代理人给予帮助和忠告，虽然这样做在名义上是不允许的，但是，主管人通常也听之任之。

布劳查明了主管人对各个代理人的评价情况，他还请代理人之间互相评价。两个评价的结果非常接近。才能得到高度评价的人要少于才能得到中等评价和较低评价的人。才能——解决技术性问题的能力——是一个相当稀缺的东西。才能较强的代理人中总有一两个人不愿意接受别人的请求给人帮助和忠告，因此也没有什么人跟他们互动，没有人喜欢他们。一个不参加交换的人，一个当你需要他拥有的东西是他不给你的人，也就不能从你那里得到你可以回报给他的东西。在这里这个东西是唯一的，那就是你对他的承认。

但是大多数才能较高的代理人都愿意帮助别人，布劳对他们做出了如下的评述：

> 商议可以看作一种价值的交换：参与商议的双方都有所得益，同时也必须有所付出。遇到问题的代理人与其他代理人商议，就可以既不用在主管人面前暴露自己的困难，又能比不跟人商议时干得更好。以请求忠告的方式，他含蓄地将他的同事抬高到主管他人的地位，而他自己已降低了身份，这就是求助的成本，提供忠告的代理人获得了声誉，为此他愿意影响自己的工作，花一些时间来为人提供咨询服务。一位代理人的话表明了这一点："我喜欢给人忠告，我想如果你感到其他人在向你请教，你一定会扬扬自得。"（Blau，1955：108）

布劳接着说："所有的代理人都喜欢有人来请教，但是咨询多了，就会贬值，而自己的工作经常被扰乱的代价却增加了。"（Blau，1955：108）这表明，一个代理人获得的声望越高，声望的增值就越少，一个代理人给别人的忠告越多，为此付出的成本的增量就越大，在这里成本就是你自己工作时间价值的损失。布劳认为对于那些向才能较高的同事请教的代理人，类似的情况也成立；他请教的次数越多，付出的成本就越多，自卑感越强。"不断地承认他没能力解决自己的问题……逐渐损害了他的自信心和在群体中的地位。"（Blau，1955：109）

其结果是，能力较弱的代理人就不会那么经常地去求助能力较强者。假如说一再承认自己能力低下的成本不那么高的话，他们则经常去求助。事实上，许多代理人寻找能力较弱者，没有人经常去寻找能力较强者。从另一方面来看，即使有人经常去求助于能力较强者，那么能力较强者工作受影响这种成本就会过高。然而能力较弱者寻求帮助的需要仍然没有得到完全满足，在这种情况下，他们就倾向于向能力与自己差不多的代理人寻求帮助。虽然这样所得到的并不是最有价值的，但是他们却偶尔可以用同样的帮助回报对方。这些能力相当的代理人之间可以交换帮助和友爱，双方也都不必以过分承认自己能力不强为代价。

才能较高者倾向于参与交换，即与许多其他人互动。但是，在我刚才谈到的更平等的交换中，能力较弱的人倾向于作为伙伴互相配对。也就是说，他们与很少的几个人互动，但这几个人之间的互动却很频繁。我认为我可以说明为什么对于一个代理人来说这些更平等的交换中的配对关系要比范围更广的互动更为经济。但是也许我已经走得足够远了。社会结构的最终模式就是：少数能力较强的代理人与很多能力较弱的代理人进行交换，用忠告来换取声誉；能力较弱者之间，三三两两地互相交换，在更平等的情况下互助友爱。

布劳由此认为：平衡中的社会结构是报酬和成本之间不同程度的交换行为的结果，其中报酬和成本的增量随行为的频率变化而变化，即随互动的频率的变化而变化。请注意：代理人的行为似乎也满足了我关于平衡的第二个条件——能力较高者在工作中（包括他们自己的与别人的工作）比能力较弱者担负更大的责任，但是他们也因此而获得了更大的声誉。我怀疑对许多"非正式"群体的结构能否做同样的解释。

总　结

目前小群体研究的理论工作在于建立实验研究与真实生活研究之间的联系，将两个领域中那些在经验上成立的例题结合起来，并表明这些例题如何从一个更为普遍的例题体系中推衍出来。进行这些工作的途径之一，是复兴关于社会行为的最古老的理论——社会行为的交换理论——并使之更为精确。

下面是这种理论的一些主要内容。社会行为是物品的交换（包括物质性的和非物质性的，如赞同或声誉这些符号性的东西）。一个人给别人一些东西，同时也设法从别人那里得到一些东西。当一个人从别人那里有所得时，他就会感到一种压力，使他对别人有所付出。这一影响的过程倾向于达到平衡，使交换双方收支均衡。对于参与交换的人来说，他所付出的对他而言可能就是成本，正如他所得到的可能就是报酬一样。当利润，即报酬与成本之差倾向于最大时，他的行为变化最少。他不仅要为自己寻求最大的利润，而且他试图努力使自己成为他所在的群体中获利最多的人。他所付出的和所得到的东西的价值随着这些东西的数量而变化。出人意料的是，这些命题竟这么耳熟，同样令人惊讶的是，我们称之为"群体结构"的静态事物，以及真实生活群体的研究者已经表述出的关于群体结构的一些例题竟都能从交换动力学的有关命题中推导出来。

在不留心的时候，我们的社会学家们会发现诸如"报酬""成本"之类的词汇也曾在我们的言语中闪现。人类的本性会闯入甚至是最为精细的理论中。但是我们几乎没有让它自由发展，没有将这些词语的含义系统地贯彻到底。在各种对于社会行为的研究"取向"中，将社会行为看作一种经济行为，一种交换行为的取向是最受冷落的，然而我们在实际生活中每时每刻都在使用它——唯一的例外，是我们写作社会学论著时把它忘到了九霄云外。

参考文献

Back，K. W.，1950，The Exertion of Influence through Social Communication，in L. Festinger，K. Back，S. Schachter，H. H. Kelley，& J. Thihaut（eds.），*Theory and Experiment in Social Communication*，Ann Arbor：Research Center for Dynamics，University of Michigan， pp. 21-36.

Bales, R. F. , 1953, The Equilibrium Problem in Small Groups, In A. P. Hare, E. F. Borgatta, & R. F. Bales (eds.) , *Small Groups*, New York: A. A. Knopf, pp. 450-56.

Blau, Peter M. , 1955, *The Dynamics of Bureaucracy*, Chicago: University of Chicago Press, pp. 99-116.

Braithwaite, R. B. , 1953, *Scientific Explanation*, Cambridge: Cambridge University Press.

Festinger, L. , Schachter, S. , & Back, K. , 1950, *Social Pressures in Informal Groups*, New York: Harper & Bros. , pp. 72-100.

Gerard, H. B. , 1954, *Human Relations*, Ⅷ, pp. 313-25.

Homans, G. C. , 1950, *The Human Group*, New York: Harcourt, Brace & Co.

Homans, G. C. , 1953, Status among Clerical Workers, *Human Organization*, Ⅻ, pp. 5-10.

Mauss, M. , 1954, *The Gift*, Glencoe, Ⅲ. : Free Press.

Newcomb, T. M. , 1956, The Prediction of Interpersonal Attraction, *American Psychologist*, Ⅺ, pp. 575-586.

Parsons, T. & Shiles, E. A. (eds.), 1951, *Toward a General Theory of Action*, Cambridge, Mass. : Harvard University Press.

Rlecken, H. W. & Homans, G. C. , 1954, Psychological Aspects of Social Structure, in G. Lindzey (ed.), *Handbook of Social Psychology*, Cambridge, Mass. : Addison-Wesley Publishing Co. , Ⅱ , pp. 786-832.

Schachter, S. Deviation, 1951, Rejection, and Communication, *Journal of Abnormal and Social Psychology*, XLVI, pp. 190-207.

Schachter, S. , Ellertson, N. , Mcbride, D. , & Gregory, D. , 1951, An Experimental Study of Cohesiveness and Productivity. *Human Relations*, Ⅳ, pp. 229-38.

Skinner, B. F. , 1953, *Science and Human Behavior*, New York: Macmillan Co.

Stigler, G. J. , 1952, *The Theory of Price* (rev, ed.), New York: Macmillan Co.

群体社会心理学：两人互动[*]

约翰·W. 蒂博特　哈罗德·H. 凯利[**]

　　我们从分析互动及其对互动双方的影响结果开始，讨论两人关系的概念化。贯穿本书的主要分析方法是：通过描述两个个体可能产生的一切行为来建构一个矩阵。这个矩阵中的任一因子均表示两人互动中某一个可能的部分，并且概括了在该种可能情况下的互动对互动各方产生的后果。尽管这种影响结果可以用很多方法进行测量和分析，不过我们认为区分肯定结果（报酬）和否定结果（代价）确乎必要。由此我们描述了位于矩阵各个位置上的影响报酬与代价的诸多因素，并注意到某些在现行图式中尚未系统把握的连续性结果。

　　我们看到，通过矩阵只能部分地预测两人互动的实际过程。形成人际关系的最初互动被视作某些试探，这些试探不过是许多可能性中的几种。只有当实践的结果满足了互动各方的可接纳标准时（这种标准是依据他们在其他关系中的体验所形成的），互动才会继续下去。我们界定了个体可能采用的几个这标准，这些标准与诸如吸引、依赖和地位之类的现象有关。这些概念以后会逐步谈到，以便进行更加深入的分析。

　　[*]　Translated from J. W. Thibaut & H. H. Kelley, *The Social Psychology of Group*, New York：John Wilson & Sons, 1959, pp. 10-29.（本文由贺刚、张萍译，卞露补译，周晓虹校）

[**]　约翰·W. 蒂博特（John W. Thibaut, 1917~1986），1949 年在麻省理工学院群体动力学研究中心获博士学位，离开麻省理工学院后，先后在密执安大学、哈佛大学、波士顿大学短期任教，最后回到母校北卡罗来纳大学教堂山分校任教近 30 年，1986 年死于肺癌。哈罗德·H. 凯利（Harold H. Kelley, 1921~2003），生于美国爱达荷州博伊西，1942 年和 1943 年分别获加利福尼亚大学柏克利分校心理学学士和硕士学位，第二次世界大战期间服务于美国陆军，从事航空心理学计划方面的研究工作。1948 年获麻省理工学院博士学位，并留校任教。1950 年任耶鲁大学助理教授，1954 年任明尼苏达大学教授。1978 年当选为美国科学院院士。

为了弄清结果矩阵可用于行为预测的方法，我们会在这一章的结尾处，详细讨论该矩阵的使用条件，并进一步对该矩阵用于解决本书后半部分出现的某些问题做出简单的预测。

互动分析

任何人际关系的基础都是互动（interaction）。当我们观察到两个人在重复的场合下发生互动，可以说这两个人已经形成了一种关系。互动，意味着他们彼此在有对方在场的情况下采取某种行为，相互创造出某些产物，或者彼此沟通（communication）。在每一种我们肯定为互动实例的情况中，至少有这样一种可能性，即每一个人的行动都影响了另一个人。

一个人在与另一个人互动时能够做很多事情。可以说每个人都有无数可能的行为，在互动中他可能做出其中任何一种。描述和分析这些可能性行为中的全部项目有许多不同的方法。例如：我们观察初次交谈中的一个男孩和一个女孩。观察者可以列出各人特殊的身体动作和言语表达；或者可以简要描述其中一人对另一人的总体"进展"——互动中一方对另一方想达到什么目的以及实现目的的程度。虽然确切的选择某种程度上有赖于我们所考察的问题，但在多数情况下，我们选择那些处于这两极之间的行为作为分析单位。在这个事例中，我们可能观察到男孩首先谈到他最近在足球场的活动，然后他也许相当困窘并且拐弯抹角地称赞女孩的长相，最后他帮助她解决了一道代数题。同样，女孩的行为也可以这样描述。

我们进行行为分析的单位称为行为序列或行为集合。得以确定的每个单位是由许多特殊的动作和言语活动组成，这些动作和言语活动显示指向达到某些直接目标或终极状态的序列化组织程度。概括地讲，这类行为序列是由一些反应构成的，正是这些反应对驱使个人达到其最终状态起了主要作用。其他的一些反应（认知的、理解的、自然完成的）常可以确定对目标状态的评价和欣赏。如果有足够的观察材料，我们能根据一定的统计规则对一个给定的行为序列中的因素加以界定；这些因素也许反复一起出现，并且在一定的序列组合中运作。从一个行为序列组向另一个行为序列组的过渡点是可以被观察到的，因为在过渡点上连续相关的程度很低，也就是说序列组的最后一个行为对预测随后发生什么行为能提供的依据较少。

行为序列中明显的组织化表明一个人或多或少地在其整个行为序列中保持着稳定的行为倾向和意向。我们把行为序列的这一方面称为行为定向（set），虽然我们在使用定向和行为序列这两个概念上不是很严格并且可以互相代换。当我们观察一个行为序列时，我们可以假定个体已呈现了某种定向。当相应的定向被唤起时，构成行为序列的工具性或评价性行为的发生概率就会增大。不过，即便没有按相应的行为序列行动，定向也可能被唤起。因此，在考虑以下这种情境时，定向概念是很有用的，也就是说，在此情境中，有一种产生特定行为的趋向，但这种趋向由于各种原因并不是行为序列的公开表现。这个例子中，我们还是可以推论：如果某种表现形式（如冲突或压力显而易见）存在，那么定向也就存在。在特定时间里，某一定向或一组定向的唤起依赖于各种刺激物，有来自个体内部的（如需要、内驱力状态）和来自个体外部的（如激励、问题情境或面临的任务、实验训导），以及与这一定向的设定已有联系的强化。定向的稳定性依赖于引起它的刺激在时间上的持续性。

每个人的行为整体是由他采取（或以行为序列表现出来）的所有可能的定向和这些定向的所有可能的组合构成的。两人之间互动交流的任何一部分可以根据从多重整体中实际引发出来的一项一项的行为来描述。

互动的结果

当我们观察多人之间的互动时，谁和谁互动以及互动的内容，显然都是有选择的。不是所有我们看到的成对个体都进入了互动，并且一些特定的两个个体只能做出所有可能行为的某些部分。解释这种选择性有多种不同的方法，这里，我们假定它部分地说明在不同关系中不同的互动对个体具有不同的意义。其中一些关系要比另外一些使人们更加满意，在特定关系中的某些互动也是如此。我们在互动中观察到的选择性反映出令人满意的互动有重复出现的趋势，而令人不满的互动则有渐渐消逝的趋势。

互动的结果可以用不同的语言来描述，但我们已发现它对于区分一个人获得的报酬和他付出的代价是很有用的。

所谓报酬（records），指人所体验的高兴、满意和满足。减轻某种内驱力或者满足某种需要所凭借的手段构成了某种报酬。我们假定类似这样的经验提供的报酬的数量是可以测量的，而且不同满足方式的报酬值都可以简化为一个单一的心理学尺度。

所谓代价（cost），指一些用于阻止或抑制行为序列出现的所有因素。对一个特定的行为越加阻抑——个人不得不克服的阻力越大——行为的代价就越大。如果需要做出体力或精神上的巨大努力、困窘或焦虑伴随着这个行为以及存在相互冲突的力量或任何竞争的反应趋势，那么，就意味着要付出高的代价。我们假定来自这些不同因素的代价可以用一个共同的心理学尺度测量，并且各种不同代价的效果可以累加。

对于参与某一互动或一系列互动的个体而言，其结果或成果（outcomes）可以根据个体所获的报酬与所付的代价来表述，它们的值取决于两个人在互动过程中产生的行为项。出于某种目的，可以将报酬和代价分别处理；而出于另外一些目的，二者又可以综合成描述结果的"好处"的一个单一的指标：给高报酬和低代价以高指标值；给低报酬和高代价以低指标值。人们公认，这样的量化操作将会很有前途，但同时也可能带来许多技术上的困难。而我们现在的兴趣在于这样一种操作（真实的或想象的）的理论结果（consequences），而不在于它的技术特性甚或它的可行性。

研究方法：互动与结果的可能性选择

A 和 B 两人之间互动的所有部分可用表 1 所示的矩阵来表示。这一矩阵的行表示 A 的所有行为项目，列表示 B 的所有行为项目。矩阵的元素表示一切可能出现于 AB 间互动的事件，因为在互动的每一刻，都可以用每人正在表现的项目（由一个或几个定向组成）来描述（它假定每个都有某种定向，即使仅仅是被动的定向，即在这种定向下仅仅在观察、解释或评价别人正在做的事情时做出必要的反应）。表 1 仅表示了矩阵的最一般的形式，不过在很多情况下，这个较简单的矩阵可以提供对很多可能性的充分描述。比如，一个实验者控制其被试做出有限的反应或当一个观察者将其被试的行为整体分成几个彼此独立而又很详尽的类别时，这个矩阵是准确的。

根据互动中特定位置的每个人所获报酬和所付代价计算，将结果填入矩阵中的每个元素中。如果报酬和代价合成一个单一的结果好处的指标，该矩阵可以简化如表 2 所示。

表 1　互动和结果的可能性矩阵①

A 的所有行为

	a₁	a₂	a₃	…	aₙ	a₁a₂	a₁a₃
b₁	RaCa / RbCb	…					
b₂	…						
b₃							
bₙ							

B 的所有行为

报酬和代价的外在决定因素

在表 1 矩阵中填入的报酬和代价值首先取决于或多或少地外在于这种关系的那些因素。每个人处理所参与的各种关系时，他都带有价值观、需要、技能、工具以及焦虑的倾向。因此我们称之为外部因素。

互动双方从不同要素中所获报酬的多少取决于他们个人的需要和价值观以及行为或行为后果同这些需要和价值观的协调。每个人得到的报酬①直接来自他自己的行为；②来自他人的行为。前者包括独自一人时个体为自己获得的一切报酬。而一个人获得的任何报酬无论怎样都依赖于他人，即便仅仅依赖于他人的出现，也被认作依赖于他人的行为。例如，A 从为 B 做事之中获得满足感。通过简单地假设存在一种被动定向：B 获得 A 的帮助，并且也许会以什么方式表示一点感谢，我们就可以把 "A 从为 B 做事之中获得满足感" 解释为：B 能够让 A 得到报酬（也许以很低的代价）。

在那种被界定为真实的交换关系中，所有人的报酬都取自别人的努力。

---

① 在表 1 第一栏第一行中，RaCa 指的是 a 的报酬（Reward，缩写为 R）和 a 的代价（Cost，缩写为 C），同理，R_bC_b 指的是 b 的报酬和代价。（译者注）

更确切地讲，也许是这种情况：一个人获得报酬部分地依赖他自己的行为，同时部分地依赖别人的行为。

当 A 做出属于他的行为集中的一项行为时，他的代价取决于他的技能和他对有效的工具或器械的获取程度，同时也取决于与形成各种要素有关的焦虑或忧虑不适的程度。就 A 的行为而言，B 的代价就取决于 A 的行为的难易程度，通过是否唤起焦虑和窘迫，或造成身体伤害的难易程度做出判断。

表 2　结果可能性矩阵，根据结果的所有 "好处"

A 的所有行为

	a_1	a_2	…	
b_1	6 / 2	1 / 0	…	…
b_2	1 / 4	2 / 5	…	
…	…	…		

（B 的所有行为）

报酬和代价的内在决定因素

报酬和代价的第二类决定因素包括那些互动者自身内在的因素，我们称之为内在因素。其核心是，与 A 的所有行为中的任何一项特定行为相联系的特定值依赖于 B 的所有行为中与之相联系的某一特定行为。在互动过程中，二者相匹配。

正如在对定向的讨论中所提到的，一种定向的表现要求有一系列的反应，其中一些最初本质上是工具性的，而另一些最初是结果性的。甚至，一个人依赖另一个人而得到的满足也要求后者给予关注和圆满结局式的反应。对于一个人能够做出的所有反应来说，还有另外一些反应或多或少地与之不相容。不相容性是指这些反应倾向于干涉他人的行为，一种反应的作用在于对另一种反应进行干扰和破坏。

这种干扰的一个后果是提高一方或双方反应所预期的代价。在极端的情况下，一方或双方的反应可完全被他人抑制。也有一种可能，即在干扰的条件下，一方或双方反应将表现得不大好（如：不大强烈、不大快速或不大精确）。从这一点上讲，尽管有可能出现行为随便、过度模仿以及各种反应的高度整合，但干扰可能不会影响行为的质量甚至会提高行为的质量。

当然，只要一个人同时具有两个或更多的行为定向，反应干扰就存在。如果 A 从他的所有行为中做出选择 $a_1 a_3$ 项行为，且如果 a_1 定向具有与那些 a_3 定向互不相容的反应，则其中的整体代价就可能比他只做出 a_1 或只做出 a_3 所付出的代价要大。换句话讲，在后一种情况下，整体报酬则可能要大得多。在与 A 的所有行为中 $a_1 a_3$ 相关联的报酬和代价将反映出可能存在的这样一些干扰效应。

干扰也可能产生于一种只是部分地被激起而又未能公开的行为定向。比如：可能由定向 a_1 产生的 A，同时存在与定向 a_3 的一种微弱的整合。a_3 的行为序列不可能被做出，但反应倾向可能被唤起，它干扰了 a_1 发生最适宜的行为。在互动中，各种定向的部分激起是很重要的，如前所述，他人的行为常常是作为各种定向的整合发出的。因而互动提供了许多引起反应干扰的机会。

让我们考察一下反应干扰对以报酬和低价为基础的互动的影响的本质。假定，A 从他的整个行为中产生定向 a_1。只有当产生不相容反应所付出的代价才将是最小的（这里最小值取决于那些相对稳定的外部因素，如个人的工具和技能）。如果当 A 产生定向 a_1 时，B 也产生定向 b_2，而这个行为部分地唤起 A 的定向 a_3，而定向 a_3 又与定向 a_1 不相容，这样，A 产生定向 a_1 的代价就可能提高，而他的行为质量就会降低。如果 a_1 的报酬值无论对 A 自己或对 B，都依赖于 A 的行为质量，上述情况也可能会发生。

如果 b_2 干扰 a_1，那么 a_1 也可能干扰 b_2（这里我们假定干扰通常是一种对称关系）。这种干扰的结果之一是，当 A 处于定向 a_1 时，他对 b_2 的欣赏被它所表现的特性减弱了。他做出必要的圆满结局式的反应的代价就可能提高。他将不得不更加努力以便"获得"或"处理"对 b_2 的满意程度。由于他不能对 B 的 b_2 的表现给予必要的注意或考虑，他的报酬也将减少。当然，从 B 的报酬和代价看，情况相同。

一般来说，"反应干扰"增加做出反应的代价，无论是制定定向所必需的工具性反应，还是定向完成所必需的注意性、解释性和评价性的反应。因为反应质量的恶化，干扰也可能只有较低报酬。然而这种质量的恶化一般不会出现，因为人们的活动或多或少是自动学习和表现的。但当不相容的定向出现后，这些反应则可能以比先前更大的强度、更高的频率或更强的精确度出现，并期望从中得到更多更好的报酬，而且可能的话，还可以从评价或完成它们的过程中得到快乐的强化。

上述有关"短时唤起不相容定向"对"报酬-代价"结果所产生的影响的论述，又可以用表3这种简化的形式来表示。当我们只考虑每个人只有两种行为定向的简单情境时，表3显示了 A 的结果。请注意，表中的假设数字被排列起来以显示一种统计意义上的互动影响，也就是说，A 结果的大小取决于他自己的定向之一和 B 定向之一的特定组合。A 的结果模式也许作下述表述更容易被领会：

如果 b_1 部分地唤起了与 a_1 不相容的反应（或定向），且如果 b_2 也与 a_2 不相容，则无论对 B 的行为后果的干扰，还是对 A 在参与、解释以及支付报酬等方面的干扰都会减少 A 的结果，在表3中 A 是从4个单位减少到2个单位。

这个例子仅是说明性的，只用于指出一种方法：在统计学意义上，可从干扰或促进的影响中得出互动的结果。

表3　A 在每个人只有两种行为定向时可能的结果

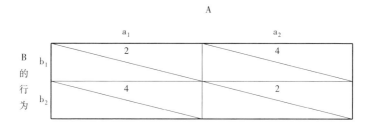

A

	a_1	a_2
B 的行为 b_1	2	4
b_2	4	2

序列影响

在两人互动中，另一种类型的报酬和代价的外部决定因素必然与行为整体不同项目的时间模式有关。行为整体中做出某一行为而获得的报酬和代价将受先前做出项目的影响。更为特别的是，因为相同行为不断反复，单个行为的报酬值可能随时间减少。这就是通常观察到的需求过剩的趋势。同样，代价也会出现这种类似的效应。当重复相同的行为时，因为疲劳定向的出现使得完成行为的代价渐增。

由于这两个不断重复的效应，同一定向的"后继唤起"将需要增加强烈的动力以克服疲劳。同时，行为接受者也由于逐渐饱和（satiation）而越来越不可能推动行为者重复他的行为。因而不断再唤起定向的可能性通常比其早期唤起的可能性要小。这样，为了保证提高报酬和降低代价，一个直接的后果就是互动双方都会随着时间的推移从一种行为定向转向另一种行为定向，几乎不会立刻重复同一行为项目。

尽管有一种力图避免这种情况的意愿，但有时来自任务的要求或来自外部的强大推动力，迫使个体不得不重复相同的定向。当这种推动（instigation）是长期的或行为整体中可供选择的项目太少，从而无法使它不重复时，互动关系也许会分解或中断。

虽然这些序列的影响无疑是重要的，但我们将在"报酬-代价"矩阵填入的数据中忽略这些因素。这并不包含着这些序列影响意义的混乱，而只是认为它们得通过多种方法来研究，而不是通过这里所描述的"报酬-代价"矩阵来研究。这也不是指这些填入的描述"报酬-代价"结果的数字完全与饱和及疲劳效应无关。当这些效应出现在单一定向之中时，用心理学的方法度量一个行为整体中的个别项目（items）的报酬和代价可以包括一些体验到的疲劳感（如代价上升）或饱和情绪（如报酬下降）。然而，疲劳和饱和因素不再作为同一或相似项目的序列积累在矩阵中予以反映。相反，填入矩阵的数字不再代表极大的报酬和极小的代价，其假设是不存在因饱和或疲劳而发生的从一项到另一项的转换。

互动的实现过程

将 A 和 B 的行为整体结合在一起而建立起来的矩阵给 AB 在互动中彼此可能做的所有不同的事情做出了连带的规定。矩阵中的"报酬-代价"表示每个人对互动可能性集合中的每种可能性的体验结果。从某种意义上讲，这个矩阵所概括的事实规定了一个范围，在这个范围内 AB 互动必定出现。当然，AB 互动的实现过程却不能仅从有关这个矩阵的知识中加以预测。互动有没有开始，它实际上是怎样发生的，以及每个个体实际上获得什么样的

"报酬-代价"值——所有这些都依赖于大量的因素，只有其中一部分是与
"可能结果"矩阵有关的。

　　互动可能开始于完全不同的原因。一方或双方也许知道对方的一些情
况，并根据这些情况预期互动将获得好的结果。这就使得他们审慎地寻找对
方并决定与之互动。在其他情形下，两个人可能在他人控制不了的因素操纵
下，而匆忙进入互动关系。如：工作可能将他们连在一起，共同的朋友把他
们相互介绍给对方，或者成为邻居而有一次偶然的相遇等。在这些情况下，
互动的开始是对即时情境的反应，而无须期待有另一人参与的可能后果。

　　不管互动是否持续，一旦开始，便建立在相似的因素之上。如果最初的
接触使双方体验到好的结果，或者使双方预期将来会出现好的结果，互动就
可能被重复；当然，工作、朋友和邻里的外部影响可能持续地使互动成为
必要。

　　根据上述观点，最初的尝试性互动在决定潜在关系的命运时非常重要，
这一时期出现的互动可以认为是一种抽样的过程。在这一过程中，通过有选
择的行为，互动双方体验到由"可能的互动"和"结果"组成的联合矩阵
所示的一个"互动和结果"实例（sample）。抽样的类推揭示了许多普遍的
情况。例如，在矩阵中好结果的比例越大，早期接触中他们越愿意体验。同
样，抽样的范围越大（首次接触中不同形式的互动越多），互动双方体验到
潜在结果的好的方面的可能性也越大。当然，抽样式的互动不可能代表所有
的可能性。可能引发首次接触的情境也许促使某种排斥他人的定向的唤起。
例如，当两人在工作过程中相遇，只有某些行为是适宜的；很多通用的文化
习俗都涉及两人初次介绍认识时的恰当言行。即使缺乏外部因素对某种行为
定向的推动，个体也会从他的行为整体中选取自己的言行方式。在一种新的
最终报酬还不确定的关系中，个体不愿做出对他们来说是高代价的行为项。
比如，A 可能完全避免提及他的某种秘密兴趣，因为这个兴趣在其他关系中
已经受到别人的轻视，而如果这恰好也是 B 有的并乐于谈论的一个兴趣的
话，那么潜存于 AB 关系中的最好结果之一也许就被彻底地错过了。

　　无论 AB 之间的早期交换的性质如何，只有当发现体验到的结果（或者
推断的但尚未体验到的结果）是足够充分的情况下，他们才会自愿维系他
们的联系。这就引起我们下面涉及的问题，依据什么标准评价体验或期望的
结果。

结果的评价：比较水平

在评价一种关系抽样的和预期的结果所具有的适当性时，两人互动的双方需要对可接受的结果有某种标准或尺度。针对这种评价，至少可确立两条重要的标准。为了尽可能地在直观上弄清楚这两种标准的区别，我们先说第一条标准——"比较水平"（comparison level，或简称 CL）标准，这是互动双方评价关系的"吸引性"（attractiveness）或满意程度可依据的标准。第二条标准——"选择性比较水平"（comparison level for alternatives，或简称 CLalt），是互动双方用于决定是否维持或脱离关系的标准。这两条标准在对某些事实的认知上是有区别的，例如：环境可能要求一个人维持一种他并不满意的关系。尽管我们在第六、七章和第十章会对这些标准的细节进行描述和说明，这里稍作一些详细说明还是必要的。

CL 是个人用来评价某种既定关系的报酬和成本的一种标准，根据他觉得他"值得"怎样去做。在那些结果高于 CL 的关系对互动者而言是相对"满意"或有吸引力的关系；结果低于 CL 的关系则是相对"不满意"或无吸引力的关系。CL 在个人结果量度上的位置受到所有已知结果的影响，或者受到直接经验或象征体验的影响。所有已知结果的众数值或平均值是可以得到的，每个结果根据它的"重要性"（salience）进行加权，或者根据推动力的强度进行加权，而推动力的强度取决于，例如，体验结果的崭新度（recency）和那些作为结果纪念物的刺激的出现率。由于在关系和互动无法获得的情况下，这些因素可能缺失或变弱，所以后者——"推动力的强度"——通常在决定 CL 值时是无足轻重的。

CLalt 可以被非正式地定义为：在可获选择机会的条件下，互动者可接受的互动结果的最低限度。根据这个定义，一旦互动结果低于 CLalt，互动者将脱离这个关系。CLalt 的高度主要取决于互动者可获的最优选择，也就是说，互动者体验到或坚信存在的"报酬－代价"状态在其他可获关系中的最大满意程度。

同 CL 一样，决定 CLalt 位置的诸多结果将根据它们的"重要性"（被推动的强度）来进行加权。不同的是，选择性关系的结果对于 CLalt 位置的固定并不起多大作用，又是因为这种结果的重要性通常来说相当低。

同现已存在的某种关系相比，选择性关系在发展 CLalt 的过程中可能包括其他的二元关系、更加复杂的关系甚至是不加入群体或独自工作和生活的选择。最后一种选择显示出，互动一方的 CLalt 常常会被拉升到一个他能以有竞争力的代价独立地为自己获取报酬的高度。更准确地讲，CLalt 会被任何有利的"报酬-代价"地位拉高，而互动的一方能够经常性地获得有利的"报酬-代价"地位则取决于他有能力在各种关系中延续自我报酬。因为这种自我报酬是互动的一方自身携带的，所以，所有选择的吸引度会被增加到与这些报酬等同的量上。

从前面的阐述中可以知道，如果一种关系要形成并维持下去，高于 CLalt 的地位必须存在，并且必须从关系中清除那些低于 CLalt 的地位。CLalt 也有可能清除"报酬-代价"的某些最佳地位，这一点就不那么明显了。举例来说，如果仅仅是在 B 为给 A 报酬所付出的代价太高以致 B 的相应结果低于他的 CLalt 前提下，A 才能获得报酬的话，那么 A 的这种有利结果将从关系中被清除。要得出互动关系中 A 的最有利结果的增长比例，必须满足如下的条件：①B 的 CLalt 值较低；②B 和 A 利益的正相关程度较高，即互动双方在矩阵的某些因子中（如表 1 所示）都有高报酬和（或）低代价，而在另一些组中却都是低报酬和（或）高低价。这两个条件意味着，在某种程度上只有当互动中每个人的行为对另一方有利而同时并不相应地额外增加自己的代价时，某种既定的二人模式才有可能获得比其他互动模式更好的"报酬-代价"值。简言之，二人模式存在的前提是每个人的报酬依赖于他人的行为，即一种相互依赖的状态。

至此，概括我们的观点，一种互动关系的形成很大程度上取决于：

①"互动可能结果"矩阵；

②摸索和尝试各种可能性的过程；

③共同体验到的结果是否处于互动任一方的 CLalt 值之上。

二人间的吸引与依赖

我们认为：一个人能否获得（或至少希望获得）高于其 CLalt 的"报酬-代价"地位，决定了他是否愿意维持某种既定的二人关系。仅仅是进一小步的假设：他的目标地位超过他 CLalt 的程度决定了他在多大程度上依赖于这个二人关系以求有利的结果。这样，在"可能结果"简化矩阵（见表2）中填入的数字通常是以 CLalt 为零点来度量的。在这个矩阵中的每一项显示了每个人依赖二人关系的程度，而每项的模式则显示了两人相互依赖的方式。

不过，即便这种关系对个体的"吸引"还不到相称的程度，即便个体还不满意这种关系，他也可能十分依赖二人关系。换言之，群体成员对其群体的依赖（群体对个人的力量），并不一定与群体对其产生吸引、从群体中获得"道德意义"或满足感有高度的相关性。

这里提供一个方法来解决依赖和吸引的不一致问题：将 CLalt 与 CL 区分开。主要说明一下：前者，与依赖有关；后者，与吸引有关。在任何可行的互动关系中，互动一方的结果都将位于他的 CLalt 之上；但联系他的 CLalt 和他的结果，他的 CL 有许多不同的位置，具体有如下几点。

首先，CL 可能比二者都低。在这种情况下，互动的一方可能对这种关系极为满意。这种关系给他带来高于 CL 的结果，同时他可获的选择性关系仅提供了一些差强人意的结果。这种关系对他是极富吸引力的，同时他不必极其依赖于它。

其次，CL 低于结果但高于他的 CLalt。在这种情况下，他对这种关系感到满意，但他对关系的依赖超过关系对他的吸引。

最后，还有一种非常重要的"非自愿"关系的情况。在这种互动关系中，CL 大于他的结果（当然，也超过 CLalt）。任何互动关系中都存在一定程度上的某种非自愿成分，直到不能在该关系中获得的某些"突出结果"比该关系中所有的现存结果都有利时，非自愿成分才不存在。从这一点来说，各种互动关系不过是非自愿的程度不同而已。尽管这样，我们仍可以简单地把"非自愿的关系"定义为一种互动者的结果低于 CL 时存在的关系。这应该是他不满意的关系。在极端的情况下，如在监狱和集中营中，互动关系的结果是如此之差，以致不可能再有更差的选择。这类关系我们将在第十章予以阐述。

一种二人关系对某人的吸引力取决于他对互动结果和他的 CL 相互关系的评价，在这里 CL 反映他所知的全部可能的结果。这些结果的一个重要分类就是：互动者对其互动伙伴所获收益的觉察，从而对他自己的结果的评价就涉及以这种觉察到的结果为基础的某种标准。考察这些评价使我们引入"地位"（status）这个概念，对这个概念的进一步探讨见第十二章。

结果矩阵的本质与用途

这里使用的矩阵是一种工具，用以反映二人关系的成员在不断增强的社会互动中产生的综合结果。在以下各章我们试图从两个方面展开对这个矩阵的应用：①有助于评价一个群体的效度，群体成员相互满足的程度和相互依赖的方式，以及群体成员互相影响和控制的过程；②进行两人以上群体的行为分析。为在今后广泛地运用之便，这里有必要尽可能地阐明这种矩阵的本质与功能。

这个矩阵集中表现了用于博弈论的各种报偿矩阵（Luce & Raiffa，1957）。我们的矩阵描述了一个非零和局（non-zero-sum game），即 A 不必以 B 的代价来得到报酬或者相反。但是，我们关于这一矩阵的假设在几个重要方面不同于博弈论的假设。首先，我们没有假定矩阵中的值是固定的，即使在短时间内是固定的。由于饱和与疲劳，如果以某一组表示的行为组合反复进行，报酬值随后就可能下降，而代价值就会上升。一个重要的结论是互动一般不是简单的最佳项目组合的重复。互动常常并非一种有一个最好的或最优先的处理方式的游戏，说得再清楚一些，互动常常由这个矩阵的一个组向另一个组后起的运动构成。

其次，我们没有假定人们是完全了解整个矩阵及其从中可获报酬的情况后才开始互动的。这些事实是通过一个摸索的过程才发现的。有时在本质上就错了，有时通过预测、尝试等而把握住了。"报酬-代价"矩阵是客观上可行的互动结果矩阵。但为了某些目的，我们假定这个矩阵描述了人们对互动可能的情况及其结果的"主观"理解和期望，尽管它们反映的可能性的实际全域还不够充分。

本书中这个矩阵的使用可与默顿·多伊奇（Deutsch，1957）的人际信任调查相比较。在矩阵的每个组中，我们都概括了报酬和代价有着不同的来源。例如，在一个实验情境中，实验者可以通过打分或付给美元来奖励被试，奖励的方式取决于两个被试的共同决定。但他们也可能从别的渠道获得满足，例如，从相互帮助中或与他人的竞争中获得满足。我们假定：所有来自既定的联合行动的个人结果都用个人在不同行为组合中所获的报偿来标识。相比之下，多伊奇遵循矩阵表示仅由实验者正式付给报酬的惯例。报酬的其他来源则是通过实验工具引入的（如：给被试一个合作"定向"来挑战一个竞争的"定向"），而这些是在矩阵之外进行的。对多伊奇而言，这些矩阵很大程度上是一种描绘实验情境正式结构的工具。他的理论倾向最初并不是博弈论的，而是由关于各种人际构成的逻辑学和现象学的分析构成。我们提出这种比较的观点并不是对多伊奇的研究方法作一种适当的描述，而是为了强调这样一个事实，即我们的分析总是假定"代价和报酬"关系中的所有相关变量都以矩阵值来表示。

因为这里提出的典型矩阵尚未广泛地用于社会心理学，因而从一个枝节去考察这种设计的用途，特别是在行为预测上的用途，恐怕不够严谨。"报酬-代价"矩阵，如前所述，是一个对二人既定的行为整体可能结果的"客观"陈述。这个矩阵只是对行为"结果"的描述，而且严格来说不能用于行动本身的预测，只有在某种条件下，才可能以这种矩阵来预测行为。

现在我们考察利用 A 的结果来预测他的行为。假定 B 产生某种行为，再假定"报酬-代价"矩阵是这样的：A 的所得结果取决于他反过来对 B 的反应行为。假定我们确实观测到了大量的 A 的这种行为，赋之以"报酬/代价"值，并将其比值填入矩阵的每个组中。这些比值显示了 A 的每个行为。我们将这些比值称为 A 的每种行为的概率，每一个概率可以理解为：就 B 已做出的某一种行为，A 采取一种行为的可能性。

如果这些可能性和相应的报酬/代价的值之间没有主要的差异，那么报酬/代价的值可以用于预测行为。如果有主要的差异，则报酬/代价的值就不能这么用，而且它仅能反映行为的结果。

本书中，我们限制"报酬-代价"矩阵的使用是基于这种认识，即一般社会互动关系中，两组的数值最终是趋于协调的。我们现在就来论证这种观点。为了做到这一点，我们有必要简略地阐述一下行为的各种决定因素以及这些因素对一种行为的结果与它将出现的可能性之间的差异的影响。我们选择了一种很简单的行为理论。这种理论对更复杂的模型是很合适的，对我们现在的研究目的来说是再好不过的了。我们假设 A 的任何一种正在做出的行为的可能性大小受两种因素的影响：①对它推动的强度（来自外部的或内部的刺激）；②从中产生的先前体验到的强化。一种行为出现的可能性反映了这两个因素，而客观的"报酬-代价"矩阵只反映出行动的强化结果。

这样，我们就可以确定两类情境，在这些情境中，行为发生的可能性与行为结果的可能性有可能出现如下差异。

①控制刺激的条件下，反应非常独立，以致在结果不满意时行为反应也会发生。

②尚未体验到客观的强化。

第一类情境包括各种不同的行为，这些行为的发生主要取决于很强的推动，或者是很"容易"发生而只需很小的推动。这一类情境之一是反射行为，如婴儿的排泄反应和受惊时人们的反应。另一种情境包括很熟悉的、习得的习惯或惯例，只要适当的诱因引导，它们就会独立地产生。惯例包括那些通过特殊训练、技巧以及社会角色练习习得的行为。从现象上看，这些都是一个人没有思考结果而做出的行为（如战士、消防员和警察都被训练成遇到危险不考虑"报酬-代价"结果而自动行动的人）。时间压力或行为的迫切性可看作增强了推动作用。这一点可以用儿童游戏"西蒙说话"（Simon Says）来阐明。愿意模仿，这在最初也许是个影响很大的因素，是通过适宜的模仿时期的实际锻炼而成的。那么，在必须迅速行动的条件下，孩子们会模仿领导的行为，即使这个行为是错误的（一般说来对孩子而言是不好的结果）。

第二类情境是指特殊的行为和特殊的客观强化之间只是偶然相连，没有足够体验成为习得行为的那些情况。这些往往构成客观新奇的情境，无论是否被认识到。从现象上看，一个人还没有有关客观结果的足够信息来精确地考虑，尽管在没有很强的力量推动或时间压力的处境下，他可能有空这么做。时间压力和强烈的推动不仅阻止他使用有关结果的信息（如前面提到的），而且首先阻碍他获得精确充分的信息。一个人的摸索和矩阵的建构或许严重地受这些因素的限制并出现偏差。获得关于矩阵结果信息的过程在探讨社会互动关系的形成和发展时是一个重要内容。

在其他的条件下，行为发生的可能性和"报酬-代价"结果之间存在高度相关，当①推动与结果相符或②推动很弱而结果预先已知时，高度相关为真。

我们能否谨慎地相信，正如我们已经估计到的，不相符的情境随时间推移趋向于产生相符的条件，因此是否能以互动结果矩阵来构造一种有意义的互动理论的基础呢？这样考虑的理由如下：

如果一个人有一定的天赋和机遇（时间、表露），能知道他行为的结果，并且进一步讲，当一个人进入那种推动他做出不利结果的行为关系中时，他很可能会做出某些改变：或者他脱离这种关系，或者消除这种动因或使其变得更适合自己。如果动因来自他自己带入互动中的不良习惯，他就可能重新学习更合适的习惯。如果是其他人的行为对他产生推动，他会改变这些因素的外在形式以确保互动关系的存在（假定这种关系很重要）。反射及其他"原初"行为的社会化很大程度上由选择适应组成，借助选择性适应，人们通过学习寻求有利的（至少是避免受罚的）场合以尽快发生被推动的行为，社会环境也趋于提供适当的场合（成年西方男子一般在为他们提供的厕所里小便而不在大街上）。简言之，一方面个人通过选择和再学习，另一方面社会管理机构通过对个体提供的各种措施条件，以使行为推动力和行为结果之间存在一种趋于大致协调的倾向。推动力和结果之间的不一致也许主要使关系具有不稳定性。

出于这些原因，我们认为在任何一种给定的互动关系中，在行为的前提决定因素和行为的"报酬-代价"结果之间的协调有一种典型的增长趋势。因而"报酬-代价"矩阵随着互动关系趋于稳定而在预测行为中更加有用。但是，我们应该强调指出，这并不意味着行为就完全受到对行为结果的期望、将不同行为的有关利弊转换累加以及结果最大优化的意图等因素的控制。正相反，准确地讲，因为推动力与结果的协调的增长，个体也许会越来越自觉地行动（如习惯、惯例或角色规定的反应），会越来越少地感觉到周围环境的约束，衡量得失或选择其他行为反应方式也会越来越少。当矩阵稳定时，由排除那些复杂的认知活动而使过程自动化从而获得充分结果的习惯提供了一个可以适应的结果（从将代价减到最小的角度来看）。在一种稳定的情形下有了足够的经验后（一个人完全掌握它，复述他的所有反应，并形成人际依存模式的恰当概念），他就能形成一种进行瞬时行为选择的规则。其他人在类似关系中已经建立的规则很快可以用于个体形成那些通过告诫或树立榜样的教育方式得到的角色规定。

在遵循这些惯例行事的时候，行为选择就可能达到好的甚至（也许）是最好的结果。但是，行为得当不必然构成一种惯性的、审慎的、目的的享乐主义的证明。

只有当这些惯例破除了——当一种改变了的情形开始促使行为产生坏的结果——互动一方才需要重新考虑。在这些间断点上，旧的惯例也许已不再合适，而又没有合适的新的替换惯例切实可行。在这些重要的结合处，一个人会审慎地考虑其行为的后果——当他进入一种新的互动关系时、承担一个新的角色、要求他给予新的反应方式以及学会新的外部情形。如果他不是被很强的推动所支配，他可以维持长时间里形成的观念并试图以他对长期结果的推断来指导他的行为。在这些决定性的节点，如果这个人有获得精确信息和演习反应替换的能力和手段，上述的每个行为的客观结果的矩阵便能更为准确地预测行为。

简单地说，当互动情形相对稳定时，那些行为惯例便成为很合适的行为方式。当情况发生改变时，这些变化就反映在新的结果矩阵中，如遇到特殊情况，新矩阵也有预测行为的功能。

最后，要将上面提到的结果矩阵加以改善，这另有一种主要原因就是运用结果矩阵而不是可能性矩阵（以我们特定的现实目标）。面对各种社会事实的处理，结果矩阵不仅能推断各种行为的可能性，而且（特别）能描述并有可能预测一个人的某些心理状态：群体对他的吸引、他的主观地位、他对社会角色的满意程度，以及控制他的命运的各种力量对他的影响。

参考文献

Deutsch, M., 1957, *Conditions Affecting Cooperation*: *Section I*: *Factors Related to the Initiation of Cooperation*; *Section II*: *Trust and Cooperation*, New York: Research Center for Human Relations, New York University.

Luce, R. D. & Raiffa, H., 1957, *Games and Decisions*, New York: Wiley.

日常生活中的自我表演[*]

欧文·戈夫曼[**]

　　我意在将这份报告写成一本手册，以详细阐发一种社会学的观点，并希望由此能够研究我们的社会生活，特别是那种局限于一座建筑物或一家工厂等有形范围内的社会生活。任何一个具体的社会机构，只要它是民主的、工业化和商品化的，那么这里将要描述的一系列特征所共同形成的框架就能够在这个机构中得到应用。

　　这份报告中采用的角度是戏剧演出的角度，由此得出的原理是戏剧艺术原理。我将考察在普通工作背景中个人将他自己和他的行为表现给他人的方式，他维护和控制他人对自己形成印象的方式，以及当他维持在他人面前的表演时他所必须做与不必做的事情。在运用这一模式时，我将努力重视该模式的不当之处。舞台上呈现的事物是伪装的，大概生活中呈现的事物是真实的，有时是没有得到认真彩排的。可能更重要的是，在舞台上，一个演员身着一个角色的装束面对其他演员扮演的角色将自己表现出来；观众则组成了

　　[*]　Translated from Goffman, Erving, *Presentation of Self in Everyday Life*, Garden City, New York: Doubleday Ancher, 1959, pp. xi-xii, pp. 11 - 12, pp. 22 - 25, pp. 37 - 39 and pp. 79 - 84, pp. 252-255. （本文为王小章、杨可明译，周晓虹校）

　　[**]　欧文·戈夫曼（Erving Goffman, 1922~1982），生于加拿大艾伯塔省曼维尔，是 20 世纪初大批东欧向加拿大移民中一个乌克兰家庭的后裔。中学毕业后曾入马尼托巴大学学习化学，后迁居渥太华并为加拿大国家电影公司工作。在北美社会学家丹尼斯·朗的激励下进入多伦多大学学习社会学和人类学，1945 年获得学士学位；此后赴美，1949 年和 1953 年于芝加哥大学获得社会学硕士学位和博士学位。1962~1968 年任加利福尼亚大学伯克利分校社会学教授；1968 年任宾夕法尼亚大学本杰明·富兰克林人类学和社会学讲座教授。1981~1982 年任美国社会学会主席。1945~1951 年曾在设得兰群岛进行实地调查，并据此写出他最有影响的著作《日常生活中的自我表现》（1959），其他著作有：《避难所》（1961）、《邂逅》（1961）、《公共场所行为》（1963）、《污名》（1963）、《互动仪式》（1967）、《框架分析》（1974）、《交谈方式》（1981）等。

互动的第三个部分——这一部分是必需的，然而如果舞台演出是真实的，这一部分也就不会存在了。在现实生活中，这三部分压缩成两部分；由个人扮演的那一部分并入由其他人扮演的那部分，同时这些其他人本身又组成了观众。这一模式中的其他不当之处将在后面得到考虑。

当然，在日常生活中人们十分清楚第一印象的重要性。因此，在服务行业工作的人们做出的调整活动往往依赖于抓住和把握服务关系中初始环节的能力，依赖于在比自己的顾客社会经济地位低的时候该如何做出微妙的然而却是大胆的行为的能力。威廉·F. 怀特用女招待举了一个例子：

> 第一点要阐明的是，承受着压力的女招待并非只简单地对她的顾客做出反应。她能够通过一些技巧来控制他们的行为。我们在考察服务行业关系时首先要问的是："是女招待赶在顾客之前行动，还是顾客赶在女招待之前行动？"训练有素的女招待是会意识到这一问题的紧要性的……
>
> 训练有素的女招待是以自信和毫不含糊的行动来对付顾客的。例如，她发现在她把脏盘子洗干净并换上台布之前，一位新来的顾客在桌子旁边坐了下来。此时顾客正在倚靠着桌子看菜谱。她来到他面前说道："请让我把台布换一下好吗？"而且不等得到回答就把菜谱从他手中拿走以便让他离开桌子，这样，她就可以干她的活了。两个人之间的关系处理得十分得体而干脆，并且不会出现谁是主人的问题。（Whyte，1946：132-133）

当由"第一印象"引发的互动只是一连串互动中的初始互动时，我们会感到"捷足先登"是十分关键的一步。这样你就可以理解为什么一些教师会采取以下观点：

> 你可不能让学生们得了上手，否则你就没希望了。所以我抓紧时间行动。头一天上了一堂新课，我就让他们知道到底谁厉害……一旦你已经采取行动，你就可以在以后的过程中得心应手。而如果你一开始就懒懒散散，当你要行动起来的时候，他们就会看着你放声大笑。（Becker，1952：459）

与此相似的是，精神病机构中的服务人员也认为，如果一个新来的病人第一天就被推到他该去的病房里，并让他明白医生的厉害的话，以后就可以避免许多麻烦了（Taxel，1953）。

我已经用"表演"（performance）这个词来指一个人在特定的观察者面前所进行的一段连续的表现当中发生的所有行动，而且这些行动对观察者来说是有某些影响的。我们不妨用"前台"来指一个人表演的一部分，这部分以一般的和固定的方式有规律地起作用，为那些观看表演的人们定义情境。因此，前台是一个在其表演中有意无意之间采用的具有一定规格标准的表达设施。从最初的目的考虑，应该先区分并定义一下前台应具备哪些标准的部分。

首先是"布景"（setting），也可称为"门面"，包括舞台设施、舞台美术、道具和其他背景物件，即为大量的人类活动在其前、其内、其上表演提供景观和舞台用具。从地理学的角度讲，布景总是固定不动的，因而将一特定布景作为表演一部分的人就必须把自己带到合适的位置才能开始行动，并在离开布景时结束自己的表演。只有在极少数的环境之中，布景才会随着表演者的变化而变化；这种情况我们可以在下列例子中看到，如丧葬仪式、市民游行，以及由国王和王后们组成的行列。在这些极端的例子当中，基本上都是为那些本来就是或暂时成了十分神圣的表演者们提供某种额外保护的。这些大人物当然要与世俗的商贩阶层的表演者区别开来，商贩阶段的表演者往往被迫在表演当中变换他们的工作地点。从将一个固定场合作为某人的背景而论，统治者也许过分神圣了，而商贩也过于世俗了。

在考察前台的布景方面时，我们还要思考一下一套房子中起居室以及可以在其中完全确定他们自己身份的一小部分表演者。我们还没有给予表演者可以在短时间内称呼自己的大量符号集合以充分的注意。西欧国家的特征之一（这无疑是使他们稳定的源泉之一）是，大量豪华的布景只是用来为那些能够提供这一布景的人服务的。这一点可以从一次有关大不列颠高级公务员的研究中得到说明：

> 除生来如此的那些人以外，爬到高级公务员的人都具有怎样高的"腔调"和什么样的"脸色"呢？这个问题是十分微妙又十分难以回答的。唯一能够确定的信息可以从与伦敦上流俱乐部成员有关的数字中找

到。高级行政官员中，四分之三以上至少要参加一个地位很高而又十分华贵的俱乐部。在那里，会费要达到 20 便士以上，而且每年要捐赠 12 至 20 便士。不论是住房、设备、所实行的生活方式，还是整个气氛，这些机构都是上层社会的（甚至不是中上层的）。虽然很多成员并不是很富有，但只有富有的人才能在没有别人帮助的情况下为他自己和他的家庭提供与他在工会、旅游者协会和新教组织中具有同等水平的席位、食品和饮料、服务及其他舒适条件。（Dale，1941：50）

在医疗职业的最近发展中，我们还发现另外一个例子：对于一个医生来说，有机会利用大医院提供的设备精良的科学舞台显得越来越重要了，这样一来，大多数医生都感到他们的布景是一处在晚上也难以关门上锁的地方（Solomon，1952：74）。

如果我们用"布景"这个词来指表达装置的景观部分，那么就可用"个人门面"（personal front）这个词来指表达装置的其他部分，即我们能够最直接地审定表演者和自然希望他做到的那些部分。这些部分不论在什么地方都会伴随着表演者。"个人门面"也应包括官职或级别的徽章、服饰、性别、年龄及种族特征、个头和相貌、仪表、语言表达方式、面部表情、身体姿态，以及其他诸如此类的东西。这些用来传递符号的载体，有些（例如种族特征）是相对稳定的，并且对某个人来讲在一段时间内从一种场合到另一种场合是不会发生什么变化的；另一些符号载体则是相对变化或短暂的，例如面部表情，在表演过程中这是会发生变化的。

有时，我们不妨根据形成个人门面的刺激因素传递的信息所发挥的功能来将这些刺激因素分成"外表"（appearance）和"举止"（manner）。"外表"用来指那些在某一时刻告诉我们表演者社会地位的刺激因素。这些因素还告诉我们这个人暂时的仪式化地位，即他是正在致力于正式的社会活动和工作呢，还是在自由自在地休养？他是否正在庆祝季节循环或自己生命周期的一个新阶段呢？"举止"则用来指那些在某一时刻告诉我们表演者在未来的情境中将希望扮演什么样的互动角色。因而一种傲慢的、侵犯性的举止就给我们这样的印象：表演者要最先发起语言上的互动并要左右互动的进展。一种温顺的、谦卑的举止则给我们这样的印象：表演者希望服从他人的领导，或者至少他能够被指使这样做。

当然，我们往往希望外表和举止之间是稳定一致的；互动者之间的社会地位有一定差别，组成所希望的互动角色的条件之间也有一定的差别，我们希望前者和后者能够以某种途径表现出它们的一致性。这种前台的典型的和谐可以通过下述对中国官僚在大街上行进的描述来得到说明：

> 紧跟在后面的就是这位达官贵人的座轿，共用八个人抬着，塞满了整个街道。他是这座城镇的长官，从任何现实的角度来讲，他都具有超人的权力。他是位相貌堂堂的官员，看上去高大而魁伟，同时有一副严厉而不妥协的面容：这种面容对任何一个想使其臣民秩序井然的地方官员来说都是必不可少的。这副严厉的、令人生畏的面容使他看上去像是正走在奔赴刑场去将某个犯人斩首示众的途中。这就是当达官贵人们出现在公众面前时所具有的气氛。在多年的生活体验当中，从地位最高的到地位最低的，我从未看到他们之中任何一个人在他被抬着过街时显出过一丝对人民同情的微笑或模样。（Macgowan，1908：187）

如果在当今大多数社会中都存在这种向上层流动的倾向，我们便可以假设：表演者在表演中所体现的社会地位必然比他实际上所占据的社会地位要高。例如，当听到下面这段有关苏格兰以前家庭情况的描述时，我们是不会感到惊奇的：

> 这样一件事基本上肯定是存在的：每个地主及其家庭的生活在平常日子里总要比招待客人时节俭得多。在待客时，他们会把场面弄得十分排场并端上精美的菜肴，以暗示人们这具有中世纪绅士宴会的味道；可同样是这些绅士，在非节庆日中就会"保守家庭秘密"，正像平常所说的，以最少的开销打发生活。这个秘密保守得非常严密，即使像爱德华·伯特那样对苏格兰高地人具有渊博知识的人也感到要描绘他们的日常饮食是十分困难的。他所能说得准的只是：无论他们在什么时候招待一个英格兰人，他们都会拿出极其鲜美的食品；"并且"，他说道，"人们常说这些地主宁可对雇工巧取豪夺，也不愿让人感到他们在家庭开支上十分吝啬；但我从被他们雇用的许多人那里听说，虽然他们在吃饭的时候有五六个仆人侍候着，但即使在那样的情况下，他们吃的也常常不

过是做成各式各样的燕麦食品、腌鲱鱼或者其他价廉而平常的菜肴"。
(Plant，1952：96~97)

实际上，很多阶层的人由于各种不同的原因都已经在体验有目的的朴素生活并且尽力克制自己过分表现富有、能力超群、精力充沛或自尊。

在与白人的互动过程中，南方诸州的黑人感到被迫装出一副无知、无能和懒散的样子。这说明，一个表演者如果按照其本来的低下地位而不是他所暗地里希望的地位来表演的话，那么这种表演就可以起到大肆渲染一种理想化价值观的作用。下面就是当今有关这种表演的一段引文：

> 在为一种虽不需要什么技艺水平却通常被认为是"白人的工作"产生激烈竞争的地方，黑人将做出自己的选择，即在做着高级工作的同时却又接受低级社会地位的符号。因而，一个黑人海运职员所拥有的是引绳的权力和津贴；一个黑人护士就默许他人称其为仆人；而一个黑人足病专家也总是在晚间从后门进入白人的家庭。(Johnson，1943：273)

可以肯定，在同龄的男孩子们面前，美国的女大学生一定会降低她们的智慧、才能和果断性，表现出较深的心理控制，尽管在世界上她们享有争强好胜的美名（Komarovsky，1946）。有研究报告表明，这些表演者能够忍受她们的男朋友向她们婆婆妈妈地解释她们早已知道的东西；她们会在比她们能力差的男性同伴面前掩饰其在数学上的熟练能力，她们还会在比赛即将结束之前输掉乒乓球赛：

> 最绝妙的技巧之一就是偶尔有意地拼错几个稍长的单词。此时我的男朋友就会洋洋得意，一边为我纠正，一边对我说："宝贝儿，你根本就不知道怎么拼！"（Komarovsky，1946：187）

通过这样的方法，男性天生的优越地位和女性的软弱角色也就同时得到了证实。

我将用"表演剧班"或简短些用"剧班"来指称任何一个合作完成单

件日常工作的班子。

到目前为止，在这份报告中，我们一直是把个人的行为举止作为最基本的参照点，并且考虑到两种层次上的事实：一方面是个人及他的表现，另一方面则是作为整体的参与者的整套班子及其互动。对于互动的某些种类和某些方面的研究来说，这种考察方式足够了；任何不符合这个框架的情况都可作为可解决的互动问题加以复杂化处理。这样，两个表演者间的合作，其中每个人表面上都在进行表现他自己的特殊表演，都可被分析为一种同谋，或是一种协定，而不改变其基本的参照构架。然而，在特定社会机构的个案研究中，某些参与者的合作行为是如此重要，以致不能将其仅仅视为上述主题的变式来加以处理。不管一个剧班成员有着相同的个人表演或是能够凑成一个整体的不同的个人表演，都会出现一种具有突生性质的剧班印象（可十分适合地将其视为一种有着自己规律的事实），这是第三层次上的事实，存在于个人表演和参与者的总体互动之间。甚至可以说，如果我们的特殊兴趣是研究印象整饰，研究造成印象时的意外事故，研究遇到了这些事故时的应变技巧，那么，剧班表演可能是作为基本的参照点的最好单位。有了这个参照点，我们才有可能把两个人的互动这种情况描述为两个剧班的互动（其中每个剧班只有一个人），从而同化到这个框架中（从逻辑上讲，我们甚至可以说，一个对没有其他人在场的特殊的社会场合留下很深印象的观众本身也可以是一名目睹了没有其他任何人的剧班表演的观众）。

剧班的概念使我们想到一个或多个表演者的表演，也可能有另一种情况。早先，有人提出一个表演者可能被他自己的表演所欺骗，当时他会确信他表现出来的事实印象是唯一真实的。在这种情况下，表演者成为他自己的观众，同时是演出的表演者和观察者。可能他想把在他人在场的情况下他要树立的标准结合进表演中，以至于他的良心要求他表演得符合社会规范。作为表演者的个人有必要不让作为观众的他知道他还必须学习表演这个丢脸的事；用平常的话说，总会有些他知道或已经知道的东西，他是无法对自己讲的。这种自我欺骗的复杂策略是经常发生的。精神分析学家已经在压抑和分离的标题下为我们提供了这类问题的有说服力的事实资料。这里，我们可能找到了被称作"自我疏远"即一个人感到与自己日益疏远的过程这一现象的根源（Mannhein, 1956：209）。

当一个表演者用混合的道德标准来指导他自己的私人行为时，他就可能把这些标准和某些参照群体联系起来，这样就为他的行为创造了一个事实上不存在的观众。这种可能性促使我们又去考虑另外一个可能性。一个人可能私下保持着他个人并不相信的行为标准。他这样做是因为他相信一个看不见的观众在场并会惩罚一切偏离这些标准的行为。换言之，一个人可能是他自己的观众，也可能想象观众在场（在以上论述中，我们可以看出剧班概念和个人表演者的概念在分析上的差异）。这种情形使我们进一步发现，剧班也许会为了一个事实上不存在的观众而进行表演。例如，在美国的某些精神病院里，人们会为一个无人认领的死亡病人张罗一个相当考究的葬礼。无疑，这有助于在条件落后和社会普遍缺乏关心可能危及最低限度的文明标准的情况下，保证维持这些标准。不管怎么说，如果死者亲属不露面，医院院长、医院的葬礼主持人和一两个其他工作人员会亲自在葬礼中扮演所有角色。死者殡葬准备完毕后，在无人在场的情况下，他们"表演"了对死者的文明致意。

很明显，根据这个事实，作为剧班成员的个人会发现他们自己处在对别人来讲很重要的关系中。我们可以列举这种关系的两个基本组成部分。

首先，当剧班的表演正在进行时，剧班的任何成员似乎都有能力把这场表演搞糟或用不恰当的行为打断这场演出。每个剧班成员都不得不依赖他人的良好行为和表现。这样就必然会形成剧班成员间相互依赖的关系纽带。剧班成员在社会系统结构中有着不同的正式地位和头衔，这是常有的事。在这种情况下，我们就会看到，在剧班成员间产生的相互依赖关系很可能会阻止社会系统结构中的社会分裂倾向。这样就为社会系统结构提供了一种凝聚的源泉。机构内个人地位的高下和业务水平的不同会分裂一个组织，而表演剧班则可能对这种分裂予以整合。

其次，很明显，如果剧班成员必须联合起来在观众面前保持情境的既定定义，那么，他们就难以在相互之间保持那个特定印象。那些为了维持同一事物的特定印象的同伴，彼此之间都被迫把他人当作"知情"人，当成不必在他面前维持特定门面的人。于是，剧班成员和他们作为一个剧班行动的频率及他们卷入印象整饰的次数相对应，就会被所谓"亲密感情"所束缚。在剧班成员中，亲密特权的享有——这是一种没有温暖的亲密——不一定必须是一种有机的东西，可以随着时间的流逝而逐渐发展；而是一种一旦个人进入剧班的某个位置就会自动产生并被接受的表面关系。

当我们提到剧班成员是由相互依赖和相互间的亲密感情联系起来时，我们一定不要把这一类型的群体和其他类型的群体（如非正式群体或小集团）相混淆。一个剧班成员是这样一些人，他们的戏剧性合作，依赖于维护既定的情境定义。如果一个人超出了非正式允许的范围，并坚持要破坏表演或强行改变表演，他依然是剧班成员的一部分。事实上，也正因为他是剧班的一员，他才会引起这类麻烦。例如，工厂里影响工作效率而受孤立的人仍然是剧班成员，即使他的生产活动破坏了其他人企图制造的一整天工作繁忙的印象。作为交友的对象，他被故意忽略了，但作为对剧班情境定义的威胁，他却是不能被忽视的。同样，在晚会上，一个开朗、易于接近的女孩会遭受其他在场女孩的有意疏远。但在某些事情上，她是这个剧班的成员，她必须同其他女孩一起维持她们共同维持的女孩不应轻易被异性追求到的定义。因此可以说，剧班成员经常是这样一些人，他们非正式地同意用某种方式使用他们的力气作为自我保护的手段，并因此形成一个非正式群体。但是这种非正式的协定不是界定剧班概念的标准。

关于我们向他人表现自我这一一般性的概念其实并不是什么创见，在总结中，我应该强调的是，我们可以根据在英美社会中我们安排这类表演的方式来加以分析观察这种自我结构。

在这个报告中，个体潜在地被划分为两个基本的部分：一方面，他被视作表演者，一个专注于那种过于人性的表演作业的印象构造者；另一方面，他又被视作一个角色，一个通常是优秀的、具有表演所唤起的精神力量和其他可靠品质的人物。虽然，作为表演者的品质和作为角色的品质属于两个根本不同的序列，但是，在必须进行的表演这个方面，它们又共同起着作用。

首先，我们来看一下角色。在我们这个社会中，某人所承担的角色和某人的自我在一定程度上是被等同看待的，并且这种视作自我的角色常常还被看作它的持有者所固有的东西，尤其是它的上端，还是人格生物心理的一个组成部分。这种观点可被认为是我们努力想表现的一个潜在的成分，但也正因如此，它又给我们在分析自我表现时增添了麻烦。在这个报告中，我们把被表演的自我看作个体竭力去诱使别人对他产生的某种可信的形象。伴随着这一关于个体的形象被别人所接受，某一特定的自我概念也就被随之赋予了这一个体。可见，这一自我其实本非源自它的持有者，而是通过整合一系列借助于某些证据能使其显得合情合理的事件的性质而得之于个体行动的整个场景。一个妥善构思和表演的场景会引导观众去把一个特写的自我赋予某个被承担的角色，但这一赋予并不是这一场景的始因，而是它所产生的结果。因此，自我，作为一个被承担的角色，它并不是机体中固有的、有其机体定位，并且具有出生、生长、死亡这些基本命运的什么东西，它只是产生于某个被表现的场景的一个戏剧化的结果，而人们对这一结果的相信与否则是此处独特的问题，也是这里的关键。

因此，在对自我的分析中，我们没有把注意力放在自我的持有者即将因此而得益或受损的人物身上，因为他和他的躯体只为某种共同构造的事物提供了暂时挂在上面的挂勾（Deg），而那种产生和维持自我的方式却并不存在于这个挂勾之中。相反，事实上，它们通常存在于社会组织的内部。在自我的形成中，我们又可看到一个备有各种对个体形象进行编辑制作工具的后场和配备着各色道具的前场的划分。可以看到一个表演者剧班（他们在台上与可资利用的道具相配合造就了由此产生被扮演的角色的自我场景），以及另一个观众剧班（他们的解释性活动构成了形成自我的必要的成分）。自我就是所有这些安排的共同创造物，它的每一个部分都承担这一起源的标记。

诚然，产生自我的机制是非常繁复的，有时还会出现故障，从而暴露出其各个分离的成分，像后场控制、剧班同谋、观众练达等。但是，只要给予很好的加油润滑，这一机制就能有效迅速地产生出一系列的印象，从而使我们看到这样的现实，即表演将会顺利地进行，与承担的角色相一致的牢固的自我将会显得似乎是源自它的扮演者本身。

现在，再让我们从作为角色承担者的个体身上转过头来看一下那个作为表演者的个体。他具有学习的能力，这是他在为扮演角色而接受的训练任务中所要运用的。他沉溺于奇思异想，其中有些会愉快地展开为一场成功的表演，而另一些则交织着由于紧张不安的应付前台致命的垮台而带来的焦虑和恐惧。他经常向班友、观众表现出交际的希望，表现出对他们忧虑的体谅。同时，他又具有深切的廉耻之心，因而他会尽可能地去减少暴露的场合。

这些作为表演者个体的品质就不再仅仅是一些特定表演的一个被叙述的结果了，它们才真正是人类本性中生物心理的成分。不过，这些品质似乎也要借助一些具体表演才能在亲密的互动中表现出来。

现在，我们可以来做最后的评论了。在这个报告中所采用概念的展开过程中，我们用了一些舞台术语。我们谈到了表演者的观众、角色和常规程序，表演成功和表演垮台，谈到了提示、舞台布景和后台，也说到了编剧要求、编剧技巧和编剧策略。现在，我们则要求承认，我们迄今为止努力进行的这种纯粹的类比部分也是一种修辞和文饰。

我们开篇即说世界是个大舞台，但这一声明对于那些熟悉它的限制、宽容它的表现的读者来说其实是很寻常的一句话；他们知道，无论何时，他们都能轻易地向自己证明，人们并没有严格地理解这句话。而剧院中上演的剧目相对而言则是一种做作的假象，并且，演员也无意要把它说成是真实的事件。它不像日常的生活，在表演中，没有任何真实的或者说实际的事情发生在那些表演的角色身上。尽管从另一方面讲，对于那些以演戏为业的职业表演者而言，确实存在某些真实不虚的事情会影响到他们的声誉。

因而，在此，我们将放弃舞台的术语和面具。脚手架是用来辅助建房的。在搭它起来的时候就想到有朝一日在房子建成以后就要把它拆去。同样，我们在这报告中采用舞台术语也并非因为我们想要面面俱到地来说明渗入我们日常生活中的戏剧演出，我们真正关心的只是社会邂逅的结构，即每当人们直接呈现在他人面前时所出现的社会生活的实体的结构。在这一结构中，一个关键的因素是对独特的情境定义的维持。这一定义是必须加以表达的，而这一表达又必须经受住许许多多潜在崩溃的威胁。

剧院中所表演的角色在某种程度上是不真实的，也不像骗子所扮演的各种完全虚假的角色那样具有实在的效果；但是，对于这两种虚构的人物的成功表演却都需要运用同一种真实的技巧，它与日常生活中人们用以维持他们真实的社会情境的技巧基本上是一回事。并且，那些在戏院舞台上进行面对面互动的人们也必须符合现实情境下所提出的关键性的要求，他们也必须注意维持某个情境定义，所不同的只是，他们的行动有一系列程式可以遵循，这使他们能为我们每人都分担着的互动活动发展出一套专门的术语。

参考文献

Becker, Howard S., 1952, Social Class Variations in the Teacher-Pupil Relationship, *Journal of Education Sociology*, XXV.

Dale, H. E., 1941, *The Higher Civil Service of Great Britain*, Oxford: Oxford University Press.

Johnson, Charles, 1943, *Patterns of Negro Segregation*, New York: Harper Bros.

Komarovsky, Mirra, 1946, Cultural Contradictions and Sex Roles, *American Journal of Sociology*, LII.

Macgowan, J. , 1908, *Sidelights on Chinese Life*, Philadelphia: Lippincott.

Mannhein, Karl, 1956, *Essays on the Sociology of Culture*, London: Routledge & Kegan Paul.

Plant, Marjorie, 1952, *The Domestic Life of Scotland in the Eighteenth Century*, Edinburgh: Edinburgh University Press.

Solomon, David, 1952, *Career Contingencies of Chicago Physicians*, unpublished Ph. D. dissertation, Department of Sociology, University of Chicago.

Taxel, Harold, 1953, *Authority Structure in a Mental Hospital Ward*, unpublished Master's thesis, Department of Sociology, University of Chicago.

Whyte, W. F. , 1946, When Workers and Customers Meet, Whyte, W. F. (Ed.), *Industry and Society*, New York: McGraw-Hill.

性格与社会[*]

戴维·里斯曼^{**}

　　当我们提及"社会性格"（social character）时，所指的具体含义究竟是什么？社会性格既不是指现代社会心理学中用来表示整个自我的人格，也不是指天生的气质、才能、生理的和心理的成分，以及暂时性或永久性的特质。本文所谓的"性格"，与当代的一般用法也有出入，后者仅仅指的是人格的一部分，由经验而非遗传作用形成的（划分经验和遗传的界限绝非易事）。而我所谓的性格，是指在社会和历史因素或多或少的作用下形成的个人驱动力和满足需要的结构，即个人用来接触世界和他人的一种"套路"。

　　"社会性格"是特定社会群体间共享的那部分性格，正如大多数当代社会学家界定的那样，它是群体经验的产物。我在本书中将努力阐明，社会性格的概念使我们可以进一步讨论阶层、群体、种族和民族的性格。

　　我无意于在许多关于社会性格概念的模棱两可的研究上耽搁时间，即社会性格是否可能归因于经验而非遗传？是否有任何经验主义的理由证实它确实存在？是否应该认为存在某些比性格、人格因素更重要的因素制约着人们

　　* Translated from Riesman, Davis, Nathan Glazer & Reuel Denney, *The Lonely Crowd*, New Haven: Conn. : Yale University Press, 1950, pp. 5-25. （本文由王崑、朱虹译校）

** 戴维·里斯曼（Davis Riesman, 1909~2002），出生在一位宾夕法尼亚医学院教授家庭，1927年进入哈佛大学攻读生物化学，1931年获学士学位；此后进入哈佛大学法学院学习，1934年获硕士学位；其间常利用业余时间去纽约精神病学院听课，并结识了埃里希·弗洛姆。1935~1936年担任美国最高法院法官 Louis D. Brandeis 的书记员，并于1937~1941年在布法罗大学教授法律。1946~1958年担任芝加哥大学社会科学教授，1958年后任哈佛大学社会学系教授直至1980年退休。除《孤独的人群》（1950）外，其他著作包括《人群中的面孔：性格与政治的个人研究》（与内森·格雷泽合著，1952）、《为何富足及其他》（1964）等。

的行为？抑或说性格和人格中的非社会性因素把人们分离为单独个体，而非使其相互接近？过去人们通常在日常生活中假设某一社会性格确实存在，如今社会性格正成为社会科学领域的明确前提。对任何熟知弗洛姆、卡丁纳、本尼迪克特、玛格丽特·米德、戈若、霍尼等人著作的读者而言，若再熟知其他有关社会性格或不同时代、不同民族的社会性格的论著，即便社会性格一词以不同称谓出现，也会一目了然。

大多数研究者和我一样，相信童年期对一个人的性格塑造发挥着极大的作用，而且他们大多也同意，研究儿童早期阶段不能脱离社会结构。社会结构不仅可以影响父母亲对子女的教养方式，而且还直接影响子女本身。基于这个认识，我的合作者和我在本书中，无意于分辨上述研究者之间的观点差异，以及指明我们的观点与其又有何不同。

社会性格和社会的关系如何？一个社会如何获得它所需要的社会性格？埃里克·埃里克森在研究尤罗克（Yurok）印第安人的社会性格时曾写道："……子女教育的体制……体现为人类创造态度结构的无意识的尝试，态度结构是（或曰曾经是）部落的特殊自然条件，配合经济、历史的必要性而产生的最适宜的条件"。（Erikson，1943）

从"经济、历史的必要性"飞跃到"子女教育体制"未免突兀，因而学者们对社会性格的研究大多致力于缩小两者的差距，并描述社会最大"需要"的满足如何半神秘地通过最直接的方法得以实现。弗洛姆简明地指出了一条联系社会与性格塑造之间关系的途径："为了社会能够良好运转，社会成员必须具有某种性格，使其愿意按照社会成员或社会中特定阶层所必须适应的行为方式去行动，他们必须渴望做客观上应该做的事情。外在压力被内心的强制所取代，被人的导向性格的特殊力量所取代。"（Fromm，1944）

可见，性格和社会的联系当然不是唯一的要点，而是本书中特别予以强调的、最有意义的一点，应当从社会促使个体适应的过程中寻找两者的联系。在任何社会中，这种确保适应的方式都可追溯到孩提时代，然后在成长经历中再受到激励或挫败（没有哪个社会有足够的先见之明，确保适应方式在生命的各个阶段使那些适应社会的人得到满足）。我将把"适应方式"一词和"社会性格"一词交替使用，尽管适应一词不能完全表达社会性格，充其量仅包含了其中的部分含义。比如创造力是社会性格的一部分，如果缺乏创造力，即使社会和个人的生活相当乏味，也能过得下去；但如果没有适应方式，即使它以对抗性的方式出现，社会和个体也绝对不可能维持下去。

本书中，我所关注的是自中世纪以来西方社会的两次革命以及这两次革命与西方人的"适应方式"或"社会性格"的关系。第一次革命在过去的 400 年里荡涤了统治人类大部分历史的以家庭或家族为核心的传统生活方式。这次革命包括文艺复兴、宗教改革、反宗教改革、工业革命以及 17 世纪、18 世纪、19 世纪的政治革命等。这次革命当然仍在进行中，但在发达国家，尤其在美国，这次革命正让位于另一种形式的革命——随着由生产时代向消费时代过渡而发生的全社会范围的变革。

我们对于第一次革命已有了相当的了解，在我们的课本和术语中有各种与此相关的介绍，本书无意对之进行新的描述，只想对其做些评价。第二次革命刚开始，就已引起了当代许多观察家——包括社会学家、哲学家及评论家们——的极大兴趣。与此相关的描述和评论仍存在广泛争议。事实上，许多人仍然拘泥于第一次革命，尚未为讨论第二次革命确立多种论点。本书中，我将就深受第二次革命影响的某些社会阶层的环境和性格与第一次革命中类似阶层的环境和性格进行深入比较。从这一角度来看，可以简单地认为，第一次革命推翻传统的封建社会的历程和现在的革命颇为相似。

我所采用的方法之一取自人口学。人口学是一门研究出生率、死亡率、社会人口的绝对和相对数目，以及按年龄、性别和其他变量所构成的社会人口分配情形的学科。我试图探讨自中世纪以来西方社会的特定的人口变动情况与特定的社会和性格演变的关系，并研究两者间的因果关系。

尽管缺乏中世纪人口的可靠数据，我们仍有充分理由相信，这一时期西方国家的人口增长曲线呈特殊的 S 形（越接近西方文明的国家，其人口发展趋势越趋近于 S 形）。S 形曲线底部的水平线表示因出生人口数等于死亡人口数（两者的数值都非常高）而呈现的整个人口增长的缓慢或几乎不增长。在这种类型的社会中，年轻人占总人口的比例较高，平均预期寿命较短，所以世代的转换相当快。这种社会被称为"高增长潜力"（high growth potential）阶段，即一旦因某种因素的出现降低了非常高的死亡率（如粮食增产、卫生保健措施改善、疾病原因的新认知等），必将导致人口快速增长，从而产生"人口爆炸"。西方社会从 17 世纪起便出现了这一现象。人口剧增现象以 19 世纪的欧洲以及欧洲人居住的国家最为典型。这一人口剧增现象可以用 S 形曲线的垂直线来表示。人口统计学家称这一阶段为"过渡增长"（transitional growth）时期，因为出生率随着死亡率的降低而波动，人口增长率也随后降低。人口统计学家开始从中老年人的人口增长率中发现人口增长的第三阶段，即"初期人口减少"（incipient population decline）时期。这一阶段的社会特点可以用 S 形曲线上端的水平线来表示。该阶段同第一阶段一样有总人口增长的减少，但这是因为该阶段的出生率和死亡率都很低的缘故。

S 形曲线并不是某种人口增长理论，而是对西方社会所发生的以及受西方社会影响的地区所发生的人口变化情况的经验性描述。若 S 形曲线继续延伸，将如何？近些年来，美国和其他西方国家的人口发展不像上述结论那样简单、明了。"初期人口减少"并未导致人口本身的减少、出生率再次上升的不稳定状态，大多数人口统计学家认为这一现象只是暂时的。

如果说生育、生活、生存的机会，人类的需求与供给、生活空间、市场规模、儿童的地位、人类对生命力和衰老的感受以及其他无数基本条件的改变不能影响人的性格的话，那简直令人感到吃惊。事实上，我认为，人口曲线的三个不同阶段反映了按照各种方式塑造社会性格和确保适应的社会条件。

人口"高增长潜力"社会中，其典型成员的社会性格表现为：他们的适应性来源于遵循传统的内在倾向。我将他们界定为"传统导向"性格的人，因为他们生活在一个依赖传统导向的社会中。

人口"过渡增长"时期的社会，其典型成员的社会性格表现为：他们的适应性来源于早年生活的内心目标。我将他们界定为"内在导向"性格的人，因为他们生活在一个依赖内在导向的社会中。

最后，在"初期人口减少"社会中，其典型成员的社会性格表现为：他们的适应性来源于对他人期望和喜爱的敏感。我将他们界定为"他人导向"性格的人，因为他们生活在一个依赖他人导向的社会中。

在开始描述这三种性格和社会的"理想类型"之前，请允许我指出，我在此无意于详细分析上述划分。当然，在证实人口阶段和性格类型间的关系前进行详细分析是十分必要的。上述人口曲线理论为我们研究许多制度上的因素提供了速记材料，这些因素通常通过"工业主义"、"市民社会"、"垄断资本主义"、"城市化"或"理性化"等字眼高度表达出来。因此，当我把人口过渡增长期或初期人口减少阶段与性格、适应的演变结合起来研究时，我从未把这些阶段看成详尽而奇妙的解释。

上述我所指出的各种制度因素既与复杂的技术、体制相关，又与人口增长或统计工作本身有关。依我的设想而言，根据社会所达到的经济发展阶段来划分社会是较为可行的。因此，考林·克拉克在经济领域将社会划分为"原始时期"、"第二时期"和"第三时期"（原始时期指农业、畜牧业、渔业和采矿业时期，第二时期指制造业时期，第三时期指贸易、通信和服务业时期），这种划分和人口统计学对社会三个阶段的划分恰好非常相似。在人口高增长潜力的社会发展阶段，"原始时期"占主导地位（如印度）；在人口过渡增长期，"第二时期"占主导地位（如苏联）；在初期人口减少的社会发展阶段，"第三时期"占主导地位（如美国）。当然，没有一个国家会是同一模式的，无论人口特征还是经济特征，不同的群体和不同的地区反映了不同的发展阶段，而社会性格则正是反映着这些差异。

高增长潜力时期：传统导向型

世界上有超过一半的人口表现为高增长潜力时期的行为特征，如印度、埃及、中国（近代人口增长非常迅速）、中部非洲的大部分未开化地区、中南美洲的部分地区。事实上，包括绝大多数未受工业化影响的地区。在这些国家，死亡率是如此之高，以至于如果出生率不是同样高的话，人口将趋于灭绝。

人口增长处于这一阶段的地区，或人烟稀少，如中南美洲的原始部落聚居区；或人口密集，如印度、中国和埃及。无论是哪种情况，这一阶段的社会都不得不以各种方式消灭过剩人口，马尔萨斯的食物有限供应理论为这种"消灭"提供了理论依据。在马尔萨斯看来，这是自然为人类设置的庞大陷阱，为了安然躲避这一陷阱，只有通过精心耕作土地以及晚婚来减缓种族繁衍的速度。若非借助晚婚或其他避孕措施来防止婴儿的出生，限制人口数则必然采取扼杀活人的方式。因此，社会"发明"了人吃人、堕胎、有组织的战争、使人成为牺牲品和弑婴（尤其是女婴）等，借此躲避周期性饥荒和传染病。

虽然饥饿和性冲动的矛盾常常引起人类的动荡和痛苦，高增长潜力阶段的社会却至少能在其成员的社会活动中保持稳定，包括成员导致人口数量减少的"犯罪行为",从而形成某种制度化和模式化。人类一代代繁衍生息,或出生,或死亡,或被他人除去,以此为他人让出生存空间。因而,人口的净增长率会在一定范围内波动,这种波动通常不能长久保持,这在初期人口减少时期亦如此。所不同的是,高增长潜力阶段人均预期寿命有偏低的特征:年轻人口占绝大多数,相对于初期人口减少时期而言,世代繁衍速度加快,成活率大大降低。

在观察高增长潜力阶段的社会时,我们无可避免地将人口-土地比例的稳定性(无论高低)与习俗和社会结构的情形联系在一起。然而,我们绝不能将超越历史时空的社会结构的稳定性与跨越个体生活空间的心理稳定性等同起来,个体可能主观地体验着更强烈的暴行以及无组织性。然而,通过最终的分析,个体将借助适应而非创新来对待生活。带有特例含义的适应行为在"自我明示"的社会情境中大量涌现。当然,在人类生活中并没有什么真正意义的"自我明示","自我明示"之所以出现,是因为文化条件限制了人类的知觉。由于食物供应的不稳定性存在现行文明中,它有助于创造某种常规的适应模式。这种模式在许多高增长潜力社会有所反映,即使不是全部。这就是我所说的传统导向。

传统导向的定义

由于我们上述讨论的社会秩序不会轻易改变,所以个人的适应行为易受到其同龄人、种族和社会等级的影响。个人学会去理解和选择持续了几个世纪之久的传统行为模式,并随着世代的更替而稍稍纠正一下。生活的重要关系受到周密而严格的礼仪的控制,年轻人在社会化过程中,即成为成年人的过程中学习到这一点。此外,除经济任务外,文化,或曰文化的一部分为社会的统治和支配提供了礼仪、惯例和宗教。我们可以说,人类无力去发现解决古老的农业技术或医学问题的新途径,正是这些问题使得人类被文化同化。

然而,我们可能从未意识到,在这些社会中,个体成员的活动虽被服从传统的性格所支配,但在多数情况下,个体未曾受到赞扬,只是从发展个人能力、主动性,甚至是偶尔迸发的远大抱负中获得鼓励。诚然,在某些原始社会里,个体所获得的欣赏和尊敬比现代社会的某些阶层更多。在依赖传统导向的社会里,个体与群体的其他成员之间存在明确的功能性关系。如果他不被杀死，就会成为从属者，而不会像当代无业者那样成为社会累赘，也不会像当代无一技之长者那样被轻视。但是，由于从属于自己的社会，他只能在一个有限的空间内对自己的明确的生活目标进行选择，从而决定自己的命运，正如该群体内的任何进步概念都非常有限一样。

在传统导向占主导地位的社会中，关系的稳定性被始终保持，这是一个非常重要的过程，适应体制化了的角色，与其本来是如此背离。在后来的高级社会里的革新家或叛逆者会感到无所适从和困惑，但他们在传统导向社会里反而成为巫师或传教士，也就是说，他扮演了为社会做贡献的角色，同时也为其他个体或多或少提供了公认的适当地位。中世纪的教会就以类似方式吸收了许多性格变异者。

在这种类型的社会中，特定的个体，尤其是出自上流社会家庭的人，从孩提时代起就受到鼓励去培养某种个性。然而，囿于选择范围之限，即便是上流社会的人也无能为力，个性化性格的社会表象需要对此也无能为力。可以确切地说，这类社会中大多数人的性格结构与社会体制是高度相符的，甚至少数不能适应社会的人也要设法适应一些，只有极个别人才会被放逐社会圈之外。

当然这并不意味着这些人是快乐的，他们所适应的社会传统也许是可悲的，充满焦虑、施虐和疾病。我认为，尽管人类的各项事务从未完全缺失过，但正如分子的运动速度在低温下会减缓一样，社会的变化也会随着个体变化的减缓而减缓，即社会性格看似越来越接近于社会形态模式。

在西方历史上，中世纪可被称作以传统导向为主的时代。传统导向概念表示某种共同的因素，这一共同因素不仅存在于早期资本主义兴起前的欧洲人中，也存在于其他完全不同类型的民族中，如印度人、荷比印第安人、祖鲁人、中国人、北非阿拉伯人和巴利人等。虽然众说纷纭，但尚能在其中发掘诸学派的共同点，如他们同样使用乡土社会（对应于文明社会）、身份社会（对应于契约社会）、共同体（对应于社会）等形式的概念。这些概念所设想的社会固然有所不同，乡土社会、身份社会和共同体相互关系的共同之处在于变化的缓慢，依赖家庭和家族组织以及他们相对于后续社会的较为牢固的价值观。正如当代某些学生所认知的那样，在人口高增长潜力社会，高出生率主要是由于缺少避孕知识或技术。

人们的总体生活方式——对机遇、孩子、妇女地位、性行为以及生存的意义的看法——构成了区分两种社会的基础。一种社会是让人类的繁衍生殖能力顺其发展，另一种社会则通过统计，或像弗洛伊德及其他观察家所设想的那样通过降低人类的性能力来降低人类的生育能力。

人口过渡增长期：内在导向型

除西方社会外，我们对于导致传统导向型社会最终瓦解的微小变化因素了解得很少，正是这些因素造成了人口的高增长潜力。然而，就西方而言，我们对于封建制度的渐渐衰亡，以及后来的由内在导向支配形成的适应行为的兴起了解得却很多。

那些把文艺复兴运动追溯到中世纪的历史批评家们，有时看似否认人类历史上曾发生过任何决定性的变化。总的来说，近几个世纪内，当人类挣脱了西方中古时期传统导向社会的原始束缚之后，确实发生了巨大的社会和性格的变化。一切后来的转变，包括从内在导向向他人导向的转变，比较之下均显得不重要了，尽管这些转变目前仍在继续进行着，我们却无法知道当转变结束时，社会将会怎样。

出生率和死亡率的相对稳定的变化是人口高增长潜力时期的特征，同时也是其他深刻社会变化的原因和结果。我们所知的绝大多数案例表明，死亡率的降低总是发生在出生率降低之前，因此在某些时期会出现人口急速膨胀现象。死亡率降低现象是多种因素互动的结果。多种因素包括卫生设施、交通设施的发展（发展可以让政府开垦更边远的地区，以及将食物顺利地由富庶地区运送到匮乏地区），弑婴、同类相食，以及其他部落暴行的减少、废止等。另外，农业耕种方法的改进可以养活更多的人，同时也使人口大量增加。

弗兰克·诺斯坦的"过渡增长"概念是一种较为温和的说法。"过渡"很可能意味着骤变，破坏以传统导向为主导的适应行为的稳定存在。出生率和死亡率的不平衡给社会习俗增加了压力。因此，需要一种新的性格结构模式来适应社会组织结构的骤变，以及由骤变所产生的新需要。

内在导向的定义

在西方社会史上，以内在导向为主要适应方式的社会类型从文艺复兴和宗教改革时期开始出现，现在已趋于消失。这种类型的社会以人口流动的增加、资本的迅速积累（伴随着技术的创新）以及几乎连续不断的商品生产和人口的增长、探险、殖民地以及帝国主义的扩张为特征。这类社会给予人们更多的选择性、创造性，凭借性格类型去面对、处理新问题，不再受"自我明示"的传统导向的制约。这就是内在导向型。

内在导向概念的含义很宽泛，那么研究该问题的要义即区分新教与天主教国家之间性格类型的差异性，区分宗教改革运动和文艺复兴的不同影响，区分西北欧地区的清教主义伦理观与东南欧地区享乐主义伦理观的差异。尽管这些区分是明确存在的，甚至对某些特定研究还是非常重要的，但人们在研究适应方式的发展时常常忽略这些区分。这一研究可以结合或比较不同社会的发展，因为他们存在共同点：个体导向的直接来源是内在的，这意味着在早期的生活中，个体思想受到长辈的灌输引导，走向一条普遍的却无从逃避的既定人生之路。

当我们了解到，在以传统导向为主要适应方式的社会中，顺应性主要从保证可见的外在行为——语言和举止——中获得，我们就能明白上述观点的含义。当行为被仔细界定后，为迎合仪式和礼节中固定化了的程序，个性就不必得到高度发展，当然社会性格被要求具有行为的注意性和服从性。对比之下，内在导向型的社会则越来越重要，尽管它也关注行为的适应性，但因为有许多不能预先解释的新形势出现，所以它不仅仅只对行为的适应感兴趣。那么，在高增长潜力时期借助稳定的社会组织的疏导已经解决了的个人选择问题，在过渡增长时期则借助高度个性化且稳定的性格来解决。

性格的稳定性非常复杂。任何依赖内在导向的社会看似为其成员提供了一个更广阔的目标选择空间，如金钱、财产、权力、知识、名誉和利益等，由于这些目标在意识形态上是互相关联的，所以个人一旦做出选择，其一生就不会有太大改变。不仅如此，这些目标实现的手段，也不再像传统导向社会那样紧随某一社会参照体系，而是受到新的自愿社团的限制，如互助会、共济会、教友会等，其成员依靠社团建立联系。实际上，如果读者认为传统力量对内在导向的性格无影响的话，那么可能会对"传统导向"这一概念产生误解。反之，他也会深受传统的影响，因为传统限制了他的目标实现和选择手段。传统变迁产生的影响与不断增长的劳动分工和社会等级分化密切相关。即使大多数情况下个体对传统的选择在很大程度上由其家庭决定，个体还是注定要意识到与传统抗衡力量的存在。因而个体为适应不断变化的环境的需要，会表现出高度的适应性，反之，环境则会提出更高的要求。

初级群体促使年轻人社会化，并在年轻人的早年生活中控制了他们，当初级群体的控制力减弱时，一种适合更开放社会的新的心理机制产生了，这种机制就是我所描绘的"心理陀螺仪"。① "心理陀螺仪"一旦被父母或其他权威人士掌握，内在导向型的人就会像我们所预见的一样，沿着既定路线发展，即便他性格中所反映的传统不再制约其行为时依然如此。内在导向的人能在其生活目标需求和外在环境冲突之间保持某种微妙平衡。

"心理陀螺仪"的比喻像其他比喻一样，不能仅从字面上来理解。如果仅仅把内在导向者看成不能从经验中学习或由于外在适应性而对公众意见不敏感的人，那将是错误的。他可以接受并运用来自外界的特定信号，只是这些信号要在他的"心理陀螺仪"允许的范围内活动。他的"陀螺仪"运转并非自动的。

约翰·赫伊津哈在其《中世纪的陨落》（*The Waning of the Middle Ages*）一书中描绘了新的社会形态缓慢形成时所产生的极度痛苦、骚动和价值观的冲突。到了中世纪末期，人们被迫在新的意识形态下生活。随着自我意识和个性的发展，人们不得不以新的方式生存。今天依然如此。

初期人口减少时期：他人导向型

在人口过渡增长期，社会所面临的是发展到一定阶段后，资源极端丰富并足以有效利用而使资本迅速积累的问题。资本迅速积累的开始是随着社会生产的快速增加，生产的增加能够养活增长的人口，满足现有生活方式下的消费需求而发生的。大多数国家——除了资本和技术需从别国引进，且处于人口增长曲线后期阶段的国家——为了迅速积累国家资源，必定要舍弃现行生活水准。我们可以看到，处于人口过渡增长期的苏联即如此。对于西欧国家而言，这一过渡期是漫长而痛苦的。而美国、加拿大和澳大利亚由于曾经受益于欧洲技术和本国资源，比较容易且快速地完成了过渡期。

---

① 加德纳·墨菲在《人格》一书中有相同的说法（See Murphy, G., *Personality: A biosocial approach to origins and structure*. New York: Harper & Row, 1947）。

前面所说的传统导向者几乎不能把自己看作独立的个体。他从未想过个人的生活目标可以塑造自己的命运，或子女的命运可以不必与家庭的命运混为一谈。他在心理上不能充分地把自己、家庭与群体区分开。然而，在过渡增长阶段，内在导向型性格的人对自己的生活有控制意识，而且也能把子女看作独立个体，子女有自己的事业需要开创。同时，由于已经走出了农业时代，童工被废止，孩子们不再被认为是经济资产了。再者，由于科学思考习惯的培养，人类生殖的宗教和神灵观点（在早期人口曲线上，这些观点对文化的再现具有一定的影响）让位于理性的、个性化的态度。其实，正如生产资本的迅速积累要求人们接受"新教伦理思想"（马克斯·韦伯称新教伦理为内在导向的表现之一），同样，出生率的降低也要求价值观有深刻变化，这种变化是如此深刻，以至必然根植于社会结构之中。

当出生率随死亡率降低时，社会开始步入初期人口减少阶段，从事农业生产或原料工业以及制造业的人越来越少，工作时间也缩短了。人们除物质享乐之外，还有了闲暇。但是人们为这些转变付出了代价，像往常一样，旧的问题解决了，新的问题又接踵而至。人们发现自己置身于一个中央集权的官僚社会，世界因种族、国家和文化的冲突而收缩、动荡，且工业化加剧了这种冲突。

在这一新条件下，内在导向型人吃苦耐劳的精神和进取心已经不太必要了。他人而非物质环境，已渐渐成为问题之所在。人们接触越广泛，彼此之间就越敏感。因此，人口高增长潜力时期遗留下来的传统，在工业化的疾风骤雨中支离破碎。"心理陀螺仪"的控制不再弹性伸缩，社会又对另一种新的心理机制提出了需求。

更进一步地说，许多内在导向者的"匮乏心理"在资本迅速积累的人口过渡增长期的社会适应性良好，但目前必须让位于另一种能够享受奢侈、闲暇和富余产品的"富裕心理"。除非人们想利用战争来减毁富余产品——而这么做也需要有雄厚的资本作后盾，否则他们必须学会享乐和从事有更多精神享受而非物质享受的活动，如诗歌、哲学等（Fisher, 1935）。事实上，在初期人口减少时期，非生产性的消费者，不论是逐步增长的老年人口，抑或即将减少的未受训练的年幼者，占据着总人口的大多数。他们既需要有优厚的经济收入以供挥霍，又需要有允许其挥霍的性格结构。

人们是否承认需要另外一种形式的性格类型？根据我个人的观察，我相信美国人已经认识到了这一点。

他人导向的定义

我所描绘的他人导向型性格似乎近年来才出现于美国大城市的中产阶级，在纽约、波士顿、洛杉矶、斯波坎、辛辛那提、奇利科提等地尤为突出。然而，从某些方面来说，这种性格类型的美国人与独立革命前的托克维尔或其他来自欧洲游客眼中的新人非常相似。事实上，游客们关于美国印象的报道与我们的看法是一致的。美国人被视为是肤浅、花钱随意、友善，对自己和自己的价值观不确定，而且比欧洲人更需要他人的认同的人。所有这些特征所构成的印象还是颇为贴切的，与当代一些社会学家关于高度工业化和官僚化社会的美国人的性格的看法相接近，如埃里希·弗洛姆的"市场生意人"，赖特·米尔斯的"经纪人"，阿诺尔德·格林的"中产阶级男孩"。

然而，我的感觉是，当代美国的中产阶级与阿历克西·托克维尔笔下的美国人截然不同，尽管托克维尔笔下的美国人给我们一种当代感，本书的大部分篇幅将专门讨论两者的差异。另外，我还觉得决定他人导向性格的条件，一直在影响着高度工业化国家大城市里越来越多的人。我对他人导向型性格的分析，就是对美国人和当代人的分析。我常常发现，很难或几乎不可能道出某种性格类型始于何时，而另一种性格类型又终于何时，因而我只能暂时倾向于认为他人导向型性格在美国是最合适不过的了，因为美国社会中确有某些独特因素，如美国是欧洲的受益者，且没有任何封建社会的历史背景等。除此之外，我还倾向于把讨论的侧重点摆在资本主义、工业主义和都市化等国际性趋势上，而不仅仅限于讨论美国背景下的任何特殊的性格形成。

考虑到这些条件，把当代美国的大都市当作一个社会来阐述较为合适，或许也是迄今为止唯一的说明方法。在这一社会里，他人导向性格成为占主导地位的适应方式。现在就说他人导向已经成为主导地位的适应模式，未免言之过早。但是，既然他人导向性格在大都市的年轻人、高收入群体身上有所体现，我们不妨假设，除非目前的趋势逆转，否则他人导向的社会指日可待。

如果我们把社会性格的类型投入社会阶层的模子里，我敢说，"老式"

中产阶级银行家、商人、小企业家、技术工程师等的典型性格是内在导向型；而"新式"中产阶级，包括官僚、商界有薪职员等的典型性格是他人导向型。众所周知，许多经济因素与近年"新"中产阶级的增多相关。詹姆斯·伯恩哈姆、考林·克拉克、彼得·德鲁克及其他人都曾探讨过这一问题。在生产和原料生产领域中，如农业、重工业、重型运输业，从业人员的数量与比例均在下降，而白领和服务业从业人员的比例却在不断上升。识字的、受过教育的人，以及靠从事繁重的机械工业和农业生产获得生活必需品的人，正逐渐转向第三产业。服务业兴旺起来，不再被特权阶层专享。

教育、闲暇、服务业伴随着新的大众传播媒介所传播的消费字眼和消费形象的增长而共同发展。尽管人口过渡增长期的社会最初从都市中心传播新的词汇，这些新词汇很快就会在初期人口减少阶段流行起来。这一传播过程，一方面受国家和阶级的深刻差异的影响，另一方面与文化和宣传的差异性密切相关。在工业化社会，这种现象随处可见。逐渐地，个人与外界、与自身的关系都要以大众传播的流通为媒介。他人导向性格的人认为，政治事件可以通过荧屏语言成为经验，荧屏语言往往使政治事件孤立化、个人化或虚拟个人化，而对仍然停留在内在导向阶段的人而言，倾向于会将词汇的流传系统化、道德化。

大部分人认为，不论是为了事业的成功或为婚姻与个人的适应，上述发展过程都必然导致成功途径的改变，并要求有更多的"社会化"。与这种变化相关的是家庭与子女教育方式的改变。都市的小家庭里传统的纪律约束开始松懈下来，"宽容"对待孩子的方式逐步推广到社会的广泛阶层。在这些新的约束方式的影响下，同侪群体（同年龄、同阶层人组成的群体）对孩子们的重要性日益显著，父母们则教导孩子们，一个人如果在人际关系方面失败或不能协调好与他人的关系，比违背内在的道德标准更有害。更为甚者，由于大众传播媒介，如电影、广播、漫画和流行文化等的存在，学校和同侪群体的压力被不断强化和推动（其内在矛盾将在后文讨论）。我们称这种情形下产生的性格类型为他人导向型。对于该性格的讨论后文将有专章论述。所有他人导向性格的人的共同点是，他们均把同龄人视为个人导向的来源，这些同龄人无论是自己直接认识的还是通过朋友和大众传媒间接认识的。当然这种来源也是"内化"了的，它依赖于早年生活烙下的痕迹。他人导向性格的人所追求的目标随着导向的不同而改变，只有追求过程本身和密切关注他人举止的过程终其一生不变。这种与他人保持联络的方式易促成其行为的适应性，这种适应不像传统导向那样通过行为本身的训练进行，而是通过对他人的行动和愿望保持某种特殊的敏感性来进行。

当然，非常关键的是这些"他人"是谁？他们到底是个体直接生活圈内的人还是更高阶层的人？更或者是大众传媒的无名氏的不满？究竟他们害怕的是偶然结识的人的敌意，还是那些有头有脸的人的不满？他之所以需要他人（当代人而非古人）的赞同与指导，绝不只是因为在乎别人对自己的看法。虽然所有人时时都需要并且希望讨他人的喜欢，但只有当代他人导向者把这一点当作导向之主源，当作感性范畴之主源。

也许这种博取他人赞同的心理需求，使得美国大都市里他人导向型的上中产阶级不同于以往历史上的大都会城市或其他阶层中的同类型者，如18~19世纪的欧洲、古雅典、亚历山大或罗马时期。在所有这些群体中，时尚不仅取代了道德和习俗的统治地位，而且其自身也在不断改变。之所以如此，是因为大众传媒尚处于萌芽时期，美国上中产阶级群体的人数还较少，社会精英阶层仍具有相当的反响能力。例如，18世纪后期，英国《观察家》杂志的读者覆盖面远比今天《纽约人》杂志的要大。在18~19世纪的英国、法国、俄国的小说中，我们可以发现，作者描述了某一类型的人，他们尽管在官场上声名显赫，但也不得不为迅速变化的时尚做好准备。托尔斯泰的小说《安娜·卡列尼娜》中的史蒂潘就是一个非常受人欢迎却际遇不佳的人，特别有趣的是托尔斯泰把史蒂潘与列文，一个有道德、内在导向的人加以对照。在晚宴上，史蒂潘充分展现了他的社交手腕，在下面的引文里，他所表现的政治手腕也是颇有社交性的：

> 史蒂潘拿了一份自由主义派的报纸读了起来，这份报纸并不是极端自由主义派的，它只是拥护大多数人的看法。尽管史蒂潘对于科学、艺术和政治没有什么兴趣，但是，他对报纸所载的大多数人的看法一味赞同。只有当大多数人的看法改变时，他才随之改变。说得更确切一点，他并未改变自己的看法，而是他人在他身上潜移默化地使他改变了。
>
> 史蒂潘的政治观点或看法并非自己选定的，这些政治意见或看法自行潜入他身上，正如他的大衣或帽子的样式并不是他自己选定的，只是他随意采用了大多数人穿戴的样式而已。所以，他认为，生活在社会

中，由于能自由选择，人更需要某种精神上的活动和自己的看法，就像自己需要一顶帽子一样。如果有什么理由让他偏爱自由派的观点，而非保守派的观点的话（史蒂潘的生活圈里还有不少人是保守派的），并不是因为他认为自由派的观点更富有理性，而是因为其生活方式与自己更为接近……自由主义成为史蒂潘的一种习惯，他喜欢他的报纸，正如他喜欢饭后来支雪茄一样，吐出来的烟像一层轻淡的迷雾弥漫在他的脑海里。

尽管史蒂潘良好的合群性格使他看上去更像当代美国的中产阶级分子，但他并非完全的他人导向型。这种合群性格如果脱离了把他人视为个体的敏感性和把他人当作导向的源泉，就不算是他人导向型。正因如此，我们必须区分19世纪的美国人和当代他人导向型的美国人。前者像托克维尔、布鲁斯或其他人所描述的那样，具有合群、迎合大众舆论的特性；后者在性格上，无论工作还是娱乐活动，都更有兴趣和更有能力与他人沟通。由于两者的区别易被混淆，所以我特别强调这一点。尽管内在导向的人常常寻求而且有时会获得与大众舆论和邻居对自己看法的相对独立性，但大体而言，他们仍然重视自己的良好声誉，至少美国人不甘落后。这些适应行为最初表现为外向的，在服饰、窗帘款式以及银行存款等细节上尤为明显。事实上，适应行为是一种标准，由个人环境中"最优秀的人"提供模范。相比之下，他人导向型的人虽然眼里盯着大众、紧随大众，但却在外在细节的表现上未能和内心体验保持一致。即他与大众保持一致的高度敏感性在更高水平上超过了其外在表象。任何独立的或依赖上帝的念头，都无法阻止他求助他人来指导自己追求和解释人生经验，当然这个他人一定是指好人和最优秀的人。

三种类型的比较

若要了解三种性格类型在结构上的差异，方法之一就是研究每一种性格类型的情感认可或控制的不同。

传统导向的人把文化的影响力看成一个整体，但这种影响力必须通过他日常所接触的少数个人表现出来。这些少数个人并不指望他成为具有某种典型性格的人，而是希望他的行为方式被大家所认同。结果，认可他的行为的力量是"羞耻感"。

内在导向的人很早就由其父母或类似父母的具有权威性的人为其确立了某种"心理陀螺仪"，并接受权威人物的信号。因而他们在生活中看上去缺少独立性，适应内心的"导航"。一旦为了顾及内心的冲动或迎合当代人百家争鸣式的观点，他就可能脱出常轨，产生"罪恶感"。

内在导向者生活的方向是在家庭私人生活领域中从少数家庭成员身上学到的，且其行为原则，而非行为的细节，是内化了的，所以能保持较强的稳定性。特别是当他的伙伴们也有着同样运转速度、同样方向的"心理陀螺仪"时，这种情形就尤为显著。但是仍有许多内在导向的人，即便得不到社会的认同，也能保持其稳定性，如在热带地区的、与世隔绝的英国人仍能照常生活。

与内在导向的人相比，他人导向的人能从比父母所创立的更广泛的社交圈中汲取信息。家庭已不再是其从属的紧密单位，而是其早年关注的更广泛社会环境的一部分。从这些方面来看，他人导向者与传统导向者颇为相似：两者都生活在群体当中，缺少内在导向者那种独闯天下的能力。然而，这两种典型群体的环境特征截然不同：他人导向者对外在环境一视同仁，在他看来，熟悉事物和陌生事物之间的界限已被打破，而这种界限在传统导向社会中十分明显。由于熟悉的事物不断地融合并重组了新奇的事物，新奇的事物很快也会成为熟悉的事物。另外，内在导向者通过对他人反应的不敏感，而获得"身在外，心在内"的感觉；而他人导向者既随遇而安，又处处不自在，他似乎对每个人都一见如故，但又仅限于表面的敷衍应付而已。

传统导向者从他人身上获得信息，而这些信息具有文化上的单调性，传统导向者不需要复杂的接收装置，便可将其识别出来。他人导向者则必须能够无论远近都能接收信息，信息的渠道来源众多，变化迅速。可以内化的东西，不是一种行为密码，而是需要收集信息，且偶尔参与信息传播的复杂装置。由于有这些装置，他人导向者可以对抗罪恶与羞耻感的控制，他们主要的心理约束是一种无处不在的焦虑。这种控制装置不像陀螺仪，倒像雷达。①

① 雷达的比喻引自卡尔·韦特弗格尔。

参考文献

Erikson, E., 1943, *Observation on the Yurok: Childhood and World Image*, University of
  California Publications in American Archaeology and Ethnology, No. 35, pp. 257-302.

Fisher, A. G. B., 1935, *The Clash of Progress and Security*, London: Macmillan.

Fromm, E., 1944, Individual and Social Origins of Neurosis, *American Sociological Review*,
  Vol. IX, No. 4.

集群行为的价值累加理论[*]

尼尔·斯梅尔塞[**]

我们将集群行为（collective behavior）界定为在重新规定社会行为的信念基础上产生的社会动员。布鲁默将社会运动定义为"（一个）集群（群体）为建立一种新生活秩序"的活动，其中就包含了这样一种重新规定。不过，我们的概念也涉及例如恐慌和敌意爆发这类集群行为的初级形式。这样一种定义需要澄清"重新规定"和"社会行为"等这类术语……

集群行为必须用两个更加明确的特征限定。正如定义所指，集群行为是由不同的信念（环境评价、希望以及期待等）指导的。不过，这类信念不同于揭示其他各种社会行为的信念。它涉及存在诸如威胁、阴谋等超凡力量的信念，认为这些力量在普遍地起着作用。其中也涉及对超凡结果的评价，认为如果集群的力量能够重建社会行为，那么这种结果也就会随之而来。集群行为赖以产生的信念（我们称之为泛化信念）是非常不可思议的……

集群行为的第三个明确特征和布鲁默对集群行为和由文化规定的行为做的对比非常相似。正如同我们研究的那样，集群行为不是确定的行为。集群

---

[*]　Translated from Smelser, Neil J. , *Theory of Collective Behavior*, New York：The Free Press, 1962, p. 8, pp. 129-130, pp. 168-169 and pp. 220-221. （本文为方彤、周怡译，周晓虹校）

[**]　尼尔·斯梅尔塞（Neil J. Smelser, 1930~2017），生于美国密苏里州卡霍卡，卒于加州伯克利。1952年获罗德奖学金赴牛津大学学习，1958年在帕森斯指导下获哈佛大学哲学博士学位。后在旧金山精神分析研究所学习，并加入加州大学伯克利分校，1972年晋升社会学教授，1994年担任名誉教授。曾两度担任加州大学伯克利分校国际关系研究所副所长（1969~1973, 1980~1981）；1994~2001年任斯坦福大学行为科学高级研究中心主任。主要著作有：《经济与社会》（与帕森斯合著，1956）、《集体行为理论》（1962）、《社会学理论：当代观点》（1971）、《不断变化的学术市场》（与罗宾·孔唐合著，1980）等。

行为的制度化程度越高，越会失去其明显的特征。这是一种"为了应付不确定的环境而扭曲或形成"的行为（Blumer, 1951：190）。

泛化信念的产生

我们可以简要概括一下对泛化信念进行复杂分析的基本要旨。一般来说，本章分析的所有信念相互之间在性质上都会有相似之处。它们都普遍具有重新组合社会行为的企图，而它们的主要区别则导源于每种企图要重建的特定成分不同。癔症（歇斯底里）和愿望满足的信念以不同的方式侧重于手段；敌意性信念侧重于动员；规范取向的信念侧重于规范；而价值取向的信念则侧重于价值。

如下所示，这一系列信念组成了复杂程度逐渐增加、范围也逐渐扩大的层级：

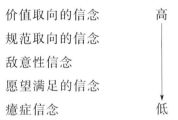

这一层级结构源于行动的诸成分之间的普遍关系，也表明了其中任何一种信念要重建的成分。在这一层级结构中，任何一个信念都包含了在该结构中处于其之下的那些信念的全部成分，这一新添的成分为该信念赋予了明显的特征。这样我们就可以确定，一个规范取向的运动主要原因是规范，但它也包括了敌意、愿望满足及癔症等，并将其作为自己的成分。而敌意性信念虽然包含了其下的那些信念，但却不涉及其上的规范价值的重建。这就是几种泛化信念之间的关系。

我们已经剖析本章的目的，即运用理论术语去分析对应各种集群行为的那些信念的结构。这里存在的主要问题是：①紧张的条件下，为什么会产生这种而不是另一种信念？②每种信念一经产生，它们是怎样进入集群行为的确定程序的？

恐　慌

我们已经将恐慌的各种条件编入了价值累加的图式之中。我们将最不确定的条件放在首位，然后按逐渐确定的程度排列这些条件。第一个条件是结构性助长，这指的是危险的程度，危险的传播以及最终能够找到的限制性出口。在由助长所确定的限度内，紧接着的一个必要条件是结构性张力，或曰存在某种人们尚不知道而又无法控制的危险。再下一个条件是焦虑的增长，它将由于某个重要事件（突发因素）的出现而转变为歇斯底里性的癔症。这会将威胁确定在某种特殊的破坏性动因上，由此，这种癔症型的发作会失去确定的方向。最后，在这种癔症信念的基础上，行动被动员起来，随后，通常在一个最早的领导人物（"爆发模型"）的影响之下，产生了集群行为的爆发。

强调这一系列条件的顺序是十分重要的，从不确定到确定，并不是一种暂时的顺序，而是一种内在的逻辑。一个单独的事件（如互相接近的人群）可能在建立助长条件（如关于逃路已被关闭的信念）、制造张力（如互相接近的人群中未知的压力），以作为集群行为爆发基础的歇斯底里信念的突发形成中，具有重要的意义。在这个例子中，我们将一系列在分析中可以区别开来的必要条件暂时并入一个单独的事件之中。除非这一事件被人们在结构性助长和张力的环境中加以解释，否则就不会出现恐慌。如果互相接近的人群意识到了危险但又完全断了逃脱的出路，可能会出现其他各种反应——如听天由命、冷漠、渴望、逃脱等，但却不会出现恐慌。如果互相接近的人群认为情境既不危险又没有断掉逃脱之路，那么该事件就会突然出现好奇心或轻松感，也不会出现恐慌。

除了产生恐慌的那些决定因素的分析性顺序，我们还探讨了怎样才能阻止、影响或控制恐慌。在探讨过程中，我们建立了一个由一系列平衡状态构成的恐慌模式。在价值累加过程的任何一个阶段上，都有可能评估那些触发恐慌的力量和那些利于控制恐慌的力量的运作状况。在这些力量达到平衡时，更有可能去估计该过程究竟会促进恐慌反应的进一步发展，还是会使之半途中止、采取另一种方式或会使之返回那些必要条件存在前的状态。如此说来，应该有可能去概括产生任何既定恐慌的那些事件和状态，正是这些时间和状态根据各种普遍的助长、张力、信念、突发因素、动员以及控制情况，导致了集群行为的爆发。

狂 热

我们应该根据价值累加过程中的不同阶段，来分析对比恐慌和暴涨（boom）之间的异同点。

结构性助长。对于恐慌和暴涨来说，许多助长性条件是相同的——它们都具有随意调配、重新调配以及取消资源的能力。我们已经借机动性、流动性、随意性等概念讨论了这些条件。

张力。暴涨和恐慌均源于目前的便利分配的不确定性，而且此时对如何更好地重新分配这些便利也是不确定的。在恐慌中，威胁性情境是从无力控制威胁且断了出路来界定的；因此，该问题是从退缩方面来考虑的。但在暴涨中，情境则是从如何凭借提供的便利条件来最好地克服威胁方面加以界定的；因此，适应含糊情境的问题是从资源的重新调配上进行思考的。

信念。恐慌有赖于否定性判断（癔症），暴涨则有赖于肯定性判断（愿望满足）。愿望满足的信念中含有焦虑的成分，而癔症信念则不包含愿望满足这种肯定性的愿望满足成分。

突发因素。在上述两种情况下，突发因素都起着同样的作用。突发因素突出了某一前提条件——比如，它"证实"了某种威胁的存在，或提供了有可能获得大量酬赏的"证据"。它正是以此方式将一般的焦虑或希望转换成特定的歇斯底里或希望信念。

动员。恐慌和暴涨都包括一个以初始条件的积累为基础的现实阶段，以及最初的爆发或尝试达到顶点的衍生阶段。恐慌和狂热之间的经验性差异在于领导人物；在恐慌中，"爆发原型"仅仅倾向于打破一种恐惧平衡而使群体一溃而散；在狂热中（尤其是那种经时长久的狂热），领导者则实际参与动员甚或直接操纵人们轻率地扑向酬赏之物。

社会控制。从理论上说，各种适用于恐慌的控制形式也同样适用于暴涨。但从实际经验上讲，又存在某些差别。除冒险性的暴涨以外，"内在的"控制因素往往会使狂热不发展到无法控制的地步。在恐慌中，情境被完全打乱了，以致控制（如果还有效的话）必须立即实施。这或许能够解释领导在恐慌控制中的突出作用。

敌意的爆发

我们尚未打算……去说明任何单独的骚乱或有关的爆发的发展情况。不过，我们已企图找出发生单独的爆发事件时必然存在的那些一般的决定性因素。我们已经将这些条件按不断增加的确定性组成了一个系列——从结构性助长、张力、泛化信念、突发因素到动员。这些条件中的每一个都影响到作为敌意爆发的决定因素之一的另一个条件。所有这些决定因素构成了这样一种爆发的充足条件。

在任何特定的敌意性爆发中，包含各种决定因素的事件和情境的积累可能处于任何临时的秩序之中。但是，由于这些事件和情境具有作为决定因素的重要性，它们的出现必须有某些背景条件——从逻辑上说就是要具有必要的前提条件。例如，在一个黑人和一个白人之间发生的一个很小的种族争执，可能演化成一场种族冲突。但是，除非这一争执发生在某种结构性助长的氛围（如，一种人们将争执视为某种难以忍受的事态象征的环境）中，否则，这场争执就会瞬息而过，不会演化成一场种族冲突的决定因素。

除对敌意性爆发的促进因素的解释外，我们还必须评估若干阻抑因素的影响。情境如何才能对敌意性爆发产生较少的结构性助长？张力等条件如何才能得到缓和？敌意性信念如何才能被消除？愤恨如何才能通过相互间的沟通来消除？当局如何阻止某些故意性的行动？所有这些因素（促进因素和阻抑因素）交织在一起，产生了一种对抗力量间的平衡模型。某些力量推动着敌意的爆发，而另一些力量则抵制着这些力量的影响。在任何时候，依赖这些力量间的相互关系，都可能估计某种潜在爆发的未来发展：不论其将消失，还是分化成其他类型的行为；也不论其将继续发展，抑或直接导致一场敌意性冲突。

参考文献

Blumer, H., 1951, Collective Behavior, In A. M. Lee（ed.）, *The Principles of Sociology*, New York：Barnes and Noble.

青春期、性别角色与文化[*]

玛格丽特·米德[**]

青春期危机是一种文化现象

近百年来，父母和教师已不再将孩子们的儿童期和青春期视为理所当然的了。他们已经试着努力使教育适合孩子们的需要，不再硬性规定孩子们去接受刻板的教育模式。这一新的趋势导源于两个方面的压力，一方面源于心理科学的发展，另一方面则源于青年在成长过程中所遭遇的困难和不良顺应。心理学认为，通过了解孩子们的成长方式、他们所经历的基本阶段，以及成人世界对两个月的婴儿或两岁的孩子所可能寄予的一般期望，我们能够获得青春期的大部分知识。而那些大声呵斥的教会人士、喟然长叹的保守的社会哲学家们，以及各种青少年机构和社会团体，都竭力呼吁：必须采取某些措施以应付这一科学上谓之为"青春期"的特殊阶段。年轻的一代完全偏离了以往的标准和理想，摆脱了有关家庭标准或群体的宗教价值观的约

  * 选自玛格丽特·米德《萨摩亚人的成年》，浙江人民出版社，1988，第 1~10 页、第 154~164 页（英文初版于 1928 年）；玛格丽特·米德《三个原始部落的性别与气质》，浙江人民出版社，1988，第 265~267 页、第 290~294 页（英文初版于 1935 年）（周晓虹、宋践等译）。

  ** 玛格丽特·米德（Margaret Mead，1901~1978），生于美国费城的一个中产阶级家庭，父亲为商学院教授，母亲为社会学博士。1920 年，从印第安纳州的德·巴乌大学转入巴纳德学院攻读英文专业，1923 年获英语和哲学双学士学位，并进入哥伦比亚大学攻读心理学硕士学位。1924 年，米德因结识了人类学一代宗师弗朗兹·博厄斯及其弟子露丝·本尼迪克特而转入人类学。1925 年，前往南太平洋上的小岛萨摩亚从事田野研究，1928 年出版成名作《萨摩亚人的成年》。1964~1969 年担任美国自然史博物馆馆长，1959~1960 年担任美国人类学会主席。卒于纽约，死后获授总统自由勋章。另著有《三个原始部落的性别与气质》（1935）、《枕戈待旦：一个人类学家眼中的美国人》（1942）、《文化与承诺——一项有关代沟问题的研究》（1970）等。

束，此情此景使小心翼翼的反对派们惊恐万状，激进的鼓动家们则趁势在孤立无助的年轻人中摇唇鼓舌，而我们中间的那些最缺乏思想的人却因此困惑不安。

美国文明，因为它是由许多民族的移民创造的，包含了各种相互对立的行为准则，有着数百个宗教派别，经济状况动荡不定，所以，美国青年骚动不安的状况比生活于古老、平和的欧洲文明中的青年更为明显。美国的现状向心理学家、教育学家、社会哲学家提出了严峻的挑战，要求他们对成长中的年轻一代的困窘能够做出令人满意的解释。今天，第二次世界大战后的德国，年轻一代在成长中所遭遇的顺应不良比美国更为严重，大批有关青春期的理论书籍如潮水般地充斥着各家书店；与此相应，美国的心理学家也处心积虑试图对年轻一代的焦灼不安做出解释。这种努力的结果是写出了诸如斯坦利·霍尔的《青春期》一类的著作。霍尔将年轻人的冲突和危机归咎于他们所经过的这一特殊阶段。他将青春期描述为理想主义萌生、对权威的反叛与日俱增的时期，在这一时期年轻人所遭遇的困难和内心的冲突是根本无法避免的。

一位认真细致的儿童心理学家只相信能够证明他的结论的实验，而对上述理论不屑一顾。他说："我们缺乏资料。对儿童一生中的头几个月所知甚少。我们仅仅勉强获知孩子生下来多久眼睛才能够追逐光线。而对于一个已经发展了的人格（我们对此一无所知）会对宗教信仰做出怎样反应一类的问题，我们怎么能够做出肯定的回答呢？"但是，在科学方面这种消极的谨慎从未得以盛行。如果实证科学家不能够做出明朗的答复，社会哲学家、传道士和教师就会努力做出自己简洁的回答。他们观察我们社会中青年的行为，记录下那些随处可见的、明显的骚动不宁的症状，并将这些症状宣布为该阶段的特征。人们警告母亲们，她们的"正处豆蔻年华的女儿"将遇见特殊的难题。理论家们说，这是一个令人困惑的时期。在男孩子和姑娘们身上发生的生理变化将伴随着特定的心理反应。其他事情你无法回避，这也同样无法回避。因为你女儿的身体从亭亭玉立的少女变为成熟的妇女，她的精神也不可避免地会出现暴风骤雨般的变化。这些理论家们一再打量着我们文明中的青少年，以世所罕见的自信重复道："是的，暴风骤雨般的。"

这种观点尽管为严谨的实证科学家们所不屑，但却到处流行，影响着我们的教育方针，使父母们手足无措。正如孩子刚长第一颗牙时，做父母的必须强打精神密切注意婴儿的啼哭。现在她必须先稳住自己，以自己可能并不喜欢的沉着和耐心去对付这"尴尬的年代"在孩子身上出现的骚动现象。如果孩子们没有什么可责备的地方，那么除了让当教师的人尽量忍耐别无他策。理论家们继续观察着美国青少年的行为，每年都会为其假设提供新的佐证，而学校和青少年机构的记录中也生动地记载、描述了年轻人所遇到的困窘。

但是，与此同时，人们正开辟另一条研究人的发展道路，这就是人类学家的方法，人类学家研究在最为广阔的社会环境中生活的人类。人类学家根据原始人类的习惯研究他们继续发展着的体质，并因此而逐渐认识到每一个人出生、成长的社会环境在其个人生活中都发挥着巨大的作用。以往我们习惯上认为属于我们人性中固定成分的行为的诸多层面，现在一个接一个地被发现只是人类文明的一种可能的结果。一个国家居民所有的行为，另一个国家的居民可能并不具有，而这是和种族的差异无关的。人类学家了解到，即使像爱慕、恐惧和愤怒这类人的基本情绪，也不能归咎于种族遗传或所谓共同的人性，它们在不同的社会条件下具有不同的表现形式。

人类学家就是这样从对其他文明中的成人行为的观察出发，获得了许多和行为主义者对幼儿行为的描述相似的结论。对于这些幼儿来说，他们的具有充分可塑性的人性尚未受到人类文明的塑造。

怀着对人类本性的关切这样一种态度，人类学家密切关注着有关青春期问题的最新见解。他得知，诸如对权威的反叛、哲学上的困惑、理想主义的萌生，以及内心的冲突和斗争等，在他看来都有赖于社会环境的各种态度，被人们归咎为生理发展的某一阶段的产物。凭着对文化决定论的了解，对人类可塑性的洞悉，他们不能不对上述观点表示怀疑。这些困窘究竟普遍见于整个人类的青少年，还是仅见于美国的青少年？

正是这样，为了调查这一特殊的问题，我没有去德国或俄国，而是选择了萨摩亚岛，一个离赤道大约13个纬度、棕色皮肤的玻利尼西亚人栖居其上的南太平洋岛屿。因为我是一名女性，有望能和姑娘们而不是小伙子们结成亲密的关系。又因为女人类学家屈指可数，使我们对原始人的姑娘们的了解远不如对小伙子们的了解多，所以我将研究的重点放到了萨摩亚岛的年轻姑娘身上。

在本书的其后各章中，我将描述这些处在青春期的姑娘和她们不久也将跨入青春期的妹妹、弟弟（那里存在严格的禁忌，禁止她们与自己的兄弟说话），以及她们已经度过青春期的姐姐以及她们的双亲的生活。她们的父亲和母亲对待生活的态度决定了她们的态度。通过这些描述，我试图回答那促成了我的萨摩亚之行的问题，即，使我们的青少年骚动不宁的青春期危机究竟归咎于青春期的特性，还是归咎于我们西方的文明？在不同的条件下，青春期的到来是否会呈现完全不同的景象？

我们已经用了许多章节来描述萨摩亚姑娘的生活，如描述她们如何从呱呱坠地的婴儿长成照看婴儿的孩童，从逐渐学会生火做饭，编织漂亮的草席，到告别友伴间的嬉戏生活，成为户中能干得力的成员，并尽可能地推迟婚姻，在青春期内尽情地谈情说爱，但从不过于认真，只不过是逢场作戏而已。最后，结婚生子、抚养小孩，而她们的孩子也会重演上一代人的生活经历。就目前所允许的材料，我们做了这个实验，发现了在一个与我们的文明迥然不同的社会中，人们的发展过程究竟是什么情形。由于每个人的生命都很有限，加之我们的社会错综复杂，我们不能在自己的社会中进行实验，不能在这里选择一群小姑娘，把她们置于实验条件中，看她如何长大成人。因此，我们不得不借助于历史为我们创造的处在这样一个阶段的民族，在那里进行我们的研究。我们发现，那里的姑娘们同我们的姑娘经历了同样的身体发育过程：乳牙破肉而出，尔后又一一脱落，第二批牙齿又重新长出；她们长得又高又大，她们月经初临，步入豆蔻之年，身体渐渐丰盈；不久，她们已发育成熟，能够生儿育女了。可以这样说，这里有着实验所需要的合适条件。无论在美国还是在萨摩亚，正在成长发育的少女是该实验的固定因素。然而，美国文明毕竟与萨摩亚文明大相径庭。在生理发育过程中，孩提时代的小姑娘会长成体态丰满的亭亭少女；在青春期，身体变化来得是那么突然，又是那么明显。此时生理变化伴随着显著的心理变化。少女们思绪恍惚、感情冲动，时而掺杂着被唤醒的宗教意识，时而又放射出理想主义的光芒，时而表现出反对权威、表现自我的强烈愿望——或者与此相反。难道青春期之于日臻发育成熟的少女，犹如乳牙破肉之于儿童，是一段无可回避的精神及感情的苦难时期？难道我们能够认定，如同生理发育变化一样，青春期是每个姑娘生命历程中一段不可避免而且必然意味着冲突和压力的时期？

我们一直在试图通过描述萨摩亚姑娘生活的每一个侧面来回答这一问

题。我们发现，在其生命全程中，我们必须对这一问题予以否定的回答。已达青春期的萨摩亚姑娘同她们尚未成年的妹妹们的主要区别，仅限于在姐姐身上已经表现出的某种生理变化尚未在妹妹身上出现而已。但除此之外，在那些正经历青春期的姑娘们与那些还要过两年才达到青春期的少女们或那些两年前就达到青春期的女性之间，并不存在其他巨大的差异。

如果一个已过青春期的姑娘长得又矮又小，而她的堂（表）妹却又高又大，能比她干更重的活，那么，她们之间由于生理发育不同，无疑会出现某种区别，但这种区别远非青春期所致。那位高大结实的姑娘将和同龄的伙伴分手，被迫从事时间更长也更像成人才做的工作，衣衫不适亦使她羞赧不堪，而她那发育缓慢的堂（表）姐却仍被人作为孩子看待，基本上仍然从事孩提时代的工作，只不过多一些而已。那些建议在对青春期姑娘进行教育时采用特别策略的教育家们所惯用的方法，如果用萨摩亚语言来表达，就会成为：身材高大的姑娘与其同龄的身材矮小的姑娘是不同的，因此我们的教育方式必须以身材而定，即"因体制宜"。

在回答了我们所力求得到解答的问题之后，我们对这一问题仍未尽其究竟，另一个问题又骤然而生。如果我们能够证明青春期并不必然是姑娘们生活中的一段特别困难的时期——或者我们能够证明在某个社会中青春期的确是一段特别困难的时期——那么，在美国青年身上所表现的那种时而暴风骤雨式的骚动，时而神情抑郁的痛楚，又怎样解释呢？首先，我们只能简单地说，在这两个文明中，有某些因素可以解释这种区别。如果在两种不同的环境中，相同的进程表现出了不同的方式，那么，我们绝不能用这种进程本身进行任何解释，因为那种进程在两种情境中都是相同的。但是，由于社会环境迥然不同，因而我们就得从那种社会环境本身寻找答案。那么，能够对这种区别进行解释的、那种存在于萨摩亚但不存在于美国，或存在于美国但不存在于萨摩亚的因素究竟是什么？

这一问题具有重大的启发意义，任何对此进行解释的企图都可能得出许多错误的结论。但是如果我们缩小问题的范围，只考虑那些对青春期姑娘的生活产生不可替补的影响的萨摩亚人生活的种种侧面与对我们文明中正在发育的姑娘产生影响的各种因素有什么区别，那么，还是可能对这一问题做出解答的。

这种区别产生于一种极为广阔的背景之中，其间包括两个重要的组成部分：一是萨摩亚人固有的特性，二是原始人类所固有的特性。

萨摩亚的文化背景之所以能够使生长发育成为十分容易、十分简单的事情，究其原委，主要是因为在整个萨摩亚社会所充溢着的那种普遍的随和性。在萨摩亚这块土地上，没有人孤注一掷，没有人蒙受信仰的磨难，也没有人为了某种特别的目的而殊死拼搏。父母与子女之间若有不睦，只要子女离家出走便可万事大吉；一个人若与自己的村落产生隔阂，只要迁居他村便一了百了；一位丈夫与勾引妻子的情敌之间的仇隙，只需几张精制的草席便得以弥合。无论是贫困潦倒，还是天灾人祸，都不能对人们构成威胁，使之珍惜生命或为了苟且求生而时刻胆战心惊；也不存在任何易怒好罚、毫不宽恕的上帝来打搅他们平静的日日夜夜。战争与相互蚕食早已成为遥远的过去；现在，除死亡以外，最为催人泪下的悲戚，莫过于一位亲戚远足于他岛。任何人的生活步履都不会被别人所催促不停，也没有人因身心发展缓慢而受到严厉的责罚。相反，那些富有天资、早熟早慧的人却每每受到扼止，以期他们当中最为迟钝缓慢的人能够赶上他们。在人际关系中，互相关照实属微乎其微。爱恋与憎恨、嫉妒与报复、悲痛与丧亲，都不过是数日即过之事。婴儿初降人世后没几个月，就被从一个女人手中漫不经心地递到另一个女人手中。这样，人们出生不久就学会了既不对任何人过于关切，也不对任何人寄予过高的希望。

正如我们觉得西方社会往往对那些出生在西方文明世界却乐于冥想而憎于行动的不幸儿动辄惩罚一样，我们也可以说，萨摩亚社会对于学会了不对别人过于关切的人非常友善，而对那些未能学会这一点的人却苛刻严厉。罗拉、玛拉和斯娃（罗拉的妹妹）都比她们的同胞们具有更大的感情需求，罗拉和玛拉热切地追求感情的满足，在她们未能如愿以偿、深感失望惆怅之际，便向他人猛烈地发泄怨恨，因此成为社会中的越轨者，成为不被公众所容忍的人。这种情况之所以会出现，主要是因为这个社会只把所有的奖赏赐予那些不计较失败而且能在蒙受失败后依然面带微笑另找目标的人。

由于萨摩亚人能够以一种随和的态度对待人生，以及他们对任何冲突、任何过于强烈的情境都能顺利地回避，这就使萨摩亚文明不仅与美国文明，而且与绝大多数原始文明形成了鲜明的对照。不管我们对这种态度如何惋惜，也不管我们对在这样一个简拙的社会中不会产生杰出的领袖以及伟大的艺术家这一事实会发出怎样的哀叹，但是，我们必须承认，这一因素在女子从童年到长大成人的毫无痛苦的过程中却起了举足轻重的作用。在一个没有强烈感情撞击的地方,青春期的姑娘是不会受到任何过于强烈的心理折磨的。这里不存在任何灾难性的选择:既不像中世纪的欧洲,青年人若要对上帝尽忠,就必须永远抛弃现实世界;也不像大平原上的印第安人那样,要砍去自己的手指作为宗教祭品。所以,我们必须把萨摩亚人缺少深情厚爱这一情形作为所有解释的第一条,因为他们对那种情境早已习以为常,以致这种习惯已经成为他们人生态度中的基本成分。

在所有孤立的原始文明与许多不同于我们文明的现代文明之间,社会对每个人提供的选择往往大相径庭。我们的孩子一旦成人,就会发现有无数的选择在熠熠发光,把他们尚未适应的眼睛弄得眼花缭乱。在宗教方面,他们可以成为天主教徒、新教徒、基督教科学派教徒、唯灵论者、不可知论者、无神论者,甚至也可对宗教不屑一顾。这对没有接触过异国影响的任何原始社会来讲都是不可想象的。在他们看来,只有一种上帝,一种被人们接受的宗教实践;倘若一个人不信宗教,他唯一的办法便是比同胞们信得少些;他可以嘲弄、藐视宗教,但却没有任何新的教旨可以信仰。目前,玛努阿群岛(Manu'a)上的情况与此十分相似。在那里,所有人都是同一派别的基督教徒;尽管教会成员与非教会成员在实践上有所区别,但在信仰上却没有冲突。我们曾说过,对那几位正成长发育的姑娘来说,她们必须在两种实践中进行选择,有朝一日,这种选择的需要也许会产生冲突。但就目前来说,教会对年轻未婚的成员要求甚微,尚不至于迫使青少年做出任何决定性的抉择。

同样,我们的孩子面临着多种道德准则:对男人和女人而言,既存在双重的性标准,也存在单一的性标准。即便就单一的性标准而言,也存在极大的差异。有些群体认为,单一的性标准应当是自由放任的;而有些群体则认为,单一的性标准必须是绝对的一夫一妻制。试婚、伴侣式婚姻、合同式婚姻,所有这一切解决社会困境的种种尝试,都一一展现在日臻成熟的儿童面前。但是,社会的实际情形,以及电影、杂志都告诉他们,每一种准则都遭到了人们的普遍践踏。这种践踏行为至今仍然有增无减,公然进行,用不着打着任何社会改良的旗号。

然而,萨摩亚儿童并不处于这种进退维谷的情境中。对他们来说,性是一件自然而又令人愉快的事情;充分享受性快乐是一种自由,这种自由只受制于一种考虑——社会地位。酋长的女儿及妻子不得沉湎于婚外性尝试。肩负重任的成人、户长及家庭主妇终日忙于许多重要事务，不得脱身，因而也很少有时间从事随意性的爱情尝试。社区中的每一个人对此都深信不疑，只有传教士们颇不以为然。然而，人们对他们的反对一概置若罔闻，使得他们的抗议变得无足轻重。但是，一旦传教士的态度以及欧洲人的性行为准则被人们所接受、所赞许，那么，在萨摩亚社会，选择不仅会被人们所需要，而且同样会不可避免地发生。

我们的年轻人面对着一系列不同的群体。他们的信仰不同，实际行为也不同；他的一个十分信赖的朋友或亲友也许正是某个群体的成员。比如，一位姑娘的父亲可能是一位长老会会员，一位帝国主义者，一位素食家，一位零售商；他可能非常喜欢读埃德蒙·伯克的作品，拥护自由雇用职员制度以及高关税政策；认为妇女应当待在家里，年轻的姑娘应该穿紧身胸衣，不应穿长筒丝袜，不应抽烟，晚上不应同年轻男孩驱车外出。但是她的外公可能是一位圣公会低级会员，向往一种奢侈的生活，竭力倡导州权和门罗主义，爱读弗朗索瓦·拉伯雷的作品，喜欢看音乐表演和赛马。她的婶婶可能是一位不可知论者，女权主义的积极鼓动家，一位把全部希望寄于世界语的国际主义者；并且崇拜萧伯纳，把业余时间全部花在反对活体解剖运动中。她最为崇拜的哥哥有可能刚刚在牛津待过两年，是英国国教高级教会会员，热衷于中世纪的事情，爱写神秘诗，读吉尔伯特·切斯特顿的作品，打算用毕生精力来寻找已经失传的中世纪染色玻璃的秘密。她的舅舅可能是一位工程师，一位严格的唯物主义者，至今依旧沉溺于早年所读的黑格尔的著作；他鄙视艺术，认为只有科学才能拯救世界，对19世纪以前的一切言论与思想都嗤之以鼻，在用科学方法进行免除睡眠的实验中损坏了自己的身体。她的母亲可能信仰寂静主义，对印度的哲学很感兴趣，是一位消极主义者，一个严格不介入生活的人；尽管女儿对她一片忠诚，她自己却不愿采取任何行动来激发自己的热忱。各种各样的人还都只限于她的家庭成员。如果再加上各种朋友、老师或她偶然读过的书籍中所代表、所捍卫、所倡导的各种群体准则，那么，各种可能产生的然而又相互排斥的热忱、各式各样的忠诚，必将令人触目惊心，无以相对。

萨摩亚姑娘的选择则截然不同。父亲是教会成员，叔叔也是教会成员。父亲村上捕鱼业兴旺，叔叔村里椰子蟹成群。父亲是捕鱼能手，家里不愁吃喝，叔叔是参议酋长，给他送土布的人络绎不绝，用这些布料裁成的舞服鲜艳夺目。和叔叔住在一起的奶奶，向她传授了许多治愈外伤的祖传秘方；和母亲住在一起的外婆则是织扇子的行家里手。叔叔村子里的男孩子很小就参加了"奥玛珈"，但是他们的来访却使人趣味索然；她自己村子里倒有三个男孩子使她颇有好感。最头痛的是不知道是住父亲户中好还是住叔叔户中好。这是一个非常坦率而又直接的问题，既不涉及伦理上的纠缠，也不涉及与亲友孰亲孰疏的问题。她的选择不会被人看作出于对谁的偏爱；可是在美国却不然，要是一位姑娘赞同一位亲友的观点，那么，其他亲友往往把这件事解释为她更喜欢这位亲友。萨摩亚人总是相信，她选择在这一户住而不是在那一户住是有充分理由的，或许是在这户吃得好些，或许是她在这个村里有情人。或许是她与另一个村里的情人吵了一架，如此等等。无论她决定在哪儿住，她不过是在一个被人们公认的规范中做了具体的选择而已。绝没有人会要求她做出任何涉及对她的社会群体准则进行真正否决的选择。然而，在我们社会中，倘若父母是清教徒，那么女儿要是不加以选择同别人拥抱接吻的话，她就必须在遵循还是背弃清教教旨的问题上做出抉择了。

我们正在发育的孩子面临着一系列这样的群体，他们所倡导的不仅风马牛不相及，而且还互相排斥。这些孩子们还面临着一个更为令人困惑的问题。由于我们的文明像是由许多不同色质的纱线编织而成的锦缎，因此任何一个群体所接受的思想都包含着许多矛盾。即使一个姑娘对某群体表示全心全意的忠诚，并对他们的声明——只有他们的信仰才是唯一正确的，所有其他的人生哲学都有悖于基督圣旨因而该受诅咒——深信不疑，然而，她的麻烦也还远没有结束。不太善于思索的姑娘们所受的最大打击莫过于发现父亲的想法是正确的，而爷爷的想法是错误的；或者发现在家里允许干的事在学校却受到禁止；可是那些善于思考的孩子面临的问题更为棘手。即使她已经在哲理思想上接受了这一事实：她必须在几种并存于世的准则中做出选择，但是，她对自己选择的哲学是否存在一致性或许并不那么清楚，只是盲目、幼稚的相信而已。她真诚地希望这一选择会给她带来安宁，虽然这种选择是那样令人惶惑、令人难以确定；更有甚者，这种选择也许会伤害父母的感情、疏远要好的朋友。但是，她还没有考虑这一事实，那就是，她所面临的每一种哲学本身也许只不过是一种折中的、妥协的、半生不熟的涩果。如果选择了基督教，她旋即会对福音书中关于和平与人生价值的教诲，以及教会对战争的衷心拥护感到迷惑不解。距今 17 个世纪以前，罗马哲学主张战争与征服，然而，在教会的早期教旨中，那种哲学又向和平与谦卑妥协了，这一妥协至今仍然困惑着我们的孩子。如果她接受合众国独立宣言赖以奠基的哲学前提，那么，她又发现自己面临着这样一个窘境：她相信人们都是生而平等的，也深信我们的制度所保证的机会均等准则是极其正确的，然而，每当她想到我们对待黑人及东方人的行为，又觉得两者毫无共同之处，使她无所适从。在现代社会，社会准则最显著的特征便是其多重性，这种多重性就连最为迟钝、最缺乏好奇心的人也难以忽略。然而，这种多重性又是那么古老，那么模糊不清，融汇于我们称为基督教、民主或人道主义的种种哲学之中，以至于连那些最为聪颖、最为好奇、最富有分析头脑的人也不知所措。

因此，如果我们要想了解为什么萨摩亚姑娘在青春期的选择中没有遇到令人痛心的经历，我们就必须从那种轻视强烈感情的萨摩亚文明的气质中寻找答案；而若要了解她们为什么没有产生冲突，我们则必须着眼于两种文明之间的区别，以期在这些区别中寻找答案：其中一种是简拙的、同族相居的原始文明，这种文明发展得如此缓慢，以至于对每一代人来说，它都似乎是静止不变的；另一种则是形形色色、斑驳陆离的异族杂居的现代文明。

性别角色形成中的文化作用

我的这项研究对性别之间的实际的、普遍的差异并不关心，也不想做定量和定性分析，对在进化论提出变异概念之前，人们认为妇女比男人更易变，或在提出此概念之后，人们又认为男人比女人更易变也不感兴趣。这不是关于女权问题的论文，也不提供女权主义方面的咨询。很简单，它阐明了这三个原始部落——阿拉佩什、蒙杜古马和德昌布利——是如何对它们的成员进行定向引导，以形成对待两性气质上种种显著差异的社会态度的。我之所以用原始社会来研究这一问题，是因为我们可以把文明的过程缩短，把简单社会看成复杂社会的缩影，只是在规模上不同而已。而复杂社会中的人（像我们自己）则沿着有案可稽的文化传统的线索，并从大量富有冲突的历史传统的整体出发去揭示文明过程。在我所研究的温和的阿拉佩什山地居民中，在凶猛的食人肉的蒙杜古马人及礼节性地猎取人头的德昌布利人中，正如每一个人类社会都有的，这些部落里也有一个在日常生活中性别差异的主题。这三个部落的人分别在不同的方向上发展了这一主题。在对他们之间戏剧性的性别差异的比较中，我们有可能在更宽广视野下观察到什么是独立于性-性别（sex-gender）的生物因素之外的社会构架。

我们已经详尽地考察和描述了三个原始部落的两性所认同的人格问题。在此，出于我们自己传统的成见，对前述的阿拉佩什男人和女人表现的人格诸相，用我们传统文化的概念进行勾勒；在双亲角色上，我们说是母性的，表现在性别特征上，我们将其归入"女性"的名下。在这个部落中，男人和女人一样地顺从合作、没有攻击性，易于为他人的需求服务。我们也发现性对这里的男女来说并不是一种强大的驱力。与此相反，蒙杜古马的男人和女人却表现出冷酷残忍，带有强烈的攻击性，性感独特，人格结构中所带有的"母爱"也是微乎其微的。这里所有的男人和女人几乎都近似于一个人格类型，而这种人格类型在我们的社会文化中，只有在缺少教养、野蛮暴烈的男子身上才能发现。显然，阿拉佩什和蒙杜古马两个部落都不能从鲜明的性别差异上获益。阿拉佩什人向往的是温柔、敏感的男人与温柔、敏感的女人婚配。蒙杜古马人向往的是暴烈的、攻击性的男人与暴烈的、攻击性的女人婚配。而在第三部落德昌布利，我们又发现了与我们传统文化截然相反的性别态度。在那里，女人占统治地位。她们结成一个牢固的群体，群体团结，丝毫不受个人情绪的影响。而男子则很少有责任心，并且多愁善感，易依赖他人。于是，这三种情形使人得出一个明确的结论：如果说柔弱、被动、敏感、情愿抚育儿童等这些被我们视为是女人所特有的气质，能够在一个部落里的男性中很容易被塑造出来，而在另一部落，这种气质却只能给大多数的男女带来厄运，那么，我们则不再有任何理由把上述的行为特征说成是性别差异所决定的了。特别是当我们看到德昌布利社会与我们恰好相反的生活情形时，以上结论就变得更显而易见了，尽管那里还存在形式上的父系社会制度。

根据我们收集的材料，我们可以这样说，两性人格特征的许多方面（虽不是全部方面）极少与性别差异本身有关，就像社会在一定时期的男女的服饰、举止等与生理性别无关一样。而且，当我们把阿拉佩什和蒙杜古马两个部落的男人和女人的行为方式对照比较时，其中的事实雄辩地证明了强大的社会控制力量。每个阿拉佩什儿童几乎都一致地造就了被动、温良的人格，而每一个蒙杜古马儿童几乎都造就了性格暴戾、带有攻击性的人格。关于这一点，我们不能也不可能用别的什么来清楚地说明，靠种族、地域饮食、自然选择等理论是不能解释它们的。然而，每个特定的、整合一体的文化，对发育中孩子们的塑造作用，倒给我们提供了若干比较的模型。从中，我们不能不得出这样的结论：人类的天性是那样柔顺，那样具有可塑性，可以精确地并有差别地应答周围多变的文化环境刺激。所以，不同文化成员的差异，如同处在同一文化内的个体间差异一样，可以完全归因于作用不同的社会条件，尤其是个体发育早期的条件作用特别重要，而该作用又是文化机制所决定的。于是，我们说性别之间标准化了的人格差异也是由文化"监制"的。每一代男性和女性都要在文化机制的作用下，适应他们所处的社会环境。但是，这里仍有个问题尚待解决，即社会标准化了的人格差异的起因问题。

目前，社会条件作用最基本的意义尚未完全揭示，这一点，不仅对专业研究人员有吸引力，而且对有兴趣于这方面的读者亦然。在这种状况下，抛开社会文化而去深究遗传变异机制，显然会使研究误入歧途。关于人格差异问题存在两种观点，一种是承认社会条件作用令人惊愕不已的机制，接受同一个婴儿通过培育能适应任何一种社会文化的事实；另一种则相信文化行为在微观上是由个体种质操纵的。有人说，即使我们清楚了作为生命有机体的个人的柔顺、易适应和可塑性，认识到巨大的文化条件作用的重要意义，随即也会出现其他亟待解决的问题。但是，我们应该知道，关于这些问题的认识、阐述是有序的。也就是说，这些将出现的问题只能在理解了上述文化条件作用的重大制约力之后才能做出解释，而不是在这之前。况且，文化制约力存在于儿童所处的整体社会之中，所以，任何有关行为方式变异的讨论，都必须着眼于文化背景。

在这个基础上，我们便可以提出更深一层的问题了。如果说人的天性是那样柔顺，易适应环境的话，那么，标准化了的人格（既包括那种被文化确定为全体成员的标准人格，又包括文化指定给某类性别的标准人格）究竟是怎样形成的呢？如果这种差异归根结底是文化造成的，如同资料充分说明的那样：新生儿可以稳定地、很自然地发展为一个温良的阿拉佩什人，或带有侵犯性的蒙杜古马人，那么，这种判若鸿沟的差别是怎么产生的呢？显然，男女的生理结构、素质不能为德昌布利男女不同的人格特征提供线索。所以，我们必须抛开生理差异来探讨人格差异问题，因为用生理差异既不能说明德昌布利社会，也不能解释我们自己的社会。既然如此，那么，我们应该从何处着手来探究这三个原始部落的人格？文化是人为的，是人类一切创造的总和。它们既各具特色，又不无共通之处。如果说人类就是在这纷繁复杂、丰富多彩的文化结构中，锲而不舍地使自身渐臻完美的话，那么，这些既相异又相似的文化现象是怎样形成的呢？

我们发现，一个强调合作和温良的同质文化，大到整个制度小到一个习俗细节，都会使置身其中的每个儿童完全就范：一些儿童与该文化"情投意合"；大多数儿童能适应周围的环境。当然，也有少数背离常轨者，他们身上缺乏所处文化的印记。况且，事实已经中肯地告诫我们不要把所谓的侵犯性或服从性、暴烈或温良等特征与生理性别混为一谈。那么，这些——侵犯或顺从，傲慢与谦卑；在私人关系上客观公允或偏见；愿意照管弱小者或仇视他们；在性行为方面积极主动或仅仅受情境的支配或消极被动等——能否都归结到人的气质中去呢？这些特征能否说成就是人类共有的潜能，在不同的社会条件作用下得以不同的发挥、发展的结果呢？能否说倘若没有必要的条件作用，对应气质便不会显现呢？

当提出上述问题时，我们不妨变换一下讨论的角度。如果问为什么阿拉佩什男人和女人有相似的人格表现（这在书本第一部分作过描述），我们的回答是：这是阿拉佩什文化造成的。因为，我们知道文化总是煞费苦心、千方百计地在错综复杂的条件下，使一个新生儿按既定的文化形象（cultural image）成长。同样，当我们针对蒙杜古马和德昌布利男人和女人的人格表现提出这个问题时，答案亦然。他们表现的人格特征是他们各自生养其间的文化所赋予的。为了明确起见，下面我们把前述的三个部落的人格赋予相应的色调，或许有助于本节中心议题的阐述。我们把阿拉佩什人格视为柔和的淡黄色，蒙杜古马人为深红色，而将德昌布利人一分为二，即女人是深橙色，男人为淡绿色。然而，如果我们想深究三种文化构成的黄、红、橙、绿多彩的色调，试图发现每个文化的最初倾向是什么，那么只有进行更精细的观察才有可能得到较准确的答案。我们凑近这个彩色画面进行一番仔细观察，就不难发现：仿佛鲜明的、一致的黄色就是阿拉佩什人，深匀的红色就是蒙杜古马人，橙色和绿色就是德昌布利人。在这精美的图景上，我们恰好看到了一个清晰的、完整的全部光谱——赤橙黄绿……斑斓绚丽且又分明可辨，通过每种人格特征的单色调鲜明地衬托出来。这个图案也展现了个体差异幅度。而个体差异的幅度远没有文化特点那样引人注目、清晰可见。然而，恰恰在这里，只有在这里，我们才能解释文化的内在机制，探溯文化的本源。

社会现实千方百计地迫使我们去体会——认识自己不仅是处在特定时代及特定社会中的一员，而且也是某一特定性别的一员，而不是另一性别的一员——儿童的成长因此而受到制约，对社会顺应不良的个体也因此而不绝于世。现在，有许多研究人格特征的学者，把各式各样的、难以阐释的顺应不良现象归咎于"潜在同性恋"倾向。其实，这种说法只是对症状的一种诊断，而不是病因的诊断，殊不知两种性别人格标准的存在才是问题的实质。

我的这个论断不但适用于同性恋者，也适用于千千万万个偏离社会标准人格的个体。

一般来说，各个社会均倾向于将互相对立的气质特性与生理性别相提并论，实际上这是个谬误，因为这些特征不过是被推崇为特定的性别行为模式的某种人类潜能而已。如此来说，离轨者就不会再背负着"潜在同性恋"的不雅之名了，他们的出现是这种社会不可避免的现象。只要社会坚决主张将性别与勇敢、性别与积极的自我感觉、性别与人际关系方面的偏好混为一谈，就必然会出现越轨现象。何况，在社会生活中，每个性别成员真实的气质特性（潜能）与文化规定的角色毫无抵触是不可能的，这种不和谐性又反过来影响了那些生来就对社会适应良好的个体的生活。这种社会总是规定男性是一种敢作敢为、身居支配地位的性别；要求女人柔顺、敏感，于是，敢作敢为的女子或柔顺温良的男子将被贴上越轨者的标签，显然，这种人的社会境遇极为难堪，人类各种交往尤其是求爱和结婚对他们来说是个很难解决的问题。但是，我们也要注意，有的孩子生来就有侵犯性、支配性的气质取向，并在日常生活中被灌输了某种认为支配柔弱的女子才能显出男子汉气概的观念。他所受的训练使他自觉地表现出锋芒毕露的气质特征以征服那些敏感和柔顺的女子。当然在社会生活中，他不但时时遇到柔顺的女子，而且，也偶尔碰上温良的男人。就这样，在同性群体中，他的支配行为不断地得到强化，在这种情况下，他要求他人对他绝对忠诚，并反复声明自己的重要性，所谓"潜在同性恋"的情境因此而得以形成。同样，这种人自以为能支配他人是富有男子汉气概的佐证，与柔顺者的日常交往也使他对此深信不疑。但是，当他遇到同他一样具有天赋的"支配欲"的女子时，或者一个虽然没有支配欲但具有某种他所难以企及的特殊技能的女子时，他的脑子里便产生了怀疑，怀疑自己身上是否有男子汉气概。这可以理解那些在气质上与社会推崇的男子汉气质相贴近的男子为什么对越轨的女人（尽管她们所受的训练不同但具有同样的气质特征）抱有怀疑、敌视的态度，并在确认他们自己牢固的性别隶属基础上深信异性不会具有类似自己的人格。

同样，一个柔顺、敏感的女子，也会发现她们在社会上处于不公正的境遇和不公平的地位，尽管文化对她的气质做出了充分的肯定。一个女子从幼年到发育成熟，一直接受着权威的支配，并竭力去逢迎支配别人的自我中心主义者的欢心。而且对她颐指气使的支配也时常来自某个女性，于是，她觉得身为一个女人实在不是件易事，以致她难以适应婚姻生活，尽管她是社会中标准的女性。如此说来，她充当一个女人的过程同时也是对自己的女人气不断怀疑和否定的过程。

由于特定社会中两种社会人格及性别支配、性别限定人格的存在，使出生在这个社会的任何人都不同程度地受到损害。气质异常的人不能适应社会公认的人格标准，同时，他们的存在，他们对社会环境的异常反应又是那些遵从社会规范的人感到困惑的原因。毫不夸张地说，每个人的心里都播有疑惑、焦虑的种子，而这些又都阻碍着社会生活的正常运行。

但仅是如上的论述是不够的。德昌布利以及当代美国的某些方面，都表明需要解释这个问题：按照性别规定人格特征的文化给自己成员带来的影响问题。这让我们想起德昌布利文化在理论上说还是父系的，而习俗却赋予女子支配社会生活的权利，以致喜欢颐指气使的男子的境遇在这种文化形态中尤为尴尬。文化规定：一个男子应该为娶妻付出经济代价并因此而获得对妻子的控制权，这种规定促使那些不适应环境的男人一次又一次地尝试这种控制，放纵他们那种与整个早年教养相冲突的行为，而早年所接受的教育中就有服从、尊重女性的内容。显而易见，他们的妻子也渴望着得到这种新生，这是她们所受的教育所决定的，德昌布利人将女子的支配性气质的高度发展归咎于毗邻部落的影响，这些部落的女人常跑来嫁给德昌布利人。对自己文化中的不协调状况，德昌布利人会辩解说，在阿拉佩什男人与女人之间的相互适应也常常遭到破坏。但是，不能不看到，随着德昌布利人对战争、猎取首级的兴趣收敛和对精美、典雅艺术欣赏水平的提高，他们的社会文化内在机制失调的状况将更为严重。况且，女人在重要经济活动中的重要作用有增无减，而男人在这方面的影响日益相形见绌。至于形成这种局面的原因是什么姑且不论，但这些原因本身的错综复杂是毋庸置疑的。今天的德昌布利社会，在制度、风俗和文化价值取向之间呈现严重的混乱，若是与我们曾考察过的另一些原始文化相比，神经过敏的男性在德昌布利最为常见。他们的越轨，他们的气质不适应并没有妨碍要求他们扮演曲意逢迎女人欢心的角色。说来也是，由习俗、制度确定的东西真是太多了，而且根深蒂固，就连比我们自己更单纯、更初级的原始社会亦是如此。

当代文化，正处在向经济地位发生变化的妇女做让步的窘境之中。近来，男人们发现，作为他们支配地位的保证和象征——独自担当起家庭经济重负的能力——遭到了根本性的否定，他们不再是家庭经济的唯一支柱了。长年的教育使女人相信：谁是家庭经济的依靠，谁就能掌握家庭的权柄。这个信条深入人心，以至无人敢于怀疑。当然，这个信条是以妇女没有收入为前提的。现在，妇女们常发现她们正处在家庭中的实际地位与她们因早年所接受的训练而形成的习惯的夹缝之中。反之，男人们所接受的训练使他们获得了性别优越感，并深信他们挣钱的能力本身便是他们男子汉气概的一个明证。然而，现实是无情的，失业常使他们陷入迷惘的境地，一旦他们的妻子获得了职业的保障，那时的处境便更使他们感到惶惑了。

上述现象在美国尤其明显。这是因为在美国存在众多的民族、地域群体，这些不同的群体各自都具有一套独特的性别行为方式。另外一个原因则是：在这个国家中，家庭内部的性别行为方式对儿童产生了极其重要的影响。我们复合的、多层次的文化结构的每个部分都有它自己的一套规则，恰恰是依靠这些规则，性别间的权力互补、平衡才得以维持。然而，在这些规则之间是有差异的，甚至是相互矛盾的，这在不同的民族群体、经济阶级之间更是如此。由于缺乏特定的禁忌，不能有效地阻止个体跨越养育自己的群体与他人婚配，所以隶属不同群体的男女们完全可以无所顾忌地通婚，尽管他们各自接受的性别关系模式迥然不同。这些男女通婚的一个直接结果就是性别交叉渗透，而这种渗透又会对他们的子女产生深刻的影响。在这样的社会中，虽没有人怀疑异性之间在"固有"的行为方面存在差异，但没有人能够确切地说出"固有"的行为到底是什么。此外，文化对什么是男女恰当的行为方式也没有固定的界说。在这种环境中，几乎每个人都会怀疑自己是否真正具备了作为一个男子或女子的天赋素质。显然，我们在强调适应的重要意义的同时已失去了实现这种适应的能力。

美国人与中国人：两种生活方式的比较[*]

许烺光[**]

　　需要我们认识到的是，个人的行为好像蜘蛛网一样，虽然从远处看似乎无限复杂，但实际上却有着共同的线索和清晰的设计。当那种设计及其分布被理解之后，我们将会发现，各个不同的要素可以被无可怀疑的链环联结起来，并且其表面上相互矛盾的活动其实是相同亚结构的显现。本书所要努力追寻的正是这些链环和这种亚结构的来源，以及在这两种生活方式中所显现的行为模式。

　　为了完成这项任务，我们对美国与中国的普通人生活、观念和活动的关注将不少于对政府政策以及男女名人或权威的关注。在考察这两个社会中作为民族而给世界及他们自己以假象的普通人时，我们应该特别选取的工具是显微镜，而不是望远镜。我们希望能帮助读者们透过"美国"和"中国"这样抽象的概念，去认清那些把人引向错误的托辞，这些托辞让人们彼此把对方想象为地域上的概念，或至多不过是作为民族而居住在一

---

　　[*]　Translated from Hsu, Francis L. K., *Americans and Chinese：Passage to Differences*, the University Press of Hawaii，1981，pp. 11-13，pp. 76-80，pp. 88-92 and pp. 112-116.（本文为罗毅译，周晓虹补译）

　[**]　许烺光（Francis L. K. Hsu，1909~1999），生于辽宁庄河。1923年进入天津南开中学，1933年毕业于上海沪江大学社会学系，同年进入辅仁大学研究所，后辍学在北京协和医院从事社会工作。1937年获得中英庚子赔款奖学金，赴英国伦敦政治经济学院人类学系留学，师从马林诺夫斯基。1941年获人类学博士学位后受师兄费孝通教授邀请赴云南大学任教。1943年受拉尔夫·林顿邀请赴美访问，先后担任哥伦比亚大学讲师、康奈尔大学和西北大学助理教授；1957年升任教授，并担任人类学系主任（1957~1976）。1978年于西北大学退休后，被旧金山大学聘为文化研究中心主任，及夏威夷大学东西方研究中心（East-West Center）资深研究员。1977~1978年任美国人类学会主席。著作有《祖荫下：中国乡村的亲属、人格与社会流动》（1948）、《中国人与美国人》（1953）、《宗族、种姓、俱乐部》（1963）等。

起的一大群无名的男女老少。我们将阐明，在民族的帷幕背后活动着的不是无形和不可名状的大众，而是具有明确的价值、责任和思想的人们，是虽然在理智上各异，但却都懂得悲哀、胜利和奉献的个人。令我们关心的并不是对他们彼此形成鲜明对照的民族历史、习俗、政府形式或经济制度的描述，尽管在我们通向理解美国人和中国人的旅程中，这些和其他某些因素将会作为我们的路标，帮助我们回答这样的问题：在这两种人之间，造成这些如此丰富多彩、如此尖锐明显和如此众多的差异的根源究竟是什么？

中国人与美国人的生活方式大约可以被简化为两个相对的系列：首先，在美国人的生活方式中，强调的重点被置于个人的偏好上。这是一种我们称为"个人中心"的特征。与此相对照的是，中国人的强调重点置于个人在其同伴之间的适当的地位和行为上。这就是一种我们称为"情境中心"的特征。第二种基本的对比是，美国人的生活方式中感情的表现十分突出，这与中国人克制而不是充分地表现自己内心活动的倾向形成了鲜明的对照。

这两种对比是彼此关联的。美国人由于具有个人中心的特征而走向社会的和心理上的孤独，他的快乐会趋于忘形的狂喜，正如他的哀愁很可能意味着难以忍受的苦痛一样。由于对情绪的感受集中于个体自身，出现强烈的情感就是不可避免的了。

而中国人由于具有更多的情境中心的特征，则倾向于在社会和心理方面依赖他人。因为这种以情境中心为特征的个人被他的国家、同伴紧密地联系在一起。他的快乐和哀愁都因为他人的分享或分担而趋于平缓。①

这些形成对照的生活方式——美国人的个人中心的方式和中国人的情境中心的方式——将是我们以下各章讨论的主题。我们也将发现，这种基本的对比体现在每个社会中困扰着人们的独特而根深蒂固的问题和匮乏的核心上，诸如美国的种族歧视和宗教偏见，以及中国的贫穷与官僚统治。然后，

---

① 在这篇序言中所做的个人与情境的对比，和通常所理解的内向（introversion）和外向（extroversion）概念没有关系。无论是中国人还是美国人都可能是内向的，他们通过思维来应对现实；他们也都可能是外向的，通过行动来应对现实。但是，中国人具有为了适应现实的目的而改变自己的思维和行动的倾向，而美国人则会为了使现实适应自己而这样去做。这种区分和戴维·里斯曼的内在导向和他人导向也有本质不同，关于这点，在本书第四章中有清晰的论述。

根据这种对比，我们将试图把我们所得结论的含义，投射到明天的世界中去。

中国人和美国人是如何获得他们互相形成对比的生活方式的呢？我认为，似乎最合理的最可能的回答，应该是广义的弗洛伊德学说。根据弗洛伊德的理论，这些差异是在家庭中被培养起来的。对绝大多数人类成员来说，家庭是塑造他们的第一个外界的模型。家庭是制造个人适应环境所必需的心理能力的人类工厂，它把人们培养成在他们的特定社会中发挥不同作用的社会成员。

而在更大的社会范围中发生的各种事件，无论是外部原因的，例如自然灾难、征服等，还是内部原因的，例如起义、革命等，都直接或间接地影响着家庭的存在形式。在"新世界"中，奴隶制对黑人家庭模式曾产生的影响，一直是许多科学讨论的主题。中国新政权的努力用多久才能真正永久地改变古老的家庭关系体系，这一问题将在第十五章里讨论。现在，我们将把讨论的内容限制在有关美国人和中国人家庭模式之间的差异上，因为这两个社会中的大部分的个人，都是由家庭塑造出来的。

今天，所有研究的学者都接受了这样一个普遍的定理，即除天才和白痴这种极端的情况之外，人格主要是文化影响的结果。① 人格是个人对其环境所做的特定反应的总和，而文化是由每个社会中被人们接受的行为方式构成的。因此，我们可以把中国人和美国人生活方式的差异，视作他们各自人格和文化的总和之间的差异。

个体的人格与其所处社会的文化并非完全一致。正如我们在本书序言中所特别提到的那样，任何个人绝不是一部自动的机器，就像任何社会都绝不是僵化不变的一样。然而，每个社会都奖励遵循社会公认的行为方式的社会成员，而惩罚违背这种行为方式的成员。

---

① 按我的观点，在我们对人类事务的讨论中非常流行的"人格"（personality）概念，已经太过时了。它必须被某个能够同时考虑到个人和其具有的与他人交往的需求的概念所代替。这种需求被某些学者认识到了，但是在大多数人类行为的理论中，它一直被停留在口头上。这种需求——它的绝大多数明确的证据是由个人间的交易构成的——是任何人格完整的组成部分。这种需求对人类个体的功能来说就像空气和水对人类或动物的生理来说一样必不可少。在其他地方，我提出了一个术语"仁"（Jen）（在中文中这指的是人，在日语中它有对应的术语，发音为 Jin）（See Hsu, 1971）。但是，对这一问题的讨论超出了本书的主题，因此，在本书中将继续使用"人格"这一术语。

例如，在任何社会中都存在角色的变化，而在任何角色期待的行为模式中，又都存在相一致的范围。所有的人类社会中都必然有男人和女人，老人和青年，必然要有医生、律师、政治家和士兵，所有这些人都承担不同的职责，发挥着不同的作用。在所有的人类社会中，那些扮演相同角色的人们会有不同的兴趣，甚至可能不以同样的方式从事他们的角色活动。某些商人可能对夜总会中的玩乐感兴趣，而另一些人可能把兴趣放在柏拉图哲学上。然而，无论在哪个社会中，其成员的角色和兴趣不仅是相互补充的，而且，根据最近的调查，那些可能相互发生矛盾的角色和兴趣，在功能上也是相互关联的。

既然文化的制约首先是从家庭开始的，那么我们首先从教导和传播这两种生活方式的家庭体系中进行探索，就是合乎逻辑的事了。

然而，这样做的时候，必须给予很大的限制，因为人们很容易把弗洛伊德的理论推广到荒谬的境地。例如，英国人类学家格雷戈里·贝特森指出，英国和美国对各自殖民地的态度，分别根源于两国中各自不同的亲子关系。美国父母在其子女中鼓励"某种自我夸耀和自我表现的行为，同时又在某种程度上依赖于父母并受他们的控制"；但在英国，父母与子女的关系以"统治和救助"为特点。美国的亲子关系"在自身因素中包含了从心理上给子女断奶；而在英国上流社会中，子女依赖父母救助的链环不得不靠寄宿制学校来打破"。既然"殖民地不能被送进寄宿制学校……英国就很难给她的非盎格鲁-撒克逊殖民地断乳，而这些殖民地就都一致地具有难以达到成熟的困难。这与菲律宾的历史形成了强烈的对比"（Bateson，1942）。

另一位英国人类学家杰弗里·格勒也同样大胆地做出了自己的推论。他认为美国国会的两院关系就是美国家庭中那种确定的兄弟关系的一种扩展。众议院就像家庭中的弟弟，缺乏稳重和对自己行为的责任感，因此他深知参议院，他的哥哥，一定会来援救他（Gorer，1948）。

上述这些例子都不是真正的科学，甚至是不合逻辑的。为了避免陷入这样的谬误，我们将不把注意力集中于细节（这些细节由于地理、阶级、职业和诸多其他因素，而趋于不断变化），而是去观察家庭模式的更广阔的层面，在这里，两个民族呈现了重大的却又并不矛盾的差异。

家　庭

让我们从中国人和美国人的住宅开始谈起。美国人的住宅通常有个或大或小的院子，周围可能有一个由矮树组成的围篱，但很少有防止路人看到屋内而建的十分高大的院墙。大多数美国人的住宅既没有围篱也没有围墙，他们通常只是在白天的部分时间里，用窗帘和百叶窗把室内与外界隔开。

而中国人的住房首先是环绕着一堵如此高大的围墙，以至于从外面只能看到它的屋顶。其次是一扇坚固的大门，把里面的庭院与外面的世界分隔开。此外，在街道对面正对大门的是一堵照壁，在大门后面五英尺处还竖着一个四幅的木屏。① 外面的照壁是为了防止住房暴露从而观察不到屋里的人，而里面的木屏则是在大门敞开时，遮挡过往行人向院内张望的视线。

中国人和美国人住房内部的情况则与上述的情况完全相反。美国人在家中强调的是各自要有自己活动的小天地。无论是浴室，还是卧室、客厅，甚至厨房，都有各自的门。每个人都有自己专用的空间和物品。父母在孩子的房间里没有行动的自由，孩子也不能在家里被明确属于父母的领地的那些房间里为所欲为。在某些美国人中，这种保证个人自己活动天地的法则扩展到了夫妻之间，夫妻双方都有各自的卧室。

相反，在中国人的家庭内部，除非在未婚的异性家庭成员之间，否则私人的小天地几乎是不存在的。中国的孩子即使在住房宽裕的家庭中，也要与父母住在同一寝室，直到他们进入青春期。不仅父母可以随意处置孩子们的东西，而且孩子们只要能够拿到手，也有权使用、动用父母的东西。如果孩子们损坏了父母的东西，也会受到父母的责骂，但这并不是因为他们碰了本不属于他们的东西，而是因为他们太幼小而不能爱护好这些东西。

人们在家庭中缺乏个人活动天地的现象，在中国北方许多小康家庭中表现得尤为突出。这里的房间像火车车厢一样被排列成行，然而每个房间没有单独的房门，所有的房间被一个接一个地连续地排在一起。因此，如果有五

---

① 许多街道仅仅在一边排列着房子。在街的两边都建有房子的地方，仍然可能有垂直的照壁，因为家的入口通常并不和其他人家直接面对面。

个房间，房子的前门就开在中间的房间上，这被当作厨房，厨房与其左右两间相通，左右两间又和顶端的两间相通。如果从住宅的一端——称之为房间A——开始沿一条直线可进入房间 B，进入厨房 C，再进入房间 D，最后进入房间 E。父母会占用房间 B，它最靠近厨房；把房间 A 留给已婚的女儿，当她带着自己的孩子回娘家探亲时用。如果家中有两个已婚的儿子，那么大儿子一家人会住进房间 D，小儿子一家则住进房间 E。这样，住在房间 A 和房间 E 的人，想要进出大门，就必须在房间 B 和房间 D 中穿行。各家在住房的分配上会稍有不同，但这种概要描述基本上是真实的。

中国人对住宅的如此安排，会让美国人感到不习惯。但是许多中国人即使有更多可供伸展的房间和空间，他们也会坚持只在常见的直线形的住房格局中做一些变化，因为他们把四面墙内的一切视作一个整体。美国孩子在家中的活动空间有着严格的个人界限，然而很少强调把家庭和外面的世界分割开。中国孩子的环境恰恰相反，他会发现，在家里的活动少有界限，而高墙和双重大门却把家与外面的世界分割开来。

父母与子女

中国人和美国人在住宅上的差异，反映着不同的家庭行为模式。世界上没有其他国家像美国这样重视儿童，给予他们如此之多的特权。[1] 相比之下，毫不夸张地说，在 1949 年以前的中国社会中，儿童是最受忽视的。

这种对比表现在众多方面。美国人对儿童的权利问题津津乐道。不仅州和联邦有保护儿童的法律，而且民间还有许多儿童保护协会来保障他们的福利。

在中国，父母在如何对待孩子的问题上有完全自由的权力。虽然存在一些普遍的误解，但事实上杀害婴儿在中国从来不是司空见惯之事。对于女儿

---

[1] 孩子的照片吸引注意力的价值已经为广告商和那些声名狼藉的政客所认识到，同样获得了新闻读者调查的证实。1947 年 9 月，新闻季刊（*Journalism Quarterly*）发表了读者对沿海各家报纸上刊登的 2200 幅新闻图片的反映调查。在男性读者中，有关"儿童和婴儿"的照片吸引了 59% 的关注，这略高于他们对"漂亮的女王和迷人的女性""国际和普通新闻""事故和灾难"（这三项都为 58%）甚至体育（57%）的关注。在女性中，孩子照片的吸引力为 77%，虽略低于"婚礼和订婚"（79%），但高于"社会和俱乐部消息"（76%）。新近全国性的报纸判断，孩子、婴儿和姑娘的重要性从那以后开始在下降。

过多的父母，尤其在闹饥荒之年，这是一种最后的手段。当然，绝没有哪个父母会夸耀自己的这种行为。事实上，有很多故事讲述了父母在这种困境中的悲伤，也有不少笑话表现了恼怒的父母是如何对待祝贺他们女儿出生的冒失鬼的。①

然而在1949年以前的中国，贫穷的父母杀死婴儿从未引起公众的震惊和指责。做出这种行为的父母也很少受到法律的惩罚。不夸张地说，美国父母绝对无权干涉和支配孩子。但从中国父母的观点看来，孩子几乎没有理由去期望从他们的大人那儿得到保护。如果一个美国人为他的国家有许多儿童保护协会而感到骄傲，那么，在这方面，中国人也会表现出自己的自豪，因为在中华民族古老的文化遗产中，儒家所讲的子女孝顺被视为最高的理想。

美国父母如此关心他们孩子的福利，如此决心为孩子们做好事，以至于他们慷慨地捐助大量资金支持大批儿童专家和儿科医生。而中国父母如此忽视儿童的问题，以致作为医学的一个分支的小儿科直到现代才被人们所了解。据我所知，在中国传统的文学作品中，没有一篇作品的目的在于使中国人成为更好的父母。甚至清王朝灭亡几十年后，对儿童的想法和希望也几乎没有做过科学的研究。关于如何对待儿童的文章，也仅是零星地出现在中国个别的报纸和杂志上，并且其中大多数是翻译或摘录的西方资料。

然而，美国人不仅研究儿童的行为，而且以此为荣。中国人却不仅忽视儿童的问题，而且还把儿童的重要性降到最低限度。对于美国人来说，重要的事情是父母应该为孩子做些什么；对于中国人来说，则是孩子应该为他们的父母做些什么。

为了进一步了解中国人和美国人生活方式的差异，我们还必须探究长期以来影响着他们的那种亲子关系的基础。只有如此，我们才能估计出如今的

---

① 有一个笑话是这样说的，在一个大院子里，有两位毗邻而居的妇女同一天生孩子。很自然地，两家都在同一天举办了满月的庆祝仪式（按照中国的风俗，这是一种主要的仪式）。一位来客，听说第一家"生的是男孩"，便向其家庭成员大声说："恭喜！恭喜！"当他来到第二家并听说生的是女孩时，脱口而出："不幸，不幸呀。"女婴的母亲十分生气，但是优雅的举止使她没有当即发火。正好门外一场婚礼正喧声四起，包括那位莽汉在内的大人和孩子们都冲出门去看热闹。当所有的来宾重新回到第二家时，没有出去观望的人中有人问："外面发生了什么事？"在人们回答之前，那女婴的母亲抢先对那窘迫万分的莽汉说道："什么都没有！只有四个'恭喜'抬着轿里的一个'不幸'。"

社会发展是否已经改变或者在多大程度上改变了原有的状况。事实证明，自从 1949 年以来，中国的亲子关系确实已经发生了巨大的变化。

当美国人谈到家庭时，其中只包括家中的父母和未婚的孩子；而在中国人的观念中，家庭成员还包括祖父母和姻亲。在中国家庭中，虽然祖父母和姻亲并不住在一起，但他们通常住在同一个村子，或是在邻村，个别是在邻区。这是中国的传统特征之一。1949 年以后，中华人民共和国中央人民政府做出了很多努力，试图改变这种传统。他们曾采取安排工作地点、促进人口流动、学工计划以及其他一些方式，来达到这一目的。但是，正如我们将在第十五章中看到的那样，家庭关系和地方纽带仍然存在于乡镇中重要的居民区里。而与此相反，在美国，被这种血缘和法律纽带联系起来的人们也许彼此居住的地方相距很远，以至于这种较大群体的成员只有在节假日才会聚在一起。

这些差异在中国和美国儿童早期经验中，将影响着他们向不同的方向发展。中国儿童在成长过程中，不仅与自己父母和兄弟姐妹，而且与许多亲戚保持着持续的和经常的交往，而美国儿童则成长于一个相对隔离的环境中。因此，在很小的时候，中国儿童就被父母训练在一个较大的亲戚圈子中与人相处，而美国儿童周围则没有这样的环境。

然而，更重要的差别在于成长中的儿童与其亲戚之间的相互交往，而不是与其最直接的家庭成员之间的交往。在美国，儿童成年以前，父母是他们唯一的控制者，祖父母和外祖父母通常不参与对他们的管教，无论大家是否住在一起。即使遇到像有人生病或孩子即将出生这样紧急的情况，祖父母过来帮助时，他们所做的也被认为不应多于年轻夫妇所安排的事情，而这些安排在很多情况下是由年轻夫妇中女性的一方做出的。

中国的儿童很少只受父母的单独管教。尽管有些时候，祖父母并没有和子孙住在一起，但当年轻的父母带着孩子去看望他们的时候，老人们几乎会做任何一件他们认为对孩子合适的事，即使这意味着在管孩子父母的闲事。大多数中国家庭中，姑、叔、姨、舅在管教孩子上享有的自由会令美国家庭感到极大的紧张。而且，如果孩子的母亲对祖父母溺爱孩子的做法表示不满，那么这在美国会被旁人认为是正确的，但在中国，这位母亲就会受到人们的责难而不是同情。

由于美国的父母单独负责对孩子进行全面的教育，因此他们必然在孩子身上投入更多、更深的感情。美国的亲子关系是亲密而排他的。从某种程度上讲，父母是孩子唯一的崇拜对象，同时，他们也有可能成为唯一的暴虐者。因此，当美国孩子喜欢他的父母时，父母就是他的偶像；当他不喜欢他们时，他们就成了他的敌人。这种情况有时极端地表现为孩子有意或无意地依恋父母的其中一方而疏远另一方。这为弗洛伊德著名的恋母情结假设提供了一种支持。

与美国相比，中国的父母与孩子之间的相互影响就显得薄弱了。由于父母的权威是随着环境而改变的，因此父母在成长中的儿童心目中所受到的崇拜和敬重，也就必然被比他们更受尊敬的祖父母以及与父母具有同等地位的姑、叔、姨、舅所分享。由于对父母和其他成年的权威人物的感情被分解和淡化了，儿童就没有形成对成年人绝对的依恋或者强烈的厌恶，也就很少出现儿童与父母中的一方联合反对另一方的所谓恋母三角关系现象。因此，假如中国孩子喜欢他的父母，他并不会仅仅把他们作为崇拜的唯一偶像；假如他不喜欢父母时，他也不会不加控制地向他们发泄不满。

两种文化中各自的家庭关系的前提，必然导致这种不同的结果。即使生物家庭在任何地方都是由父母和未婚的子女组成的，根据美国的交往方式，家庭倾向于成为相对隔离的两两成对的人的一种聚集体；而对于中国的家庭来说，这种两两成对的关系是不能脱离开那个更大的网络的。

两种生活方式之间差异的起源，现在变得更加清楚了。在美国，儿童学习完全站在个人的基点上来观察世界。尽管他不能选择他的父母，但他却能够选择更喜欢他们中的哪一位。从这一点出发，美国人与家庭中其他成员之间关系的远近亲疏，也完全取决于他个人的喜好。美国人"必须从小就懂得，在许多方面所做出的个人选择组成了一股强大的力量，使一个人能创造、保持或消除各种人际关系"。而他的父母处在他们自己的地位上，也会积极地行动起来，以便他们在争得子女的爱的竞争中，不致落在后面。事实上，大多数的美国父母在孩子很小的时候就鼓励他们自己去做一些事，例如自己吃饭、自己做决定。而这些影响使美国儿童随欲而行，他要求他的环境去适应他。而中国的孩子则是学习通过亲属关系网来观察社会的。他不仅必须服从他的父母，而且在更广泛的社会关系中以及他个人想做的事情中，也几乎没有选择的自由。而且，中国的父母还固执地认为长者更智慧并从来都对此理直气壮。这些影响使中国的孩子意识到不同环境的重要性。为了使孩子们能保护他们自己，父母对他们特有的忠告是："在外不要惹事，一旦有危险就往家跑。"这样，中国的孩子就被迫去适应他的环境。

人们的实验证实了这种差异。朱谦曾把自己对中国台湾 182 名中学生的研究（Chu，1966），与欧文·简妮斯和彼得·费尔德早年对美国 182 名中学生的研究（Janis & Field，1956）相比较，证实了中国人比美国人更容易被说服。

虽然美国的父母在一些方面有意识地鼓励孩子们的成长发展，但他们却坚决阻止小孩子进入成人世界。当他们参加舞会时，就把孩子托给别人照管；如果他们在家请客，就会在客人来到之前，把孩子安置在床上。孩子与大人们正式的活动无关。虽然在那些极端现代化的美国父母中有一种倾向，即带着他们的孩子去参加社交集会，但这并不是一种被美国人普遍接受的方式，至少现在还不是。

中国的父母不仅带着孩子们去参加婚宴、丧宴和宗教庆祝活动，而且还带着他们去参加纯粹社会的或商业的集会。一个在商界的父亲会认为带着他六七岁的儿子去参加经理会议是一件很平常的事。

这种习俗在夏威夷、旧金山和纽约，仍然被美籍华人的第二代、第三代甚至是第四代保持着。在夏威夷的中国人，像他们的高加索邻人一样，经常举办"家庭"野餐、"家庭"晚会甚至体育活动，以此来维持或扩大他们俱乐部或宗教团体的规模。然而与高加索人不同的是，中国的父母常带着他们年龄很小的孩子出入许多场合，例如社会性和商业性的拜访，直至深夜。

多年以前，"在一起"的观念曾盛行于父母和子女之间，至少在美国某些地方是这样。其中心内容是父母和子女应该在一起活动，例如一起去郊游、看戏或参加教堂的活动，以及共同分享业余爱好。一些作者注意到，尽管电视在节目编排上还存在不足之处，但至少它能把家庭成员聚拢到一起。现在，我们知道这并不确实。也没有证据表明，那些进步的父母所主张的"在一起"的号召，能够把家庭团结成一个整体，而使其成员获得他们渴望的结果。因为进步的美国父母所寻找的"在一起"就是有意安排父母和子女总在一起活动，形成一个只有父母和子女的小圈子，而把其他人都限制在这个生活圈之外。这无疑是一种异想天开的做法。这势必让所有人都感到神经紧张，特别是对主持这种活动的父亲来说，更是如此。这种使父母和子女"在一起"的设想未能实现，因为它是人为的，而不是在美国的家庭关系中被自然地培养起来的。

　　而中国的青少年还处在身体和心理的发育过程中时，就已悄然地步入了成年人的世界。他们的孩子气和青春世界可以得到大人们的容忍，但从来不会得到鼓励。相反，如果他们越来越多地参与成年人活动，反而会得到更多的奖励。从一开始，儿童就在周围环境中养成了与成年人相同的兴趣。除了性，儿童要参加到现实的生活之中，而不是被限制在一个人为的、与世相隔的小圈子中。

　　美国的父母，除那些非常贫穷的之外，都坚持一种与中国父母完全相反的假设，即他们认为每个人都应该有只属于自己的活动天地或隐私。美国父母的事务（包括社会的和商业的）都是他们的私事，不允许孩子们参与或打扰，除非遇到特殊的重大事件时，父母向孩子提出明确的请求。出于同样的理由，父母也被认为不应闯入孩子们的活动领域。

　　而中国人却不是这种情况。中国的孩子认为与成年人在一起和参与他们的活动是理所应当的事，这正像成年人认为可以无拘束地加入孩子们的活动一样。这种彼此的介入可以发展到如此程度，以至于大人可以随便拆开寄给孩子的信，孩子也可以拆开大人的信。

　　没有什么事能比下面这一事实更明显地表现这种深刻的差异了。美国的儿童只与他们的小伙伴一起庆祝他们的生日，而他们的父母只为他们做帮手；而中国儿童的生日则是由成年人来庆祝，尽管孩子在场，但就像在婚宴或丧宴上一样，孩子肯定不是被注意的中心。

　　中国的孩子和他们的父母共处于同一个世界里，父母几乎很少努力向孩子们隐藏他们的问题和他们真实的自我。中国的儿童从小就懂得，奖励和惩罚并不必然地与既定的行为规范相一致，并且，正义和爱也不是总能占上风的。同时，中国儿童很可能会比美国儿童更加意识到来自环境的压力。他们既看到父母的长处，也看到他们的短处。从一开始，孩子们就把自己的父母看作普通人，他们有时成功，有时失败，而且不可避免地因循传统和习俗的老路。

　　美国的儿童在成长过程中，不仅越来越坚信个人所偏爱的事情是非常重要的，而且也同样确信他们所追求的目标一定能够实现。美国儿童在他所生活的那个被限定的、舒适的世界中，很少经历重大挫折，也很少了解那些他可能被环境完全击垮的境遇。

　　中国的孩子不仅充分地意识到他应该服从父母和其他长辈，而且，即使他胜过了长辈，也还是要面临习俗和传统的限制。孩子们通过积极地观察和参与成年人的活动，逐渐地了解了社会的真实本性和自己的一些不足。应注意的问题和影响个人的力量有很多。个人受到的约束不仅来自父母，而且也广泛地来自社会。即使儿童憎恶这些阻碍，他也根本无法找到突破口，因为这类阻碍太多，也太分散。

因此，中国儿童缺少远大的梦想，他们的想象是非常现实的。作为成年人世界的一部分，儿童们整日忙于成年人的或和成年人有关的活动，以致他们难以考虑自己的事情。我认为，这也就说明了为什么中国的文学（不考虑政治的变化）不具有表现特立独行的人物的特点，为什么不涉及内心反省。这种状况被一位中国文学界的学者称为"心理匮乏"（Hsia，1961：503）。

美国学龄儿童的不安全感经常伴随着父母的不安全感。正如我们前面提到的，美国父母对自己的孩子具有完全的支配权。虽然他们有意识地培养孩子的独立意识，但在潜意识中，他们从不怀疑孩子是他们自己不可分割的一部分。他们讲要独立自主，实际上只是意味着让孩子们自己去做父母赞同的那些事，而不是父母反感的那些事。当然，只要孩子还小，父母这样做就是没有问题的。年幼的孩子是很容易被合理地支使的。做父母的可以用好话劝使年幼的孩子照顾好自己。但同时我们可以肯定，父母不会让孩子的这种独立性发展得太远，尽管这种发展是阻止不了的。对婴儿来说，给他一个奶瓶或把他抱在怀里，他就会感到满足。到三四岁时，如果一个小男孩剪一个爸爸那样的发型，或让一个小女孩穿得像妈妈一样，他们就会感到一种安慰。但在随后的每一个年龄阶段，随着他们身体和心理的成长，这种自主性不断增加的小孩子就会要求更充分的自由来以他自己的方式去做他自己的事。

当孩子进入学校之后，美国的父母由于一直习惯把可爱的小家伙限制在小围栏中，有时就会突然感到他们对孩子的控制受到了威胁，因为孩子们已经过多地把注意投到他们自己的社会需求的满足上面。过去，父母们每天看护、拥抱自己的孩子，观察和指导他们的习惯和言谈，夸奖他们的一举一动，也为孩子们的表现而感到自豪。而现在，父母面临的前景是，他们不能充分地理解孩子了，不能告诉他们应该如何去做，甚至不能因孩子所做的事而感到自豪了。父母们因此感到受威胁是很自然的。父母越习惯于对孩子全盘控制，以及孩子越有助于满足父母的社会需求，那么，做父母的就越难以放弃这种控制。

美国的父母感到受威胁，不只是因为不情愿放弃控制。在他们所处的这种社会中，后继的一代会毫不留情地替代前人。一旦孩子们独立，父母在孩子们的生活中就不再有受尊敬的位置。孩子到了上学的年龄，这就向父母预示了这样的前景：孩子们将来的独立及父母在家中的支配地位的下降。很少有人能够平静地接受这种前景或转变。孩子们脱离亲密、温暖的家庭圈子，这给父母和孩子今后的发展都投下了不安定的种子。

在这方面，中国学龄儿童及其父母会觉得生活轻松得多。中国儿童始终是现实世界的一部分，现在，他们准备要在更广泛的基础上和这一现实世界打交道。他们并不会对不公正、怠慢或虚假而感到吃惊，因为他们已体验过或已做过准备去接受这些磨难的考验。到 12 岁或 14 岁时，大多数儿童不仅熟悉了自己在未来社会生活中的位置和将会遇到的问题，而且，他们已经成为羽毛丰满的社会成员了。

中国人相互依赖的观念，进一步强化了这种面对现实的取向，这与美国人自我依赖的精神形成鲜明的对照。我们已经提到过，在中国，儿子必须支持自己的父亲；做父亲的同样也有责任支持自己的儿子。这种相互的关系是贯穿一生的社会契约。中国的这种思想不同于西方的法律遗嘱的观念，因为中国的父亲的资产，也包括他的债务，在他生前或死后，都自然而且平均地落在几个儿子头上。

中国儿童从不同方面体会到自己与父母的长久联系。譬如，他从来不必自己设法去搞零用钱，他可以自由地花从父母那里要的钱。从父母那里挣钱的想法在中国人看来是可笑的。因此，中国贫穷人家的孩子迫于生活的必需而崇尚金钱的价值，而来自富裕家庭的孩子则很少体会到这一点。中国父母与子女之间的社会纽带同样是自然而然的、不容侵犯的和维持一生的。下面的格言表达了这种模式的本质："一个人前三十年，仰慕父亲、照料儿子；后三十年仰慕儿子，照料父亲。"这就是说，当儿子还小的时候，父亲的社会地位决定了儿子的地位；但以后，儿子的社会地位又决定了父亲的地位。

就中国父母这方面来说，他们没有理由为孩子逐渐长大成人而感到忧虑。首先，他们从来就不是孩子的专门的监护人。当孩子日趋自立时，他们并不感到被冷淡。其次，中国的亲子关系是永久的。父亲总是父亲，无论他是否慈爱或友善。儿子也总是儿子，他很少因为不孝顺而被逐出家门。最后，中国的社会组织造成这样的情况，即年长并不是缺点，而是一种赐福。

中国的父母绝没有理由因为孩子的成熟而感到后悔，因为他们对孩子所起的作用并没有削弱，反而还使他们处于更受尊敬的地位上。

中国的这种相互依赖的模式构成了年长者与年轻人相互的心理安全的基础。孩子不大想离开家，父母也没有必要去控制他们。其结果就形成这样一种生活方式，即个人的偏好被限制在最低程度。这并不是因为存在一种强有力的限制，让大家彼此趋同，而是由于每个人都像其他人一样对自己周围的环境感到满意，而使所有个人的感情融合成一个整体，各自失去了它们原有的特征。

参考文献

Bateson, Gregory, 1942, Some Systematic Approaches to the Study of Culture and Personality, *Character and Personality*, No. 11, pp. 76-82.

Chu, Godwin, C., 1966, Culture, Personality and Persuability, *Sociometry*, No. 29, pp. 169-174.

Gorer, Geoffrey, 1948, *The American People*, New York: W. W. Norton.

Hsia, Chih-ts'ing, 1961, *A History of Modern Chinese Fiction: 1917-1957*, New York: Yale University Press.

Hsu, Francis, L. K., 1973, Psychological Homeostasis and Jen, *American Anthropologist*, No. 73, pp. 23-44.

Janis, Irving L. & Field, Peter, B., 1956, A Behavior Assessment of Persuability: Consistency of Individual Differences, *Sociometry*, No. 19, pp. 241-259.

第四编

社会心理学的历史背景[*]

高登·奥尔波特[**]

社会心理学是一门古老的学科。同时，它又是一门现代的，甚至是超现代的并极富魅力的学科。它是如此具有现代性，以至于人们常常忽视它的过去，或者将我们的先驱者的思想弃之不顾。为什么要让他们那些陈旧的理论来成为这样一门崭新和重要的科学发展的障碍呢？正像孔德所说的，当一个新的实证主义和进步的时代已经来临的时候，我们为什么还要自寻烦恼地停留在"形而上学阶段"的推测上呢？

但是，有另一条更为明智的途径来审视这一问题。我们的先驱者做的所有探索，都是在研究着同样是我们今天也在研究的问题。他们想知道，一代人是如何利用他们的文化和思想来影响下一代人的？当一个人与他人交往时，他的个人心理发生了什么变化？在社会心理学成为一门科学前的很长一段时期内，政治哲学家们就在寻找着这样一个问题的答案：人的社会性是什么？正如维科（Vico，1725）所说的，政治哲学家们已经清楚地认识到，"政府必须适应被其所统治者的本性"。因此，关于人的社会性这样一个古

---

[*] Translated from Allport, Gordon W., The Historical Background of Social Psychology, In Lindzey, G. & Aronson, E. (Ed.), *Handbook of Social Psychology*, Third Edition, Vol. 1, 1985, pp. 1-46. （本文由罗毅、袁阿庆译，卞露补译，周晓虹校）

[**] 高登·奥尔波特（Gordon W., Allport, 1897~1967），生于美国印第安纳州蒙特苏马的一个医生家庭，因肺癌逝于马萨诸塞州的剑桥。胞兄弗洛德·H.奥尔波特（Floyd H. Allport）同为社会心理学家。1922年师从麦独孤获哈佛大学哲学博士学位，后在柏林大学、汉堡大学和剑桥大学从事博士后研究。1924年返回美国，在达特茅斯学院讲授社会伦理学，后在哈佛大学任教，1930年晋升心理学系教授，1942年担任心理学系主任。1939~1940年任美国心理学会主席。1937~1949年任《变态与社会心理学》杂志编辑。主要著作有：《人格：一种心理学的解释》（1937）、《人格的本质》（1950）、《人格心理学的基本研究》（1955）及《人格的模式和成长》（1961）。

老而悠久的问题，就成为社会心理学关注的焦点。

诚然，我们的先驱者缺乏精确的实验研究工具，并且他们的理论中有时还存在天真的成分。然而，他们留给我们的是一个经得起时间考验富有真知灼见的重要宝库，甚至连他们的错误和盲点对我们来说也是很好的教训。我们都知道，那些不懂历史的人注定要重犯前人的错误。科学的历史表明：一代学者的成就和错误都能成为下一代学者起步的踏脚石。

不过，从长远的历史前景来看，这种争论是必要的，但也并非都是必须的。举例来说，我们并没有必要到充满奇物和古物的博物馆去做一次漫游。我们也无须去猎取一系列布满尘埃的古代文献。研究社会心理学的历史，是为了能够辨认那些预示社会心理学前景的历史背景。为了这个目的，这篇论文强调的不是单纯的古代思想和文献，而是从过去的先驱者那里得到的对现今依然流行的社会心理学课题真正有帮助的一些解释。

社会心理学的丰富背景

如果我们提一个简单的问题："谁创立了社会心理学？"我们就会立刻意识到这是科学自身的重大问题之一——社会发明的问题。我们能问："一个人能改变历史的潮流吗？"如果热衷于"伟人"型的答案，我们可依据各自偏爱的评判标准和时间标准来选出一些对创立社会心理学做过贡献的思想家，如柏拉图、亚里士多德、爱德华·罗斯和其他许多人。他们中的每个人都有一些卓越的思想，他们中的一些人也当之无愧地应享有"社会心理学之父"的桂冠。但要想恰如其分地回答这个问题，就必须把现代社会心理学的根基建立在西方思想和文明这个特殊的传统之上。

虽然社会心理学的根基是整个西方的传统知识体系，但它在现代的繁荣却被认为是具有美国特色的。社会心理学在美国兴盛的原因之一是这个国家的实用主义传统。国家独立和社会断裂的背景强有力地刺激了新技术的发明、解决应用性社会问题方法的提出，等等。第一次世界大战后，社会心理学开始迅速繁荣起来，这归因于随后共产主义运动的扩张、20世纪30年代的大萧条、希特勒的上台、针对犹太人的种族大屠杀、种族骚乱、第二次世界大战以及接踵而来的冷战，这些都促进了社会科学各个分支的发展。此时，社会心理学也同样遇到了特殊的挑战。问题是这样的：在日趋紧张和严格管制的社会条件下，我们如何来保护个人的权利和自由？科学能提供答案吗？这个挑战性问题的提出，大大激发了我们对诸如领导行为、公众舆论、谣言、宣传、偏见、态度转变、道德、大众传播、决策、种族关系和冲突的价值观等现象进行研究的创造力。

回顾第二次世界大战结束以后的十年，正如道尔文·卡特赖特所说，美国的社会心理学家们是"兴奋和乐观的"。"社会心理学的发展是如此迅速，以至于自称为社会心理学家的人数急剧增加。"（Cartwright，1961）但我们可以说，他们中大多数人对自己所研究领域的历史知之甚少。

无论是在美国还是在其他国家，实用的和人道主义的精神在社会心理学的发展中始终起着重要的作用，当然，也存在不同的声音。按照英国的赫伯特·斯宾塞、奥地利的路德维希·贡普洛维奇、美国的威廉·萨姆纳等的观点，人类企图去驾驭和加速社会变迁既是无效的，也是危险的。他们提出，社会的发展需要时间和遵守人所不能控制的法则。社会科学为实践服务的唯一途径是告诫人们不要去干涉自然或社会的进程。但是，这类思想家仅是少数。大多数的社会心理学家像孔德那样，对人类改进自身生存的机会抱着乐观主义的态度。人类已经通过自然科学提高了自身的物质生活水平，通过生物科学改善了健康状况，为什么不能通过社会科学来把我们的社会关系处理得更好呢？过去的数个世纪，即使在面临挫折时，这种乐观主义的观点仍盛行不衰。虽然人类关系仍顽固地保持着原来的状况，战争仍然存在，艰苦的劳动条件并没有得到改善，种族纠纷仍然伴随着我们，但乐观主义者说：只要给我们时间和金钱去研究就行。

奥古斯特·孔德的三阶段论（Comte，1830：Chapter1）可作为一种更为正式的理论来解释为什么近来研究社会心理学的兴趣激增。孔德会说，社会科学仅仅是到了最近阶段才勉强地脱离了它的前两个阶段，即神学阶段和形而上学阶段，完全地进入了第三阶段——实证主义阶段。而实际上，孔德力图开创的这个第三阶段的新纪元，以及他的努力结果几乎被耽搁了近一个世纪。直到许多实证研究的工具，如统计学、测量方法和其他一些工具得到适当的发展之后，这一阶段才得以实现。1949 年，霍纳尔·哈特令人信服地证实了社会科学研究成果的新发展，并指出：被耽搁了的社会科学进入实证主义阶段的进程已显著加快（Hart，1949）。即使如此，技术的发展仍然危险地远远领先于社会进步。人类能把物质转变成能量，然而却不能和睦地利用他们所创造的能量。

在适当的道德规范的指导下，社会科学最终是否能减少或免除文化的滞后，这仍然是个问题，而这可能也是决定人类自身命运的问题。

社会心理学的界限

社会心理学并没有与其他社会科学相区别的明确界限。它与政治科学、经济科学以及文化人类学等相交叉，并且在许多方面又与普通心理学相重叠。此外，它与社会学的关系也很紧密。众所周知，正是作为社会学家的E. A. 罗斯在 1908 年写出了社会心理学的第一本教科书。后来的大多数社会心理学教科书都是由心理学家们所写的。

尽管社会心理学缺乏明确的研究领域，但它仍有自己的核心理论、经验材料和特殊观点。它的兴趣主要集中在个人的社会性上。与此不同的是，政治科学、社会学和文化人类学将个人置身于其中的政治、社会和文化系统视为自己的出发点。

除少数人外，大多数社会心理学家都认为：社会心理学旨在理解或解释个人的思想、情感和行为如何受到他人实际的、想象的和隐含的存在的影响。"隐含的存在"是指个体采取的许多行动是基于个体在复杂的社会结构中所处的位置（角色），也基于他在某一文化群体中的成员身份。

社会学、人类学和政治科学都是一些"高层次"的学科，它们探索的是社会结构、社会变迁及文化模式的内在规律。它们试图通过对所选取的个人的研究来了解社会进程。假如所有的美国人都被其他人取代了，会发生什么呢？英语继续得到使用；政府的统治形式保持原来的良好状态。而与此不同的是，社会心理学想知道的是一个社会中的任何一名成员，是如何受他周围的社会刺激的影响的，他是如何学会自己的母语的，他的社会态度和政治态度是什么时候形成的，当他成为一个小群体或大群体的成员之后会发生什么变化。

社会心理学的研究要高于普通心理学所有的分支。它们强调的中心点是相同的，即由个人所体现的人类本性。一些学者提出，既然个人的心理活动总是受"他人实际的、想象的和隐含的存在的影响"，那么，所有的心理学都应是社会心理学。如果我们要坚持的话，这个观点未尝不对。但在实际的应用中，却没有多大价值，除了从社会的角度进行考察，仍有许多人类本性的问题尚待解决。这些问题涉及心理物理、感觉过程、记忆广度、人格整合的性质等诸多方面。社会心理学与普通心理学相交叉，但两者并不完全相同。

追寻社会心理学的历史，会使我们处于令人尴尬的境地，因为我们必须从每个先驱者的思想库中选取有关对人的社会性这个问题的特殊论述。例如，我们没必要检视边沁的政治哲学和斯宾塞的社会学的全部内容，我们只要从他们的社会理论中选取有关心理学的假设即可；我们也没有必要完整地陈述作为心理学家的冯特、麦独孤、弗洛伊德等对心理科学的贡献，而只要选取其中与解释社会行为有特殊关系的那部分就行了。

因此，要写一部社会心理学的历史，需要采取特殊的灵巧办法。在这里发现一点精髓，在那里又找到了一点思想，并且要设法显示出它们是如何按一定的线索把自己编排进今天的社会心理学体系中去的。

二手材料

要培养学生们准确地了解社会心理学的历史，唯一的方法就是让他们去钻研过去的一些主要社会心理学家的代表著作。但是，漫长的历史又使查阅原始的独特材料变得越来越困难。而二手材料，如果能有辨别地加以利用的话，不仅能使他们节省时间，而且能使他们在学习历史的过程中，对不同的观点加以辨别。

然而，有许多关于社会学和政治学思想的历史，却没有明确的关于社会心理学的历史。只有杰西·斯普罗尔斯在《社会心理学的解释》（Sprowls，1927）、费·卡普夫博士在《美国社会心理学》（Karpf，1932）及 1952 年的补篇中对这一主题进行了选择性的论述。1941 年伦纳德·科特雷尔和露丝·加拉格尔对 1930~1940 年这 10 年间的社会心理学发展史做了纵览（Cottrell & Gallagher，1941）。卡特赖特对 1948~1958 年这 10 年间的历史也做过概述。他们中仅有少数人仍然坚持着社会学和社会心理学的严格区别。在社会学的历史中，我们有时会发现反心理学倾向的偏见。霍华德·贝克尔和哈里·巴恩斯在 1952 年所写的《社会思想——从知识到科学》（Becker & Barnes，1952）一书中的观点就是如此，但我们也可从这本书及索罗金（Sorokin，1928）、斯图亚特·赖斯（Rice，1931）、路德·伯纳德（Bernard，1934）、弗洛德·豪斯（House，1936）以及巴恩斯（Barnes，1965）等的观点中发现一些有益的解释，包括他们的基本心理学假设。

文化人类学的历史仍然是个被忽视的领域。也许从阿尔弗雷德·哈登（Haddon，1910；1949），特别是克鲁伯和克拉克洪（Kroeber & Kluckhohn，1952）的观点中，我们能获得一些帮助。他们对文化概念做了谨慎的回顾，充实了许多心理学的内涵。

对政治学理论已经进行过许多论述，其中包括得到广泛考虑的人的社会性问题。在这方面，一个有益的来源是格扎·恩格尔姆于 1927 年写的《从柏拉图到边沁的政治哲学》（Engelmann，1927）。在这本书中，恩格尔姆按照这些思想家们自己的思路，系统地摘要了他们有关"被统治者的本性"的论说。其他来源包括乔治·萨宾（Sabine，1961）、赛尔顿·沃林（Wolin，1960）和乔治·凯特林（Catlin，1947）等的思想。凯特林对政治哲学繁荣以来的两千年历史做了有趣的回顾，认为我们现在仅仅是目睹了政治哲学的开端。因为作为一门科学的政治学的发展，对权力的本质会是如此的危险，而无法对它进行深入的研究。同样的理由可用来解释为什么社会心理学作为一门科学在最近几年才得到顺利的发展，为什么这种快速的发展恰恰发生在西方社会中。

我们绝不应该忘记哲学史。直到一个世纪前，所有的社会心理学家同时也是哲学家，而许多哲学家同样也是社会心理学家。温特班克（Windelband，1935）、查尔斯·沃恩（Vaughan，1939）、拉塞尔（Russell，1945）、霍华德·巴克（Baker，1947）在探索他们之间关系的有益性时都做了概述。另外研究思想动态的历史学家也对此做出了贡献，如默尔·卡尔汀在 1943 年写的《美国思想的发展》（Curti，1943）。

所有这些来源都必须加以普通心理学的历史进行处理。因为对社会心理学来说，尤其重要的是要依靠实验心理学和理论心理学的基本取向及方法。在这方面，波林（Boring，1950）的著作具有重要的价值。其他一些心理学家如墨菲（Murphy，1949）也对社会心理学这一特殊领域做出了贡献。

简洁而有效的理论：它们的意义

19 世纪的大多数社会心理学家都热衷于一元论的解释方法。每个人都倾向于选择和发展一种简洁而有效的理论，似乎这样他们就掌握了了解社会行为之谜的钥匙。"简洁而有效"这一词组来源于亨利·乔治。他在1879年曾宣称，现在唯一的难题就是如何"简洁而有效地治疗人类的疾病"。在19世纪，所有的社会科学家和改革家都在为社会的难解之谜寻找一元论的解决方案。在心理学的奇妙方法中，比较受人欢迎的有苦乐观、利己主义、同情、群居、模仿和暗示说等。

1908年可以说是从一元论的解释方法向多元论的解释方法的转折点。在这一年，社会心理学最早的两本教科书出版了。早的那一本书由罗斯所写，他仍按单一性的原则来解释他的思想，有时称"模仿"，有时又叫"暗示"。晚的那一本是由麦独孤所写的，他把人类的原始性动机看成多种本能的展示。虽然在麦独孤看来，本能有多种不同的形式，在社会行为中也起着不同的驱动作用，但是从某种意义上说，本能说似乎仅仅是代表了另一种关于行为起因的简单模型。

正像有时所说的，一元论方法的谬见或简单主义者的谬见是很容易受到攻击的。现代社会心理学家很少把注意力集中在某种单一动机或机制上，也很少有人宣称自己的理论对解释所有的社会行为都有意义。然而，即使在今天，我们也可以发现一些社会心理学家在解释社会行为时喜欢使用某种占优势的因素，而忽视了其他相关的因素。这些较为常用的优势因素有情境、压力、焦虑、性别、犯罪、挫折、认知结构、角色、认同、精神错乱和社会阶层等。因此，即使对一个现代社会心理学家来说，在他的研究报告中也无法把这些因素完全摆平。原因是每一位研究者都热衷于寻找某种清晰的解释体系，并将其体系中的各种变量减到最少。

接下来我们要从一些材料中检验19世纪的一些重要的简洁而有效的概念。我们的目的不是去提倡对理论的不信任，也不是要现代社会心理学家们在建立理论体系时谨防自己固执的倾向。倒不如说，我们是希望通过描述以往的一元论原则来说明在现代社会心理学中，它们仍然可以解释生活中的一些问题。当然，我们今天的研究方法更为谨慎和多元化了。然而，被早期社会心理学家们所描述的现象今天仍然存在，而且在某种程度上，可以毫无疑问地说，今天的概念就是昨天研究结果的改进。

分析的单位

每一门严谨的科学都采用确定的统一的分析单位：例如，物理学使用"量子"，化学使用"元素"，生物学使用"细胞"，神经心理学使用"神经冲动"。心理学也曾从范围广泛的分析单位中精选出诸如感觉、想象、注意、反省等概念，其中有一部分已弃之不用了。社会心理学也遇到了与普通心理学同样的经历，即研究工作遇到了挫折。一些社会心理学家如勒温（Lewin，1951）、阿希（Asch，1952）等认为，由于个人行为是受多种力量作用的结果，所以企图寻求基本元素的研究方案是注定要遭到失败的。

当然，这也绝不是说这些研究单位能够或者应该免除。在历史上，对分析单位的假设在社会心理学的发展中曾起过重要的作用。其中最重要的一些假设有本能、习惯、态度和情感。

本　能

当笛卡尔时代的学院派心理学家们肯定了人的"情欲"并对其进行了分类后，他们的努力并没有得出系统的关于这种机能的本质及其社会后果的结论。直到达尔文的自然选择学说出现后才改变了这种状况。它使人们坚信所有的行为，无论是动物的还是人类的，无论是个人的还是社会性的，都依赖有利于种族生存的一系列本能的演变。紧随达尔文之后，自然主义者立即开始列举有关动物的本能。此后不久，心理学教科书的作者如詹姆斯（James，1890），未经深思熟虑便草率地列出了作为人类行为基础的基本动机单位的长表（Bernard，1926）。但是，直到麦独孤才澄清了达尔文主义的隐含内容，并在本能假设的基石上建立起社会心理学的完整体系。麦独孤关于本能的定义（如果能逐字逐句地充分理解的话），反映了他的社会心理学的整个体系（McDougall，1908：30）。

> 我们可以把本能定义为一种遗传的或先天的心理—物理倾向。这种倾向决定了拥有本能者去知觉，并去注意某种确定的目标；去体验知觉这种目标所形成的某种特殊的情绪兴奋，并因这种情绪兴奋去按一定的方式行动，或者至少要去体验一下这种行动的冲动。

在范围如此广泛的定义下，麦独孤就能够解释许多（如果不是全部的话）社会现象。暗示的形成是自卑这种本能的结果。最初的被动性赞同，正如我们看到的那样，是一个人在看到其他人按本能方式做出行为时所产生的一种诱导性本能的发作。笑是由这种赞同诱发的一种表现。情绪是一种具有两面性的本能。本能也可形成复合物，如：一个人的宗教信仰或许是好奇心、自卑感、恐惧心理以及遗传于父母的脆弱感的混合物。麦独孤相信所有的社会行为都可用他的本能观点来解释。他欣然认为，学习和整合的动力会构造出复杂的因素，如情绪。而且对社会心理学家来说，这些因素常常比"本能"得到了更多的直接关注。但是，他坚持认为行为的终极因素不是"情绪"，而是"本能"。

在麦独孤的《社会心理学导论》出版后的10多年里，本能理论几乎完全占据着统治地位。我们已提请注意格雷汉姆·沃拉斯的《人类本性与政治学》（Wallas，1908）和特罗德的《在和平与战争中的民众本能》（Trotter，1916），我们也可列举其他人如桑代克的《人类本性的起源》（Thoendike，1913）、伍德沃斯的《动力心理学》（Woodworth，1918）以及杜威在1917年美国心理学会上的主席就职演讲，他在演讲中宣称，社会心理学这门科学必须建立在本能学说的基础上（Dewey，1917）。

同样，这10多年也深深地打上了弗洛伊德理论的烙印。然而，弗洛伊德的本能主义在许多方面不同于麦独孤的理论。它非常有助于社会心理家注意在社会行动中的原始冲动问题。但是，在1910～1920年这10年间，弗洛伊德理论对社会心理学的影响并没有麦独孤理论那么显著。这也许是弗洛伊德关于本能的定义和麦独孤相比，不很确定并且不可操作化的缘故。由于行为主义者的强烈攻击，到1932年，麦独孤放弃使用"本能"这一概念。但是，在"倾向"一词的掩盖下，他的学说仍然保持着原来的基本特征。在1908年至1932年间，他就已大量地使用"自然倾向"这一概念。最后形成了下述18种自然倾向（McDougall，1932：Chapter7）：

> 觅食，憎恶，性，恐惧，好奇，保护子女的倾向，群居，自我主张，服从，愤怒，求援，建设的倾向，获得的倾向，笑，舒适，休息，迁移的倾向，以及一系列特殊的身体需要——如咳嗽、打喷嚏、呼吸、排泄等。

1919 年，奈特·邓拉普首先向本能论提出了责难。从那时开始，整个本能论就不断地遭到攻击。反对的原因很多。原因之一是，不存在确实的证据能够证明麦独孤所理解的本能的存在。原因之二是，这种学说阻碍了理论的进一步发展。它暗示着无论什么，只要用本能来解释就一了百了了。既然已经找到了第一位的原因或原始的动机，那么，在探讨有关人类行为规律时，也就没有必要去进一步寻找和发现什么基本的动机，其他都是第二位或由它而诱发产生的，总之，不是最基本的。这样的界定是否能得到支持是很值得怀疑的。为此，麦独孤本人也迫切感到有必要用"情感"（sentiment）来充实他所理解的本能的内容。但他认为"情感"不过是从少数原始的或固有的"本能"那里借用了活力罢了。最后，美国的社会科学家们开始逐渐地厌恶先天论（这种观点认为人类本性是固定的，本质上说是难以改变的）。美国的学术趋势开始偏向环境论。

但绝不要认为这样一来本能就完全被抛弃了。试想这怎么可能呢？我们都知道，一些基本的动机和反射性调整在没有经过训练和没有独立生活经验的婴儿那里仍然非常明显地存在着。即使对"本能论"持刻薄态度的行为主义者们，也不得不承认诸如"组织变化""优势反应""原始驱动"等先天性动因。但是，就像麦独孤的理论一样，这些原始动机也不能被视为人类本性中持久不变的因素。通过人类不断的学习过程，它们融入人类的"习惯"链中，构成人类行为"真正的"因素。

除行为主义持明确反对本能主义的倾向之外，今天的许多社会心理学家们更多地倾向于采取一种温和的中间立场。他们像麦独孤那样，感觉到那些与生俱来的动力性因素有其存在的必要，并多方论证像欲求、渴望、需要、动力、或简言之，动机的存在。这些因素成了建立当代各种理论体系的基石，而且又不像"本能"那样试图回避一些固有的棘手问题。现代社会心理学家们似乎不太关心一种动机到底是与生俱来的，还是后天习得的。而且，他们倾向于把自己的假设仅仅看作试验性的或启发式的构想，而不把它们看作人的或种族的永久性的固定因素。林泽在 1958 年就强调了这种"中间立场"的一些观点（Lindzey，1958）。

习　惯

虽然詹姆斯论证了本能的存在及其重要性，但他还是把重点放在了对习惯因素的分析上。本能本身绝不是持久的因素，而且严格来说，本能仅在人的一生中出现一次，以后学习就开始变得越来越重要了。这种关于本能的暂时性的观点，为詹姆斯有关习惯的诸多论说铺平了道路。"习惯要比人与生俱来的本能更重要。"他坚持说，"重要十倍"（James，1890，I：121）。

习惯在社会发展中起着重要的作用，它是最彻底的保守动因。习惯把我们每个人都约束在规定界限之内，并使富家子弟能够免于遭到穷人由妒生恨的反抗。它使不同的社会阶层免于混淆。就像你所看到的，年轻的推销员、医生、官员和律师，在他们25岁时就已经形成了稳定的职业习惯。我们中的大多数人到了30岁时，性格就像石膏一样凝固下来，而将不会再软化，在全世界都是如此。

按詹姆斯所说，习惯的社会后果和道德后果是"巨大和重要的"。因为根据他的观点，我们要培养自己的习惯首先是通过对他人行为的模仿，因而细心地观察正确习惯的形成过程就成为我们的义务。在培养良好的习惯时绝对不要发生一起例外。因为，无论是好习惯还是坏习惯，它们都是一连串地发生的。

在随后的三四十年里，"习惯"逐渐地被理所应当地认定为人类行为的动因，这部分要归功于詹姆斯的雄辩。可以肯定的是，行为主义者经常使用的"条件反射"一词，仅仅是习惯的另一种说法而已（Holt，1915；Watson，1919；Allport，1924）。不久之后，与"耶鲁学习理论"一起，"反应"和"习惯家族等级"概念成为人们的新宠，例如，米勒和多拉德（Miller & Dollard，1941）。但是，随着习惯理论已经变得越发强词夺理而背离詹姆士的初衷时，习惯这一要素同本能一样也落入了俗套。

杜威在系统地使用习惯这一概念时与他人有所差别。他把习惯"作为社会心理学研究的一个关键性要素（Dewey，1922）"，这仅仅是在他放弃了原先所拥护的本能要素之后几年。杜威的观点在两个重要方面与其他大多数人不同。第一，习惯这一要素是易变的，它并不是形成以后就一成不变地延续下去。此外它还包含着一般性的态度、观点、目的和兴趣。一个人在他的一生中可能仅仅犯一次谋杀罪，而这一行动是由于怨恨这一习惯所造成的。另外，习惯还具有动机的特征（Dewey，1922：25）：

> 我们可以将习惯视为等待着被有意识地解决问题的手段，就像箱子里放着的工具。但它们还不仅仅如此。它们是积极的手段，是会表现自己的手段，是在行动中充满活力和占据优势的手段。

第二，杜威还力图把环境论添加到他对习惯的定义中去。他认为仅有神经结构还解释不了习惯，还需要用环境因素来解释它。如果环境改变了，那么习惯也会改变。在与他人的互动中，一个人的习惯会发生明显的改变。"行为总是相互的，它和生理过程不一样。"（Dewey，1922：17）

杜威还主张给"习惯"这一因素充实更多的属性（稳定和变化，神经冲动和环境，动机和手段），结果使这一因素变得更为模糊。以后的社会心理学家们并未追随他的研究，也没有试图去澄清这一概念并加以系统地使用。毋庸置疑的原因是，"态度"这一概念已经确立起来了。实际上，"态度"正好弥补了杜威所认识到的"习惯"的不足。

态　度

以下对"态度"概念所做的简要的历史考察，是从作者早先关于"态度"（Allport，1935）的较广泛的论述中改写而成的。

这个概念在当代美国社会心理学中，也许是最富特色而又不可或缺的概念。没有其他术语比它更经常地出现在实验和理论的文献之中了。对它的流行，不难做出解释。它之所以受到人们的喜爱，首先，是因为它不是哪个心理学思想流派的私有财产，它能够很好地满足折中者的不同要求；其次，作为一个概念，它摆脱了遗传和环境相对影响的争论。既然某种态度可以把本能和习惯按任何的比例关系结合起来，因而也就避免了来自本能论和环境决定论双方偏激的责难。此外，这一术语还具有可伸缩性，它既适用于单一和独立的个体意向，同时也适用于宽泛的文体模式（共同的态度）。心理学家和社会学家在这里找到了一个从事讨论和研究的聚会点。这个有用的，或几乎可以说是平和的概念，一直被如此广泛地接受，以至于它已经成为美国社会心理学这座宏伟建筑的拱顶石。实际上，从托马斯和兹纳涅斯基开始（Thomas & Znaniecki，1918），一些著作者已把社会心理学定义为"研究态度的科学"。

像英语中许多抽象的术语一样,"态度"也有不止一种含义。它发源于拉丁语 aptus,一方面,具有"适合"或"适应"的意思,指对行为的主观的或心理的准备状态;另一方面,通过它在艺术领域中的应用而逐渐具有另一种相当独立的含义,即指在雕塑或绘画作品中,人物外表的、可见的姿势(躯体的姿势)。第一种含义清楚地保存在"心理态度"这一短语之中,第二种含义则存在于"运动肌的态度"这一短语之中。因为内省心理学在历史上先于反应心理学而产生,那么自然可以发现,对心理态度的认识要早于对运动肌态度的认识。最早使用这个术语的心理学家之一是赫伯特·斯宾塞。他在《第一原理》中写道(Spencer,1862,Ⅰ,1,ⅰ):

> 在有争议的问题上要得出正确的判断,主要依赖于我们在倾听或参与争论时所持的态度;并且,要保持正确的态度,我们就必须去了解普通人的信仰在多大程度上是真实的以及在多大程度上是不真实的。

稍后,当心理学家们放弃自己专有的内省观点时,"运动肌态度"这一概念便开始流行起来了。例如,1888 年,N. 朗格提出了一套运动肌理论,其中,感知的过程被认为主要是肌肉准备或"起动"的结果。大约在同一时间,闵斯特伯格(Münsterberg,1889)提出他的注意的行动理论,查尔斯·弗雷(Féré,1890)主张一种肌肉紧绷的安定状态是有选择感知的一个决定性条件。

在最近几年,很少有人把"态度"明确标定为"心理的"或是"运动肌的"。这种应用带有身心二元论的味道,不能使当代的心理学家感到满意。目前,几乎所有情况下,这一术语在出现时都没有限定性的形容词,并且几乎整个地保留了它的两个原始的含义:一种心理倾向和一种运动肌的趋向。"态度"指心理活动和身体活动前的一种神经心理的准备状态。

可以说,实验心理学第一次清晰地意识到"态度"与对反应时间的研究有关。1888 年,L. 朗格发现那些有意识地准备在收到信号后迅速地按下发报电键的被试者比那些注意力没有集中到即将到来的刺激因而也没有意识到要做出预期反应的被试者反应的速度要快得多。继朗格之后,所谓的目标态度研究或任务(Aufgabe)在几乎所有的心理学实验中都能觅得踪影。不仅在反映实验中，而且反映在对感知、回忆、判断、思考和意志力的探究中，主体准备状态的中心重要性已成为研究者们的共识。在开创早期实验研究的德国，兴起了用一堆专业术语来表述影响实验过程中被试思维或行动序列（trains of thought or behavior）的心理和动作定向的变量。除 Aufgabe 之外，还出现了许多研究：Absicht——意识与目的；Zielvorstellung——目标意识；Bezugsvorstellung——自我与自我所回应的他人的关系意识；Richtungsvorstellung——定向意识；Determinierende Tendenz——任何一种与行动相关的思识和倾向；Einstellung——这是一个更一般性的术语，大致等同于"趋向"（set）；Haltung——带有更多行为的含义；还有 Bewusstseinslage——意识形态或意识层。或许是缺少对"态度"总括性的一个定义，造成德国实验者们发现了如此之多的分类和形态。同样，这种缺失也解释了为何没有基于一个统一的态度概念之上的德文版的体系化的社会心理学。

接着，针对态度在意识中之地位的激烈论战随之而来。维茨堡学派（Würzburg School）认为：态度既不是不可言说的感觉，也不是上述这些表述的某种组合。有时人们通过自省的方式来研究态度，通常收效甚微。一种态度除像是一种对需求的模糊感知，或者是对犹豫、赞同、信念、竭尽所能或亲密感之类的不确定且不可予以解析的感觉之外，似乎在意识中没有其他的表现（Titchener，1909）。

维茨堡学派的研究成果之一是让所有的心理学家都接纳了"态度"，不过并非所有的人都认定态度是触摸不到和不可化约的心理元素。总而言之，冯特的追随者们相信态度可以由感觉加以详尽解释，尤其是那些掺杂着令人振奋和激动的感觉。铁钦纳的学生海伦·克拉克（Clarke，1911）提出：态度大部分通过象征、感觉和情感在意识中表现出来，哪里无法描述这些心理状态，就可以假定，在哪里这些应该相同的结构就退化了或衰减了。

许多作者把感知、判断、记忆、习得，以及思考现象大致地还原为态度的作用（Ach，1905；Bartlett，1932）。一个人如果没有支配性的态度就会困惑和分辨不清。在一个人得到令人满意的观察结果、给出适当的判断或做出仅仅是最为本能的反射型反应之前，某些心理准备都是必要的。态度决定了每一个人的所见和所闻、所想和所为。借用威廉·詹姆斯的一段话——"态度赋予世界以意义"；它们为原本混乱的环境划清了界限，并与此区隔；它们是我们在语义不清的世间找到出路的手杖。尤其在刺激并非很强烈也不必然带来条件反射或自动反应的情况下，态度在决定意义和行为中起到了确定的作用。

对态度如何在意识中得以表现的解释不足，导致人们更愿意把态度视为大脑活动的显现或无意识心理。缪勒和皮尔扎克（Müller & Pilzecker，1900）把态度称为"持续重复某一动作的倾向（perseveration）"，由此可见其对完全无意识的态度的坚守。根据被试常常落入自身个人化的思维模式的现象，考夫卡提出了"潜在态度"假设（Koffka，1912）。沃什伯恩把态度描述成身体和大脑器官中的"静态运动系统"（Washburn，1916）。还有一些作者更加心理学倾向化，把态度归入神经病学的研究范围：追溯、记忆痕迹、激发机制、大脑模式等。维茨堡学派的学者和其他所有的实验心理学家们的贡献在于，他们有效证实了态度这一概念是不可或缺的。

然而，在弗洛伊德的影响下态度被赋予了生动性，它们是渴望、怨恨和爱，是激情和偏见，简单地说就是生命汹涌奔腾的无意识流。假如没有实验者们的辛劳付出，今天态度不会成为心理学的既定概念；同样，假如没有精神分析理论的影响，态度依旧会是一片死气沉沉而不会对社会心理学有现在如此多的助益。一个贫血的态度构想是不能为偏见、忠诚、爱国、群体行为、宣传控制提供充足解释的。

按照托马斯和兹纳涅斯基的观点，对态度的研究是社会心理学的卓越的研究领域。态度是个体的心理过程，这种心理过程决定了社会中每一个人的实际和潜在的反应。由于态度总是针对一定的对象，因此，它可以被定义为"个体对某一价值的意识状态"。价值本质上通常是社会性的，也就是说，它们是社会化的人们共同关心的对象。对金钱的喜爱、对名誉的渴望、对外国人的憎恶以及对科学理论的尊重，都是典型的态度。这是因为，金钱、名誉、外国人和科学理论都是"价值"。"社会价值"被定义为"一定社会群体的成员可以获得的、具有经验内容的任一材料，它是，或者可以是活动的一种对象"。的确，对每一种社会价值来说，都存在大量的与之相对应的态度——例如，看待教堂或国家就有许多种态度。而对于任何单一的态度，也存在许多可能的价值。试图破除传统的人，可能会相当盲目地去攻击所有已确立的社会价值；而缺乏教养的人则可能无批判地全盘接受它们。因此，在社会领域，作为社会学家的研究对象，"价值"和"态度"都必须具有某种情境。

紧随着这一脉相承的思想，法里斯（Faris，1925）提出了补充的定义。他意在区分有意识和无意识的态度，心理的和运动肌的态度，个人和群体的态度，潜在的和活动的态度。帕克（参见 Yang，1913）是赞同这一思想流派的学者，他提了"态度"的四个标准：

（1）它在对象（或价值）世界中具有明确的取向，并在这方面区别于简单的条件反射；

（2）它并不是一种完全自动和常规的行为类型，而必须表现某种紧张状态，即便它还处于潜在的阶段；

（3）它在强度上变化不定，有时主宰一切，有时相对无效；

（4）它植根于经验之中，因此，并不简单的是一种社会本能。

下面是出现的有关"态度"的几种典型的定义：

态度＝对即将开始（或正在激发的）经历事件的一种明确的心理倾向，它使经历受到限制和修正；或是，一定类型活动前的一种准备状态。（Warren，1934）

态度是人类个体赞同或反对某种确定对象的心理倾向。（Droba，1933）

态度是心理的和神经中枢的准备状态，通过经验被组织起来，对个体就所有与其相关的事件和情境的反应施加指导性或推动性的影响。（Allport，1935）

总之，作为研究单位的"态度"，是社会心理学大厦的主要基石。尽管，在坚持场论的学者、现象学家和主张学习理论的学者中，一直存在把"态度"驱逐出研究领域的企图，但实际上，除了为继续使用而改进这一概念，他们的批评能否起更多的作用是值得怀疑的。最近的一些文献表明，这一概念深受喜爱。它在教科书中占有突出的地位，例如组科姆、特纳和康弗斯（Newcomb，Turner，& Converse，1965），并仍然引发新的学术探讨和分析，例如卡茨和斯托特兰德（Katz & Stotland，1959）。

情　感

麦独孤不喜欢"态度"这个术语。对他来说，它似乎只反映了有机体组织结构中表面的和易变化的层次。但他却坚定地表明，某些"意向"概念必然会永远地适合于"所有心理学的基本假定"。就社会行为来说，他所选择的单位是"情感"。麦独孤指出：

> 情感的理论是系统中习性（或本能）逐步构成的理论，系统是我们所有活动的主要源头；系统使我们不断抗争的生命和情感生活具有坚定性、持续性和秩序；系统依次被组织到更大的系统中，并且，当它们被协调地组织到一个综合的系统中时，就构成了我们真正地称之为"性格"的东西。（McDougall，1932：211）

因此，可以说，"情感"与"态度"有以下四个方面的区别。

（1）情感预先假定了潜在的习性，而态度是存在于有机体中的一种倾向，并未考虑这种倾向的起源或能量的来源。

（2）态度在其所涉范围内可能是特定的或是扩散的，但情感集中在明确的对象上。例如，一个人可能谈论反社会态度，但却很少谈论反社会情感。

（3）情感被认为比态度更持久和更有层次性。虽然短暂的心理训练造成的结果与持久的生活哲理一样都是一种态度，但前者却不是情感。

（4）情感是有意识的和令人愉快的，而与它相比，情结是病态的和受压抑的情感。态度既能涵盖健康和有意识的意向，也能涵盖病态和受压抑的意向。

"情感"（sentiment）这个概念在亚历山大·尚德（Shand，1896）手上得到了首次运用。他认为人类的特性是由情感构成的。麦独孤采纳了这一理论，并对它进行了仔细的研究。"情感"对这些作者来说，不仅为描述人类的社会情感提供了适当的单位，而且也为人格理论的建立提供了适当的单位。对麦独孤来说，人格的统一是通过自尊的情感位于所有情感之上来得以保证的。

某些近期的作者也表现出对情感概念的强烈偏爱和对态度单位的强烈厌恶。例如，在默里和摩尔根看来（Murray & Morgan，1945），"态度"似乎太肤浅、太机动，以致不能描述需求的基本结构和精神的关注状态。也就是说，根据他们的想法，精神的关注状态正是"情感"的核心。

结束语

我们已讨论了四种类型的分析单位：本能、习惯、态度、情感。它们都要求有基本种类的动力意向作为社会行为的基础。它们都存在假设个人具有固定意向的缺陷，忽视了行为在外界情境发生变化时所表现出的灵活性与适应性。

场论家和其他批评者认为，人类的行为是无限可变的，这种变化依据于他发现自己处在什么样的环境之中。一些批评者走得更远，以至于否认具有普遍化的态度倾向，而把注意力有重点地放在每一情境中以特定的方式做出反应的特定意向上，例如瓦尔特·库图（Coutu，1949）。但个体在从一种情境进入另一种情境时，他们的行为并不是完全不同的。即使在我们所描述的这些单位中存在夸大这种稳定性的危险，我们也不必完全放弃它们而去赞同瞬间的情境主义或场论中的极端的看法。

客观方法的创立

实　验

虽然早在 1875 年，冯特和詹姆斯就已分别在莱比锡和哈佛建立了演示的（而不是研究的）实验室，但第一个心理学实验室在 1879 年才真正被建立起来。这一荣誉应该属于冯特。而又过了若干年之后，社会变量才开始进入这个实验室。第一个实验性问题——实际也是实验研究在第一个 30 年中探索的唯一的问题——可以被概括地表达为：当他人在场时，一个人单独的正常工作会发生什么样的变化？

从实验室中对这个问题做出的回答来自特里普利特（Triplett，1897）。他在查阅正式自行车比赛记录时注意到，当一个骑手在被前面一辆可看到的机动车引导的时候，他的最大速度能提高 20%。特里普利特想要进一步搞清楚这个问题。他在 10 岁至 12 岁年龄组的儿童中安排了一个实验，交给他们绕线轴的工作，通过改变单独工作和在一起工作的情境，他发现：当在一起工作时，他的 40 个被试中有 20 个人的工作成绩超出了他们单独工作时的成绩，而另外有 10 个人的工作效率则有所下降（这明显是因为获胜的欲望对他们产生了过度的刺激），还有 10 个人基本没有受到什么影响。特里普利特得出结论，一般说来，在产生了更大的动力和成就时，通常要考虑到群体环境。他的解释是令人感兴趣的：

在群体中，其他竞争者同时参与的存在，促使个体释放出平常并不动用的潜在能量……看到领跑者或主要竞争者的活动，以及想到可以达到这种或其他方式提供的更快的速度，都可能成为使个人产生出想得到某种结果的心理动力因素。（Triplett，1897：533）

但特里普利特在他的实验设计和他对实验结果的解释上，都没有区别开两种因素：一方面是情感的竞争；另一方面是由听到和看到共同工作者在场产生的单一的动力影响。读者可以从我们关于联想的讨论中回想起"动力根源"的概念，它是精神性运动理论的一个特定形式。作为外界灌输的想法或知觉，抑或情感刺激作用的结果，机械和无意识的活动是值得注意的事情。弗雷（Féré，1900）曾是沙尔科诊所的医生，他和比奈（Binet，1900）及另一些人对这一概念的解释的价值抱有很大的信心。不由自主的动作、心灵感应、暗示、模仿、催眠现象全部都可以追溯到动力的影响。因此，对特里普利特来说，用"动力根源"来解释群体影响，就是一件很自然的事了。

早先的教育学也关心同样的问题。奥古斯特·梅约（Mayer，1903）曾在背诵、写作、算术和其他任务方面，研究了学校儿童的家庭作业和课堂作业的数量和质量。尽管梅约发现，正如特里普利特一样，在聚集的群体中过分激烈的竞争条件对生产的质量会产生相反的影响，但总的来看，他的结论明确地指出群体工作优于单独工作。

后来同时代的一些学者在竞争和简单的"社会促进"的差别方面做出了许多重要的推论（无论是否用动力根源的术语去加以解释）。F. H. 奥尔波特（Allport，1924）也推论出这种差别，表明存在两种小型群体：共同行动群体和面对面群体。在前者中，可以发现最简单的心理活动。在一起工作的人所接受的社会刺激几乎完全来自"有促进作用的"社会激励，并因此最明显地表现出纯粹的"社会促进"效果。在面对面群体中，出现了一些完全新的问题：交谈、互动、集体的社会行为、"群体思考"和所有其他直接的（不仅是有促进作用的）社会效果。如果接受这种差别，我们可以说，早期的工作全部思考的是与共同行动群体有关的问题。面对面群体在经过了很长时间之后才成为人们注意的中心。别赫捷列夫和朗格（Bechterew & de Lange，1924）、G. 华生（Watson，1928），特别是 K. 勒温（参见他的著作选辑，Lewin，1948，1951），他们的工作激发起了学者研究面对面群体的热情。

1913 年，莫德开始了一个针对共同行动群体的纪念碑性质的研究计划。他决心进行一种系统性的尝试，把社会变量引入所有的，或接近所有的，标准化的心理学实验之中。他认为如果对单独工作的个人来说，听觉的下阈是可以测定的，那么为什么对 2 个、3 个、4 个、6 个或任何数量的相互在一起工作的被试来说不可以呢，同样，为什么那些可以用来帮助记录无意识肌肉运动的工具不能用来研究模仿呢。例如，在注视实验者手臂的运动时，被试的无意识活动可以被测量出来。同样，联想的过程、注意力的转移、学会和遗忘——所有这些在实验心理学中熟悉的现象——也能被（事实上已被）用在以莱比锡中学生和大学生为被试的群体研究中。莫德在他的《实验大众心理学》（Moede，1920）一书中，发表了他的研究成果。但他开拓性的观点却没有产生应有的影响。这部分的是因为他没有能把自己的发现概括成系统的理论，部分的是因为他具有激励性的著作没有被译成英文。

然而，莫德的实验计划却被哈佛的闵斯特伯格所了解。正是闵斯特伯格，在 1915 年鼓励 F. H. 奥尔波特从事这一领域的研究工作。后者证实了莫德及其前人的那些重要发现，并系统阐述了一系列概念化理论（Allport，1920）。即使当竞争的影响被减到最小限度时，但只要有共同的工作者存在，通常就可以增加成果的数量（社会增量）；然而，这种情境趋向于使被试做出谨慎保守的判断、会造成个人间的联系程度的减少，以及降低推理和其他复杂的脑力工作的质量（社会减值）。惠特莫尔（Whittemore，1924）系统地扩展了这一工作，他加进了竞争的变量，并发现，一般来说，竞争提高了所有这些社会效果。与特里普利特不同，这些著作者用"促进的社会激励"这一术语来解释他们的结论，它指由预先增设的条件所引起的刺激的总和，它激发了潜能的超常发挥。当加入竞争的变量时，来自内部情感的增加便与来自外部的有促进作用的刺激结合在一起，共同发挥作用。

这种苦心经营的工作被后来的研究者不断继续下去。例如，李·特拉维斯在 1925 年发现有些结果在口吃的人当中被颠倒过来，他们的社交羞怯性似乎是一个起抑制作用的变量（Travis，1925）。达希尔（Dashiell，1935）概述了所有这些工作，并补充进他本人有关想象的他人存在与实际的他人存在相比较的研究。在早期有关群体影响的实验中有 H. T. 穆尔所做的实验，他计量了在道德判断和审美问题上专家观点和大多数人观点的相对影响（Moore，1921）。穆尔在研究中引入了一个新方法，他不是让被试实际地面对"专家"或"大多数人"，而只是向被试转述他们的判断。用这种方式他发现了社会威望的影响能够通过引发某种态度的教导而被简易地测量出来。后来，许多研究者都利用了这一事实，通过人为地激发预先存在的态度来测定社会影响。

苏联心理学也运用实验的方法，在十月革命以后不久，它把注意力转向集体与个人行为之间关系的问题上。别赫捷列夫和朗格（Bechterew & de Lange，1924）使用面对面（而不仅是共同行动）的群体进行研究，并报告了集体讨论对于改变个人先前判断的影响。他们得出的结论是：集体思考的效率并不比个人思考的效率低，前者在判断的准确性上有更大的优势。苏联的研究者同时还把注意力集中于对比竞争与合作的社会情境的各自的优点。后来，罗蒙德·鲍尔（Bauter，1952）指出，苏联心理学已经从早期单纯重视环境因素的影响力转变为重视个体的责任和义务。而由早期实验建立起来的，自由讨论、合作和团队工作的重要性，已经与共产主义的意识形态不相宜了。

在美国，研究者增强了实验的兴趣，群体对个体心理过程的影响不再是单一的研究核心。勒温、利皮特和怀特（Lewin，Lippitt，& White，1939）在研究中采用了"社会氛围"或"群体环境"的概念，尤其是他们证明了领导的方式（专制独裁型、放任自由型、民主型）深刻地影响着群体成员的行为。这一工作实际上引起了对群体动力学、群体结构、群体决定、群体凝聚力——简而言之，对小群体的所有方面——加以研究的热潮。要了解这些具有历史意义的实验报告，可以参考怀特和利皮特的著作（White & Lippitt，1960）。

控制的观察

虽然，在社会研究方面，实验的方法已趋于完善，但它并没有被运用于解决社会心理学必须与之角力的所有问题。无疑，从一开始，绝大多数研究者们都强调，他们的理论和原则是建立在"事实"的坚固基础之上的，孔德、斯宾塞、塔德、涂尔干——所有的理论家——都是在对社会现象进行"观察"的基础上来解释它们的。他们所缺乏的是检验和扩展他们独立观察的方法。

也许，最初改善个人观察的尝试是通过采用一定的提问题的程序来进行的。波林（Boring，1950）指出，早在1869年，柏林大学就使用过这种方法。高尔顿（Galton，1883）在他著名的对意象的研究中掌握了问卷的方法。斯坦利·霍尔在对儿童心理学的研究中，更大规模地运用了这一方法。不久，埃德温·斯塔巴克在1899年把这一方法修改、运用到对宗教信仰和成年人习惯的研究中（Starbuck，1899）。詹姆斯在其天才著作《宗教经验的变种》（James，1902）中，借助了斯塔巴克的研究成果。经过一段时间之后，出于对这一方法的改进和保护的需要，而产生了在措辞、访谈、反应译码和量表的使用等方面的特定的方法学研究。最初松散和缺乏经验的问卷方法被打造成为一种相当精确的工具。

由凯特莱、高尔顿、皮尔逊、费希尔和其他人所建立的统计学的工具，也逐渐地被用于加强和保护社会心理学的研究。毕生致力于态度测量问题的瑟斯顿（Thurstone，1927）首次把统计学的技术引入研究的重要领域。由莫雷诺（Moreno，1934）发现的作为准定量技术的社会测量学，使社会心理学家可以评估群体中个人之间的吸引和排斥。在1936年盖洛普对总统竞选的民意进行预测并首次获得重大成功之后，一种精心设计的、特定的测量研究迅速发展起来。

由于这诸多在方法上的巨大进步都是在当代完成的，因此，它们还没有构成我们这种历史思考的一部分。事实证明，直到20世纪20年代，经验主义和实证主义都还没有使社会心理学进入可观测的范围之内。只是从那以后，客观性和精确性的理想才很快占据了统治地位。到1931年，墨菲夫妇在他们第一版的《实验社会心理学》一书中，就已经能够列出800个相关的研究，并在修订版（Murphy、Murphy，& Newcomb，1937）中又增加了几百个项目。

今天，社会心理学作为一门学科的最显著的标志是它在方法方面的技术和实验设计。它走出那种“简洁而有效”的沉思时代已有很长一段路了。为了进一步了解研究中所使用的现代控制方法的应用范围、能力及其卓著的创造力，读者可以去查阅一下那些给人留下深刻印象的调查报告。提供这些报告的学者们包括：贝雷尔森和斯特纳（Berelson & Steiner，1964）、伯克威茨（Berkowitz，1964）、普罗杉斯基和塞登伯格（Proshansky & Seidenberg，1965）以及斯特纳和菲什拜因（Steiner & Fishbein，1965）。这本《手册》

中的许多章节也有同样的关于这种发展历程的介绍。孔德会说，现在，社会心理学终于切切实实地进入了"实证的阶段"。

教科书

人们可以通过综览一门学科的教科书，而了解有关它的历史的一些知识。在这本《手册》的第一版（1954）中，列出了一个几乎没有遗漏的教科书的目录，其中包括了 52 本可供阅读的教科书，其范围从 1908 年罗斯和麦独孤的教科书，直到 1952 年的教科书。这些教科书的作者中，有将近 2/3 的人认为自己是心理学家，而另外三分之一的人认为自己是社会学家。这一事实引起了人们对这一学科中长久的两极现象的注意。其中强调的重点从个体的过程（例如：儿童是如何学习谈话的），到社会系统中的强制性影响（例如：不同社会阶层在语言上的差别）。某个作者可能把创造力看作个体的态度，而其他作者则可能把它看作时代精神的特征。有的人会把态度看作个人和私下的意向，另一个人却会把它看作个体在角色、性和文化背景中的一种偶然事件。

在本文的前面部分提出的社会心理学的定义——"理解或解释个体的思想、情感和行为如何受到他人实际的、想象的或隐含的存在的影响"——可能带有明显的心理学倾向。作为对比，我们参照下面的一个社会学倾向的定义。埃尔伍德写道：

> 社会心理学是对社会互动的研究。它以群体生活的心理为基础。它以解释群体中形成的人类反应方式、沟通、本能行为和习惯行为的方式为起点，开始它的研究。（Ellwood，1925：16）

无疑，结合这两种观点去观察社会心理学中丰富的问题，是一件大有裨益的事情。

结　论

毫无疑问，当前在社会心理学中流行的倾向，是对社会行为进行客观而不是纯理论的研究。提倡的口号是"实验"、"自动的计算"、"统计的可信度"和"实验的可重复性"。研究者们以这种"脚踏实地"的方法获得了显著的科学成就。然而，这时却存在一个严重的危险，即那些巧妙和出色的实验经常缺少理论的概括能力。但是，与此相比，许多同时代的研究者却似乎只把注意力放在特定条件下的狭隘的现象上。即使实验被成功地重复完成，也根本不能证明这个发现具有更广泛的正确性。正是由于这种原因，目前一些研究似乎停滞在对琐屑工作的悉心修饰上——经验主义的零敲碎打，除此之外没有任何更多的东西。

当前，确实存在对社会心理学的挑战。在方法上经过改善的客观性能否被产生出来，去适应更宽泛的理论和实际的应用呢？在本文的前面部分，我们已注意到，亟待解决的战争与和平问题、现实社会生活所必须的教育、对污染的控制、有效的民主，所有这一切都是如此迫切地需要社会学的帮助。这样的帮助不可能来自少数专家学者，即便他们已非常完美无缺。目前引起争论的问题是，人们现在全力关注的问题，包括方法、小模型等，能否在不远的将来在理论和应用上引导出一个新的研究重点。

完整的理论是不容易获得的。像许多行为科学一样，社会心理学问题的解决最终要依赖于建立关于人的本质和社会的本质的广泛而抽象的理论。这种高水平的概念化对以往那些马基雅维利主义者、边沁主义者和孔德主义者来说，比对今天的经验主义者具有更大的意义。由孔德倡导的实证主义的出现，导致了一种本质上的非理论化的倾向。其结果是在报纸、杂志和教科书中，塞满了特殊和个别的调查研究，而理论却被降到了最低限度。

这种趋势是可以转变的。零散的经验研究日益减弱人们的科学兴趣，而对宽广理论感兴趣的时代可能会重新到来。如果这样，那么，熟悉社会心理学历史的研究者就能建立起坚定的自信；他们就能区别出什么是有意义的以及什么是无足轻重的问题；他们就能从陈腐无味的事物中摆脱出来；就能有选择地借鉴过去的成果，在未来建立一门将已有的知识合乎逻辑地融合为一体的科学。

参考文献

Aberle, D. F., A. K. Cohen, A. K. Davis, M. J. Levy, & F. X. G. Sutton, 1950, The

Functional Prerequisites of a Society, *Ethics*, No. 60, pp. 100-111.

Ach, N., 1905, *Uber die willenstatigkeit und das Denken*, Gottingen: Vanderhoeck and Ruprecht.

Adler, Alfred, 1917, *Study of Organ Inferiority and Its Psychical Compensations: A Contribution to Clinical Medicine*, translated from German by S. A. Jeliffe, New York: Nervous and Mental Diseases Publ. Co.

Allport, F. H., 1920, The Influence of the Group upon Association and Thought, *Journal of Experiment Psychology*, No. 3, pp. 159-182.

Allport, F. H., 1924, *Social Psychology*, Boston: Houghton Mifflin.

Allport, F. H., 1933, *Institutional Behavior*, Chapel Hill: University of North Carolina Press.

Allport, F. H., 1940, An Event System Theory of Collective Action: With Illustrations from Economic and Political Phenomena and the Production of War, *Journal of Social Psychololgy*, No. 11, pp. 417-445.

Allport, G. W., 1935, Attitudes, In C. M. Murchison (ed.), *Handbook of Social Psychology*, Worcester, Mass.: Clark University Press, pp. 798-844.

Allport, G. W., 1943, The Ego in Contemporary Psychology, *Psychological Review*, No. 50, pp. 451-478.

Allport, G. W., 1946, Effect: a Secondary Principle of Learning, *Psychological Review*, No. 53, pp. 335-347.

Allport, G. W., 1961, *Pattern and Growth in Personality*, New York: Holt, Rinehart, and Winston.

Asch, S. E., 1948, The Doctrine of Suppression, Prestige, and Imitation in Social Psychology, *Psychological Review*, No. 55, pp. 250-276.

Asch, S. E., 1952, *Social Psychology*, New York: Prentice-Hall.

Ashley-Montagu, M. F., 1950, *On Being Human*, New York: H. Schuman.

Bagehot, W., 1875, *Physics and Politics*, New York: D. Appleton.

Baker, H., 1947, *The Dignity of Man*, Cambridge, Mass.: Harvard University Press.

Baldwin, J. M., 1895, *Mental Development in the Child and in the Race*, New York: Macmillan.

Baldwin, J. M., 1897, *Social and Ethical Interpretations in Mental Development*, New York: Macmillan.

Barnes, H. E., 1965, *An Intellectual and Cultural History of the Western World* (3rd revised), New York: Dover.

Bartlee, F. C., 1923, *Psychology and Primitive Culture*, Cambridge: Cambridge University Press.

Bartlee, F. C., 1932, *Remembering*, Cambridge: Cambridge University Press.

Bastian, A., 1860, *Der Mensch in der Geschichte: zur Begrundung einer Psychologischen Weltanschauung* (3 vols.), Leipzig: O. Wigand.

Bauer, R. A. , 1952, *The New Man in Soviet Psychology*, Cambridge, Mass. : Harvard University Press.

Bechterew, V. M. , 1932, *General Principles of Human Reflexology* (translated from 4th Russian ed. , 1928), New York: International Publishers.

Bechterew, V. M. , & M. de Lange, 1924, Die Erbegnisse des Experiments auf dem Gebiete der kollektiven Reflexologie, *Z. angew. Psychol.* , , 24, pp. 305-344.

Becker, H. , 1931, Some Forms of Sympathy: a Phenomenological Analysis, *Journal of abnormal and Social Psychology*, No. 26, pp. 58-68.

Becker, H. & H. E. Barnes, 1952, *Social Thought from Lore to Science* (2nd ed.), Washington: Hansen Press.

Bentham, J. , 1789, *An Introduction to the Principles of Morals and Legislation*, Oxford: Clarendon Press.

Berelson, B. & G. A. Steiner, 1964, *Human Behavior: an Inventory of Scientific Findings*, New York: Harcourt, Brace, and World.

Berkowitz, L. (ed.), 1964, *Advances in Experimental Social Psychology*, New York: Academic Press.

Bernard, L. L. , 1926, *Instinct: a Study in Social Psychology*, New York: Henry Holt.

Bernard, L. L. , 1934, Social Psychology, In *Encyclopedia of Social Science*, Vol. 14, New York: Macmillan, pp. 151-157.

Bernheim. H. , 1884, *De la suggestion dans l'état hypnotique et dans l'état de veille*, Paris: O. Doin.

Bertalanffy, L. von, 1962, *General System Theory*, *Gen. Systems* (Yearbook of the Society for General Systems Research), No. 7, pp. 1-20.

Binet, A. , 1900, *La Suggestibilité*, Paris: Schleicher.

Blanton, S. & M. Blanton, 1927, *Child Guidance*, New York: Century.

Boring, E. G. , 1929, *A History of Experimental Psychology*, New York: D. Appleton-Century.

Boring, E. G. , 1950, *A History of Experimental Psychology* (rev. ed.), New York: Appleton-Crofts.

Bosanauet, B. , 1899, *Philosophical Theory of the State*, New York: Macmillan.

Braid, J. , 1843, *Neurypnology* (Rev. ed. , London: G. Redway, 1899).

Britt. S. H. , 1950, *Selected Readings in Social Psychology*, New York: Rinehart.

Brown, T. , 1820, *Lectures on the Philosophy of the Human Mind* (4 vols.), Edinburgh: J. Ballantyne for W. Tait and C. Tait.

Cantril, H. , 1940, *The Invasion from Mars*, Princeton: Princeton University Press.

Cantril, H. , 1941, *The Psychology of Social Movements*, New York: Wiley.

Cartwright, D. , 1961, A Decade of Social Psychology, In R. Patton (ed.), *Current Trends in Psychological Theory*, Pittsburgh: Univ. of Pittsburgh Press. pp. 9-30.

Catlin, G. , 1947, *The Story of the Political Philosophers* (rev. ed.), New York: Tudor.

Charcot, J. M. , 1888-1894, *Oeuvres Complètes* (9 vols.), Paris：Bureaux du progrès médical.

Chase, S. , 1951, *Roads to Agreement*, New York：Harper.

Clarke, H. M. , 1911, Conscious Attitudes, *Amer. J. Psychol.* , No. 32, pp. 214-249.

Comte, A. , 1830, *The Positive Philosophy*, Vol. 1 (Transl. London：Trubener, 1853) .

Cooley, C. H. , 1902, *Human Nature and the Social Order*, New York：Scribner's.

Cottrell, L. S. & R. Gallagher, 1941, Developments in Social Psychology, 1930 - 1940, *Sociom. Monogr.* , No. 1. New York：Beacon House.

Coutu, W. , 1949, *Emergent Human Nature*, New York：Knopf.

Curti, M. , 1943, *The Growth of American Thought*, New York：Harper.

Darwin, C. , 1859, *On the Origin of Species*, London：J. Murray.

Dashiell, J. F. , 1935, Experimental Studies of the Influence of Social Situations on the Behavior of Individual Human Adults, In C. C. Murchison (ed.), *Handbook of Social Psychology*, Worcester, Mass. : Clark Univ. Press. pp. 1097-1158.

Dewey, J. , 1899, *Psychology as Philosophic Method*, Berkeley：University Chronicle.

Dewey, J. , 1917, The Need for Social Psychology, *Psychol. Rev.* , No. 24, pp. 266-277.

Dewey, J. , 1922, *Human Nature and Conduct：an Introduction to Social Psychology*, New York：Henry Holt.

Dollard, J. & N. E. Miller, 1950, *Personality and Psychotherapy*, New York：McGraw-Hill.

Doob, L. W. , 1935, *Propaganda：its Psychology and Techniques*, New York：Henry Holt.

Droba, D. D. , 1933, The Nature of Attitude, *J. Soc. Psychol.* , No. 4, pp. 444-463.

Dunlap, K. , 1919, Are There any Instincts? *J. Abnorm. Psychol.* , No. 14, pp. 307-311.

Durkheim, E. , 1897, *Le suicide*, Paris：F. Alcan (Transl. Glencone, Ill. : Free Press, 1951).

Durkheim, E. , 1898, Représentations Individuelles et Représentations Collectives, Rev. De métaphysique, 6, 275-302 (Transl. D. F. Pocock, *Sociology and Philosophy*, New York：Free Press, 1953).

Durkheim, E. , 1902, De la Division du Travail Social, Paris：F. Alcan (Transl. New York：Macmillan, 1933).

Durkheim, E. , 1912, *Les formes élémentaires de la vie religieuse*, Paris：F. Alcan (Transl. New York：Macmillan, 1915).

Ellwood, C. A. , 1925, *The Psychology of Human Society*, New York：Appleton.

Engelmann, G. , 1927, *Political Philosophy from Plato to Jereny Bentham* (transl.), New York：Harper.

Espinas, A. , 1877, *Des Soclétés Animales*, Paris：G. . Baillière.

Faraday, M. , 1853, Experimental Investigation of Table-moving, *Athenaeum*, 1340：801-803.

Féré, C. , 1890, Note sur al physiologie de l'attention, *Rev. Phil.* , 30, 393-405.

Féré, C. , 1900, *Sensation et Mouvement*, Paris：F. Alcan.

Fouillée, A. , 1908, *Morale des idées-forces* (2nd ed.), Paris：F. Alcan.

Freud, S. , 1913, *Totem and Taboo* (Transl. New York: Moffat, Yard, 1918).

Freud, S. , 1920, *Beyond the Pleasure Principle* (Transl. London: International Psychoanalytical Press, 1922).

Freud, S. , 1921, *Group Psychology and the Analysis of the Ego* (Transl. London: International Psychoanalytical Press, 1922).

Galton, F. , 1883, *Inquiries into Human Faculty and its Development*, London: Macmillan.

Gehlke, C. E. , 1915, *Emile Durkheim's Contributions to Sociological Theory*, New York: Columbia Univ. Press.

Giddings, F. H. , 1896, *The Principles of Sociology*, New York: Macmillan.

Goldenweiser, A. , 1993, *History, Psychology, and Culture*, New York: Knopf.

Green, T. H. , 1900, Lectures on the Principles of Political Obligation, In *Collected Works*, Vol. 2, London: Longmans, Green.

Haddon, A. C. , 1910, *History of Anthropology*, London: Watts.

Haddon, A. C. , 1949, *History of Anthropology* (rev. ed.), London: Watts.

Hall, G. S. , 1891, The Contents of Children's Minds on Entering School, *Ped. Sem.*, No. 1, pp. 139-173.

Hamilton, W. , 1859 - 1860, *Lectures on Metaphysics* (H. Maurel and J. Veitch, eds.), Boston: Gould and Lincoln.

Hart, H. , 1949, The Pre-War Upsurge in Social Science, *Amer. Sociol. Rev.*, No. 14, pp. 599-607.

Hegel, G . W. F. , 1807, Phanomenologie des Geistes (Transl. The Phenomenology of Mind, London: Allen and Unwin, 1910).

Heider, F. , 1958, *The Psychology of Interpersonal Relations*, New York: Wiley.

Herbart, J. F. , 1821, Uber einige Beziehungen zwischen Psychologie und Staatswiss-enschaft, In Vol. 5 (1890) of *Samtliche Werke* (19 vols.), Langensalza: Hermann Beyer, 1887-1912.

Hobbes. T. , 1651, Leviathan (Reprint of 1st ed. , Cambridge: Cambridge Univ. Press, 1904).

Hocking, W. E. , 1926, *Man and the State*, New Haven: Yale Univ. Press.

Hollingworth, H. L. , 1920, *Psychology of the Functional Neuroses*, New York: D. Appleton.

Holt, E. B. , 1915, *The Freudian Wish and its Place in Ethics*, New York: Holt.

Holt, E. B. , 1931, *Animal Drive and the Learning Process*, New York: Holt.

Hoppe, F. , 1930, Das Anspruchsniveau, In "Untersuchungen zur Handiungsund Affekt-psychologie": IX, *Erfolg und Misserfolg*, *Psychol, Forsch*, 14, 1-62.

Horney, K. , 1939, *New Ways in Psychoanalysis*, New York: Norton.

House, F. N. , 1936, *Development of Sociology*, New York: McGraw-Hill.

Hovland, C. I. & I. L. Janis, Eds. , 1959, *Personality and Persuasibility*, New Haven: Yale Univ. Press.

Hull, C. L. , 1934, *Hypnosis and Suggestibility*, New York: D. Appleton-Century.

Karpf, F. B. , 1932, American Social Psychology, New York: McGraw-Hill.

Karpf, F. B. , 1952, American Social Psychology—1951, *Amer. J. Sociol.* , 2, 187-193.

Moreno, J. L. , 1934, *Who Shall Survive?* Washington, D. C. : Nervous and Mental Disease Publ. Co.

Muller, G. E. & A. Pilzecker, 1900, Experimentelle Beitrage zur Lehre vom Gedachtniss, *Z. psychol.* , Ergbd. 1.

Munsterberg, H. , 1889, *Beitrage zur Experimentellen Psychologie*, Vol. 1, Freiburg: Mohr.

Murray, H, A. , and C. Morgan, 1945, A Clinical Study of Sentiments, *Genet. Psychol. Monogr.* , No. 32, pp. 3-149.

Murphy, G. , 1949, *Historical Introduction to Modern Psychology* (rev. ed.), New York: Harcourt, Brace.

Murphy, G. & l. B. Murphy, 1931, *Experimental Social Psychology*, New York: Harper.

Murphy, G. , L. B. Murphy, and T. M. Newcomb, 1937, *Experimental Social Psychology* (rev. ed.), New York: Harper.

Murphy, L. B. , 1937, *Social Behavior and Child Personality: an Exploratory Study of Some Roots of Sympathy*, New York: Columbia Univ. Press.

Newcomb, T. M. , R. H. Turner, & P. E. Converse, 1965, *Social Psychology: the Study of Human Interaction*, New York: Holt, Rinehart, and Winston.

Neitzsche, F. (ed.), 1912, *Der Wille zur Macht*, Book 3. In Werke, Vol. 16. , Leipzig: Alfred Kroner.

Parsons, T. , 1937, *The Structure of Social Action*, New York: McGraw-Hill.

Parsons, T. , 1949, The Rise and Decline of Economic Man, *J. Gen. Educ.* , No. 4, pp. 47-53.

Pear, T. H. , ed. , 1950, *Psychological Factors of Peace and War*, London: Hutchinson.

Perry, R. B. , 1922a, Is There a Social Mind? *Amer. J. Sociol.* , No. 27, pp. 561-572.

Perry, R. B. , 1922b, Is There a Social Mind? Mind? *Amer. J. Sociol.* , No. 27, pp. 721-736.

Piaget, J. , 1932, *The Moral Judgment of the Child* (transl.), London: Kegan Paul, Trench, Trubner.

Proshansky, H. M. & B. Seidenberg (eds.), 1965, *Basic Studies in Social Psychology*, New York: Holt, Rinehart, and Winston.

Ribot, T. , 1897, *The Psychology of the Emotions* (transl.), London: W. Scott.

Rice, S, A. (ed.), 1931, *Methods in Social Science*, Chicago: Univ. of Chicago Press.

Rivers, W. H. R. , 1926, *Psychology and Ethnology*, New York: Harcourt, Brace.

Roheim, G. , 1925, *Australian Totemism: A Psychoanalytic Study in Anthropology*, London: Allen and Unwin.

Ross, E. A. , 1908, *Social Psychology*, New York: Macmillan.

Royce, J. , 1913, *The Problem of Christianity*, Vol. 2. New York: Macmillan.

Russell, B., 1938, *Power*, New York: Norton.

Russell, B., 1945, *History of Western Philosophy*, New York: Simon and Schuster.

Sabine, G..H., 1961, *A History of Political Theory* (3rd ed.), New York: Holt, Rinehart, and Winston.

Schachter, S., 1959, *The Psychology of Affiliation: Experimental Studies of the Sources of Gregariousness*, Stanford: Stanford Univ. Press.

Schaeffle, A., 1875-1878, *Bau und Leben des sozialen Korpers* (4 vols.), Tubingen: H. Laupp.

Scheler, M., 1923, *Wesen und Formen der Sympathie* (2nd ed.), Boon: Friedrich Cohen (Transl. P. Heath, The Nature of Sympathy, New Haven: Yale Univ. Press, 1954).

Schultz, D.P., 1964, *Panic Behavior: Discussion and Readings*, New York: Random House.

Shand, A., 1896, Character and the Emotions, *Mind*, No. 21, pp. 203-342.

Sidis, B., 1898, *The Psychology of Suggestion*, New York: D. Appleton.

Sighele, S., 1891, *La Foule Criminelle*, Transl. Paris: Baillière, 1892.

Sighele, S., 1893, *Le Crime à Deux*, Transl . Lyon: A. Storck, 1893.

Sighele, S., 1895, *Psychologie des Sectes*, Transl. Paris: V. Girard et E. Brière, 1898.

Simmel, G., 1950, *The Sociology of Georg Simmel* (K. H. Wolff, Transl. and Ed.), Glencoe, Ill.: Free Press.

Smelser, N. J., 1963, *Theory of Collective Behavior*, New York: Free Press.

Smith, A., 1759, *The Theory of Moral Sentiments*, London: A. Miller.

Smith, A., 1776, *An Inquiry into the Nature and Causes of the Wealth of Nations*, London: W. Strahan and T. Cadell.

Sorokin, P. A., 1928, *Contemporary Sociological Theories*, New York: Harper.

Sorokin, P. A. (ed.), 1950, *Explorations in Altruistic Love and Behavior: A Symposium*, Boston: Beacon Press.

Spencer, H., 1862, *First Principles* (Preface dated 1862), New York: Appleton, 1895.

Spencer, H., 1870, *The Principles of Psychology* (2nd. ed.), Vol. 1. London: Williams and Norgate.

Spencer, H., 1872, *The Principles of Psychology* (2nd. ed), Vol. 2. London: Williams and Norgate.

Spencer, H., 1872, *The Principles of Sociology* (2 vols.), Reissued New York: D. Appleton, 1900.

Sprowls. J. W., 1927, *Social Psychology Interpreted*, Baltimore: Williams and Wilkins.

Starbuck, E. D., 1889, *The Psychology of Religion*, London: W. Scott.

Steiner, I. D. & M. Fishbein, 1965, *Current Studies in Social Psychology*, New York: Holt, Rinehart, and Winston.

Stirner, M. (J. K. Schmidt), 1845, *Der Einzige und sein Eigenthum*, Leipzig: O. Wigand (Trans. *The Ego and his Own*, New York: B . R. Tucker, 1907).

Suttie, I. D., 1935, *The Origins of Love and Hate*, London: Kegan Paul, Trench, Truber.

Tarde, G. , 1903, *The Laws of Imitation* (transl.), New York: Henry Holt.

Thomas, W. I. & F. Znaniecki, 1918-1920, *The Polish Peasant in Europe and America* (5 vols.), Boston: Badger.

Thorndike, E. L. , 1898, Animal Intelligence: an Experimental Study of the Associative Process in Animals, *Psychol. Rev.* , Monogr. Suppl. No. 8.

Thorndike, E. L. , 1913, *Educational Psychology*, Vol. 2: *The Original Nature of Man*, New York: Columbia Univ. Teachers College.

Thurneald, R. (ed.), 1925 – 1935, *Forschungen zur Volkerpsychologie und Soziologie* (14 vols.), Leipzig: C. L. Hirschfeld.

Thurstone, L. L. , 1927 – 1928, *Attitudes can be Measured*, *Amer. J. Sociol.* , No. 33, pp. 529-554.

Titchener, E. B. , 1908, *Lectures on the Elementary Psychology of Feeling and Attention*, New York: Macmillan.

Titchener, E. B. , 1909, *Experimental Psychology of the Thought Processes*, New York: Macmillan.

Titchener, E. B. , 1916, *A Textbook of Psychology* (new ed.), New York: Macmillan (First published 1910).

Travis, L. E. , 1925, The Influence of the Group upon the Stutterer's Speed in Free Association, *J. Abnorm. Soc. Psychol.* , No. 20, pp. 142-146.

Triplett, N. , 1897, The Dynamogenic Factors in Pacemaking and Competition, *Amer. J. Psychol.* , No. 9, pp. 507-533.

Troland, L. T. , 1928, *Fundamentals of Human Motivation*, Now York: Van Nostrand.

Trotter, W. , 1916, *Instincts of the Herd in Peace and War*, New York: Macmillan.

Vaughan, C. E. , 1939, *Studies in the History of Political Philosophy before and after Rousseau* (2 vosl.), Manchester, Eng. : University Press.

Vico, G. , 1725, *The New Science of Gianbattista Vico* (Transl. from 3rd ed. , 1744, Ithaca: Cornell Univ. Press, 1948).

Waelder, R. , 1939, *Psychological Aspects of War and Peace*, Geneva: Geneva Research centre.

Wallas, G. , 1908, *Human Nature in Politics*, London: A. Constable.

Wallis, W. D. , 1925, The Independence of Social Psychology, *J. Abnorm. Soc. Psychol.* , No. 20, pp. 147-150.

Ward, H. C. , 1926, *Throbbing*, Indianapolis: Bobbs-Merrill.

Warren, H. C. (ed.), 1934, *Dictionary of Psychology*, Boston: Houghton Mifflin.

Washburn, M. F. , 1916, *Movement and Mental Imagery*, Boston: Houghton Mifflin.

Watson, G. , 1928, Do Groups Think More Efficiently than Individuals? *J. Abnorm. Soc. Psychol.* , No. 23, pp. 328-336.

Watson. J. B. , 1919, *Psychology from the Standpoint of a Behaviorist*, New York: j. b.

Lippincott.

White, L. A. , 1949, *The Science of Culture*, New York: Farrar, Straus (Also Reprinted in Paperback form by Grove Press).

White, R. K. & R. Lippitt, 1960, *Autocracy and Democracy*, New York: Harper.

White. R. W. , 1963, *Ego and Reality in Psychoanalytic Theory*, New York: International Univ. Press.

Whittemore, I. C. , 1924, Influence of Competition on Performance: and Experimental Study, *J. Abnorm. Soc. Psychol.* , No. 19, pp. 236-253.

Wiener, N. , 1948, *Cybernetics*, New York: Wiley.

Williams, W. , 1920, *What's on the Worker's Mind*, New York: Scribner's.

Windelband, W. , 1935, *A History of Philosophy*, Transl. (2nd rev. ed.), New York: Macmillan.

Wissler, C. , 1923, *Man and Culture*, New York: Thomas Y. Crowell.

Wolin, S. S. , 1960, *Politics and Vision: Continuity in Western Political Thought*, Boston: Little, Brown.

Woodworthl, R. S. , 1918, *Dynamic Psychology*, New York: Columbia Univ. Press.

Wundt, W. , 1862, *Beitrage zur Theorie der Sinneswahrnehmung*, Leipzig: C. F. Winter.

Wundt, W. , 1910 - 1920, *Vokerpsychologie: eine Untersuchung der Entwicklungsgesetze von Sprache*, *Mythus*, *Und Sitte* (10 vols.), Leipzig: Engelmann (Transl. Vols. 1-3. *Elements of Folk Psychology*, New York: Macmillan, 1916).

Young, K. (ed.), 1931, *Social Attitudes*, New York: Henry Holt.

现代社会心理学的历史透视[*]

道尔文·卡特赖特[**]

作为一门经验研究的学科，整个社会心理学的历史大约只有 80 年。由于它的发展大部分是在过去的 40 年里，因此它主要是仍活跃在这门学科中的学者的成果。在这篇文章中，我想用我作为一个社会心理学家 40 年来的经验，对这门学科的现状和它今天所面临的问题提些意见。我将引用的资料是一个参与观察者的资料。这种研究方法有长处也有缺陷。虽然它们有来自第一手经验的优点，但这些资料也只是反映了我个人对这门学科的见解、价值和抱负。毫无疑问，一个公正的观察者，从一种不同的角度来看待这段历史，对它的意义很可能得出不同的结论。

为了理解过去 40 年来的发展情况，不仅有必要考察这段时间中产生的发现、方法和理论，而且还必须看到这门学科本身发生了制度性的变化。像任何科学分支一样，社会心理学是一种社会系统，它的基本目标是生产一种特殊的经验认识，它的历史不仅仅是思想和知识成就史。因为我观察了社会心理学家在这些年中的智力和专业活动，我能够体验到他们在多大程度上受到基金会、杂志和出版社的编辑工作、大学里的金钱和荣誉报酬制度、博士计划的情况以及该职业的人口构成等因素的影响。我不是说这些影响都是有害的，但我的确感觉到，低估这些因素对调查课题的选择、怎样探讨、具体

[*] Translated from Cartwright, Dorwin, Contemporary Social Psychology in History Perspective, *Social psychology Quarterly*, Vol. 42, No. 1, 1979, pp. 82-92. （本文由金业友译，周晓虹校）

[**] 道尔文·卡特赖特（Dorwin Cartwright），早年毕业于斯沃斯莫尔学院，师从沃尔夫冈·苛勒教授攻读硕士学位，后获哈佛大学博士学位。20 世纪 30 年代后期追随勒温，任教于衣阿华大学和麻省理工学院群体动力学研究中心，其间曾于 1942 年在华盛顿与凯西斯·利克特合作研究通货膨胀的控制和战争债券的销售；1947 年勒温去世后，卡特赖特和群体动力学研究中心搬到密执安大学。

作用的方法、研究设备的组织方式，以及社会心理学家为那种被认为是学术标志的过时活动所耗费的时间产生的巨大影响，将是一个致命的错误。

当然，任何科学领域获得的知识的实际内容，最终是由研究对象的本质所决定的，因为经验研究实际上是发现现象本身内在逻辑的过程。但是，获得的知识同样也是社会系统的产物，正因如此，它在根本上受到了该系统的内容及其文化、社会和政治环境的影响。当人们试图理解特定时期的发展情况时，这些影响尤为明显。

我认为，把一门学科作为一个社会系统，有某些实际的好处。这个观点的第一个益处是，它有助于建立一个评价一门学科进展速度的实际标准。科学知识的生产是集体的事业，其中每个人所做出的贡献都有赖于其他人的工作。产生、传播经验发现，并允许别人评价这些经验发现的重要性所需要的时间，严重地限制了人们所期望的进展速度。这个过程需要多少时间，在威廉·加维和贝尔韦尔·格里菲斯（Garvey & Griffith, 1971）主持的美国心理学协会开展的研究中已有记载。他们发现，从一个人对先前的某个研究课题有待怎样发展提出明确的观点到文章的发表，平均期限大约是 5 年。这个发现对实际评价过去 40 年中社会心理学的进展是重要的，因为在这期间，每五年一次间隔的数目显然还很少。

库恩（Khun, 1962）对科学革命史的论述为科学进步的暂时受阻提供了另一种看法。他认为真正的科学进步是年轻一代科学家背离年长一代的结果。这种背离源于对学科处理基础知识问题能力强烈不满，并会导致一种全新的理论和方法，或者用库恩的话来说，一种新的范式的建立。我相信，社会心理学作为一门明显的经验研究学科出现在 21 世纪初，是一代学者反叛坐在扶手椅里空想社会哲学方法的结果。所谓现代社会心理学的危机可能是另一代学者反叛的开始，尽管我更赞同埃尔姆斯（Elms, 1975）的观点：现在的危机实际上是由不切实际的幻想造成的缺乏职业自信心的表现之一。但无论如何，社会心理学显然还没有成熟到能从库恩所述的那种革命性进步中得到好处的地步。

这个观点的第二个益处是，它指出了努力得到最好的引导的地方，会带来这门学科的知识进步。我的经验是，通过说服学者修正他们的研究方法来努力提高研究质量的尝试从未取得成功。如果社会系统对单个社会心理学家的思想形成有重要作用，这个估计是正确的话，那么，整个这门学科的知识进步需要系统本身的变化和运行方式的变化。

这种观点的第三个益处是，假如它被普遍承认，就有助于在某些方面抵制这样的不幸趋势：把社会心理学家的活动分成神圣的和世俗的两个分离的部分；或者换句话说，这些活动涉及实质内容的研究，而且也可能使得该研究与社会系统的建构与维护密切相关。毫无疑问，这两种活动需要不同的技能，但重要的是要认识到彼此的成功相互依赖，并且它们都是科学进步所需要的。

在采用系统的方法来看待社会心理学史时，我不想低估每个学者的贡献，因为社会心理学分享着这些伟大的名字，而且，倘若不是这些人的开创性研究，它现在必定仍处在可悲的境地。但如果我们要理解这些人怎样做出了特殊的贡献和为什么他们如此有影响，我们就必须考察他们在其中工作的社会系统的性质与发展阶段，以及更广阔的社会背景。

毫无疑问，直到现在为止，对社会心理学的发展最重要的个别影响来自系统本身外部。当然我是指第二次世界大战以及此前的欧洲政治动乱。如果我必须说出一个对这门学科有着最大影响的人的名字，那他一定是阿道夫·希特勒。为什么整个世界的这些事件对社会心理学有如此大的重要性，有几个理由：它们的出现正处在社会心理学的危急阶段；它们对社会心理学惊人的发展负有主要的责任；它们基本上影响着这门学科的人口构成，并且，直到现在为止，它们对整个知识界还在施加着十分重要的影响。

在社会心理学诞生后的第一个三四十年里，它主要是解决自己作为一门合法的经验研究学科的建立问题。起初，社会心理学家把他们的注意力投向了发展基本概念和设计适当的研究方法。到 20 世纪 30 年代中期，它已能承担重大实际问题的研究。在不到 10 年的时间里，纽科姆做出了重大的研究，即贝宁顿研究；F. H. 奥尔波特和谢里夫发表了他们对社会规范和从众的基本研究；海曼对参照群体进行了研究；亨利·默里报告了令人难忘的关于人类动机研究纲要的结果；耶鲁学派发表了富有新意的挫折与侵犯研究以及社会学习和模仿研究；威廉·怀特对街角社会进行了参与观察研究；勒温、利皮特和拉尔夫·怀特进行了著名的领导风格的实验。也就是在这个时期，多拉德出版了《一个南方城镇的等级和阶级》一书，迈达尔进行了美国种族关系的著名分析，克拉克夫妇研究了黑人儿童的种族身份。1936 年，盖洛普富有戏剧性地证明了使用抽样访谈预测选举结果的可能性，1939 年李凯尔特开始为联邦政府进行民意调查。这门学科处在知识突飞猛进时期，社会心理学家已充分准备好回答随后的事件。

没有经历过战争的人，难以估计战争对美国社会心理学的巨大影响。珍珠港硝烟未尽，政府就开始招募社会心理学家帮助解决国家在战争中所面临的问题。从大学校园转向军队，结果实际上使学院研究和研究生的培养停止了。虽然各种各样为政府调查的课题多得汗牛充栋，但在第二次世界大战刚结束时进行的一项回顾性研究（Cartwright，1948）中，我认为主要有这样一些：建立国民士气与克服士气低落；国内的态度，需要和信息；敌人的士气和心理战；军事管理；国际关系以及战时经济的心理问题。

解决诸如上面那些问题需要最近才设计出来的有效的研究工具并发明新的研究工具。它证明了抽样调查作为一种社会科学的研究方法的效力。尽管这一方法积累了大量的新资料，但是我必须指出，在理论方面却不是这样的。抽样调查开拓了调查研究的新领域，诸如组织心理学、经济行为以及政治行为。它为社会心理学的应用价值提供了具体的范例。更重要的是，它根本改变了社会心理学家对这门学科的看法，改变了这门学科在社会中的地位，并第一次使社会心理学作为一门公认的专门性的合法学科得以确立。

第二次世界大战后，仅仅三四年里，这门学科就发生了极大的改观。前途光明，士气高昂，社会心理学家开始把他们对社会心理学的新见解付诸现实。他们建立了新的研究机构，像测量研究中心、群体动力学研究中心和社会关系实验室。他们开始向政府机构、基金会和商业公司提交研究报告，并且在大多数情况下会受到热情接待。大多数一流大学还实施了博士方案，短短几年中所培养的社会心理学家比该学科在以往整个历史上所培养的还要多。他们已开始发表大量的研究报告。

显然，如果不是战争，这些发展是不可能发生的，它们对今天的社会心理学有着重要的影响。由于参与这门学科研究的人数在过去 30 年中激增，历史上的社会心理学家大约有 90% 目前仍然健在。因此，社会心理学的整个概念框架，包括固有内容、未经检验的所有假设、所有可接受的研究方法，以及大多数的经验发现，主要是这样一代人的成果：他们受教于人数不多的一群具有共同背景和相似观点的导师。由于他们进入这个领域时的社会条件，他们主要是一些美国中产阶级的男性白人，因而反映的也是这部分人的利益和偏见。他们的成就是巨大的，但更重要的是要认识到这门学科像今天这样存在不是上帝赐予的，甚至也不是人类设计得最完美的学科。

没有对形成现代社会心理学的历史因素的回顾，就完全不能考虑到战争以及战前社会动乱的另一后果。纳粹在德国的兴起，伴随着反理性主义和刻毒的反犹太主义，众所周知，导致了很多欧洲第一流的学者、科学家、艺术家移居美国。这个庞大的知识分子天才群体的迁移对科学和文化的诸多分支学科都产生了重要影响，然而，对社会心理学的影响尤其关键。如果像勒温、海德、苛勒、韦特海默、科特纳、拉扎斯菲尔德和布伦斯维克夫妇没有来到美国，人们就难以想象今天的社会心理学会是什么样子。他们不仅给即将发生史无前例发展的美国社会心理学带来了新鲜而极具启发性的观点，而且他们也对在随后这门学科中起主要作用的很多人施加了直接的个人影响，并且通过这些人对当今这一代社会心理学家的培养产生了间接影响。我不能给出一个与这些启蒙学者有密切个人联系的那些人的完整名单，但包括阿希、克里奇、克拉奇菲尔德、默顿、坎贝尔、李凯尔特、罗杰·巴克、利皮特、弗伦奇、赞德、库克、费斯廷格、凯利、蒂伯特、沙克特、多伊奇。

由于战争以及战前的政治事件，在欧洲大陆以至北美以外的任何地方，社会心理学都难以有立足之处，而北美地区正是在那时取得了最为重要的发展。社会心理学基本上变成了美国的产物，当美国以外的其他地方最后重建社会心理学时，它完全带有美国味。今天我们知道，这种倾向给了社会心理学以深刻的影响。可能除人类学以外，社会心理学比其他任何分支学科更需要一批真正的国际学者才具有广阔的视野。社会心理学家不仅仅是社会的研究者，他们也是社会的参与者。尽管在研究中，他们竭力想获取一个公正无私的客观现实，但他们的思想受到他们所处的特定文化的影响。

形成时期的社会心理学基本上是美国的产物，这一事实意味着它的知识内容极大地受到美国社会的政治思想和过去40年中美国所面临的社会问题的影响。这些影响渗透在现代社会心理学中。当然，美国的政治思想主要是民主。它强调个体的重要性；反对人性不变的教条；坚信通过理性问题的解决、科学研究和技术，人类能够取得进步；相信通过公共教育能够使社会发生预期变化的乐观观点。

在民意、态度、社会学习以及态度改变等社会心理学研究课题中，上述价值观得到了高度集中的反映。它们至少部分地解释了人们为何对个体认知和动机过程怀有极大兴趣，尽管在这里不能低估来自欧洲的心理学家所带来的格式塔心理学和弗洛伊德理论的影响，也不能忽视计算机明显的重要性。这些思想前提也有助于解释社会心理学思想中占主导地位的环境论。麦独孤的本能理论从来没有真正流行过，不是因为它是错误的——尽管很可能它是错误的——而是因为它正好同美国文化相对立。人们难以忘记，社会心理学家对智力具有实质的遗传成分的命题或对洛伦茨等的侵犯是本能的主张反对时的强烈情绪。

在注意这些影响时，批评民主不是我的本意，因为我相信社会心理学本质上既不能在一个专制的社会也不能在独裁形式的政府下完成它的基本任务。无疑勒温的断言是正确的："相信理性就会相信民主，因为民主给予具有理性的人们以平等的地位。"（Lewin，1948：83）如果作为社会心理学家，我们确实相信理性，那么我们就必须尽最大的努力来区分价值观与科学依据。

自从大多数社会心理学家的研究成为美国研究者的成果以来，它的实质内容就受到美国社会所面临的社会问题的影响。这些问题不仅影响着调查课题的选择，而且也造成了一种倾向：由政府官员和其他财政掌管人提供研究所需的赞助。不管我们的研究报告看起来多么无关，但我们都很熟悉其中的"社会关联"部分的战略价值。

如果人们去对积累起来的社会心理学文献做一个考证学的挖掘，那么这些问题对研究内容的影响是很明显的。人们会发现表层资料集中处理性角色和妇女的地位；接着一层是 20 世纪 60 年代保存的涉及都市的骚动、暴力和暴乱；深层的对从众的研究来自 20 世纪 50 年代麦卡锡主义盛行时期；最后，剩下的全部研究是关于第二次世界大战所带来的问题。纵向浏览所有这些人类成果，就会发现它们也是研究诸如下述这些连续问题的产物：这些问题包括，群体之间的关系、偏见、刻板印象、歧视以及各种社会冲突、社会制度的无效和失调；现代社会对心理健康的不良影响；接连不断的少年犯罪和反社会行为问题。我不是说社会心理学家已经研究了这期间美国社会实际面临的所有问题，因为有些问题没有引起普遍的认识，而另一些问题的研究是非法的、不能涉及的。我也不是说我们的研究仅局限于社会问题。但无疑，如果它创立在不同的时代或不同的社会背景下，我们今天所拥有的知识就会大相径庭。

这门学科的现状

现在，根据这个总的历史取向，我想对现代社会心理学的状况提出进一步的评价性意见。让我开宗明义地说，我的总体评价是明确的肯定。我不同意认为这门学科已处在危机状态的那些人的悲观观点。对达到它的基本目标，社会心理学比它在 40 年前具有不可比拟的充分准备。我们已经有了更好的设备、更好的收集和分析资料的方法、一个巨大的精心建立的经验发现的宝库、充满活力的概念模型，以及更为成熟的理论。

的确，社会心理学所特有的普遍兴奋情绪几乎在战后不久就消失了。但是因为这种热情的消退实际开始于 20 世纪 50 年代中期——正如那时我回顾这门学科所指出的那样（Cartwright，1961），所以它不应视作近年来研究不足的证据，相反应视为从一个纲要性的发展阶段进入库恩所称的 "规范科学" 阶段的副产品。在规范科学阶段，这门学科将承担枯燥乏味的收集详细资料和检验更严格的理论假设的任务。考虑到我们的课题内容所固有的复杂性和这门学科还很年轻，我认为社会心理学取得如此巨大的进步是了不起的。当然，我不认为一切都无可挑剔，也不认为我们对已取得的成就感到心满意足。我们现在都知道，社会心理学的确有不足，的确面临着一些困难的问题。

研究方法

早期的社会心理学家已明确指出：很多社会现象可以进行经验研究。我们不再依赖于直觉、逸事、扶手椅里的猜测。进行测量研究的方法的发明和提炼，使得通过访问少数人能够相当精确地获取对大多数人的信仰、态度、意愿、行为甚至生活质量的估价。实验方法的改进现在使我们能够控制和系统地改变诸多较为重要的决定人类行为的因素，并进而研究变量之间的因果关系。通过小样本理论，实验设计和多变量分析的统计工作，我们的研究已经取得了实质性的进展。随着这些方法的发展，我们现在已经掌握了很多相当不错的具有坚实基础的经验发现。

但是我担心在技术能力和高精度方面的这些令人难忘的进展，多少有点福祸参半，因为对技术的迷恋似乎太过分，取代了对本质意义的关注。文献中充满了只能证明研究者技术高超的研究，而且人们可能认为如果禁止使用方法分析，我们的杂志就不得不停刊。我们老是忘记，方法毕竟只是工具，因此它们不应决定研究内容或简单地因为有这些方法就要使用它们。研究的动机不同于登山的动机。人们希望技术的困境就像是暴发户的挥霍，只是一种暂时的现象，但我认为变化不会很快就出现，因为对研究评审委员会、编辑和系里的执行委员会来说评价方法比评价实质内容的质量或意义要容易得多。

对方法的刻意追求不仅对每个研究者的工作会产生不利影响，而且对这门学科的整个体系有不良后果。社会心理学已变成根据方法界限而不是实质问题来划分的学科。社会心理学家通常喜欢专攻测量研究或实验室实验，并倾向与有相似技能的人交往。尽管不可以理解为什么这门学科要以这种方式划分，然而这毕竟是令人遗憾的。正如霍夫兰德（Hovland，1959）在他关于态度变化的测量研究和实验室实验的结果的比较中所指出的那样，基于单个方法的研究特别容易受到方法的人为因素和理论上的先入为主的影响。

这些年来，社会心理学家发展了各种各样的其他方法，诸如自然状态下行为的非参与观察法或参与观察法、现场实验法、计算机模拟法以及个人文献、个案史和大众媒介的分析法。有些方法已经在某些社会心理学的分支中得到了相当广泛的使用。但是这种研究也因方法的单一而遇到困难。当然，我知道每个社会心理学家精通这些方法是不可能的甚或是不可奢望的，但我不相信就这门学科整体而言，不能找到更好的方式来使用我们已拥有的方法。

实质内容

如果人们检查一下目前社会心理学所获得的整体知识——就像在我们的教科书和其他系统回顾的文献中体现的那样，这些知识显然是非常有限的。首先，它主要基于横向而不是纵向资料。对于正常行为的情况，我们能很好理解，但对影响社会规范形成和衰落的条件或决定其内容的因素，我们实际上都一无所知。我们知道社会交往中社会角色的重要性，但我们几乎不知道角色的发展情况或者为什么在特殊情况下需要特殊的角色。我们现在有很成熟的关于在给定用途的一组选择中进行选择的过程的理论，但对决定这些用途的因素，却根本没有任何理论依据。

在我们设计的背景中，我们有很多技巧来预测行为，事后一会儿我们就能解释行为。但我们仍没弄清怎样有效地处理在整个持续的时间中发生的那些过程。我担心，我们在预见未来社会的发展进程方面，并不比有头脑的外行有什么高明之处。尽管我认为在预言艺术方面，社会心理学家至少不逊于经济学家，但要达到中等水平，我们的概念定向的研究方法就需要来一次实质性的转变。

使用重复测量、小组研究和将时间作为一种变量的统计程序的方法来探究选举行为、消费者期望和组织发展等方面的研究，已取得一些重要的进展。扎荣茨（Zajonc，1976）和他的同事在智能发展的研究中提出了另一个有前途的方法。尽管以测验分数来预言未来发展趋势将被证明是不正确的，但他们的概念模型，不像大多数社会心理学家的那样，不仅涉及时间，而且有它能被证明为错误的优点。广泛地使用和提炼这类方法将会极大地改进我们的研究质量。

我们现在拥有的知识不仅在其现时的深度方面极为有限，而且对社会行为的某些方面的涉及也是不成比例的。根据实质内容，列出这门学科的智力和财力资源是怎样分配的表格，无疑将会显示出，特别是近年来，有关个体认知过程的研究，或者是有关这些过程的成果的研究占据着最大的比例。我们现在有很多关于各行各业人的信仰、意见和态度的资料，并且对社会不同部分的个体感受社会环境的方式有了较深的理解。近几年主要的理论发展也基本上是有关个体认知过程的。虽然人们都认为完全忽略决定行为的其他因素或忽视这些因素对社会互动的重大影响的研究是不正确的，但事实上他们注意力的焦点仅仅集中在认知上。

对主观经验的强调有着悠久的传统，如人们有时所说的那样，这不能归结为不协调理论和归因理论的普遍吸引力。这个传统贯穿于这门学科的历史，如 W.I.托马斯对"情境定义"重要性的强调，G.H.米德的符号互动论，勒温心理生活空间的概念和海德的素朴心理学理论。这个传统从下面这段话中也能看出，纽科姆说："我认为，没有对人们怎样知觉他们的关系的理解，是不可能理解个体间的行为的。"（Newcomb，1947：74）阿希也断言："不去参照人们的经验，就不可能进行社会心理学研究。"（Asch，

1959：374）当然，反对这种观点的激进的行为主义者，会认为这样说完全是科学谬论，但他们的抗议没有对社会心理学研究和理论的主流产生什么重大的影响。

如果人们对这门学科的知识背景看得更广阔些，那么，显而易见，这个涉及个体主观世界的传统已经构成了社会心理学对社会科学的唯一贡献。这就是人们通常在人类学、经济学、历史学、社会学或政治学中所提及的社会心理学观点。使我们能够感到骄傲的是，社会心理学已经对上述这些学科产生了影响。尽管如此，我必须承认还有后顾之忧。当扩大到包括动机影响时，确实人类只是信息加工者的观点过于狭隘。我认为我们的主张是对的，为了解释人的行为，必须将其与特定个体的主观环境联系起来。对外部世界的认知，由需要引发的动机以及内在的价值观无疑会对行为产生深刻的影响。但行为本身是个体与客观环境之间的作用，不是认知的表现，社会行为的效率更多的不只是依赖于信仰和意图。它需要社会技能、社会援助、资源的使用、权力的运用和合作的努力。它造成了影响个体身心健康的社会环境的变化，也造成了他与他人关系、他在社会中的地位，以及他在未来交往中所使用的资源的变化。

当这些影响结合起来对他人所处的环境产生反作用时，就产生了社会问题，如污染、能源短缺、都市衰落、犯罪、人口过剩、自由受限制和各种各样的社会歧视。如果对它们进行治理，那就需要改变很多人的行为。社会心理学家通常提出的治理方案都反映出他们对认知的关注，因而严重依赖于改变信仰和态度的计划。但是如果认知只是决定行为的主要因素之一，那么这样的治理方案本身不可能成功，最近几年的经验已经证明了这个结论。

理论综合

我们现有知识的第三个不完善之处是缺乏理论综合。尽管已做了很好的理论研究工作，但我们还不能理解整个这门学科的理论框架。早期的学者试图通过 G. 奥尔波特所称的那种"简单而高深"的理论来解释对社会心理学有趣的每一件事，现在这种尝试已不复存在。这样的解释系统，认为所有的社会现象是模仿、权力欲望、合理的个人利益、群体本性或者学习的表现。现在除几个大胆的斯金纳行为主义理论的信奉者外，大多数人都会认为是过于天真幼稚的。

只勾画出这门学科总方向的宏观理论观点正让位于很多小些但更具活力的理论，如平衡理论、一致性理论、不协调理论、归因理论、社会比较理论、信息综合理论、决策理论、抗拒理论（reactance theory）、公平理论、交换理论等。这些小的理论对我们很有用，因为它们涉及重大的问题并产生了很多很好的研究。但是由于它们只涉及这门学科内容的特定部分，相互之间几乎没有明确的联系，因而它们无法为整个社会心理学提供理论整合。除非我们提出一个更具综合性的理论框架，否则我们就没有坚实的基础来决定哪些问题最值得研究。

在缺乏综合性理论的情况下，社会心理学家围绕他们碰到的有兴趣的实际课题或某些特定的研究方法展开了自己的研究。尤为重要的是，他们倾向于使自己的研究与其学术专长相一致，而未顾及这门学科的整个要求。当然，我们都有着共同的传统并且很关心整个学科的命运。但尽管我们仍用"社会心理学"这个名称来指代我们的职业，可我们不再明确了解这个词的含义或者这门学科的边界。曾被社会心理学家当成核心部分的研究主题，现在往往从属于组织心理学、发展心理学、认知心理学或群体动力学，有些则被归入人类学、经济学或政治学等其他学科。大约 40 年前，墨菲和纽科姆（Murphy，Murphy，& Newcomb，1937）曾说社会心理学是由很多伸向知识海洋的荒凉孤立的半岛组成的，今天，尽管我们已扩展了这些半岛并且还建立了一些新的半岛，但这个比喻看起来似乎更为贴切。

为了在"心理学的社会心理学"和"社会学的社会心理学"两者间寻求更好的专门术语，这门学科明显地分裂了。这进一步加剧了目前社会心理学理论的迷惘。谢尔登·斯特赖克（Stryker，1977）和豪斯（House，1977）曾指出这种分裂是目前这门学科不景气的突出表现。我同意这个观点，因为尽管两个基本不同取向的对手间的敌意减少了，但他们还没有结合为一体来为整个这门学科提供一个综合性的理论框架。

这两种方法有很长的历史，可追溯到社会心理学的开端。但这门学科的创始人的意图是它们应该结合起来，不仅仅认识个体或社会，而且也包括对人际关系、交往以及这两者间关系的理解。孔德，通常被认为是社会心理学之父，认为人既是动物又是他生活的社会世界的创造者，社会心理学的中心问题是回答：个体怎么会既是社会的原因又是社会的后果？麦独孤在最早的教科书之一中，曾表述了社会心理学的中心任务，即"既定个体的天生的癖好和能力，是怎样塑造整个复杂的社会精神生活的，并且这些社会精神生活又是怎样反作用于它们的发展过程和个体的操作过程的。"（McDougall，1926：18）

然而，理论家们逐渐歪曲了社会心理学的中心任务，他们主张所有的社会心理学现象应根据他们的先辈要么用社会要么用个体来进行单一的解释。例如，涂尔干提出了社会学的方法，他说："决定社会事实的原因应该在此前的社会事实中去寻找，而不应到个体意识中去寻找。"（Durkheim，1895/1950：110）而 F. 奥尔波特则揭示了心理学方法的实质，他说："我认为，只有通过个体，我们才能发现行为的机制和个体间交互作用的主要知觉。……任何群体心理学本质上完全是个体心理学。"（Allport，1924：vi）

尽管想使社会心理学成为某一母体学科的分支的企图至今未能取得成功，但却一直影响着从那时起直到今天的整个思想。G. 奥尔波特在论述这门学科的历史时曾指出："几乎没有例外，社会心理学家把他们的学科视为试图理解和解释个体的思想、情感和行为怎样受到他人的实际的、想象的或隐含的存在的影响。"（Allport，1968：3）这句话通常被视作社会心理学的定义，但由于它没有被那些采用社会学方法的学者所接受，因而留给我们的是两个而不是一个社会心理学。

第二次世界大战后不久，人们就试图通过建立包括全部社会心理学的博士计划把两个分支合并在一起。尽管这些计划培养出了一些杰出的社会心理学家并进行了一些重要的理论和经验研究，但并没有完成预期的这门学科重建的任务。回顾这一经历，我现在认为，希望通过由心理学家和社会学家合作培养研究生的方法，来解决实际上属于理论的问题是不现实的。但不管这些计划失败的原因何在，我们不应该错误地认为，这个问题会永远得不到解决。

如果社会心理学放弃建立它的最初目的，只接受上述两种研究途径中的一种作为决定它的特定内容的唯一基础，那将会是自相矛盾的。但如果要避免这种不幸的结局，我们就必须清楚这门学科的基本任务或主要问题，这能给整个社会心理学提供一个组织原理。换句话说，我们需要这门学科有这样一种定义，它把心理过程的研究放在适当的社会背景之中，同时又能认识到这些过程在人际关系、社会互动和社会结构中的关键作用。

作为第一个接近这种要求的定义，我认为可以这样表述：社会心理学是社会科学的分支，它试图解释社会与个体的认知、动机、发展和行为怎样相互影响。我相信，这个定义通过集中于个体与社会的交互关系，能为整个社会心理学提供一个条理化的原理，包括它的两个主要分支和几个专门的领域。但如果要这样做，我们必须澄清用于联系个体与社会的两个概念，它们是：社会环境和社会行为。

社会环境，这个词是从物理环境这个概念类推延伸出来的，指影响社会行为和个体发展的外部世界的所有特征的总和。它包括：社会网络、群体、组织、社会结构、角色、规范、社会压力、社会援助、责任以及义务等。尽管它在社会心理学中有很长的历史，但它的概念内涵还没有得到很好的界定。不过，在巴克（Barker，1968）的生态心理学研究中，以及弗伦奇及其同事（French，Rogers，& Cobb，1974）的个人环境适应研究中，卡茨、卡恩（Katz & Kahn，1978）和爱默里、崔斯特（Emery & Trist，1965）等其他理论家及伯格和卢克曼（Berger & Luckmann，1966）关于现实的社会建构的理论对策中，已经有了很好的开端。像这样的研究清楚地表明了社会环境不能仅根据它的物理内容来有效的描述，因为它对于社会行为的意义存在于它的语义内容或社会含义中。它不同于物理环境，因为它主要是社会的产物，因此必须把它同时作为社会行为的原因和结果加以考虑。

社会行为这一术语指这样一类活动：诸如提出问题、提供信息、寻求或给予帮助、表达敌意或友爱、加入群体、扮演角色、履行领导行为、行使权力、投票或参加社会运动。通过这些活动，个体调整他们与外部世界的联系，而不能仅仅被理解为对刺激的反应。我认为，这里主要的理论问题是将个体行为转换或变成"社会行动"的过程有效地概念化，社会行动的内容具有这样一种性质，以致它们能对其他人、群体和制度，或换句话说，对社会环境产生影响。正确理解这些过程是任何有关权力、领袖、群体解决问题和群体决策、社会效率以及集群行为的成熟理论的先决条件。没有这样的理论，社会心理学研究结果的应用价值必将受到限制。

结　论

在开始讨论这门学科的现状时，我曾说过，我的总体估价是明确的肯

定。既然我大部分是详细论述不足和未解决的问题，人们不禁要问乐观主义
的基础何在。这一结论部分来自上述历史透视。社会心理学尚处在一个早期
发展阶段，没有时间来解决它的所有问题。像这样一些缺点，如追求一时的
风尚和时髦、技术的困扰、对单个研究方法的依赖、过分强调认知和其他暂
时邻近决定行为的因素，我认为，都是不成熟的表现，过段时间它们能够被
矫正过来。

今天大多数社会心理学家来自美国社会的特定部分，这多少影响了我们
的理论观点，产生了不幸的种族中心主义的倾向，极大地影响了经验研究的
内容。但当这门学科有更多的女性、各种少数民族成员、不同文化背景的学
者以及所谓发达国家和不发达国家的公民加入时，这一局限也将被克服。在
未来的年代里，社会心理学家将成为一个真正的学者的国际共同体，我们应
尽各种努力来促进这项工作。

也许，乐观的最主要原因来自社会心理学家对挑战明确回答的论证能
力。从它创立开始，这门学科就面临着必然出现的几乎难以克服的理论、方
法和制度上的障碍。但这些却有力地促进了革新和创造。尽管我们今天面临
的问题尤为困难，但我认为，在可以预见的未来，没有理由怀疑社会心理学
家会对这些挑战做出反应。

参考文献

Allport, F. H., 1924, *Social Psychology*, New York: Houghton Mifflin.

Allport, G. W., 1968, The Historical Background of Modern Social Psychology, in G. lindzey & E. Aronson (eds.), *The Handbook of Social Psychology* (Vol. 1, 2nd ed.), Reading, Mass.: Addison-Wesley, pp. 1–80.

Asch, S. E., 1959, A Perspective on Social Psychology, in S. Koch (ed.). *Psychology: A Study of a Science* (Vol. 3), New York: McGraw-Hill, pp. 363–383.

Barker, R. G., 1968, *Ecological Psychology*, Stanford: Stanford University Press.

Berger, P. L. & T. Luckmann, 1966, *The Construction of Reality*, New York: Doubleday.

Cartwright, D., 1948, Social Psychology in the United States during the Second World War, *Human Relations*, No. 1, pp. 333–352.

Cartwright, D., 1961, A Decade of Social Psychology, in R. A. Patton (ed.), *Current Trends in Psychological Theory*, Pittsburgh: Pittsburgh University Press, pp. 9–30.

Durkheim, E., 1950/1895, *The Rules of Sociological Method*, Translated by S. S. Solvay and

J. H. Mueller, New York: Free Press.

Elms, A. C. , 1975, The Crisis of Confidence in Social Psychology, *American Psychologist*, No. 30, pp. 967–976.

Emery, F. E. & E. L. Trist, 1965, The Causal Texture of Organizational Environments, *Human Relations*, No. 18, pp. 21–32.

French, J. R. P. Jt. , W. L. Rogers, & S. Cobb, 1974, Adjustment as Person-Environment Fit, In G. Coelbo, D. Hamburg, and J. Adams (eds.), *Coping and Adaptation*, New York: Basic Books.

Garvey, W. D. & B. C. Griffith, 1971, Scientific Communication: Its Role in the Conduct of Research and Creation of Knowledge, *American Psychologist*, No. 26, pp. 349–362.

House, J. S. , 1977, The Three Faces of Social Psychology, *Sociometry*, No. 40, pp. 161–177.

Hovland, C. I. , 1959, Reconciling Conflicting Results Derived from Experimental and Survey Studies of Attitude Change, *American Psychologist*, No. 14, pp. 8–17.

Katz, D. & R. L. Kahn, 1978, *The Social Psychology of Organizations* (2nd ed.), New York: Wiley.

Kuhn, T. , 1962, *The Structure of Scientific Revolutions*, Chicago: University of Chicago Press.

Lewin, K. , 1948, *Resolving Social Conflicts*, New York: Harper.

McDougall, W. , 1926, *An Introduction to Social Psychology* (rev. ed.), Boston: Luce.

Murphy, G. , L. Murphy , & T. M. Newcomb, 1937, *Experimental Social Psychology*, New York: Harper.

Newcomb, T. M. , 1947, Autistic Hostility and Social Reality, *Human Relations*, No. 1, pp. 69–86.

Stryker, S. , 1977, Developments in "Two Social Psychologies": Toward an Appreciation of Mutual Relevance, *Sociometry*, No. 40, pp. 145–160.

Zajonc, R. B. , 1976, Family Configuration and Intelligence, *Science*, No. 192, pp. 227–236.

社会心理学的历史教训[*]

艾伯特·佩皮通[**]

　　在进入正题之前，我们要先思考下面的问题："历史"究竟意味着什么？了解历史对理解社会心理学又能起到什么样的作用？如果我们把心理学或它的任何一门子学科的历史理解为名人传记集或者大事记——诸如：1879年，冯特在莱比锡建立第一个心理学实验室；1896年，赖特纳·威特默在宾夕法尼亚州立大学创办第一个心理诊所，那么，这样的"历史"不太可能帮助我们洞察整个学科体系的深层结构。要让"历史"告诉我们更多的东西，我们就要完善像知识社会学（Mannheim，1936）一类的工具。用这种方法体系，我们不仅要把那些伟大人物的生平、研究的发现以及其他种种历史事件连贯地排列在一个时间框架里，还要把它们与其背后的理论视角链接起来，这些理论视角是各种概念化解释、学说和研究课题的基石。通过对心理学研究主体逐步体系化的发展线索进行分析，再理论化地描述出这种分析（尤其对那些被主流学派纳入门下的研究视角），下面的问题便会迎刃而解：我们在哪里获得了进展，又在哪里停滞不前？什么问题得到彻底的解决，而什么问题又卷土重来？以及我们该怎样才能卓有成效地重建这个领

　　[*]　Translated from Pepitone, Albert, Lessons from the History of Social Psychology, *American Psychologist*, Vol. 36, No. 9, 1981, pp. 972-985. （本文由卞露译，周晓虹校）

[**]　艾伯特·佩皮通（Albert Pepitone，1925~2016），生于美国纽约布鲁克林，卒于费城。高中毕业后考入纽约大学接受音乐教育，曾在爵士乐队和摇摆乐队中演奏单簧管和萨克斯管，1942年毕业后进入耶鲁大学攻读硕士学位。第二次世界大战期间曾在美国空军服役，后在麻省理工学院跟随勒温攻读研究生。1947年勒温去世后，跟随群体动力学研究中心前往密执安大学在利昂·费斯廷格指导下继续完成博士学位。1951年获得博士学位后，任教于宾夕法尼亚大学，直至1992年退休。曾先后担任社会问题心理学研究会主席（1975）、跨文化研究学会主席（1978）和人格与社会心理学会主席（1983）。

域？奉此宗旨，我的历史回顾只去描述历史进程的主线，而不想纠缠于研究主体的细枝末节，更不打算换一种方式去演绎历史。除非谈到某个学术运动、学术流派或理论体系就不得不谈到它的发起人和创造者，其他情况下，我不对个人的贡献施以重墨。所幸，按照我的分析思路，社会心理学的历史简短清晰、呼之欲出。那些被誉为创始者的人和许多早期的代表人物确定自己知道"社会心理学是什么"，而考察一下他们的著作，我们不难看出：社会心理学至少存在两个研究领域，并且这两个领域各自发展出不同的主导理论取向。尽管二元模式一直并存，但其中一种取向在较长的历史时期里主导着理论思维和研究活动。

两种社会心理学的正式诞生，传统上以两部共享"第一本"之誉的同名教科书的出版为标志，一本的作者是罗斯（Ross，1908），另一本是麦独孤（McDougall，1908）。1908 年已经成为公认的社会心理学诞生之年，尽管还存在年代更早的论文。例如：库利的《人类本性和社会秩序》（Cooley，1902）可以算作一本社会心理学著作；在非英语文献中，第一个例证是奥拉诺的《社会心理学》（Orano，1902），更早还有塔德的《社会心理学研究》（Tarde，1898）。费·卡普夫在他 1932 年出版的纲要式的《美国社会心理学》（Karpf，1932）中甚至把社会心理学追根溯源到 19 世纪的哲学家们身上，那些德、法、英的哲学家们客观上做了社会心理学理论的创建工作，其中贡献尤为突出的有黑格尔、孔德和斯宾塞。当然，如果讨论有关"人和社会"这样笼统的主题，社会心理学的起源就会漫无边际。一旦学科的界限足够宽泛，社会心理学可以在更古老的思想中发现雏形。提请大家注意一个重点，1908 年的两位鼻祖讨论的并不是同一个主题。罗斯，社会学家，定义社会心理学为研究"因人们交往，而在他们之间出现的心理面和心理流"的学科（Ross，1908：1），这个定义时常被人们引用。他认为，社会心理学寻求解释"人们因互动而形成的感知、信仰、意志以及行动中的一致性"（Ross，1908：1）。据此，罗斯分章节讨论了：群氓心理、时尚、习惯、大众观点、风俗以及社会冲突。和塔德（Tarde，1809/1903）、西盖勒（Sighele，1895）、萨迪斯（Sidis，1898）以及巴杰特（Bagehot，1875）等（在此不一一列举）的著作相似，罗斯的书中基本的解释性概念是模仿和暗示。在同样早的时期，还有人如勒庞（LeBon，1895/1969）用感染的概念来解释群众中情感和认知快速达成一致的现象。显而易见，从历史上来看，大批早期的社会心理学家（其中，美国的罗斯写出了堪称样板的教科书）力图用少量的表征社会影响过程的概念，来对下至群众层面、上至整体社会的集群行为做出一般性的描述。他们认为，即便人人都有暗示和模仿的能力，社会现象也是这些心理活动在许多人中共同作用的结果。尽管罗斯的确阐释了一些导致人类行为易受暗示性的变量（如，声望因果变量），但他对人类社会生活的研究却并没有以建立一套正规的理论模型为目标。看起来，罗斯接受了这些基本概念的解释效力，并用它们来解释他从历史、文学及其他学者的著作中汲取的素材。

威廉·麦独孤，社会心理学共同的奠基人，以"概化的个人"为核心展开各种人类行为方式的讨论，最后再把不同的行为方式都归结到这一概念上来。如果人的社会特征和行为方式取决于人的生物本性，那他的解释就适用于所有的人。麦独孤认为，社会心理学的任务是"去解释：个体生来具有的行为倾向和心智能力是如何造就所有复杂的社会心理生活的，同时所有复杂的社会心理生活反过来又如何影响个体行为倾向和心智能力的发展和实践"（McDougall，1908：15）。

对当代读者来说，麦独孤的教科书似乎对社会行为做出了一种权威和详尽的分析，涵盖了主要的本能和情感——爱、恨、尊敬的感情，以及书中后半部分论述的人的主要心理倾向在其社会生活中的作用（其中分析了两性关系、父母性行为、侵略性、乐群性以及贪欲）。尽管该书自身获得了不朽的成功（印刷超过 30 版），可是麦独孤建立在本能论基础之上的心理学在美国主流心理学家中只获得了有限的认可，它没能竞争过其他那些在 20 世纪头 20 年里成长起来的心理学流派和学说——客观主义、实证主义、机械论、功能主义、反射论，以及稍后的行为主义。当人们逐渐遗忘爱德华·铁钦纳的结构主义的时候，后者却取而代之成为方法论的时代主流，而本能论遭遇的却是不留情面的攻击，人们指责它是"活力论的"（vitalistic）和"目的论的"（teleological）——这正是带有生物学特征的年轻的心理学的两大错误。在强调习得作用的行为主义者中，有些人承认某些本能而不对其加以深究，有些人则认为把本能作为人类行为的彻底解释或多或少是不可接受的。此外，从行为主义者的观点来看，阻碍麦独孤心理学获得大众认可的另一个原因是：麦独孤心理学与其说是解释"人们在既定环境下如何行为"的心理学，不如说它是一门关于人的性格和本性的心理学，是解释"人是什么"的心理学。卡特赖特做过一次精辟的阐释：本能论的失意一是因为人们相信环境是决定人类行为更重要的因素，二是因为人们相信人是可以改变的，这两个信念就算不是美国的经历造就的也是与之密切相关的（Cartwright，1979）。顺便提请大家注意：尽管主要的行为主义理论强调环境作为影响源的重要性（在这一点上与本能论泾渭分明），不过也只是把环境描述成对有机体施加影响的刺激物。

为平息争论，麦独孤雄辩地论证，他以本能为基础的个体心理学不能算作社会心理学，而算作社会心理学的预备学说更恰如其分。甚至，1908 年的著作（McDougall，1908，chap. 15）也只是对塔德主张有必要解释集群社会生活的一次回应而已；而且，为了这一使命，他对暗示、同情和模仿的重要作用加以肯定：

> 模仿是全部一切群体精神生活的首要条件。我将在另一册中详尽地论述群体的心理活动……当人们作为某个群体（无论是群氓、委员会、政治或宗教团体、城市、国家或是任何别的社会集合体）的成员来思考、感受和行动的时候，他们的群体行为表明：由于以群体中一员的身份来思考、感受和行动，每个人的心理活动显然已经被这一事实加以修正，并同群体中其他成员以及整个群体产生交互心理影响。（McDougall，1908：283）

不无讽刺意味的是，麦独孤自认为直接涉及社会心理学内容的著作——《群体心理》（McDougall，1920），与被他自评为介绍性的教科书相比，其影响相去甚远。

和本能论的命运一样，集群社会心理学同样也遭受了抨击。这一时期，各种流派和学说在角逐中产生分歧，尽管如此，他们在一个纯理论的观点上仍达成了共识，那就是——个体是唯一的现实。解释社会行为不可或缺的各种"机制"在个体中才能找到。此外，随着研究的兴趣集中到个体反应和外显反应，人们对那些包揽一切却看不见也摸不着的概念（如群体心理），以及对像暗示之类主观甚至神秘的事，越来越失去耐心。

上述两个奠基式的研究视角都没能存活下来，更谈不上开花结果、成为一个指引社会心理学研究和理论发展的有效导向。尽管一批像伍德沃斯、桑代克一样杰出的心理学家们接过了本能主义的火炬，此外还有特罗特（Trotter，1916）、凡勃伦（Veblen，1914）等非心理学家们对本能主义的推崇，不过以进一步了解人类本能为主旨的研究活动仍然为数甚少。仔细阅读麦独孤的著作，或许我们能找到本能论缺乏生命力的原因。就人类社会特征的根源问题，麦独孤的论断包罗万象且充满自信，没给进一步的理论探索和实证研究留下余地。当然，本能作为基本的（如果不是排他性的）解释性概念并没有稍纵即逝，但第一次世界大战后那些充满说服力的学术批评最终削弱了这项学术运动（Dunlap，1919），并使它彻底丧失了那点仅供维持心理学界一席之地的学术声誉。

至少从表面上来看，罗斯提出的集群社会心理学（Collective Social Psychology）大体上仍是社会学。他对群众心理、时尚变迁、习俗的模仿做了逸事分析和历史分析，不过，对于集群行为的现代研究方法来说这仅仅是粗略的方向，而集群行为的现代研究方法要更加系统化和实证化得多（See Smelser，1963；Turner & Killian，1957）。审视一下社会学的历史，甚至顾及一定程度的细节，例如豪斯在1977年的一次简短但精彩的论述（House，1977），我们会发现：无论是社会学的主流——宏观社会学（如阶层、角色、制度、沟通结构以及变迁），还是它众多分支之一的符号互动论，都无法按任何真实的路径追溯到罗斯那里。从另一方面来说，宏观社会学领域的涂尔干、韦伯和马克思，符号互动论领域的米德、布鲁默和其他芝加哥学派的学者，他们的显著影响却随处可见。在现代社会心理学领域有关集群现象的理论或研究中，确实没有一项是罗斯的成果。在罗斯之后多年，一些教科书才专设章节来讨论群众和社会运动，例如，卡茨和尚克（Katz & Schanck，1938）用了一章的篇幅谈论人们获得遵从的方式，描述了风俗、传统、狂热、时尚以及骚乱等。① 除一些例外，如罗杰·布朗（Brown，1965），后来由心理学家写的社会心理学教科书都较少论及集群行为——不管是罗斯的论题限定的那些，还是一个更笼统范围内的。当然，许多社会心理学手册确实用篇幅讨论了一些集群行为，但在这些手册所引用的

---

① 确实，与今天社会心理学屈指可数的几道"菜式"相比，卡茨和尚克的研究可谓是令人胃口大开的"大餐"，其涉及禁忌、仪式、文化和人格以及社会本性。兼容并蓄了弗洛伊德、弗雷泽、马林诺夫斯基、萨姆纳以及凡勃伦的思想。

参考资料中，仅能零星地看到心理学取向的社会心理学家的理论和研究成果。就这一点来看，与其说从这些篇章（参见米尔格拉姆和汉斯-托克近期的一本手册，Milgram & Toch，1969）可见社会心理学对集群行为关注的程度，不如说它们仅仅见证了著作者自身的学术成就。

对美国社会心理学的理论和研究一直有权威性影响的是起源于英国和德国心理学的实验主义。在英国，这种富有生命力的研究视角以特里普利特开拓性的实验（Triplett，1897）为发端。特里普利特做了两项研究：一项是骑自行车实验，考察定速者、与他人竞赛、计时等分别对被试（骑车）人速度的影响；另一项是绕鱼线实验，考察被试单独作业和在群体中作业速度的差异（有一点提请关注：特里普利特的实验论文比第一本正式的社会心理学教科书早 10 年就出版了，不过却无人问津）。同样，在德国，社会心理学实验传统的形成也比第一本教科书的出版要早。梅约（Mayer，1903）和施密特（Schmidt，1904）以学龄儿童为被试，对个人在群体中与单独时的表现做了对比；几年后，莫德（Mōede，1914）的实验项目调研了同类的课题——人们可以发现梅约和莫德的两次研究的某种关联性。让我们对历史做一次细致的梳理，或许，科学实验心理学从莱比锡发端经莫德到 F. 奥尔波特的一条发展脉络便能显露出来。可以这样说，英、德两国的研究尽管是启蒙性的，但它们都没有清晰地"假设-演绎"的理论化过程，而这一点后来成为实验研究不可或缺的内容。在上述实验中，研究课题都是设计严谨而系统的，但也都没有被放置到假设和概念的结构中加以考虑。第一次世界大战后的数十年里，人们依然对这样的欧洲实验主义兴趣不减，这大部分要归功于它同行为主义相得益彰的缘故。随后，行为主义便脱颖而出成为那种美国的心理学。

在审视行为主义社会心理学的进程和影响之前，有必要提及在如今被称为社会发展心理学或发展社会心理学领域的三位开拓者（其中两位在第一本教科书出版之前就开始了研究、建构理论和发表成果），他们对自我的形成、发展以及社会对自我的影响等主题有着特殊的兴趣。第一位要谈到的是鲍德温（Baldwin，1897），他研究了自我与他人之间的辩证过程，如：一个人对自我的看法如何也是对他人看法的组成部分，且反之亦然；自我是如何选择性地受"他我"（alters，*alter ego*）的行为暗示来行动的。他的分析深刻阐释了自我既具有转换成不同角色行为的能力，又具有稳定的自身品质。

今天我们读鲍德温的著作，仍会对他使用同化和适应的概念而感到惊奇，这些后来成为皮亚杰轻社会性重生物性的发展理论的核心。第二位是库利，在同一时期他也用长期发展的框架对自我进行了犀利的分析，阐明初级自我感知发展的最终结果，并提出"镜中我"的思想（Colley，1902）——自我是对自己在他人脑海中的印象进行想象和反射的结果。从专业的角度来理解，即自我因标识而存在。鲍德温是心理学家，麦独孤引用了他的研究成果，而罗斯没有；库利是社会学家，罗斯以他为证，而麦独孤没有。尽管鲍德温和库利对认知社会心理学上"自我"的兴趣达到了顶峰，可是他们并不为今天的人们所知。最后，这次伟大的"自我"三重奏的第三位成员是社会心理学有史以来最博学、最敏锐的理论家之一，（请容我多说一句）却也是最鲜为人知和最不被赏识的一位——乔治·米德。他着重研究产生"态度和姿势变化"的互动——在一个持续交换意义的互动中，一个人采取的社会行动是对他人行为产生的"反应-刺激"（Mead，1934）。他认为，社会行动能够具有意义，是以儿童有能力预测他人对其行为做何种反应为前提的；这种能力又以一个常识为前提，即"语音姿势"的发出者和所针对者对"语音姿势"的反应相同。这种"双重刺激"使儿童形成了对社会生活中他人的普遍看法，并让儿童做好与他人交往的准备。随着认知的发展，儿童无须与所有人直接互动就能扮演"概化他人"的角色，"概化他人"促进自我形成并最终造就自我。米德"有意义的互动学说"的核心是"刺激-反应"的互换，就这一点而言他的学说无疑带有行为主义的色彩，尽管如此，它也没有赢得社会心理学界的芳心。这部分是因为米德浓厚的哲学写作风格（异于自然科学偏爱使用简洁的句式再辅以实验的例证），让人们不太容易读懂他的著作；部分是因为精神、意义、意识以及自我这些概念难以理解，既看不见也触不着，还缺乏足够的可操作性。然而最终，米德的继承者们以完全与心理学不同的视角开创了新的研究领域：从布鲁默的"符号互动论"（Blumer，1937）到近几十年里产生的各种"微观社会学"和"日常方法论"（Garfinkel，1967；Goffman，1961）。斯特赖克（Stryker，1977）甚至颇具说服力地提出符号互动论应该在现代社会学中自成一体。

现在，让我们回到历史的主要进程中去。20 世纪 20 年代直至进入 30 年代，行为主义社会心理学的首席代表菲 F. 奥尔波特莫属。奥尔波特反对用"集体无意识"和"群体心理"来解释群体行为，他深信在人和人之间产生的"心理"和在大脑中由神经组织组成的"心理"毫无相似之处。在他的社会心理学教科书中，奥尔波特写下了众所周知的教义："任何群体心理学都必然是，而且根本就是个体心理学"，"社会心理学是一门研究个体行为的科学，这里所说的个体行为是指会对他人产生刺激或其本身就是对他人行为反应的行为"（Allport，1924：4）。由此可见，奥尔波特从设计实验到阐释实验结果，始终坚守着个体中心主义的立场。例证之一，在他广为人知的"社会促进"实验（以早期德国实验为雏形）中，奥尔波特（Allport，1920）向人们展示了"对于完成同样的脑力劳动，一个人在群体中独立作业时比他单独一人作业时要表现出色"。奥尔波特的解释是：在群体中，"他人在场"对个体造成物理刺激即"行为强化"，因而产生了促进作用。

40多年后，扎荣茨（Zajonc，1963）把他直接或间接参与的实验中有关人和动物的大量材料加以综合，进一步将奥尔波特的个体中心主义还原到个人，他提出："他人在场"能自动唤起个体，并且这种唤起强化了最能够决定工作表现的反应。对比两者可以看出：奥尔波特认为很难把个体间相互影响的物理刺激（比如耳闻目睹别人在工作）和社会竞争因素（社会促进形成的另一种解释）区分开，而扎荣茨的观点则是彻底非社会性的。按照扎荣茨的说法，就效果而言，"他人在场"和有刺耳噪声相伴在意义上完全等同。值得注意的是，奥尔波特在1916年至1919年间所做的有关社会促进的一系列实验，其影响力远远胜过后来他对遵守制度性规范的观察研究（Allport，1934）。继他之后，谢里夫（Sherif，1936）、阿希（Asch，1952）以及群体动力学（见下文）对"遵从"都做过堪称经典的社会心理学研究，不过显然奥尔波特的行为主义取向对他们影响不大。奥尔波特从1934年的实验中得出"J-曲线"假说，实证性地描述了聚集起来的个体的行为。或许是因为其描述的有效性远胜于解释的有效性，该假说对遵从行为的理论阐释没能产生什么影响。从另一个角度说，对"J-曲线"型的行为遵从性没有再获得进一步深入的研究，与当时普遍对制度性规范的行为机制漠不关心的学术背景有关（"社会心理学与法律"涉及了该领域中的部分内容，近年来，对它日益高涨的兴趣也许预示着：早年由奥尔波特尝试过的、对社会生活中"遵从"的探索将重新回到人们的研究视野中来）。

奥尔波特的研究——从研究个人在群体中的表现到研究人们遵守交通规则或其他规范——总是带有一种实践性和现实性的特点，却并未解决具体的社会问题或涉及变革的宏观问题。随着 20 世纪 30 年代大萧条的不断恶化，再加上 1935 年后战争又一触即发，社会心理学关注的问题越来越带有应用的倾向。在 20 世纪 30 年代及第二次世界大战期间，许多新的研究领域大量涌现直至达到了临近纷乱的状态，其中有：内群体关系、领导问题、传播、组织、政治行为（如投票选举）、经济行为（如消费）以及环境心理学。要想充分地了解社会心理学的历史，我们就要挑选其中的一些内容加以详细分析。

这些领域通常被划为"应用"社会心理学。为此，在那些把社会心理学当作纯科学的人们看来，它们是没有地位的。实际上，它们的研究运用了社会调查及其他的田野研究方法，超越了传统实验社会心理学的范畴（传统实验社会心理学的进程我们先前已经追溯过）。它们的研究主旨是找到各种制度问题、组织问题及社会性问题的症结并寻求改善。不幸的是，被贴上"应用的"标签似乎标定了这些领域是"非理论的"（atheoretical），以至许多以科学为志向的社会心理学家们与这些领域的研究对象划清界限。然而，这些领域所研究的现象与人类社会行为基础理论的完善有着无法割裂的关系。如果我们不去观察生活和工作在角色系统、沟通网络、地位及权力等级、经济结构和规范文化等多维背景中彼此依赖的个人，我们能获得对人类社会行为深刻和全面的理解吗？问题的答案是否定的。在对这类"另类的"（other）社会心理学做的一次精辟的历史分析中，卡茨（Katz，1978）以组织社会心理学为例，解释了这些应用领域的研究对象为何需要一个"系统"理论框架：因为它们的研究资料可能属于社会科学交叉的领域，只有在理论的框架中才能对其做出概念性的表述。在第二次世界大战的军事背景下众多社会心理问题凸显出来，随之，为解决这些问题众多的研究应运而生。假设我们当前的历史回顾有某种程度的可选范围，那么从"应用"领域中挑选出两个加以评述，我想应该足够了。这两个研究领域在战后都发展成更具一般性的理论体系——一个融入主流实验社会心理学中，另一个则融入社会学之中。

参照群体理论

"参照群体"这一术语源于对心理的物理判断和欲望水平的研究和理论，如查普曼等（Chapman & Volkman，1939）。海曼在对社会地位的主观意义的分析中首次使用了这一术语（Hyman，1942）。第二次世界大战期间的参照群体研究发现：与参照群体比较会使人产生"相对剥夺"感。借助"相对剥夺"这一概念，研究者们对大量调查和实地研究的数据进行了解释，《美国士兵》一书（Stouffer, Suchman, DeVinney, Star, & Williams, 1949）记录了这些战时的研究。第二次世界大战后，默顿和爱丽丝·基特（Merton & Kitt，1950）为参照群体理论提供了一个系统的公式；几年后，默顿（Merton，1957）又进一步做了概念上的详尽阐述和精细推敲。这样，理论的完备为大量针对种族关系、雇员工作满意度，以及大众传播问题的社会学研究奠定了基础。[①] 可以说，参照群体理论和研究的重大进展是在社会学中取得的，尤其体现在对"相对剥夺"的研究上，不过几乎在同时，一个与之相似的"社会比较"的观点在社会心理学中产生，"社会比较"是个人在对自我进行评价时所采用的方法。费斯廷格的社会比较理论指出，个人以"选中的他人"为目标并从"选中的他人"身上获取参照信息，用以评价自身的能力和看法（Festinger，1954）——这就是参照群体的"自我评价功能"。参照群体的第二个功能即"规范功能"（Kelley，1952）是指与人们有肯定或否定关系的参照群体可以左右人们的态度，这一点在纽科姆著名的贝宁顿实验（Newcomb，1943）中得到无可厚非的例证。从社会心理学理论发展的总进程来看，参照群体的自我评价功能比规范功能更加个体主义化，针对前者的研究在数量上也超过了后者。

态度改变

第二次世界大战时大规模的针对态度改变的研究战后在耶鲁大学继续进行，由卡尔·霍夫兰德负责这项以"沟通和劝导"为名的实验研究计划（Hovland, Janis, & Kelly，1953）。通常，这些实验在一定程度上受到理论的指导，但理论模式选择上的折中主义显而易见。一些实验以克拉克·赫尔的"刺激-反应"学习理论为模式（Janis & Feshbach，1953）；另一些又以从心理物理学中派生出的社会判断理论为基础（Sherif & Hovland，1961）；还有大量用来检验态度改变中认知一致性模型的实验（Rosenbery, Hovland,

---

① 参照群体比较也出现在政治学有关革命和暴乱的理论中，扩展了托克维尔以及涂尔干等描述的经典的"预期增加"概念。

McGuire, Abelson, & Brehm, 1960），这反映出平衡和失调理论在当时具有巨大的影响力。上述三个理论都将个体作为分析单位，都将态度改变归结为个人内心的变化机制。学习理论认为，劝导信息中包含的正向或反向刺激调节着个人态度上的反应，强化这种内隐性反应最终会导致一个人的态度改变。社会判断理论认为，人们会对劝导信息加以分类，这种分类产生同化或对立的效果，由此调节一个人的态度变化。认知一致性理论认为，人的态度结构中一旦出现元素失衡就会引起认知紧张，人们会设法消除这种令人不快的压力，态度改变即反映了这种倾向。由此可见，各种不同的理论模型都被用在研究的设计和结论的解释当中，或许正是这种多样性赋予这一领域一种"杂交优势"（hybrid vigor），使它在很长一段时期内都硕果累累。态度改变研究仍然在继续着，但在刚刚过去的十年里已经出现了兴趣减退的迹象。造成这种情况有很多可能的原因，其中之一是：在人们的重要态度上，"沟通-劝导"方式很少能使人产生大的改变。对日常生活进行观察我们可以发现，一个人不太可能仅从一个毫不相干的别人口中听到一条某种内容的消息就改变了他的重要态度，如此重大的转变更可能是个人对其所属群体认同的结果，也更可能是非正式影响在这种自我选择过程中不断作用的结果。有关这种非正式影响作用的理论和研究，正是社会心理学在战后第二个主要的研究视角。接下来，我即将展开论述。

群体动力学

第二次世界大战之前，赫尔、托尔曼和格思里的学习理论是心理学主要的系统化学说。学习理论责无旁贷地把行为主义提上了日程，到那时行为主义便成为美国纯理论研究视角中的主宰。就在这一历史时期，发生了一件令人兴奋的事情——卡特·勒温和他的场论给理论研究带来了一次猛烈和急剧的冲击。一些学习理论家并不将勒温视为心理学家，作为一位"不该是心理学"的学科的典范，勒温的声望满足了他们的需求；即便如此，作为一位心理学的理论家，勒温的声望无疑为群体动力学的成功做好了准备。可以说，群体动力学是战后社会心理学的主流理论和研究学派。群体动力学认为，人与人之间的关系是人们行动的出发点。应该把群体当成一个动力整体，这个整体既不大于也不小于部分之和。勒温的本体论立场神似涂尔干的社会由个体组成又在个体之上的观点（Durkheim, 1924/1953），其实更接近恩斯特·

卡西尔（Cassirer，1923）的实用主义看法——自然科学中的诸多概念是已经根据实验测量出的有效性被加以调整来吻合现实的状态。F. 奥尔波特和其他群体实验者们或视群体为实验变量而不在概念上加以限定，或持反集群的立场把群体作用还原为群体中个体的聚合影响，相比之下，勒温就群体问题上的观点在社会心理学中具有开创性。前面提到，奥尔波特猛烈地抨击过集体心理和一切富有精神和人格特征的超个体力量，认为"使用这类名词是神秘主义而不是科学，因为没有这种能够脱离了整体组成部分的个体仍存在的力量"。但在其退休后的一篇富有洞察力的论文中（Allport，1962），奥尔波特对"群体动力学"成为一个概念并没有表现出像预想中那样的反感。他承认定义概念在某种程度上是一件主观和实用主义的事。重点是，他相信了集群现象是真实存在的，承认自己从没能建设性地解决这类问题。尽管他仍坚持认为"群体"是虚构的，可是这个虚构名词并不必然能还原成"人们"。他重申，除非能指明人们是在"宏大叙事结构"中彼此依赖地工作和群居，"群体"才能获得充分的定义。可见，奥尔波特虽然绝不可能皈依群体动力学，不过他至少与过去不同，也总算对一条社会心理学家一般性处理群体现实和集群行为的途径不再视而不见。

在卡茨和纽科姆做题为"社会心理学对'群体'做了些什么？"的讲演时，伊万·斯特纳评述道：到20世纪60年代"把群体当作一个系统的兴趣已经减退，研究普遍集中到个人内心的事件或活动，是它们调节着个人对社会环境的反应"（Steiner，1974：94）。当然，斯特纳并不是说"群体"消失了。虽然数量减少，也不再享有主流社会心理学的一席之地，群体研究还是继续走完了20世纪70年代。[①] 斯特纳认为，对群体失去兴趣的一个重要原因是缺乏把群体作为系统来处理的理论。然而，回顾群体动力学时代，我们能很容易看出一种用理论解释事实的过剩，比如：合作和竞争（Deutsch，1949）、群体凝聚力（Back，1951）、偏离群体标准（Schachter，1951）、专制领导和民主领导的效果（Lewin，Lippitt，& White，1939）、组织群体和非组织群体的行为（French，1944），这些还仅是诸多著名研究中的一部分。

---

① 实际上，在20世纪80年代关于群体的研究还是很多的，一些论文发表在期刊《小群体行为》上，同时还有大量有关群体的书籍出版。马文·肖在第三版《群体动力学》（Shaw，1981）的参考文献中列出了100多个自1970年以来的群体研究。

在生命的最后几年中，勒温还提出一个极具普遍性的分析方案，这一方案的思想基础是：把群体现象看作半静止的平衡过程。加上勒温早期的"渠道理论"（channel theory）（Lewin，1951）——它阐述了影响群体环境中个人行为的生态因素（例如，与家庭饮食习惯的关系），勒温已经为群体动力学领域勾勒出一个极其丰富的概念基础。从这样一个历史来看，"群体"退出社会心理学的中心舞台似乎并不是因为缺乏理论，而是取决于人们对待它的态度——"这些群体理论是不会有成效的"，换句话说人们认为"理论应该解决个体的问题"。① 更通俗地说，F. 奥尔波特主张把群体看作一种个人意志的"促进器"或"聚合体"，与之相比，把群体看作分析单位的观点一直不如前者更合乎社会心理学家的胃口。具有讽刺意味的是，正是群体动力学"派"自身孕育了"个人内心的活动不经意地造成群体的变化"的思想，而恰恰正是这些理论假设对社会心理学确立直至今天都在坚持的行动路线产生了不可忽视的影响。

认知平衡、认知失调及其他认知社会心理学

每个学生都知道，在社会心理学界独领风骚几乎整个 20 世纪 60 年代的理论和研究运动是认知失调（Festinger，1957）和认知平衡（Heider，1958）。两者之中，平衡理论产生的时间要早很多，由海德在其早期论文——《态度和认知组织》——中提出（Heider，1946）。两种理论都认为，社会行为是人们在发生认知矛盾、认知不一致、认知紧张或其他混乱时来恢复认知协调的一种功能。认知失调和认知平衡理论在美国及海外激发了大量的研究课题，就此来说它们是成功的，这源于它们非感性的论断，也源于那些为验证论断设计出的饶有趣味的天才实验。不过，尽管有一支充满干劲和智慧的研究队伍，研究活动到了 20 世纪 60 年代后期还是开始衰落。在经历 20 世纪70 年代之后，认知平衡研究突然销声匿迹，认知失调研究也走入低谷，不过还是被社会心理学家中的骨干们（人数是更少了）保留了下来（Wicklund

---

① 勒温对文化因素很有兴趣（例如，"少数群体成员""自我尊重"），可令人费解的是群体动力学全然忽视了诸如习俗、价值观等文化背景的研究，而这些因素正是群体"压力"的所在。

& Brehm，1976）。是什么让认知失调失去社会心理学理论和研究中的先锋地位，现在还没有一个确定的解释。纽科姆认为，那是因为认知失调研究变成一个太过专业化的领域而脱离了社会心理学已有的一切（Newcomb，1978）。此外，认知失调研究脱离了实验室外的社会行为世界，又难以找到令人坚信的解释，这些都因人们不确定何时失调真实存在而变得更加凸显。在整个失调理论时代，心理上不协调的状态很少被明确地界定，而只是从其预期后果的表征来反推它的存在。认知失调理论的失势并不就是说人们对认知过程不再感兴趣。就在认知失调和认识平衡理论衰落之际，人们逐渐兴起对归因理论的重视和研究。

在 20 世纪 80 年代，归因理论可能是社会心理学中最重要和最有活力的领域。从"认知一致"到"因果归因"的思想过渡并不存在多大的障碍，可能是"平衡"和"归因"内在概念上的相似性帮助了这种过渡。对这种相似性我们不必感到吃惊，只要想到它们是"一母"——海德——所生（Heider，1944）。自凯利和米歇尔（Kelley & Michela，1980）深度审视归因理论而引发了人们的兴趣，归因理论开始有了纷繁庞杂的派系分支。或许，归因理论领域不应包括归因错误和归因偏差的分析（Ross，1977），也可能应并入准认识论领域——探讨个体是否能和怎样实现其认知过程（Nisbett & Wilsons，1977）。那么，归因理论作为一个整体也可以归入认知社会心理学的一个更大的类别中去，涵盖以下的主题：社会对象的分类、个体如何组合自我与其他社会刺激。虽然给归因现象划定界限为时过早，但大家对它们产生于个人内在的认知过程已经不存在疑虑。不妨假设，决定因果归因的就是在社会刺激充分条件下个人在心理上援引的行动准则。当今的归因理论常把人的行动归结为人或环境、运气或命运、能力或动机等因素，可这种因果归因的"规则"是怎么来的？同样，归因性行为的普遍性也被忽视了，是否世界上任何地方的人都做因果归因呢？要是归因规则是习得的，那这习得的规则来源于何处依然是个疑问。毫无疑问，人们的确相信因果，不过究竟是什么决定了这个特殊信念的形成？还有不同的文化相信的是同样的"因"吗？

第二次世界大战后近 20 年的时间里，有两个派生的理论和研究领域一时间吸引了为数众多的社会心理学家投身其中。任何一部社会心理学史都必然会把博弈论和关系交换理论作为理论视角和研究动向来加以考察。从历史上看，这两种理论都与我刚刚论述的认知理论呈现鲜明的对比。

博弈论

被称为博弈论的研究范式和数学概念自然不能被算作社会心理学的自创成果。事实上，它们是非心理学家的发明，用以应对高层战略性（比如，军事的和经济的）决策（Von Neumann & Morgenstern，1944）。决策中决策者必须考虑每一位对手的选择，也就是说决策后果是相互依赖的。大多数社会心理学中的博弈研究使用"混合动机"博弈（例如典型的"囚徒困境"）来阐释决定选择"合作"或"竞争"概率的个人条件和情境条件，研究人们如何讨价还价，即对手们（如买卖双方）既有达成交易的共同愿望又因结果总会对一方更有利而产生利益冲突。拉波波特（Rapoport，1965）指出，博弈研究在理念上与众不同，体现在对"代价"构成的逻辑分析和理性选择策略的公式组合上（利用数学公式，根据可预测的后果让对手们在实际中选择有利的行动步骤）。更进一步说，人们可以认为博弈论多少有自相矛盾的特点，或者说是不同行为步骤理论上的排列组合。一方面，博弈研究讨论的是决策者们在寻求利益最大化过程中的相互依赖性，它应属群体心理学；而另一方面，对决策战略的理论假设，尤其是假设人们做出的决策是以获取尽可能多报酬的需求和欲望为出发点（假设效用最大化是决策的出发点），恰恰又是最典型的个体心理学。当然，还有一些研究者描述性分析了博弈动机（Messick & McClintock，1968），他们把决定决策的动机类型定义为亲社会型而非自私自利型。这点在混合动机博弈中体现得更加明显，那类非竞争性和非自肥性（non exploitative）的选择曾被看作策略妥协或自我表征，也是问题型矩阵（以最大化为出发点）的一个必要项。在博弈研究中，人们普遍关注矩阵中独立的个体。应该说，博弈产生于参与博弈的人之间，而不是那些互相依赖的结构和博弈的规则。尽管会提到"互惠主义"或"利他主义"这些词语，但较少有博弈研究论及人们分配报酬时选择或遵循的某种文化价值观和行为准则（Pepitone，1971）。此外，虽然博弈论引入"结果相互依赖性"的观点并对其做了定量表述，不过，社会心理学研究没有推动依赖论的细化。历史告诉我们：社会心理学家对集群分析单位不感兴趣，当然，我们并不能断定博弈论没有朝依赖论方向发展是否与此相关。20世纪60年代后期人们对博弈论的兴趣减弱，人们指责博弈论不能完全体现真实的情况除非现实仅是一场策略战。当然，博弈论失势的原因肯定不只是这一点。

顺便提一下，由凯利和蒂博特（Kelley & Thibaut，1978）提出的群体心理学方法论（在他们1959年的研究中已初显端倪）虽然不能归类为博弈论，这首先是因为它关注的是个体间较长期的相互关系，但是它的确发展成为一种依赖论。"结果矩阵"被看作一个相互依赖问题，其中限定各方必须"各尽其责"（work through）才能从关系中获得足够的满意度。此外，"结果矩阵"描述了一方对另一方的一种权力或控制，并且判定各方的结果是否相关（对一方有利的结果是否对另一方也有利）。完善一种对相互依赖结构的分类法可以使我们理解：人们是怎样发生关系的，以及当人们以某种方式发生关系时他们行为的可能性。虽然凯利和蒂博特并未真正解决结果的相互依赖性是如何产生的（除了假设某个相互依赖矩阵是社会学习的产物，包括内化社会价值观、获得对社会结构的信任以及领会社会行为的原因），但是他们的确用理论证明了这种"假设的"矩阵是如何转变为"有效"矩阵的。不过，作为对社会心理学研究规划和理论发展的衍生，相互依赖论又将会有多大的影响，依旧是个未知数。[1]

交换关系

有一个比博弈论更加普遍的理论视角：它没有一个固定的研究范式，也是由社会心理学领域之外引入的，我们可以不那么严格地把它称为"交换关系"。的确，经济学家早就把经济交易看作一个按某种价值尺度（如货币）对货币、商品和服务进行交换的活动。随着时代的发展，交换成为某种市场体系制度化的一部分，这种市场体系以功能性角色间的互动为特征，这些角色各自在规范的市场准则下进行操作。在社会学中，霍曼斯（Homans，1961）创造了一个"交换"的心理学版本，在这种"交换"中人们交换态度、信息和其他心理学意义上的"商品"，付出成本、得到报

---

[1] 虽然对结果的评价确实是以从关系中所获得的满足和所花的成本之比为基础，但是把"凯利-蒂博特"方案归类为强化理论是不准确的。相反，由于该方案的核心特征是相互依赖，它更有可能是群体心理学家族的一员，它强调的传统是勒温一族的而不是赫尔一族的。

酬。一般来说，交换在"分配公平"原则下进行，即报酬是按交换双方"投入"的比例来进行分配的，"投入"的形式可以是工作时间、资历、教育等。随后，交换思想得到了进一步的细化，例如，包含权利关系的交换，布劳甚至还用交换来解释两性关系等（Blau，1964）。在社会心理学领域，交换论关注的是个体在交换中对公平的追求（Adams，1963）。一本研究评论文献中选编了一些包含"公平理论"主题的研究（Adams & Freedman，1976；Berkowitz & Walster，1976；Chadwick-Jones，1976），这显示了一个动向：研究者们更倾向于把"公平"看作一种人的基本需求或是认知不协调，而不仅仅是一条在不同文化间变换的分配规则。在不同文化中交换使用的规则或进行交换的条件会有所不同，不过，这本文献中的跨文化比较研究明显数量不多。

历史概要

我的这篇社会心理学历史概论谈到了许多主要的理论学派和研究视野，如今它们自然地并入两大类别之中——不是属于个体社会心理学就是属于关系社会心理学。回顾一下整个社会心理学领域（至少是这个领域中与心理学关联的那些部分）的生命历程，显然这两大类别的发展是不平衡的。人际关系的理论和研究占的比重较小，判断依据是：积极参与研究的人员的数量、发表在社会心理学重要期刊上文章的数量、理论-研究导向的持久力以及（有人或许会提到的）历史影响力。在这个天平的另一端，对个体尤其是对个人内心推理（theoretical）活动的考察和研究则体现出一种更广泛和持久的影响，个人内心的推理活动承担起解释社会行为的重任。显然，在当今这个时代，个人的价值似乎比它在以往的历史时期要有分量得多。在我们从历史中得到任何经验之前，有两个问题需要提出：是什么让美国的社会心理学偏爱个体主义而冷落关系论？对社会行为科学知识的积累而言，这种偏颇已经产生了什么后果？

第一个问题的答案是不言而喻的，只要我们想到：在这里，被视为一门独立学科来进行回顾的社会心理学也曾经是心理学的某一部分。也就是说，个体社会心理学居于关系社会心理学之上持久地占据支配地位，其根源是曾经支配着整个心理学理论的价值观和信念。以组织社会心理学、经济社会心理学和政治社会心理学形式留在心理学体系中的社会心理学一直经受着各种标准的左右，那些从不认为自己是社会理论家的学院派心理学家至今仍捍卫着这些规则。这种精英价值观的集合融入了作为一门自然和实证科学的心理学的概念体系中。尽管心理学的中心课题变来换去——从意识内容到心理联想到"刺激-反应"的因果关系再到最近的认知过程研究，"做自然科学"的观念仍然维系住了一套规范，约束着心理学家们应该怎样思考和操作心理学。这套规范通过众多教条加以确认，在历史的进程中它们的重要性或许已经发生了变化，但作为一种思考方式的总体模式，这些准则仍有着显著的稳定性和普遍的影响性：

实证主义

主张心理学的任务是通过观察或实验来收集数据。唯有这种实证的方法才能获知科学的真相；唯有用这些方法能接近的现象才是科学的兴趣所在，才能被纳入心理学探寻的课题。实证主义当然是一个多样化的学说，其主要目的是以"正确的"方法论的姿态同哲学假设和其他未经"数据"检验就对人及其行为发表看法的方法（modality）分道扬镳。有三个紧密相关的学说制定了更为苛刻的规定，直到今天它们仍对研究和理论有强有力的影响：客观主义（意为公正的、可靠的、可公开证实的数据以及数据的收集过程）；行为主义（按其初期形态，坚守心理学科学只能以外显行为为基石，并同时排斥直觉主义、心灵主义和"半生不熟"的现象学）；操作主义（心理学使用的概念不能有任何与定义它们的实证过程无关或附加的含义）。

还原主义

主张寻求解释的理论分析应该朝着越来越小的分析单位"向下"行进——从克分子到越来越多的分子。因而，神经心理学层面的解释比个体人格层面的解释有更大的科学价值。

唯物主义

在哲学争论中围绕心灵和肉体的关系，科学的心理学坚定地支持着唯物论因果论观点，拒绝了心灵-肉体互动的二元论解释。正是唯物论（还原论亦然）激发了寻求社会行为在神经生理学上决定因素的研究，同时却打击了对社会行为或群体"力量"的符号中介的研究。

机械论

主张在心理学中，科学调查的目标是对行为之前的各种因果关系做详尽阐述。因果机械论是指对各部分做精确的区分并对各部分如何工作以产生观察结果做出一种可以传达的理解。前机械主义通常和反功能主义同时出现，至少在当功能性解释陷入目的论时。唯有当行为的功能（例如：在物种进化中接受挑选的适应性行为）能被塞进因果（例如：遗传性）机械论中，这些功能才能成为科学的可接受的解释。

普遍论

主张心理学理论应当以成为放之四海皆准的法则为奋斗目标，也就是说，成为穿越所有历史时期、文化和生态环境都不会改变的行为命题。

个体主义

主张个人有机体是唯一的科学现实。唯有个人的所思、所感和所为才是真实存在的，也唯有在个体之中才能找到科学的解释。正如本文业已表明的，个体主义学说并不否认群体影响，不过把这种影响视为聚合的影响。

科学学说和社会心理学

可以断定，所有上述曾经指导过心理学理论和研究的学说，都一度在某个历史时期，对社会心理学产生了或大或小的影响。上文已经暗含了这些影响中的一些——例如，对"集体心理"这类抽象集群概念的厌恶情绪。此外，跨文化研究在社会行为规范的形成机制方面成果相对较少，唯物论（总体上对符号价值和符号意义的本质及作用持怀疑态度）和普遍论（假定构成社会行为的抽象活动存在于每个个体之中）对此可能要负部分责任。不过，或许个体主义和还原主义凭借对自认为恰当的理论分析单位的规定，对社会心理学的性质产生了更加决定性的影响。这一规定可能同时包含着两类谬误假设。一类谬误与人们对理论整合的理解有关。无论有什么样个人的理论偏好，社会行为科学的研究者应该寻找全面的解释——对研究现象的一种理解，并以"最精简"的基本法加以正式的说明。按照这样的科学志向，"基本的"则意味着：我们要在不同观察体系的交叉点和一切分析层面适用的地方找到最具一般性的结合点。这个谬误体现在：把最具一般性的理论上"横向"和"纵向"的结合点等同于还原于个体或内在于个体的分析单位。第二类可能的谬误体现在，该学说对个体的信仰使其阐释社会行为动机时，对于即刻（proximate）动机的解释价值要大于终极（distal）动机的解释价值。因而，就这种优先顺序来看，人愤怒表情背后的心理活动过程可以说比人际关系冲突更具有研究价值。"即刻-终极"谬误与一种对行为的环境和历史决定因素的广泛误解有关，而勒温场论"现时发生"原则（Lewin，1943）的过人之处恰恰正是以环境和历史因素为研究中心的。依据这个原则，在理论上假定与社会行为动机有关的充分的必要条件，必须在逻辑上存在于社会行为被观察到的那个时刻；这些条件既不可能是已不复存在的过去条件的函数，同理，也不可能是还没到来的未来条件的函数。理论上讲，这些系统化因果关系同样具有即刻性；组成一个因果关系复合体或结构的诸多条件可以在"任何"理论分析单位中找到根源。由此可见，麦克与外国游客交往时的傲慢态度在理论上可以作为认知失衡变量或他所遵从的亚文化规范变量的一个函数，但至于什么时候这两个变量起作用，并不存在差别。外在于个体的行为原因一点也不缺乏即刻性，但无论是外在的还是内在的，这些原因的历史根源都是终极性的。

结束语

总体来说，个体主义-还原主义的社会心理学的主要后果是忽视了：在众多相互依赖的社会环境和自然环境下，存在于个体之外的社会行为的源头。

生物学背景

早期习性学家按照进化论的标准，凭借着直觉的指引对低等动物进行观察，对人类的社会行为做出过一些未获承认的推测。不过，直到更近期的研究中，习性学家才提出一个有用的假设：某些社会行为的差异有遗传上的依据。"人类的社会行为绝不是某个基因作用的结果，也绝不是一组基因直接作用的结果"（Wilson，1975），这是一个不能被忽视的观点。多基因总是同细胞内环境、子宫内环境，外部社会和自然的环境共同决定着遗传结果，从而对社会行为产生不同的影响。第二个没有引起足够重视（尽管时不时被拿出来展示一下）的观点是：社会和自然的可影响性——人类为了适应不断变化的条件、极端的条件以及自身不断创造出的条件而具有的可塑性——正是自然选择的目的。尽管这一观点是陈词滥调，但还是表明了："社会行为能力"可能有遗传上的依据，而不是世人所见的社会行为本身有遗传上的依据。因而，在一个宽泛的社会行为范畴中（包括幼年依恋、人际吸引、利他主义、群体忠诚、侵犯以及权力形成机制）去研究自然选择的作用，无疑是社会心理学议程上的一项。生物学上的有机体进化对社会心理学的影响有着特殊重要性，体现在其对"社会结构和规范性价值体系的内容及形式"的影响上。

生态学背景

尽管罗杰·巴克的开拓性工作持续了 30 多年（Barker & Wright，1949），环境心理学却只是在近期才成为一门系统性的分支学科。它被人们所接受无疑是因为：各种消费运动、健康运动和节能运动提供了越来越多的证据，证明自然环境的许多特征（包括住宅和办公场所的设计，食品、水、空气和噪声污染，气温，病毒，人口数量和密度，毒品，酒精等）都直接影响社会行为。或许生态因素的这种"间接"影响对社会心理学更加重要。所以，我们要大声地"呼唤"理论模型，让它来为我们解释：人类要发展什么样的社会结构和社会习俗和怎样去发展才能适应不同的生态环境。

社会文化背景

人类的社会环境非常重要地影响了人类的社会行为。"社会环境"有两个相关但概念上不相同的组成部分：社会结构和规范的动力系统。前者包括群体的构成和个人置身其中的各类组织——家庭、亲属关系、角色、等级制度和沟通网络等。规范系统包括所有由群体建立并维系，以期影响其成员行为价值观和信仰（Pepitone，1976）。在更可观察的层面，规范体系包括习俗、仪式、契约、准则、法律，以及所有那些指示或禁止社会行为、思想和感情的观念。对社会心理学来说，关键的理论问题是解释这些体系的演变过程和它们作用的条件。

从历史中得来的一个主要教训是：社会心理学被视为是一门有关个体的、以自然科学为导向的、一般心理学的一部分，因而它的理论不能充分地论述来自客观环境、施加于人格和社会行为之上的影响，尤其包括人们置身其中并在心理上认同的社会结构和规范体系。自社会心理学被称为社会心理学以来，各种内在于个人的动力机制占据了大部分主导理论的核心，而除唤起"刺激"或指导认知"表达"的功能之外客观社会环境基本被排除在外。像这类的理论构想不可能解释客观社会力量的起源，也不可能解释要让这些力量对个体及其内心产生效力所需的条件。

参考文献

Adams, J. & Freedman, S., 1976, Equity Theory Revisited: Comments and Annotated Bibliography, In L. Berkowitz & E. Walster (ed.), *Advances in Experimental Social Psychology* (Vol. 6), New York: Academic Press.

Adams, S., 1963, Toward an Understanding of Inequity, *Journal of Abnormal and Social Psychology*, No. 67, pp. 422-436.

Allport, F., 1920, The Influence of the Group upon Association and Thought, *Journal of Experimental Psychology*, No. 3, pp. 159-182.

Allport, F., 1924, *Social Psychology*, Boston: Houghton Miffilin.

Allport, F., 1934, The J-Curve Hypothesis of Conforming Behavior, *Journal of Social Psychology*, No. 5, pp. 141-183.

Allport, F., A., 1962, Structuronomic Conception of Behavior, Individual and Collective, *Journal of Abnormal and Social Psychology*, No. 1, pp. 3-30.

Asch, S., 1952, *Social Psychology*, New York: Prentice-Hall.

Back, K., 1951, Influence through Social Communication, *Journal of Abnormal and Social Psychology*, No. 46, pp. 9-23.

Bagehot, W., 1875, *Physics and Politics*, New York: Appleton.

Baldwin, J., 1897, *Social and Ethical Interpretation in Mental Development*, New York: Macmillan.

Barker, R. & Wright, H., 1949, Psychological Ecology and the Problem of Psychosocial Development, *Child Development*, No. 20, pp. 131-143.

Berkowitz, L. & Walster, E. (ed.), 1976, *Advances in Experimental Social Psychology* (Vol. 9), New York: Academic Press.

Blau, P., 1964, *Exchange and Power in Social Life*, New York: Wiley.

Blumer, H., 1937, Social Psychology, In F. Schmidt (ed.), *Man and Society*, New York: Prentice-Hall.

Brown, R., 1965, *Social Psychology*, New York: Free Press.

Cartwright, D., 1979, Contemporary Social Psychology in Historical Perspective, *Social Psychology Quarterly*, No. 42, pp. 82-93.

Cassirer, E., 1923, *Substance and Function* (W. C. Swabey & M. C. Swabey, Trans.), Chicago: Open Court.

Chadwick-Jones, J., 1976, *Social Exchange Theory: Its Structure and Influence in Social Psychology*, New York: Academic Press.

Chapman, D. & Volkman, J., 1939, A Social Determinant of the Level of Aspiration, *Journal of Abnormal and Social Psychology*, No. 34, pp. 225-238.

Cooley, C., 1902, *Human Nature and the Social Order*, New York.

Deutsch, M., 1949, The Effects of Cooperation and Competition on Group Process, *Human Relation*, No. 2, pp. 129-152.

Dunlap, K., 1919, Are There any Instincts? *Journal of Abnormal Psychology*, No. 14, pp. 307-311.

Durkheim, E., 1953, Sociology and Philosophy, In D. Pocock (ed. and trans.), *Sociology and Philosophy*, Glencoe, Ⅲ: Free Press (Originally published, 1924).

Festinger, L., 1954, A Theory of Social Comparison Process, *Human Relation*, No. 7, pp. 117-140.

Festinger, L., 1957, *A Theory of Cognitive Dissonance*, Evanston, Ⅲ: Row, Peterson.

French, J., 1944, Organized and Unorganized Groups under Fear and Frustration, In R. Sears (ed.), *Authority and Frustration*, Iowa City: University of Iowa Press.

Garfinkel, H., 1967, *Studies in Ethnomethodology*, Englewood Cliffs, N. J: Prentice-Hall.

Goffman, E., 1961, *Encounters*, Indianapolis: Bobbs-Merrill.

Heider, F., 1944, Social Perception and Phenomenal Causality, *Psychological Review*, No. 51, pp. 358-374.

Heider, F., 1946, Attitudes and Cognitive Organization, *Journal of Psychology*, No. 21, pp. 107-112.

Heider, F., 1958, *The Psychology of Interpersonal Relations*, New York: Wiley.

Homans, G., 1961, *Social Behavior: Its Elementary Forms*, New York: Harcourt, Brace & World.

House, J., 1977, The Three Faces of Social Psychology, *Sociometry*, No. 40, pp. 161-177.

Hovland, C., Janis, L. & Kelley, H., 1953, *Communication and Persuasion*, New Haven, Conn.: Yale University Press.

Hyman, H., 1942, The Psychology of Status, *Archives of Psychology*, No. 269.

Janis, L. & Feshbach, S., 1953, Effects of Fear-Arousing Communications, *Journal of Abnormal and Social Psychology*, No. 45, pp. 78-92.

Karf, F. , 1952, *American Social Psychology*, New York: Hill.

Katz, D. , 1978, Social Psychology in Relation to the Social Sciences, The Second Social Psychology, *American Behavioral Science*, No. 5, pp. 779–792.

Katz, D. & Schanck, R. , 1938, *Social Psychology*, New York: Wiley.

Kelley, H. , 1952, Two Functions of Reference Groups, In T. Newcomb & E. Hartley (eds.), *Reading in Social Psychology*, New York: Holt.

Kelley, H. & Michela, J. , 1980, Attribution Theory and Research, *Annual Review of Psychology*, Palo Alto, Calif. : Annual Reviews.

Kelley, H. & Thibaut, J. , 1978, *Interpersonal Relations: A Theory of Interdependence*, New York: Wiley.

LeBon, G. , 1969, *The Crowd*, New York: Ballantine.

Lewin, K. , 1943, Refining a Field at a Given Time, *Psychological Review*, No. 50, pp. 292–310.

Lewin, K. , 1947, Frontiers in Group Dynamics, *Human Relations*, No. 1, pp. 5–41.

Lewin, K. , 1951, Psychological Ecology, In D. Cartwright (ed.), *Field Theory in Social Science*, New York: Harper.

Lewin, K. , Lippitt, R. , & White, R. , 1939, Patterns of Aggressive Behavior in Experimentally Created "Social Climates", *Journal of Abnormal and Social Psychology*, No. 10, pp. 271–299.

Mannheim, K. , 1936, *Ideology and Utopia: An Introduction to the Sociology of Knowledge* (L. Wirth & E. A. Shils, Trans.), New York: Harcourt, Brace & World.

Mayer, A. , 1903, Über Einzel-und Gesamtleistung des Schulkindes, *Archive für die Gesamte Psychologie*, Ⅰ, pp. 276–416.

McDougall, W. , 1908, *An Introduction to Social Psychology*.

McDougall, W. , 1920, *The Group Mind*, Cambridge, England: Cambridge University Press.

Mead, G. , 1934, *Mind, Self and Society*, Chicago: University of Chicago Press.

Merton, R. , 1957, Continuities in the Reference Groups and Social Structure, In R. Merton (ed.), *Social Theory and Social Structure*, Glencoe, Ⅲ: Free Press.

Merton, R. & Kitt, A. , 1950, Contributions to the Theory of Reference Group Behavior, In R. Merton & P. Lazarsfeld (eds.), *Continuities in Social Research*, *Glencoe*, Ⅲ: Free Press.

Messick, D. & McClintock, C. , 1968, Motivational Bases of Choice in Experimental Games, *Journal of Experimental and Social Psychology*, No. 4, pp. 1–25.

Milgram, S. & Toch, H. , Crowds and Social Movements, In G. Lindzey & E. Aronson (eds.), *The Handbook of the Social Psychology*, Reading, Mass: Addison-Wesley.

Mōede, W. , 1914, Der Wetteifer, seine Struktur und sein Ausmass, *Zeitschrift für Pädigogische Psychologie*, 15: 353–368.

Newcomb, T. , 1943, *Personality and Social Change*, New York: Dryden.

Newcomb, T., 1978, Individual and Group, *American Behavioral Scientist*, No. 5, pp. 631–650.

Nisbett, R. & Wilson, T., 1977, Telling More Than We Can Know: Verbal Reports on Mental Processes, *Psychological Review*, No. 84, pp. 231–259.

Orano, P., 1902, *Psicologia Sociale*, Bari, Italy: Laterza.

Pepitone, A., 1971, The Role of Justice in Interdependent Decision-Making, *Journal of Experimental Social Psychology*, No. 1, pp. 144–156.

Pepitone, A., 1976, Toward a Normative and Comparative Biocultural Social Psychology, *Journal of Personality and Social Psychology*, No. 34, pp. 641–653.

Rapoport, A., 1965, Game Theory and Human Conflict, In A. McNeil (ed.), *The Nature of Human Conflict*, Englewood Cliffs, N. J.: Prentice-Hall.

Roseberg, M., Hovland, C., McGuire, W., Abelson, R., & Brebm, J., 1960, *Attitude Organization and Change*, New Haven, Conn.: Yale University Press.

Ross, E., 1908, *Social Psychology*, New York: Macmillan.

Schachtter, S., 1951, Deviation, Rejection, and Communication, *Journal of Abnormal and Social Psychology*, No. 46, pp. 190–208.

Schmidt, F., 1904, Experimentelle Untersuchungen über die Hausaufgaben des Schulkindes, *Sammlung von Abhandlungen für Pädigogische Psychologie*, 1: 181–300.

Shaw, M., 1981, *Group Dynamics*, New York: McGraw-Hill.

Sherif, M., 1936, *The Psychology of Social Norms*, New York: Harper.

Sherif, M. & Hovland, C., 1961, *Social Judgment*, New Haven, Conn.: Yale University Press.

Sidis, B., 1898, *The Psychology of Suggestion*, New York: D. Appleton.

Sighele, S., 1895, *Psychologie des Sects*, Paris: Giard et E. Brière.

Smelser, N. J., 1963, *Theory of Collective Behavior*, New York: Free Press.

Steiner, I., 1972, *Group Process and Productivity*, New York: Academic Press.

Steiner, I., 1974, What Happened to the Group in Social Psychology? *Journal of Experimental Social Psychology*, No. 10, pp. 94–108.

Stouffer, S., Suchman, A., DeVinney, L., Star, S., & Williams, R., 1949, *The American Soldier* (Vol. 1& 2), Princeton, N. J.: Princeton University Press.

Stryker, S., 1977, Developments in "Two Social Psychologies": Toward an Appreciation of Mutual Relevance, *Sociometry*, No. 40, pp. 145–160.

Tarde, G., 1903, *The Laws of Imitation*, New York: Henry Holt.

Thibaut, J. & Kelley, H., 1959, *The Social Psychology of Groups*, New York: Wiley.

Triplett, N., 1897, The Dynamogenic Factors in Pace-Making and Competition, *American Journal of Psychology*, No. 9, pp. 507–533.

Trotter, W., 1916, *Instincts of the Herd in Peace and War*, New York: Macmillan.

Turner, R. & Killian, L., 1957, *Collective Behavior*, Englewood Cliffs, N. J.: Prentice-Hall.

Veblen, T. , 1914, *Instinct of the Workmanship and the State of the Industrial Arts*, New York: Macmillan.

Von Neumann, J. & Morgenstern, O. , 1944, *Theory of Games and Economic Behavior*, Princeton, N. J. : Princeton University Press.

Wicklund, R. & Brehm, J. , 1976, *Perspectives in Cognitive Dissonance*, Hillsdale, N. J. : Erlbaum.

Wilson, E. , 1975, *Sociobiology*, Cambridge, Mass: Harvard University Press.

Zajonc, R. , 1963, Social Facilitation, *Science*, No. 149, pp. 269-274.

现代社会心理学的危机[*]

伊恩·帕克[**]

范式的危机

什么是范式？有许多各不相同、相互矛盾的定义。就连那些钟情于库恩（Kuhn，1970）有关科学革命结构分析的激进社会心理学家们也不能不注意到：库恩起码在 21 种不同意义上使用了"范式"（paradigm）这一术语。而且，他所描述的范式是自然科学的，而非人文科学的。如果说范式是理论假说的一种框架结构的话，那么我们可以注意到，直到 20 世纪 60 年代，传统社会心理学一直被一种范式统治着。这个范式要求我们应该通过积累实验室实验的资料来研究人类个体行为。而"新"的社会心理学却自我标榜是一个更为进步的范式，要求我们加以严肃对待。但问题并不那么简单。

作为一门人文科学，社会心理学的研究并没有沿着吸收"事实"、尊重"真实"世界的方向一直前进（尽管它自称如此）。范式应用的一个典型例子是有关发展的研究。另一个支配我们对日常生活分析的典型例证是有关知觉变化的研究，但这个例证却被设想为越来越接近真理。在任何一个有关科

---

 * Translated from Parker, Ian, *The Crisis in Modern Social Psychology and How to End it*, London：Routledge Publishing House，1989，pp. 11 - 28（the first chapter）；pp. 131 - 140（the seventh chapter）.（本文由王济群、黄菡、钱竹梅、何宏光译，费爱华、周宪、周晓虹校）

** 伊恩·帕克（Ian Parker，1960~），1978 年考入英国普利茅斯理工学院，获心理学学士学位；1981~1985 年入南安普敦大学心理学系，获博士学位。1985 年起先后在曼彻斯特理工学院、曼彻斯特城市大学、博尔顿研究所（Bolton Institute）任职，2000~2013 年担任曼彻斯特城市大学心理学教授，2013~2016 年担任英国莱斯特大学管理学教授，2016 年后任莱斯特大学名誉教授。系著名精神分析师，对拉康的精神分析学多有研究；担任《批判心理学年刊》主编，批判心理学和精神分析学派的当代代表性人物。

学范式变化的传统阐释中，我们都可或清晰或含蓄地看到以上两个例子。可惜的是，社会心理学既不研究发展也不探讨知觉。

恰恰相反，由于社会心理学研究的是随文化、历史变化而变化的社会事实，因此，如果把"事实"当作工人手中的扳手，认为它能够强制性地用于进行"范式转换"，那就大错特错了。事实上，在 15 年前，传统的实验室实验社会心理学的批评者们就认为所谓"旧范式""新范式""范式转换"只是玩弄辞藻而已（Harre and Secord，1972）。"新"习性学社会心理学家及其忠实的追随者们没有宣称要阐述自命为一门科学的某类研究的"真实"状态，因为他们的理论阐释会建构、瓦解甚至改变这种状态。

范式的置位

设想有这样一些虚构的理论，它们把像社会心理学这样一些自诩的科学中的范式都紧紧连接在一起，我们就可发现，不研究它们的文化政治背景就不可能深刻地加以把握。例如，发展问题是很吸引人的，但问题是它让我们使用现有资料和概念来勾勒未来的蓝图。这势必会限制我们的选择。更大的麻烦是，"发展"这一概念本身就是一个特别现代的概念。它源于 18 世纪英裔美国文化，并从 19 世纪工业革命中获得动力。因此，对"发展"的信赖将使我们可望从现代生活中解脱出来，而实际上我们却受其掣肘。在文化范畴中，"发展"这一概念具有专门的意义。关于它没有什么"确实可靠的"东西可谈。如果硬要深入地探究，那么"发展"这一观念便会陷入其对立面——相对主义。

现在，我们再来看看用以支撑和兜售科学中"范式"观念的格式塔转换（gestalt switch）这一富有感觉效果的比喻说法。在本书中，你会经常介入一些小实验，这些小实验会进一步证实某一特定的科学模式，甚至它们会设法让你相信你自己也成为一名（天真的）科学工作者：你将看到，一只鸭子奇迹般地变成了兔子，尔后又变了回来。当然，实际上这种变化模式的随意性太大，因而必须辅之以必要的约束性说明，使得对一种事物的诠释（到底是鸭子还是兔子）能够做的恰到好处，这也许就是库恩所阐述过的范式的"规范性母本"（Kuhn，1970）。鸭子当然不是兔子，而要我们相信鸭子就是兔子则需要一种极具说服力的理论才能使我们信服。这种说服力在某种程度上或许还必须具有强制性。在自然科学中向我们描绘自然界的范式具有强制性，在社会心理学中向我们展示人类思维的范式也具有强制性。我们不仅有各种各样的知觉，而且还有用语言把一系列分析报告编造得恰到好处的自欺欺人的幻觉。一门学科的内外总是不乏一套又一套的论述，教训着我们在观察事物方面该如何做。在这种压力之下，纯真的知觉也就必然会坍陷在其对立面——文本之中。

在对科学的社会心理学背后隐藏的教条及对发展和知觉概念的解构中，我们得出这样一个教训——我们必须在一个较为宽泛的框架中讨论范式的转换。所谓较为宽泛的框架是指，对于研究传统的领域划分的内涵的界定。由于世界经济强权的分布，范式危机的文化背景在社会心理学中得到了反映。对此，绝大部分社会心理学家都是从美欧关系的角度来加以考虑的。对实证主义、个体主义的批评以及对实验室的摒弃随着对欧洲社会心理学的兴趣的提高而增加。由于欲自立门户的欧洲人的研究方式与美国社会心理学王国之间的争斗已超越了地域疆界，因此，对于我们来说理解这些充满着传统和抗争的论域的意义显得尤为重要。我希望能够解释这一问题：为什么美国社会心理学常常被（错误地）视为唯一的问题症结所在，而欧洲社会心理学却被（同样也是错误地）视为能够为此提出解决之道。

美国

在一个操英语的阅听人看来，理论传统和研究传统的发展深受美欧关系的影响。美国文化的优越感引发了一系列争论。美国既是制度化社会心理学的故乡，又是社会心理学中分歧的最早策源地。从特里普利特（Triplett，1898）的第一个有关骑自行车的人是否会相互促进的社会心理学实验（听上去非常不可思议，他还测量了孩子们绕渔线的时间）开始，到关于"社会促进"的可操作性研究（计算蟑螂的赛跑速度），这种文化中的社会环境虽然有时也被描绘成为个体提供某种良机，但是总的来说是一种强劲的危险。与此同时，彻底的个体主义也就成为人类行动的机械性框架。

包容在这种有关个体的自制及其社会危险的铺天盖地的论述中的，都是一些已铭刻在社会心理学家想象力中的小故事，并能在新来的学生中迅速流传。从阿希（Asch，1952）的群体压力实验和米尔格拉姆（Milgram，1963）的服从实验中我们可以看出：群体中的其他人可能歪曲你的知觉判断，而那些大权在握的人又可能破坏你的道德判断。于是，我们就有了关于现实世界的重新描述。这些描述通过精心设计，让人读起来感觉这些实验现象仿佛真的有生命一样，比如"群体思维"或者"旁观者的冷漠"。

在某些情况下，这是不足为怪的。在第二次世界大战后的麦卡锡主义文化气氛中（在当时，激进的心理学家如果想自绝于"自由"之外的话，就有可能因此而失业），各种有关建立"新社会心理学"的建议看上去均已告别了"扶手椅式的"和"资料搜集式的"研究而指向了学科的制度化。人们发出有利于美国军方的呼吁："当西点军校和安那波利斯军校开始注意到科学研究社会行为的重要性时，国内的其他方面是决不能远远地落在后面的。"（Dennis，1948：12）可是，当转机已经出现，社会心理学家可以从对国家的忧心忡忡转向研究"真实的"问题时，他们却仍旧着力于传统的研究方法。

面对日益严重的失业状况，人们对心理学家们的主要要求常常只是寻求更多的工作机会和对"社会问题"进行更多的研究。正是在这一背景下，社会问题心理学研究协会（SPSSI）于1936年在美国心理学会（APA）年会上被宣告成立。社会问题心理学研究协会的积极分子们确实积极持续地尝试着疏导社会的负面能量。例如，他们曾极大地支持了西班牙的反法西斯斗争。不过，退一步讲，对于保守的社会心理学家们来说，像这样的例外是极少的（Finison，1977）。

关于心理学前途的一系列争论的主题是由美国心理学会的那些传统保守的领导人一手"钦定"的，对手是"限制主义者"阵营中的 E. G. 波林。这个类似于心理学家联谊会的团体，竭力向其成员推广"适者生存"的法则，甘愿充当"扩张主义者"的代言人，并要求增加就业机会。只是到了后来，担忧的呼声才传播开来。如果不对社会行为研究的概念和方法进行激进而又彻底的审查，那么对社会问题的研究将只能停留在把受压迫者当作"问题"来对待这一层面上了。举例来说，在诸如种族偏见这类问题上，人们往往是站在压迫者的立场上来大发宏论的（而这种情况下，黑人多半是被排斥在心理学大门之外的）。与此形成对照的是，在 20 世纪 60~70 年代激进的社会运动波及校园内外时，范式危机爆发了。此时，激进者们已完全能够冲破社会心理学周围的藩篱，向人们提出跨学科的问题和政治问题。

美国是社会心理学的故乡，同时又是社会心理学危机的发源地，原因就在于这门学科与经济和政治有着密不可分的联系。自由经营是美国资本主义社会的一大特征，但其自由的程度已大大超出了当年欧洲冒险家们的梦想，结果是欧洲人激进的社会理论与实验室实验中所体现出来的机械个体主义之间的紧张关系在不断地增强。在美国，绝大部分有关危机的文献都仅仅涉及诸如实验的不踏实、欺诈等道德问题，或者是了解被试的必要性等方面。至少我们目前引用的文献是这样的。20 世纪 60 年代末，针对美国社会的异化性质，人们确实指责颇多。人们对心理学、对哺育它的文化已不再抱有幻想。不过正如我们将在第二章中看到的那样，这种文化的解释并没有给整个情形带来多少亮色。

欧洲

美国外的学者们往往更加乐于把社会心理学自身的争论与文化问题联系起来。他们毕竟曾经从别人的兜售中得到了一种并非错误或曰"异化的"、有关社会关系的心理展望。当欧洲社会心理学家们将这种方法带回老家之后，它却丝毫不管用。因而，在英国的危机文献中就有了关于"美国范式"的描述。更能说明问题的是，在法国的文献（这些文献通过《欧洲社会心理杂志》传播给了操英语的读者）中，有了关于意识形态对社会科学的影响以及关于意识形态在根治冲突方面的努力的种种描述（Moscovici，1972；Plon，1974）。

虽然一些作者认为人们对于美国的实验室实验社会心理学在欧洲的文化统治的反感可以追溯到 1968 年巴黎的五月事件的冲击，然而对于将"意识形态"作为一种研究对象的关注却有更深层的根源。与美国同行相比，欧洲社会心理学与社会学及人类学之间的关系历来都更为密切。最近，美国人又重新捡起了对意义和信念体系以及有关自我的各种社会概念的研究（Mead，1934）。他们的这项研究是在社会学系和哲学系中分头进行的。然而，早在 20 世纪 50 年代末，法国人已在社会心理学领域中展开过对"社会表征"（共享意义和自我概念）的研究（我将在第五章回到这一问题上）。

对社会学概念的关注以及对旧范式的经验（从文化的角度来看，这种经验是一种令人难以忍受的形式），甚至使得某些在政治上颇为谨慎的欧洲批评家们也指出，美国的社会结构与罪恶的实验室实验法之间有着不可分割的牵连（Armistead，1974）。举例来说，在有关习性学新范式的大纲中，哈里顺便抨击了"北美习俗"，因为这些习俗将品行视为受过训练的自动机式的人物的行为结果（Harre，1983：5）。社会心理学是问题的一部分而不是答案的一部分。正因为这样，许多激进分子在欧洲人有关危机理论有影响的作品中注意到下列呼声：社会心理学的根本而又唯一的对象应该是从意识形态和传播过程的结构、发生及功能的角度出发，对与这二者有关的一切东西进行研究。我们这门学科的适宜范围应该是关于文化过程（它主宰着一个社会的知识构成）的研究。

这个提议很好。但是，对意识形态研究的呼吁是不足以形成一场对美国传统的根本变革的。"意识形态"这一对象很容易被社会心理学剔除或恢复。一个具有决定意义的附加成分是冲突这一概念。通观美国的研究传统，这一概念要么根本就不存在，要么就被有意地忽略了。取而代之的是，人们在努力实现广泛抨击实验中的欺诈行为方面达成了共识，结果使得角色扮演的价值这一研究变得毫无结果。当然这项研究仍在继续，不过仍少不了"沟通"和"信任"这两方大剂量的灵丹妙药的支持。与此同时，还有一个微弱的建议指出，我们只需要增加一点"关联性"，或许还能"发展人类的福利事业"。

没有了冲突的概念，在心理学知识的各种论述中当然也就不会有什么政治价值了。然而如果将冲突的概念提到了首位（在欧洲社会心理学的文章中随处可见），那么我们至少可以揭露美国社会学构造关于社会的"虚假知识"的方式，并称社会秩序的阻力是非自然的（Plon，1974）。将欧洲的新发展与美国的传统对立起来有一个好处：我们可以对这样一种观念——任何一种社会秩序首先都应该被认为是"自然的"——进行质疑。

文化

在理解美国文化和欧洲文化对社会心理学危机总体上的影响方面，有许多引人注意的方式。对于这两种文化间的差异，我们的第一个也是最明显的反应是我们只能选择欧洲社会心理学，并用它来反对腐朽陈旧的美国社会心理学。这也许是一个错误。其实，新近的欧洲式研究本身也包含了许多无用的假设。不过，这并不意味着对于这门学科的美国变式和欧洲变式我们可以轻率地嗤之以鼻。美国和欧洲的那些有益的并具有进步意义的研究仍有充分的对抗空间。接下来我要说的是，在危机中产生的新范式同样含有不少有价值的观点。第三个方面与本书稍后将要讨论的解构方法较为吻合，它强调欧洲的贡献并把这种贡献引入与美国研究更尖锐的冲突之中。通过冲突将会产生更好（乃至全新）的东西。

社会心理学的每一种变式不仅描绘了社会现象，而且，作为文化的一部分，它还创造并重现了它所研究的社会现象。美欧社会心理学家身临其境的社会事实可以通过它与其他文化的对峙而得到部分界定（我们将在下一章中看到政治对它的影响，并在第八章中看到政治影响给其他文化带来的后果）。现在，我们该来了解一下作为文化的结缔组织的语言是如何通过关于社会机制的独特比喻来为人们提供理解世界的方式，以及"理解"他人理解世界的方式的。语言可以用来解释行为并可成为行为本身的一个部分，这使得我们有了新的选择以取代根据习性学的新范式所倡导的实验室实验。

实验与习性学

1976 年，米德尔米斯特等在《人格与社会心理学杂志》上发表了一项实验结论，该实验继承了历史悠久的美国研究传统，是关于"社会助长"的实验研究。他人在场是否会唤起兴奋？会兴奋过度吗？为了使实验可信，米德尔米斯特及其同事走出了实验室。这篇文章的题目是"厕所中个人空间的侵犯——关于兴奋唤起的启发性证据"。它报告了男性在同时小便（自变量）时相互接近（因变量）所产生的结果。如果在厕所中他人在场能唤起兴奋的话，可以预料会产生下列两种情况：①膀胱出口处的肌肉会紧张，排尿前的延搁因此会更长；②延搁与肌肉的紧张会导致尿液流得更快，排尿时间缩短。

实验的一种情况（控制条件）是不知情的实验对象使用敞开的厕所；另一种情况（第一实验条件）是实验者之一站在另一个小便池处；还有一种情况（第二实验条件）是实验者站在约一个小便池的距离之外。在一次实验中，一个研究者带上磁带录音机躲在盥洗间旁边小房间里，可惜由于噪声太大没有得到什么资料。在本文所说的实验中，小房间里的人用几本书支撑着一架微型潜望镜，放在门下，方向朝上。这样就可以看到实验对象小便，他们确实能观察并测量小便的延缓和持续。

意义（significance）

这些结论是"有意义的"，也就是说对于它们你大可不必全信。有许多理由证明这次实验具有重要意义。它是研究中的"理想型"（这是一个讽刺和一个警戒），社会心理学的新范式正试图取而代之。我将列出五个主要观点，它们会使旧范式社会心理学的问题变得更加突出。它们还将进一步为我们提供可供选择的研究方式，当然这些研究方式都是为与习性学新范式有关的或其本身的那些观点所推崇的。

第一，这个实验是美国人的实验，而且发表在美国的杂志上。围绕这一点所形成的问题，其原因部分在于在美国表现这门学科的杂志在数量上占有绝对优势，这些杂志详尽地阐述着（凤毛麟角般的）新颖观念。这些观念有时的确会出人意料地来自那些毫无价值的经验研究，或者来自美国科学院在艰难地进行研究时所承受的压力。然而进行这些研究不是为了其他目的，仅仅是为了在填写个人履历时有东西好填。另外，杂志通常不发表无意义的结论，大多数杂志设有双盲审阅程序以决定什么样的论文可以被接受（尽管这本身并不能保证对文章进行匿名或对文章的质量进行不偏不倚的裁判）。这并不是说那些价值不大的实验从未出现在欧洲的杂志上，也不是说那里的人没有狂热的出版冲动，但美国社会心理学在这方面所受的影响尤为糟糕。

第二，虽然该研究已走出了实验室，但无论是为了什么目的，该研究依然是实验室研究。研究者设置了一个完全人为的图式，在这个图式里不同的变量可被预测和控制。这一图式因此转向"实在"世界，结果是根本没有任何意料之外的意义掺和进来。围绕"实在"世界的某一方面，解释性框架又被构造出来。这样，"实在"世界的这个方面便被理解成好像它真的是一个受到严格控制的实验环境（这绝不仅仅是研究空间的实实在在的特征所造成的）。实验同样需要欺骗。

第三，是有关方法论研究的，这一研究产生了有关"排尿"的伪科学的描述。一种定量方法有意遮去上公共厕所的意义而代之以对尿流的度量。正是这种通过量的积累及神圣的因果联系对人的社会经验所做的虚幻的理解，界定了社会科学中的实证主义。

第四，涉及社会心理学中无处不见的基本概念个体主义。我们暂且不谈为社会心理学的一般理论与研究提供素材的社会的道德进化，社会促进的框架是建构在他人对个体行为（骑车、写字、排尿）的影响作用之上的。我们会因此认为这就是社会行为。研究"态度"、"归因"和"刻板印象"的更复杂的理论框架仍然把适当的机制安置在个体的头脑之中。

第五，涉及历史与文化的问题。实验室实验的社会心理学中的那张时而隐晦、时而清晰的日程表将把从个体行为的资料中所获得的、在实证主义者看来具有因果关系的规律，收入关于人类的、具有普适意义的理论之中。照目前的情况来看，当我们问及有关"个人内急"的历史特性的问题时，"社会促进"的"理论"便无能为力了。我们在公厕中体验到的防范行为不过是我们在现时代所认为的个人隐私受到他人侵扰的一个方面而已。"解决内急问题"就是参与了一场具有特殊意义的、在文化上来看也是与众不同的实践活动。这里有一个附带的问题，这就是，尽管在研究中人们传统上对主修心理学的白人大学生的关注还不是那么显而易见，但我们仍然又一次被拉进了一个男性的社会活动的世界，并在欺骗中将"社会促进"推及全人类。

含义（signification）

但是，这些被试说了什么吗？请想象他们中的一个人转身要走但是突然被一些书本和望远镜绊了一下，他朝邻近便池的实验者望去，而后者显得像要竭力摆脱这种极为难堪的场面。呃，实际的场面就是这样。在这里，必须有两个人参与一种令人叫绝的"社会心理学家"角色的表演，而第三个人则须竭力显得不那么呆头呆脑。至此，每个有意义的动作，实验者都在其研究报告中加以细致的甄别。在第一种实验条件中，当实验者站在被试身边，当实验者为避免可能出现的解释情境的尴尬将所有的便池都堵塞仅留下两个时，他们对此意义已心照不宣。现在，实验的框架已被取消，当他们说"这是一个社会心理学实验"来描述自己的活动时，意义便在他们的语言中显露出来了。他们将如何利用通用的意义进行描述，这便是习性学的新范式的社会心理学的主要议题。

从危机中崛起的习性学融合了一系列分析哲学（Austin，1956）与微观社会学（Garfinkel，1967；Goffman，1971；Mead，1934）的思想。这种广阔的探索并非仅仅一套研究社会互动的理论与方法，因为它提出的各种建议是以某种具有道德和政治后果的社会观为基础的。习性学的探索可以简要地归纳为三点：①一种表意性秩序的观点；②对一种戏剧性秩序的描述；③对社会规范的理解。

习性学的第一点提醒我们应该在实践性秩序和表意性秩序（Harre，1979）之间做出关键而富有成效的区分。睡眠、饮食以及排泄乃是作为生物有机体的人类为了维持生存所必须进行的活动。如此实际的问题完全可以由那个叫鲁滨逊·克鲁梭的人来完成，而其他绝大多数的人在再造更为广阔的物质结构方面是不可或缺的：打猎及烹调、开荒、建厂或是信息技术硬件都是这种实践性秩序的组成部分，我们可以拓宽实践性秩序的概念，使其包括群体机构在不同的经济体系和经济规律（诸如贸易循环、长波理论等）中所处的不同的然而却是实在的位置。这些规律组织了（然而有时也会扰乱）人类的生活。

然而，即便是最基本的生物性功能，比如上厕所，都是在文化的表意情境中被组织起来的。在米德尔米斯特等的实验中，不知情的被试可以当众尿湿自己的裤子（以抗议演说的冗长），或者对着树小便（为了在小伙子们面前逞能）。在公厕里，他们可以与旁边的陌生人亲密交谈，或者不声不响、左遮右挡地在一个小便池上方便。这样一种表意性活动对实践性活动做出了保证和解释。当然，我们在表意性秩序中所使用的解释系统回应了我们建构物质的实践性秩序的方式。回想一下李森科的遗传学作为表述世界观和取悦以苏联农业的实践和产品为基础的那些官僚体系中掌权的人们所产生的效果吧。习性学一直关注着表意性秩序主宰及塑造实践性秩序的方式。据说，"只有在一些特殊的情况下，实践性秩序才会主宰社会生活"（Harre，1979：35）。我们将在第八章回到对"特殊的情况"的分析。

习性学的第二点讨论的是人们如何在表意性情境中呈现自己从而给他人留下印象。习性学的一条原则是：生活应该被视为一幕戏剧。研讨会、家庭以及革命的基层组织中的"社会世界"就是这诸多戏剧上演的舞台，每一个剧本又要求有不同的角色，因而众多的社会角色聚集在一个生物有机体的周围。这里涉及两个更深层的问题。首先，个体的行动被导向争取荣誉、避免羞辱〔这是非常重要的，因为关于人类面貌的模特（演员、会计、演说家）是隐匿在那些关于人的各种常识性见解之中的，而习性学家们在"为了科学的目的，把人们当作人类来对待"（Harre and Secord，1972：84）的口号下，常常求助于这些观点。我们可以以此来选择每一个场景中"尊敬和厌恶"的等级〕。然而，这种秩序与意义是共享的，因而对所有的社会行动者来说都是极其显而易见的。行为的重新呈现与重新解释并非一件稳稳当当的事，但却是一件人人都能公平参与的事。

因此，表意性秩序的戏剧化了的社会世界是由行为的意义构成的，当行为的目的是完成特定动作时，这些意义就从行为中显露出来，活动也变得可以理解了。低头弯腰通过一个中空的管子、在纸上画一些符号是一系列活动，使用潜望镜并记录观察结果是一种行动，进行一项社会心理学实验则是一种动作。为了使他们的行动充分纳入人们对于动作的普遍认识之中，从而使迷惑不解的被试们也能参与到这些动作中，那些有意显露自己的实验者们也许必须对情境做出种种定义，因为情境中的行动（无论是作为一种标定还是作为一种诱导）对动作的意义有重要的影响。习性学的研究者总是试图从这类社会世界的参与者那里获取解释，这种解释同时也确证与重建了行动与动作。

习性学的第三点是，在人们的脑海中，社会世界似乎是由"规范"组合起来的。一些社会事件（如婚礼、考试、成年礼等）显然是根据成文的规范按部就班进行的。例如，一个正在接受社会技能训练的人，会被教导如何说话、何时说话以及和谁说话。在这种情形中，社会规范体系的关联，即说话者和听话者必须扮演的"角色"是被明确界定了的。然而，大部分社会事件都是扑朔迷离的，是由潜在的规范造就的，而揭示这种潜在的规范正是研究人员的工作。

我们的可怜兮兮的被试必须在引导下跌跌爬爬地走进社会心理学实验的社会世界。而引入的过程又导致了许多关于规范的地位的争论。一种观点认为：在某种意义上，规范是"现实的"。在这种情况下，社会心理学可成为"现实主义"的科学。习性学家的目标在于揭示那些潜在的模式（这些模式由于借用了作用中介而获得了力量），而不是那些实证主义社会心理学家所要寻找的并不存在的因果规律。规范这一概念本身只是一个"隐喻手法"，它所指的就是那些潜在的模式。这一论点在不同的场合得到了不同的强调：有时，规范被视为具有整体的性质；更多的时候人们则想象，它们以"认知模板"的形式存在于个体之中（Harre, 1979）。

与此相反，在习性学中，更为激进的和堂而皇之的观点则是将重点放在"引入"情境而建构的新意义上，被试并没有被装上"认知模板"，而是与实验者一起对情境做出解释。照此观点，规范被理解为一种为了研究者的方便而制造出来的东西，环境的"现实性"就更是随意而定的了（Shotter, 1984）。当哈里试图用类似结构主义的现实主义方法来解释社会行为时，约翰·肖特却使用类似解释学的方法来解释行为并以此来"理解"正在发生的一切。结构主义是一种以探究潜在规范为特征的理论，这种规范所组织的意义并不考虑说话者的意图。与此相反，解释学却旨在发现被个体所赋予的个人意识。由于这些分歧的存在，我们自然而然地走进新范式的矛盾、局限与问题之中。

问题：意识形态与权力

矛盾的存在使新范式显得扑朔迷离，这在一定程度上是由于要建立一个无懈可击的理论体系来解释人类的行为和经验是完全不可能的。然而，新社会心理学中特定的局限和矛盾也源于它未能体现那些关键的问题。这些问题在社会心理学危机的高峰时及在习性学成为新的忠实的反对派之前，就已被激进的批评家们所提出。这些争论就是意识形态和权力。新社会心理学所讨论的文化问题，只有当社会关系中的意识形态和权力的问题得以明了时才能被重新构筑与解决。

语言与意识形态

语言在思想形成中的作用在社会科学中当然是经常得到强调的，但库恩（Kuhn，1970）所描述的科学中的"范式转换"却为此注入了新的生机。然而，这项工作的激进的动力已远远超越了自由主义心理学的断言，即我们每个人看问题的方式确实是或可能是不同的，科学的争论和分歧并不是以鸭子和兔子的知觉为转移的，而是以更大的、关于世界的本质以及人类关系性质的政治问题为转移的。因此在这里，范式的转换就显得非常棘手和凌乱，同时也显得非常不择手段。

在研究人类关系的学科中是无法回避这些争论的。即使如此，对意识形态概念的关键回归和幻想的重建在新的及旧的社会心理学中都一直受到强烈的抵制。妨碍认真研究意识形态作用的主要方式包括：将意识形态仅仅视为一种"信仰体系"，以及声称意识形态与后工业社会毫不相干。这两种意识形态色彩甚浓的观点都植根于美国的社会科学。不过，正如我们在后面的章节中将要看到的那样，它们在欧洲理论中引起了强烈的反响。

如果我们采纳欧洲社会心理学的建议，即转向研究与意识形态及沟通有关的一切事物的社会心理学（Moscovici，1972：55）的话，我们就应该注意到，我们并不能简单地将意识形态、语言、沟通等混为一谈。例如，有一种描述实验心理学发展的方法，即那种将其视为一整套关于想象中的依附于日常语言的认知工具的陈述。假若我们想追溯激进派的论及危机的文献，展示上述陈述是如何表现出其永恒的真理性的——研究主体的非人性化、社会科学的去政治化——那么我们尚需更进一步。因此，在我们对意识形态的描述中，我们必须触及：这一整套陈述是干什么用的，它们又能发挥什么样的制度功能。在这里，"陈述"这一概念（作为一种陈述体系）是极为有用的。这类陈述体系建构了"客体"（如"刻板"或"归因"），并使这些客体成为"存在"，人们谈论它们时就好像它真的存在一样。这就是心理学与社会心理学现象如何被创造为个体的"事物"的过程（Parker，1987），这些事物又必须被整合于一个意识形态的恰当解释中。在第三章里，当我述及社会心理学外的后结构主义的发展时，读者将会更好地理解在陈述和文本中具有权力关系整合效果的意识形态。

新范式的总体计划一直是旨在对可怜的被试以及他们从根本上来说是良好的"常识"或他们的"普通语言"加以拯救并重新赋予他们人性。在习性学文献中，对意识形态的评论是极为少见的，而这种评论逻辑的扩展成为一种偏见，这种偏见误以为共享的社会意义处于一种和谐状态；这种评论还一直涉及把"虚假意识"重新描述为个人在共同体的表意性秩序中"叙述剧目"的匮乏（Harre，1977）。在这里，与其相关的一点是新社会心理学想象出许多使社会凝为一体的"规范"的方式。尽管这些规范不是普适的（就像习性学家所认为的那样），但它们都过多地被视为是毋庸置疑的。哈里（Harre，1980）和肖特（Shotter，1975）这些习性学家经常将他们自己置于英国分析哲学"日常语言"的传统中，并含蓄地赞成该哲学所提出的保守主义观点。这种观点认为：我们所拥有的共同的词汇体现了人们认为值得进行区分的特性以及值得保持的联系（Austin，1956：46）。

也许正是这些"共同的词汇"赋予了那位作者全部的、在他看来是值得区分的特性，但是这也许与这样一个事实有关，即在所有的其他事情中，他首先是一个男人。妇女可能想发掘出别的什么特性以鉴别英国语言中的性别歧视的结构以及说话者（指男性）在概念上抹杀妇女存在的方式。习性学的意识形态特性由于其不能严肃地对待在社会意义共同体中的冲突而显露出来。这种共享的社会意义共同体正是冲突所关注并移情地加以研究从而作为非社会意义的实验室实验的替代物。相反，在每一个讨论意识形态的地方，本书的宗旨都是必须随时准备把握冲突的概念。充其量，习性学的新范式忽略了"日常语言"中的性别歧视、种族歧视以及阶级特征。而从最坏的方面讲，在共意论中它创造了那些压迫性的社会关系。另外，"新的"方法论也从未承认社会科学中女权主义者研究的贡献（Stanley and Wise，1983）。另外，假若我们想再进一步去理解意识形态怎样以一种强制的方式将人类共同体联结起来的话，我们就必须对权力做出说明。

"诸权力"与权力

正如科学范式的观念体系以表意的方式集成一个共同体一样，某一制度中的社会关系系统以实践的方式将人们结合起来。关于社会心理学的富有意味的一点是：与自然科学不同（尽管社会心理学错误地将自然科学作为自己的模型），社会心理学在其操作过程中将"科学共同体"之外的一切都一股脑地收罗了进来。社会心理学家不仅注定要研究构成这一学科的社会关系体系，而且这一学科还超越了这一研究范围，通过实验室实验，依附到其他学科的门下去了。

对实验方法的许多早期批评（如"指导语的性质""实验者的影响"）也强烈要求对作为"科学家"的实验者所拥有的权力做出说明。例如，米尔格拉姆关于"服从"的电击实验就清楚地显示了美国科学家有能力在不知不觉中操纵与强迫公众。这个实验展示了可以"重塑"性格的黏合剂以使人们受到权威体系的束缚（Milgram，1963：371）。倘若这种权威性的权力关系在旧社会心理学研究中如此普遍的话，那么它为什么没有成为新社会心理学研究所探讨的主题呢？部分原因在于，这一探讨的缺失在一定程度上是由权力概念造成的。而这一概念已经经受了危机的考验，并深入习性学对人的认识之中。

在社会心理学中，传统的权力模型关注掌权者的活动，关注这类人是如何凭借社会资源进行奖励、惩罚等活动，从而对"权力对象"施展权力的。实验研究有时也考虑到"权力对象"的知觉和需要，不过权力具有指导意义的综合性定义仍然是：权力的掌握和行使是为了实现"预期的效果"（Schopler，1965）。这当然是个体主义关于权力的模型，它总是从单个的人的方面来探讨权力。同样，当习性学讨论人类动机的时候，它注意的也是个体们的"权力"以及这些"权力"可能被审视与认可的方式。可见，道德要求就远非如此重要，因为习性学强调对深层结构做出说明，并对人们的源于诸多绝对"权力"的活动给予描述。

这种关于权力的个体主义观点得到了新社会心理学用以理解社会生活的拟剧论的支持。研究典型的"马基雅维利"式的个体是传统的社会心理学的策略，而新社会心理学却认为我们都处在印象整饰的游戏之中，以及在构成社会秩序的"道德事业"中斤斤计较地混日子。显然某些微观社会学的描述早已承认受惠于马基雅维利，并且也强调权力的重要性，但新社会心理学则强调在表意性范围内对"尊敬"的积极先天欲求。这一欲求驱使着人们去超越他人。这种观点一旦被采纳，人们从此就得承担一定的风险了，因为死心眼儿地相信所有的说明可能会带来危险的政治后果（Billig，1977）。

不幸的是，表意性秩序统驭着实践性秩序的断言最终会使新社会心理学得出一些怪异的主张，即其实根本不存在权力这回事；说到底所谓权力不过是一种"显列资源的行为"（Harre，1977：233）。这些观点不仅将权力排除于新社会心理学的研究之外（除非作为一种"显列手段"），而且从中削除了关于抵抗的说明。假如我们重新引入这些说明，我们就得对权力得以受阻或被赋予力量的意识形态过程做出分析。如果想对权力做出恰到好处的解释，我们就不得不把权力的定义与反抗的概念联结起来。权力以镇压反抗的形式重新塑造了人与人之间的关系。支持这一定义的观点也必须对行动的历史与文化情境做出说明。

文化与历史

当范式变化的时候，有关"自我"的各种观点也常常随之而变，对于"自我"与世界以及自我与他人间的关系的体验也会发生重大改变。例如，"日心说"的发现取消了人类在宇宙中的"中心地位"。文化结构中的变化牵涉主观性的转型。我们必须关注在不同时间、不同地点主观性的转型和差异，而不是简单地转向感伤的（和种族优越论的）人本主义立场。对现代生活进行习性学取向的人类学透视有一大好处，就是它认真吸取了人类学关于自我研究的若干成果（Heelas & Lock，1981），并承认社会心理学现象在历史的长河中是昙花一现的（Gergen，1937）。问题是，如果没有对意识形态和权力的理解，它就不可能尽善其功，而且会非常容易地倒退回去，成为传统美国心理学中人本主义的变种。

美国心理学的一大特征是，它一直受与机械论、去人性化及实验论相对峙的人本主义的影响。我们会在后面的章节中看到这种替代性的补充物正是它所要反对的。人本主义者的立场阻碍了对意识形态与权力的理解。在社会心理学研究中，对意识形态和权力的研究只好转过来对这类现象的"新"变种的位置进行审察。这就需要对实践性领域与表意性领域如何互动做出估价，对荣誉的概念如何变化做出估价，并对如何确定我们与新社会心理学之间的批判性距离做出估价。在从一个研究范式到另一个研究范式的转型中，意识形态的冲突与对权力的反抗之间有什么关系？支持并欣赏这种争论的环境是什么？在一些例外的情形中，社会的实践性秩序会打乱表意性秩序。诸如此类都会对社会心理学产生影响。在本学科中要审度文化与主观性之间的关系，首要的一步必须是对其产生的条件做出历史的评判。

文　化

现代社会心理学为了探究社会行为的理论与描述而敲开了现代文化领域之门，同时对于这一学科的批判也势必超越该学科自身的范围。社会心理学中的一些方法，乃至几乎所有囿于传统的实验室实验范式的方法，与传统的主流文化是如此吻合，以至于任何试图摆脱这种文化的努力都将是徒劳的。

这一学科与其社会之间的认同提出了这样一个问题：我们是否可以通过采用新近出现的后现代文化的材料同现代社会心理学脱钩？倘若我在本书第一、二章中讨论的那些后结构主义的思想能够在其所处时代的文学理论和哲学思潮中得到有效表述的话，这将是一个合乎逻辑的推断。在这一章中，我将部分引用这些思想来阐述后现代社会心理学的样态。

然而，我描述的这幅图景并不能使那些一直想解释社会生活中的意识形态和权力的人们消除疑虑。我所做的关于后现代趋势的推断，其目的只是敲响一个警钟，引起人们的警醒。任何一个时代中体现为主流文化的"流行"的事物未必都是进步的，我们应以对后现代性更富有批判性的立场，在强调它积极的进步方面的同时，力图避免它倒退的含义。

后现代性和语言

变化着的语言可以把引起其变化的世界重新分类，进而重新创造这个世界，这种思想已被传播学系的学生广泛地接受。自行为主义者华生奔向麦迪逊林荫大道、精神分析学家亚伯拉罕·布里尔建议广告商们如何做才能鼓励妇女吸烟时起，就已向不知情的大众传递了有关广告这种"看不见的说客"的种种告诫。或者说，在近半个世纪之后，后现代性达到极盛时，告诫这些大众我们如何需要"破译广告"。例如，那些对通俗文化的分析教我们如何辨别三种尘埃，只是为了引起我们对《家用吸尘器指南》一书的注意，都在蓄意引诱我们去买各种不同的器具（Williamson，1987）。另外，对社会心理学家而言，语言创造思想的概念则遭到冷遇，就如同萨丕尔-沃尔夫理论的另一残余一样。心理学和社会心理学的建立落后于"实在"的世界的表达领域和影响这一世界的意识形态的变化（同样落后于助长这些变化的实际秩序）。

在社会心理学外围的后现代文化中出现的东西，使人们认识到语言能够构筑不同的实体，话语可以建构对象。当社会心理学家还在用行为主义的社会助长理论去描述他们在盥洗室所观察到的被试的时候，外界早已发展出了新的语汇。如果英格兰北部一个村庄的名字从地图上被抹去的话，也就是说，新的意义将被注入这个更合适地把握新经验的村名："kettleness（形容词）。这是一种在遭遇观察时便无法解决内急的特质。"（Adams & Lloyd，1983：80）这些定义并没有佯称是普适的和结论性的，它却蕴含了一种此地或当地意义，并且引起了人们对想象出的实在的注意［middlemist（动词）指当寻求对在公共盥洗室方便的解释时一种模棱两可的运用］。

我们这些后现代的居民已经丧失了对逝去的叙事的眷意，新的叙事已经出现，从这个意义上讲，任何被认为组织了现代世界并驱使我们走向启蒙的元叙事（metanarratives）都被打碎了。由于人的属性的社会建构已变得显著，所有"真实"地位都消失了，甚至是修辞手段都只被看作虚构的。我们转而认为语言是意义上的创造者，并不再认为语言之外的其他事物是解释的源泉，这时，我们已经完成了两项任务：它既为旧有的美国实用主义，也为对纠缠社会心理学达50年之久的实证的行为主义崇拜的新习性学批判，带来了新的转机。

理性的古典时期和现代时期的三个方面的任一解构，现在都已经走到其语言的尽头：曾经替代了绝对真理信仰的相对主义，在后结构主义者强调话语和文本作为理性的基础的条件下，经历了进一步的转折；曾经替代了科学的常识，也被看作语言游戏的一部分，在那里科学成了探究实用性的好搭档，而且，"自我"丧失了其作为意义的核心创造者的地位，因为"自我"对他人的依赖渐渐被视为是语言的建构所致。后现代性引起了一种不确定的态度——怀疑的态度，任何获取知识的尝试都涉及某种持续的反思，正是这种反思强化了那种知识局部性和短暂性的特征。这种怀疑和反思会传递和颠覆自我认识。后现代性充满分歧。将哲学、认识论、本体论这些范畴分离开来的推论将是不合理的。我将追踪后现代性在表征、行为和调查领域的影响，并通过有助于我们对社会心理学理解的文化层次来进行研究。

表象

后现代性的思想产生于建筑实践中诸多变化的讨论。对建筑中现代主义的终结的一个具有影响力的说明是标明日期和时间。圣路易斯市的一个高层建筑群在1972年某日下午2点32分被推倒，由此，一个庞大的重建整体环境的改革措施诞生了——勒·柯布西耶简单地将其概括为把住房建造成"生活的机器"（Jencks，1977）。如今，随着各种对已逝的过去的毫无意义的承袭和高技术设计的大杂烩的发展，建筑越来越作为"多义的"和"多种符号的"物体而得到发展。哥特式廊柱开始出现在汽车制造厂厂房上、日本式的宝塔出现在学校游乐场上、蛋形杯状的建筑式样出现在电视演播室中。经由这些设计，后现代建筑也引起了它对自身及结构的关注，各种供电、供热和空调部件从巴黎艺术中心和伦敦银行这样的建筑中凸显出来。除建筑之外，在古典音乐（Philip Glass）、波普艺术（Laurie Anderson）、后朋克派艺术（半人半饼式的），以及电影（《真实的故事》）、戏剧（Berkoff）、舞蹈（Merce Cunningham）等领域都出现了后现代的语言，正如建筑学宣称自己为"什么之后"一样——这个流行的术语在欧洲大陆与 pomo 相应，各种后现代文化已通过吸引人们对它自身的人为做作的注意推销自己，同时产生了大量对代表后现代性的形式进行研究的文献。甚至在自由不列颠铁路杂志中也提及了后现代（Pawly，1987）。因此，对自我指涉的迷恋和对艺术形式"不真实"地位的评论，转变为日常描述词汇，它们就像情绪那样"真实"或"自然"。安伯托·埃科指出，当爱情的一个现代表达为"我发疯地爱着你"的时候，一个后现代的说法也许是"像芭芭拉·吉特兰所说的那样，我发疯地爱着你"（Eco，1986）。即使在一个破坏狂会熟练地运用这一套之前，"爱"这一概念本身已经偏离了它纯粹的意义和意图，从而进入了诸多文化建构的意味之网。

从电视连续剧《达拉斯》中梦想着无数过去时刻的人物佩姆（剧作家可以抹去清白历史），到《豪门恩怨》中作为"他们自己"而出现的许多名流，他们经由各种方法而佯称"再现"了一个被嘲笑的真实世界，因而美国的电视连续剧早就沉醉于这种后现代的自我指涉性之中了。在传统的死气沉沉的 BBC 广播剧中，人物和背景中的现代描绘的衰落比较缓慢，但其戏剧性并非没有加剧。以《射手》这出剧为例，它以 1950 年的乡村民俗日常生活故事为开始，在 BBC 第四台每周播出 11 次，这个虚构的叫阿姆布里奇的小村庄早在 20 世纪 60 年代开始就印制假报纸和传记，但到 1987 年这一游戏结束了。

故事的最后一场（1987 年 5 月 22 日播出）是村里的店主伍德福德试图引诱丹比。他们正在整理丹比的一些过去的记录，伍德福德突然发现一个记录，即丹比常常与她的丈夫一起跳舞，伴着一种叫作"维克·米勒"的音乐，当它开始演奏时，那"嚓嚓"声便将我们带入 20 世纪 30 年代的舞曲。这段音乐始终贯穿在这一幕中，它特殊的音调给听众留下了深刻的印象。"维克·米勒"其实是对《射手》的主题旋律的再诠释，这个节目把听众的注意力引向对其虚构状态的注意，在这里任何学术性的文学解构都变得多余，人们通常只能简单地弄清有关意义的特征而不是"发现"什么（Parker, 1988: 6）。

行动

一种理解建筑向后现代过渡的途径是了解建筑师们的政治抱负，他们将一种老式的现代改革计划融入了地基。在其他领域中也同样出现了剧烈的变化，从强烈地把美学政治化的愿望到用审美化的政治来缓和那些对潜在消费者令人沮丧的吁请。例如，体现在英国左派那里，就是一种对新"欧洲"共产党政见的选择。

这是一种在新形式中的复原（对一度激进的那些思想的中立化和汲取），它所起到的作用就像是这种复原的活动已经由一种新文化而复原了。当激进的政治思想的现代复原把这些思想重新解释成有趣的改良见解或建议时，后现代的复原如今就存在于政治表征之中——看起来就像是另一种表征。这就是如下情况是可能的而非完全颠覆性的原因所在：提着印有"Che Guevara"或"kalashnikov"商场标志的购物袋在欧美城市中漫步，在英国报纸《观察家报》的酒类广告彩色增页中读到这样的标题"红色旅内部的争权夺利"，或在衣服上印有"好战倾向"（1987 年 10 月 15 日的报纸）。

历史进步感（一种伴随着人类的科学和个体意义的现代性的重要元叙事），在传统上是激进的政治设想的一部分，保持这种历史进步感的尝试被对过去的后现代描绘给击垮了。这些表征是如此荒谬地被浪漫化为无用之物——要么是像对当前活动的教训之备忘录那样无用，要么如同未来选择的方向之指示那样毫无益处。例如，W.P. 海里特杰购物中心招徕了许多顾客——他们已经听说过现代作家像乔治·奥威尔（他把英国北部劳动阶级的生活描绘同关于官僚阶层危险性的紧迫忠告结合起来），然后该购物中心向顾客推销"乡村奇异果和罐装柠檬"。

随着进步或个人意义之现代观念的衰落，这类描述在用于改善道德和社会思想方面毫无模仿功能。事实上，后现代性受到了某种大杂烩过程的控制，在这种过程中，使用一种形式唤起另一种形式的乐趣不过是这种活动的一个方面而已。拒绝就是冒险，用一些新的规范文本的另一种语言来说，整个这类自我表征的行为、选择和行动只不过是些"陈词滥调"（naff）（Bryson，Fitzherbert，& Legris，1983）。尽管这些描述也许是令人震惊的，但它们确实比学究味的社会心理学更多地抓住了社会互动和社会经验中所出现的东西。社会心理学这门学科中的绝大多数研究基本上都是"陈词滥调"。

调查

现代性的第三种元叙述，也就是人的科学的元叙述，曾经很快地包容进步观念，而意义则已经死去了。正是在这一点上，这场文化争论波及了社会学的领域，而后进入了社会心理学。古典的心理学和社会心理学的实验则具有现代电视智力测试的形式，英国的电视节目"智者"把竞赛者按在强光灯的光柱下，并用照相机的镜头测算出"事实"知识的多少，然后，庆贺获胜者的才能。我们暂时成了调查者，站在圆形监狱的监视塔中心，观察坐在黑色皮质椅子上的监禁者的活动。

当新型的社会心理学试图从参赛者的角度引出一个共同的答案，或者说明情境的意义时（如《询问家庭》），后现代的考察实际上更近似于像"代价是值得的"这种节目所表现的那样。在这个节目中，衡量胜利的标准仅仅是当胜利者获得奖金时是怎样狂热般地兴奋。当一个准确答案得出时，却反而显得多余，猜测过程才是游戏的关键所在。

在新的社会心理学重视的微观社会学中，诸种研究方法表明其在自我和社会的行为上与后现代看法有密切联系。例如，戈夫曼（Goffman，1971）在自我呈现的描绘中把社会环境看作舞台，通过编剧式隐喻决定性的运用，来打破戏剧和日常生活的界限。戈夫曼的社会学已被选作这个新时期的代表，在这一时期，现代道德被马基雅维利式的"演员"给征服了（MacIntyre，1981）。然而，在社会学的社会心理学中，最激进的后现代主义先驱是本土方法论，我在第六章所描述的本土方法论和解构方法的相似性，就是联系这些调查类型和当代文化的基础做出的。个体意义的社会结构包含着共同的内容，消解各种进步主张的语言的威力，对科学真理宣称的澄清都是共同的主题。本土方法论者避免和那些涉及"阶层"或"国家"社会范畴的客观化的政治活动发生联系。因为世俗的世界是社会演员们共有定义的产物和"成就"，所以自在的事物是无法得知的。当然，彻底的怀疑论必须平等地运用于激进派所提出的替代方案，这种状况使政治瘫痪了。

只是最近，介入科学社会学的本土方法论者们才在社会心理学中发明了一种新的"话语分析"（Potter & Wetherell，1987），并证明了可重复性和证伪只是修辞学上的建构，提出的不过是一种适宜的政治形式。这一政治形式显然是各种各样的多元论："后现代多元论表明，它不仅仅包含着复杂而丰富的客观实在，而且包含着更多的被言说的东西。"（The 2nd January Group，1986，2：26）《真理之后：后现代宣言》从对现代性的元叙事转向"新时代"的叙事，因为"每一个叙事包含着它本身进步的可能性"（*Ibid.*，29）。如果我们已从相对主义转向反思（宣言所宣称的那样），那么"重新创造这个世界"并通过"操演"方式来做出不只是理论上的应答将是可能的。

一个有益的教训是，当来自社会科学的后现代主义者们提出一个实证原则去取代"旧现代"的灵丹妙药时，这一原则往往归结于同样的反思元素，亦即一种理想化的对话概念（随着哲学的发展，后现代时期的对话已经出现）。于是，多元论也就在语言学的基础上形成了。"差异"如今是个流行的概念，这个概念听起来很像是老式的现代自由主义的旧调重弹，这种自由主义极力宣称权力并不是通过把我们视作别无二致的人才存在的。例如，这一情况允许知名人士们在旅游小册子上写文章，以减轻对俄国人的恐惧，并宣称："他们与别的民族相似，然而又有别于别的民族，因为所有的民族都必然是他们自己。"（Ustinov，1988：3）

后政治

如果社会心理学家继续放弃对权力和意识的各种描述（尽管这些描述也许不充分），那么就会有一些亟待研究的问题。下一章我将要展开讨论这些问题，并且把它们与更直接和社会心理学有关的政治事件联系起来。

学科之内

从互动的表征和诸种调查方法来看，后现代时期充满了种种问题。索绪尔（Saussure，1974）关于研究社会中符号生活的新"科学"的建议，已由那些强调文本和话语的后结构主义者诉诸极端。我们在这项工作中常见到的一种主张是：因为任何意义形式中"能指"的组织都是一种自我指涉，所以不可能产生任何存在于"现实"之外的表征。在社会心理学中，话语的特征之一恰恰是它系统地瓦解了一切对真理的要求。与此相仿，对语言的崇拜以及放弃对社会实际秩序中权力关系结构的研究，都妨碍了一位深受

"……之后"思想影响的新的社会心理学家想要采取的行动。观念的多元论导致了一种政治多元论，进而对互动的考察完全演变为一系列空泛的新闻写作练习，那些深受这一危机打击的社会心理学家们从习性学进入文学理论，他们后来发现别人在社会心理学这门学科之外比他们干得更出色，这委实是件令人懊恼的事。

学科之外

推翻现代性文化的种种尝试导致了以下三个更一般的问题的出现。第一个问题是有关对谈话"主体"的意图的重要性的攻击。当文学理论中学究们乐于把自己看作"被驱散的主体"时（Young，1982），"作者死了"（Barthes，1977）的概念以及一味强调话语和文本而不管是谁写出的，这些都引起了争论。让别人来取代被压迫者的位置，并使他们扪心自问：是否采用了话语的正确措辞，其中就存在可悲的政治内涵。从伦敦的一家女权主义出版社（维拉戈出版社）的一件事中可以见到例证。该出版社收回并销毁了 1000 册名为《下坡路，世界消失了》的书，该书描绘了一位年轻的亚裔女子在英国的遭遇（Forward，1987）。那位羞怯的伊斯兰作者原来是来自布莱顿的一位白人男牧师。当然，这并不是说问题在于后现代的高级教士们，而是意味着拙劣模仿现代性之真理要求的后现代话语也可以呼请饱学之士和前激进派们来游戏文本，而不是把文本政治化。

第二个问题涉及哲学和政治见解。解构策略的政治转向消解了批评家的观点。"世界是由话语构成的"这种说法意味着激进派们必须放弃对更真实说明的迷恋（他们的说明不过是另一种话语），并在"反思"中寻找慰藉。我们也应意识到，简单地把权力作为"权威主义"来攻击，这并不必然是进步的"激进派"的特征。激进的右派完全意识到了关于语言、话语和霸权的论争，他们正在使用这些概念来重建关于文化"差异"和性别"差异"本性的热门论争形式（Seidel，1986）。这就以某些形式有意助长了相对主义，并以它来取代传统上呈现为各种右翼话语形式的旧式自由主义。这也在从事理论研究时带来了某种风险，那就是不明智地强化了反对如下做法的反作用，即对那种已在社会心理学之外建立起来的意识形态和权力政治的抵抗。比如，这种说法可以被用来证实帝国主义对拉丁美洲的干预是合理的，"桑塔菲文件"宣称："作为文化上和政治上的相对概念的人权……必须被抛弃，并用一种政治上和伦理上的现实主义的非干预主义政策取而代之。"

（Quoted by Dindion，1987）

第三个问题是还存在一些应引起警惕的思想的地理区域。我们应该注意到从现代化向后现代文化转变的地理上的相关性。我们常听到如下说法：1968 年激进派在巴黎以左派面目开始了他们的活力，却在美国加州的右派那里结束了自己的政治生命。这些说法有一种偏激的欧洲味道，然而，美国的狂热分子都可以特别有效地强调他们保守派的影响。后结构主义和后现代性社会心理学家们提出的各种问题，以及来自这一系列思想的更一般的政治问题，有必要被视为诸种矛盾。随着现代时期呈现衰亡征兆，出现了产生作用的各种冲突性话语。社会心理学家们对这种死亡痛苦所唤起的危机感产生了诸多冲突性的政治反应，我们将在最后一章中讨论这些问题。在本章里我想引出的教训是，诸种社会科学已证明了某些观念，它们类似于以前流行的对"……之后"的狂热。后结构主义积极的方面并不必须消逝在当下流行的后现代幻想之中，亦即语言可以游离于意识形态与话语之外。试图为某种"实在论"形式保留生存空间的企图，是与以下的尝试密切相关的，那就是在社会心理学中保留一个拒斥的空间，并在各种支配性意义中拒不做出应答。

参考文献

Adams, D. & Lloyd, J., 1983, The *Meaning of Liff*, London: Pan.

Armistead, L. (ed.), 1974, *Reconstructing Social Psychology*, Harmondsworth: Penguin.

Asch. S. E., 1952, *Social Psychology*, New Jersey: Prentice-Hall.

Austin, J. L., 1981, A Plea for Excuses (1956), in V. C. Chappell (ed.), *Ordinary Language: Essays in Philosophical Method*, New York: Dover Publications Inc.

Barthes, R., 1977, Image-*Music-Text*, London: Fontana.

Billig, M., 1977, The New Social Psychology and "Fascism", *European Journal of Social Psychology*, No. 7, pp. 393-432.

Bryson, K., Fitzherbert, S., & Legris, J. L., 1983, *The Complete Naff Guide*, London: Arrow.

Dennis, W., 1948, The New Social Psychology, in University of Pittsburgh (eds.), *Current Trends in Social Psychology*, Pittsburgh: University of Pittsburgh Press.

Didion, J., 1987, *Miami*, New York: Simon & Schuster.

Eco, U., 1986, *Travels in Hyper-Reality*, London: Pan.

Finison, L. J., 1977, Psychologists and Spain: A Historical Note, *American Psychologists*, No. 32, pp. 1080-1084.

Forward, T., 1987, *Down the Road*, *Worlds Away*, London: Virgo.

Garfinkel, H., 1967, *Studies in Ethnomethodology*, New York: Prentice-Hall.

Gergen, K. J., 1937, Social Psychology as History, *Journal of Personality and Social Psychology*, No. 26, pp. 309-320.

Goffman, E., 1971, *The Presentation of Self in Everyday Life*, London: Penguin.

Harre, R. & Secord, P., 1972, *The Explanation of Social Behavior*, Oxford: Basil Blackwell.

Harre, R., 1977, The Self in Monodrama, in T. Mischel (ed.), *The Self: Psycho-logical and Philosophical Issues*, Oxford: Basil Blackwell.

Harre, R., 1979, *Social Being: A Theory for Social Psychology*, Oxford: Basil Blackwell.

Harre, R., 1980, Man as Rhetorician, in A. J. Chapman & D. M. Jones (eds.), *Models of Man*, Leicester: British Psychological Society.

Harre, R., 1983, *Personal Being: A Theory of Individual Psychology*, Oxford: Basil Blackwell.

Heelas, P. & Lock, A. (eds.), 1981, *Indigenous Psychologies: The Anthropology of the Self*, London: Academic Press.

Jencks, C., 1977, *The Language of Post-Modern Architecture*, New York: Rizzoli.

Kuhn, T. S., 1970, *The Structure of Scientific Revolutions* (Second edition), Chicago: University of Chicago Press.

MacIntyre, A., 1981, *After Virtue: A Study in Moral Theory*, Indiana: University of Notre Dame Press.

Mead, G. H., 1934, *Mind, Self and Society: From the Standpoint of a Social Behaviorist*, Chicago: University of Chicago Press.

Milgram, S., 1963, Behavior Study of Obedience, *Journal of Abnormal and Social Psychology*, No. 69, pp. 371-8.

Moscorici, Serge, 1972, Scociety and Theory in Social Psychology, in Israel, Joachim & Henri Tajfel (eds.), *The Context of Social Psychology: Assessment*, Oxford, England: Academic Press.

Parker, Ian, 1988, The Social Status of Mentalistic Constructs, in W. J. Baker, M. E. Hyland, H. Van Pappard, & A. W. Ataats (eds.), *Current Issues in Theoretical Psychology*, Amsterdam: North Holland.

Parker, Ian, 1988, Discourse and Power, in J. Shotter & K. Gergen (eds.), *Texts of Identity*, London: Sage.

Pawly, M., 1987, The Man who Learned from Las Vegas, *Intercity*, No. 12-17.

Plon, M., 1974, On the Meaning of Notion of Conflict and its Study in Social Psychology, *European Journal of Social Psychology*, No. 4, pp. 389-436.

Potter & Wetherell, 1987, *Discourse and Social Psychology*, London: Sage.

Saussure, F. de. , 1974, *Course in General Linguistics*, London: Fontana.

Schopler, J. , 1965, Social Power, *Advances in Experimental Social Psychology*, No. 2, pp. 177-218.

Seidel, G. , Right Wing Discourse, in R. Levitas (ed.) , 1986, *The Ideology of the New Right*, Oxford: Polity Press.

Shotter, J. , 1975, *Images of Man in Psychological Research*, London: Methuen.

Shotter, J. , 1984, *Social Accountability and Selfhood*, Oxford: Basil Blackwell.

Stanley, L. & Wise, S. , 1983, *Breaking Out: Feminist Consciousness and Feminist Research*, London: Rouledge & Kegan Paul.

The 2nd January Group, 1986, *After Truth: A Post-Modern Manifesto*, London: Invention Press.

Triplett, N. , 1898, The Dynamogenic Factors in Peacemaking and Competition, *American Journal of Psychology*, No. 9, pp. 507-533.

Ustinov, P. , 1988, I am a Russian of a kind, *In Tourist Soviet Union Brochure*, No. 3.

Williamson, J. , 1987, *Consuming Passions: The Dynamics of Popular Culture*, London: Marion Boyars.

Young, R. , 1982, Post-Structuralism: The End of Theory, *Oxford Literary Review*, No. 5 (1/2) , pp. 3-15.

群际行为的社会认同论[*]

亨利·泰菲尔　约翰·特纳[**]

引　言

本文是为了呈现一种群际冲突（inter-group conflict）理论的纲要，以及与此理论相关的一些基本资料。然而，这种有关群际行为和群际冲突的研究路径，首先必须被置于和研究同样问题的其他路径有关的脉络中。

大多数有关群际关系的社会心理学研究都将注意力集中于个人偏见和歧视的模式，以及人际互动的动机序列。这种研究路径的典范依次见之于"权威人格论"（Adorno et al.，1950），以及"挫折、攻击和转移（displacement）论"的各种版本及其修订版本当中（Berkowitz，1962；1969；1974）。其共同点在于强调导致偏见态度或歧视行为的个体内（intra-individual）过程或人际心理过程。但是，个体或人际行为同群际冲突的脉络性的社会过程及其心理后果之间复杂的交织过程，还没有引起社会心理学家的关注（Tajfel，1981；

*　Translated from Tajfel, Henri & Turner, John C., The Social Identity Theory of Inter-Group Behavior, In S. Worchel et al（Eds.）, *Psychology of Inter-Group Relations*（Second edition）, Chicago：Nelson-Hall Publishers，1986，pp. 7-24.（本文由方文、李康乐译校）

**　亨利·泰菲尔（Henri Tajfel，1919~1982），生于波兰的一个犹太家庭。1937~1939年在图卢兹大学和巴黎索邦大学就读化学专业，后因德国入侵中断学业并加入法军，在战场上成为战俘。1951年移居英国，1951~1954年进入伦敦大学伯克贝克分校攻读心理学本科专业；1954年任杜伦大学（University of Durham）研究助理；1956~1967年任牛津大学社会心理学讲师；1967~1982年任布里斯托大学社会心理学教授。约翰·特纳（John Turner，1947~2011），1969年获萨塞克斯大学（University of Sussex）社会心理学学士学位之后，进入布里斯托大学（University of Bristol）师从泰菲尔，1975年获社会心理学博士学位。1975~1982年，任布里斯托大学心理学系研究助理、社会心理学和人格心理学讲师；1983年移居澳大利亚，先后任麦考瑞大学、澳大利亚国立大学心理学教授。

Turner & Giles, 1981)。

　　和这些研究路径不相同的是谢里夫及其同事的研究。这个研究被坎贝尔（Campbell, 1965）称为"现实群体冲突理论"（realistic group conflict theory, RCT）。它对群际行为解释的出发点在于谢里夫（Sherif, 1967）所称的社会群体之间的功能关系，其中心假设是"群体利益的现实冲突导致群际冲突"（Campbell, 1965）。这个中心假设具有欺骗性的简洁、直觉上的可信，并且已得到强有力的经验支持（Avigdor, 1953；Bass & Dunteman, 1963；Blake & Mouton, 1961、1962；Diab, 1970；Harvey, 1956；Johnson, 1967；Sherif et al., 1961；Sherif & Sherif, 1953）。

　　在社会心理学领域中，谢里夫夫妇所开创的 RCT，既为群际敌意提供了一种原因论（etiology）的解释，又提供了一种群体竞争理论。这种竞争理论，就其特征而言，是现实主义的和工具性的，大体上由外在于群际情境的奖赏所驱动（Deutsch, 1949；Julian, 1968）。在争夺稀缺资源时，对立的群体利益会促进竞争，而积极的相互依存的目标（超然目标，superordinate goals）则会助长合作。通过竞争，相互冲突的利益发展成外显的社会冲突，但群际竞争，似乎也会提高内群体的士气、凝聚力和合作水平（Fiedler, 1967；Kalin & Marlowe, 1968；Vinacke, 1964）。因此，群际利益的现实冲突不仅会创造敌对的群际关系，还会提高对内群体的认同化过程和积极依恋。

　　然而，这种对内群体的认同化过程作为一个理论问题，在 RCT 中并没有得到足够的重视。内群体认同化的发展在 RCT 中几乎只被看成群际冲突的一种副现象，并与确定的群际关系模式相关联。但 RCT 既没有关注作为群体认同的发展和维持基础的认同化过程，也没有关注群体成员身份（group membership）或资格的那些"主观"方面对内群体和群际行为可能具有的自主影响。而我们主张，就是因为 RCT 对这些过程的忽视，导致经验资料和其理论的经典形式之间的失调。在这个意义上，这里要概括的理论定向并不想取代 RCT，而是在一些方面对之进行补充。而这些方面对我们而言，在有关群际冲突的令人满意的社会心理学中是基础性的；社会心理学如果不对社会冲突进行分析，就不能理解社会变迁的心理方面。

群际行为的社会脉络

我们要遵循的讨论出发点，是在社会行为两极之间的原初区分。相应的两极，我们称之为人际行为对群际行为。其中一极即人际行为，其纯粹形式在社会生活中几乎不存在。它指两个或多个个体间的互动，这种互动完全由他们之间的人际关系和个体特征所决定，不受他们各自所属的种种社会群体和社会范畴的影响。而另一极即群际行为，则由两个或多个个体（或者由个体组成的群体）之间的互动所构成，这种互动完全由他们所属的种种社会群体和社会范畴的成员身份或成员资格所决定，不受卷入其中的个体之间的个人关系的影响。当然，在现实的社会情境中，也很难发现这一极的纯粹形式。最接近人际这一极的例子，就是夫妻间或老朋友之间的关系；而最接近群际这一极的例子，就是在战斗期间敌对双方士兵之间的关系，或在剧烈的群际冲突中在谈判桌上代表冲突双方的群体成员之间的关系。

特纳（Turner）等（Turner，1982，1984；Brown & Turner，1981；Stephenson，1981）讨论了与这个连续体（continuum）有关的一些理论问题，而主要的经验问题则与决定靠近哪一极社会行为的条件有关。首要的并且是显然的回答涉及群际冲突。与我们的共同经验相协调，可以假定群际冲突越激烈，作为对立群体成员的个体就越倾向于在互动中以各自的成员身份来行动，而不是依据其个体特征或个体间关系。这就是谢里夫（Sherif，1967）能如此轻易地清除掉个体间友情的确切原因。这种友情是在谢里夫的一些现场研究的早期阶段所形成的；而这些已成为朋友的个体在随后的研究阶段被分配至对立的群体中。

然而，群体之间制度化的或外显的客观利益冲突并没有在理论上或经验上提供完备的基础来解释许多情境；在这些情境中，隶属于特异群体的个体的社会行为能被观察到趋向我们连续体的"群体"一极。在谢里夫的研究中，冲突是"制度化的"，因为它由夏令营的组织者安排；它也是"外显的"，因为它支配着群体的生活；在一定意义上，它也是"客观的"，因为依据竞争规则，一个群体不得不是胜利者，而另一个是失败者。然而，从谢里夫和他人的研究中，有证据表明，群际冲突的制度化（institutionalization）、外显性

（explicitness）和客观性（objectivity）并不是"群体"一极行为的必要条件，虽然它们常常是充分条件。我们的早期实验（Tajfel，1970；Tajfel et al.，1971）提供了清晰例证，我们将对它进行简要讨论。在这些实验中，可发现群际歧视存在于下列条件下：微内群亲和（minimal in-group affiliation）、群体成员身份的匿名性、利益冲突的缺场和群际先有敌意的缺场。

其他的社会和行为连续体也与人际-群际连续体相关联。其中之一可概括为态度、价值和信念的准意识形态维度，而这个维度在与人际-群际连续体的关系中被假定扮演着因果角色。这个维度的特征也是由两极构成的，我们称之为"社会流动"（social mobility）和"社会变迁"（social change）。在此，这两个术语并不是在其社会学意义上来使用的。它们是指在社会中有关社会群际关系的结构和本质的个体信念系统（individual's belief systems）。"社会流动"的信念系统基于这样的一般假定：个体所生活的社会是有弹性和可渗透的，因此无论出于什么原因，只要他们对其所属的社会群体和社会范畴的成员身份带给他们的生活状况不满意，他们就可能个体性地转移到更适合他们的群体中，无论通过天赋、努力、运气还是其他方式。赫希曼（Hirschman，1970）在下面这段文字中提供了这种信念系统的范例，它根植于一个社会外显的文化和意识形态的传统之中：

> 有关成功的美国传统观念证实了门槛（the hold）的存在，其出口存在于民族想象力当中。成功，或任何同样意义的事情，即向上的社会流动，都一直被理解为进化个体主义。从社会阶梯中的低级位置开始的成功个体，当他升迁时，必然离开其原有群体，"进入"或被接纳进另一较高层的群体中。他只能带上直系家庭，除此之外别无他人。

而另一极就是"社会变迁"的信念系统，它蕴含着社会中群际关系的本质和结构，以显著分层（marked stratification）为特征。这种分层使个体仅作为个体，要剥离自身不满意的、受歧视的或有污点的群体成员身份，是不可能的或者是极其困难的。一个社会的经济或社会现实正可能是这样（如 20 世纪 30 年代美国大萧条时期上百万的失业者），以致个体仅作为个体"脱离"自身群体的不可能性成为日常现实。而这种日常现实决定了许多形式的群际社会行为。但即使是这个例子也是相对极端的。许多群际情境，无论什么原因，都包含如此强有力的分层因素。正是这些情境，可能会使社会行为从人际模式一极移向群际模式一极。它不仅适用于社会体系中的"优势"（superior）群体，而且同样适用于"劣势"（inferior）群体。与此信念相关的社会行为的主要特征在于，在相关的群际情境中，个体互动不是基于个体特征或人际关系，而是基于代表确定的群际关系的不同群体成员之间的互动。

很明显，有人期望社会体系中客观分层的程度（无论如何测量）和"社会变迁"的信念系统的社会扩散与强度之间存在显著相关。然而，有很多理由表明它们的关系并不是一一对应的，其中一些理由，将在下边讨论。虽然在本文中，我们不可能详细讨论许多社会心理学的条件，它们（在某种社会群体中）可以决定从接受分层转向（我们第一个连续体中）群际一极的行为特征。这种转化，也就是创造种种社会运动，目的是要改变或维持现状（Tajfel，1978a；Giles & Johnson，1981）。

然而，外显的群际利益冲突和信念的"社会变迁"系统之间存在密切关系。指出这一点是有趣的。这个信念系统的一个主要特点，就是有关个体认为，就个体而言，从自身原属群体转移到另一群体中是不可能的或者是极端困难的。而这就是剧烈的利益冲突的确切情境。在其中，个体极难想象他可以"背叛"自身原属群体而加入敌对群体，虽然这样的情况偶尔也会发生。但总体而言，对这种行为的制裁是严厉的，而且价值系统（至少在我们的文化中）是极力反对这种行为的。以一个社会心理学实验为例，在谢里夫夏令营中的男孩，就不太可能改变他们的立场，即使他们在实验前期结下的友谊跨越了群体界限。

在我们的文化中，外显的群际利益冲突的强度同对叛徒和卖国者的憎恶程度紧密相关。在我们的连续体中，这就是对应于社会变迁一极的信念系统与剧烈的群际冲突相关联的原因。因此，这些冲突，可理解为在信念连续体的社会变迁这一极中，创造亚种类或亚范畴的主观性的群际二元特征（the subjective inter-group dichotomization characteristic）。它们共享信念的社会变迁系统的基本特点，即多群体结构可觉知为以个体转向另一群体的极端困难或不可能性为特征。

到目前为止所讨论的信念系统连续体代表了一种推测：在特定的社会情

境和社会中，一组重要的主观条件，使对外群体成员的社会行为可在人际-群际两极之间进行转换。作为这一部分我们初步讨论的总结，我们必须概括出两个更深层的并且相互重叠的连续体。它们可被看成包含趋向人际-群际连续体的任何一极的社会行为的主要结果。它们都与群体内部对所关涉的外群体的行为和态度的变异性和一致性有关。第一个连续体可以这样来表述：一个群体的成员，越是接近信念系统连续体的"社会变迁"一极和行为连续体的群际一极，他们对相关外群体的行为就越表现出一致性；而越趋向两个连续体的另一极，对应地，对外群体成员的行为的内群变异性就越大。第二个表述和第一个紧密相关：一个社会群体的成员越接近"社会变迁"和群际一极，他们就越倾向于将外群成员当作统一的社会范畴中未分化的个体来对待，而不是依据其个体特征。在社会心理学中，有关剧烈的群际紧张情境中群体刻板类型（group stereotypes）的功能化过程的大量文献，只不过是这两个普遍表述的例证而已。

因此，这种初步的概念化，代表了社会心理学研究群际关系的一种（新的）路径，这种路径，不仅考虑社会实在，而且考虑社会实在通过社会共享的信念体系的调节而在社会行为中的反映。这种汇合，就发生在我们讨论过的两个连续体的两极。第一，这是因为可以不困难地假定"社会变迁"的信念系统可能反映现存的和显著的社会分层，或剧烈的群际利益冲突，或兼而有之；第二，这是因为刚提到过的社会情境的社会信念系统的后果可能出现在统一的群体行动或社会行动中，其目的，或是创造社会变迁，或是保持现状。在后文中，我们将会详细阐述这些关涉变迁创造和现状维持的假说。但在这之前，现实群体冲突理论必须被认为是与这种普遍背景相悖的。

这种群际关系概念化的内涵在分层社会和制度中，既是明显的，也是直接的。如果社会分层是基于稀缺资源（如权力、声望或财富）的不平等分配，它就会导致现实的群际利益冲突，那么，社会情境就应该以存在于优势群体和劣势群体之间无处不在的种族中心主义和外群敌意为特征（Oberschall, 1973）。然而，几十年来有关族群关系的研究都表明，在分层群体之间存在的种族中心主义只是或曾是单向度的（one-way street）。戴维·米尔纳（Milner, 1975、1981；Giles & Powesland, 1975）等总结了很多证据，它们都表明少数人群体或从属群体的成员，如美国黑人、法裔加拿大人、新西兰毛利人和南非班图斯（Bantus）人，都常倾向于贬低内群体而对占统治地位的外群体持一种积极的态度。换言之，被剥夺的群体并不是简单意义上的种族中心主义；事实上，他们对剥夺他们的外群体也许会持一种积极的态度取向。这方面的资料和 RCT 的简单应用并不一致（Brewer，1979；Stephenson，1981；Turner，1981）。

一些作者（Gregor & McPherson，1966；Milner，1975、1981；Morland，1969）主张，统治群体和从属群体之间的地位关系决定后者的身份认同。而社会地位，我们是指可觉知的声望等级。从属群体经常会内化对其自身宽广的社会评价，如"劣等的"或"次要的"。这种共识性的自卑（consensual inferiority）在很多研究所采用的诸多指标上再生产为相对的自我贬低。而共识性的地位本身——在这里主观声望和被给定的（accorded）声望是一致的——对 RCT 提出了质疑。而 RCT 将声望也视作一种稀缺资源，同权力或财富一样。群际的地位差异和其他的不平等一样，应该会加剧群际利益冲突。因此，根据 RCT，对从属群体而言，低级的社会地位会增强他们对高地位群体的敌意（Thibaut，1950）。然而，至少在一些条件下，低社会地位的群体对高社会地位的群体的积极评价是在不断提高而不是降低。

仅仅是可觉知的利益冲突就会导致敌意，这是值得争议的。它要求群体必须对他们各自所处的情境进行比较。并且，依照一些观点，只有相对类似的群体才会进行相互比较。因此，许多形式的地位差异会减少可觉知的相似性（Festinger，1954；Kidder & Stewart，1975）。进一步，对任何给定群体而言，通过限制有意义比较的范围，地位系统可减少社会冲突。这个假设可用来解释社会稳定的一些决定因素。但就其逻辑结论而言，其解释权限也仅限于此。它无法解释社会变迁，尤其是快速的变迁过程。所谓变迁，是指大规模人类群体之间的相互关系、行为和态度的改变，而这些群体的地位在过去明显不同。群际地位差异往往不是单方面地与低水平的群际冲突相关联。举例言之，就政治、经济和社会地位而言，一些从属群体倾向于根除甚至是逆转其种族中心主义。因此，上述的概括已经过时了。过去 20 年间（1966～1986 年）所实施的研究揭示了群际关系模式的变化。如美国黑人（Brigham，1971；Friedman，1969；Harris & Braun，1971；Hraba & Grant，1970）、法裔加拿大人（Berry，Kalin，& Taylor，1977）、新西兰毛利人（Vaughan，1978）和威尔士人（Bourhis，Giles，& Tajfel，1973；Giles & Powesland，1975）似乎在放弃或已放弃他们以前对内群体的消极评价，并且在发展积极的种族中心的群体认同（Milner，1981；Tajfel，1982b）。这种积极的内群态度的建构往往与政治经济目标的新斗争相伴随（Tomlinson，1970）。

但这些理论发展并没有拯救本原的 RCT。有效而突然改变的图景消除了客观剥夺，也因此消除了新的相互冲突的群体利益，而这相互冲突的群体利益则是"从属"群体的种族中心主义的充分条件。相反，现在的客观剥夺比以前更少了。对积极的群体认同主动的和新的追寻似乎已成为一个关键因素，使这些群体重新觉醒对稀缺资源的诉求（Dizard，1970）。

概而言之，RCT 认为，对稀缺资源（如权力、地位和声望）的相互对立的诉求生发了群体之间的种族中心主义和敌意。因此，低社会地位会强化那些在政治、经济和社会等方面都处于从属地位的群体对外群体的敌意。然而，有证据表明，当资源分配的社会结构差异通过共识接受的地位系统（或至少是一个足够强硬和具有渗透性的地位系统，它阻止替代认知系统的创造）制度化、合法化和正当化的时候，其结果是在不同的地位群体中较少地而不是较多地产生种族中心主义，而其代价则是从属群体的自尊。另外，无论出于什么原因，一旦从属群体开始质疑或拒绝与其低社会地位相连的那些推定特征，以前所潜伏的对客观资源需求的冲突就会重新唤醒。与此同时，在这些情境中，作为一种可能的应对，优势群体会尽力维护已存在的主观和客观分化。

在此可以给出在分层社会中有关群际冲突的尝试性假设：如果从属群体拒绝以前所接受的和共识性的消极自我形象以及随之而来的现状，并开始寻求发展出一种积极的群体认同，那么，客观资源的不公平分配就会促进优势群体和从属群体之间的对抗。而优势群体则会应对——要么尽力维持现状并使之合法化，要么试图发现和创造有利于自身的新的分化，要么双管齐下。在这种情境中可采用的一些策略和"解决方案"，在泰菲尔 1978 年的一本著作中有较详细的论述（Tajfel，1978a）。我们将在后边对其中的一部分进行讨论。而在目前，我们有足够的理由认为，无论是否有效，这个假设引发了一些值得思考的重要理论问题。第一个问题是：在积极的群体认同的发展中，什么社会心理过程卷入其中？第二个问题是：在什么条件下，群体之间的地位分化可能会加剧或削弱群际冲突？为了继续讨论这些问题，我们现在必须放弃沉思，而关注一些相关的经验资料。

社会范畴化和群际歧视

这里所呈现的理论化的最初刺激源于有关群际行为的实验研究。对现实世界的种族中心主义的实验室类比就是内群偏差（in-group bias），亦即一种在评价上和行为上相对于外群的内群偏好的倾向。不相容的群体利益不仅不总是冲突的充分条件（就像上一部分所阐述的那样），而且很多实验证据也表明这些条件对群际竞争和歧视的发展也不总是必要的。当然，这并不意味着内群偏差不会受到群体之间目标关系的影响。

所有这些证据都意味着内群偏差是群际关系的一个明显的无处不在的特点。泰菲尔和他的同事们（Tajfel，1970；Tajfel et al.，1971）对这种现象的极端形式进行了研究。在原初的研究基础上，现在已有大量的实验都运用了类似的程序（Aschenbrenner & Schaefer，1980；Bornstein et al.，1983a；Bornstein et al.，1983b；Branthwaite, Doyle, & Lightbown，1979；Brown, Tajfel, & Turner，1980；Turner，1980、1981、1982、1983a、1983b；Brewer，1979；Brown & Turner，1981）。所有的实验研究都表明，仅仅是对两个不同群体隶属的感知，或者说仅仅是社会范畴化，就足以激发偏好内群的群际歧视。换言之，仅仅是对外群在场的觉知，就足以在内群中激发群际竞争或歧视反应。

在一个基本的范式中，被试或研究对象（如孩子或成人）被随机地分到两个不相重叠的群体中，其标准基于一些琐碎的绩效。然后他们被要求在一个特殊设计好的手册上给其他的被试（也包括自己）分配钱物。除了个人的号码和所属群体外，他们都是匿名的（如号码 51 隶属于 X 群体，号码 33 隶属于 Y 群体）。被试知道自己所属的群体，然后对其他人进行个体的和匿名的分配。而在已设计好的手册上所规定的被试的反应样式，也没有要求他们必须依照群体身份来行动。

在这种情境中，"群体"之间既没有利益冲突也没有先在的敌意。被试之间也没有发生社会互动，而且在经济上的自我利益和内群偏好之间也没有任何理性联系。因此，这些群体是纯粹认知性的，可称之为"微群体"或

"最简群体"（minimal group）。

　　基本的和高度可信的发现，即细小的和针对特定情况的群际范畴化会导致内群偏好和外群歧视。而公平也是一个有影响的策略。大量的证据表明，在依据内群偏好的反应模式中，最大差异（maximum difference，MD）比内群最大利益（maximum in-group profit，MIP）对被试而言更为重要。因此，被试似乎与外群体竞争，而不是遵循有利于内群成员的简单经济获利策略。其他实验资料也表明，跟对外群体的分配相比，被试在对内群体两个匿名成员进行金钱分配的时候，更接近"最大联合收益"（maximum joint payoff，MJP）。或者说，给外群体分配得较少，即使分配得多一些，也并不影响内群体的份额。比利希（Billig）和泰菲尔发现（Billig & Tajfel，1973），即使在群体之间明显随机分配时，也会产生同样的结果。它剔除了内群体中基于绩效标准相似性的解释。在这个研究中，明显随机的群体分类比与群体范畴化无关的可觉知的人际相似和不相似，被证明歧视是更为有力的决定因素。比利希等的其他研究（Billig，1973；Brewer & Silver，1978；Locksley，Ortiz，& Hepburn，1980；Turner，Sachder，& Hogg，1983）都重复显示了同样的结果：即使是明显武断的范畴化，也会充分地导致群际歧视。艾伦和怀尔德也提供了附加的证据，证实了与没有群际分类的人际相似性相比，群体分类是更为重要的（Allen & Wilder，1975）。

　　由此引发的问题是，在这种微群体情境中，内群偏差是否产生于某种形式的实验者效应或实验情境的需求，或者说，是否对群体成员资格的外显参照线索给被试传达了一种信息，即他们被期望或应该去歧视。首先，对这种结果解释要说明的是，在这些微群体情境中，群体成员资格的外显参照线索对主要的自变量亦即社会范畴化本身的操作而言，在逻辑上是必要的。它要求被试不仅把自身看成与其他的个体一样或不一样的人，而且同时要看成分散的或不连续的范畴即"群体"的成员。其次，对被试事后报告的详细分析也表明（Billig，1972；Turner，1975a），他们并没有有关"适当的"或"明显的"行为方式的共享概念；仅仅有一小部分被试对研究假设有某种想法，但他们并不总是遵从它。最后，相关的实验材料并不支持这种解释。圣克莱尔（St. Claire）和特纳把观察者（被试）精确地暴露在和正常范畴化的被试一样的实验线索中（St. Claire & Turner，1982）。前者被要求预测后者在一个标准的决策手册上的反应。范畴化的被试确实显著地表现出歧视，但观察者无法预测到这种歧视，并且事实上，他们的预测比实际表现显然更加公平。

本文的作者之一曾在别处提出了更为普遍的理论问题：

> 简要地说，论争可总结如下（Gerard & Hoyt, 1974）：被试依照实验者所提供的或施加的群际范畴去行动，这不是必然的，因为在分散而独特的群体中，范畴化已成功地引发被试有关群体身份的真实觉知，而可能是因为被试觉得这种行为是实验者所期望的，所以他们遵从这一期望。要问的第一个问题是，为什么被试会预期这种行为是实验者所期望的？而哈罗德·杰勒德和米切尔·霍伊特的回答是：正是这种被操纵的实验情境使被试产生这种期待。仅仅在下列情形下，这种回答貌似真实：有且只有实验者对与被试行为有关的"群体"观念的暗示，就足以有力而一致地充分决定某一特定形式的群际行为。反过来，如果我们这样假定——这种假设决不是没有根据的，我们就一定还要假定这种特定形式的群际行为比其他行为（比如从实验者那里骗取最多数金钱时的群际合作，或者是群际破坏性行为的平等分配，又或者是简单的随机反应）更容易被实验者所引发。而最后一个假设还必须由另一个预设来支持：无论出于何种原因，群际的竞争性行为（至少在我们的文化中）更容易被引发——这样，我们又回到了起点。为了详细论述的需要，我们还必须重申一个问题：为什么一些群际行为会比另一些更容易引发出来？并且，如果我们满足于这样的解释，即这种行为的发生是因为实验者更容易使之发生，那么我们是无法做出详细论述的。（Tajfel, 1978a, pp. 35-36）

两个观点因此显现出来：第一，微群际歧视不是基于不相容的群体利益；第二，群际竞争的基本条件看起来如此之少，以至于我们会怀疑这里考虑的因素或过程是否群际情境所固有的。我们的理论定向最初是在我们的早期实验对这些线索的反应中发展出来的。然而，我们不准备追溯其发展历程，而将描述其现在的形式。

社会认同和社会比较

当用于群际关系的脉络时，很多有关"社会群体"的正统的界定都过于偏狭。例如，当两个民族或族群范畴的成员基于其各自的信念和两者之间的一般关系而互动时，很清楚，这在日常意义上就是群际行为。互动者所隶属的"群体"，不必依赖于成员之间的互动频率、角色关系系统而存在，或成为彼此相互依赖的目标。从社会心理学的视角来看，当应用至大尺度的社会范畴时，群体成员身份的基本准绳就是有关个体将自己界定为同时也被他人界定为一个群体的成员。

在这个意义上，我们可把群体界定为一些个体的集合体，这些个体把其自身觉知为同一社会范畴的成员，并在对自身的这种共同界定中共享一些情感卷入，以及在有关其群体和群体成员身份的评价上获得一定程度的社会共识。在此基础上，我们对群际行为的界定基本上等同于谢里夫（Sherif，1967）的界定：一个或多个行动者对另外的一个或多个行动者表现出来的行为，这种行为基于行动者对其自身的认同，并且认为他人隶属于不同的社会范畴。

在这里，社会范畴化可被看作认知工具，以对社会环境进行切割、分类和秩序化，并因此使个体采取许多形式的社会行动。但是社会范畴化并不仅仅是使社会世界系统化，它也为自我参照提供了一个定向系统：它们创造和界定个体在社会中的位置。从这个意义上所理解的社会群体为其成员自身提供了社会意义上的认同。而这种认同在很大程度上是相互关联的和可比较的：与其他群体的成员相比较，它把个体界定为类似的还是不同的，"较好的"还是"更坏的"。基于这些考虑，我们在一种严格限定的意义上来使用社会认同（social identity）这个术语。就现在讨论的目的而言，它包括个体自我意象的那些方面——它们源于个体认为其自身所隶属的社会范畴。把社会认同这种经过限定的概念铭刻于心，我们的论点基于以下普遍假设。

（1）个体力图维持或提高其自尊——他们力图获得积极的自我概念。

（2）社会群体或社会范畴以及其成员身份都与积极或消极的价值内涵相关联。因此，根据这些群体的评价（这些评价在群体内部或者群体之间是社会共识性的），社会认同可以是积极的或消极的。而这些群体是个体社会认同的来源。

（3）我属群体（one's own group）的评价，取决于对特定的他群体的参照。这种参照依据价值——负荷的品质和特征——通过社会比较而获得。内群体和外群体之间，积极的分散比较（discrepant comparison）会提高声望，而消极的分散比较则会降低声望。

从这些假设出发，可以引申出一些相关的理论原则。

（1）个人力图获得或维持积极的社会认同。

（2）在很大程度上，积极的社会认同基于在内群体和相关的外群体之间所做的有利比较；就与相关的外群体比较而言，内群体必须被理解为积极分化的或显著不同的。

（3）当社会认同令人不满的时候，个体会力图离开其所属群体并加入更好的群体中，或者力图使隶属群体变得更好。

因此，基本假设就是，通过内群体/外群体比较，积极评价我属群体的压力导致社会群体力图把自身和其他群体区别开来（Tajfel, 1978a；Turner, 1975b）。在具体的社会情境中，至少有三类变量会影响群际分化。第一，个体必须将其成员身份内化为其自我概念的一部分，即他们必须在主观上认同相关的内群体。而仅有他人的界定是不够的，虽然从长远来看，他人的共识界定能成为决定群体的自我界定的最为有力的因素之一。第二，社会情境必须允许群际比较的存在，这种比较使选择和评价相关的关系品质成为可能。并不是所有的群际差异都有评价的显著意义。而这些差异在不同群体之间变异极大（Tajfel, 1959）。比如说肤色，在美国比在中国香港，很显然就是一个更为显著的品质（Morland, 1969）。而在法裔加拿大人、威尔士人和比利时人那里，语言似乎是分离认同（separate identity）尤为显著的维度（Giles & Johnson, 1981；Giles & Powesland, 1975）。第三，内群体并不是将自身和所有认知上可资利用的外群体进行比较，可比较的外群体必须是一个相关的比较群体。类似性、接近性和情境显著性都是决定外群可比性的变量。而作为这种可比性的一个功能，趋向内群特异性（in-group distinctiveness）的压力应该会增加。在许多社会情境中，可比性的领域比群体之间可觉知的"相似性"更为宽广，而指出这一点尤为重要。

分化的目的，是要在一些维度上保持或获得相对于外群体的优越性。

因此，任何这样的行动在本质上都是竞争性的。在群体之间，完全的相互竞争要求在一个共享的价值维度上有相互比较和分化的情境存在。在这些条件下，群际比较将会发生。而这种比较也许和群体之间客观的目标关系并无关联。约翰·特纳（Turner，1975b）区分了社会性的和工具性的或现实性的竞争。前者由自我评价所驱动，通过社会比较而发生；后者则基于"现实的"自我利益，并表征为胚胎似的冲突。对现实性竞争而言，不相容的群体目标是必要的，但相互的群际比较对社会性的竞争来说既是必要的，也常常是充分的。后一种观点同微群体（minimal groups）实验资料和其他观察是一致的。微群体实验表明仅仅是对外群的觉知，就足以激发内群偏好。而其他的观察也表明，社会比较的可能性会产生即时性的群际竞争（Doise & Weinberger，1973；Ferguson & Kelley，1964；Rabbie & Wilkens，1971）。

就预测胜利或失败后的群际行为的结果而言，社会性的竞争和现实性的竞争也有差别。在现实性的竞争之后，失败群体会对获胜的外群体表现敌意，这不仅因为他们被剥夺了奖赏，而且因为双方互动是一致冲突性的。然而，一旦胜方和败方在有关可比较的优势和劣势上建立共享的群体评价，那么，只要这种竞争被认为是合法的并且是公平的，败方就会默认胜方的优越性。在尼克·加迪克等的许多研究中，显示了种种群体对自身合法性的劣势的默认（Caddick，1980，1982；Commins & Lockwood，1979；Turner & Brown，1978）。而其他的一些研究也报告了与此解释相应的发现：失败的内群体并不总是贬低获胜的外群体，有时候还会提高对他们的评价（Bass & Dunteman，1963；Wilson & Miller，1961）。

回顾一下，社会认同/社会比较理论至少和本文前一部分所提及的很多研究是一致的。尤其在微群体实验的范式中，群际歧视不能归结为金钱收益上的冲突，而是归结为基于金钱收益比较后的分化。在这里，金钱作为比较维度，在实验设计中，它是可资利用的唯一一维度。并且，资料表明，当比较收益和绝对收益相冲突时，与较小的比较收益相比，较大的绝对收益并不能建立有利于内群的差异。

进一步的证据表明（Turner，1978a），甚至在与明显的自我利益相冲突时，群际行为的社会-竞争模式也会被保留。在这项微群际范式的研究中，金钱奖赏或绩点在自己和另一个匿名者之间进行分配，而这个匿名者或是内群成员或是外群成员。只要内群认同化的微条件存在，被试在自我和匿名的内群成员之间进行分配时（绩点或金钱），会比和外群的匿名成员进行分配时给自己分配得更少。这些结果看起来异常重要，因为"自我"范畴在这项研究中是绝对微小的，它仅仅为这项研究而设计，以与在较早的实验中同样采用的真正的微群际范畴相对立。尽管存在这种尖锐的不对称，微群际亲和还是会影响反应。

特纳在微范畴化范式之外的一项研究中做出了一个理论预测（Turner，1978b）。他让面对面的两个群体完成一个讨论的任务。在每一情境中，假定讨论同一个问题的两个三人群体要得到有关其言语智力的评价，并且概要比较其各自绩效。被试是 144 名男大学生。群际分化的标准是在群体工作的评定中所表现的内群偏差的幅度。一半的三人群体由人文学生构成，他们认为言语智力对其自身是重要的（high importance）；另一半则由科学学生组成，他们认为言语智力并不重要（low importance）。一半的研究情境包括两个人文学生群体或两个科学学生群体（相似的外群），而另一半的研究情境则包括一个人文学生群体和一个科学学生群体（不同的外群）。最后，在稳定的差异条件下，被试被告知人文学生比科学学生确定无疑地具有较优越的言语智力；而在不稳定差异的条件下，研究者没有明确表述谁更优越。这些变量在 2×2×2 的因素设计中进行操纵。

结果显示：人文学生群体比科学学生群体有更多的内群偏差；在稳定的条件下，相似群体比不相似的群体分化更为明显，但在不稳定的条件下并非如此，甚至有时会更少；在一定程度上，存在外群相似显著的主效应（main effect）——（与不相似的外群比较）针对相似的外群，内群偏差增加。虽然这些数据较复杂，但它们确实支持了我们的一些理论预期，并且雄辩地表明内群偏差的变异能通过社会认同/社会比较理论得以系统地预测。

我们已论证社会性竞争和现实性竞争在概念上是不同的，虽然在现实生活中，它们在经验上往往被联系在一起。在特纳等（Turner，Brown，& Tajfel，1979）的一个实验里，他们试图剥离出追寻积极的群体认同对假定为自动过程的群际行为的影响。他们将儿童作为被试，实验操纵包括被试在实验参与者中间分配奖金的决策。奖金在内群体中将平均分配，而内群体和外群体之间的分配则根据与内群绩效之间相关的或不相关的比较来决定。金钱上的自我利益（预先已确定对被试具有非同寻常的重要性）应该对两类外群体的分配决策没有影响，而它也应该导致被试做出最大内群利益（maximum in-group profit，MIP）而不是最大群际差异（maximum difference，MD）的决策。

但结果表明，MD 是最有影响的选择策略。并且，当被试可以选择内群偏好（MD+MIP）和/或公平策略时，相比不相关的比较群体，他们会更加歧视和更不公平地对待相关的比较群体。对内群偏好的其他测量发现奖励水平和外群类型之间存在互动效应：与不相关的外群体相比，高奖励会导致对相关的外群体更大的歧视，而低奖励则相反。对这种互动效应也许有其他解释，但我们至少可以得出这样的结论：奖励水平越有意义，相对于越有比较价值的外群，内群偏好越会提高，并且这种偏好独立于群体成员的经济利益之外。事实上，就被试采用 MD 策略而论，他们为了积极的内群特异性，牺牲掉了客观的个人和群体利益。

这里值得一提的是奥克斯和特纳在 1982 年所做的一项研究，它似乎为微群体实验的社会竞争解释提供了一些直接证据（Oakes & Turner，1982）。他们仅仅比较两类被试的自尊：一类被试像泰菲尔等 1971 年的实验所范畴化的那样（Tajfel et al.，1971），但他们没有被要求完成决策表格的填写；另一类则用通常的方式范畴化，并受到歧视。结果表明，后者比前者有更强的自尊。这个发现与歧视有助于获得积极的社会认同的观念相吻合。毋庸置疑，重复和探索这个发现的工作正取得进展。

总体而言，上述研究证实了基本的社会认同/社会比较假说。并且，验证这个理论的现场研究和实验室研究，以及讨论它在特定的社会脉络中的应用（如两性关系、语言冲突、北爱尔兰的清教-天主教的冲突、偏见和黑人认同），都可以在泰菲尔等的许多文献中找到（Tajfel，1978b、1982a、1982b；Turner & Giles，1981）。我们现在将力图概括在分层社会中这个理论所蕴含的群际行为分析，而这些问题是当这个理论应用到本文第二部分所提出的问题时才引发的。

地位等级和社会变迁

前边所尝试的对社会地位的重新概念化，现在需要进一步明晰。地位在这里不能看成一种稀缺资源或商品（如权力和财富），它是群际比较的结果。它反映了群体在一些比较的评价维度上的相对位置。低级的主观地位并不会直接促进群际竞争，它对群际行为的影响受社会认同过程的调节。一个群体在与相关外群体进行比较的时候，它的主观地位越低，这种地位就越不容易产生积极的社会认同。以下所讨论的对消极的或受威胁的社会认同的种种反应，是对本文前边所概括出的原则的详细阐述。

1. 个体流动（Individual Mobility）

个体会试图离开或脱离以前的所属群体。这更可能趋向前边所描述的信念系统连续体中"社会流动"的这一极。这种策略意味着，个体试图获得向上的社会流动，或从地位较低的群体进入地位较高的群体。在格伦·罗斯四群体的等级中（Ross, 1979），他发现了在低地位和向高地位群体流动的渴望之间存在线性关系。许多早期研究也都表明，在地位等级系统中存在向上的社会运动的强烈动力。使自身从心理上脱离那些低声望范畴的伙伴成员的趋向，是我们每一天都会经历的。杰霍达等更为系统地论述过这个问题（Jahoda, 1961; Klineberg & Zavalloni, 1969），而有关种族认同和偏爱的所有文献也都间接地涉及它。个体流动最为重要的特点是：我属群体的低地位不会因此而改变。它是一种个体主义的途径，至少从短期来看，它力图实现个人的而不是群体的地位改变。因此，个体流动意味着对以前的所属群体的认同解构（disidentification）。

2. 社会创造性（Social Creativity）

通过重新界定或改变比较情境的因素，群体成员可为内群体寻求积极的特异性。与外群体相比，它并不包含群体实际的社会位置或在对客观资源的接近上有任何改变。它关注的是群体策略，而不是个体主义策略。

（a）在新维度上，把内群体和外群体进行比较。例如，杰拉德·莱梅因（Lemaine, 1966）发现，当儿童群体无法在建造临时营房上胜过其他群体时——因为和外群体相比，他们没有获得足够的所需材料——就会试图寻求其他的比较维度，如营房周围环境的建造等。由此明显引发的问题在于那些附加在新的社会产品上的价值合法化问题——

首先是在内群体中，然后是在相关的外群体中。考虑到这种合法化可能会威胁到外群体的优越性，可以预测群际紧张会因此增强。

（b）改变群体品质所附的价值，以使本来消极的比较觉知为积极的比较。一个经典的例子就是"黑色是美丽的"。一个显著的维度，如肤色，依旧和从前一样，但是与之相关的流行的价值体系被抛弃或颠倒。同样的过程可能是迪安·皮博迪的研究发现的基础：即使各种群体都认同各自的特征，但是那些拥有这种特征的群体对它会做出更为积极的评价（Peabody，1968）。

（c）改变与内群体比较的外群体（或选择外群体）——尤其是要停止或避免把高地位的外群体作为比较的参照框架。一旦不再和高地位的外群体进行比较，相对的劣势就会明显减少，自信也会恢复。海曼（Hyman，1942）有关地位心理学的经典论文认为，一旦进行阶级内（intraclass）而不是群际比较，那么低社会地位群体成员的不满就会减少。而最近，莫里斯·罗森伯格和罗伯特·西蒙斯（Rosenberg & Simmons，1972）的研究发现，那些与黑人而不是白人进行比较的黑人有较高的自尊。其他研究也表明（Katz，1964；Lefcourt & Ladwig，1965），在一些特定的条件下，黑人的绩效会受到他们低自尊的消极影响，而这种低自尊是由占优势地位的外群体成员的存在所引发的。由此可得出结论：和其他较低地位的群体而不是较高地位的群体进行比较会提高自尊。这个结论和如下的事实也是一致的：从属群体之间的竞争有时会比从属群体和优势群体之间的竞争更为激烈，比如低地位阶级或"贫困白人"的种族主义。

3. 社会竞争

群体成员可通过与外群体的直接竞争寻求积极的特异性。他们会在显著的维度上试图逆转内群体和外群体的相对位置。在一定程度上，这种比较和社会结构有关，它意味着群体客观的社会位置的改变。因此我们可以假定，跟 RCT 一样，就它关注对稀缺资源的分配而论，这种策略就会在从属群体和优势群体之间引发冲突和敌意。与此策略相关的资料在本文开头已经提及。

让我们来设想一下社会群体分层的理想境况，其中，社会等级与对客观资源的不平等分配及相应的地位系统（基于这些资源分配的比较结果）有一个合理的相互关系。在什么条件下，它不会导致群际冲突？或者更精确地说，在从属群体一方，它不会发展竞争性的种族中心主义？

第一，如果对社会流动主观的和客观的禁止很弱（参看前文中有关信念的"社会流动"系统的讨论），低地位群体在不满意的社会认同的条件下，就会广泛采用种种个体流动策略，或至少开始尝试采取这些策略。就个体流动意味着不认同而言，它会弱化从属群体的凝聚力。内群体成员对所属群体的主观依恋的弱化会导致：（a）模糊了与特异的群体认同相对应的特异的群体利益的知觉；（b）动员群体成员为了共同利益而进行集体行动会产生阻碍。这样，由消极的社会认同所引发的低士气会引发群体解体过程；从长远来看，这会阻碍群体地位的改变。

第二，假设离开所属群体的障碍（客观的、伦理的或意识形态的禁令）很强，不满意的社会认同可能会激发社会创造性，而这种社会创造性倾向于降低从属群体与优势群体之间利益冲突的显著性。上文提及的策略2（c）在这里是关键性的。因为普遍来说，对一些资源如住房、工作、收入或教育的占有，对任何群体的命运而言都是十分重要的。而与此相关的比较不会轻易改变或贬值。少数下层群体会把贫穷看成美德，但只有在和更为贫穷而不是更富有的群体进行比较时，这种状况才会更易忍受（Runciman，1966）。

正如上文所提到的，一些研究者认为策略2（c）是群体之间对地位差异的主宰反应（Festinger，1954；Kidder & Stewart，1975）。其假设在于，作为可觉知的不相似性（perceived dissimilarity）的直接功能，群际可比性得以降低。如果这是全部真相，那么，有些吊诡的是，共识性的地位系统的创造则会保护社会认同，使之免于恶意比较。其因果序列如下：相似的群体相互比较；其结果决定他们的相对声望；可觉知的地位差异降低群体之间的相似性，因此也降低可比性；群际比较停止；主观的优越感和自卑感会显著减少；相应地，群体各自的自尊回归原点。偶尔，这种维持现状的社会心理学的处方可观察到纯粹的形式。然而，我们现在要论证的是，存在很多地位差异，它们并不会降低群际可比性。

目前，我们可以发现，个体流动和一些形式的社会创造性能减少在稀缺资源上的群际冲突，虽然这两者有着不同的内涵：前者会瓦解从属群体的团结，而且在群体水平上，并不能为消极的社会认同提供"解毒剂"；后者可能会恢复或创造积极的自我意象，但可以推测，其代价要么是对客观剥夺的集体压制，要么可能是与其他的被剥夺群体进行虚假的竞争。在这种脉络中，有趣的是，最近已获得明确认同的法裔加拿大人比英裔加拿大人更为明显地贬低其他少数族群（Berry et al.，1977）。

通过颠倒那些不会引起群际冲突的社会分层条件，我们可以假定，消极的社会认同在以下情况下，会促进从属群体与优势群体的竞争：（a）从属群体的主观认同得以维持；（b）优势群体开始或继续被看成相关的比较群体。正如很多社会心理学的研究都关注群体内部的凝聚力和忠诚的决定性因素，豪格等最近尤其关注的就是那些和代价（costs）及剥夺联系在一起的群体是如何保持他们的凝聚力的（Hogg，1983；Turner et al.，1983；Turner, Sachdev, & Hogg, 1983）。我们将集中讨论第二个条件。

我们的假设是群际地位差异并不会降低他们之间比较的意义——如果这种差异被认为可以改变的话。比如，试想有两个足球队（或任何其他球队），它们在联赛赛季结束时，可能会名列第一和第二。不用争议谁地位更高，因为另外的比较结果在过去和将来都是可能出现的。当新赛季开始时，这些球队和以前一样，还是具有可比性和竞争性。这个例子阐明了泰菲尔在安全的群际比较和不安全的群际比较之间的区分（Tajfel，1978a）。其关键在于是否存在对实际结果的可资利用的认知替代解释，以及是否感受到其他结果的存在。在社会体系中，表明分层程度的群际地位差异可用同样的方式进行区分。当地位关系被看成不可改变的事物固定秩序的一部分的时候，社会认同就是安全的；当现状受到质疑时，社会认同就是不安全的。这个论点的一个重要推论就是，优势群体或高地位群体也会体验不安全的社会认同。对一个群体显著优势地位的任何威胁，都意味着积极比较的潜在损失和可能的消极比较。这些都必须被严加防范。这样的威胁，可能来自低地位群体的活动，也可能来自高地位群体自身的价值系统（如社会政治伦理）和其优越性的现实基础之间的冲突。像低地位群体一样，高地位群体也会通过寻求提高群体的特异性，而对不安全的社会认同做出反应。

概而言之，明确的地位差异会导致安静的社会体系。在这个体系中，无论是"优势"群体还是"劣势"群体，都不会表现出太多的种族中心主义。但是，这种"理想型"的情境，必须考虑为与这个体系可觉知的稳定性和合法性有关。可觉知的不合法性和/或不稳定性，提供了一个新的可比性的维度，这个维度和所卷入的群体的态度和行为直接关联，而不论这些群体在社会体系中的位置。而今天广为人知的"期望不断上升的革命"（the revolution of rising expectations）就是它在社会心理学中的对等物。假如个体流动是不可能的或是不被渴望的，当情境被认为是不稳定的和不合法的时候，共识性的劣势将被迅速地抛弃。这可能是或者曾经是支撑下列群体的种族中心主义产生的条件，这些种族有美国黑人、法裔加拿大人和新西兰毛利人。格雷厄姆·沃恩（Vaughan，1978）发现，社会变迁的可觉知的可行性（perceived feasibility）（这里可能也包括当下情境可觉知的不合法性）是毛利人种族中心主义发展的重要的预测指标；而尼尔·弗里德曼（Friedman，1969）则主张，在发展中国家，我们所称的黑人民族主义的"认知替代"（cognitive alternative）在提高美国黑人的社会认同中具有重要影响。

另外，当优势群体或其一部分认为其优越性是合法的时候，他们会以剧烈歧视的方式来反击从属群体改变群际情境的任何尝试。这可能就是内战后美国南部的情境：被曾是他们奴隶的黑人威胁的白人，迅速抛弃了他们所持有的黑人是"孩子气的"的家长式的刻板印象，而支持公开敌视的和侮辱性的行动（Van der Berghe，1967）。不合法的优势群体的反应更为复杂（Turner & Brown，1978）。当优越性被肯定时，价值冲突似乎由于更严重的歧视而得以降低；而当优越性不稳定时，价值冲突似乎由于更少的歧视而得以降低。它使人记起一些囚徒困境研究。白人对黑人对手的歧视增加，黑人对手则更为合作；而歧视降低，黑人对手则表现出更强的竞争性（Baxter，1973；Cederblom & Diers，1970）。在题为"有偏见的自由派"（Prejudiced Liberals?）的论文中，乔治·巴克斯特（Baxter，1973）提出价值冲突是其资料的基础。在泰菲尔等的文献中，可发现有关安全和不安全的地位差异的不同效果的研究（Tajfel，1978b、1982a、1982b；Caddick，1980；Skevington，1980）。

本文中我们所阐发的许多观点和假设，就其本身来说并不是新颖的（Sherif，1967；Runciman，1966；Milner，1975；Billig，1976）。我们认为，其新颖之处在于，它把三个过程，即社会范畴化、通过社会认同的自我评价和群际社会比较，整合为一个逻辑连贯而可检验的（概念）框架，用以解释种种群际行为、社会冲突和社会变迁。这个框架为理论的进一步发展提供了可能性。并且，在此意义上，我们也期望它可以在我们还没有考虑到的领域中激发理论导引的研究。

但需要做一些提醒。上边所谈到的社会竞争和群际冲突之间的等式（equation）依赖于和社会分层的"理想型"有关的假设，其中，群际分化的显著维度，就是稀缺资源。从这个角度来说，我们仅仅是简单地借用了RCT的理论精髓。事实上，没有理由推定群际分化是内在冲突性的。一些实验研究已清晰指明，在概念上和经验上，外群体的贬低性评价和外群体敌意显著不同（Turner et al.，1979）。另外，就不同群体发展相互冲突的利益而言，社会认同过程可能会成为群际冲突的来源（除上文所提及的案例以外），而这种相互冲突的利益与作为整体的比较情境的维持有关。可以合理地这样假定：当群体为了（自身）积极特异性的行动受挫、受阻或被外群体有效地阻止的时候，群际公开的冲突和敌意将会增强。这个预测和许多其他的预测一样，仍有待验证。

"客观"冲突和"主观"冲突

本文所概括的许多论点，没有一个意味着在社会实在中，这里所讨论的冲突的社会心理的类型或"主观类型"，比社会冲突的"客观"决定因素具有首要性（priority），或具有更为重要的因果功能。而对后者的基本分析，必须在一个社会的、经济的、政治的和历史的结构中去寻求。这里讨论的主要目的在于确定社会心理变量在因果螺旋链中的嵌入点。而其论点在于，正如这些变量的效果强有力地决定于已有的社会、经济和政治过程，它们因此也依次获得其自主功能，使之在这些过程后继的功能化过程中发生这样或那样的偏离（to deflect）。

在大多数自然的社会情境中，几乎难以区分两种歧视性的群体行为：一种基于群际客观利益现实的或可觉知的冲突；另一种则基于为我属群体建立积极价值特异性的努力。然而，正如我们所论证的，这两种歧视在理论上可以区分，因为致力于实现积极价值的内群特异性的行动目标在群际比较的脉络之外，常常并无所获。举个例子：一个群体，并不必然想提高自身的工资水平，但他会极力阻止其他群体接近这个工资水平，因此分化并没有被侵蚀。但是，与许多类似的例子一样，这个例子中的困难在于，工资分化的维持可能与所有种类的客观优势联系在一起，而这些优势是不能仅仅用金钱来界定的。因此，只有在群际竞争的比较框架中，才能理解这样的一些优势。无论这个相互反馈和互动的网络多么令人困扰，这里所做的区分是重要的。因为它帮助我们理解了群际行为的一些方面，而这些方面，在过去常常是被忽视的。

我们还必须在外显的和内隐的冲突之间进行区分。这种区分，在不同的意义上，与客观冲突有关。群体所致力的目标，在群际比较的脉络之外没有价值，因此，它由于群体自身所接受的规则和规范（无论其来源）而得以制度化和合法化。尽管存在这个事实，冲突也可能是客观的。这就是在泰菲尔的研究中群体竞争阶段所表现出来的情况，这也是在足球比赛中以及无数的社会活动中所表现出来的情况。在这种外显的冲突中，对待外群体的行为可分为两类：一类是工具性的，另一类则是非工具性的。工具性的行为，包括所有的行动，力图使群体在竞争中获胜。而非工具性的冲突，可称为对外群体"无故的"（gratuitous）歧视。它包括消极刻板印象的创造和其他所有"不相关"的内群/外群分化的创造。它在谢里夫的研究中被如此完美地描述出来。第一类行动在常识上和理论上，可以由群体仅仅想赢得竞争的欲求解释，虽然这会引发本文所讨论的所有理论上的"比较"问题。而第二类行动可以直接而简约地依据这里所描述的社会比较/社会认同/积极的内群特异性的序列来进行说明。

即使缺乏外显的制度化，或者参与其中的群体对其存在甚至没有一个非正式的规范认可，（在这种情况下）仍可表现出来的冲突，就是内隐冲突。在大量的研究和日常生活事件中，可发现其存在的证据。而在这些研究中，所有群际分化都是由其成员做出的，虽然表面上，这些分化没有"理由"发生。本文提及的少数研究已提供了有关内隐冲突的例证。在这些研究中，由被试所引入的种种群际分化，直接降低了（对外群的）客观奖赏，而这些减少的奖赏则由内群所获得，甚至直接由被试本人所获得。可以广泛地推广到许多自然的社会情境中的这一类发现提供了一个清晰的例证，即需要在社会因果的复杂螺旋链中，导入本文所讨论的"关系"类的和"比较"类的社会心理变量。

参考文献

Adorno, T. W, et al. , 1950, *The Authoritarian Personality*, New York: Harper & Row.

Allen, V. L. , & Wilder, D. A. , 1975, Categorization, Belief Similarity and Intergroup Discrimination, *Journal of Personality and Social Psychology*, 32: 971-977.

Aschenbrenner, K. M. , & Schaefer, R. E. , 1980, Minimal Intergroup Situations: Comments on a Mathematical Model and on the Research Paradigm, *European Journal of Social Psychology*, 10: 389-398.

Avigdor, R. , 1953, Etude Experimentale De La Genese Des Stereotypes, *Cahiers Internationaux de Sociologie*, 14: 154-168.

Bass, B. M. , & Dunteman, G. , 1963, Biases in the Evaluation of One's Own Group, Its Allies and Opponents, *Journal of Conflict Resolution*, 7: 16-20.

Baxter, G. W. , 1973, Prejudiced liberals? Race and information Effects in a Two-Person Game, *Journal of Conflict Resolution*, 17: 131-161.

Berkowitz, L. , 1962, Aggression: *A Social Psychological Analysis*, New York: McGraw-Hill.

Berkowiz, L. , 1969, The Frustration-Aggression Hypothesis Revisited, In L. Berkowiz (ed.), *Roots of Aggression: A Re-Examination of the Frustration-Aggression Hypothesis*, New York: Atherton.

Berkowiz, L. , 1974, Some Determinants of Implosive Aggression: Role of Mediated Associations with Reinforcements for Aggression, *Psychological Review*, 81: 165-176.

Berry, J. W, Kalin, R. , & Taylor, D. M. , 1977, *Multiculturalism and Ethnic Attitudes in Canada*, Ottawa: Min. , Supply and Services.

Billig, M. , 1972, *Social categorization in Intergroup Relations*, Unpublished Doctoral Dissertation, University of Bristol.

Billig, M. , 1973, Normative Communication in a Minimal Intergroup Situation. *European Journal of Social Psychology*, 3: 339-343.

Billig, M. , 1976, *Social Categorization in Intergroup Relations* (European Monographs in Social Psychology), London: Academic Press.

Billig, M. , & Tajfel, H. , 1973, Social Categorization and Similarity in Intergroup Behavior, *European Journal of Social Psychology*, 3: 27-52.

Blake, R. R. , & Mouton, J. S. , 1961, Competition, Communication and Conformity, *Conformity and Deviation*, New York: Harper.

Blake, R. R. , & Mouton, J. S. , 1962, Comprehension of Points of Commonality in Competing Solutions, *Sociometry*, 25: 56-63.

Bornstein, G. , Crum, L. , Wittenbraker, J. , Harring, K. , Insko, C. A. , & Thibaut, J. , 1983a, On the Measurement of Social Orientations in the Minimal Group Paradigm, *European Journal of Social Psychology*, 13.

Bornstein, G. , Crum, L. , Wittenbraker, J. , Harring, K. , Insko, C. A. , & Thibaut, J. , 1983b, Reply to Turner's Comments, *European Journal of Social Psychology*, 13.

Bourhis, R. Y. , Giles, H. , & Tajfel, H. , 1973, Language as a Determinant of Welsh Identity, *European Journal of Social Psychology*, 3: 447-460.

Branthwaite, A. , Doyle, S. , & Lightbown, N. , 1979, The Balance Between Fairness and Discrimination, *European Journal of Social Psychology*, 9: 149-163.

Brewer, M. B. & stiver, M. , 1978, Ingroup Bias Afunction of Task Characteristics, *European Journal of Social Psychology*, vol. 8, Issue 3.

Brewer, M. B. , 1979, Ingroup Bias in the Minimal Intergroup Situation: A Cognitive-Motivational Analysis, *Psychological Bulletin*, 86: 307-324.

Brigham, J. C. , 1971, Ethnic Stereotypes, *Psychological Bulletin*, 76: 15-38.

Brown, R. J. , Tajfel, H. , & Turner, J. C. , 1980, Minimal Group Situations and Intergroup Discrimination, Comments on the Paper by Aschenbrenner and Schaefer, *European Journal of Social Psychology*, 10: 399-414.

Brown, R. J. , Tajfel, H. , & Turner, J. C. , 1981, Interpersonal and Intergroup Behaviour, In J. C. Turner and H. Giles (eds.), *Intergroup Behaviour*, Oxford: Basil Blackwell.

Caddick, B. , 1980, Equity theory, Social Identity and Intergroup Relations, *Review of Personality and Social Psychology*, 1: 219-245.

Campbell, D. T. , 1965, Ethnocentric and Other Altruistic Motives, In D. Levine (ed.), *Nebraska Symposium on Motivation* (Vol. 13), Lincoln: University of Nebraska.

Cederblom, D. , & Diers, J. , 1970, Effects of Race and Strategy in the Prisoner's Dilemma, *Journal of Social Psychology*, 81: 275-276.

Commins, B. , & Lockwood, J. , 1979, The Effects of Status Differences, Favoured Treatment, and Equity on Intergroup Comparisons, *European Journal of Social Psychology*, 9: 281-289.

Deutsch, M. , 1949, An Experimental Study of the Effects of Cooperation and Competition Upon Group Process, *Human Relations*, 2: 199-231.

Diab, L. , 1970, A Study of Intragroup and Intergroup Relations Among Experimentally Produced Small Group, *Genetic Psychology Monographs*, 82: 49-82.

Dizard, J. E. , 1970, Black Identity, Social Class and Black Power, *Psychiatry*, 33: 240-244.

Doise, W. , & Weinberger, M. , 1973, Representations Masculines Dans Differentes Situations De Recontres Mixtes, *Bulletin de Psychologie*, 26: 649-657.

Ferguson, C. K. , & Kelley, H. H. , 1964, Significant Factors in Overevaluation of Own Group's Product, *Journal of Abnormal and Social Psychology*, 69: 223-228.

Festinger, L. , 1954, A Theory of Social Comparison Processes, *Human Relations*, 7: 117-140.

Fiedler, F. E. , 1967, The Effect of Inter-Group Competition on Group Member Adjustment, *Personnel Psychology*, 20 (1): 33-44.

Friedman, N. , 1969, Africa and the Afro-American: The Changing Negro Identity, *Psychiatry*,

32（2）：127－136.

Gerard, H. B., & Hoyt, M. F., 1974, Distinctiveness of Social Categorization and Attitude Toward Ingroup Members, *Journal of Personality and Social Psychology*, 29: 836－842.

Giles, H., & Johnson, P., 1981, The Role of Language in Ethnic Group Relations, In J. C. Turner & H. Giles (eds.), *Intergroup behavior*, Oxford: Basil Blackwell.

Giles, H., & Powesland, P. F., 1975, *Speech Style and Social Evaluation* (European Monographs in Social Psychology), London: Academic Press.

Gergor, A. J., & McPherson, D. A., 1966, Racial Preference and Ego Identity Among White and Bantu Children in the Republic of South Africa, *Genetic Psychology Monographs*, 73: 217－254.

Harris, S., & Braun, J. R., 1971, Self-esteem and Racial Preference in Black Children, *Proceedings of the 79th Annual Convention of the American Psychological Association*, 6.

Harvey, O. J., 1956, An Experimental Investigation of Negative and Positive Relations Between Small Groups though Judgmental Indices, *Sociometry*, 14: 201－209.

Hirschman, A. O., 1970, *Exit, Voice and Loyalty: Responses to Decline in Firms, Organisations and States*, Cambridge, MA: Harvard University Press.

Hogg, M. A., 1983, *The Social Psychology of Group-for-Mation: A Cognitive Perspective*, Unpublished Doctoral Dissertation, University of Bristol.

Hraba, J., & Grant, G., 1970, Black is Beautiful: A Re-Examination of Racial Preference and Identification, *Journal of Personality and Social Psychology*, 16: 398－402.

Hyman, H. H., 1942, The Psychology of Status, *Archives of Psychology*, 269.

Jahoda, G., 1961, *White Man*, London: Oxford University Press, Institute of Race Relations.

Johnson, D. W., 1967, Use of Role Reversal in Intergroup Competition, *Journal of Personality and Social Psychology*, 7: 135－141.

Julian, J. W., 1968, The Study of Competition, In W. E. Vinacke (ed.), *Readings in General Psychology*, New York: American Books.

Kalin, R., & Marlowe, D., 1968, The Effects of Intergroup Competition, Personal Drinking Habits and Frustration in Intra-Group Cooperation, *Proceedings of the 76th Annual Convention of the American Psychological Association*, 3: 405－406.

Katz, I., 1964, Review of Evidence Relating to the Effects of Desegregation on the Intellectual Performance of Negroes, *American Psychologist*, 19, 381－399.

Kidder, L. H., & Stewart, V. M., 1975, *The Psychology of Intergroup Relations*, New York: McGraw-Hill.

Klineberg, O., & Zavalloni, M, 1969, *Nationalism and Tribalism among African Students*, The Hague and Paris: Mouton.

Lefcourt, H., & Ladwig, G., 1965, The Effect of Reference Group upon Negroes' Task Persistence in a Biracial Competitive Game, *Journal of Personality and Social Psychology*, 1: 668－671.

Lemaine, G. , 1966, Inegalite, Comparison et Incomparabilite: Esquisse d' une Theorie de l' Originalite Socialite, *Bulletin de Psychologie*, 252: 20, 1-2, 1-9.

Locksley, A. , Ortiz, V. , & Hepburn, C. , 1980, Social Categorization and Discrimination Behaviour: Extinguishing the Minimal Intergroup Discrimination Effect, *Journal of Personality and Social Psychology*, 39: 773-783.

Milner, D. , 1975, *Children and Race*, Harmondsworth, Middlesex: Penguin.

Milner, D. , 1981, Racial Prejudice, In J. C. Turner & H. Giles (eds.), *Intergroup Behaviour*, Oxford: Basil Blackwell.

Morland, J. K. , 1969, Race Awareness among American and Hong Kong Chinese Children, *American Journal of Sociology*, 75: 360-374.

Oakes, P. J. & Turner, J. C. , 1982, *Social Categorization and Intergroup Behaviour: Dose Minimal Intergroup Discrimination Makes Social Identity More Positive?* St. Claire and Turner.

Oberschall, Anthony, 1973, Social Conflict and Social Movements, Englewood Cliffs: Prentice-Hall.

Peabody, D. , 1968, Group Judgments in the Philippines: Evaluative and Descriptive Aspects, *Journal of Personality and Social Psychology*, 10: 290-300.

Rabbie, J. & Wilkens, C. , 1971, Intergroup Competition and Its Effect on Intra-and Intergroup Relations, *European Journal of Social Psychology*, 1: 215-234.

Rosenberg, M. , & Simmons, R. G. , 1972, *Black and White Self-Esteem: The Urban School Child*, The A. and C. Rose Monograph Series in Sociology, American Sociological Association.

Ross, G. F. , 1979, *Multiple Group Membership, Social Mobility and Intergroup Relations*, Unpublished Doctoral Dissertation, University of Bristol.

Runciman, W. G. , 1966, *Relative Deprivation and Social Justice*, London: Routledge and Kegan Paul.

Sherif, M. , 1967, *Group Conflict and Co-operation*, London: Routledge and Kegan Paul.

Sherif, M. , 1967, *Social Interaction: Process and Products*, Chicago, Ill: Alddine.

Sherif, M. , Harvey, O. J. , White, B. J. , Hood, W. R. , & Sherif, C. W. , 1961, *Intergroup Cooperation and Competition: The Robbers Cave Experiment*. Norman, OK: University Book Exchange.

Sherif, M. , & Sherif, C. W. , 1953, *Group in Harmony and Tension*, New York: Harper Brot-hers.

Skevington, S. M. , 1980, Intergroup Relations and Social Change Within a Nursing Context, *British Journal of Social Clinical Psychology*, 19: 201-213.

St. Claire, L. , & Turner, J. C. , 1982, The Role of Demand Characteristics in the Social Categorization Paradigm, *European Journal of Social Psychology*, 12: 307-314.

Stephenson, G. M. , 1981, Intergroup Bargaining and Negotiation, In J. C. Turner & H. Giles (eds.), *Intergroup Behavior*, Oxford: Basil Blackwell.

Tajfel, H., 1959, Quantitative Judgment in Social Perception, *British Journal of Psychology*, 10: 16-29.

Tajfel, H., 1970, Experiments in Intergroup Discrimination, *Scientific American*, 223 (5): 96-102.

Tajfel, H., 1978a, The Achievement of Group Differentiation, In H. Tajfel (ed.), *Differentiation Between Social Groups: Studies in the Social Psychology of Intergroup Relations*, London: Academic Press.

Tajfel, H., 1978b, *Differentiation Between Social Groups: Studies in the Social Psychology of Intergroup Relations*, London: Academic Press, European Monographs in Social Psychology.

Tajfel, H., 1981a, *Human Groups and Social Categories*, Cambridge: Cambridge University Press.

Tajfel, H., 1981b, Social Stereotypes and Social Groups, In J. C. Turner & H. Giles (eds.), *Intergroup Relations*. Chicago: University of Chicago Press.

Tajfel, H. (ed.), 1982a, *Social Identity and Intergroup Relations*, Cambridge: Cambridge University Press.

Tajfel, H., 1982b, The Social Psychology of Intergroup Relations, *Annual Review of Psychology*, 33: 1-39.

Tajfel, H., Billig, M. G., Bundy, R. P., & Flament, C., 1971, Social Categorization and Intergroup Behavior, *European Journal of Social Psychology*, 1: 149-178.

Thibaut, J., 1950, An Experimental Study of the Cohesiveness of Under-Privileged Groups, *Human Relations*, 3: 251-278.

Tomlinson, T. M. (ed.), 1970, Contribution Factors in Black Politics, *Psychiatry*, 33 (2), 137-281.

Turner, J. C., 1975a, *Social Categorization of Social Comparison in Intergroup Relations*, Unpublished Doctoral Dissertation, University of Bristol.

Turner, J. C., 1975b, Social Comparison and Social Indentity: Some Prospects for Intergroup Behaviour, *European Journal of Social Psychology*, 5: 5-34.

Turner, J. C., 1978a, Social Categorization and Social Discrimination in the Minimal Group Paradigm, In H. Tajfel (ed.), *Differentiation Between Social Groups: Studies in the Social Psychology of Intergroup Relations* (European Journal of Social Psychology), London: Academic Press.

Turner, J. C., 1978b, Social Comparison, Similarity and Ingroup Favouritism, In H. Tajfel (ed.), *Differentiation Between Social Groups: Studies in the Social Psychology of Intergroup Relations* (European Journal of Social Psychology), London: Academic Press.

Turner, J. C., 1980, Fairness or Discrimination in Intergroup Behavior? A Reply to Branthwaite, Doyle & Lightbown, *European Journal of Social Psychology*, 10: 131-147.

Turner, J. C. , 1981, The Experimental Social Psychology of Intergroup Behavior, In J. C. Turner & H. Giles, (eds.), *Intergroup Behavior*, Oxford: Basil Blackwell.

Turner, J. C. , 1982, Towards a Cognitive Redefinition of the Social Group, In H. Tajfel (ed.), *Social Identity and Intergroup Relations*, Cambridge: Cambridge University Press.

Turner, J. C. , 1983, A Second Reply to Bornstein, Grum, Wittenbraker, Harring, Insko, and Thibaut on the Measurement of Social Orientations, *European Journal of Social Psychology*, 13.

Turner, J. C. , 1983b, Some Comments on "…the Measurement of Social Orientations in the Minimal Group Paradigm", *European Journal of Social Psychology*, 13.

Turner, J. C. , & Brown, R. J. , 1978, Social Status, Cognitive Alternatives and Intergroup Relations, In H. Tajfel (Ed.), *Differentiation Between Social Groups: Studies in the Social Psychology of Intergroup Relations* (*European Journal of Social Psychology*), London: Academic Press.

Turner, J. C. & Giles, H. (eds.), 1981, *Intergroup Behavior*, Oxford: Basil Blackwell.

Turner, J. C. , Sachder, I. , & Hogg, M. A. , 1983, Social Categorization, Intergroup Attraction, and Group Formation, *British Journal of Social Psychology*, 22: 227−239.

Turner, J. C. , Brown, R. , & Tajfel, H. , 1979, Social Comparison and Group Interest in Ingroup Favoritism, *European Journal of Social Psychology*, 9: 187−204.

Van derBerghe, P. C. , 1967, *Race and Racism*, New York: Wiley.

Vaughan, G. , 1978, Social Change and Intergroup Preference in New Zealand, *European Journal of Social Psychology*, 8: 297−314.

Vinacke, W. E. , 1964, Intra-Group Power Difference, Strategy, and Decisions in Inter-Triad Competition, *Sociometry*, 27: 25−50.

Wilson, W. & Miller, N. , 1961, Shifts in Evaluations of Participants Following Intergroup Competition, *Journal of Abnormal and Social Psychology*, 63: 428−431.

社会表征的历史与现状[*]

塞尔日·莫斯科维奇^{**}

社会思想的丑闻

人们常听到的一种说法是，好的科学应始于提出明确的、定义严谨的概念。事实上，没有哪种科学是以这种方式形成的，即使最精确的科学也做不到这一点。科学的产生始于收集、整理、辨别出那些让所有人都惊讶的现象，因为这些现象要么令人困扰，要么怪异奇特，要么就是丑闻。现在，对于我们这种生活在宣扬科学和理性的文化中的人来说，很少有什么事会像数百万人共同秉持某种信仰、迷信和偏见那样令人反感，而意识形态丑闻也令人厌恶，这些意识形态就是马克思所说的那些"狂想、教条、假想的信仰"的集合，它们让人类境遇真正的决定因素和人类行为的真实动机变得模糊起来。当然，今天我们对于某些宗教信仰的态度已经宽容了很多，这些信仰相信灵魂的不朽、投胎转世、祈祷的功效或其他一些不被我们关于人类和自然

* Translated from Serge Moscovici, *Social Representations*, *Explorations in Social Psychology*, Cambridge: Polity, 2000, pp. 120-155. (本文由管健、高文珺译校)

** 塞尔日·莫斯科维奇（Serge Moscovici, 1925~2014），生于罗马尼亚的一个犹太商人家庭。第二次世界大战期间，被迫离开中学，接受"劳动教养"。1948 年，流亡巴黎，后进入索邦大学学习心理学。1961 年获索邦大学心理学博士学位。先后在多所大学和研究所任教，1976 年任欧洲社会心理学实验室（LEPS）主任，并长期在巴黎社会科学高等研究院从事研究。2003 年，获瑞士巴赞基金会（Balzan Foundation）社会心理学奖。莫斯科维奇对欧洲社会心理学的主要贡献包括社会表征理论、少数派社会影响理论和集体选择与社会共识理论，这些理论建立在整合个体行为和群体行为大量研究项目的基础上。代表作有《心理分析形象与公众对象》（1961）、《社会影响与变迁》（1976）、《社会的构建——社会现象的心理学探索》（1993）、《社会表征：社会心理学的探索》（2000）、《现代社会心理学的诞生》（2006）等。先后创办《欧洲社会心理学》《社会行为理论》《社会心理学》《欧洲社会心理学研究》等多种杂志。

的知识所接受的事情。只需随便扫一眼流行的出版物，就足以让人对我们社会中读占星术、求助于信仰治疗师和使用灵气疗法的人数感到惊讶。同样地，你还会发现巫术的强大力量使其在我们周围、我们的城市乃至大学中被广泛实践。那些求助于此的人，并不像我们认为的那样，是没什么文化也无法适应社会的人，而是受过教育的工程师甚至是医生，还有一些"高科技"企业通过笔迹或占星测验招收员工。大多数从事那些巫术行业的人非但不想遮掩他们的活动，反而会在电视和书籍中展示自己，而他们出版的书要比任何学术文章的读者群都广。

这些看上去很奇怪甚至让我们苦恼的事，也教会了我们一些关于人们怎样思考和思考什么的知识。以那个最初不为人所熟悉和了解的艾滋病为例，其一出现就很快成为人们谈论的话题和媒体报道的焦点，立即被列为在一个宽容的社会中受惩罚的疾病。新闻把它描述为对"堕落行为"的谴责，对"不负责任的性欲"的惩罚。在巴西主教公然反对避孕套运动的大会中，艾滋病被描述为"道德败坏的后果"、"上帝的惩罚"和"自然的报应"；还有一系列的刊物主张说这种病毒是"中央情报局"制造的，为的是消灭不良人群；等等。这一例子展现了那些令人难以置信和恐慌的观点或形象传播的频繁性，这是良好的判断力和逻辑性都无法阻止的。毋庸置疑，那种能坚定地证实这类非理性想法的心理机能自然会引发大量的相关研究，这便将我们带入了问题的核心。

可以这样概括这类研究的结果：大部分人都更喜欢流行的而不是科学的观点，人们会做出客观事实都无法纠正的虚假关联，对此我们并不感到十分惊讶。这些研究通常都没有考虑在我们的决断和日常讨论中起重要作用的统计学。此外，从未遭到过质疑的一种说法是，人们首先接受的、感知到的是那些能证实他们习惯信念的事实或行为，甚至在他们的经验告诉他们"这是错的"、理性告诉他们"这是荒谬的"时候，他们也依旧如此。那我们是不是应该轻松地看待这一切，坚持认为人们只不过是偏见的受害者，被某些意识形态欺骗或是被某些力量束缚？不，这些事实太普遍了，以至于我们不能满足于这样的解释。看到智人（Homo sapiens）① ——这种唯一被赋予理

---

① 智人，原为新人的分类名称。20世纪中期以来，根据古人类学的研究，一般认为古人和新人只有亚种的差别，因此，古人和新人同属智人，新人被称为晚期智人。晚期智人通常也被称为现代人。也有人主张现代人的概念应该局限于新石器时代以后的人类。

性的动物——在某种程度上被证实为非理性的时候，我们不能假装没有感到不安。

我曾经反复强调，理解这些事实是可能的，但要不停地思考它们对个体间关系的影响，对政治抉择的影响，对人们对待其他群体态度的影响，对日常经验的影响。我还可以继续谈论种族主义、民族战争、大众沟通等。但是最突出的问题是，人们为什么用无逻辑的、非理性的方式思考？这是个非常令人担心的问题。毫无疑问，这是属于社会心理学的问题，我需要简单地解释一下为什么。

我认为自笛卡尔以来，从个体角度，大家都认为人有能力正确地思考外界呈现在他们面前的证据。一方面，人类能辨别出有用的信息；另一方面，人类知道如何从一整套有关的前提假设中抽取出一个确定的结论。这被认为是遵循逻辑规则，这些规则中最重要的是不矛盾性（non-contradiction）。到目前为止，这样的推理和结论似乎是正确的，规则和逻辑程序运用的方式能最恰当地解释持久的信念和知识。但是，从人们发现推理失败、结论错误的那一刻起，人们就必须为规则的错误应用寻找其他的原因——可以解释人们犯错的非逻辑原因。在这些原因当中，人们最先想到的是情感的问题，但最重要的却是使精神器官服从于外部压力的社会影响。社会影响让个体要么屈从于习惯，要么脱离外部世界，由此沉溺于幻想中或因虚构的需要得以实现而心满意足。

这样，我们就揭示出了这一领域中大多数解释的基础——二元性。这可以用几句话来描述，即我们个人知觉和观察外部世界的天赋有能力产生正确的知识，然而，社会因素会造成我们的信念和关于世界的知识的扭曲和偏差。我们暂时不去理会这种二元性的不确定性，只是讨论表述它的三种方式。首先，是通过这样的观点，即当只在个体角度考虑问题而独立于他们所处的文化（实际上独立于所有文化）的时候，人们能触及知识的真实过程。从这个角度讲，就像艾尼斯特·葛尔纳写的那样："文化是共享的一套观点，它有效仅仅是因为它们组成了关于社会习俗的共享的概念储库。文化被人摒弃，因为它是文化。它的社会和习俗根源是其致命的缺陷。"（Gellner，1992：18）其次，有一种说法很有说服力，专门用群众心理学的术语表达就是：群体中的个体会改变他们的心理属性，失去一些，习得另一些。或者再准确些地说，在独处时道德、理性地行动的个体在群体的行动表现会变得不道德、失去理性（Moscovici，1985）。最后，也是最新的观点是，根据我之前提到的研究，普通人，也就是"生手"，倾向于忽略所给予的信息，以刻板印象化的方式思考，没有考虑到这样做会导致错误。换言之，就像研究者说的那样，普通人是认知上的"吝啬者"。

这里描述的当人们在其所属的社会中被聚集到一起时思考和行动的方式不太讨人喜欢，我并不相信存在那种通过如下事物而被引发和识别的精神缺陷，这些事包括一大堆习惯性信念和对我们某些知识的偏离或歪曲，这些知识都是关于令人惊奇或反感的事情的。但事实是它表现出了社会根源的精神病理学的症状。在这儿我需要补充的是，这并不是一个隐喻，这样说是因为我回想起有很长一段时间，社会心理学曾因这一主题而被同化于病理心理学。这一点正好从一份著名美国期刊的名字上体现出来，那就是《变态与社会心理学杂志》（*Journal of Abnormal and Social Psychology*）。

这种关联也源于这样的事实，或许是首要的原因，那就是像弗洛伊德、卡尔·荣格、皮埃尔·珍妮特这样的对心理病理学做出过很大贡献的心理学家，也都在集体心理学（collective psychology）领域有重要的书籍和文章。显然，在他们看来，和很多其他人观点一样，群体的异常思想都在个体的精神异常中存在对应物，而开化的文明人、所谓的原始社会或是异教群体都秉持这一观点。尽管我们较少地公开谈论或是意识到它，但群体思维和病理思维之间的联系也在我们观察的理论和方法中被记下了。它最终表明理性和社会或文化是相反的，结果导致个体的全部自我效能变成了参照情形和准则，而个体之间在社会统一体中的联系则变成了一种派生情形，成为一种对环境的依赖，这一环境在积极或消极意义上修改着规范。

然而，在这一讨论过程中，我不得不注意一些事，它们迫使我做一个补充评论。我们承认在非社会思想形式和共同的思想与信念形式之间的二元性是不言而喻的。不仅如此，我们也假定前者的概念和规律可作为后者的参照。如罗伯特·魏尔和托马斯·舒尔发现的那样："这一主张是和涉及社会事件的过程相比，处理非社会事件的过程在认知上更为简单，在概念上更为基本。在非社会事件刺激背景下的认知加工研究成为人们构建更复杂的社会认知原则的基础。"（Wyer and Srull，1984：25）这一假设大部分是有局限的，也没有事实根据，需要我们检验，解放思想的束缚。无论如何，只有在一个"不同的心理学"的背景下，我们才能够说明这些共同的思想和信念形式的意义。

当然，也需要指出事情的确正在发生着变化。社会的重要地位在认识论、语言学和社会心理学领域获得了越来越多的认可。我个人确信这一趋势会日益深化。同时，对社会重要性的认可，仅仅是口头上说得好听，即使是众口一词，也是不够的。如果不是我确信这一点，我是不会写这一章的。最重要的是，我们需要恢复一种理论观点，它能把这些令人惊异的现象当作我们文化和社会生活中的正常部分来加以解释。综上所述，这是一个用更加清楚和定义更严格的术语重新陈述个体和社会的两极性的问题。

一个反笛卡尔的概念：集体表征

到目前为止，我所说的似乎并没有让我比人们在今天看到的社会心理学走得更远。问题不是在个人和社会的重要性间做出选择，而是更具体的一些事情。它是有关对信仰、宗教或巫术现象的解释，对日常流行知识的解释，对集体思想和行为意识形态的解释。首先，为什么社会创造了这些信念和观点？它们是不是正确的？然后，为什么它们被一代代地接受和传承？即使我们的思想、语言等的社会本质在心理学中已获得认可（这不是今天讨论的话题），但问题同样会被提出来，那些讨论和将继续讨论它的人不得不设法解决它。不可能用研究主体间关系或语言建构这种细节之事来当作庇护。由于它无法面对这个问题，因此我认为社会认知必定还是毫无说服力的。

因此，我现在承认这个简单明了的事实，尽管没有什么意义。精神分析通过无意识把集体心理学和个体心理学关联起来，抛开它不谈，就只有发展出社会表征理论的思想脉络是认真地致力于解决这个问题的。该思想最初概念的出现距今有近一个世纪了，这些概念要求心理学自己解决问题的自主性。你可以了解，在标签变化如此之快、人人尽可能彻底地断绝和过去联系的时代，我不愿意求助于一个始于自身人类科学并且可以说是组成了自己遗传编码的思想脉络。但是，我们也要想到它持续存在的事实，人们无须受限于任何传统学派就可以返回到这一思想脉络上，这意味着它触及了人类生存方式中一些基本的、珍贵的东西。

在我看来，社会表征理论是独特的，因为它越发地倾向于成为一个关于社会现象的普遍理论和关于心理现象的特殊理论。就像我们将要看到的那样，这一矛盾并不是偶然的。相反，它源于事情的深层本质。社会不能被定义为集体的简单存在，比如，通过权力等级或是基于相互利益的交换将个体聚集到一起，从这种角度说，它是一个普遍理论。当然，权力和利益的存在只是为了在社会中被这样认可，这一社会必须有给它们赋予意义的代表性或价值。更重要的是，权力和利益使个体的努力汇聚在一起并通过信念把这些努力结合起来，这些信念确保它们在共同意义上的存在。这是被观念、符号和仪式引导的，也就是说，不单单是由知识和技术引导。这里有很多不同的秩序。关于生活的共同的信念，关于它应该是什么的信念，关于什么该做的信念，关于公正、真理和美丽的信念，还有其他一些信念都会影响行为方式、情感体验途径或传送交换货物的方法。

正是当知识和技术被转变为信念时，它们把人们聚集到一起，成为一种力量，把个体从被动的成员转换成主动的社会成员，他们参与集体行动以及每一件让共同存在得以实现的事情。如果只有权力和各种利益去统一人们，如果没有人们相信的观念和价值观把他们联结于代代相传的共同热情之下，社会就会分崩离析（Moscovici，1993a）。换言之，社会如何思考它们的生活方式，它们赋予其制度习俗的意义以及它们共享的形象是社会现实必不可少的组成部分，而不仅仅是对现实的反映。如波兰哲学家莱谢克·科拉科夫斯基所言："社会现实部分依赖于在它的表征本身中存在的东西。"（Kolakowski，1978：94）

在继续讨论之前，我们需要考虑一个重要但令人困窘的事实：有些心理现象，尽管复杂程度不同，但都有共同的社会根源，是共同生活不可或缺的部分。可是一旦人们从这一角度看待社会，谜题就会出现。事实上，人们不再理解在维持宗教或神秘信念并让自己被错觉、意识形态和由此产生的偏见所引导的同时，社会是如何生存下来的。进一步说，人们思考为什么人们会创造这种非理性的混合物来愚弄自己。谈到令涂尔干最感兴趣的宗教信仰时，他写道：

> 宗教在历史上占有如此重要的地位，它是所有时代的人们汲取生活所必需的力量与源泉，不可思议的是像宗教这样的观念可能只不过是错

觉构造而已。今天，我们一致承认法律、宗教和科学思想本身都源于宗教，它们长期被与宗教混为一谈，仍然受宗教的精神的影响。一个空洞的幻术为何能如此有力、长久地影响人类的意识？……但是，即使是人们自己创造了那些错误的观念体系，又同时被这些体系欺骗，那么这种惊人的欺骗为何能在整个历史进程中持续存在呢？（Durkheim，1912/1995：66）

我的确怀疑这是对共享信念的贬低，是对流行观念和知识的轻视，大体上是对让涂尔干感到不快的其他文化的轻视。如何构想出一个信心和团结不会只是一种错觉的社会？我们是不是必须承认文化有为人性提供幻觉和错误的安全功能？社会竭力愚弄自己的关于其观点和价值观的集体意识的内容是什么？我们要对这些疑问保有深入的理解，它们是有关即使在现今的心理学和社会学中我们都极易试图忽略的事情的。不管怎样，从个体的观点及他们的信念与知识出发，我们不是要过多注意它们异常的特性，而是要更多地关注它们的社会特性，关注它们所表达的精神和心理生活。为了把它们作为一群个体的共同本质来先描述后解释，我们需要考虑三件事情。

（1）我们认为个体实质上是通过对信息的感官知觉了解自然界和社会的，这些信息等待着人们的观察并借用恰当的概念加以解释（Heider，1958）。它们就像诞生时一样，睁开眼睛看到脱离传统的动物和其他的事，而缺乏共享的概念去配合他的感官印象。这种想象不能真正地用到生活在社会中的个体身上，这些个体有共同的生活方式来指出存在或客体应当如何被分类，如何根据其价值判断它们，什么信息值得信赖，等等。我们可以用英国哲学家弗朗西斯·康福德用来说哲学家和学者的话来描述我们任何一个人：

无论何时何地，一个专业的科学工作者支持某一观点，我们会确信他不是在描述观察到的事实，只是把他的知识转化为对某一信念的辩护，这种信念不是直接从自然界获得的，而是他在妈妈的膝盖上学到的。换言之，它是一种集体表征。这种特殊的表征不是科学和哲学长期累积的结果。相反，我们越是往回追溯它的根源，它似乎根植得越稳固，每天与人们所有的经验相矛盾也不能把它从流行观念中根除掉。（Cornford，1912：43）

根据前面的分析，我们知道，个体知识的基本规律是基于感官已知的事物或感官经验的，这意味着试图用这些规律来理解复杂的知识和信念往往是不可行的，不是因为从中得出的结论没有价值，而是因为它开始的前提是虚假的、缺乏深度的。

（2）我们没有理由完全摒除个人的经验和感知。但是，公道点儿讲，我们必须记得一个人知道的每件事几乎都是从别人那里学到的，要么是通过他们的陈述，要么是通过习得的语言，要么是通过使用的物体。大体上，这些是和最古老的天性联系在一起的知识，这种天性的根基渗入生活方式中，渗入每个人参与其中并需要实时更新的集体实践中。人们总是相互学习并且总是知道自己是这样做的。确切地讲，这并不是一个发现。这一主张对我们的理论的重要意义在于，它指出了重要的知识和信念源于相互的人际交往，而不是以任何其他方式形成的。

（3）使人们得以生存的观点和信念通过特定的结构被具体化，并被作为这些结构的组成部分的个体所采用，这些结构包括部落、教堂、社会运动、家庭、俱乐部等。他们沟通的意义和他们认识到的责任深深地融入了他们的行动中，成为一种约束扩展到所有集体成员身上。根据韦伯的观点，这种约束很可能并没有忽略集体思维对我们日常活动的定向和对我们期待的事物的原因作用。

> 这些集体存在的概念可以体现在常识、法律和思想的其他外在形式中，部分作为某些实际存在，部分作为某些标准权威而在个体精神中具有意义。不仅对法官，即使对普通的个体而言也是如此。行动者因此让自己的活动部分地适应它们，从这一角度看，这样的观点对现实个体的活动过程有强大的、常常具有决定性的因果影响。（Weber, 1968/1972：14）

如果韦伯是正确的，那么集体思维形式就深刻地渗入了个体的动机和预期，这些动机和预期基本取决于人们对其行动的效能感。这正是他试图在其对资本主义精神的研究中所要展示的，即理性的经济行为源于清教徒的信仰和圣经的教义，也源于他们对自己可以超度的预期中。

这些事情——表征或信念的首要性、知觉和信念的社会根源，这些表征和信念的原因（有时是约束）作用是社会表征理论形成的背景。我认为，我已经把它们的要点描述得相当清楚，足以证明这一背景有助于解决之前提出的问题。我们可以在涂尔干有关这一问题的著作《宗教生活的基本形式》（*The Elementary Forms of the Religious Life*）中看到这些要点。这本书的描述部分留了很大的篇幅给澳大利亚土著人的宗教信仰，而在解释部分，即在著作的中间部分和结尾部分，把这些信仰的形成和意义通常看作社会维系的纽带。这本书极为详细地揭示了人类思想的特征、社会共享的奇异错觉和实践，这些可能非常新奇但是科学性很差。

涂尔干详细地探讨了对动物和植物、跖骨或木头崇拜的大致方向，以及观念的模糊轮廓，比如著名的超自然力量和伴随每个仪式的惯用语。没什么更多地隐藏于我们面前的东西了，无论是围着图腾跳起集体舞蹈时的癫狂（在这一过程中每个人的心灵变得易受暗示影响），还是暂缓了和现实相关的意识仪式的狂喜的放肆。宗教仪式后的早晨，恢复意识的"原始人"充满了悲伤，但是他们彼此已经部分形成了自己共享的感知和价值观。我们也能在别处看到这些，即为了抚慰灵魂而做的祈祷和神秘操作，以及信仰如何能让打猎或捕鱼成功或是治疗某些疾病。

这里十分有意思的事情是，通过这些奇特甚至古怪的元素，在这些澳大利亚社会中形成了一个宗教的而非个人化的世界，这个世界先是将动物，然后将和这些动物有关联的物体，最后甚至是人类自身当作图腾。没有什么比探求或追溯出我们社会中的宗教或政治世界与此的类似，可以展示出他们的信仰是多么深入地建立在象征性思维、对观察的置换、极端的宗教仪式和强烈的情绪基础之上，这是还没有被错过的机遇，没什么比这个更容易了。

涂尔干承认，这样的事对于那些根据它们与物质现实的关系来进行判断的人来说，一定显得异想天开或缺乏理性。但如果读者允许我重申曾在别处讨论过的内容（Moscovici，1988；1993），我们就会发现，事实上，一旦人们假定在这些错觉、仪式或情感背后存在共享的、没有变化的代代相传的集体表征，那么他就会得出相反的结论。这一印象在人们认识到通过图腾和仪式，社会借助介入的神力来举行自己的宗教崇拜的时候会得以巩固和强化。他们对个体具有弥散的、非人的权威性是它们所属的社会本身的。

事实上，在崇拜某一植物或动物的过程中，每个人似乎都是幻觉的受害者。但是如果所有人都在一起以这种方式认识他们的群体，那么我们面对的就是一种社会实在了。它们代表的也就不只是存在或事物了，还代表存在或事物的象征。这是关于它们所想的，这是要面对它们引导自己面对的，就像我们面对凯旋门的旗帜或焰火时所做的一样。同样地，仪式行为，就其真实目的而言，并不是造成降雨或哀悼死亡，而是维系社会、恢复群体归属感、激起信念和信仰。我并不想说这种对宗教生活的解释是最好的，或者说它禁得住批评。但是我可以说，潜在的表征是通过精神内容和象征行为表现出来的这种说法是合理的。人们有这样的询问是很正常的：这种观点是否达到了人们对其的预期，因有助于解决我们的具体问题，这种假设得以实现。也就是说，集体表征的假设是合理的，不是不顾及集体，而是因为它们是集体的，甚至是我们变得理性的唯一方式。事实上，依照涂尔干的观点，个体根据他们各种各样的感觉既不能达成一致的概念也不能确立任何规律。人们再也不能了解是什么使他们如此行动。涂尔干批评休谟，即断言从单个个体角度不可能理解我们如何或为何能通过观念或短暂感觉的联结发现秩序。即使假设有人能这样做，也不可能了解这种秩序是怎样保持稳固并施加给每个人的。另外，如果我们可以理解表征能通过一代代的再现和传递而变得稳固，这种表征因其是每个人努力完成的而具有集体性。它也是非个人的，因为它和每个人脱离，通过某种共同语言的概念的意义而被共享。"从概念上思考并不仅仅是将一定数量客体的共同特征进行分解和组合，也要将不变中的变异和社会中的个体囊括进来。"（Durkheim，1912/1995：440）

此外，表征的主要类别在根源上是社会性的，并且是在人人似乎都反对它们的地方开始发挥作用的。因此，一个模仿仪式精确地发动了因果进程，人们在其中叫喊、运动来模仿他们希望能重现的动物。又或者是巫术常用的语言，"物以类聚"，把不同事物联系起来，并让一些事物以其他一些功能出现。但以这种方式，隐含的因果力量就被认为是一种事物生成了与它相似的能力，并且是最根本的东西。以这种方式就形成了一类真实的主动的因果关系，在文化活动和巫术活动中都是如此。又或者是，无论多原始，每个社会如果对其成员进行划分归类，它也必须根据同样的标准划分动物或无生命的存在。分类的原理由此形成，可能很粗糙但还是很严格。除此之外，根据涂尔干所言，初级的宗教勾画了概念的基本要素，这些概念使科学和哲学成为可能。

宗教为它们开辟了道路。因为宗教是社会事物,它才能起到这一作用。让人们控制感觉印象并用新的想象现实的方式取代它们,形成了一种新的思想——集体表征。集体思维是否有力量独自实现这些,可在此进行推理,通过感知到的现实创造一个完整的观念世界似乎是理想化的想法,这需要理性力量极度活跃,只有在社会中并通过社会才能实现(Durkheim,1912/1995:239)。

无论怎样,很清楚的一点是,心理能量通过个体参与群体生活而形成,它们所具体化的精神范畴使集体表征脱离出来,形成了被叫作理性的复杂的观念和推断。显然,我不能只停留在一个概念上而不去探讨它的合理性。在我看来,涂尔干希望用这个术语指定理性的内容,强调宗教信仰、社会的观念和科学,这在某些方面和托马斯·库恩的范式有些类似,在另一些方面又和恩斯特·卡西尔的象征仪式有相似之处,即表征有被明确标记的智力特点,即使它在认知方面没有被社会学家明确提出来(Ansart,1988)。

涂尔干指出:"不用概念思考的人就不会是人,因为他不是一个社会存在。仅仅限于个人的知觉,他并不能将自己和动物区分开来。"(Durkheim,1912/1995:440)这些是有力的话语。人们不能抱怨它们不够清晰。它们探索出了个体心理学和社会心理学之间清晰的边界,让它们分别和各自的现实及独特的思想形式联系起来。在这种情形下,有人不落俗套地得出结论,认为根据社会学家的观点,后者,即我们这门学科有责任去深入了解公共和文化表征。按照涂尔干的观点,我们的科学需要通过对比神话主题、传说、流行的传统和语言来进行研究,研究社会表征是如何关联和相互排斥的,它们怎样彼此渗透或相互区分,等等(Durkheim,1895/1982)。

涂尔干在这一点上的主张,他所表述的关于我们的信仰、知识和那些使我们更普遍地成为理性生物的集体性根源的观点,可能会被人认为是需要商榷的,甚至是过时的。潜在的集体表征对个体表征的影响问题也面临同样的境遇。但事实仍然是,它是对持续存在的一种连贯观点的唯一的略述。这也是人类学家艾尼斯特·葛尔纳最近对我们关注的问题的解决方法所提出的观点,他认为:"没有什么更好的理论可以回答它,也没有其他理论强调这一问题。"(Gellner,1992:37)此外,这一主张的整体脉络要比涂尔干的批评者们引发的那些主张更重要,并且遵循我们选定的这一思想脉络,我们至少知道它将去向何方。

集体表征和文化发展

到处都不认可我们思考关于共同表征的心理学并在这一假设基础上科学地开展研究，但这是必要的，因为个体心理学的资料是基础，它只关注极其有限的现象。无论在儿童还是在成人当中，我们总能发现那些对某些心理活动的解释意味着存在其他的活动，这些活动并不依赖于个体表征。这些活动并不只是对其他人的知觉和对种族群体的态度。在我们最不受拘束的日常交谈中，我们发现自己会面对一些语言意象或影响，它们出现在我们脑海中但并不源于我们自己。甚至有时我们还会面对一些推论演绎，它们的产生无法归因于任何谈话者，流言就是这样一个例子。如果我们宣称是通过个体的推理或表达演绎出这些的话，那么所有这些活动仍然是不连贯的，但是我们可以把它们处理为一个整体，它的连贯性可通过考虑推论得出的社会表征来发现。运用这一更好的理解方式，我们就有充分的动机去超越每个人的直觉经验。另外，如果我们能表明集体表征心理学虽然与某些人的想法相反，但它能够清楚地阐明个体的心理和语言运作，那么我们的假设就会得到补充支持。

事实上，事情是这样的，涂尔干定义了一个原理的立场和我们精神生活的集体性背景，由此勾画出了一种研究范式的轮廓。如我们将要看到的，他认为集体表征是我们信念、知识和语言的源头，它是潜在的，甚至可以说是无意识的。因此，尽管人们可能不同意这种说法，但是严格地讲，没有什么像个体理性那样，作为最普遍的信念之一，最终走向衰败。如阿瑟·霍卡特写的那样："所有种族和时代的人都同样确信他们独自从现实中获取知识。"（Hocart，1987：42）涂尔干主张他们是从社会思想中得到了自己的范畴概念，由此发起了社会学和人类学的彻底变革，但也因此导致这一观点今天仍饱受争议或是被忽略，甚至在法国社会心理学家最详细的传记中也只是一掠而过地提及罢了（Giddens，1985）。

不管怎样，我们也需要认识到，涂尔干专注于集体和个人之间的对立，专注于展现宗教和社会之间的连贯性，让这种观点给人一种过于理性和抽象的感觉。为了用最具体的方式解决这一问题，我们需要更多地注意集体表征之间的差异而不是相似之处，把它们和不同的社会联系起来以便能用稳定的方式对其进行对比。从这点上看，似乎是列维-布留尔将这一笼统的观念转换成了切实的概念，并且着手进行了比较——虽然只是用零散的方法。从与我们相关的论点上看这是无可置疑的，后来他又同时概述了社会心理学的自主性，其重大意义我会在后面再阐述。这里，我们知道他的著作和这种心理学的前提假设曾经是也将继续是引人诽谤的（Lloyd，1990）。但是，我并不关心这种诽谤，或是导致对列维-布留尔的排斥的各种混乱的理由，因为有太多关于著名的"前逻辑心理"（prelogical mentality）的书和著作。我们可以在古斯塔夫·杰霍达的一本出色的书中发现对这些引起争议的问题的简洁与公正的讨论（Jahoda，1982）。

根据集体背景，列维-布留尔强调了这些表征的四个方面。通过这些，人们可以很快掌握这一概念。

（1）它们有一个特征，就是我们今天所说的整体性，也就是说人们不能把单个的信念或类别看作某个个体或群体的属性。因此，每个观点或信念都假定了大量其他观点或信念的成立，它们共同组成了一个完整的表征。比如，这个男人是"德国人"的观念假定了"人"这一观念是可用的，因此"德国人"的观念也可用，"种""法国人"等观念也都是如此。而"这个男人是德国人"的信念假定了关于概念的诸多信念，暗含"这个男人不是土耳其人"等信念。表征的整体论意味着每个观点和信念的语义都有赖于它和其他观点或信念的联系。因此，和社会认知观点相反，观点或信念的错误或正确并不一定会导致集体共享的表征具有错误或正确的特征，或是导致它们的思考方式错误或正确。爱德华·伊万-普理查理解了这一点的重要性，他提及，列维-布留尔"即使不是第一个提出如下观点的人，也是其中之一。他强调，在把原始观念看作独立的事实时，他们对我们来说似乎是陌生的，有时候还是古怪的，而当把它们看作观念和行为模式的一部分时，它们就是有意义的，每部分都和其他部分有概念关系"（Evans-Pritchard，1965：86）。现在，是表征把某个集体的观念和行为联结在一起，表征是经过一定的时间形成的，是人们公开拥护的。

（2）在描述不同种类的信念时，为了对其进行分类，我们是否需要了解它们是智力的还是认知的，并仅根据它们的关联和它们附属于某一特定社会或文化的程度进而把它们联结在一起？假如从现在起，我们将这个问题搁置一边，我们就可以消除围绕表征实质产生的所有误解。按列维-布留尔的说法，由于多种原因，这一点对所谓的原始文化来说尤为贴切，因为"对我们来说的确是'表征'的东西和其他情绪要素或动力特点混杂在一起，被它们渲染、影响着，由此暗含了一种关于被表征的客体的不同的态度"（Lévy-Bruhl，1925/1926：36）。在社会中存在和保持的所有符号都既遵循理性逻辑又遵循情感逻辑，即使它们可能是通过不同原则被发现的。我主张其适用于所有文化，而不仅仅是所谓的原始文化。因此，我们毫不犹豫地将表征视为思维的理性结构，将它们和集体情绪联系起来，这些是伴随它们产生或是由它们引起的。当你歧视某一群体时，你表达的不仅仅是你对这一群体的偏见，还有和他们长久联系在一起的厌恶或蔑视的态度。

（3）有句德国谚语指出"谬误存在于细节之处"，集体表征也是如此。很明显的是，它们包含了普遍的观点和信念，把它们与不普遍的实践或现实联系起来。此外，把它们看作或是呈现为一种科学或宗教可能是合理的，但是不管怎样，还是建议人们在语言或行为的最细微的方面来探求这些表征，建议人们思考最模糊的解释或是最浅显的隐喻以发现它们的效力和意义。如果人们把它们作为整体探讨，那么表征对社会和现实来说都必然表现为连续的或永恒的，而不是社会和现实的替代或反映。在这种意义上，表征马上就成为一种形象和想象出的事物的结构，不仅显示了对共存事件的感知，也填补了在这些事中缺少的或不可见的缺口。

在读列维-布留尔的书的时候，人们会深受他探索宗教内容或描述仪式才能的影响，更会对一些详细的探讨印象深刻，它们是关于人们在语言表述、数字使用、对待疾病的行为或对待死亡的态度上的分歧。以这种方式，当人们发现它们根植于具体的日常生活中时，对所谓原始表征的理解日益增加了。当代，在该领域的研究中，只有丹尼斯·乔德里特（Jodelet，1989/1991；Jodelet，1991a）表现出相似的关注。

然而，这并不是关注方法而是关注概念本身，这具有不同的意义。埃德蒙德·胡塞尔清楚地意识到了这一点，他在1935年3月11日（日期在这里很重要）给列维-布留尔的信中写道：

> 当然，我们长期以来都知道每个人类个体都有他们的"表征世界"，每个国家、每个超越国家的文化领域可以说是存在于另一个世界的，而不是存在于它们周围的世界的。如我们所知，每个历史时代也是

如此。但是，面对这一空泛的通则，你的工作和它杰出的主题使我们看到一些因其新异性而相当令人惊讶的事。事实上，极有可能并且绝对至关重要的是：可以把它看作这样的任务，即"从内部感受"在充满活力的、可繁衍的社会中生活的封闭的人类；可以从这样的层面去理解，即认为它在其统一的社会生活中包含了一个世界，在此基础上，它不是简单地把这个世界当作"表征的世界"，而是看作存在的世界本身。以这种方式，我们得以理解、识别、思考他们的习俗，进而通过他们相应的分类了解他们的逻辑、他们的存在论和周围的世界。

这是一篇难懂的文章，因为它超越了当时的心理学或人类学，在这位伟大的德国哲学家写这篇文章的时候，它们正处于痛苦的时刻。但是作者完全认为社会表征是"空泛的通则"，只是某事、共同环境或物体的一种表征。不管我如何努力赋予它准确性，人们通常都会这样看它。这是因为人们没有充分考虑它的"特殊性"和"新异性"，即它同时会是某人的表征，是集体的表征，这个集体以这种方式独自创造了一个世界。

（4）人们必须记住所有的集体表征都有相同的一致性和价值。它们每一个都有自己的源头和相关性，因此没有哪个比其他的更享有特权，也不能成为真理或理性的标准。否则，比如，一旦这样认识一种科学的或现代的表征，那么就会推断认为其他表征看似劣等、不完善或是不理智。我坚持这一点，那是因为这和当代社会及认知心理学并不是完全无关的。通过读斯蒂芬·斯迪奇的著作《理性的碎片》（*The Fragmentation of Reason*，1990），人人都可以了解到这一批评的准确性。这本书描述了在这样的心理学中进行研究的平衡性，展示了它是如何在这种错误的认知中存活的。

以上四个方面详细说明了我们所关注的知识的概念，这种知识甚至在今天仍具价值。但最重要的是，第四点是证实对列维-布留尔的非议的根源。也就是说，不可能提出一个绝对的理性标准独立于集体表征的内容和它们在特定社会中的阵地。因此，他对这一基本立场进行了辩护，主张"原始思维"和现代思维关注的是相同的问题或相同的问题类型。这种观点使得前者被看成后者的初级甚至是不成熟的形式。列维-布留尔认为在原始心智和现代或科学的心智之间存在间断，因此形成意义深远的差异。这并不是说传统文化中的人们比我们自身的心智更简单或过时。相反，每一个心智都同样的复杂和发达，我们没有理由轻视一个而赞美另一个，每一个心智都有自己的对应不同集体表征的范畴和推理规则。

我们不能像涂尔干希望的那样，用同样的思维过程同时解释"原始人"和"文明人"的心理学。如果人们不应该把群体心理学还原为个体心理学，那么也不应该把不同群体的心理学还原成单独的一个统一的、无区分的实体。如列维-布留尔所写："那么，我们必须事先否决任何将精神活动还原成单一类型的观点，无论是什么样的人，我们拒绝用单一的心理和精神机能去解释所有的集体表征。"（Lévy-Bruhl，1925/1926：28）这是给我们的一个明智的建议，用胡塞尔的话说，"从内部感受"心智如何被塑造，如何相应地影响社会，这不是普遍的社会，而是美拉尼西亚社会，或是印第安社会，又或是欧洲社会。我们可以详细说明这一点，但现在不是时机。同样，人们能够掌握这两种思考和表征模式之间的区别，只要他关注从中产生的社会心理学，特别是关于所谓原始文化的社会心理学，它是建立在三个主要观点基础之上的。

第一个观点是，这些文化中的非科学的表征渗透在一种情绪氛围中，这种氛围使人们对不可见的、超自然的——总之是"神秘"的——存在变得敏感。这些"神秘"的存在影响着人们所有的思考方式，暗示出被表征的事物之间最初的关联。它们也让个体无法穿透直觉经验。第二个观点是，记忆在这些文化中的作用比我们的文化中更重要。这意味着间接的、内在的知觉统领着直接的、外在的经验知觉世界。第三个观点是，创造这些表征并把它们用于实践的人并不像我们那样受到"避免矛盾"的限制（Lévy-Bruhl，1925/1926：78）。相反，他们很乐于遵循受互渗律（a law of participation）调节的逻辑，这让他们可以思考对我们来说是禁止的事情，即一个人或物可以同时既是他自身又是其他的人或物。

例如，动物可以渗透成一个人，否则就是个体吃掉他们的名字，这样他们就不会泄露它们，因为敌人能出其不意地发现它们并让名字的所有者听其摆布。进一步讲，一个男人可以和他的孩子互渗，这样如果他的孩子病了，这个男人就可以代替他的孩子吃药。我们也曾经用过这样的互渗律吗？人是他所吃的东西，即他自己吃的动物或植物的特性最终会影响他的特性，我们不这样认为吗？我们可以理解为什么列维-布留尔将原始人描述为"前逻辑"的，不是因为他们不合逻辑或不能像更文明的人那样思考，而是因为他们遵循另一种思维规律，它是由被称为神秘的集体表征的东西支配的。

你可能会和我一样，对关于这些表征的心理学和无意识心理学之间的相似性表示震惊，后者是由弗洛伊德在同一时期创建的。但是对列维－布留尔来说，这种心理学表达了一种可让我们选择的理性观点，而对弗洛伊德来说，他表现的是自身的不合理性。这种差异导致这个法国思想家常常被批评。为了具体地说明他如何感知这种差异，我们可以设想出两种虚构的文化。第一种是通过法律或选举将精神分析确立为它的公共表征，第二种是认知心理学。在第一种文化中，人们认为个体思考的根据是不可见的实体，如"俄狄浦斯情结""精力专注""超我"，他们能够自由地把观点联系在一起，而不用担心其中的矛盾。而同时，在第二种中，他们不会考虑可测量的信息之外的任何事，这些信息是有关事件或被感知到的行为的频率的，他们被迫服从不矛盾原则，或是任何控制计算机计算的其他原则。

现在，并不是说第一种文化中的个体不能做出重视非矛盾的思考，也不是说第二种文化中的人不能完成自由联想，仅仅是我们假想出的两种文化的集体表征不同，对其成员施加了一种或另一种原则。进一步说，认知文化中的居民会说精神分析文化中的居民是"前逻辑的"，而你可以确定，他们曾在别处这样说过（Moscovici,1993a）。但是如果他们认为这意味着不合逻辑，他们就错了，因为这只是一个不同的逻辑的问题。这一想象的例子让我们明白，是表征的内容和对应群体的实质确立了理性的标准，而不是相反的关联。用当代的术语说，理性的标准呈现为记录在特定文化的语言、制度和表征中的一种规范。

我们已经用了大量的笔墨描述"原始心智"和"文明的"或"科学的"心智之间的差异。事实上，在我看来，它指的是信念和知识之间的差异，这非常重要但我们对其了解得又非常之少，通过读路德维格·维特根斯坦晚期有关信念的作品也会产生这种想法。我认为如果如下的建议能被人们接受，那么大量的误解都将消除。当我们关注以下两者之间的差异时，我们关心的差异会拥有新的含义：

（a）由信念组成其核心的共同表征，这些信念通常更富于同质性、情感性强、深入经验或矛盾中，而留给个人变化的空间很小。

（b）以知识为基础的共同表征，这些知识更富于流动性、实际性强、遵从成功或失败的证据，给个人的语言、经验甚至是关键的能力都留有一定的自由空间。

让我们做一下总结，与第一种文化联系在一起的心理学的特点是不关心矛盾、内部现实和外部现实之间界限灵活、内容同质性。与第二种文化联系在一起的心理学的特点是回避矛盾，内部现实和外部现实之间存在差异、经验渗透性。但是，每一种文化都是根据自己的目标和历史把它们结合在一起的，给它们之间的关系赋予规则。无论这种提议的命运如何，我还是把它提出来，为的是概括和突出这个法国作者所提出的区分的心理意义。作为回报，我希望能揭示出它的影响，以及列维-布留尔的集体表征概念如何变为一种模式，被当代心理学所吸纳，即便只是简要地阐述。事实上，几乎整个个体心理学或文化发展都是它的产物。

皮亚杰、维果茨基和社会表征

在 19 世纪 20 年代，人们可能仍然是根据演化观点来思考，更准确地讲，是根据"原始表征"经修改和转换变为"文明表征"的演化观点。直到列维-布留尔时代，人们还认为这样的演化可依靠著名的"人类心理同一性"（psychic unity of mankind）追溯出来。但在他之后，人们开始认为这种演化可能包括一种不连续的转变，这种转变随着一种文化向另一种文化的过渡而发生。这个问题看似深奥，但我们还是需要回顾它，为的是能让我们准确地了解它所施加的两个重要影响，一个是对让·皮亚杰，另一个是对列夫·维果茨基。

即使不是列维-布留尔思想的信奉者，皮亚杰至少在自己的方法学和心理学上与其非常接近。可以毫不夸张地说，由那位法国思想家创立的原始表征心理学重复出现在这位瑞典心理学家的儿童表征心理学中，比如出现在儿童的泛灵论、理性实在论中，等等。换言之，一个人在"奇异"社会的公共表征中发现的东西，被另一个人以一种变换了的方式，在推测出的瑞典儿童的个人表征中重新发现了。但是，皮亚杰设想了一个连续的演化过程，从年幼儿童的这些"前逻辑"表征延伸至青少年更具有逻辑性和个体化的表征，这让他拉大了自己和列维-布留尔的距离，更加接近涂尔干和弗洛伊德。

我们所知道的是，维果茨基、亚历山大·鲁利亚和他们的学派致力于相同的理性根源。首先，他们自己的政治倾向和社会主义革命显然使他们不得不构想出一种心理学，承认社会和文化的合法地位，也就是一个具有深远意义的马克思主义心理学，它不满足于像东方和西方社会那样口头颂扬社会的重要性，后者堆积着大量的宣言和引文以表现其对个体心理学的不断追求。与他所在时代的很多俄国人一样，维果茨基相信马克思主义真理，相信一个新的、更好的社会即将来临并有必要确保它的成功。他和他的同事并不是超然地对待这些问题，他们是忠诚的思想家。

正是因为他们严肃地看待这些问题，他们才能继续深入地探讨它们。他们断定，除整体的结构外，几乎不可能在马克思主义中发现一个基本的概念或是对心理学有用的视角。它们不应该被这样责备，实际上，在其创立者和当代思想家眼中，革命马克思主义不是"一切事物的科学"。在创新和改革的这些年，通过对心理学的狂热分析，维果茨基和鲁利亚发现了一条途径，让他们可以将社会现象引入心理学中并在此基础上建立心理学。但重要的是，他们没有将历史和文化维度引入心理学。因此我一直都在说，人们可以猜出这是条集体表征的途径，这可以证实更高级的心理过程的根源是在人类的集体生活中。特别的是，通向这些表征概念的途径是列维-布留尔的心理学，它的价值已由皮亚杰和海因茨·沃纳开始进行证实。

为了证实这一主张，你应该不会反对我求助于苏联心理学界一位博学的专家，他写道：

> 考虑到马克思主义的整个社会取向，我们可以认为马克思主义理论给维果茨基提供了理论指导。但是，这种假设站不住脚，就像维果茨基在他的《危机》里说明的，马克思主义理论在 19 世纪 20 年代没能发展出任何心理学研究所需要的概念，这种研究是有关人类行为和认知的。人类认知是社会决定的，有关这一点唯一发展完善的理论是由涂尔干的法国社会学派提出的，并且在列维-布留尔、夏尔·布隆代尔和莫里斯·哈布瓦赫的相关工作中得到讨论。（Kozulin，1990：122）

即使这个作者过高估计了这些不同思想家之间的聚合，但是他精确地总结了这种联系建立的方式以及为什么他被这样的力量所影响。的确，人们在维果茨基大量的文章中可以发现这一点，这些文章与这种联系对应，并且，如果忽视了它们，背后的启示就会被误解。无论怎样，早在这些关键的岁月，集体表征的概念就开始影响他对精神生活及它的语言媒介和社会内容的看法。维果茨基对列维-布留尔的范畴的接触让他有了具体的感知，使其开始创建人类文化发展的理论。这一原发性的理论留有维果茨基的烙印，虽然就我个人而言，我不倾向于认为他比其他人做得更有科学价值。与皮亚杰的理论相反，这一理论还提出集体表征不连续的演化。

无论如何，一旦这种关联被确立，维果茨基和鲁利亚就是最先尝试真实的实验证据的人，之前没有人这样做过。如同鲁利亚回忆叙述的那样："列维-布留尔和他的人类学及社会批评家所依靠的资料，是在旅行中和外国人接触的那些探险家和传教士们所收集的轶事，事实上那是当时人们能用的唯一资料。"（Luria，1979：59）因此他们想到要设计一个在相对广泛的范围内进行的田野研究——在 19 世纪 30 年代初研究中亚的乌兹别克人的表征。"尽管我们本可以在边远的俄国乡村进行研究，但是我们还是选择中亚的乌兹别克斯坦和吉尔吉斯斯坦的部落及游牧者营地作为研究点，那里文化形式间的巨大差异最可能有利于我们发现基本形式和人们思维背景的转变。"（Luria，1979：60）

这一宏伟计划是试图在集体水平上在游牧民族中进行探索，探索皮亚杰在个体水平上在儿童中所探索的内容。他们想要了解发生在某一群体中的心理转换，这一群体信奉自己的宗教并以传统方式生活，但是它在社会和文化层面上经历了由革命引发的意义深远的转变。旧的生活结构瓦解了，等级消失了，学校开在了很多村子里，与此同时，各种各样的技术产品纷纷出现，扰乱了传统的经济。

在我看来，这个在很多年之后才发表的研究证实了列维-布留尔的推测，因此为维果茨基的文化和历史发展理论奠定了坚实的基础。但是，在更深的层面上，维果茨基和鲁利亚在面对集体表征的概念时，仍然比皮亚杰更忠实于个体心理学的标准，对这个法国思想家的心理学分析的创造性运用较少。相反的是，皮亚杰的发展概念与列维-布留尔相去甚远，尽管皮亚杰的心理学概念与其更接近，但是与维果茨基相反。就像相互竞争的兄弟，他们共享同样的科学背景但又完全彼此对立。我希望有一天比我有时间的认识论者能开始研究这一有趣的关系。

这里对我似乎重要的是，在维果茨基自身健康衰退、社会主义革命状况恶化的那些年，他受到了攻击，因为他的历史文化发展理论过多地依靠集体表征以及涂尔干和列维－布留尔涉及表征的著述，进而他的心理学也是如此。在最近的一篇文章里，俄国心理学家安德烈·布鲁什林斯基（1989）又一次回顾了这些对价值接近性的批评，并为一直做这样批评的谢尔盖·鲁宾斯坦辩护，因为他已相应成为它们的受害者。而更令人惊讶的事是沉默，虽然不是轻视，但那位伟大的俄国心理学家最好的专业学生就是这样对待他的工作的，就好像它只是一段轶事，而不是当代心理学历史中的关键点。这样，维果茨基的有关历史和文化发展甚至是语言的观点和研究在他脑海中形成的方式，就和女神雅典娜产生于宙斯脑中一样，是通过不可思议的起源诞生的。对米德或马克思的一些引用并不会让这一特异情形变得不那么令人惊奇，而是模糊了它的真实起源。我猜想这种对实在的历史关联的无视是因为更深层的一些东西，而不是对真相的单纯忽视。

那些确信心理现象不应当被还原为有机体或个体现象的人，那些对社会表示同情的人甚至也有这种无视，它的产生是因为人们不过是将社会与个体联系在一起看待，或最多把它当作一种主体间形式。因此它们不能清楚地看到马克思主义在心理学问题上的局限，也看不到在某种意义上，对涂尔干和列维－布留尔的开放是俄国思想家唯一的机会，让他们可以面对一个特别的历史情形，在这一情形中，他们充分意识到他们正在冒的风险和为此要付出的代价。这只是我们关注的表征的一部分。真正重要的是当它们成为一个精确的概念时，社会表征唤起了一个新的、非个体主义的关于"原始性"的心理学（Davy，1931）。相应地，它为皮亚杰的儿童心理学和维果茨基的有关更高层心理机能的心理学开辟了道路。这样人们就不能说没有一个特定的概念描述能为表征心理学提供恰当内容的社会。从根本上讲，这不应该是支配人类科学，特别是社会心理学的精神吗？或许为了更前进一步，不应该再继续不停地探讨长期被压抑的观点吗？由于显而易见的原因，我没有描述现代认识论中人们了解这一轨迹的发展过程。但是，在读路德维克·弗莱克的书（Fleck，1935/1979）的时候，你就会发现作者本人提到的这些轨迹。它们再一次地指向了列维－布留尔，即使不是排斥，也是意味深长的。特别地，集体表征的概念是通过弗莱克使用的一个集体的思维方式的定义表现的。我们知道弗莱克的书与托马斯·库恩的理论和他的科学认识论形成共鸣。

从集体表征到社会表征

这一部分讨论的主要话题是社会表征观点的生成和影响，它可以用于描述某些事物的特性，这些事被认为在思维过程或由群体/整个社会共享的一组信念中起决定性作用。它也可用于解释这些过程和这些信念显然已经历的转变或变形。如果我们转向当代，潜在的问题很明显是现代理性。如我们所知，它意味着传统保护的心理和社会生活形式应当被科学和技术形式所取代。我们的科学思想被提升为所有思想的规范，我们的逻辑被当作唯一可行的逻辑，不加考虑就给所有其他不同的思想和信念打上劣等的标记。现代思维的传播实际通过这种方式毫无例外地认为所有其他思维都是衰退的。当然，人们必须付出代价，最低限度，如果科学思维要把它的规则和活动强加给心灵，它就要注意其他的思维形式并确保它们消失。

这是我们的思维过程和信念被改变或转换的方向。因此，如果致力于文化和个体发展的工作都将主要精力用于一处，即努力以必要的方式阐明社会或个体达到某点的发展进程，那也没有什么可惊讶的。虽然如此，今天，我们重要的良知对这种演化不再那么确信。但不管怎样，所有思维形式和信念都可还原成一个统一体的假定仍高度坚守其立场，这一点处处可见：心理学、经济学或社会学以及公众谈话中都有它的身影。

所有这些可能让你感觉是对已广为人知的事的复述和描绘，因此没有多大的兴趣。然而，两个值得注意的结果改变了这种情形。

（1）第一个结果通过这样的事实表现出来，即没有科学的社会和科学的社会之间存在心照不宣的差异。相应地，集体表征只是在前者中被研究，就好像它们和后者没有关联一样，通过这样的方式，一些特性——首先就是在传统或"古怪的"社会形成的信念——被区分了出来，就好像它们是仅专属于那些社会的心理形式的问题。进而，在更深层次上，这些表征被当作"整体的"或"封闭的"社会模式，在这些社会中，社会关系的象征或实践成分被极好地整合在了一起。在这样的社会中，行为和认知的每个方面似乎都被某民族传统中的神秘和仪式内核所影响。这样，知识的大部分都是在生存活动中发挥作用，艺术和在日常生活的交易中被交换的每样东西都被搁置一边。这至少部分解释了为什么每种表征似乎都是整个和集体相一致的，为什么它们似乎同时具有统一和稳定的特性。

如果脑中带着这样的框架，看到将某种所谓的原始表征与科学做比较和对比，人们会感到震惊，不仅因为科学家们在这样做，或是因为它在现代社会中弥散开来，而是因为它被用哲学家著作中所描写的科学的逻辑来描述。例如，美拉尼西亚的造雨者被拿来和身份恰如爱因斯坦那样的人物做对比，前者的仪式和巫术信念被观察和记录下来。但是这种讨论会让我们过远地偏离主题。目前，我只是更想陈述我对下述观点的不赞同，即集体表征应该不是在我们自己的，而是在遥远的社会或在以前的时代才具有意义，它具有缺乏科学信念的缺陷。对此我有一个很好的理由。

（2）还原假设的第二个结果是拉里·劳丹（Laudan，1977）所谓的不合理性假定（arationality assumption）。它的含义是：对我们的理性研究所做的社会解释，只有在这些研究不能满足人们普遍认可的合理性标准时，才属于社会学范畴。甚至信奉马克思主义的卡尔·曼海姆，在他把数学、自然科学排除在知识社会学领域之外的时候也应用了这一假设。但这也可以应用于意识形态，因为它偏离这些标准，要么是因为被和宗教混在一起，要么是因为它是科学的伪造品。不管怎样，应当指出涂尔干和列维-布留尔都遵循这一假设，只是不明显。毋庸置疑，他们看到了认知的普遍特征——原因、时间、种类或数字——和在所有社会的共享特征中发现的一样。这并不妨碍他们做出这样的解释，即从宗教或巫术信仰到现代科学的过渡，是集体优越性到个体优越性过渡的结果，这样的个体对自身变得有意识并能"明确地对自己和群体加以区别，他感到自己是群体的成员"（Lévy-Bruhl，1925/1926：365）。

当我们在这些不同方面确立联系时，我们会更好地理解为什么在对集体表征异常感兴趣一段时间之后，紧接着有了一段倒退甚至是摒弃的时期。它们似乎仅仅是关于某些社会的解释概念，这些社会的信念、制度的物化、语言和道德是具有约束性的，是人类社会的中心，或者借用皮亚杰的术语说就是社会中心论的。如亨利·伯格森清楚看到的那样，它们不能因此合法地超越封闭或整体社会，如一个民族或部落。进而，用后来占主导地位的实证主义概念说，现代社会的科学和理性技术尽管源于宗教思想，但仍有客观、个体化的特点。

弗莱克恰好看到了关于一种客观属性的不连续性，或是一种矛盾，这种属性依赖于思维模式的同时也依赖于社会的特定情形。自从皮亚杰写了涉及涂尔干的文章以来，他不是唯一一个同时主张集体表征社会中心特征和科学的个人主义特征的人。

> 如果他能够主张这样两个不相容的立场，很明显是因为他不是对社会互动的不同类型进行分析，而是不断地回归到"整体论"的普遍说法。因此，为了证明理性的集体本质，他交替使用两类事实上非常不同的主张，但却在这个与社会整体论毫无差别的概念的掩护下，同时使用它们来限制个体。（Piaget，1965/1995：72）

这样，人们不能否认心理学家和社会学家有同样的理由让自己远离或最多是从历史角度去提及这样的概念，它似乎削弱了对传统或古怪的社会的评估，并以自己的实证主义根源为标记（Farr，1993）。但是，人们不想听任于这样的社会心理学。它既是个体主义的又失去了和其他人类科学的任何共同的构念，因此注定要分裂为大量没有任何联系和历史连续性的研究领域。或许这可以帮助我们理解，为什么当人们转向心理世界和行动的集体背景时，除了试图给这一思想脉络一个新的机会外就没有其他合适的选择了。毕竟，在观点或科学的历史上饱受争议的概念，往往会在新的背景中被证明是有用的，比如，19世纪的原子就是这样。

不管怎样，通过选择，无论它是怎样的动机，我认为，人们假设信念、意识形态、知识甚至科学的所有形式在某种程度上都是社会表征，这是合理的。[①] 无论是社会与个体的对立，还是从传统到现代的进化，在这点上，都不像社会表征这样重要，那时（Moscovici，1961/1976）是这样，今天就更是如此。

但是，根据这些形式在一个特定领域中如何安排自己的内容及描绘人、

---

① 我在集体表征部分提到社会表征，是为了断绝"集体的"这一术语从过去那里继承的联系，也想摆脱以经典的方式决定它实质的社会学和心理学的解释。

事、物来区分它们是正确的，在这个领域中，社会要么被看作一个一致的世界，要么被看作一个具体化的世界。社会表征完全是以这两个世界的划分为标记的，前者的特征是信任的关系，甚至是暗示；后者的特征是远离、权威、超然，甚至是德语所说的"从属性"（zugehörigkeit）及疏远（entfremdung）。它们也对应于社会中的个体建立的关系和对其中每个人来说特定的互动模式。不再重复我在其他地方说过的理由和描述（Moscovici，1984），我将只是回顾这种差异：一方面将流行的知识、思维方式和行动用于日常生活和常识中，另一方面是科学和意识形态。意识形态的存在是像保罗·利科描述的那样"简单、概略的。它是给出一种整体观点的网络或编码，不仅是群体的，也是历史的，最终是整个世界的"（Ricoeur，1981：226）。

人们或许会试图区分信念和知识的形式，依据是在等级中分配给它们的位置，具体化的形式极容易被认为在价值和权力方面比一致的形式更高级。其中没有什么可以证明把它们置于免于依赖社会的某处是有道理的。因此，还原假定，即通过科学排除信念和常识，以此作为个体和文化发展目的的假设应当被否定。从这一意义上讲，在社会感知中，作为人们理解世界、与之相联系的方式，科学和常识，即整体上的信念，不可还原为彼此。即使常识改变其内容和推理方式，它也不能被科学理论和逻辑所取代。它不断地描述个体之间的一般关系，解释他们的活动和正常行为，影响他们的日常生活事务。它抵制任何具体化的尝试，这种具体化是要将根植于语言中的概念和形象转化成规则和外在的程序（Farr，1993）。

我认为，我是最先主张常识不可还原为科学的人之一，这种主张在今天已经变成了一种哲学立场，标志着认知心理学的一个方面。但是，尽管杰里·弗都、丹尼尔·丹尼特和其他一些人举出的理由具有逻辑秩序，我仍坚持认为真正的原因是心理社会的。不管怎样，人们可以说拒绝整体理性化的迷思，意味着抛弃由很多人类科学（特别是心理学）共享的另一种观点，这里整体理性化是指某种同化，将所有社会表征同化为科学，将一致性世界同化为具体化世界。我的意思是，人们会看到一种思维的升级，它从知觉到理性，从具体到抽象，从"原始的"到"文明的"，从儿童到成人，等等，我们的知识和语言同时逐步发展，变得更加去背景化。相反，我们看到的则是思维的降级，即一种向相反方向的运动，同时我们的知识和语言循环往复，融入社会背景。如詹姆斯·麦克斯韦尔所说，这是完全正常的，因为某一世纪的抽象事物会变成另一个世纪的具体事物。这种改变和转换同时在这两个方向上不断发生，表征在自身当中交流，它们结合、分离，将一些新词汇和新实践引入日常生活和"无意识的"习惯中。事实上，科学表征每天都"无意识地"变成常识，与此同时，常识的表征转变为科学、自主的表征。第一种转换的例子是和生态学或艾滋病有关的生物观点和解释的传播（Herzlich, 1973; Marková & Wilkie, 1987），而第二种转换的例子则体现在人格理论、世界混沌论等理论中。

先不考虑社会表征升级和降级之间的这种区别，我们认为常识的流行知识总是提供任人支配的知识，科学和技术在其需要观点、形象、解释时，会毫不犹豫地从中借鉴。这样，如果常识始终是所有认知过程的基础也没有什么可令人惊讶的了，这些认知过程会从知识角度提出理论和经验问题。如果一个心理学家提到外向人格或原型，一个生物学家提出信息和选择，抑或一个经济学家根据市场和竞争进行推理，他们每一个人，在自己的专业中求助于从他们的传统中、从未曾脱离过的常识来源中得到的概念。我们认为，甚至命名和交流这些科学元素的方式也预示并保留着和常识的联系（Moscovici, 1961/1976; Herzilich, 1973; Fleck, 1935/1979; Flick, 1998）。

我们能不去评论这一现象对社会心理学的重要影响吗？这不正是关于集体表征的难题吗？集体表征通过由制度、道德和专门的语言系统化的信念与知识体系，在实践中被间接掌握。这在某种程度上，又一次将它们孤立于社会交换过程之外，切断了观察它们在真实生活中如何被表达的心理活动。在这种情形下，这些表征显得如此"封闭"、如此"整体化"和难以理解，以至于不能用于我们自己社会的观点都变得不足为奇。现在，我将要提及的要点曾引导我获得了清晰认识。常识、流行知识，英语称之为民间科学（folkscience）的东西为我们提供了了解社会表征的直接途径。确定地说，是社会表征把我们的能力和知觉、推断与理解结合起来，使其出现在我们脑海中，提供对事物的感知或是解释某人的处境。它们是那么"自然"、需要那样少的意志努力，以至于几乎不可能压抑它们。想象这样的情境，看运动比赛而对运动员在做什么没有一丁点儿想法，又或者看到两个人在街上彼此亲吻而对他们彼此相爱没有一丁点儿想法。这些解释是显而易见的，我们通常预期每个人都会同意发生在我们眼前的真相。

我们已经认识到要带着怀疑的态度去看待民间医学、民间生物学或民间经济学的表征。但是没有表征又怎么让他们理解为什么液体在容器中会增多？为什么糖会溶解？为什么植物需要灌溉？为什么政府提高税收？多亏了这些流行医学，我们避免了旅途中的碰撞；又多亏了这种流行生物学，我们种植了花园；而这种流行的经济学帮我们寻找到少缴税的方法。民间科学如此普及、令人难以抗拒，以至于它们看似是"天生的"。我们一直在使用这样的知识和窍门。我们相互交流它们，通过研究或经验更新它们以自信地解释行为，在意识不到它们的情况下，我们谈论这个世界，开拓我们及我们孩子的未来，这都是这些表征的功能。

民间心理学的价值是什么？这是我不打算在这里考虑的哲学问题。但是，和哲学家丹尼尔·丹尼特对它的评论一样，任何想在高速公路上冒险的人都需要判断这一科学的可信性。常识、流行科学的广阔领域让我们掌握了生物体内的社会表征，了解了它们是如何形成、沟通并在日常生活中投入使用的。为了做对比，我们可以说这些领域为探索这些表征的实质提供了原型材料，就如同梦给想要理解无意识的人提供了典范一样。社会表征因此失去了集体表征的推测的、抽象的特点，在某种程度上，变成一种具体的、可观察的现象。尽管有大量的批评（Fraser & Gaskell，1990），社会心理学仍比以往任何时候都更应该是社会表征的科学，并且可以给它们一个统一的主题。我过去确信这一点，现在仍然如此。

无论如何，人们可以了解为什么常识和流行知识为我们提供了探索的专门领域。

（1）我们称为前科学的常识，和所有被社会作为整体而共享的科学一样，和我们的语言交织在一起，共同组成了我们的关系和技能。它是有关人格、疾病、情感或自然现象的那些或多或少彼此关联的描述与解释的结构化的集合，即使人们没有意识到它，但它是每个人都有的，人们用它来组织他们的经验，参与谈话或和其他人做生意。它是和口头语言（Umgangssprache）联系在一起的日常思维（Umgangsdenken），没有它，无法想象日常生活会怎样。甚至小孩子也能像弗洛伊德儿童性理论中展示的那样，在一定年龄轻松地掌握流行知识，那时他们对人类活动具有的有限经验让他们能演绎出这样的知识（Jodelet，1989）。

人们禁不住会因下面的对比而震惊：一方面，我们熟悉大量的流行科学，我们理解它们，使用它们，通过谈话、读报纸或看电视轻松地更新它们；另一方面，我们仅仅掌握科学或技术知识的一小部分，我们将它们用于我们的职业、生活和我们整个生活的实践。简言之，如艾弗拉姆·乔姆斯基所写，"语法和常识实际上是每个人无需努力地、迅速地以统一的方式习得的，仅仅通过生活在社会中，在最小限度的互动、暴露和关注的情形中就可以实现。不需要外在的教育或训练，而当后者发生时，它对最后达到的状态仅有微小的影响"（Chomsky，1975：144）。个体差异是很有限的，在一个既定的社会中，每个人都通过习得而拥有了大量的、丰富的知识储备，和其他人的相当。"柏格森常识"是"社会认识"的说法是正确的。

（2）科学和意识形态表征是根据正式逻辑的要求，在定义完善甚至是精确的基本术语基础上构建出来的。与之相反，常识表征不管怎样都是"杂交体"，也就是说不同根源的观点、语言表述和解释被聚集、结合、调整在一起，多少有些像单独的一个混合科学中的几种科学，像一种法国土语中的几种方言。在日常生活中共享一种常识的人们并不"思考"它，不会把它作为"物体"放在眼前，或是把它放在远处"观察"，而自己不卷入其中，以此来分析它的内容。为了理解它，人们必须做刚好相反的事，他们不得不钻研不同的内容，参与具体的实践，努力让别人理解。他们的知识因此杂交，他们完全不同的词汇有一种语义潜能，不会因任何特定的使用而枯竭，但是必须不断在背景的帮助下被推敲和判定。

对我们来说，很清楚的一点是这些主张引发了两个结果，它们在任何情况下都无法一致。常识不仅仅是由科学或宗教信念组成。它还把它们转换成熟悉的形象，就好像表征抽象事物的可能性主导着过程。进一步说，不同起源的社会表征凝结为常识，以这样的一种方式，一些表征可以根据需要替代另外一些。如果我们回到之前提到的艾滋病的例子，它的表征是这样确立的：有关性自由的宗教表征和有关疾病原因的医学表征，或是与有关中央情报局制造病毒消灭特定人群的政治表征混合在一起。这给人一种认知和社会拼凑物的印象，但这是错误的印象，正如我们的习惯用语以词汇的多义价值为基础，某种法国土语和任何其他语言都同样严密，流行表征也因此有它们自己的一致性和严密性。我认为米切尔·比利希的著作（Billig，1987）详细阐述了这些方面，并且澄清了我认为我已经观察到的和对我来说一直只是推测的一些事。

（3）常识一直被认为主要是理解的一种原始阶段，它包括大量的知识，这些知识千年不变，源于我们对人和事的直接知觉，因此它异常成功地符合我们日常生活的目标。大概是在我指出社会心理学变得对常识感兴趣的时候，心理学家弗里茨·海德（Heider，1958）开始主张，由于人类之间的关系是他们的"本土心理学"（native psychology）的功能，我们最好研究这种给我们的经验赋予意义的本土心理学的根源。现在，如你所知，人们已经开始这样做了，从个体对另一个人的知觉开始，不考虑他们的信念、语言或这种语言所含的意义。很奇怪，人们把海德看作这一概念的支持者，因为他的分析开始于文学和哲学文本，而不是实验室的实验。不管怎样，这一主导性的概念是非文化、非历史的。这与我的假设相矛盾。同时，如果把它考虑为一种社会表征形式，人们就不仅承认它有文化特质，还有历史特性。在我在该领域的第一个研究中（Moscovici，1961/1976），我试图展现民间科学不总是一样的，对每个人也是不同的。它在个体所面对的社会结构或问题变化的同时也在被改变。此外，科学中的革命领域的观点，比如弗洛伊德或马克思的观点，或是用自己的方式扫除一切的艺术运动，它们被相当多的人同化，持久地影响着他们的思考方式和说话方式，以及理解自己、理解世界的方式。人们可以崇拜它们而不受责罚，因此，它们被所有人使用，并被加入语言结构、流行科学的范畴和推理中，这些流行科学受一些人的影响，是他们发现了精神分析、物理学等。它们逐渐被沟通，最后人人都把它们当作独立的，它们成了"现实"的一部分。

可以说，我们看到社会表征在我们眼前、在媒体中、在公共场所通过沟通过程形成，这一过程总是伴随着某些变化的发生。不管这种变化是否会影响到感觉、概念、印象或是信念的强度和联系，在社会内部，变化总是在表征中体现出来（De Rosa，1987）。任何忽视这一事实的人永远都无法构建思想和行动的心理学理论。法国人类学家丹·斯珀伯（Sperber，1990）已经构建了一个有趣的表征的沟通理论。他把它们看作通过个体表征的流行传播过程产生的。考虑到这种传播的规则界限和组织特征，这种推测很难获得认可。在不同的场合，我都已经能感受到我们这种学科的优势了，我们选择常识作为研究领域，对每一个都进行认真的比较。这就假定我们把这样的常识看作我们一致性世界的核心，并识别出它内部的历史、文化和修辞特征，如果没有它，这样的知识会被还原为无力的特质，还原为没有意义的图式和刻板印象。我认为强调流行科学、常识和社会表征之间的联系很重要（Flick，1998），因为它可以合理地解释为什么我重新回到这个概念的传统，以及它在我们社会中获得重要性的方式。因为表征是连续的创造，因为我们在原初状态对比它们并直接掌握它们，这样我们就能为它们提供一种理论，也就是说，不仅是阐述这些表征的一个概念，还要把它们作为社会现象加以描述或解释。

表征、沟通与现实的共享

我必须指出我最初的意图不是要把源于涂尔干和列维-布留尔的概念引入社会心理学，也不是去尝试把它区分出来以使其适应时代思潮。相反，它是一个科学的转换问题，发生在它的传播和前科学"常识"的诞生过程中，因此是我们社会心理学的问题，这把我引向了这一概念。更清楚地讲，如果发展心理学关注的是儿童生活从"无意识"的表征到科学和理性的表征的转换，那么我认为社会心理学必须面对相反的过程，即研究科学表征如何被转化成日常表征。和我的前辈们一样，我发现唯一能用社会现实讲清楚信念和知识的就是他们的思想。至于其他方面，他们则必须用自己的方法寻求进步，因为这些法国思想家的问题和我们的不一样，不是同样适用于未来的。关于另一点，我们要补充说一下那个鲜为人知的事实。自第二次世界大战以来，和之前一样，人们再也不可能把社会构建在工作或信念的基础上了，而是在沟通或知识产品的基础上，事实也的确如此（Moscovici，1982）。但这的确是社会心理学家最容易忘记的一方面，因为他们把自己的兴趣限定在了人际关系上。

不管怎样，社会表征理论的激励作用是明显的。通过把沟通和表征作为它的核心，该理论希望阐明一种联系——可以将人类心理学和当代的社会与文化问题结合起来。在这一点上，我们可以问问自己，当共享的表征不再通过宗教、神话等被间接地理解的时候，它们是什么？它们的功能又是什么？作为回答，我提出，形成这些表征的原因是让我们自己对不熟悉的事物熟悉起来的这个愿望。每种对现有规则的违背，通过科学或技术产生的某种奇特现象或观点，扰乱事物那看似正常稳定的过程的不寻常事件，所有这些让我们着迷的同时又令我们惊恐。每一种对熟悉的偏离，每一种与日常经验的分裂，每一件无法清楚解释的事都创造了一个补充的意义，刺激人们去探求有关那些让人感到陌生和困扰的事情的意义和解释。

那么，这不是在我们的观念和为混乱现象而引入的秩序的实体之间寻求一致，或是简单地说，不是寻求一个引发建立社会表征的动机的复杂世界，而是试图在陌生和熟悉之间建立桥梁。这里的陌生意味着在群体内，缺乏对一个阻断了交换、置换了语言参照的世界的沟通。人们感到它不再适合作为共同生活的发源地，不再适用于我们和他人的关系。为了掌握一种陌生的观点或知觉，人们首先把他锚定在现有的社会表征中，在锚定期间开始修改它（Moscovici，1988a）。这一观察得到弗雷德里克·巴特利特的证实，他写道："如之前指出的那样，无论资料在什么时候被真实地呈现，它都是一些共同客体的代表，但也包含某些对于材料所引入的社会来说不熟悉的特征，这些特征总是会遭受向熟悉方向的转变。"（Bartlett，1932）在这一过程发生时熟悉不会改变，还会在重新发现它时找到一种社会和情感的满足，有时是用有效的方式，有时是用虚假的方式。

我将进一步推进我们对这些表征的形成的解释，我们需要澄清一些困难。在陌生事物中寻找熟悉性意味着这些表征趋向于保守主义，趋向于对它们的重要内容的证实。这是它们的社会中心主义和它们的认知、语言活动的社会形态学特征造成的一个纯粹而简单的结果。这意味着它和群体没有表征出的事实有一定的距离。但是，是否像有些人说的那样，这是非科学、非理性的表征特有的问题？观察已经告诉我们，尽管是以不同的方式，但科学的表征也是集中于科学界及以科学作为其组成部分的社会。我还可以进一步说，常规的科学范式在面对异常时，同样表现出保守主义的趋势，直到它们无法抵抗（Kuhn，1962）。因此，我得出结论，所有的表征都是社会中心的，在对陌生事物的熟悉过程中，社会被以更含蓄的方式表现出来（Mugny & Carugati，1985/1989）。

我曾在其他地方更详细地探讨了这些。这里，我只想说明，如果我们为了让自己对陌生事物熟悉起来而形成表征，那么我们也会为了减少无法沟通的事物的边缘性而形成它们。可通过如下途径确认出这种边缘化，即观念的模糊、意义的流动、关于他人的形象和信念的难以理解，简言之就是美国哲学家查尔斯·桑德斯·皮尔士所说的"含混"（vague）。表征的流通导致关系出现问题，让个体和群体变得疏远，这些表征仍然在相同的公共领域共存。人们已经证实，如果这种不确定的边缘性持续存在并变得重要起来，那么共同存在是不可能的。在这种情形下，群体成员冒险维持熟悉的谈话中的陌生事物，就好像它们属于其他的群体。

因此，我主张社会表征的首要目的是让群体中的沟通相对地不存在问题，通过成员一定程度的一致来减少"含混"。就这一点来说，表征不能通过对某些外在的信念或知识的学习而被习得，也不能通过某些特定的思考而得以确立。相反，它们是通过相互的影响，通过人们谈话时内在的协商形成的，在这种谈话过程中，人们都朝向特定的象征模型、形象和共享的价值观。这样，人们习得了共同的理解和解释、规则和程序，可以把它们用于日常生活中，就好像语言表达对每个人来说都是容易获得的（Moscovici，1984）。

人们常常问我，我用表征共享或共享表征表达的是什么意思。给予它这种特性并不是因为它是自主的或是共同的，而是因为它的各个要素是通过交流被影响、被联系起来的。交流所施加的限制、它的互动和影响的规则，决定了相应产生的知识和语言的特殊结构。简单地说，我们可以说任何单独的个体都不能独自表达思想、口头和形象信息交流的结果（Freyd，1983）。正是交流决定了这些认知和语言结构所具有的形式，因为它们必须被其他人共享才能沟通。因此我说的共享表征是指：我们的思维和语言形式，与沟通交流的形式及它所施加的限制相一致。之前我已经提到有三种公共沟通的形式，影响相应的三种思维和公共语言的形式（Moscovici，1961/1976）。

我认为，共享的概念表达了社会或公共表征适用于个体或私人表征的过程。这似乎比涂尔干和列维-布留尔引入的约束的观点更恰当，他们用那个观点描述集体表征影响个体精神生活的过程。但是，对这些思想家来说，与表征的形成有关的是现实，而不是与他人的交流，他们判定为次要的事情对我们来说却是至关重要的。

社会表征的定义

既然这一点如此突出，我们就要问自己是什么定义了社会表征？如果它意义深远，它必定与特定形象、信念和象征行为的某种循环与理解模式相对应。这样设想，表征似乎类似于理论，它们围绕一个主题（心理疾病是传染的，人是他所吃的东西，等等）制定一系列的命题，让事或人可以被分类，他们的特性可以被描述，他们的感情和行动可以被解释，等等。进一步说，这种"理论"包括一系列的例子，具体说明了那些形成等级和它们相应的行动模式的价值。这里我们又像在别处一样，反复强调这些说法，它们都快成陈词滥调了，我们这样做为的是让人记起这种"理论"，根据它的起源把它识别出来并把它和其他事区分开来（Duveen & Lloyd, 1990; Palmonari, 1980）。

例如，医生们的诊所到处都是这样的人：他们谈论自己的胆固醇水平、饮食、血压，解释他们的疾病是先天或后天的，等等，并提到某些医学理论。又或者，记者致力于写关于计算机病毒或种族病毒的文章，并提到遗传模型。最困难的是根除这样的错误观点，即我们从常识中得出的推论或解释是陈旧的、概括的、刻板印象化的。当然，也不可否认有大量僵化的"理论"。但是，和人们的暗示相反，这与它们的集体本质或它们被大多数人共享的这一事实无关。确切地说，它源于群体的灵活性和社会内部对知识和信念的沟通速度。

事实上，从动态的观点看，社会表征似乎是一种观念的"网络"，或多或少松散地连接在一起，因此比理论更灵活易变。我们似乎不能去除这样的印象，即观点、隐喻和形象根据核心部分的必要性而彼此相关联，我们有一本关于它们的"百科全书"，那些核心信念独立地储存在我们的集体记忆中，在它们周围形成了这些网络（Abric, 1988; Flament, 1989; Emler & Dickinson, 1985）。我认为活动着的社会表征更类似于金钱而不是语言。和金钱一样，当它们有用的时候，它们存在、流通，以不同形式出现在记忆、知觉和艺术作品中，然而不管怎样，它们总是被看作等同的，就像 100 法郎可表现为一张钞票、一张旅行者的支票，或者是银行账目上的一个数字。如休谟评价的那样，它们不同的价值根据接近的关系而变化。如果我在去德国的旅途中碰到一位同事，我把他描述为一个同胞，会对自己说："哦，一个法国人。"如果我在东京街头偶遇他，我会产生他是一个欧洲人的印象。举个有点儿离奇的例子，如果我们在火星上遇见彼此，我将会认为"他是人类"。

另外，和金钱一样，作为心理事实，表征是社会性的，这体现在三个方面：在属于每一个人的意义上，它们具有非个人的方面；它们是他物的表征，属于其他人或另一个群体；并且，它们是一种私人的表征，在情感上被感知为属于自我。进一步说，我们不应当忘记表征和金钱一样，是带着行动和评价的双重目的形成的。这样，它们就不会只属于一个单独的知识领域，因此，它们遵从和其他行动与社会评价一样的规则。和专家相反，普通人不会单独把自己看作一个公民或去教堂的某个人等。因此，社会规则同时是有逻辑意义的推断的规则。对马克斯·韦伯的新教徒来说，"诚实是最好的策略"不仅仅是一个宗教格言，它也是他们在推理、对人做判断等时应用的一种规则。相反，某些逻辑规则也起到社会规则的作用。例如，不和自己相矛盾、计算概率以及很多其他事。这就是为什么心理内容比认知形式命令性更强。简言之，我们可以说人们想的内容决定了他们如何去想。

让我们更进一步，把一切考虑在内。随着我们社会中的沟通加速，媒介（视觉的、书面的、听觉的）的规模在社会范围内日益扩大。我们可以观察到两件值得注意的事。一方面，社会表征之间的差异是模糊的，它们在图像方面和概念方面的界限被抹去了。差异和界限的消失越来越多地把它们变为表征的表征，让它们变得越来越象征化。这就损害了它们各自的直接关联。通过这样的方式，了解如何将表征与现实联系起来的问题就不再是一个哲学问题，而是心理社会的问题。另一方面，我们用来"选择"给人赋予某种品质、给物体赋予某种特性的范畴和意义渐渐被改变着。例如，我们描述某种食物，可以"选择"依据它的味道或蛋白质价值，根据我们所属的文化或是我们想要它具有的用途。想要求所有这些特性被缩减成一个单个的"真实的"属性是不可能的事。这是假定对这个食物来说，有个一劳永逸的、现成的、既定的现实，它独立于我们共享的表征施加到我们身上。

就像我对精神分析进行探讨时，对我们的理论进行的第一次概述中主张的那样（Moscovici，1961/1976），再也不适合把表征看成对世界的复制和反映了，不仅因为这种实证主义的概念是大量难题的根源，还因为表征也引出了这个世界缺少的东西，它们形成了世界而不是它们模拟了它。当人们面对"我们的世界是由什么物质构成的？"这一问题时，在回答之前，我们一定会相应地问："在什么表征中？"这就是说，共享的表征和它们的语言如此深入地渗透到所有我们称为现实的东西的间隙中，因此我们可以说它们组成了现实。它们由此组成了身份、自我（Markus & Nurius，1986；Oyserman & Markus，1998），以及市场、个人或群体的特征，等等（Mugny & Carugati，

1985/1989）。无可争议，它们在社会上有创造或建构的作用，不久之前这一点还令人惊讶，不过现在已经获得了普遍的认可。我认为比利希（Billig，1987）、乔纳森·波特和伊恩·力顿（Potter & Litton，1985）关于话语的绝大多数研究与社会表征理论并不矛盾。相反，它们补充了该理论，深化了它的语言方面。这样，问语言或表征哪个是更好的模型就像在问："人在哪条腿的帮助下走路？左腿还是右腿？"这不具有多少心理学意义。但是为了了解这一贡献有多真实和深远，为了接受它，人们首先就需要心理学自身更加强烈的一致性。由此，在等待这种一致的过程中，我毫不犹豫地把我所了解到的有关修辞和语言陈述，当作与社会表征有非常紧密关联的事情。

结　论

作为结束，有关社会表征的这种观点有一个值得详细阐述的结果，但我在这里不过是用几句话概括。我们每一个人都毫不怀疑地接受这样的观点，被表征的内容和意义在相同的社会、相同的文化中变化，它们的语言表达方式也是如此。但是我们不得不假定，这些意义和内容上的差异应当根据思维和理解方式的差异来判断，简言之，根据不同的理性原则来判断。就像我们看到的一样，一致性世界和具体化世界的规范，以及确立这些表征时所处的沟通的背景是形成这些差异的原因。它们之间的对比在社会中被标记和强化，这是通过区分出每种理性形式而实现的。

如果不是这样，那我们就必须在每个社会、每种文化中考虑这一点，至少有两种类型的理性，相当于表征和交流的两种极端形式的思维方式。不可能把它们还原成一个高级理性，在这一情形中，这种高级理性可能是超越社会的，或是在任何情形中，它都是标准化的，这将不能引导一个不变的循环。作为必要的修正，人们必须假定个体共享同样的能力，可以拥有很多的思维和表征方式。这里就存在我之前称为认知多样化的东西，它在精神生活中的固有性就像一词多义在语言生活中的一样。进一步讲，让我们不要忘记，它对沟通和适应变化的社会需要来说具有非常大的实践重要性。

引出某个理论的历史本身就是这一理论的一部分。社会表征理论就是建立在这样的背景中（Doise & Palmonari，1990），建立在促进并深化它的大量研究基础上。这些恰好可以让我们通过回顾更好地欣赏先驱者们的选择和他们工作的意义。这至少是我在写历史表征（Historische Darstellung）时体会到的经验，我希望这能对大家有用。弗兰克·克默德写道：一篇伟大的叙述文是那些带有奇迹的丑闻的结合体。我的表征开始于丑闻。如果它包括某些奇迹，应该就体现在社会表征理论的长久和有效中吧。

参考文献

Abric，J.-C.，1988，*Coopération，Compétition et Représentations Sociales*，Cousset：Del Val.

Ansart，P.，1988，Le Concept de Représentation en Sociologie，In L. Marbeau & F. Audigier（eds），*Seconde Rencontre Internationale sur la Didactique de l'histoire et de la géographie*. Paris：I. N. R. P.

Bartlett，F. C.，1932，*Remembering—A Study in Experimental and Social Psychology*. Cambridge：Cambridge University Press.

Billig，M.，1987，*Arguing and Thinking：A Rhetorical Approach to Social Psychology*. Cambridge：Cambridge University Press.

Chomsky，N，1975，*Reflections on Language. New York*：Pantheon.

Cornford，F. M.，1912，*From Religion to Philosophy*. London：E. Arnold.

Davy，G.，1931，*Sociologues d'hier te d'aujourd'hui*. Paris：Alcan.

De Rosa，A. M.，1987，*The Social Representations of Mental Illness in Children & Adults*，In W. Doise & S. Moscovici（eds），*Current Issues in European Social Psychology*，vol. 2. Cambridge：Cambridge University Press，pp. 47–138.

Doise，W. & Palmonari，A.（eds），1990，*L'étude des RepréSentations Sociales*，Paris：Delachaux et Niestle.

Durkheim，E.，1895/1982，*The Rules of Sociological Method*，trans. W. D. Halls. London：Macmillan.

Durkheim，E.，1912/1995，*The Elementary Forms of the Religious Life*，trans. Karen Fields. New York：Free Press.

Duveen，G. & Lloyd，B.（eds），1990，*Social Representations and Development of Knowledge*，Cambridge：Cambridge University Press.

Emler，N. & Dickinson，J.，1985，Children's Representations of Economic Inequalities，*British Journal of Developmental Psychology*，No. 3，pp. 191–8.

Evans-Pritchard，E. E.，1965，*Theories of Primitive Religion*，Oxford：Oxford University Press.

Farr，R. M.，1993，Common Sense，Science and Social Representations，*Public Understanding of Science*，No. 2，pp. 189–204.

Flament，C.，1965，Réseaux de Communications et Structures de Groupe，Paris：Dunod.，

1989, Structure et Dynamique des RepréSentations Sociales. In D. Jodelet (ed.), *Les Représentations Sociales*. Paris: Presses Universitaires de France, 204-19.

Fleck, L. , 1935/1979, The Problem of Epistemology, In R. S. Cohen & T. Schnelle (eds), *Cognition and Fact: Materials on Ludwick Fleck*, Dordrecht: Reidel, pp. 79-112.

Flick, U. , 1998, Everyday Knowledge in Social Psychology, In U. Flick (ed.), *The Psychology of the Social*, Cambridge: Cambridge University Press, pp. 41-59.

Fraser, C. & Gaskell, G. (eds), 1990, *The Social Psychology Study of Wide-Spread Beliefs*. Oxford: Clarendon Press.

Freyd, J. J. , 1983, Shareability: The Social Sychology of Epistemology, Cognitive Science, No. 7, pp. 191-210.

Gellner, E. , 1992, *Reason and Culture: The Historical Role of Rationality and Rationalism*, Oxford and Cambridge, MA: Blackwell.

Giddens, A. , 1985, *Durkheim*, London: Fontana Press.

Heider, F. , 1958, *The Psychology of Interpersonal Relations*, New York: Wiley.

Herzilich, C. , 1973, *Health and Illness: A Social Psychological Analysis*, London: Academic Press.

Hocart, A. M. , 1987, *Imagination and Proof*, Tucson: University of Arizona Press.

Jahoda, G . , 1982, *Psychology and Anthropology*, London: Academic Press.

Jodelet, D . , 1989/1991, *Madness and Social Representations*, tran. Tim Pownall, ed. , Gerard Duveen, Hemel Hempstead: Harvester Wheatsheaf.

Jodelet, D. , 1991a, Soziale Repräsentationen Psychischer Krankheit in Einem Ländlichen Milieu in Frankreich: Entstehung, Struktur, Funktionen, In U. Flick (ed.), *Alltags-wissen über Gesundheit und Krankheit-Subjektive Theorien und soziale Repräsentationen*. Heidelberg: Asanger, 269-92.

Kolakowski, L. , 1978, *La Pologne: une société en dissidence*, Paris: Maspero.

Kozulin, A. , 1990, *Vygotzky's Psychology*, Hemel Hempstead: Harvester Wheatsheaf.

Kuhn, T. , 1962, *The Structure of Scientific Revolutions*, Chicago: University of Chicago Press.

Laudan, L. , 1977, *Progress and Its Problems*, Berkeley: University of California Press.

Lévy-Bruhl, L. , 1925/1926, *How Natives Think*, trans. Lillian Clare, London: George Allen & Unwin.

Luria, A. R. , 1979, *The Making of Mind*, ed. Michael and Sheila Cole, Cambridge, MA: Harvard University Press.

Marková, I. & Wilkie, P. , 1987, Representations, Concepts and Social Change: The Phenomenon of Aids, *Journal for the Theory of Social Behavior*, No. 17, pp. 389-401.

Markus, H. & Nurius, P. , 1986, Possible Selves, *American Psychologist*, No. 41, pp. 954-69.

Moscovici, S. , 1961/1976, *La Psychanalyse, Son Image et Son Public*, Paris: Presses

Universitaires de France.

Moscovici, S. , 1982, The Coming Era of Social Representations, In J. P. Codol & J. P. Leyens (eds), *Cognitive Approaches to Social Behavior*, The Hague: Nijhoff, 115–50.

Moscovici, S. , 1984, The Phenomena of Social Representations, In R. M. Farr & S. Moscovici (eds), *Social Representations*, Cambridge: Cambridge University Press, pp. 3–69.

Moscovici, S. , 1985, The Age of Crowd: Ahistoncal Treatise on Mass Psychology, Cambridge: Cambridge University Press.

Moscovici, S. , 1988, Notes Towards a Description of Social Representations, *EuropeanJournal of Social Psychology*, No. 18, pp. 211–50.

Moscovici, S. , 1993a, The Return of the Unconscious, *Social Research*, No. 60, pp. 39–93.

Mugny, G . & Carugati, F. , 1985/1989, *Social Representations of Intelligence*, Cam-bridge: Cambridge University Press.

Oyserman, D. & Markus, H. , 1998, Self as Social Representation, In U. Flick (ed.), *The Psychology of the Social*, CamBridge: Cambridge University Press, pp. 107–25.

Palmonari, A. , 1980, *Le Representazioni Sociali*, Giornale Italiano di Psicologia, 2, 225–46.

Piaget, J. , 1965/1995, *Sociological Studies*, *ed. Leslie Smith*, London: Routledge.

Potter, J. & Litton, I. , 1985, Some Problems Underlying the Theory of Social Representations, *British Journal of Social Psychology*, No. 24, pp. 81–90.

Ricoeur, P. , 1981, *Hermeneutics and Human Sciences*, Cambridge: Cambridge University Press.

Wyer, R. S. , Jr. & Srull, T. K. , 1984, *Handbook of Social Cognition*, Hillsdale, NJ: Erlbaum.

Sperber, D. , 1990, The Epidemiology of Beliefs, In C. Fraser and G . Gaskell (eds), *The Social Psychological Study of Widespread Beliefs*, Oxford and New York: Oxford University Press, pp. 25–44.

Stich, S. , 1990, *The Fragmentation of Reason: Preface to a Pragmatic Theory of Cognitive*, *Evaluation*, Cambridge, MA: MIT Press.

Weber, M. , 1968, *Economy and Society*, New York: Bedminster Press.

心理在一个被建构的世界中的地位[*]

肯尼斯·J. 格根^{**}

如今，关于社会建构的对话跨越了科学、人文以及专业学派等的探究范围。建构主义一直致力于理解被我们看作客观知识的事物的产生、转变和压制，探索那些通过它们、意义得以达成并令人信服的文学和修辞手法；阐明那些被认为不值得注意或理所当然的事物所充满的意识形态和评价；证明世界建构对权力分配的隐含之义；获得一种对关系过程的领会，真和善的意识即在这一过程中达成；理解各种理解方式的历史根源和变迁；探寻跨越文化的人类可理解性的范围和易变性；等等（Gergen，1994；1999）。不过，虽然心理学家们发挥着广泛的生成性作用（generative function），但他们一直都格外抗拒加入建构论者的对话。在关于心理功能与功能障碍的一般讨论中，社会建构论是一个罕见的话题。

从这一理智分水岭来看，心理科学的总体孤立有很多原因。当然，其中最重要的原因之一便是很多人所认为的，心理学和建构论之间的一种根本对立。在传统心理学中，心理过程不仅是探究的主要话题，而且充当着解释人类行动的关键支撑点。与此相反，对于建构主义理论家来说，试图理解的主要位置（locus）不是在"心理"之中，而是在关系过程中。所有被心理学

* Translated from Kenneth J. Gergen, *Social Construction in Context*, London：Sage，2001，pp. 25-43.（本文由郭慧玲译，赵旭东校）

** 肯尼斯·J. 格根（Kenneth J. Gergen，1935~），社会建构论的主要奠基者和倡导者之一。美国斯沃斯摩尔学院教授、陶斯研究院院长。1973 年发表了革命性的文章《作为历史的社会心理学》，引起广泛争议，却为一种社会建构论的知识观的发展铺平了道路。其最著名的作品包括《走向社会知识的转型》（1982）、《饱和的自我》（1991）、《实在与关系》（1994）、《社会建构论引论》（1999）、《关系的责任》（1999）和《语境中的社会建构》（2001）等。

追溯到心理起源的东西，建构论者可能希望通过微观社会过程来予以解释。如果心理学被证明是完全正确的，那么将不存在解释性的剩余部分，不存在社会建构论是其必要助手的大量人类行动。反过来似乎也同样有道理：建构论的证实预示着心理学的终结。

然而，这一令人悲哀的结局并非不可避免。它主要得到一种实在论纯粹哲学和一种语言符合观点的支持，这二者维持了一种科学观，在其中存在一种单一、可认知的实在，并且各种理论为解释和预测的优势而相互竞争。正是这种科学观，在心理学中促生了一种两败俱伤的敌对的循环形态：行为主义消灭着唯心主义（mentalism），而认知主义又压抑着行为主义的声音。不过，正如前文中所阐明的，建构论学者典型地既不会对一种实在论纯粹哲学感兴趣，也不会对一种语言符合论感兴趣。对于建构论者而言，几乎不存在对"真"（the real）的基础性宣称的正当理由；我们当作本质性的东西都是社会交换的结果。理论不能凭借它们与称为"真"的其他事物的相符被证明不成立，而只能在特定意义领域的常规中得到证明。因此，建构论者并没有建立任何排除任一理论构想的超验理由。从这一立场来看，根除一种理论视角将不仅相当于失去一种人类可理解性方式（与相关社会实践一起），而且压抑了一种意义制造共同体的声音。在一种建构主义纯粹哲学中，事实上不可能找到这种压抑的理由，而确实很多人会认为，在建构论中暗含着一种强烈的多元论伦理（例如，见 Sampson，1993）。

考虑到一种建构主义元理论，那么我们该如何看待心理学研究中的专业投入呢？还有心理健康实践、公共政策咨询和基于心理过程本体论的其他实践？如果不是根除，心智的本体论将在一种人类行动的建构主义取向中扮演什么角色呢？或者反之，在心理学中社会建构论处于什么地位？正是在这里，建构论者对语用学（pragmatics of language usage）的关注变得至关重要。对建构论者来说，语言对情况是什么样子（what is the case）的描述既非一种图像也非一种地图，而是从其在人类交流时的使用中获得意义（这些使用也可以包括一种"描述实在的游戏"）（Wittgenstein，1953）。从这一观点来看，任何对于世界的科学或学术解释的分析都将首先（尽管不是排他地）关注这些语言被使用的目的。它们在何种关系类型中发挥着重要作用？对于那些直接或间接参与在这些关系中的人使用特定语言形式的后果是什么？并不能给出任何评价这些估计的权威性标准的名单，因为各种共同体将分享不同的关注点，而且这些关注点本身也可能会随时间和环境而改变。此外，这些问题被提出和回答的方式本身必须被看作一种共同体的副产品，它们既非嵌在"真实"之中，其回答也与"真实"不相关，只是反映了当时共同体的投入和习惯。这绝不是怀疑这些探究——一个人只能在特定传统之中提出关于真和善的问题，而绝不能做更多——而是将学术和科学话语向全部相关共同体开放（也常见 Feyerabend，1978），但不赋予任意共同体一种终极的"评价依据"——凭借这种依据其他声音可能会被压抑。

在这种语境下，在这一章我希望考虑贯穿了建构主义元理论的心理学探究的三种主要取向。第一种取向强调去自然化与民主化（denaturalization and democratization），这种取向既是在建构主义领域中得到最充分发展的，同时也是对现存心理学成就批评得最为彻底的。然而，它对于心理学的积极潜力还没有得到充分探讨。第二种取向是复兴与充实（revitalization and enrichment），这在它对心理学探究的方向上更有建设性。尽管它是发展最不成熟的，但将其详细阐述似乎对这一学科的未来非常关键。第三种取向是我想探索建构论者的努力，以从心理论断的概论中消除某些有疑问的特征，并以更加有前途的方式重构这种话语。尤其是，我们将忙于尝试把心理重新描绘为社会文化的。这种社会重构的（social reconstructive）努力在最近几年戏剧性地增长，但其内在张力和更广泛的分歧迄今为止还没有被提出。通过这里的分析，我们可以收获以下三个方面：一是对心理学和建构主义努力之间关系的更为多样化的理解，二是对研究心理学的传统和建构主义方法之间的密切关系和相互依赖的领会，三是对意义制造中所有冒险活动的增强的谦卑感。

去自然化与民主化

大多数心理学家不能参与到关于社会知识建构的更广泛的对话之中，除霸权的威胁之外还有很多原因。迄今为止，很多建构主义学术成就的批评性立场就是这些原因之一——一种似乎以消解心理科学的权威性为目标的倾向。此外，由于在心理学经验主义流派之内有限的论证形式，除极其个别的情况外（比较 Held，1996），其追随者一直不知如何回应这些抨击。对方法论和统计学的洞察和对"已确立的事实"的依赖——传统经验主义者辩论中受偏爱的举动——都不能算作对建构论者各式批评的合理答复。但是，批判建构论并不是"完全一致的"，不同争论的好坏无法预料。为了体会这些批评性努力的力量，以及它们的潜力和不足，对它们进行区分非常重要。尽管它们是汇聚性的，却建立在三条截然不同的推理线索之上：揭露意识形态面具、修辞学解构和社会分析。

首先，就揭露意识形态面具而言，建构主义批评者指向心理学描述和解释人类行动的方式的社会结果。因为在专业解释的文化中广为传播，带有科学权威的色彩，它们也会贯穿人的行动并指导社会政策。用米歇尔·福柯（Foucault，1980）的话说，知识宣称和文化权力之间有着密切的关系。考虑到不同专业会产生多元和差异的对人解释的能力，描述和解释的选择也因此是道德和政治后果的问题。在这种语境下，专业心理学变成批评的首要对象，这些批评被这种专业的对价值中立似乎是虚伪的宣称进一步加剧。因而，建构主义学者便着手以多种方式论证现存心理学解释（及其支撑的实践），这有助于扩大政府控制（Rose，1990）、摧毁民主根基（Deese，1984）、引起自我陶醉（Wallach & Wallach，1983）、支持个体主义意识形态（Fowers & Richardson，1996；Sampson，1977）、侵蚀共同体（Bellah et al.，1985；Sampson，1977）、维持父权制秩序（Gergen，1988；Hare-Mustin & Marecek，1988；Morawski，1994）、促成西方殖民主义（Gergen，Culerce，Lock，& Misra，1996）等。

其次，这种批评方式与文学和修辞学解构形成鲜明对照。它代表着在大陆符号学（continental semiotics）、后结构主义文学理论和修辞学研究中进展的一种聚合点，在这里，据讨论，所有关于人的合理主张都是嵌在更广阔的意义系统之中的。在很大程度上，任何主张的可理解性都来源于其在系统中的位置，这与其对非语言事件的指涉性关系形成对照（例如：我建构关于"爱"的性质的可理解语句的能力，主要依赖于一种文本历史，与对"现象本身"的观察形成对照）。修辞学家通过证实为实现社会后果对这种话语进行构造的方式，用心理学可理解性的文本驱动特征重点增进了这种关注。我们在此主张，对精神生活的描述和解释非常依赖于修辞学者与特定受众达成的可理解性（"说服"）的能力（对一个儿童解释或表达"爱"，与对以为浪漫的伴侣、一位牧师或一个新几内亚的部落成员的解释或表达相对照，需要彻底不同的词语选择）。对于修辞学家来说，可理解性常常可以追溯到各种各样的修辞学比喻，如叙事和隐喻。例如，对人类发展的记述不顾"数据"，总不能逃脱对"适当讲故事"的需要。

在这种语境下，专业心理学的问题并不在于其话语承诺本身，而在于其对这些承诺的客观性基础的宣称。据推断：宣称真理的一个作用是压抑与之相抵触的声音；客观性话语与政治极权主义紧密相连。因此，建构主义批评者的作用便是揭露那些文学和修辞学策略，关于精神世界的主张的感受力（sensibility）（客观性、可理解性和得当）正是这些策略被应用的结果。这种揭露的一个早期例子是由简·斯梅斯隆德（Smedslund，1978）提供的，他试图证明心理学中大多数实验假设是无法证伪的，因为证伪将会在语言上不合逻辑。与此相似，我曾认为，所有把心理论断与外部世界（刺激或反应）联系起来的命题都是循环论证的，它们的可理解性取决于内含的同义反复（Gergen，1987；也参见 Wallach & Wallach，1994）。更广泛地说，学者们都以各种方式表明，关于心智的理论不是来自观察（归纳地），而是源于占优势的隐喻（比如见 Gigerenzer，1996；Soyland，1994）和叙事或讲故事的习惯（Gergen & Gergen，1986；Sarbin，1986）。建构论者以不同方式探索了以下几个方面：认知功能障碍（"无理性"）"事实"是如何通过修辞学比喻被创造出来，《美国心理学会出版手册》（APA Publication Manual）如何维持关于人类行动的含蓄假定（Bazerman，1988），以及这些手册如何限制了沟通和关系形式——包括在专业之内和处于专业与整个文化之间的（Budge & Katz，1995）。

再次，建构论批评的第三个逻辑，即社会分析逻辑，受到知识社会学和科学史中重大发展的推进。在这里，学者们一直特别关注社会过程塑造专业的假定——关于专业的研究对象、方法论以及最终其关于世界本质的结论的假定——的方式（比如见 Kuhn，1962；Latour & Woolgar，1979）。对于心理学来说重要的争辩便是：正是通过社会协商，研究者才得以确定要研究在其中发生的基础性假定（存在论、认识论）。一旦这些基础性假定（范式）得到一致意见，那么所有证据的诠释将必然充当支撑。因此，范式并非依照事实得到"检验"，而是它们决定了什么将被算作事实。被赋予这些发展的特征之后，批评分析者指向科学心理学对精确和客观的心智看法的那些无根据和极权主义的宣称。对真理生产中固有的社会过程的揭露，也有助于突破存在甚久的这一学科中的边界。由于通过专业化方法获得真理的传统承诺，这一学科强烈地倾向于变得孤立和自私，不参与更广泛的对话交战——包括在学术之内和在更普遍的社会中。因此，社会批评充当着一种更广泛社会交流的催化剂。

心理学中的社会批评从常人方法学对真实性的社会协商——例如，自杀（Garfinkel，1967）和性别（Kessler & McKenna，1978）的真实性——的探讨和越轨行为的标签理论（Spector & Kitsuse，1977）中获得早期的支持。自此，研究者们继续探索了心智的社会建构，包括认知过程（Coulter，1979）、愤怒（Averill，1982）、情感（Harre，1986）、精神分裂症（Sarbin & Mancuso，1980）、儿童发展（Bradley，1989）、性欲（Tiefer，1992）、神经性厌食和贪食症（Hepworth，1999）、抑郁症（Wiener & Marcus，1994）等。

这条探索脉络也一直得到关于心理过程的信条之历史和文化语境的研究的加强。就历史工作而言，学者们一直以不同方式关注人们建构臭和香的气味（Corbin，1986）、心理发展（Kirschner，1996）、多重人格紊乱（Hacking，1995）、厌烦（Spacks，1995）及心理学研究中"人类被试"（the human subject）（Danziger，1997）等的社会起源（参见 Graumann & Gergen，1996）。文化人类学者也探索了各种心智概念的文化嵌入性（Bruner，1990；Heelas & Lock，1981；Lutz，1988）。事实上，通过把关于心智的理所当然的看法追溯到局部环境，对一种"普遍的研究对象"的传统假定就受到威胁。

从一开始，这三条脉络的批评性学术研究（常常一起使用）就对传统经验主义心理学造成了难以克服的威胁。随着专业真理宣称的经验基础被削弱，传统研究的理论基础与专业对更普遍的文化中权威的宣称一起被削弱了。此外，这些批评者自身也造成了一种心理学研究即将被消除的感觉。由伊恩·帕克（Ian Parker）及其同事编辑作品的书名，例如《解构社会心理学》（Parker & Shotter，1990）和《解构精神病理学》（Parker et. al.，1995），就很贴切。然而，如此令人悲哀的结论是没有根据的。正如前面提出的，建构主义前提绝不会存在必须排除任一话语形式的主张。虽然建构主义批评可能时常看起来是虚无主义，但绝不存在任何为其自身寻找根据或合法化自身的途径。它们也沦为自己批评方式的受害者，它们的解释不可避免地充满伦理与意识形态含义、在书写惯例中构造、为修辞优势目的而谋划，并且，它们的"批评目标"是在一个特定的共同体内，并为该共同体而建构。它们的批评目标与研究的传统目标一样都是建构的，它们的道德宣称也没有建立在先验基础上。

不止于此。即使通过建构主义标准，一种经验主义研究的基本原理也可以产生。建构主义元理论的中心论点之一就是语言不具有模拟特性，即语言不能作为关于一个独立世界的一幅图像或地图发挥作用。有人提出语言发挥着述行（performatively）和构成（constitutively）作用，它被不同共同体中的对话者们用于达成他们的关系——包括对真和善的地方性构成。正如我已经在别处表明的（Gergen，1994a），这样一种观点不会消除经验主义科学，它只是移除自己宣称超越共同体的真理的特权。例如，建构主义绝不会要求终止医学研究。建构论者只会指出，其本体论范畴与对"患病"和"痊愈"的确认一起，绝不应被视为先验正确的，而应被视为因历史和文化而不同、在意识形态上投入的目标的副产品。同样，心理学者可以适当地在经验主义研究中应用心理过程概念，而事实上这种研究可以被用来增加在该文化其他部分中的预测过程（如投票模式、陪审员个人偏好或对自杀率等的预测）。建构论者宣称的主要是，在这些努力中的语言使用上追加"真的"附加物是完全没有根据的。

正如我们发现的，建构论者的批评声音不应被视为清除性的。而是，这些脉络的批评学起着去自然化与民主化的有益作用。在它们使"研究目标"（objects of research）去自然化中，与方法论、研究报告、统计数据和导致实践的去自然化一起，批评性探究首先引致了一种适当的谦虚态度。它起着控制专横断言的作用，这些断言对普遍性、超越文化与历史的真理和不带有诠释的事实并不加以约束，这引起了在更普遍文化中的广泛怀疑态度，被来自更为广泛范围的那些没有使用这些前提的人所轻蔑。与此同时，这些批评不断地引导心理学家，使其避免成为单一解释的盲从者，并拓宽了适用于专业和文化的诠释可能性范围。所有那些"事实很显然"（clearly the case）的情况，也可能正好相反。我们稍后将再回到这个议题上来。

除了这些批评方式的去自然化优势，它们也赞成一种多元论政治（pluralist politics），包括在专业之内的和有关专业与其众多读者关系的政治。在专业内，它们引入对截然不同的学派间致命冲突的悬置和对一种领域中对话基础的扩展。建构论者将反对一种学科"主流"，因为这样的一种状态将意味着理智的压缩和僵化。例如，人道主义者、现象学家、女权主义者和精神导向者（the spiritually oriented）将与行为主义者和认知主义者共同分享原因和结论。其他文化将不再被首先当作竭尽人们狭隘心智模式的地方，而应被当作选择性和可理解性的丰富知识库。建构论批评也促使专业能够向更普遍文化中的多样化声音开放。心理学一直在很大程度上对关于其实践的伦理和意识形态的疑虑充耳不闻，在这些地方批评性学术研究欢迎这种探询进入专业的讨论场所中。这种声音的多元化特别重要，因为经验主义心理学的假设没有提供任何自我检查的方法，只有通过其自身的前提来检查。最后，去自然化和民主化的努力引致一种专业和其众多读者间的对话关系，这些交流形式不应只用于使专业研究更加可理解，而且还应用于增强专业研究对公共利益的适用性。事实上，当建构论批评的威胁性修辞被移除之后，我们发现它能极大地提升我们理性商议和社会参与的能力。

复兴与充实

正如前文所提出的，建构主义元理论中绝不存在必然对心理学中的经验主义研究产生不利影响的成分。由于同样的原因，建构论本身并不禁止任何术语进入关于精神生活的词典当中。在这种意义上，抱怨其贬低和毁灭自身（Harre & Krausz，1996；Osbeck，1993），或能动性和独特性（Fisher，1995），或使社会高于物质（Michael，1996）的倾向的建构主义批评家们误解了一种基础本体论的元理论取向。建构主义元理论既不否认也不承认任何心理"实体"或"过程"的存在。建构论的问题不在于心智是否"真实的"存在，它回避了基础本体论问题，而支持关于共同体中诠释的语用学的问题。同样，心理学传统的认知、情感、动机和精神失范等话语对建构主义元理论也不是对抗性的。对于建构论者来说，这些话语只是在一个逐渐形成的专业共同体中建构人的形式，这些形式可能与文化中言语和行动的一般模式存在一种紧密而又相互依存的关系（例如参见Cushman，1995）。

对于专业心理学家来说，心理话语具有很高的沟通效用。事实上，如果没有这种共享话语，将不存在任何可被理解地称作"一种专业"的东西。然而，考虑到这种话语和实践传统的重要性，建构主义元理论的确引发了一系列挑衅性的思考：什么形式的心理学话语会受到偏爱，以及出于何种目的？这些语言对谁是有用的，以及对何种计划有用？当前投入是否首先使专业共同体成员受益，以及用什么方式帮助或伤害这些称谓的接受者？专业话语是特定文化所特有的，在这种意义上，何种政策、制度或个体行动是受到支持的？什么形式的文化生活成为不可见的或被消除的？鉴于这些话语对社会转型的有益潜力，又会引发什么样新的或复兴的话语形式？

　　正是在这种对话领域中，我们确认了受到建构主义立场支持的心理学探究的第二种主要取向。虽然仔细考虑当前研究的效用是必要的，但建构论也允许研究者悬置理所当然的专业本体论。朝向共识（"统一的心理学"）的动力得到调节，学者被引向探索正在出现的可理解性的暧昧部分，即可能的但还没被意识到的结合形式。在这里我说的不是一种"心理呓语"的缺乏远见的堆积，而是对特定文化目的（道德的/政治的）很关键的心理学话语的谨慎而关怀的发展。如果心理学语言被人们用来进行文化生活，那么新的语言形式将引致选择性的未来。替代性的心理功能概念可能会支持对很多人来说更有希望的生活方式，而不是当前这种显而易见和毋庸置疑的方式。既然这样，学者就放弃了描述"是什么情况"（what is the case）的有问题的角色，而开始构建一些语言，这些语言更倾向于考虑"可能成为什么"（what may become）。不带感情的观察让步于我视为一种诗学行动主义（poetic activism）的事物。

　　但是，尽管建构论消除了现存的本体论，可关于意义的运动几乎不能在任何共同体传统之外进行。在任何文化的文本历史之外创造的一种话语，不仅不能沟通，也不存在与之相关的实践。任何文化工作都将无法实现。正是在这一方面，很多在孤立的学术领域中产生的话语，在其他地方却被怀疑为"纯粹胡言乱语"。事实上，建构新的意义必须从现存传统中提取养分，而又不复制它们。在这里，这样看待话语充实的潜力是有益的，即首先要动用母文化中的传统（历史考古学），其次也要动用口语书写（alterior）传统（文化释义）。

　　就历史学表征而言，话语充实的挑战鼓励我们维持被主流话语压抑的心理学传统。例如，人道主义传统在很大程度上一直在专业主要文本中被忽视。然而，尽管关于个体意图的人道主义话语在某些方面存在问题，但其最终却成为对备受珍视的文化制度（如民主、伦理）的一种威胁。与此相似，随着行为主义早期的兴起，现象学理论几乎被消除，但放弃主观经验语言却从文化中将珍惜人类生活的重要原因移除了。这些语言在当代理论和文化对话——一方面是人道主义者（例如参见 Rychlak，1988），另一方面是现象学的（例如参见 Polkinghorne，1988）——方面的复兴似乎是一项具有高度价值的事业。类似地，尝试复兴诠释学传统代表着一种极其重要的资源补充（比较 Addison & Pacher，1989；Martin & Sugarman，1999；Messer, Sass, & Woolfolk，1988），诠释学传统曾经对于精神科学（Geisteswissenschaft）这个心理学概念是本质性的。诠释学考虑在反对经验研究传统中非常普遍的去人格化模式中发挥着极其有价值的作用。

同样，我发现，根据我们的传统以一种扩展"评价性话语"范围的方式进行的研究中，还有许多值得相信。心理学专业一直都如此着迷于工具主义思潮及其对问题解决的强调，以至于其主要提供给文化的一直是一种不足的话语（Gergen，1994a，chapter 6）。例如，那些大量而不断扩展的精神疾病术语，都充当着把社会认同置于危险之中的途径。当话语被付诸实施时，它会损害、分割和疏远他者。于是，极其需要的是这样的话语：它们把人们引向更有价值的存在模式、建构自我和他人的方式，以增加幸福感和人类福利。在这类重要贡献中，我认为，重建女性心理学的早期尝试是一种更为赋权性的工作（Belenky et al.，1986；Gilligan，1982），罗伯特·利夫顿（Lifton，1993）的"易变自我"的概念是一种适应力之源，米哈伊·克西曾米哈里（Csikszentmihalyi，1990）对"流动的"经验和新兴旨趣的建构是智慧的（Sternberg，1990）。一些新近的尝试应该受到很大的欢迎，它们试图建立一种积极心理学以弥补至今主宰此领域的不足倾向。（尤其参见 the January，2000 issue of *The American Psychologist*）不管其"实在论"偏好，在所有情况下，理论家们都在维持和充实着赋予人们特殊天赋、潜力和力量的语言。

在积极取向清单中的其他研究更具有建构主义元理论的特征。在这里，学者们似乎不太倾向"描述现存状况"，而更可能选择扩展建构自我的可能性。例如，詹姆斯·艾夫里尔和埃尔默·努雷（Averill & Nunley，1992）赞同过一种"在情感上具有创造性的"生活，即一种超越常规情感表达和理解的方式。贾比尔·古布里姆等（Gubrium，Holstein，& Buckholdt，1994）在其作品《建构生命历程》中，抛弃了发展过程后生说的传统观点，探索协同建构个体未来的可能性。这种朝向建构的创造性使用的同种倾向现在已经遍及治疗学理论和实践的大部分领域（例如参见，Anderson，1997；McNamee & Gergen，1992；Weingarten，1991；White & Epston，1990）。

这些只是以下研究方式的一些实例，即学者们能够从现存文化对话中澄清关于人的本体论，澄清比学术的形式主义往往更"可行动"的可理解性，以及那些明确地带有文化转型含义的研究。这种诗学行动主义的可能性几乎一直没有得到探索。例如，灵性传统（spiritual traditions）在文化中极其重要，但总体上却一直被从心理学家词汇表中消除。对历史的再使用必须也通过使该领域对替代性文化概念开放而得到补充。我们慢慢会意识到关于心智的印度作品（Paranjpe，1998）、亚洲社会心理学（Sugiman et al.，1999）、儒家的自我概念（Tu Wei-ming，1985）、混血民族的人身和心理健康概念（Ramirez，1983）的潜力。这种异花授粉过程还只是处于刚开始的状态，更多的仍待鼓励。

正如我正在提出的，建构论强调心理学可理解性的复兴、创造和挪用，在此学科中补充了文化的话语资源。那么，这一尝试将以可能支持积极社会转型的方式充实心理学。然而，在当前情形下也需要反思片刻。我们需要特别关注三个问题。首先，这个提议可能带点不真诚的味道。如果建构论废除了关于人的命题的所有基础或终极理由，批评者可能会改进，于是将不会尾随"描述和解释"的尝试——正如在上文所谈的——而立足于虚无（"只有词语"），或更糟糕，只起传播方式的作用？为什么心理学家应该从事这种努力呢？还有，心理学家对于"流""易变的可能性""智慧"以及类似的看法和牧师对上帝或灵性生活的描述之间存在什么区别呢？作为答复，建构论学者几乎没理由主张这些以任何基本依据为基础的可理解性。对人的解释将不会因为它们"是真实的"而得到赞成，而是因为它们为行动提供了重要的选择。在谈到心理学过程时，理论家不需要丧失信心，或为不诚实而内疚，正如在棒球比赛中被判"界外球"，或在儿童共同体中宣布他/她是调皮鬼一样。信心和本真感产生于公共参与，与建立在"真正的"、"真实的"或"普遍伦理的"基础之上相对照。在这种意义上，心理学理论与唯心论或物理学的真实性差不多。文化的可理解性在很多种土壤中发芽。然而，精神解释的传统是其中丰富而重要的一种，在许多方面对西方主要制度都很关键。对其进一步详细阐述的深思熟虑的、创造性和共同关注的重要性几乎无法高估。

其次，关于当前讨论所意味着的实用主义形式，尤其是指对实用主义的工具主义解释。正如我已经表明的，建构论鼓励学者思考心理学理论的社会效用，并产生支持与其他相对照的某些文化或世界未来的概念。同时，这一观点似乎将把理论家推入伟大战略家的角色，用他/她的术语拙劣地修补着世界。这样的结论是令人遗憾的。从这个意义上讲，在与实用主义传统结盟的同时，实用主义的工具主义概念与建构论的志趣并不相投。工具主义观点在很大程度上是个体主义，尤其是这样一种假设的自然结果，即认为个体是理性和自主的决策者，以实现个人目的为目标。然而，建构论不仅没有把人作为一个自主行动者客观化（objectify），而且当其概念含义延伸时，建构论赞同一种人类行动观点，与传统观点相去甚远。尽管我们将简洁地处理这一观点，但这一语境下重点是体会对实用主义的建构论和工具主义概念之间的差异。建构论特别强调嵌在交换的扩展形式中的有意义的行动。因此，有意义的行动承载着一种之前事物和之后事物之间的相依关系，就此而言，有意义的行动总是相应而生的。凭借惯例，一个人的行动以此方式维持和/或抑制着过去之事，同时创造着一种现在，而这种现在是带有未来结果的。而这些"结果"究竟是什么，是对不断的协商开放的，这种协商本身在这种关系的意义上发挥着实用的功能（也见 Botschner，1995）。

最后，批评者在这些提议中找到一种"转型主义偏见"（transformationist bias），即反对公认的、传统的和确证无疑的观点，不断维护新的、扩展性的和革命性的见解。这无疑是上文中最重要的潜文本（sub-text）。然而，这种偏见必须依照当前语境的背景从理智和文化上来看。西方心理学在很大程度上是文化现代主义的产物（Gergen，1991），文化现代主义已经获得广泛优势（现在其前提成为大多数文化中主要制度的合理依据），在这种程度上，那么，这种心理学仅仅贡献于现状，对文化却毫无建树。其作用就像一场宏大合唱中的一个小精灵的声音。建构论本身并不与传统相对立。事实上，传统对所有意义的建构都必不可少。然而，如果人们希望参与到一种对扩展文化资源发挥着重要作用的专业中，在这种程度上，建构论的论断可以提供强有力的支持。事实上，在当前时代，通过对为时甚久的可理解性的复制比通过催化性的概念化所得到的似乎要少得多。

心智的社会重构

"心理"研究的第三种取向是由建构论学者的作品提出的，前面的论述对这种取向只充当着重要的铺垫。正如我们所看到的，重要的批评一直指向传统心理学，因其隐含的对个体主义意识形态和制度的支持。正如以各种方式得到的推论那样，将人类行动追溯至心理起源维持了一种对于人的看法，把人看作根本上孤立的、自我满足和自立的。从传统立场来看，人类关系是独立自主的功能个体的人为副产品；社会对个人是次生的，并且是由个人派生的。当这些概念在文化生活中被放出时，批评者们认为，它们会使疏远（我们每个人都单独地处于自己的经验中）、自私自利或自恋以及一种所有人反对所有人的冲突（每个个体为其自己）自然化。然而，伴随着这一批评的是上文提出的第二种逻辑，即从建构论立场来看，学术的一个主要目标应当是文化资源的充实。尤其是，通过发展新的本体论，在文化中替代性的和可能的更有前途的行动途径可能得到敞开。当混合这些论点时，它们会促使人们投入用个体主义术语之外的语言对个体的再概念化之中。

有很多种形式可以被这种再概念化所采用——其中有生态学、社会结构和社会进化等方式。然而，由建构主义元理论专门引入的是个体的社会重构。也就是说，在构成建构主义运动的许多对话中，社会被赋予高于个体的地位。例如，受到重要关注的有语言、对话、协商、社会语用学、会话定位（conversational positioning）、仪式、文化实践和权力分配等。正如前面提出的，建构主义理论家们很少被迫在他们对世界或人的科学/学术解释中再例证一种建构主义元理论。在这方面元理论没有进行任何的发号施令。然而，由于建构主义元理论暗示了一种对人类行动的个人化概念的替代，因此我们有充分的理由探索其在发展关于人的更为社会化或关系性解释上的潜力。事实上，对心理学世界的第三种建构主义取向是将其重构为一个社会领域。

当然，把个体概念化为社会行动者的尝试一直是理智图景上的固定组成部分（见 Burkitt 1991 年的评论）。当前的建构主义尝试必须被视为对这一传统的拓展。同时，当前理论家们之间存在重大的分歧，这些分歧主要在关于他们与核心建构主义原则的关系上。对于分析目标来说，考虑一种概念化的连续统是很有助益的，在连续统上各种概念化形式依照其与传统个体主义的协调性（及其与经验主义的紧密结合）的不同而排列，与隐含在建构主义作品中的关系首要性相对照。让我们首先考虑更为保守的一端。以一种对现存传统的由衷尊重为特征，我们发现对社会自我的概念化：①特别强调特定的心理状态或过程；②假设其研究对象的实在（超越文化建构）；③依赖或试图建立进一步研究的基础；④把分析语言当作与自然相符的，并把科学家／学者的相应角色当作文化的信息提供者；⑤把科学／学术努力视作在政治／意识形态上是中立的。为了对比和评价，让我们首先考虑强调这种传统倾向的社会再概念化。

作为文化载体的个体

心理学中围绕"先天论-环境论"的二元对立的大多数争论在 20 世纪循环往复，这种二元对立为在自我的社会重构上最重要的尝试之一提供了萌芽语境。人们会受到文化环境的影响，这实际上充当着心理学理论的一个不言而喻的道理。在行为主义的霸权期间这种情况最为明显，但即使是先天论倾向的认知主义者也未能——以免他们在唯我论的浅滩上搁浅——抛弃这种概念的停泊地。然而，对个体的社会重构现在扩展了这一传统的方式，形成了与行为主义和认知主义构想的引人注目的分裂。对于行为主义者和认知主义者来说，盛行着一种很强的假设，认为个体天生具有某种心理结构或过程。对于行为主义者而言，环境可以激活或影响内在状态；对于认知主义者而言，环境条件为认知占用提供了原始资源。在这两种情况下，心理基本原理本身都并没有得到生产、削减或转化。而恰恰是这一变动构成了一系列最近在社会重构上的尝试的特征。正如以各种方式得到推论的，并非自足的个体先于文化，而是文化建立了心理功能（psychological functioning）的基本特征。

这组尝试不仅受益于环境保护论者的传统，而且在大多数情况下与心理学过去的理论构成重要联结。例如，杰罗姆·布鲁纳的影响深远的作品从维果茨基、巴特利特、米德和许多其他重要心理学人物的理论中都汲取了养料，由此提出"正是文化而非生物学塑造了人类生活和人类心智，并通过将其潜在意图状态放置在一个解释系统中而赋予行动以意义"（Bruner，1990：34）。相反，詹姆斯·吉尔从无数语言学和认知贡献中勉强得到支持，从而主张"个体通过形成'民间理论'来解释经验，这种理论与心智的非语言学单元一起，导致人们以某种方式谈话和行动"（Gee，1992：104）。相关"社会化"自我的尝试从乔治·凯利（Neimeyer & Neimeyer，1985）、马克·弗里曼（Freeman，1993）和客体关系理论（Mitchell，1993）中汲取了重要的养分。

为了举例说明，让我们思考拉姆·哈尔和格兰特·吉列特把个体作为文化载体的全面解释。尽管明确地否定二元论、假设－演绎程序和实验室试验，然而该书迅速地转向对心理状态和状况的本质的讨论中。我们了解到，"概念"是"思考的基础，并且由词语表达出来"。此外，"我们必须学会把心智看作一系列宽泛的结构化影响的交汇点"（Harre & Gillett，1994：21，22）。作者然后继续描述思维过程，"认知系统可以处理错综复杂、变化莫测的真实世界经验"，个体是他/她的行动、经验和感知的一个行动者。这些各种各样过程的实现从未遭到质疑，它们在处理"世界真正就是那样……而不只是人们可能希望它成为那样"（Harre & Gillett，1994：79，49）的世界中的作用也从未被怀疑。此外，整整一章（"话语与大脑"）都致力于把这些心理过程和神经网络联系起来。关于大脑功能的讨论发挥了将分析嵌入"已确立知识"（established knowledge）中的附加作用，也就是说，为它提供基础。该书公然宣称的努力是为了建立一种"第二次认知革命"的基础。这些分析试图阐明人类功能（human functioning）的真理，这是一个从未接受反思检查的猜想。自始至终，作者都把他们自己的话语定位为承载着真理，而读者则被要求说明为无知的受众。该书也未被视为是在意识形态上有所投入的。它的首要目标在于告知读者人类行动的本质，并"使话语心理学的主要原则和一些研究成果更易于获得"（Harre & Gillett，1994：viii）。

这些不同的把心理过程概念化为社会过程衍生物的尝试，代表着朝向重新描绘关于人的心理学概念迈出的重要一步。并且，虽然许多建构论者觉得这一解释取向依然过于保守，但其与先前传统的那些共鸣可以充当最重要的修辞学财富。这些观点是革新性的，但又没有激进的破坏性；它们将现存的可理解性和技巧引入对话中，而不是削弱它们；它们是合作性的而非责难性的。那么，我们有理由找寻把个体作为文化载体的隐喻的替代品吗？许多人会提出肯定的主张。由于它们的这种密切联系，这些取向就有被完全吸收进现存传统的风险。它们也轻易地成为经验主义评价的候选者，这种评价隐含地强化着一种最终必然避开这些概念的二元论纯粹哲学。这种纯粹哲学假设存在这样的科学家，他能够宣称超越文化的真理、超越"民间心理学"的理解并非史实性的普遍性。如果这些把心智作为文化载体的理论成为真理的候选者，那么最终，它们必然是伪造的。

这并不是推动可理解性的界限使之超过把人视为文化载体的观点的唯一理由。在概念层面上，这些观点对一些疑难问题并未做出回答。我认为，文化理解如何能够被个体获得，这个最重要的问题在理论上仍然难以处理。正如我已经表明的（Gergen，1994a，chapter 5），这个问题在原则上是无法解决的。如果心理过程反映社会过程，那么社会过程的获得必然在不受益于心理过程的情况下进行。如果需要心理过程来理解社会过程，那么心理过程必然先于社会过程，对个体的社会观点就崩溃了。此外，许多建构论者都发现这些解释并没有充分的反身性，不仅由于他们权威宣称中产生的等级制度，而且由于他们对自己工作中伦理和政治意涵缺乏感受性。因此，对人的解释的替代性修正应运而生。

文化渗透的个体

第二个规模小一些的理论组群与这一领域传统假设的联系不那么明显。在这种情况下，关注焦点从被文化贯穿的心理过程解释，转移到个体功能无法从中游离的社会过程。在这种解释中，自我-他者（个体-文化）二元区分事实上被摧毁。对于这种类型的理论家而言，传统心理学提供的概念资源非常少（只有 Harry Stack Sullivan 和 Vygotsky 的少量研究），必须找到其他传统。例如，爱德华·桑普森显著地借鉴了维特根斯坦（Wittgenstein，1953）和米哈伊尔·巴赫金（Bakhtin，1981，1986）的观点，认为"所有意义，包括一个人自我的意义，都植根于社会过程之中，并必须被看作该过程的持续完成。意义和个体心智都不是社会互动的先决条件，而是，这些是从人们之间发生的谈话中出现，并且通过这些谈话得到维持"（Sampson，1993：99）。在约翰·肖特提出的关于人类行动的"修辞学反应"（rhetorically responsive）观点中，他（Shotter，1993）扩展了相关研究的范围以囊括乔瓦尼·维科、瓦伦丁·瓦伦斯诺夫和哈罗德·加芬克尔等的贡献。肖特关注的是为何"反应性意义总是在一场会话中首先被'了解'或'感知'……并且经得起进一步的反应性（可识别的）发展的检验"（Shotter，1993：180）。

在这种语境下，休伯特·赫曼斯和哈里·科彭的著作《对话自我：作为运动的意义》，提供了一个与哈尔和吉列特（Harre & Gillett，1994）的分析的有益对照。后者作品中关于心理过程的广义解释可以与赫曼斯和科彭对于心智的悄然（sotto voce）分析相比。例如，对于这些作者来说，情感是"修辞行动"，而能动性则是参与一种对话关系的副产品。这种对心理过程更为保守的解释与弱化的实在论意气相投。这些作者还意识到隐喻在指引其理论解释中的作用（Hermans & Kempen，1993：8-10），承认他们关于心理过程的讨论是基于叙事隐喻之上的。避开提供基础的尝试，他们提出"这项工作的主要目标是把对话和自我这两个常见概念结合到一起，将它们通过这样一种方式合并，以使一种关于心智可能性的广义观点显现出来"。虽然偶尔会把数据插入他们的分析，但他们使用证据并不是用来确定结论。而是，"我们想要呈现一些经验探索，它们充当着我们更广泛的理论和概念讨论的例证"（Hermans & Kempen，1993：XX，XX）。

赫曼斯和科彭几乎没有明确表达其解释的社会/政治结果。他们把更多的精力投入在其研究对学术共同体的贡献上，而在对更普遍的政治思想的贡献上的投入则少得多。辛普森的分析特别致力于一种"他者的庆典"，以及这样一种为了削弱权力和还原压制的构想的潜力。肖特（Shotter，1993）高度关注日常互动的政治维度，把心理学应用到赋予边缘声音一种更广阔的表达空间之中。

自我的关系构成

还有第三种更为激进的对心理的再概念化，也是与建构主义元理论最为趣味相同的。正如所指出的，这种元理论把本体论假定追溯到语言，把语言追溯到关系过程。言外之意，所有有关心理过程的可能说辞都是源于关系过程。如果这一观点被推到极端，人们被引向探索一个领域的理论可理解性，在这种可理解性中，心理论断从未发挥指涉作用，而社会过程充当着解释的基本支点。也就是说，我们可以预想把心理状态和状况作为行动解释的消除，以及社会过程领域中心理断言的重构。

通向一种社会化的心理学的一个重要入口已经在当代话语分析中出现。这种分析典型地聚焦于话语的语用学，并以指涉（语义学）问题作为支撑。那么，就心理话语而言，分析者较少关注这种话语可能指涉或没有指涉的心理现象，而更多关注这种话语于关系中发挥作用的方式。例如，在波特和维斯雷尔（Potter & Wetherell，1987）富有开拓性的研究中，"态度"概念被除去心理指示对象，并且，以他们的看法，被用来指示社会交往中的地位声称。那么，一种态度本质上是一种社会诉求（"我感觉……""我的观点是……""我更喜欢……"），而不是一种内在冲动的外在表达。比利希（Billig，1990）关于记忆的文章则着眼于人们通过协商达成过去的方式，因此不是把记忆界定为心理事件而是一种关系完成。或者正如肖特（Shotter，1990）提出的，记忆是一种"社会制度"（social institution）。爱德华兹和波特（Edwards & Potter，1992）的《话语心理学》（Discursive Psychology）代表了一项重要的尝试，试图在解释人类交换中用话语过程取代认知过程。斯登纳和艾瑟斯敦（Stenner & Eccleston，1994）对"存在的文本化"（textualization of being）的解释也与这一论证脉络有所共鸣。

我自己在这一领域做的很多研究都是从话语心理学的土壤中生长出来的。然而，在集中关注话语的同时，我所做的尝试还包括更为充分充实的表现模式（patterns of performance）和参与者间的关系模式（the patterns of relationship）。就前者而言，尽管话语时常是分析的中心，但口头和书面语言并没有竭尽所有的关注范围。在理想状态下，一个人会希望囊括参与者的身体活动，还有各种实物、装饰和物理环境等，这些对使这些表演变得可理解都非常必要。关于关系模式，关注中心在于不断再现的互动模式。为了阐明这一点，试看情感的例子。情感术语（如愤怒、爱、抑郁）可能充当着交谈的关键元素，并充当着对自我和他人在社会交换中具有根本意义的情感属性。然而，我发现，考虑更为充分具身化的情感表演更有助益（Gergen，1994a：210-235）。这意味着把语言表达视为行动的可能而非必要的组成成分，行动可能需要通过手势、凝视、身体倾向（可能还有物质加工品或一个现场）等方式来达成其可理解性。在这里，我最初在很大程度上借鉴了艾夫里尔（Averill，1982）关于情感表现的研究。然而，他们尝试超越个体来考量行为嵌入于其中的交换模式，而处于交换之外的行为在文化中将是无意义的。

在此，我使用"关系场景"（relational scenario）这一术语来索引反复的交换模式［生活的叙事（lived narratives）］，在这种交换模式中，"心理表现"（psychological performances）扮演着构成整体的不可或缺的角色。例如，愤怒的表演（带有话语、面部表情、姿势形态）典型地嵌在一种场景中，在此场景中可能需要在先的公然冒犯以使其表达达成意义；愤怒的表现也为随后道歉或辩护的发生做好了准备；而如果道歉被提出来，在西方场景中一个受到赞同的回应便是原谅。到那一点时场景可能便终止了。所有这些行动构成了一种序列，从冒犯到原谅，彼此相互需要以获得合理性。这种分析方式也适用于其他形式的心理表演（比如，参见 Gergen，1994b）关于记忆的一种关系解释。

不像很多话语分析（以及大多数会话分析），这种解释并没有特别强调证据理由。真理的目标被可理解性代替。这并没有消除我把读者作为"不知"者的定位，却的确使我的解释作为"知晓"者而变得易受攻击。事实上，这种解释的可理解性若没有读者的同意是无法达成的。再者，与建构主义元理论及其对于语言使用价值的强调相一致，我一直越来越试图超越书本知识以找出或发展相关文化实践。例如，如果某种情感场景是与参与者的福祉相抵触的，他们如何才能可理解地改变熟知的行动过程？于是，就要尝试把理论话语的使用价值扩展到日常生活模式（比如，参见 McNamee & Gergen，1999）。而尽管许多（但不是全部）话语研究在政治上是中立的，但当前的解释是明确反对个体主义意识形态和相关实践的。

虽然这些把自我重构为关系性的尝试比以前的替代形式更为激进，但最终我们必须认识到它们的局限。许多学者认为它们十分具有扰乱性，阻止把它们嫁接到更为公认的（并在专业上受欢迎的）研究中。在另一个极端，更具社会学倾向的学者认为这些解释太过于微观社会化（micro-social）。一个人可能会把"心智"重新刻画得更具集体性，认为理性、记忆等都是广泛散布于组织或文化中的（比如，参见 Douglas，1986）。但其他人仍会发现这些倾向太过于精英化。这种分析只对于学术特权者是可理解的。最后，对关系的高度强调被视为是对个体主义传统中固有的重要价值观（如民主、人道主义、平等）不利的。传统被置于危险之中，但对传统的积极特征的关注是不足的。

结　论

正如我们发现的，社会建构论完全不是要消除心理学探究，而是发挥着扩展和充实其潜力的生成性作用。一开始，建构主义者朝向对去自然化和民主化的推动，引导学者不仅看到他/她自己的作品如何贡献于文化的道德和政治结构，而且使该领域向更广泛范围的对话开放。尤其受到赞同的对话形式是能够将该学科与其文化环境联系起来的对话形式，以这样一种方式相互转变可理解性，使该学科在社会中发挥更为重要的作用。建构论思想也激发学者考虑复兴和充实心理话语的优势。鉴于一种对道德和政治语境的热切关注，学者们加入各种形式的理论诗学中，这种理论诗学使文化开放于新的、被遗忘的或被抑制的可理解性以及从而出现的行动的新选择。最后，我们已经看到建构论观点如何能够刺激传统自足个体概念的关系替代（relational alternatives）的发展。在一些重要方面，人们打算使这些对人（the person）的修正成为社会变迁的资源。建构论和心理学探究之间并不存在必然的对立。而是，了解了建构主义元理论，我们有理由相信心理学能够在社会中发挥远比今日更为重要的作用。

参考文献

Addison, R. B. & Packer, J. J. (eds.), 1989, *Entering the Circle*: *Hermeneutic Inquiry in Psychology*, Albany, NY: SUNY Press.

Anderson, H., 1997, *Conversation*, *Language and Possibilities*, *a Postmodern Approach to Psychotherapy*, New York: Basic Books.

Averill, J. R., 1982, *Anger and Aggression*, New York: Springer-Verlag.

Averill, J. R. & Nunley, E. P., 1992, *Voyages of the Heart*, New York: Free Press.

Bakhtin, M. M., 1986, *Speech Genres and Other Late Essays*, Austin: University of Texas Press.

Bakhtin, M. M., 1981, *The Dialogic Imagination*, Austin: University of Texas Press.

Bazerman, C., 1988, *Shaping Written Knowledge*: *The Genre and Activity of the Experimental Article in Science*, Madison: University of Wisconsin Press.

Belenky, M. Clinchy, B. M., Goldberger, N. R., & Tarule, J. M., 1986, *Women's Ways of Knowing*, New York: Basic books.

Bellah, R. N. et al., 1985, *Habits of the Heart*, Berkeley: University of California Press.

Billig, M., 1990, Collective Memory, Ideology and the British Royal Family, In D. Middleton and D. Edwards (eds.), *Collective Remembering*, London: Sage.

Botschner, J., 1995, Social Constructionism and the Pragmatic Entente: A Reply to Osbeck, *Theory and Psychology*, 5, 145-151.

Bradley, B. S., 1989, *Visions of Infancy*, *a Critical Introduction to Child Psychology*,

Cambridge: Polity Press.

Bruner, J., 1990, *Acts of Meaning*, Cambridge: Harvard University Press.

Budge, G. S. & Katz, B., 1995, Constructing Psychological Knowledge: Reflections on Science, Scientists and Epistemology in the APA Publication Manual, *Theory and Psychology*, 5, 217-232.

Burkitt, I., 1991, *Social Selves: Theories of the Social Formation of Personality*, London: Sage.

Corbin, A., 1986, *The Foul and the Fragrant*, Cambridge: Harvard University Press.

Coulter, J., 1979, *The Social Construction of the Mind*, New York: Macmillan.

Csikszentmihalyi, M., 1990, *Flow: The Psychology of Optimal Experience*, New York: Harper and Row.

Cushman, P., 1995, *Constructing the Self, Constructing America, a Cultural History of Psychotherapy, Reading*, MA: Addison-Wesley.

Danziger, K., 1997, *Naming the Mind: How Psychology Found its Language*, London: Sage.

Deese, J., 1984, *American Freedom and the Social Sciences*, New York: Columbia University Press.

Douglas, M., 1986, *How Institutions Think*, Syracuse: Syracuse University Press.

Edwards, D. & Potter, J., 1992, *Discursive Psychology*, London: Sage.

Feyerabend, P., 1978, *Science in a Free Society*, London: Thetford Press.

Fisher, H., 1995, Whose Right is it to Define the Self? *Theory and Psychology*, 5, 323-352.

Foucault, M., 1980, *Power/Knowledge*, New York: Pantheon.

Fowers, B. J. & Richardson, F. C., 1996, Individualism, Family Ideology and Family Therapy, *Theory and Psychology*, 6, 121-151.

Freeman. M., 1993, *Rewriting the Self: History, Memory, Narrative*, New York: Rouledge.

Garfinkel, H., 1967, *Studies in Ethnomethodology*, Englewood Cliffs, NJ: Prentice-Hall.

Gee, J. G., 1992, *The Social Mind*, New York: Bergin and Garvey.

Gergen, K. J., 1987, The Language of Psychological Understanding, In H. J. Stam, T. B. Rogers & K. J. Gergen (eds.), *The Analysis of Psychological Theory* (pp. 15-128), New York: Hemisphere.

Gergen, K. J., 1991, *The Saturated Self*, New York: Basic Books.

Gergen, K. J., 1994a, *Realities and Relationships: Soundings in Social Construction*, Cambridge, MA: Harvard University Press.

Gergen, K. J., 1994b, Mind, Text, and Society: Self Memory in Social Context, In U. Neisser & R. Fivush (eds.), *The Remembering Self*, New York: Cambridge University Press.

Gergen, K. J., 1999, *An Invitation to Social Construction*, London: Sage.

Gergen, K. J. & Gergen, M. M., 1986, Narrative Form and the Construction of Psychological

Science, In T. Sarbin (ed.), *Narrative Psychology: The Storied Nature of Human Conduct*, New York: Praeger.

Gergen, K. J., Gulerce, A., Lock, A. & Misra, G., 1996, Psychological Science in Cultural Context, *American Psychologist*, 51, 496-503.

Gergen, M. M., 1988, Toward a Feminist Metatheory and Methodology in the Social Sciences, In M. Gergen (ed.), *Feminist thought and the Structure of Knowledge*, New York: New York University Press.

Gigerenzer, G., 1996, From Tools to Theories: Discovery in Cognitive Psychology, In C. Graumann & K. Gergen (eds.), *Historical Dimensions of Psychological Discourse*, New York: Cambridge University Press.

Gilligan, C., 1982, *In a Different Voice: Psychological Theory and Women's Development*, Cambridge: Harvard University Press.

Graumann, C. F. & Gergen, K. J. (eds.), 1996, *Historical Dimensions of Psychological Discoures*, Cambridge University Press.

Gubrium, J., Holstein, J. A., & D. Buckholdt, 1994, *Constructing the Life Course*, *Dix Hills*, NY: General Hall.

Hacking, I., 1995, *Rewriting the Soul*, Princeton: Princeton University press.

Hare-Mustin, R. & Marecek, J., 1988, The Meaning of Difference: Gender Theory, Postmodernism, and Psychology, *American Psychologist*, 43, 455-464.

Harre, R. (Ed.), 1986, *The Social Construction of Emotion*, Oxford: Blackwell.

Harre, R. & Gillett, G., 1994, *The Discursive Mind*, Thousand Oaks, CA. Sage.

Harre, R. & Krausz, M., 1996, *Varieties of Relativism*, Oxford: Blackwell.

Heelas, P. & Lock, A. (eds.), 1981, *Indigenous Psychologies: The Anthropology of the Self*, London: Academic Press.

Held, B., 1996, *Back to Reality: A Critique of Postmodern Psychotherapy*, New York: W. W. Norton.

Hepworth, J., 1999, *The Social Construction of Anorexia Nervosa*, London: Sage.

Hermans, J. J. M. & Kempen, H. J. J. G., 1993, *The Dialogical Self*, *Meaning as Movement*, San Diego, CA: Academic Press.

Kessler, S. J. & McKenna, W., 1978, *Gender: An Ethnomethodological Approach*, New York: Wiley.

Kirschner, S. R., 1996, *The Religious and Romantic Origins of Psychoanalysis*, New York: Cambridge University Press.

Kuhn, T., 1962, *The Structure of Scientific Revolutions*, Chicago: University of Chicago Press.

Latour, B. & Woolgar, S., 1979, *Laboratory Life*, *the Social Construction of Scientific Fact*, Beverly Hills, CA: Sage.

Lifton, R. J., 1993, *The Protean Self*, New York: Basic Books.

Lutz, C., 1988, *Unnatural Emotions*, Chicago: University of Chicago Press.

Martin, J. & Sugarman, J., 1999, *The Psychology of Human Possibility and Constraint*, Albany: State University of New York Press.

McNamee, S. & Gergen, K. J., 1999, *Relational Responsibility: Resources for Sustainable Dialogue*, Thousand Oaks, CA: Sage.

McNamee, S. & Gergen, K. J. (eds.), 1992, *Therapy as Social Construction*, London: Sage.

Messer, S. B., Sass, L. A. & Woolfolk, R. L. (eds.), 1988, *Hermeneutics and Psychological Theory*, New Brunswick, NJ: Rutgers University Press.

Michael, M., 1996, *Constructing Identities*, London: Sage.

Mitchell, S., 1993, *Hope and Dread in Psychoanalysis*, New York: Basic Books.

Morawski, J. G., 1994, *Practicing Feminisms*, *Reconstructing Psychology: Notes on a Liminal Science*, Ann Arbor: University of Michigan Press.

Neimeyer, G. J. & Neimeyer, R. A., 1985, Relational Trajectories: A Personal Construct Contribution, *Journal of Social and Personal Relationships*, 2, 325–349.

Osbeck, L., 1993, Social Constructionism and the Pragmatic Standard, *Theory and Psychology*, 3, 337–349.

Paranjpe, A., 1998, *Self and Identity in Modern Psychology and Indian thought*, New York: Plenum.

Parker, I., Georgas, E., Harper, D., McLaughlin, T., & Stowall-Smith, M., 1995, *Deconstructing Psychopathology*, London: Sage.

Parker, I. & Shotter, J. (eds.), 1990, *Deconstructing Social Psychology*, London: Routledge Kegan Paul.

Polkinghorne, D. E., 1988, *Narrative Knowing and the Human Sciences*, Albany: State University of New York Press.

Potter, J. & Wetherell, M., 1987, *Discourse and Social Psychology: Beyond Attitudes and behavior*, London: Sage.

Ramirez, M., 1983, *Psychology of the Americas: Mestizo Perspectives on Personality and Mental Health*, Elmsford, NY: Pergamon.

Rose, N., 1990, *Governing the Soul*, London: Routledge.

Rychlak, J. F., 1988, *The Psychology of Rigorous Humanism* (2nd. ed.), New York: New York University Press.

Sampson, E. E., 1977, Psychology and the American Ideal, *Journal of Personality and Social Psychology*, 35, 767–782.

Sampson, E. E., 1993, *Celebrating the Other*, A Dialogic Account of Human Nature, Boulder, Co.: Westview.

Sarbin, T. R. (ed.), 1986, *Narrative Psychology*, New York: Praeger.

Sarbin, T. R. & Mancuso, J. C., 1980, *Schizophrenia: Medical Diagnosis or Verdict*,

Elmsford, N. Y. : Pergamon.

Shotter, J. , 1990, The Social Construction of Remembering and Forgetting, In Middleton, D. & Edwards, D. (eds.), *Collective Remembering*, London: Sage.

Shotter, J. , 1993, *Cultural Politics of Everyday Life*, Toronto: University of Toronto Press.

Smedslund, J. , 1978, Bandura's Theory of Self-Efficacy, a Set of Common Sense Theorems, *Scandinavian Journal of Psychology*, 19, 1-14.

Spacks, P. M. , 1995, *Boredom, the Literary History of a State of Mind*, Chicago: University of Chicago Press.

Spector, M. & Kitsuse, J. I. , 1977, *Constructing Social Problems*, Menlo Park, CA: Cummings.

Stenner, P. & Eccleston, C. , 1994, On the Textuality of being, *Theory and Psychology*, 4, 85-103.

Sternberg, R. J. (ed.), 1990, *Wisdom, Its Nature, Origin and Development*, New York: Cambridge University Press.

Sugiman, R. , Karasawa, M. , Liu, J. H. , & Ward, C. (eds.), 1999, *Progress in Asian Social Psychology* (Vol. 2), Seoul: Kyoyook-Kwahak-Sa.

Tiefer, L. , 1992, Social Constructionism and the Study of Human Sexuality, In E. Stein (ed.), *Forms of Desire*, New York: Routledge.

Tu Wei-ming, 1985, Selfhood and Otherness in Confucian thought, In Marsella, A. J. , Devos, G, & Hsu, F. L. K. (eds.), *Culture and Self: Asian and Western Perspectives*, New York Tavistock.

Wallach, L. & Wallach, M. A. , 1994, Gergen Versus the Mainstream: Are Hypotheses in Social Psychology Subject to Empirical Test? *Journal of Personality and Social Psychology*, 67, 223-242.

Wallach, M. & Wallach, L. , 1983, *Psychology's Sanction for Selfishness*, San Francisco: W. H. Freeman.

Weingarten, K. , 1991, The Discourse of Intimacy: Adding a Social Constructionist and Feminist View, *Family Process*, 30, 285-305.

White, M. & Epston, D. , 1990, *Narrative Means to Therapeutic Ends*, New York: Norton.

Wiener, M. & Marcus, D. , 1994, A Sociocultural Construction of "Depression", In T. Sarbin & J. Kitsuse, (eds.), *Constructing the Social*, London: Sage.

Wittgenstein, L. , 1953, *Philosophical Investigations*, Oxford: Blackwell.

揭开话语分析的面纱[*]

乔纳森·波特　玛格丽特·维斯雷尔[**]

在本章的第一部分，我们将开始描述我们所说的话语分析，当然，这一过程只能在本书结束时方能完成。我们希望说明，一种新的社会心理学研究如何能在言语行为理论、常人方法学和符号学的基石上矗立起来。

在本章以及整本书中，我们会证明，话语分析不仅仅是社会心理学研究中的一个新领域，即话语为所有在过去 30 年中吸引着社会心理学家的主题清单，诸如归因、利他主义、旁观者冷漠等，又添上一笔，话语分析将是一个全新的视角，它对所有社会心理学的主题都将有所裨益。在本章的第二部分，我们将说明，其他的社会心理学方法如何忽略或掩盖了语言在日常生活中的建构性的积极使用，以及这一掩盖对社会心理学的核心概念——态度——所产生的影响，从而切实地证明我们的假定。

在这里，我们有必要强调一点，我们并不是天真地企望所有社会心理学家放下他们的工具，然后开始研究话语。关键在于，话语分析对我们惯常的研究提出了重要的问题，它也提供了一种可供使用的方法，如果我们能够说明，对社会性文本的研究本身将是一项令人激动的和有潜在的重要性的工

---

* Translated from Jonathan Potter & Margaret Wetherell, *Discourse and Social Psychology*, London: Sage Publications, Chapter 2, 1987, pp. 32-55. （本文由肖文明等译，方文校）

** 乔纳森·波特（Jonathan Potter），先后获利物浦大学心理学学士学位、萨里大学硕士学位、约克大学哲学博士学位，1988~2011 年在英国拉夫堡大学任教；2011~2015 年任拉夫堡大学社会、政治和地理科学学院院长，话语分析教授；2015 年起任美国罗格斯大学传播与信息学院院长、教授。研究课题包括科学论证、时事电视、骚乱、种族主义、关系咨询和儿童保护热线，以及求助热线互动、家庭用餐时的互动、互动研究中认知的概念化、心理学和制度问题。著述涉及话语分析、话语心理学、焦点小组、心理问题研究等方面。玛格丽特·维斯雷尔（Margaret Wetherell），英国开放大学社会心理学教授，经济与社会研究理事会身份认同与社会行动项目主任。

作，我们就心满意足了。

话语分析的一些主要要素

功能，建构和变异性

言语行为理论和常人方法学都非常强调的一个论点是，人们使用语言去做事情，诸如命令或请求、说服或谴责等。对语言功能的关注，也是话语分析的一个主要要素。不过，我们不能以一种机械的方式来理解功能。不幸的是，我们都知道，当人们要说服、谴责或请求别人时，他通常不是以一种直接的方式进行的。当某人做出一个请求——也许是要借你的计算器——他通常不会以一种虽然有礼貌但却十分直接的方式说："今晚我能借你的计算器用一下吗？"他一般会更为委婉，也许是用一个抽象的问题来做出请求："如果我今晚借你的计算器一用，你会介意吗？"或者是更为隐晦地说："要我今晚用笔算出所有这些统计数字，简直要疯掉了。"（Brown & Levinson，1978）用一种间接的方式做出请求，可能对说话者会有好处，因为这可以让回答方做出拒绝，而又不至于使拒绝过于突兀（Drew，1984）。一般而言，在事件发生之前，人们总是避免出现被人拒绝这类令人不快的行为（Drew，1986；参见第四章）。

因此，功能分析不能视为只是对只言片语进行分门别类的简单的事情，它需要分析者去"读"语境。在抱怨笔算统计数字时，并不存在什么内在的东西使其成为一次请求，我们只能从语境中意识到这一点。

在计算器这个例子中，语言履行了一个具体的功能——请求。不过，功能也可以是更具整体性的，这是我们想说的第二点。比如说，人们可能想以一种讨人喜欢的方式展现他（或她）自己，或者是以令人讨厌的方式展现他们不喜欢的人。整体的自我呈现，可以通过特定的遣词造句来实现，它们或者强调好的特点，或者强调坏的特点。与前面的例子一样，它能让人领会，但却是委婉的。这是因为，如果直接表达，可能会不具说服力。如果要向别人展示你是一位出色的人，你不会说"我是一个出色的人"，但你会在谈话的"自然而然"处不动声色地说出，你曾做过慈善工作，你曾获得过学术奖励，研读过歌德，等等。

　　一般而言，如果谈话是指向整体性的或具体性的多种不同的功能，对语言的跨时段的考察将体现出相当的变异性。人们的描述会根据它的功能而改变。也就是说，它会根据谈话的目的而改变。例如，如果我们手上有两份对某人的描述，我们会预期，它们会跟着写描述的人的感受而不同。如果你喜欢这个人，在日常闲聊过程中，你当然会从众多可供选择的品性中挑出惹人喜爱的品性。不喜欢此人的，则会强调完全不同的品性，或者是使这些惹人喜爱的品性变得令人讨厌。简言之，试想你要在某一个场合向亲密友人介绍某人而在另一个场合中向你的父母也介绍此人，同样地，你描述中所挑选出的东西会有所不同。比如说，你在向父母的描述中，很可能不会披露这个人莽撞的越轨行为，而在向亲密友人的描述中，这则是一个更为合适的关注点。

　　这些例子所体现出来的是，人们使用他们的语言来建构社会世界的不同版本。话语分析的一个原则性观点是，功能蕴含在对社会世界的不同建构之中，这体现于语言的变异性上。使用"建构"这个词语是比较适当的，有三个原因：其一，它提醒我们，对事件的陈述是基于众多先在的语言素材的，这就犹如房子是用砖、木梁等盖出来的一样；其二，"建构"暗示着一种积极的筛选，有的素材被选进来了，有的素材被遗漏了；其三，"建构"强调陈述是具有力量的且能产生后果这一性质。许多社会互动涉及对事情和人的处理，我们只有借助具体的语言样式（linguistic version）才能做到非常熟练。从更深层的意义上说，陈述（account）"建构"现实。

　　不过，我们并不想让这个过程显得必然是深思熟虑的或者说有意为之的。很有可能，说出这番陈述的这个人并不是有意去建构，但是，当他们仅仅是力图理解一个现象，或者是进行诸如谴责、合理化等不自觉的活动时，建构便产生了。我们应该注意到，在这些情况下，同样也会出现陈述的变异性，因为不同形式的描述适合于不同的语境，但是，这个人可能仅仅是"自然而然地去做他该做的事情"，而不是有意识地去判断究竟这种语言还是那种语言是恰当的。事实上，我们认为这是在我们吵闹的日常谈话中更为普遍的情形，因此，我们也不会落入这样的骗局，即认为有的谈话仅仅是描述性的，而其他谈话则是有意建构的。对话语分析家来说，所有语言，即使是做出简单描述的语言，都是建构性的，是会产生后果的。

　　总之，话语分析家认为，相比广为流传的实在论或"实在论的"（realistic）描述性语言模型——它认为话语是走向行动、观念和具体事件的毫不含糊（unambiguous）的通道——人们对语言的使用是更具变异性的。提出实在论模式的研究者假定，概而言之，当人们描述相同的事件、行动或观念时，他们的陈述是前后一致的。另外，出于方法论的考虑，他们认为前后一致的陈述也就意味着事件将如描述的那样发生。米切尔·布伦纳（1985：156）声称："当对事件和经历的描述与解释在陈述之间大体一致时，该描述与解释可以被认为是高度真实的。"这是一个很好的实在论立场的例子。

这里存在两个基本的问题。第一，由于心理学家惯常使用各种聚合技术（aggregating techniques），陈述的一致性往往被夸大了，我们随后将说明这一点。第二，没有任何理由可以指出，陈述的一致性就是描述之真实性的一个确定无疑的指示。一致性可能是由陈述具有同一功能所致，也就是说，两个人能够以同样的方式说出他们的话语，是因为他们用话语在做同样的事情。

作为主题的话语

由于陈述毫无例外所具有的功能/建构的性质，话语分析家将实在论方法束之高阁，而理所应当地将话语视作研究的主题。也就是说，我们不是力图用参与者的话语去复原事件、观念和认知过程，或者是将语言视为其他事件状态的指示和路标，而是考虑这样一个最具分析意义的问题，即话语或者对这些事情的陈述是如何被构造出来的（Gilbert & Mulkay，1984；Potter，Stringer，& Wetherell，1984）。

我们用态度来做说明。如果某人在一种场合下持态度甲，而在另一种场合持与之相对的态度乙，分析者显然不能将态度甲或态度乙的存在视为此人真实所想的确定无误的指示。但是，我们可以将包含着态度表达的陈述本身作为关注点，然后提出问题：在什么情况下，此人持有态度甲而不是态度乙？这些有关态度的文本是如何被建构出来的？它们要达到什么样的功能或者说目的？这类问题是话语分析家心中所要提出的问题。

现在，我们对上面的初步论述做个总结，话语分析家提出：

（1）语言为着各种功能而被使用，它的使用将产生各种后果；

（2）语言既被建构，又具有建构性；

（3）对同一现象，我们可以使用多种不同的方式进行描述；

（4）因此，陈述中存在大量的变异；

（5）然而，我们没有屡试不爽的方法去处理这种变异性，将那些"真实的"或者说"准确的"陈述与那些"修辞性的"或者"误导性的"陈述区分开来，从而避开变异性为坚信语言的"实在论"模型的那些研究者所设下的问题；

（6）语言使用中的建构性和灵活性应该成为研究的核心主题。

至此，我们已经从理论原则上说明了分析参与者话语的必要性。当然，我们受到了与上一章讨论的观点相关的一些研究的指引。不过，显而易见，我们的视角主要依靠一个经验性的论断，即参与者的陈述中存在大量的变异。或者更具体地说，在陈述中存在充分的变异，以至于为实在论的方法设置了难题。

我们将在后面部分为这一论断提供证据支持。不过，读者也许会问，如果变异性像你们所说的如此普遍，那为何没有广泛地体现在现有的社会心理学文献中呢？它怎么会被忽略呢？对这个问题，我们有两种回答。第一，它确实体现在社会心理学的研究中，然而我们并没有将其放在广义的话语分析的框架中进行理解。第二，陈述中的变异性，由于使用了限制（restriction）、范畴化和选择性解读等分析策略而受到了控制。我们将依次分析这些不同的面相。

变异的话语和传统社会心理学

在实验社会心理学中，有诸多领域可以说明陈述的变异性。尤其是社会感知、印象管理、认知失调和言语调适（speech accommodation）等领域，它们都将语言使用中的不一致摆在了我们眼前。

社会感知

在社会感知领域中，伯特·邓肯（Duncan，1976）等的研究已经表明，欣赏同一剧情的人们，却会用非常不同的方式来描述剧情。Duncan 给他的实验被试放了一部影片，其中一个黑人或者是白人将另外一个人推倒。整个行为都是一模一样的，变的唯独是肇事者的种族。观看者是白人学生，他们随后要对这个事件予以定性，比如说定性为"打闹"或者是"攻击性行为"。Duncan 发现，当黑人做出推挤动作的时候，他的被试将事件描述为攻击性行为的可能性更大，因此很显然，他们的刻板印象对他们对事件的感知产生了影响。

这一研究确定无疑地说明了陈述的变异性，即便人们用他们的双眼看到的是同样的行为。然而，这一发现通常被用社会感知理论来解释，并作为种族偏见和刻板印象扭曲感知的一个例子。这类陈述的变异性并没有像话语分析所做的那样，被视为一种普遍和常见的现象。而且，研究者也没有尝试去考察陈述的建构或者是它们可能具有的功能。事实上，实验设计本身就排除了这类分析，它们只提供给参与者非常有限的描述，而且是在事先给出这些描述。

我们想提出来的是，人们总是在建构各种各样的版本来对事件进行重新描述，而不是只在存在偏见或者刻板印象的时候才这样。大部分对社会感知的研究关注于人们是如何谈论其他人的，这可以说是一种语言学研究，也同样可以说是对视觉过程的考察。对他人的描述不可避免的是"扭曲的"，这不仅仅是偶然的，而是始终如此的——在它们总是为达到某种目的人为构造的事物这个意义上。不同的谈话和命令当然有着不同的功能和不同的后果。一个带有种族偏见的描述在影响上是十分有害的，但其他的描述在功能和建构性上的影响并不会比它少。这一点被那些研究信息加工过程中所出现的"偏差"的社会心理学家所忽略，他们假定存在着一类描述，它们简单客观地反映事实。因此，在这些研究中所发现的变异性的意义就总是被误解。

自我呈现

在社会心理学中，有大量的文献关注人们的自我呈现或者说印象管理或印象整饰（Baumeister, 1982b; Tetlock & Manstead, 1985）。这一领域中最为可靠的发现之一是，人们会根据不同的社会语境来调整他们的行为以及他们们的谈话。为了让自己能被他人接纳，人们往往为那些他们想要影响的人献上浮泛的奉承和虚伪的夸奖。一旦目的达成，夸奖就变成了敌对。在实验中，与自我呈现的变异性最相关的，自然是被试改变他们的行为来迎合主试，或者与研究者微妙的暗示保持一致，从而满足实验语境所设定的要求（Orne, 1969; Rosenthal & Rosnow, 1969）。

社会心理学再一次展示了陈述的变异性，只是理论视角非常不同而已。话语分析家认为，陈述中的变异性是人们在谈话中施行的一系列不同行为的后果。有些变异性可能是想保留面子和营造一个好的印象，但是，正如我们随后要说明的那样，有些变异性则是由于要使话语达到某种效果——比如说谴责——或者是使陈述在局部更为一致这类更为宽泛的诉求而造成的，在这些目的中，丝毫不涉及谈话中的积极的自我呈现的问题。因此，如果我们认为变异性的起因仅仅是出于印象管理，就会把变异性局限于社会生活的非常狭窄的一个领域。

认知失调

社会感知和自我呈现的研究都非常强调变异性。与之相对，认知失调理论或者种种认知一致性理论，则关注人们面对自己和他人时要显得一致和连贯的欲求。费斯廷格（Festinger，1957）提出，如果一个人在两个或多个认知之间感到失调或者说不一致，他将体验到令人不快的心理紧张状态，于是促使他改变态度和观念，由此再次获得一致性，从而减少心理上的紧张感。比如说，某人想减肥，但又想在喝下午茶时吃块奶油蛋糕，他就会告诉自己他会不吃晚饭来作为补偿，这样就化解了这一矛盾。通过引入新的自我批评（self-stricture），人们就减少了感受到的失调。在这一视角中，变异性并不被视为一种正常的或自然的特征，而是一种令人不快的心理状态。

当人们能够马上意识到自己谈话中的矛盾或不一致时，他们常常会极力去掩饰它，或者让它能够说得通。在我们这个社会中，不一致当然不是呈现自己的一种合人心意的方式。但是，话语分析家也发现，有意识地认识到不一致并对其进行纠正的情况，相对是比较少的。正如我们在本章的上一节中力图说明的，变异性在人们的陈述中依然是比较普遍的。由于陈述中只有非常短的时间间隔，经过一次或两次谈话转承后，人们就不会意识到他们语言使用中的变异了。换句话说，随着本书的深入，我们将越来越明显地发现，尽管在别人指出他们语言使用的变异性或者出于别的原因变异性变得非常明显时，人们通常会极力减少它，但变异性依然将是谈话和社会性文本中的可以预期的常见特征。

我们这里要指出另外一点，即认知失调理论所描述的这类不一致，不是正式的或者严格的逻辑意义上的不一致。这是一种心理的不一致。一位逻辑学家可能感到某一事情是不一致的，但与之相关的个人可能就不会意识到。反之亦然。事实上，一致性和不一致性是一种高度视情况而定的现象。在某一场合中，陈述中的某些变异会被认为是不一致的，但在别的场合中，却可能被视为理性的和合情合理的。粗略地说，一致性和不一致性本身就是一种可变异的状况，而话语分析家感兴趣的一点就是，它们是如何作为论辩或修辞的策略而被变异地使用的。

言语调适（speech accommodation）

社会心理学领域中对言语调适的研究，考察的是与言语以及言语范围内的变异性相关的一些要素，譬如，人们在不同的群体语境中如何调整他们的口音以及语调或音调的模式（Giles，1977；Giles & St. Clair，1979）。举例来说，当讲威尔士语的人与一位讲英语的上层阶级的人谈话时，他往往会强化他的口音，其目的是要强调他们自己群体的独特性（Bourhis & Giles，1977）。这类言语层面中的变异性，显然与语境和言语的功能相关。不过，话语分析与之不同的地方在于，我们同时也研究与功能相关的在语言内容上的变异性，而且我们赋予其首要的地位。

总而言之，在实验社会心理学中有一些这样的研究主题，他们证明了陈述中的变异性。但是，没有一个研究阐述了变异性的更为宽广的含义。与这些研究领域的比较，将能够阐明我们自己的视角。我们关注于所有形式谈话的功能层面，而不仅仅是那些被认为存在某些方面的"偏差"的谈话，或者是关涉印象管理的谈话。所有形式的变异性都是有趣的，而不仅仅是那些人们能够马上意识到的逻辑不一致或变异才如此，而且，我们考察语言内容或人们所言说和书写的东西，而不是用音韵学、语调等来说明他们是怎么说的。

对陈述变异性的压制

社会心理学不仅倾向于在与变异性极为相关的领域中贬抑变异性的主题，而且，心理学家惯常使用的处理话语的程序，也经常难以察觉地成为压制变异性的控制策略。为简明起见，我们将这些掩盖了陈述中的变异性的策略分为三类，它们包括：限制、粗编码（gross coding）或粗范畴化（gross categorization）和选择性解读。

限　　制

限制策略是防止参与者的话语中的变异性彰显出来的一种策略。实验非常有效地使用着限制，因为研究者要对被试和语境施加控制，从而衡量独立的操作变量的作用，但这一控制也同样排除了那些很可能会增加话语变异性的信息。当然，有的研究工作可能会凸显语言使用的变异，如我们上面的讨论所说明的那样，但一般来说，研究者是在非常受约束的环境中，将参与者谈话的非常受限制的部分作为样本的。

实验通常是在社会心理学实验室中进行的。研究者通常在实验室中为被试设置一个场景，然后要求被试对此场景以特定的方式做出反应，这种方式能使研究者对被试的反应予以量化的确认。比如，他们可能要玩一个游戏，然后在各种具体的选项中做出选择，样本中的某一选项被选取的次数则是要测量的因变量。研究者的目的是以这样的方式来约束语境，这样，语境就只能以研究者想要的方式为被试所感知。其他形式的理解必须被排除，不过很显然，这种排除通常是无效的和有争议的 ［参见 1972 年 Mixon 对 Milgram (1963) 的服从研究的讨论］。

如果要让实验成功，被试对语境的反应也必须尽可能地予以约束。他们的反应必须没有含糊其词的地方，回答必须填入事先分门别类整理好的事项中。被试不可以任意地行动，他们必须按照实验者提供的选项做出回答。同样地，他们通常也不可以给出多于一个的回答，他们不能选择两个或三个选项，或者是在量表上标取数个分值，而且他们通常只被测量一次。也就是说，实验者通常不会在十分钟后回来对被试说："你现在怎么想呢？"通常，研究者没有为记录下回答的不确定性、回答或意见的改变留有余地。换句话说，实验的语境设计，使得我们文化中所珍视的行为之一致性的价值，在参与者面前显得格外突出。一般而言，实验的设计往往要扫除解释和反应的变异性，事实上，这大概就是他们的力量所在和基本原理，尽管在这一过程中，它掩盖了社会生活中最有趣和最重要的一个特征。

在调查或民意测验的研究中，研究者收集的是非常受约束的参与者在单个语境中的话语，限制也就由此产生了。对调查的问题，人们通常只能回答"是""否""不知道"，或者"同意""强烈同意"，等等。回答者对主题给出相反的观点的可能性再次被排除在外，回答的模式也排除了回答的模棱两可、随语境而变更的意见表达的灵活性以及回答的不一致性。

与实验的情况一样，这些限制性措施不能够完全防止那些与人们的语言使用的变异性相关的信息出现。比如，我们有相当多的文献可以说明，问题在措辞上的细微差别将导致回答的巨大差异（Marsh，1982）。另外，人们会出现自相矛盾的情况，在回答问卷时做出"不连贯"的表述（Kinder & Sears，1985；Schuman et al.，1983；Turner & Krauss，1978）。不幸的是，这些现象很少被视为人们运用语言的方式中非常有趣的理论暗示，而是被普遍地视为获得可靠的研究发现的障碍。

在 20 世纪 70 年代，实验和调查研究都遭到持续的抨击：实验被抨击，大致是因为一些尚未证实的对行为具有因果性影响的约束的假设（Harre，1979；Harre & Secord，1972），以及对研究发现的一般性的怀疑（Argyris，1975；Gergen，1978）；调查研究被抨击，是由于对可能做出的回答存在严重的限制（Rosier，1974；Harre，1979），而且，对调查所产生的那些回答也难以给出合理的解释（Cicourel，1974）。由这类批评来看，人们表现出对开放性访谈以及在文档的解释基础上的那些程序的极大兴趣，这些方法已经在微观社会学（Plummer，1983）和民族志（Hammersley & Atkinson，1983）领域里非常常见了。随着这类研究的出现，参与者的话语的变异性就再也不能仅仅用限制来处理了，新的策略——我们称之为粗范畴化和选择性解读——必须被采用。

粗范畴化

社会心理学家处理参与者的开放式话语的传统方法是内容分析（Holsti，1968；Mostyn，1985）。这一技术涉及范畴的产生，而这些范畴可以被可靠地予以编码，然后运用于资料分析，以便进行假设检验。比如，在 McLelland（1961）对"成就动机"的著名研究中，对书籍中的成就主题的内容分析被作为特定社会中对成功的强调程度的一个指标。编码者经过训练，可以对强调高成就的主题进行分类，这样，成就主题的普遍存在就与诸如国民生产总值这类比较宏大的国家发展的指标关联起来。原则上讲，这一程序没有什么问题。但是，在实践中，它更适用于这类研究——它们将话语理解为潜藏其后的事物的指标。如果我们采纳的理论视角是将语言基本上视为一种功能性的媒介，其中词语的含义与它们所使用的特定语境密切相关，则内容分析的助益就比较小。

由于参与者在语境中要建构性地使用他们的语言，从而达到不同的效果，因此，在处理其中包含的微妙性时存在的困难，就使得功能成为内容分析要面临的一个问题。正如常人方法学家所强调的，当一个人力图要说服别人时，说服的效力很可能部分地取决于他以什么方式来营造他们的谈话，从而掩盖自己正要说服对方的企图。这是因为，有什么比"纯粹的事实描述"更具有说服力呢？语境之所以成为一个问题，是因为如果某段话语的含义取决于它所出现的语境，则确定某一事情是否属于某一特定的编码范畴的标准会变得十分复杂。

对我们现在的论述更为重要的是，在内容分析中经常使用的宽泛的范畴（如成就主题），会很容易掩盖在理论上十分有趣的话语的差异。尤其是在研究者希望获得一致性时，他们更可能使用宽泛的范畴。与此同时，不同的编码者能够可靠地运用同一范畴——这是对一项完备的内容分析研究的严峻考验——这一事实，但也无法解决这个问题。这是因为，两位编码者受到的是同样的训练，所以，他们会持续地重复同样的混淆错误，将不同类型的话语分为一类。这就给我们评估内容分析的研究带来非常大的问题，因为即使在最为详尽的研究报告上，也很少会复述应用这些话语范畴的例子或者编码者的培训内容（Abraham，1984）。

选择性解读

这类问题促使一些社会心理学家，特别是罗姆·哈里（见第三章），主张改变那种将陈述转化为数字的做法，而用定性研究来直接面对陈述本身。这一方法在微观社会学中已经很常见（Bogdan & Taylor，1975；Plummer，1983），一旦采取这种方法，显然也更难忽略参与者的话语变异性。不过，如果分析者是运用常识性的"实在论"语言模型，则选择性解读将会维续这一模型。

有一类选择性解读是在这种情况中发生的，即当分析者处理访谈资料或文本时，他会在听磁带或者读文档时，把那些显得很重要的部分挑选出来。这将带来极大的危害，因为进行选取的研究者会在研究中非常轻易地体现出他事先的期望。在这种情况下，资料只会被用于佐证有利于他的分析叙事，而不会用于批判性地评估它。

如果研究者确实注意到变异性，他将使用另外一种解读方式，即对话语进行选择性的具体化（reifies）和（或）反讽（ironizes）。具体化是指将抽象的事物视为具体的事物这一过程，或者说某一词语提及某一事物或过程，就将其视为该过程或事物真实存在的保证。比如，某份口头陈述将一事件描述为一次争吵，然后研究者用它说明该事件确实是一次争吵。反讽与之相反，显然，反讽是在提出与字面上的意思不同或相反的意思时出现的。反讽是指这一过程：描述性的语言不被视为真实描述性的，而被认为有着别的企图，或者是一通谎言。具体化和反讽的结合就可以创造出对陈述的选择性解读，从而再次消除变异性。

当任由分析者使用这两种解读方法时，处理开放式话语的分析者就会发现，他们能够在它们的支配下，相对容易地从资料中建构出有关事件、过程和观念的具有一致性的叙事。与他们偏爱的叙事相一致的版本会被具体化，而与它相冲突的则予以反讽。具体化和反讽可能是非常隐晦的，但我们可以通过对分析者使用参与者的话语的方式，予以仔细的和批判性的考察，从而把它们揭示出来（Mulkay，1981；Mulkay et al.，1982b；Potter & Litton，1985；Potter et al.，1984）。在下一章，我们将说明，一项经典的基于 Harre 的视角的行为发生学（ethogenic）的研究是如何采用这些方法的。

总之，我们可以看到这三种策略——限制、粗范畴化和选择性解读——的使用，将会减少话语分析者认为的社会性文本中所具有的变异性。这些策略预设了语言使用的"实在论"模型，而掩盖了那些可能对其予以质疑的资料。我们所需要的对话语的分析，应该关注于陈述的变异性及其建构。不过，在我们继续前进之前，我们应该更为具体地说明话语分析家是如何处理陈述的。为此，我们将说明我们是怎样处理社会心理学中最基本的一个概念——态度。

话语中的态度

我们处理态度的方法，将揭示出话语处境（discourse position）的独特性，并对陈述的变异性的概念予以更为具体的说明，在此过程中所体现的观念是：陈述是为得到具体的结果而被建构出来的。这些主题在随后的章节中也将反复出现。首先让我们澄清一下，社会心理学家使用的"态度"这个词语究竟是什么含义。

态度概念是社会心理学中最为古老的理论观念之一，它在多个方面支撑起一个庞大的研究领域，该领域有时甚至是独立开来的。尽管有着悠久的历史，这一词语的确切含义仍然有些含糊不清。事实上，一份经典文献评论

（Allport，1935）早就指出，态度在含义上具有高度不确定的特征，这是它如此受欢迎的原因之一，因为这可以让它避免非常困难的理论争论。最近的一份文献评论（McGuire，1985）也描述了许多有关态度性质的完全不同的视角，我们随后将依次探讨其中最为重要的部分。不过，威廉·麦圭尔接着阐明，我们可以构造出一个能够获得广泛认可的工作定义（working definition）。

麦圭尔声称，有关态度的经验研究，至少含蓄地在使用这样一个基本定义：当人们表达自己的态度时，他们是在给出自己的反应，而这些反应是将"思考的对象"在"判断的维度"上予以定位（McGuire，1985）。也就是说，当人们在说话或行动时，他们是带着一些相关的观念或事物，并在评价的等级上给出它的位置。我们将给出一个具体的例子，来更为清晰地呈现这个概念。

研究态度和种族主义的传统方法

在 1976 年，一位英国研究者（Alan Marsh）要求由 1785 人组成的随机样本给出他们对"有色移民"的态度，他们要在量表上，在"完全同情"到"对他们毫无感觉"到"完全不同情"之间标上自己的选择。用麦圭尔的话说，思考的对象是"有色移民"，而判断的维度是回答者给予或拒绝"同情"。阿兰·马希的调查与许多其他的研究很相似，他所使用的方法在态度研究中也极为平常。在收集完这些回答之后，阿兰·马希接着将他的量表"符合逻辑地"分成不同的类别，它们被标上"十分有敌意""有敌意""中立"等（见表 1）。

表 1　对待有色移民具有同情或不同情感受的分布

完全不同情		对他们毫无感觉		完全同情		
0	1~20	21~45	46~55	56~79	80~99	100
12%	13%	17%	25%	20%	10%	3%
十分有敌意	有敌意	不同情	中立	同情	积极评价	高度积极评价

注：样本的数目，即未加权＝1，785，加权＝1，482；"不知道"（被排除的＝4%）。

资料来源：Marsh，1976。

从话语分析者的视角来看，这里有许多有趣的问题，它们既涉及麦圭尔对态度的基本定义，也涉及马希的量表所使用的研究程序。我们将关注三个问题。

第一，把"有色移民"作为思考的对象是有明显的问题的。我们可以这样理解"有色移民"这一词语，即对某一群人给出的简单的范畴标签，这些人符合"有色"和"移民"的描述。但是，事情远比这要复杂。比如，我们并没有泾渭分明的客观办法，来决定如何运用"有色移民"这一范畴。也就是说，我们并没有判断范畴身份（category membership）的客观标准（这一主题在第六章有更为详细的探讨）。

对"有色"这一词语的合理运用，取决于并未给出的种族理论和生物理论。可是，现代基因理论和人口理论并不支持这样的观念，即认为我们可以用毫不含糊的、内在的物理差异以及最根本的基因差异，来对人类的"种族"进行区分（Husband，1982）。另外，"移民"（在字典的含义上）是指某人去往其他国家，并成为居住者。然而，马希并没有解决如何将"有色移民"从"有色居民"中区分出来这一问题，而且很显然，他使用"有色移民"这个词语，是作为一个随意的描述性范畴，它包含了上面这两个群体。事实上，这也反映在他的文章的题目中，"谁在恨黑人？"而不是"谁在恨那些最近迁居英国且被定义为黑人的人？"他的术语不是中立的。如果你在一个国家生活了一辈子，而别人称你为移民——一个总是意味着陌生人或局外人的词语（Reeves，1983；Sykes，1985）——你将会十分在意的。

第二，当我们考察马希对被试的回答所做出的转化时，问题就出现了。在表 1 中，我们可以看到马希将从"完全不同情"到"完全同情"这样一个维度，转化为更为复杂的一系列标签："十分有敌意""有敌意""不同情"等。对于这类转换，我们并不能给出一个清晰的合理理由。比如说，认为回答者使用"十分有敌意"和"完全不同情"是表示同样的意思，这很可能是错误的。这是因为，敌意这个词语一般用来表示积极的立场，而如果一个人缺乏同情心，他就不会有一个确定的积极立场。通过这种转化，分析者就践踏了话语中的微妙区分，而它本应在参与者的话语中扮演重要的角色，并且对于理解所要调查的问题的方法有重要影响。

第三，问题也出在转换上。在本例中，研究者将参与者的回答转换成潜在的有关态度的理论类别。态度量表的目的，并不仅仅要展示出人们是怎么回答这些量表的，更要确定其态度。用麦圭尔的话说，就是确认出人们将思考的对象在特定的维度上定位于何处，在这个例子中就是，回答者将"有色移民"在"同情"这个维度上定位在哪一边。态度研究者的一个非常重要的假设是，在人们身上有某些持久存在的东西，这也是量表想要去测量的——态度。

话语分析将指出其中存在的诸多困难。比如说，我们会问，当人们填写态度量表时，他们是在进行一项中立的举动，从而描述或表达出内心的精神状态或者说态度，还是在生产着与所处的语境相调适的特定的语言陈述（linguistic formulation）。从话语分析的视角来说，给定不同的目的或不同的语境，将会激发出非常不同的态度。换种方式说，如果一个人在某一场合表现出某一态度，这并不能让我们推定，他在别的场合也会表现出同样的态度。相反，在他们的言说中可能会有系统的变异，这就让我们质疑，这种想象出来的内在的精神态度会有着持久存在的同一性质。

这样一来，我们又该如何处理这三个绝非马希所独有的问题：第一，赋予态度量表中使用的词语给定的含义；第二，在参与者的话语和研究者的范畴之间的转换；第三，将语言造物作为潜在事物或立场的明白无误的指示。更一般地说，针对那些在传统上用态度来理解的现象，通过研究参与者的话语，能够告诉我们些什么？是时候去研究陈述的真相，开始我们的分析。

有关移民的话语

在本章接下来的部分，我们将说明，话语分析家会如何研究人们对诸如"有色移民"这类被建构出来的范畴的态度。我们将紧密地注意在一个比马希的调查更缺少组织性的环境中所产生的陈述，不过，人们也很容易看出，这些陈述是有关种族和移民的评价性表达。我们将要分析的所有陈述，都是取自我们对新西兰的中产阶级白人的开放式访谈。这些访谈，是讨论在新西兰社会中普遍的有争议的话题。

我们分析的目的，显著地区别于那些传统的铁板钉钉的态度研究。宽泛地说，话语分析家感兴趣的是文本组织的不同方式，以及使用这种而非那种组织方式的后果。因此，我们的目标是考察有关少数族群的评估性话语所采用的不同形式，以及这些形式的后果。与此同时，我们将力图避免我们所指出的在传统的态度研究中广泛存在的三个问题，也就是预设"态度对象"的存在，将不明确的参与者的话语转化为不明确的分析者的话语，以及将话语视为潜在的持久存在的态度的指示。我们将尽力说明，为什么持久存在的态度这一概念在理论上是多余的。

语　境

在开始这项任务时，也许摆在我们面前的第一件事情，不是回答态度问卷时给出的简短的孤立的话语，而是解决长时段中的谈话序列（sequences of talk）的困难。我们以下面这则访谈片段为例。

1. 回答者：你知道，我绝不是要反对他们。（Benton：26）

我们可以毫无困难地读出，这是一段说话者对"他们"——在本例中，在新西兰的语境下，是指"波利尼西亚移民"——持有相对正面立场的陈述。用态度来说，"思考的对象"是"波利尼西亚移民"，"判断的维度"在赞成和反对之间，其表现的立场是赞成。根据标准的态度理论，我们会认为这位说话者有着明确的态度。如果他去填写马希的问卷，他可能会在量表上选择"同情"这一端——传统的陈述大概会是这样的。

然而，当我们朝谈话序列多看几眼时，这一简单的情形就会消失。下面是一段完整的谈话，片段1就取自它。

2a. 回答者：你知道，我绝不是要反对他们，我，如果他们愿意成为我们这样；但是，如果他们只是过来，只是为了能够享受我们的社会福利和服务等，那他们为什么不待在自己的地方呢？（Benton：26）

这里有许多有趣的特点，它们马上就质疑了我们最初的解释。在一开始，"赞成移民"的宣称，取决于移民是否表现出愿意"和我们一样"。因此，我们再也不能将其视为一段毫无条件的同情的表达。而且，整个陈述的组织置于一套复杂的条件和转承的结构中。如果我们重新组织这一片段，这将会非常明显。

2b. A1 如果 ［他们愿意成为我们这样］

　　 A2 那么 ［我不会反对他们］

　　　　 但是

　　 B1 如果 ［他们只是来使用我们的社会福利］

　　 B2 那 ［他们为什么不待在自己的地方呢］

用技术术语说，转承结构现在显现了。孤立地看，这类转承结构的后果不容易看清楚。然而，众所周知的是，对某些公众人物——如撒切尔夫人和其他政治家——引出掌声的方法的研究发现，这类设计可以非常有效地引起听众的欣赏（Atkinson，1984；Heritage & Greatbach，1986）。而且，这类设计在日常话语中也很可能是非常普遍的，因为它有助于将语句组织起来，从而变得更具说服力。

片段 2 所具有的另外一个特征，表明它具有说服他人的倾向。它采用了一个学者（Pomerantz，1986）所称的极端个案（extreme case）的表述方法。比如说，如果某人被问及为什么带着枪，他回答说，"所有人都带着枪"，于是他提供了一个有效的理由。携带枪支被描述为并非臭名昭著或受限制的活动，而是普遍的，是所有人都有的事情。极端个案的表述方法，把所有被采纳的评价维度推至极限。因此，如果是有关数目的问题，它就是"所有人"或"唯一"的，事情就是"非常"或"极为"糟糕的。在片段 2 的第二部分，说话者使用了这类极端个案的表述方法："如果他们只是过来，只是为了能够享受我们的社会福利和服务。""只是"一词的反复使用，描绘出这些人的图景，他们来到新西兰的唯一目的，就是争取社会保障，这一自私的动机，比起那些过来提供基本的劳动，但由于经济衰退而失业的人，更为可耻。通过这种极端的方式将其呈现，对他们的批评就变得更具合理性了。

最后，我们回头再看片段 2 的第一部分——"我绝不是要反对他们"——我们可以看出，它是一种避嫌声明（disclaimer）。有学者（Hewitt & Stokes，1975）将避嫌声明定义为一种语言手段，它被用来避开可能出现的不快。因此，如果某人说，"我不是性别歧视者，不过……"他其实知道，他接下来要说的很可能听起来像性别歧视者说的话，但他力图避开这种归类。在本例中，说话者就是在避开移民该"待在他们自己的地方"这句话可能引发的将其归为种族主义的嫌疑。

我们这里对片段 2 的阐释只是尝试性的。它不是基于对许多例子进行的系统研究，而是依靠对单个例子的详细解读。不过，它告诉了我们两件事情。第一，即使添加少量的有关语境的信息，也可以将最初看起来十分合理的对某人话语的阐释予以质疑。第二，话语具有行动导向（action orientation）。话语以特定的方式被建构出来，从而有利于具体事情的完成——在本例中，是进行指责，同时推脱由指责的负面效果所带来的责任。当然，这正是我们在第一章中所描述的那些进展所指出了的。

这些观点对态度的量表研究有着重要的意义。如果我们认为，填写量表的人仅仅是在描述或表达他们的态度，事情就非常清楚明了。然而，如果我们认为他们的回答不过是不经意的行为，而且始终如此，事情就不是这么简单了，因为在填写量表时，人们有相当的余地，去施行不同的行为。比如，某人为了避嫌，而选了"同情"这一端；或者是要指责，而选了"不同情"这一端。他们还可能会犹豫，因为他们既同情又不同情——"我并不是要反对，但是……"两个人在量表上选了同一个选项，但很可能用他们的话语做着完全不同的事情。如果调查者是进行面对面访谈，而不是要求得到纸笔回答，则被访者很可能会畅所欲言，但回答之产生，将取决于——用分类量表来说——调查者量表分类所使用的方法。

依此论断，态度测量要以现有方式继续存在下去，必须变得更为细致，它应该对人们施行的不同行为保持敏感。然而，我们会发现，还是保持着这样的假设，即认为在谈话和行为中，表达着"态度"或者持久存在的内在状态。当我们考察参与者的陈述中的变异性时，这一立场就会变得难以为继了。

变异性

下面的例子是非常典型的陈述中的变异性，它们现在于各种话语中都是有案可查的。以下这两个片段，选自后面几页访谈转录。

3. 回答者：我……愿意看到的，当然，让他们（波利尼西亚移民）来新西兰，没错，尽力培训他们掌握一门技能，然后鼓励他们再回去。（Pond：17）

4. 回答者：我想，如果我们鼓励更多的波利尼西亚人和毛利人成为有技能的人，他们会愿意留在这里，毕竟他们不是，嗯，像新西兰人一样，嗯，喜欢流浪（访谈者：哈哈）。所以，我想这会更好。（Pond：18）

这里的反差是很明显的。在片段 3 中，回答者提出他希望波利尼西亚人在新西兰接受培训，然后回到太平洋岛屿上去。而在片段 4 中，回答者声称，应该鼓励波利尼西亚人掌握技术，然后留在新西兰，这样会更好。我们该如何处理这种变异性呢？这两个版本之间的冲突所造成的问题，对态度研究者来说是非常严重的。试图复原出人们的"潜在的态度"的努力，并不是这么奏效。

话语分析家的应对则与态度研究者迥然不同。我们不会把话语看作通往文本"背后"的实体或现象的不二法门。话语分析不是想当然地认为，陈述反映了潜在的态度或立场，因此，我们也不会预期，人们的话语会是前后一致和连贯的。与之不同，我们的关注点在话语本身：它如何被组织？它要做什么？话语中的秩序被认为是话语所要履行的有序的功能的产物。

让我们再回到上面引述的片段，我们将给出更多的语境，然后说明如何能够进行功能的分析。

5. 访谈者：你（是否）认为，就是，我们是否应该给予太平洋岛屿上来的移民更多的空间？目前的限制是非常严厉的。

回答者：没错。嗯，我认为如果过度鼓励，会产生一些问题，他们来到这里，对我们的生活一无所知，我想，让他们知道他们来到这里是为了什么，这是非常重要的。我，我……愿意看到的，当然，让他们来新西兰，没错，尽力培训他们掌握一门技能，然后鼓励他们再回去，因为这样可以减少他们对我们的依赖。我是说，[ ] 如果回去的人，要依赖于这里的人赚钱再寄过去，我是说，这是非常非常不好的处理事情的方法。[ ] 人们理应尽力而为，他们首先应该尽力帮助自己的国家。(Pond：17—18)

6. 波利尼西亚人，他们在干白人不愿意干的工作。因此，社会或生活中的许多方面，嗯，如果没有他们，我们会不知所措，我想。嗯，我希望看到的是，能够加大努力，培训他们掌握技能，胜任技术性的工作，因为我们缺少技术人员，许多我们的技术人员，白人，都离开国家去了别的地方。我想，如果我们鼓励更多的波利尼西亚人和毛利人成为有技能的人，他们会愿意留在这里，毕竟他们不是，嗯，像新西兰人一样，嗯，喜欢流浪（访谈者：哈哈）。所以，我想这会更好。(Pond：18)

现在，我们有了更多的语境，我们会发现，波利尼西亚人是否要回去的问题，在每个片段中是与不同的主题相关联的。在片段 5 中，回去与"依赖"的问题相关。说话者表达了自己的关注，他认为如果波利尼西亚人留在新西兰，他们将依赖于自身的收入来支持在太平洋岛屿上的人。说话者提出，如果他们带着技术回去，贡献于他们"自己的国家"，这将会更好。

而在片段 6 中，回去的问题与新西兰的劳动力问题相关联。说话者指出，波利尼西亚人在干"白人"厌恶的肮脏工作，因此他们的离开，将带来经济问题。而且，她接着指出，白人技术人员的离开给劳动市场带来了空缺，培训波利尼西亚人，将填补这个空缺。因此，说话者对波利尼西亚人是否应该留下的两种不同版本的回答，其中的转变，在具体的文本表述中可以看出是非常符合逻辑和自然的。显然，根据语境而调整自己对某一主题的回答，是合情合理的。但是，这种调整，却被态度研究者所忽略了，他们认为说话者能够在一份去语境化的量表上，清晰地表述出他们对波利尼西亚人是否该留下的静止的常态态度。如果它不是常态和静止的，则此类测量技术的大部分意义就不存在了。

构建（constitution）

在传统的态度理论中，态度被认为是与"思考的对象"相分离的。态度测量的整个逻辑就基于此，用一份量表来比较不同的人对同一事物的态度。如果不同的人面对的不是同一个事物，则比较态度就是毫无意义的，这一概念也就丧失了效用。然而，当我们考察人们的陈述中的细节时，这一分离就会完全地难以为继。"思考的对象"远不是一个简单的已然存在的现有实体，对象是在话语进行评价的过程中被塑造和建构出来的。

我们来看下面这个片段，它是对有关波利尼西亚人犯罪问题的回答的一部分。

7. 回答者：这又是他们的种族融合的问题。他们现在来到这里，成为一个很大的少数种族群体，因此他们应该习惯这里的生活方式，嗯，也许强奸在萨摩亚和波利尼西亚会被接受，但奥克兰不会。他们必须学会这一点。问题还有，来到这里的许多人是有精神疾病的，我认为是这样的，因为在那些岛……屿上，近亲通婚是很普遍的。这就导致痴呆的迅速增长，那些来到这里的人，也许就是痴呆的，于是他们……

访谈者：……这就产生了这些问题？

回答者：这是很普遍的，我知道。（Johnston：20-1）

在这一片段中，说话者不仅给出了他对"波利尼西亚移民"的看法，他还塑造出了波利尼西亚移民的特别的性质。也就是说，他不是对某一对象进行中立的描述，然后说出他的感觉，而是他在建构该对象的某一版本。评价就是以这种方式出现的。他的版本中的对象是带着他的评价的。波利尼西亚移民被夸张地描绘为一群卷入强奸活动且带有"精神疾病"的人。他在暗示，波利尼西亚移民所来自的文化是不能合理控制欲望的，而这是他们在新西兰定居之前必须要学会的。

这位说话者对"波利尼西亚移民"的建构，其核心的特征之一，就是使用宽泛的解释原则。他不仅停留在对现象的描述上，还进行了解释。具体地说，他用粗浅的遗传学来解释精神疾病的广泛存在，说它是"近亲通婚"的结果。将描述、评价和宽泛的解释体系搅和在一起，这在下面这个来自另一个说话者的片段中也有明显的体现。

8. 访谈者：对，因此（犯罪）部分是移……它与移民相关吗？

回答者：对，我们并没有看到他们在晚上从飞机上走下来，他们半数以上不会说英语。嗯，如果他们不会说英语，他们就不能获得工作，他们就只能待在他们的小社区里，什么也干不了。这样，他们就会感到挫折，因为他们开始厌烦。于是他们就去，你知道，他们无事可干，小孩就开始在街道上逛荡。父母在家里不能说英语，小孩因此也不会说英语。他们去学校，突然发现要面对英语——"我们不会说英语，我们干什么呢？"——什么也干不了。这样日复一日，到了十五岁，他们就辍学了。他们只能离开学校，但这不是学校的过错。他们会有美好的生活，他们回去会有美好的生活，家庭的生活，回到岛上，那才是他们该待的地方。（Jones：16）

这段话作为一种修辞建构，有许多非常有趣的特征。不过，我们要注意的重点在于，其最后的主张——移民应该居留在岛上——之所以成立，是通过使用详尽的心理学和社会学的叙事，它从一开始就给出一幅带有感情色彩的画面，波利尼西亚人在晚上悄悄地从飞机上溜下来，然后遭遇语言困难，这导致失业，最后的结果是孩子与学校的疏离。与之形成对照的是，如果他们不来新西兰，他们将享受到"美好的家庭生活"。我们可以看到，整段话始终都体现出描述、解释和评价的错综复杂的拧扭纠缠。

这里很重要的一点是，我们发现，当我们仔细地考察自然生发出的话语时，我们根本无法做出"思考的对象"和"判断维度"上的定位之间的区分。这一区分只是态度量表的整体思路的人为创造物：所有回答者被想象成对同一思考对象做出反应。然而，正如我们从本章所讨论的这些片段中所能看到的，同样的遣词造句，并不必然意味着他们将用同样的方式来理解词语，或塑造出思考的对象。我们已经看到，不同的回答者如何塑造"波利尼西亚移民"，以及同一位回答者如何在不同的场合对其进行不同的塑造。如果研究者确实想要把握种族主义，则他们的研究非常重要的一部分，就是要考察描述和解释如何混杂在一起，以及不同的解释如何假设着不同的事物，或者说如何在为社会世界提供不同的事物。

解决这一困境的方法之一，就是提出片段 7 和片段 8 都体现了带有"偏见态度"的人在使用对"波利尼西亚移民"的刻板印象。然而，这一解释必须依赖于这样的观念，即说话者使用一幅扭曲的画面（刻板印象）来描绘一个绝对客观的可以确认的群体范畴（波利尼西亚移民）。不幸的是，范畴与"思考的对象"一样复杂（我们将在第六章予以说明），而且，心理学家没有途径获得波利尼西亚移民的正确的、真实的性质，因而无从评估参与者的看法中的扭曲状况（Potter & Litton，1985：82-4）。

与其使用扭曲的感知来解释种族主义，我们不如将更多关注点放在不同形式的陈述方式所带来的种族主义的后果上（Billig，1987；Reeves，1983；Wetherell & Potter，1986，即出 a）。刻板印象理论预设人们带有这种歪曲的印象，在情况需要时则予以再生产。而话语分析家则注意到，同一个人在不同情况的要求下，会产生截然不同的刻板范畴化（stereotypical categorizations）（Wetherell et al.，1986）。

超越态度

在本章之初，我们就用马希对"有色移民"的态度研究作为例子，来说明困扰着传统的态度研究的三个问题。这些问题是：态度所要予以评估的"对象"的状况、令人疑虑的参与者的回答与分析者的范畴之间的转换以及下面这一假设，即认为态度是持久存在的实体，它在不同的语境中将得到相同的回应。我们已经看到话语分析是如何处理这些问题的。现在，我们将快速地回顾，态度理论家在面对这里的分析所说明的变异性时可能给出的一些回应。

马希在他的研究中采用了简单的单一维度的量表，其他的研究者则使用了多维度的量表，以期测量出种族主义态度的许多不同的方面（McConahay，1985）。不过，虽然这一增加方法上的复杂性的路子也许能提供对诸多不同面相的测量，但它无法避免我们在上面指出的那些一般性的问题。我们不能把人们话语中的变异性简单地解释为，可以用更为复杂的量表加以测量的更为复杂的多面相的态度结构，因为人们在不同的场合所表达的看法变动是如此的剧烈。我们无法辩称，"波利尼西亚移民是受人欢迎的"这一立场与"波利尼西亚移民是不受人欢迎的"立场，仅仅是一个复杂态度的不同面相。持久存在的态度，甚至多维度的态度，这些概念都不能处理这个问题。

熟悉态度研究的社会心理学家可能会指出，态度理论家还有一种办法来应对变异性，从而保留态度这一基本概念。这包括两位学者——Fishbein 和 Azjen（1975）——所发展的复杂理论，它试图解释为什么态度对行为的预测经常是失败的。态度研究经常发现，人们会说某一事情，或者是表达某种态度，但他们行动的方式与态度是不一致的（Wicker，1969）。这种变异性与话语分析家所注意到的变异性是不同的，对于后者，我们是指人们的言说或态度并不是静止的，而是与他们的行为一样具有变异性。不过，我们不应当忽略这两位学者（Fishbein & Azjen，1975）的贡献。

他们（Fishbein & Azjen，1975）提出，态度和行为之间的关联是间接的、混乱的。当人们决定以某种方式行动时，他们的决定只是部分地受他们的相关态度的影响，它还受人们对该行为在规范上的可接受性的判断（别人会怎么看？）等因素的影响。在具体的行为模式中的态度表达，总是会受许多其他变量的影响。这一论断可以扩展到漫不经心的行为上。但问题是，这种理论可以解释话语分析所说明了的那些现象吗？我们采访的新西兰人，尽管他们在实际生活中说着许多相互冲突的不一致的事情，但他们确实会有潜在的一致的态度吗？这些都是很难解决的。我们又怎么来区分，哪些表达是"真实的"，哪些仅仅是"规范性的"呢？在保留态度这一概念时，我们总是面对着大量的事后解释的危险。给出充分多的影响变量，我们可以对回答中存在的巨大的变异性予以解释，但是这终究会有一个极限，到那时，继续强调潜在的态度就不再有用了。我们的观点是，如果研究者考察话语的组织与功能、语境的关系，将得到更为有效的解释。这类分析能够有效地取代那些试图破解诸如态度这种一般性的非功能的去语境化的原则的努力。

总之，对来自访谈的某些片段的简要分析，已经阐明了一些现象的重要性，而它们在传统的研究中是被相对忽略的。我们首先强调考察语境的重要性。语境信息可以提供研究者对陈述的具体和微妙的组织更为完整的理解。另外，对陈述组织的理解，也可以指明谈话的行为导向，以及它在诸如指责和避嫌等行为中的作用。

我们说明的第二个现象是变异性。陈述中的高度变异性，是话语方法做出的一个核心的预测：人们会给出各种不同的陈述来做不同的事情。与之相对，如果参与者按照各种态度——它在各种语境下都是稳定的——的集合给出语言，则我们可以预期会有相当的一致性。因此，对话语进行细致的研究所能发现的这类变异性，就成为传统的态度理论所面对的一个相当尴尬之处。

我们注意到的第三个现象是话语中对态度的对象的建构。一般的看法认为，态度是关于独立的实体的。比如说，对移民的态度，就是关注存在于这个世界上的这么一群人。但是，当我们考察实际的话语时，有关态度的这种简单的"言辞和对象"的看法就会行不通。显然，态度的对象可以用别的方式建构出来，人们的评价是指向这些特定的表述，而不是什么抽象的理想化的物体。

面对这些困难，话语方法将关注点从对能够生发出谈话和行为的潜在的实体——态度——的研究，转移到评价性的表述在话语中如何产生这一问题，对其进行更为细致的考察。这就凸显了两个核心的和新颖的问题：参与者的语言是如何被建构出来的？不同的建构又有什么样的后果？这一考察的最终结果是否会为某些修正了的态度的概念提供空间，我们目前还不太清楚（参照 Lalljee et al.，1984）。我们在本章中所做的一切，都是在说明一位分析者会如何阐明这些问题。我们希望，我们已经对传统研究的一些局限给出了一个初步的说明，同时也给出了话语分析的允诺。

参考文献

Abraham, C., 1984, Problems in Categorizing Content: A Discussion of the Limits of Content Analysis, Paper Presented at he *British Psychological Society*, London Conference, 12.

Allport, G., 1935, Attitudes, In C. Murchison (ed.), *Handbook of Social Psychology*, Vol. 2, Worcester, Mass.: Clark University Press.

Argyris, C., 1975, Dangers in Applying Results from Experimental Social Psychology, *American Psychologist*, No. 30, pp. 469-485.

Atkinson, J. M. , 1984, *Our Master's Voices: The Language and Body Language of Politics*, London: Methuen.

Baumeister, R. F. , 1982, A Self-Presentational View of Social Phenomena, *Psychological Bulletin*, 91: 3-26.

Billig, M. , 1987, *Arguing and Thinking: A Rhetorical Approach to Social Psychology*, Cambridge: Cambridge University Press.

Bogdan, R. & Taylor, S. J. , 1975, *Introduction to Qualitative Research Methods*, New York: Wiley.

Bourhis, R. Y. & Giles, H. , 1977, The Language of Intergroup Distinctiveness, In H. Giles (ed.), *Language, Ethnicity and Intergroup Relations*, London: Academic Press.

Brown, D. & Levinson, S. , 1978, Universals in Language Use: Politeness Phenomena, In E. Goody (ed.), *Questions and Politeness: Strategies in Social Interaction*, Cambridge: Cambridge University Press.

Cicourel, A. V. , 1974, *Theory and Method in a Study of Argentine Fertility*, New York: Wiley.

Drew, P. , 1984, Speakers' Reportings in Invitation Sequences, In J. M. Atkinson & J. Heritage (eds.), *Structures of Social Action: Studies in Conversation Analysis*, Cambridge: Cambridge University Press.

Drew, P. , 1986, A Comment on Taylor and Johnson, *British Journal of Social Psychology*, 25: 197-198.

Duncan, B. L. , 1976, Differential Social Perception and Attribution of Intergroup Violence: Testing the Lower Limits of Stereotyping of Blacks, *Journal of Personality and Social Psychology*, 34: 590-598.

Festinger, L. , 1957, *A Theory of Cognitive Dissonance*, Evanston, Illinois: Row, Peterson.

Fishbein, M. & Azjen, I. , 1975, *Belief, Attitude, Intention and Behaviour: An Introduction to Theory and Research*, Reading, Mass: Addison-Wesley.

Gergen, K. J. , 1978, Experimentation in Social Psychology: A Reapprasial, *European Journal of Social Psychology*, 8: 507-527.

Gilbert, G. N. & Mulkay, M. , 1984, *Opening Pandora's Box: A Sociological Analysis of Scientists' Discourse*, Cambridge: Cambridge University Press.

Giles, H. & St. Clair, R. N. (eds.), 1979, *Language and Social Psychology*, Oxford: Blackwell.

Giles, H. (ed.), 1977, *Language, Ethnicity and Intergroup Relations*, London: Academic Press.

Hammersley, M. & Atkinson, P. , 1983, *Ethnography: Principles and Practice*, London: Tavistock.

Harre, R. & Secord, P. F. , 1972, *The Explanation of Social Behaviour*, Oxford: Blackwell.

Harre, R. , 1979, *Social Being: A Theory for Social Psychology*, Oxford: Blackwell.

Heritage, J. & Greatbach, D., 1986, Generating Applause: A Study of Rhetoric and Response at Party Political Conferences, *American Sociological Review*, 92: 110–157.

Hewitt, J. P. & Stokes, R., 1975, Disclaimers, *American Sociological Review*, 40: 1–11.

Holsti, O. R., 1968, Content Analysis, In G. Lindzey & E. Aronson (eds.), *Handbook of Social Psychology Vol.2*, Reading, Mass: Addison-Wesley.

Husband, C., 1982, Introduction: "Race", The Continuity of a Concept, In C. Husband (ed.), *"Race" in Britain: Continuity and Change*, London: Hutchinson.

Kinder, D. R. & Sears, D. O., 1985, Public Opinion and Political Action, In G. Lindzey & E. Aronson (eds.), *The Handbook of Social Psychology (3rd Edition) Vol.2*, New York: Random House.

Lalljee, M., Brown, L. B., & Ginsberg, G. P., 1984, Attitudes: Disposition, Behaviour or Evaluation, *British Journal of Social Psychology*, 23: 233–244.

Marsh, A., 1976, Who Hates the Blacks? *New Society*, 23 September: 649–652.

Marsh, P., 1982, Rules in the Organization of Action: Empirical Studies, In M. von Cranach & R. Harre (eds.), *The Analysis of Action*, Cambridge: Cambridge University Press.

McConahay, J. B., 1985, Modern Racism, Ambivalence and the Modern Racism Scale, In S. L. Gaertner (ed.), *Prejudice, Discrimination and Racism: Theory and Research*, New York: Academic Press.

McGuire, W. J., 1985, Attitudes and Attitude Change, In G. Lindzey & E. Aronson (eds.), *The Handbook of Social Psychology (3rd Edition) Vol.2*, New York: Random House.

McLelland, D. C., 1961, *The Achieving Society*, Princeton: Van Nostrand.

Milgram, S., 1963, Behavioural Study of Obedience, *Journal of Abnormal and Social Psychology*, 67: 371–378.

Mixon, D., 1972, Instead of Deception, *Journal for the Theory of Social Behaviour*, 2: 145–177.

Mostyn, B., 1985, The Content Analysis of Qualitative Research Data: A Dynamic Approach, In M. Brenner, J. Brown & D. Canter (eds.), *The Research Interview: Uses and Approaches*, London: Academic Press.

Mulkay, M., 1981, Action, Belief or Scientific Discourse?, *Philosophy of the Social Sciences*, 11: 163–171.

Mulkay, M. & Gilbert, G. N., 1982a, Joking Apart: Some Recommendations Concerning the Analysis of Scientific Culture, *Social Studies of Science*, 12: 585–615.

Mulkay, M. & Gilbert, G. N., 1982b, Accounting for Error: How Scientists Construct Their Social World When They Account for Correct and Incorrect belief, *Sociology*, 16: 165–183.

Orne, M. T., 1969, Demand Characteristics and the Concept of Quasi-Controls, In R. Rosenthal & R. L. Rosnow (eds.), *Artifact in Behavioural Research*, New York: Academic Press.

Plummer, K., 1983, *Documents of Life*, London: Allen Unwin.

Pomerantz, A. , 1986, Extreme Case Formulations: A New Way of Legitimating Claims, In G. Button, P. Drew & J. Heritage (eds.), *Human Studies* (Interaction and Language Use Special Issue), 9: 219-230.

Potter, J. & Litton, I. , 1985, Some Problems Underlying the Theory of Social Representations, *British Journal of Social Psychology*, 24: 81-90.

Potter, J. , Stringer, P. , & Wetherell, M. , 1984, *Social Texts and Context: Literature and Social Psychology*, London: Routledge and Kegan Pau.

Reeves, W. , 1983, *British Racial Discourse: A Study of British Political Discourse About Race and Race-Related Matters*, Cambridge: Cambridge University Press.

Rosenthal, R. & Rosnow, R. L. (eds.), 1969, *Artifact in Behavioural Research*, New York: Academic Press.

Rosier, M. , 1974, Asking Silly Questions, In N. Armistead (ed.), *Reconstructing Social Psychology*, Harmondsworth: Penguin.

Schuman, H. , Kalton, G. , & Ludwig, J. , 1983, Context and Contiguity in Survey Question-Naires, *Public Opinion Quarterly*, 47: 112-115.

Sykes, M. , 1985, Discrimination in Discourse, In T. A. van Dijk (ed.), *Handbook of Discourse Analysis* (Vol. 4), London: Academic Press.

Tetlock, P. E. & Manstead, A. S. R. , 1985, Impression Management Versus Intra-Psychic Explanations in Social Psychology: A Useful Dichotomy?, *Psychological Review*, 92: 59-77.

Turner, C. F. & Krauss, E. , 1978, Fallible Indicators of the Subjective State of the Nation, *American Psychologist*, 33: 456-470.

Wetherell, M. S. & Potter, J. , 1986, Majority Group Representation of "Race Relations" in New Zealand, Paper Presented at the British Psychological Society, Social Psychology Section Annual Conference, University of Sussex12.

Wetherell, M. S. , McFadyen, R. , Potter, J. , & Rothwell, B. , 1986, Categories in Discourse, Mimeo, University of St. Andrews.

Wicker, A. W. , 1969, Attitudes Versus Actions: The Relationship of Overt and Behavioural Responses to Attitude Objects, *Journal of Social Issues*, 25: 41-78.

人名索引

（按汉语拼音音序排列）

L

M

N

T

后　记

　　本篇后记，实际上是由 1992 年版和 2007 年版《现代社会心理学名著菁华》的两篇前言改写而成。这次，借中国社会心理学重建 40 周年之际，我欲将 20 世纪 90 年代由我撰写和主编的四部社会心理学著作重新改写再版，同时编辑一本反映从"五四"运动前后进入中国并断续至今的中国社会心理学百年历史的《中国社会心理学文选（1919—2019）》，一并集合成五部一套的"社会心理学系列"；为此，专门在我任职讲演的基础上，改写了题为"社会心理学家是一种生活方式"的代序，这样只能将先前的两篇序言合二为一，改写成后记，以说明这部《西方社会心理学文选》暨先前的《现代社会心理学名著菁华》一书的编辑缘起和具体过程，并再次致谢为此提供给我帮助的诸多师长和同人。

　　20 世纪 90 年初，当我在南京大学科研处严强、韩新民两位先生推荐下，以"现代社会心理学史"为题，申请"国家教委哲学社会科学青年科研基金"项目并获批准后，就筹划能在写出一部《现代社会心理学史》的同时，选编一部与之配套的《现代社会心理学名著菁华》。这一设想得到了在该课题立项时就给予多方帮助和指导的中国人民大学社会学系沙莲香教授的积极支持。为此，1990 年暑假，我在沙莲香教授的支持下，在北京和南京两地开始组织这项费时多日的工作。时任中国人民大学副校长的郑杭生教授还为我落实了人民大学留学生楼的住宿，我在那里一直住到 10 月底；沙莲香教授的多位研究生刘世能、彭泗清、罗毅等都加盟了这项工作，沙莲香教授还专门审定了书稿。

　　当时出版一本著作不像现在这样容易。现在高校里的教师多多少少都有一笔或多笔科研经费，从学校课题、企业横向课题、省社会科学基金项目、教育部社会科学基金项目……一直到国家社会科学基金项目、自然科学基金项目，有时还有海外基金会或大学资助的课题，称得上应有尽有。那时，不但教师们捉襟见肘，多数人手上没有科研经费，不要说出版著作，连去一趟省内城市出差都非易事；而且改革伊始，出版社转制、经济承包、指标压身，从编辑到社长，一样愁眉不展、四面楚歌。幸运的是，南京大学出版社时惠荣社长在我最困难的时候，不仅出版了我主编的《西方社会心理学十大流派》（1991），而且次年再一次慨然应允，出版了《现代社会心理学名著菁华》（1992）。

2004 年，在这本著作出版 12 年之后，我所主持的"社会心理学课程"有幸入选"国家精品课程"，也获得了一笔不菲的经费。我当年即想将 20 世纪 90 年代撰写和主编的四部社会心理学著作重新撰写、编辑，再加上一部《中国社会心理学文选》，集合成五部一套的著作出版。遗憾的是，愿望永远都比现实美好，那些年因为撰写其他著述，更由于烦琐的行政事务缠身，只重新编辑出一部《现代社会心理学名著菁华》（2007），其他的"凌云壮志"都随风而去。

一晃又是 10 多年过去了。2019 年春，当中国社会学重建 40 周年之际，我意识到即将与中国社会心理学重建 40 周年的重要时间节点相遇，而在我的学术生涯中，这样的"时机"恐怕很难再来。于是，放下其他诸事，决定动手来完成这套"社会心理学系列"；一如"代序"中交代的那样，因为此次编辑了一部《中国社会心理学文选》，与此对应，自然想到将《现代社会心理学名著菁华》的新版更名为《西方社会心理学文选》。

众所周知，现代社会心理学是在 19 世纪后半叶，在当时也刚刚诞生不久的社会学和心理学彼此接近、渗透、影响的过程中，形成的一门新兴的、具有边缘性质的交叉学科。尽管从那时起到现在，社会心理学的现代历史只有 100 余年，但这一学科在此期间却呈现了异乎寻常的繁荣景象。单单出版的专门的社会心理学教科书就达上百种，一般论文、综述、研究报告和专题著作更是有如恒河沙数，其中当然不乏脍炙人口又具有持久影响力的名篇巨制。要从这卷幅浩大的文献中撷取最能反映和代表这门学科百余年历史的精粹，显然并不是件轻松的事。我们只希望这部近 60 万字的《西方社会心理学文选》能够大体反映这一学科在以往百余年中的基本成就与大致走向，反映出社会心理学与丰富多彩的社会生活的密切联系。

收入这部选集的最早的著作，是法国社会学家加布里埃尔·塔德 1890 年出版的《模仿的规律》一书的片段，最晚的著作是法国社会心理学家塞尔日·莫斯科维奇 2011 年出版的《社会表征》一书的第二章，前后跨度100 余年。在现代社会心理学的这第一个世纪之中，先是法国人塔德、涂尔干、勒庞的著作，后是德国人韦伯、齐美尔和冯特的著作，为其做好了充分的理论准备；而英国人麦独孤和美国人罗斯 1908 年的两本同名著作（教科书）则直接宣告了这门新兴科学的诞生。在此前后，弗洛伊德对精神分析的倡导及弗罗姆的推进，一样为社会心理学的发展带来了全新思考。

兹后，1924 年，美国人 F. 奥尔波特通过"社会促进实验"及在此实验基础上写成的《社会心理学》（1924）一书，直接系统地将"社会变量"引入了实验室，不仅继承了其同胞特里普利特的实验传统，而且引发了谢里夫、阿希、米尔格拉姆等后辈学者对实验社会心理学的兴趣。而霍夫兰德、海德、费斯廷格对态度和认知的研究在相当长的时间里影响到社会心理学尤其是心理学的社会心理学的走向。在同一时期，勒温和利皮特对领导类型的研究，以及麦克莱兰对成就动机的研究，也成为这一时期公认的经典。

与此同时，从法国社会学家那里继承来的社会学传统，则经库利、帕克和乔治·米德延续下来，这使美国社会心理学在心理学的个体主义占主导地位的同时，仍然保持着对有组织的和无组织的群体及其互动的兴趣。第二次世界大战以后，霍曼斯、蒂博特和凯利、戈夫曼、里斯曼、斯梅尔塞也都从各自的立场出发，为社会交换理论、符号互动理论、戏剧论及集群行为研究做出了自己的贡献。此外，考虑到文化人类学在 20 世纪 20 年代以后对现代社会心理学的影响，本书也选辑了玛格丽特·米德对"青春期、性与文化"的论述，以及华人人类学家许烺光对美国人与中国人两种行为方式的比较。

尽管现代社会心理学自 19 世纪下半叶形成以来，在不太长的时间中取得了迅猛的发展和令人瞩目的成就，但这一学科从 20 世纪 70 年代开始遭遇了空前的危机。这场危机与作为现代社会心理学大本营的美国在 20 世纪 60 年代下半期所经历的剧烈的社会危机密切相关。为了使人们充分了解这场危机的社会背景、理论成因、具体表现以及由此引起的一系列反思，我们选辑了四篇颇有见地的著述：其中 G. 奥尔波特的《社会心理学的历史背景》虽写于 1953 年（本书收录的是 1985 年的第三版），未能述及这场危机，但对整个社会心理学的历史背景做了颇为详尽的阐述；卡特赖特和佩皮通的文章，则属有关这场危机的反思性佳作，极为深刻地分析、总结了现代社会心理学的危机成因和历史教训；最后，伊恩·帕克的著述则在分析这场危机之后，对社会心理学的未来走向做了极富洞察力的预测。

本版《现代社会心理学名著菁华》，除了为与本次编辑的《中国社会心理学文选》相呼应，易名为《西方社会心理学文选》，为反映 20 世纪 70 年代西方社会心理学危机后的新进展，尤其是欧洲社会心理学的贡献，在第二版泰菲尔的《群集行为的社会认同论》之外，又收录了莫斯科维奇、肯尼斯·格根、波特和维斯雷尔的三篇文献，以反映社会认同理论、社会表征理论、社会建构理论和话语分析等危机后的新理论趋向。同时，为使读者能够更好地了解文章背景，我专门为每一位作者撰写了简短的小传。当然，遗憾的是，为使篇幅不至于过大，只能忍痛割去第二版中扎荣茨的《他人存在与社会促进》、奥尔波特和波斯特曼的《谣言及其传播分析》、贝尔斯的《互动过程分析》、吉登斯的《自我：本体的安全和存在性焦虑》，以及肯尼斯·格根的《社会心理学与非现实的复兴》等文章。

前后 30 年，虽然这部《西方社会心理学文选》经过了三版，但我们还是将三次的全部译校者依翻译时的单位刊列在此，以表谢意：第一版的译者有：中国人民大学刘世能、彭泗清、罗毅、陈喜生、袁阿庆、袁方、贺刚、张萍和孙德娴；南京大学周宪、周怡、金业友、费爱华、钱竹梅、李晰、张松柏；南开大学王小章、黄菡、杨可明、方彤、宋践；北京师范大学侯积良、孙健敏；中国社会科学院社会学研究所杨宜音。第二版新增的译者有：南京大学吴作富、何宏光、郑震、吕斌、刘安、潘泽泉、卞露、刘柳、王斌和李斌；北京大学方文、李康乐。第三版新增的译者有：南京大学陈璞君，南开大学管健、高文珺，北京大学郭慧玲、赵旭东，北京大学肖文明。第一版的文献除一小部分译稿外，大部分由周晓虹校订，并经沙莲香教授最后审定。

最后，我要感谢南京大学"双一流"建设工程"卓越研究计划"——"社会学理论与中国研究"项目的资助。没有这一资助，不仅没有"紫金社会心理学系列"的顺利出版，更不会有"新中国工业建设口述史"和"新中国人物群像口述史"两套丛书的出版。

周晓虹

2021 年 1 月 20 日于

南京紫金山东麓寓所

图书在版编目(CIP)数据

西方社会心理学文选 / 周晓虹主编. -- 北京：社
会科学文献出版社，2025.5
ISBN 978-7-5228-3042-1

Ⅰ.①西… Ⅱ.①周… Ⅲ.①社会心理学-中国-文
集 Ⅳ.①C912.6-0

中国国家版本馆 CIP 数据核字(2024)第 019326 号

西方社会心理学文选

主　　编 / 周晓虹

出 版 人 / 冀祥德
责任编辑 / 孙海龙　李　薇
责任印制 / 岳　阳

出　　版 / 社会科学文献出版社·群学分社(010)59367002
　　　　　　地址：北京市北三环中路甲29号院华龙大厦　邮编：100029
　　　　　　网址：www.ssap.com.cn
发　　行 / 社会科学文献出版社 (010) 59367028
印　　装 / 三河市龙林印务有限公司

规　　格 / 开　本：787mm × 1092mm　1/16
　　　　　　印　张：39.5　字　数：660千字
版　　次 / 2025 年 5 月第 1 版　2025 年 5 月第 1 次印刷
书　　号 / ISBN 978-7-5228-3042-1
定　　价 / 128.00 元

读者服务电话：4008918866